HARRY WILDE

Die Reichskanzlei 1933–1945

Harry Wilde

DIE REICHSKANZLEI
1933 – 1945

BASTEI
LÜBBE

Lizenzausgabe: Gustav Lübbe Verlag GmbH, Bergisch Gladbach
Printed in Western Germany 1978
Einbandgestaltung: Ratschinski & Ratschinski
Gesamtherstellung: Augsburger Druck- und Verlagshaus GmbH, Augsburg
ISBN: 3-404-00856-1

Der Preis dieses Bandes versteht sich einschließlich der gesetzlichen Mehrwertsteuer

Inhaltsverzeichnis

Siebenundsechzig Jahre lang ist das Barock-Palais in der Wilhelmstraße 77 in Berlin Sitz der Reichskanzlei gewesen. Hier wurden die Geschicke Deutschlands gelenkt im Kaiserreich, in der Republik und im sogenannten Dritten Reich. Bismarck war der erste Kanzler, der hier amtierte; aber er war nicht der erste Bewohner des Hauses. Das Palais war einhundertvierzig Jahre alt, als er einzog. Vorangegangen war ein Stück preußischer Geschichte.

Am »21. Septembris 1736« schenkte Friedrich Wilhelm I. »von Gottes Gnaden, König in Preußen, Markgraph zu Brandenburg, des heiligen Römischen Reichs Ertzkämmerer und Churfürst«, seinem verdienten »Generalmajor von der Cavalerie und Obrist über ein Regiment Grenadiers zu Pferde«, dem Grafen Adolf Friedrich von der Schulenburg-Wolfsburg, den »freyen Bauplatz und die benöthigten Baumaterialien«. Der König wollte »durch Anbauung der Friedrichstadt« seiner Residenz Berlin »mehrere Zierde und Ansehen« geben und »Nahrung, Consumtion, Gewerbe, Handel und Wandel« erweitern. Mit dieser und anderen privilegierten Schenkungen begann der Ausbau der nördlichen Wilhelmstraße.

Der tapfere General von der Schulenburg hat den Bau seines Palais nur um zwei Jahre überlebt; er fiel 1741 im Ersten Schlesischen Krieg. Einige Jahre wohnte die zweite morganatische Gattin Friedrich Wilhelms II. im Hause. Im Besitz der polnisch-preußischen Fürsten Radziwill wurde das Palais dann viele Jahrzehnte lang ein bedeutender kultureller Mittelpunkt Berlins. Das alte Haus sah die Jugendliebe Wilhelms I. zu Elisa Radziwill.

Im Jahre 1875 kaufte das Reich den so günstig gelegenen Gebäudekomplex, und nach Umbau und Instandsetzung wurde er 1878 Wohn- und Amtssitz Bismarcks und der obersten Reichsbehörde, der Reichskanzlei. Nun sah das Haus große Tage von politischer Bedeutung. Schon im ersten Jahr fand in seinen Räumen der Berliner Kongreß statt, auf dem die Regierungsvertreter Europas sich über die brennenden Fragen des Südostens einigten. Auch weiterhin hielt Bismarck in diesem Hause die Fäden europäischer Politik in seiner Hand. In den letzten Tagen seiner Amtszeit tagte die Internationale Arbeiterschutzkonferenz in der Reichskanzlei. Nach ihm walteten dann noch sieben kaiserliche Kanzler mit mehr oder weniger Glück und Geschick hier ihres Amtes.

Nach der Revolution konstituierte sich im Reichskanzlerpalais im November 1918 die erste Regierung als »Rat der Volksbeauftragten«, tagte kurz darauf die Konferenz der deutschen Freistaaten. Regiert wurde damals im Schutz von Truppen, die das Gebäude umlagerten. 1920 gelang es Kapp, die Reichskanzlei für wenige Tage zu besetzen. Danach bewegte sich das politische Leben im Haus wieder in normalen demokratischen Bahnen. Neunzehn Kanzler kamen, versahen ihr Amt nach bestem Wissen und Gewissen und gingen. Das alte Palais war inzwischen baufällig geworden. Aber auch zu eng. 1928 wurde ein Erweiterungsbau begonnen, gleichzeitig mit der Renovierung des alten Teiles.

Schließlich zog Hitler 1933 in das Haus ein und betrieb darin eine Politik, die mit den Gepflogenheiten und dem bisherigen Stil der Reichskanzlei gänzlich unvereinbar war. Auch baulich gab er dem Gebäude sein Gepräge. Aber nicht mit Bewunderung, sondern mit Furcht und Entsetzen blickte die Welt auf die neue, monumentale Reichskanzlei.

1945, am Ende des Krieges, war die Reichskanzlei die letzte Bastion des Reiches und der letzte Schlupfwinkel Hitlers, der sich in dem Gedanken gefiel, daß mit ihm nicht nur das Regierungsgebäude, sondern ganz Deutschland der Vernichtung anheimfallen würde. Mit der Reichskanzlei zerfiel das Reich. Deutschland überlebte.

Lucia Kuhr
und
Dr. Viktor Kuhr,
den Gefährten vieler Jahre, gewidmet

November 1932. Wieder einmal steckt das Deutsche Reich in einer Regierungskrise. Sie ist bedrohlicher als alle vorhergehenden, denn seit den Wahlen vom Juli verfügen die radikalen Parteien, die Nationalsozialisten und die Kommunisten, zum ersten Male gemeinsam über die Mehrheit der Sitze im Reichstag. Sie nutzen diese Lage, um Obstruktion zu treiben. Alle Versuche der demokratischen Mitte, eine Mehrheit für einen Reichskanzler zu finden, scheitern an dem vereinten Widerstand der beiden extremen Parteien.

Es sind schlimme Zeiten. Am Freitag, dem 25. Oktober 1929, der als »schwarzer Freitag« in die Geschichte eingegangen ist, kam es in New York zu einem Börsenkrach. Innerhalb von Stunden gingen Milliardenvermögen verloren. Die Kurse der Wertpapiere fielen schneller, als die Clerks notieren konnten. Die Folge dieser Katastrophe war eine weltweite Wirtschaftskrise. Deutschland, durch Reparationszahlungen und kurzfristige Anleihen belastet, wurde besonders schwer getroffen. Zahlungsunfähigkeit brachte Erwerbslosigkeit, deren ständig steigende Flut man weder mit politischen noch mit wirtschaftlichen Mitteln einzudämmen vermochte.

Im Jahre 1932 klammern sich sechs Millionen Arbeitslose und deren Angehörige an jede vage Hoffnung; sie hören auf jedes Versprechen, das ihnen Besserung verheißt. Die weitreichenden Versprechungen der NSDAP, der »Nationalsozialistischen Deutschen Arbeiterpartei«, klingen gut in den Ohren der Wähler. Man weiß noch nicht, was ihre Einlösung kosten wird. So ist diese Partei, die im Jahre 1928 nur 12 Reichstagssitze erhielt, im Jahre 1930 aber bereits auf 107 Mandate angewachsen war, nun im Juli 1932 mit 230 Mandaten die stärkste Partei geworden. Zwar haben die Nationalsozialisten gerade eben in der Wahl vom 6. November 34 Sitze verloren, aber das gibt der demokratischen Mitte noch keinen Auftrieb. Immer noch liegt die NSDAP an der Spitze und gebärdet sich angriffslustiger denn je. Und die Kommunisten haben wiederum 11 Mandate gewonnen!

Ende Mai 1932 war Reichskanzler Dr. Heinrich Brüning durch die Intrigen einiger Großgrundbesitzer gestürzt worden. Brünings Regierung hatte diese Großgrundbesitzer bei einem Korruptionsskandal bloßgestellt. Der Reichspräsident, Generalfeldmarschall Paul von Hindenburg, entließ den Reichskanzler Brüning. Damals hielt der General Kurt von Schleicher, einer der fähigsten Stabsoffiziere des Ersten Weltkrieges, jetzt einflußreicher Kabinettschef im Reichswehrministerium, den Zeitpunkt für gekommen, sich selbst in die politische Führung des Reiches einzuschalten. Das Amt des Reichskanzlers wollte er jedoch nicht selbst übernehmen. Er schlug dem Reichspräsidenten einen Politiker vor, von dem er annahm, daß er leicht zu lenken wäre: Franz von Papen.

Am Freitag, dem 27. Mai 1932, traf »Fränzchen«, wie ihn vertraulich-geringschätzig seine Freunde nennen, in Berlin ein. »Es steht eine Kabinettskrise bevor«, eröffnete General von Schleicher anderntags das Gespräch. »Brüning wird gehen müssen.« Papen fragte, ohne zu ahnen, welche Rolle ihm zugedacht war, den General von Schleicher: »An wen haben Sie denn gedacht?«

»Der Reichspräsident möchte Sie haben«, sagte Schleicher und überraschte damit Papen ebenso wie die gesamte deutsche Öffentlichkeit.

Wenige Monate später mußte Schleicher eingestehen, daß er mit der Empfehlung Papens »keine glückliche Hand gehabt hatte«. Aber Papen gefiel sein Amt. Obwohl sich bei einer Abstimmung im Reichstag am 12. September 1932 nur 42 Abgeordnete hinter ihn stellten und 412 gegen ihn stimmten, gelang es Schleicher erst am 17. November, den Reichskanzler Franz von Papen zum Rücktritt zu bewegen.

Jetzt ist der Reichspräsident auf der Suche nach einem neuen Kanzler. Die Sozialdemokraten, die mit 121 Abgeordneten die zweitstärkste Partei bilden, haben wissen lassen, daß sie für sich keine Möglichkeit einer Regierungskoalition sehen. Mit den Führern der anderen Parteien will Hindenburg sich besprechen. Er lädt sie einzeln zu sich in die Reichskanzlei, die er seit Juni bewohnt. Der eigentliche Wohnsitz des Präsidenten befindet sich im früheren Ministerium des Königlichen Hauses, Wilhelmstraße 73. Aber dort müssen umfassende bauliche Veränderungen vorgenommen werden. Der Holzwurm hat die Balken des Reichspräsidentenpalais total zernagt. Während des letzten großen Diplomatenempfanges beobachteten unter der Halle des Festsaales Beamte der Baupolizei die Risse in der Decke, über der die Botschafter Hindenburg die Glückwünsche zum neuen Jahr überbrachten. Aber die Sparsamkeit des Reichspräsidenten verhinderte eine Reparatur. Erst als die Herren von der Baupolizei ein Machtwort sprachen, zog Hindenburg endlich in die benachbarte Reichskanzlei Wilhelmstraße 77 um, die schon vor längerer Zeit renoviert und durch einen Anbau erheblich erweitert worden war.

Vor der Reichskanzlei fährt ein älterer Mercedes vor. »Modell 1927«, stellt der Posten rechts vom Eingang geringschätzig fest und verfolgt den Weg des Autos kritisch mit seinen Augen. An seinem Körper rührt sich kein Muskel; er scheint zu Stein erstarrt zu sein. Als Flügelmann des Berliner Wachregimentes weiß der Soldat, was er der Ehre seiner Kompanie schuldig ist!

Der Mercedes hält, und der livrierte Chauffeur läuft um den Wagen herum zur Tür, um sie dienstbeflissen aufzureißen. Ein kleiner Mann mit grauem Bürstenhaar schält sich aus den Dekken und steigt aus. Er bleibt auf der untersten der zwei Stufen, die zur Tür hinaufführen, stehen und reckt sich wie verschlafen. Doch er wird nicht größer. Blinzelnd, aber hellwach, mustert er durch seine dicken Brillengläser die Wachtposten. Obwohl die beiden Posten neben dem Bordstein stehen, sind sie noch immer größer als der Mann im vornehmen Paletot mit Opossumkragen neben ihnen auf der Stufe.

Der etwas zu klein geratene Mann, der ein »Herr« ist, geht auf die Tür zu, die, wie von Geisterhänden bedient, sich vor ihm öffnet. Hinter ihr steht Dr. Otto Meißner, der Staatssekretär der Präsidialkanzlei. Er begrüßt den Gast mit einem betont liebenswürdigen: »Guten Morgen, Herr Geheimrat!«

Der mit »Geheimrat« angeredete Mann, der deutschnationale Parteiführer Alfred Hugenberg, ist im Wirtschaftsleben Deutschlands eine recht beachtliche Persönlichkeit. Er kontrolliert nicht nur einen der größten deutschen Zeitungskonzerne, eine Telegrafenagentur, eine Anzeigengesellschaft, eine Reihe

Finanzinstitute und ungezählte Provinzzeitungen, er beherrscht auch die Ufa, die größte deutsche Filmgesellschaft. Seine Parteifreunde nennen ihn wegen seiner silbergrauen Haarbürste den »Silberfuchs«. Hindenburg dagegen bezeichnet ihn, wenn er mit seinem Staatssekretär allein ist, etwas ironisch als »den kleinen Sergeanten«, denn der Reichspräsident kann sich einfach nicht vorstellen, daß dieser Mann mit dem spießigen Ausdruck im Wirtschaftsleben Deutschlands eine so große Macht haben soll.

Dr. Joseph Goebbels, der Propagandachef der NSDAP, ist in der Charakterisierung Hugenbergs noch bösartiger. Selbst von kleiner Gestalt, schrieb er im Hinblick auf die 230 Abgeordneten, über die die NSDAP damals verfügte, gegenüber den 37, deren Parteichef Hugenberg war, in einem Artikel seiner Zeitung »Der Angriff«:

»Stellt Euch bitte ein Dutzend kräftiger Riesen vor, die mit weit ausholenden Schritten in den Kampf stürmen! Stellt Euch weiterhin einen kleinen, lächerlichen Zwerg vor, einen Hugenzwerg, der den niederwalzenden Weg dieser Riesen nachzutrippeln versucht und dann erklärt, er begrüße es mit Genugtuung, daß diese Riesen sich ihm angeschlossen hätten.«

Mit seinem heutigen Besuch beim Reichspräsidenten eröffnet der Vorsitzende der Deutschnationalen Volkspartei den Reigen der Parteiführer, die Hindenburg nach dem Rücktritt des Reichskanzlers Franz von Papen der Reihe nach empfangen will, um ihre Meinung zur politischen Lage zu hören. Mit kleinen Schritten eilt Hugenberg, von Meißner geführt, die große Freitreppe nach oben. Dabei sieht er sich um, als sei er zum ersten Male in diesem Palais. Dr. Meißner blickt verstohlen auf den neben ihm hergehenden trockenen Zahlenmenschen, von dem er sich nicht vorstellen kann, daß er einmal Gedichte verfaßt haben soll.

Hindenburg empfängt seinen Besucher stehend, wie es die Höflichkeit der alten Schule erfordert. Nachdem sich beide Herren gesetzt haben, fragt der Präsident seinen deutschnationalen Gesinnungsfreund, was er von dem Führer der Nationalsozialistischen Deutschen Arbeiterpartei (NSDAP) Adolf Hitler halte. Dr. Hugenberg, dessen Partei bei den Wahlen am 6. November 1932 ihre Stimmenzahl von 2,1 auf über 3 Millionen erhöhen konnte und jetzt 52 Abgeordnete zählt, läßt sich nicht lange bitten: »Im Prinzip bin ich vor Jahren, als ich das erste Mal mit Hitler verhandelt habe, davon ausgegangen, daß dieser Mann weder Reichspräsident noch Reichskanzler werden wollte.« Grimmig werdend fügt er hinzu: »Aber seit etwa einem Jahr ist er umgeschwenkt. Während er früher immer wieder sagte, er wolle nur der Trommler seiner Bewegung sein, fordert er jetzt alles für sich. Bei solchen Leuten kommt eben der Appetit mit dem Essen . . .«

Meißner, der den Besprechungen mit den Parteiführern fast immer beiwohnt, ist auch diesmal anwesend und notiert sich einige Stichworte für das Protokoll. »Ich habe nicht viel Vertragstreue bei Hitler gefunden«, ergänzt Hugenberg seine Ausführungen. »Seine ganze Art der Behandlung politischer Dinge erschwert es meines Erachtens außerordentlich, ihm die politische Führung zu übertragen. Jedenfalls hätte ich sehr große Bedenken dagegen.«

Zum ersten Male ist dem Reichspräsidenten dieser kleine, quecksilbrige Mann auf der anderen Seite des breiten Schreibtisches geradezu sympathisch. Er drückt genau das aus, was Hindenburg selber denkt. »Was sagen Sie, wovon hat dieser Hitler in München gelebt? Anstreicher war er?« fragt er Meißner. Ohne eine Antwort abzuwarten, wendet er sich wieder Hugenberg zu und meint: »Mein lieber junger Freund! Sie haben mir direkt aus der Seele gesprochen. Man kann doch einen Anstreicher nicht auf den Stuhl Bismarcks setzen!«

Wenn sich Hitler in Berlin aufhält, belegt er mit seinem Gefolge immer ein Appartement im Hotel »Kaiserhof«, das neben dem »Adlon« und dem »Eden« eines der vornehmsten Häuser der Reichshauptstadt und eigentlich für die zerrütteten Finanzen der NSDAP viel zu kostspielig ist. Die Rechnungen belaufen sich auf zehntausend Mark in der Woche und mehr.

Ursprünglich hat Hitler im »Exzelsior« am Anhalter Bahnhof sein Berliner Quartier aufschlagen wollen, aber dort bedeutete man ihm, daß man den Wirbel, den sein Aufenthalt stets mit sich brächte, nicht gern sähe. Jetzt ist Hitler glücklich darüber, sich für den »Kaiserhof« entschieden zu haben. Dieses Hotel liegt schräg gegenüber der Reichskanzlei, die ihm als die letzte Bastion der Weimarer Republik erscheint. Wenn er einmal in dieses Palais einziehen kann, dann wird er auch bald das ganze Reich beherrschen.

Hitler ist der letzte Parteiführer, der nach Papens Rücktritt von Hindenburg empfangen wird. Obwohl der Weg vom Portal des »Kaiserhof« bis hinüber zur Reichskanzlei nur zweihundert Meter lang ist, benutzt der »Volkstribun« Hitler für diese letzte Etappe ein Auto.

Wie schon gestern bei Hugenberg öffnet sich die Tür zur Reichskanzlei wie von Geisterhand bedient. Dr. Meißner hat sich für die Begrüßung sein undurchdringlichstes Gesicht zugelegt. Er führt den Chef der stärksten deutschen Partei bis vor die Tür zum Arbeitszimmer des Reichspräsidenten, läßt ihn eintreten und zieht sich dann zurück. Hitler hatte dringend gebeten, Hindenburg einmal ganz allein sprechen zu dürfen, und der Reichspräsident konnte ein solches Ersuchen nicht gut abschlagen.

Mehr als eine Stunde sprechen Hindenburg und Hitler unter vier Augen miteinander. Über den Inhalt des Gespräches wird nichts bekannt. Beide Beteiligten schweigen sich aus. Sehr ergiebig ist aber das Gespräch offensichtlich nicht. Als Meißner in das Arbeitszimmer gerufen wird, sagt der Reichspräsident: »Die Kanzlerschaft in einem Präsidialkabinett, das ja allein von meinem Vertrauen getragen sein müßte, kann ich Ihnen, Herr Hitler, nicht zugestehen. Der Kanzler einer solchen überparteilichen Präsidialregierung kann nur ein nicht parteigebundener Mann sein.«

Meißner macht sich Notizen, denn der Präsident wird von ihm eine schriftliche Fixierung des letzten Teiles dieses Gespräches als eine Art Zusammenfassung haben wollen: »Natürlich steht es Ihnen, Herr Hitler, frei, eine reine Parteiregierung zu bilden, aber die muß dann auch über die Mehrheit im Reichstag verfügen!«

Hitlers Hände, die unbeholfen auf seinen Knien liegen, ballen sich zu Fäusten, und die so oft karikierte Haarsträhne fällt ihm in die Stirn. Mit kaum verhaltener Wut, die seinen österreichisch-bajuwarischen Akzent noch stärker hervortreten läßt, sagt er:

»Herr Feldmarschall! Um Verhandlungen mit anderen Parteien aufzunehmen, muß ich logischerweise erst einmal von Ihnen, Herr Feldmarschall, einen Auftrag erhalten haben.«

Irrt sich Meißner, oder spielt tatsächlich auf dem von unzähligen Runzeln durchzogenen Gesicht des Reichspräsidenten ein ironisches Lächeln. Hitlers Worte sind eine direkte Aufforderung, aber Hindenburg denkt nicht daran, dem »böhmischen Gefreiten« ohne besondere Veranlassung den offiziellen Auftrag zur Bildung einer Regierung zu geben.

Eine peinliche Pause entsteht. Fahrig streicht Hitler mit der Hand über seinen Rockaufschlag und wischt ein gar nicht vorhandenes Stäubchen weg. Er hat ja nie gewußt, denkt Meißner, was er mit seinen Händen anfangen soll.

»Herr Feldmarschall«, setzt der Führer der NSDAP dann das Gespräch fort, »ich will gar nicht so diktatorisch regieren, wie Herr Feldmarschall anzunehmen scheinen. Wenn Herr Feldmarschall darauf bestehen, daß ich eine Reichstagsmehrheit zustande bringe, dann kann ich allerdings nicht darauf verzichten, dem Reichstag eine Art Ermächtigungsgesetz für besondere und dringliche Aufgaben vorzulegen. Ein solches Gesetz müßte selbstverständlich erst von der Reichstagsmehrheit angenommen werden, bevor ich es Herrn Feldmarschall zur Unterschrift vorlegen würde.«

Das Gespräch ist damit beendet. Die Verabschiedung ist höflich, aber kühl. Meißner begleitet Adolf Hitler hinunter in die Vorhalle bis zur Tür. Als der Staatssekretär das Arbeitszimmer wieder betritt, erhebt sich der Präsident und sagt mit seiner tiefen Stimme: »Na, Kindchen, es scheint ja so, als ob dieser Hitler allmählich vernünftig wird!«

Doch der anschließende Briefwechsel mit Hitler bleibt ergebnislos. Die endlosen Besprechungen mit den Parteiführern, das unfruchtbare Hin und Her wird dem alten Präsidenten zuviel. »Schließlich kann man ein Reich von fünfundsechzig Millionen Menschen nicht mit einem ›geschäftsführenden Kabinett‹ regieren«, sagt Hindenburg zu seinem Staatssekretär. »Es muß doch alles seine Ordnung haben. Unter Seiner Majestät gab es so was nicht!«

Am Abend des 1. Dezember 1932 läßt er deshalb Franz von

Papen zu sich kommen, aber auch den starken Mann des geschäftsführenden Kabinetts, den General Kurt von Schleicher. Der Unterredung wohnen noch Meißner bei und der Sohn und Adjutant des Reichspräsidenten, Oberst Oskar von Hindenburg.

Obwohl es erst sechs Uhr abends ist, liegt die Wilhelmstraße still da. Schleicher reibt sich die Hände, nachdem er die Vorhalle betreten und abgelegt hat. Erst als Franz von Papen vom Neubau der Reichskanzlei nebenan kommt, wo sein Arbeitszimmer liegt, wird die Stimmung etwas lebhafter. Man geht nach oben und nimmt im Halbrund um Hindenburgs Schreibtisch Platz. Schleicher, in Uniform, schildert kurz seine letzte Verhandlung mit der NSDAP. »Ich erreichte nur Göring. Hitler ließ sich nicht sprechen. Irgendwelche neuen Gesichtspunkte kamen dabei nicht heraus. Daß Göring selber gerne in die Regierung möchte, wissen wir, aber Hitler hat es ihm offensichtlich verboten.«

Der Reichspräsident sagt kein Wort. Sein Kopf bleibt im Schatten der Schreibtischlampe. Fast könnte man meinen, er schlafe. Meißner erkennt, daß diese Unterredung bald beendet werden muß, denn der alte Herr ist zweifelsohne am Ende seiner Kräfte. Die ununterbrochenen Verhandlungen seit heute morgen acht Uhr waren zuviel für ihn.

Papen nimmt jetzt das Wort und entwickelt sein »Programm«. Im Plauderton erklärt er, seine Absicht sei es, die Verfassung außer Kraft zu setzen, den Reichstag nach Hause zu schicken, ohne Neuwahlen anzuberaumen, alle Parteien und deren oft viel wichtigere Nebenorganisationen zu verbieten, um dann nach einer gewissen Zeit Wahlen auf Grund eines neuen Gesetzes auszuschreiben.

Das ist kein »Programm«, das ist ein Staatsstreich, obwohl Papen das Ganze schamhaft »Verfassungsreform« nennt. Daß fünfundneunzig Prozent des deutschen Volkes gegen ihn sind, stört ihn nicht, oder er hat es vergessen. Ihm genügt es, das Vertrauen des Reichspräsidenten zu besitzen. Wenn die glänzend ausgebildete preußische Polizei nicht ausreichen sollte, die Ordnung aufrechtzuerhalten, dann wird, so glaubt Papen, die Reichswehr eingreifen, deren Minister, General Kurt von Schleicher, neben ihm sitzt.

Meißner blickt fragend auf den General, doch Schleicher hält seine Augenlider geschlossen, als blende ihn das Licht. Der Staatssekretär erinnert sich einer Bemerkung, die er vor kurzem aus dem Munde des Reichswehrministers gehört hat: »Man kann mit Bajonetten viel machen, aber eines kann man nicht: lange auf ihnen sitzen.« Jetzt erst bekommt dieses Wort für Meißner seinen hintergründigen Sinn. Es war zweifellos eine Anspielung auf die Staatsstreichpläne Papens.

Kurt von Schleicher ist nicht ganz auf der Höhe. Vor wenigen Stunden hatte er eine Gallenkolik, und die schmerzlindernden Tabletten wirken noch nach. Doch trotz seiner Benommenheit weiß der General, daß Papens Plan scheitern wird. Jeder andere könnte so etwas riskieren in der Hoffnung, daß das Volk mitgeht. Bei Papen dagegen steht die Katastrophe von vornherein fest. Aber Schleicher bekämpft Papens Absichten auch aus einem anderen Grunde.

In den letzten Wochen hat sich aus den ungezählten Regierungsrezepten, die überall wie warme Semmeln feilgeboten wurden, die Idee eines Journalisten herausgeschält, des jungen Chefredakteurs der »Täglichen Rundschau«, Hans Zehrer.

»Dieser Zehrersche Plan hat Hand und Fuß«, sagt Schleicher. »Ein Kabinett mit den gewerkschaftlichen Kräften aus allen Parteien von der NSDAP bis hin zu den Sozialdemokraten müßte in der Lage sein, gute Arbeit zu leisten, wenn man den Reichstag für eine gewisse Zeit nach Hause schickt. Ein direkter Verfassungsbruch ließe sich also vermeiden . . .«

Schleicher holt tief Atem, wie ein Mensch, der von einem körperlichen Schmerz gequält wird. Sein Gesicht wirkt dabei auf die anderen Teilnehmer des Gesprächs müde und verfallen. »Der Plan ist noch nicht ausgereift, und ich sollte eigentlich noch gar nicht darüber sprechen. Aber wenn es gelingt, ist damit auch der braune Block gesprengt, und mit den gutwilligen Kräften in der NSDAP und in den anderen Parteien könnte man vielleicht sogar eine Verfassungsreform auf legalem Wege durchsetzen.«

Papen begreift sofort: wenn sein alter Freund Schleicher das durchsetzt, wird er, Franz von Papen, niemals mehr Minister werden, geschweige denn Reichskanzler. »Herr Reichspräsident«, unterbricht er erregt die Ausführungen Schleichers, »der

Plan meines verehrten Freundes mag gut sein, aber er führt das System der provisorischen Aushilfen weiter. Nötig dagegen erscheint mir eine grundsätzliche Reform . . .«

Der alte Feldmarschall ist kein Politiker. Hier ist ein Plan, und da ist ein Plan. Einen Kompromiß zwischen zwei politischen Richtungen zu finden, ist er nicht in der Lage. Als Soldat hat Hindenburg nur gelernt, sich für oder gegen eine Sache zu entscheiden. Der Reichspräsident erhebt sich, auf seinen Stock gestützt. Er ist unendlich müde und kaum noch in der Lage, den Ausführungen zu folgen. Auch die anderen Herren haben sich erhoben und sehen auf Hindenburg, der wie eine Statue hinter seinem Schreibtisch steht. Dann fällt die Entscheidung.

»Herr von Papen!« sagt der Reichspräsident, und seine Stimme klingt wie der Ton einer gesprungenen Glocke. »Ich beauftrage Sie, eine neue Regierung zu bilden!«

Wieder sitzen die Minister des geschäftsführenden Kabinetts im Gartensaal der Reichskanzlei zusammen. Zwei Wochen sind inzwischen vergangen, seit Schleicher dem von ihm entdeckten Regierungschef Franz von Papen den Rücktritt empfohlen hat, um dem Reichspräsidenten völlig freie Hand zu lassen. Papen kann seinen Triumph nur schwer verbergen. Er weiß jetzt, daß Schleicher gegen ihn ist, aber Hindenburg als Oberbefehlshaber der Reichswehr hat sich für ihn, Franz von Papen, entschieden. So muß General von Schleicher gehorchen.

Doch der Reichswehrminister hat noch einen besonderen Pfeil im Köcher. Er will Papen gar nicht erledigen, er hat überhaupt nicht die Absicht, gegen ihn öffentlich vorzugehen. Schleicher wollte Hindenburg überzeugen, um Papen die Niederlage vor aller Welt zu ersparen. Aber Papen hat »sich selber entdeckt« und offenbar Geschmack am Regieren gefunden. Da er nicht freiwillig zu gehen bereit ist, hilft nur eines: mit massiven Mitteln gegen ihn vorzugehen, um eine Katastrophe zu verhindern. Schleicher ist der festen Überzeugung, daß es zum Bürgerkrieg kommt, wenn Papen die Pläne zu verwirklichen versucht, die er dem Reichspräsidenten entwickelt hat. Nicht nur die Nationalsozialisten und die Kommunisten, sondern alle Parteien werden gegen ihn Front machen.

Kaum, daß Papen gesagt hat, er sei vom »Alten Herrn« mit der Neubildung des Kabinetts beauftragt, bittet Schleicher ums Wort. Er habe, so führt er aus, den Oberstleutnant Eugen Ott mitgebracht, der als Chef der Politischen Abteilung des Reichswehrministeriums ein »Planspiel« veranstaltet habe. Die genauen Ergebnisse seien ihm zwar selber noch nicht in allen Einzelheiten bekannt, denn ein schriftlicher Bericht habe ihm noch nicht vorgelegen, aber er halte es für seine Pflicht, das Kabinett vor einer Beschlußfassung zu informieren.

Gleich darauf betritt Ott den Gartensaal. Ohne sich umzusehen, tritt er bis an den Sitzungstisch heran. Nach einer kurzen Verbeugung zieht er aus seiner Aktenmappe eine Handvoll loser Blätter und beginnt ohne weitere Aufforderung seinen Vortrag. Ott hat ihn nicht ausgearbeitet. Er spricht frei. Die Papiere, die er in der Hand hält, sind nur die Notizen, die er sich bei dem Planspiel im Reichswehrministerium gemacht hat. Er spricht fast eine dreiviertel Stunde, und mit jedem Wort, das er sagt, wird den Ministern immer klarer, daß Papens »Verfassungsreform« unmöglich geworden ist.

»So ergibt denn das erste Studium aller Gegebenheiten«, schließt Ott seine Ausführungen, »daß die Verteidigung der Ostgrenze sowie der Schutz der inneren Ordnung gegen die Nationalsozialisten und Kommunisten gleichzeitig über die Kräfte hinausgehen, die dem Staat zur Verfügung stehen. Es muß der Reichsregierung daher dringend von Maßnahmen abgeraten werden, die zu einer solchen Situation führen könnten.«

Das ist das Todesurteil für das Kabinett Papen, das vor zwölf Stunden durch den Machtspruch Hindenburgs erneut bestätigt worden ist. Papen tritt auf Staatssektretär Meißner zu und bittet förmlich und vor aller Augen um eine Audienz beim Reichspräsidenten. Dann verläßt er mit einer leichten Verbeugung den Sitzungssaal. Die Hand gibt der gestürzte Kanzler keinem seiner Kollegen, weil er sie dann auch Schleicher geben müßte, der gleich nach ihm mit lächelndem Gesicht auf Meißner zutritt und sagt: »Lieber Freund, darf ich Sie bitten, auch mich für heute nachmittag beim Herrn Reichspräsidenten anzumelden?«

Allein steht Papen dem Reichspräsidenten gegenüber und meldet ihm zum zweiten Male die Demission seines Kabinetts, nicht ohne die Hoffnung, daß der Reichspräsident wiederum ablehnen möge. Dann allerdings müßte General Kurt von Schleicher in die Wüste geschickt werden, denn einer von den beiden muß gehen.

»Sie werden mich, lieber Papen, für einen Schuft halten, wenn ich jetzt meine Meinung ändere«, sagt der Reichspräsident. »Aber ich bin zu alt, um am Ende meines Lebens noch die Verantwortung für einen Bürgerkrieg zu übernehmen. Dann müssen wir in Gottes Namen eben Schleicher sein Glück versuchen lassen.«

Das ist die Entlassung. Der Reichskanzler von Papen erhebt sich und wartet, bis Hindenburg ebenfalls aufgestanden ist. Aber der Reichspräsident bleibt nicht stehen, nein, er kommt, mit Hilfe seines Krückstockes, langsam auf Papen zu und umschließt mit seinen beiden Händen dessen Rechte. Staatssekretär Meißner, der dieser Abschiedsszene beiwohnt, sieht, daß es in den Augen Hindenburgs feucht schimmert. Acht Jahre steht er jetzt im Dienste des alten Herrn, aber Tränen hat er bei ihm noch nie gesehen.

Gleich nachdem Papen gegangen ist, betritt Schleicher das Arbeitszimmer Hindenburgs. Meißner bedauert, die Unterredungen so kurz hintereinander angesetzt zu haben. Die verärgerte Stimmung des Reichspräsidenten ist noch nicht verschwunden und wird sich auf den General auswirken. Hindenburg erhebt sich, weist dem »Kanzlermacher« Schleicher mit der Hand einen Platz zum Sitzen an und erteilt ihm in befehlendem Tone den Auftrag, eine Regierung zu bilden. Doch Schleicher zögert. »Herr Generalfeldmarschall! Ich bin Ihr letztes Pferd im Stall und sollte lieber im Verborgenen gehalten werden!«

Hindenburgs Unmut bricht durch. »Sie werden mich jetzt nicht im Stich lassen!« Das klingt nicht gerade wie eine Bitte.

Der General zögert noch immer. Er hat sich nie danach gedrängt, die oberste Sprosse auf der Regierungsleiter zu erreichen. Seine Absichten sind ganz andere. Er will die Wirtschaft wieder in Gang bringen, die furchtbare Erwerbslosigkeit beseitigen, die liberalen Errungenschaften bei einer Verfassungsreform sichern und den neu geordneten Staat dann einem deutschen Kaiser übergeben.

Meißner erinnert sich an ein gemeinsames Essen mit Kronprinz Wilhelm und dessen Adjutanten in Schleichers damaliger Wohnung in der Matthäi-Kirch-Straße. Der General erklärte dabei, daß er sich ein wiederhergestelltes Deutschland ohne einen Kaiser nicht denken könne. Später fragte Meißner dann den General, ob es zu empfehlen sei, dem Thronprätendenten Hoffnungen zu machen, die so bald nicht erfüllt werden könnten.

»Stimmt!« rief Schleicher. »Aber warum soll ich dem Hohen Herrn nicht ein bißchen Freude machen? Er selber kommt natürlich nicht mehr in Frage. Die zukünftige Majestät wird irgendein ordentlicher Hohenzollernjunge sein, der erst dafür erzogen werden muß.« Als Meißner erstaunt aufsah, erläuterte Schleicher, wie er sich das vorstelle: »Natürlich ohne Kadettenanstalt. Mit Volksschule und Fußballplatz muß das anfangen, und mit einem erstklassigen Doktor im Staatsrecht darf es noch lange nicht aufhören.«

Schleichers monarchistisches Wunschbild hat also skandinavische und englische Konturen. Auch Hindenburg ist Monarchist, wenn auch konservativer Prägung. Das verbindet ihn mit Schleicher, und vielleicht wird dem Reichspräsidenten das gemeinsame Ziel gerade in diesem Augenblick bewußt. Gar nicht mehr streng blickend, faßt der Feldmarschall seinen General plötzlich ans Portepee des Ehrensäbels, den er ihm selber einmal verliehen hat, und wiederholt: »Mein lieber junger Freund! Sie können mich doch jetzt nicht im Stich lassen!«

Seit Bismarck in einer Staatskrise seinem Souverän König Wilhelm I. ans Portepee gefaßt hat, ist dieser Griff in Preußen der letzte Appell an die Ehre, sozusagen die ultima ratio der Staatskunst. Sogar der liberal denkende Schleicher kann sich dem nicht entziehen, und widerwillig sagt er: »Ja!«

Der Reichspräsident hat es eilig. Noch am selben Nachmittag läßt er dem neuen Kanzler durch Staatssekretär Meißner die Bestallungsurkunde zustellen. Dem gestürzten Reichskanzler aber schickt er sein Bild mit der Unterschrift: »Ich hatt' einen Kameraden!« In einem gnädigen Handschreiben dankt er seinem Lieblingskanzler für alles, war er in diesen schweren Zeiten für das Vaterland getan habe.

Als der Fernschreiber die Ernennung Schleichers zum Reichskanzler durchgibt, befindet sich Dr. Goebbels noch in Weimar. Dort sind in zwei Tagen Gemeindewahlen, und die nationalsozialistische Propagandaprominenz gibt sich die erdenklichste Mühe, die Scharte der letzten Reichstagswahlen vom 6. November auszuwetzen. Die NSDAP hatte dabei nämlich mehr als zwei Millionen Stimmen verloren. Goebbels nimmt den Rücktritt Papens, den er glühend haßt, als gutes Omen. Zwischen zwei Besprechungen diktiert er seiner Sekretärin den Leitartikel für die Sonntagsausgabe des »Angriff«. Er weiß nur zu genau, daß man vorläufig gegen Schleicher leise auftreten muß. Niemand kann voraussagen, wie die Wahlen in Thüringen ausgehen werden. Jedes Wort abwägend, formuliert er:

». . . eines ist erreicht worden, daß der General von Schleicher, der bisher immer im Hintergrund stand und auf die Dinge des Tages seinen Schatten warf, nun nach vorn gerückt ist und somit vom hellen Scheinwerfer der Öffentlichkeit ganz und gar bestrahlt wird. Wir glauben nicht, daß das für ihn von Vorteil sein wird, denn bekanntlich ist der Schatten eines Menschen immer größer als er selbst.«

Dieses Bild ist falsch! Nur wer gegen die auf- oder untergehende Sonne steht, wirft lange Schatten. Aber was macht das schon. Von den unkritischen Lesern des »Angriff« merkt so etwas keiner.

Schleicher selbst ist nicht sehr zuversichtlich. Als er ins Reichswehrministerium kommt, begrüßt ihn Oberstleutnant Ott und gratuliert ihm zur Ernennung. »Moriturus te salutat!« – »Der dem Tode Geweihte grüßt Dich!« antwortet Schleicher seinem Mitarbeiter. Es ist ein prophetisches Wort. Siebzehn Monate später läßt der Reichsführer SS Heinrich Himmler den General ermorden . . .

Doch vorerst scheint es, als ob »das Glück«, das nach Schleichers Meinung jeder Politiker haben muß, ihn begünstige. Am Abend des nächsten Tages melden die Fernschreiber, daß die

NSDAP bei den Gemeindewahlen in Thüringen rund vierzig Prozent ihrer bisherigen Stimmen verloren hat. Der Zusammenbruch der nationalsozialistischen Partei, der sich bereits bei den Reichstagswahlen am 6. November angekündigt hat, scheint unabwendbar. Schleicher jedenfalls kann nirgends eine Rettungschance für Hitler und seine »Bewegung« erkennen.

Der General vergißt bei seinen Überlegungen eines: daß er seit gestern einen Todfeind hat! Und er vergißt ferner, daß man seinen Plan, die NSDAP zu sprengen, auch verraten könnte!

»Herr Gregor Strasser!« meldet die Ordonnanz.

Schleicher erhebt sich und geht seinem Gast entgegen, den er absichtlich in seine Privatwohnung in der Alsenstraße gebeten hat. Er will den Reichsorganisationsleiter der NSDAP und damit den nach Hitler wichtigsten Mann dieser Partei ungestört und auf privater Basis sprechen.

Schleicher und Strasser sind sich schon mehrere Male begegnet, zum Beispiel vor einigen Monaten in der Wohnung des Zahnarztes Dr. Dr. Hellmuth Elbrechter in der Schaperstraße in Berlin-W. Sie sind sich also nicht mehr fremd, man könnte sogar sagen, daß sich zwischen ihnen eine Art Freundschaft entwickelt hat. Aber diesmal ist doch alles ganz anders als sonst. Schleicher ist nicht mehr nur Fachminister, sondern Regierungschef, wenn auch sehr gegen seinen Willen. Er hat also jetzt die Macht, die so oft mit Strasser erörterten Pläne zu verwirklichen.

»Bier, Wein, einen Kognak, Selterswasser?« fragt Schleicher, nachdem sein Gast in einem der Sessel Platz genommen hat.

»A Bier, wenn's recht ist. I bin halt a Bayer!« antwortet Strasser. Doch verliert sich sein Dialekt, als er gleich darauf auf politische Dinge zu sprechen kommt. Strasser wohnt nunmehr acht Jahre in der Reichshauptstadt, und das hat abgefärbt.

Schleicher gießt sich ebenfalls ein Glas Bier ein und fragt dann seinen Gast, wie viele der führenden Nationalsozialisten hinter ihm ständen.

»Eine ganze Anzahl«, meint Strasser. Ausführlich schildert er, wer im einzelnen zu ihm hält: »Faktisch werden wohl mindestens ein Viertel, wenn nicht ein Drittel oder sogar die Hälfte der führenden Parteigenossen mit mir gehen! Aber man darf nichts überstürzen . . .«

Bereits am nächsten Morgen berichtet Schleicher während seines Vortrages beim Reichspräsidenten von der Entwicklung, die sich abzeichnet. »Wenn die Spaltung glückt, sind der NSDAP die Giftzähne gezogen. Von diesem Schlag wird sich Hitler nie mehr erholen . . .«

Am Abend desselben Tages notiert Dr. Goebbels eigenhändig die Nachricht eines Zwischenträgers in sein Tagebuch:

»Durch einen Zufall erfahren wir auch den wahren Grund der Strasserschen Sabotagepolitik: er hat am Sonntagabend mit General Schleicher eine Unterredung gehabt, in deren Verlauf der General ihm den Posten eines Vizekanzlers angeboten hat. Strasser hat seinen Entschluß mitgeteilt, bei einer eventuell kommenden Neuwahl eine eigene Liste Strasser aufzustellen . . .«

Sorgfältig verschließt der kleine Doktor das Buch in seinem Panzerschrank, zu dem nur er den Schlüssel hat. Eines Tages wird er es herausholen, zusammen mit einigen anderen Dossiers, und dann wehe seinen Feinden!

Doch Strasser denkt nicht daran, Hitler an den Reichskanzler zu »verraten«! Er ist nur überzeugt davon, daß die NSDAP ihren Höhepunkt überschritten hat und nun an die Regierungsverantwortung herangeführt werden muß. Eines allerdings steht für den Reichsorganisationsleiter fest: Wenn die NSDAP sich an der Regierung beteiligt, dann darf Hitler nicht dabei sein. Er eignet sich nicht für irgendein Ministeramt! Der Führer der Partei ist seiner Meinung nach faul, sprunghaft, hat keine Ausdauer und paktiert zu sehr mit der Schwerindustrie. Das ist für Strasser, den Repräsentanten des sozialistischen Flügels der NSDAP, ein Greuel.

Gerade hier knüpft Schleicher an. Er hofft, zwischen Strasser und den mächtigen sozialdemokratischen Freien Gewerkschaften wie auch zu den Christlichen Gewerkschaften, eine Verbindung herstellen zu können. Das verbindende Glied zwischen diesen beiden extremen politischen Richtungen will er, General Kurt von Schleicher, sein, als Vertreter der stärksten bewaffneten Macht im Staate, der Reichswehr. Gegen diese Front quer durch das Volk könnte in der Tat niemand anrennen!

Wie Papen bereits vor Tagen erkannt hat, daß dieser Plan das Ende seiner Hoffnungen darstellen würde, jemals wieder Kanzler zu werden, so erkennt auch Hitler sofort die Gefahr, die in den Schleicherschen Absichten für ihn steckt. Gelingt es dem General, seinen Willen durchzusetzen, dann wird er, der verunglückte Maler und spätere Anstreicher Adolf Hitler, sich niemals auf den Stuhl Bismarcks setzen können!

Der Führer der NSDAP kann sich trotz dieser Gefahr zu keiner Entscheidung durchringen. Goebbels fühlt, daß Adolf Hitler wieder einmal der Rücken gestärkt werden muß, und er lädt ihn deshalb in seine Wohnung am Kaiserdamm ein. Er hat persönliche Gründe, Hitler gegen Gregor Strasser aufzuputschen, denn er haßt den großen, breitschultrigen Bayern aus tiefster Seele. Strasser hat ihn, den Gauleiter der NSDAP Berlin, vor kurzem einen »Schrumpfgermanen« genannt. So etwas vergißt man nicht so leicht.

»Mein Führer!« dringt der Gauleiter in Hitler ein. »General von Schleicher ist von anderem Kaliber als sein waschlappiger Vorgänger. Deshalb sehe ich in einer Verständigung mit Papen keine Gefahr. Daß ich ihn einmal einen ›angedooften politischen Erbschleicher‹ genannt habe, wird er sofort vergessen, wenn er sich an Schleicher rächen kann! Wenn wir aber mit Papens Hilfe Schleicher stürzen können, werden sich auch alle Schwierigkeiten in der Partei beiseite räumen lassen. Jeder Schlag gegen Schleicher ist auch ein Schlag gegen Strasser! Wir vergeben uns also nichts, wenn wir mit Fränzchen zusammengehen . . .«

Bereits am anderen Tage stellt Hitler seinen Reichsorganisationsleiter im Hotel »Kaiserhof« zur Rede. »Daß Sie sich mit Schleicher getroffen haben, ist Verrat, Parteigenosse Strasser!« ruft er ihm zu. »Verrat an mir! Verrat an der nationalsozialistischen Bewegung! Verrat an Deutschland!«

Strasser wird blaß. Die Partei in Norddeutschland hat ausschließlich er und nicht Hitler aufgebaut. Also kann ein »Verrat« kaum »Verrat an Hitler«, sondern höchstens an seinem eigenen Werk sein. Strasser glaubt auch nicht, daß die nationalsozialistische Bewegung dem deutschen Volk gleichzusetzen ist, obwohl auch er die Meinung vertritt, daß die NSDAP die für Deutschland beste Regierungsform propagiert.

»Herr Hitler!« antwortet Strasser, der nie »mein Führer« sagt, mit gerötetem Gesicht. »Ich bin ebensowenig ein Verräter wie ein williger Befehlsempfänger. Meine Vorschläge bezwecken, den weiteren Zusammenbruch der Partei zu verhindern, nicht aber ihn herbeizuführen. Darüber sollte man wenigstens einmal mit mir sachlich diskutieren und nicht, und nicht . . .«

Strasser stockt und sucht nach einem passenden Ausdruck. Doch die Wut hat ihm offenbar die Sprache verschlagen. Unvermittelt dreht er sich um und geht. Dabei wirft er die Tür heftig ins Schloß. Vor dem Eingang läßt er den Portier ein Taxi herbeirufen und fährt ins Hotel »Exzelsior« gegenüber dem Anhalter Bahnhof.

Der Reichsorganisationsleiter ist fest entschlossen, Hitler in einem Brief all das zu schreiben, was er ihm eigentlich hätte sagen müssen. Doch man soll unangenehme Dinge, so hat er es beim Militär gelernt, immer beschlafen. Deshalb setzt er sich erst am nächsten Morgen an seinen Schreibtisch, um den Brief »An Herrn Adolf Hitler« zu entwerfen. Sein Adjutant, Oberleutnant Schultz, schreibt ihn dann ins reine und gibt ihn gegen Mittag im Hotel »Kaiserhof« ab. Er schlägt wie ein Bombe ein, obwohl er nichts anderes enthält als die Erklärung Strassers, er lege seine sämtlichen Parteiämter nieder, um Hitler in seinen Entscheidungen freie Hand zu geben. Da man aber ein schlechtes Gewissen hat, vermutet man hinter diesem Brief einen besonders infamen Plan.

Viele der im »Kaiserhof« versammelten Amtsleiter und Führer der Partei geben ihrem Reichsorganisationsleiter heimlich recht. Seine Bemerkung, man müsse die fruchtlose Opposition endlich abbrechen und positive Arbeit leisten, deckt sich nicht nur mit der Ansicht ungezählter nationalsozialistischer Wähler, sondern sogar mit ihrer eigenen!

Hitler ist völlig ratlos. Er flieht vor einer Entscheidung in die Wohnung des Dr. Goebbels. Dort sitzt er niedergeschlagen in einem tiefen Sessel. Frau Magda Goebbels, klug, gepflegt und ausnehmend schön, hört sich seine Jeremiaden geduldig an und versucht, ihn zu trösten. Aber heute ist alles vergeblich. Der »Führer« hat offenbar seinen »tragischen Tag«. Plötzlich steht er auf, läuft im Zimmer herum und stößt unvermittelt hervor: »Wenn die Partei zerfällt, mache ich in drei Minuten Schluß.«

Inzwischen wartet Strasser in seinem Hotel auf eine Antwort. Dabei begeht er einen schweren Fehler: er beurteilt Hitler nach seinem eigenen Charakter. Gregor Strasser würde sofort eine Aussprache herbeigeführt haben, Hitler ist dafür viel zu feige. Als es Abend wird und vom »Kaiserhof« weder ein Brief noch ein Telefonanruf kommt, packt der zurückgetretene Organisationsleiter seinen Koffer, zahlt die Rechnung, deponiert sein Gepäck auf dem Bahnhof und geht bummeln.

Schon nach wenigen Minuten trifft er den Gschwandtner Toni, einen alten Bekannten aus seiner Vaterstadt Landsberg. Toni hat von den Zerwürfnissen in der Parteispitze nicht das geringste gehört und kann ihn deshalb auch nichts fragen. Beglückt lädt Strasser ihn ein, mit ihm »a Maß« zu trinken. Zusammen sitzen sie im »Bayerischen Hof«, bis sie beide die nötige Bettschwere haben. Dann geht Strasser zum Bahnhof, löst seinen Koffer aus und legt sich in ein Schlafwagenabteil des Münchner Zuges. In der bayerischen Hauptstadt angekommen, holt er Frau und Kinder zur Fahrt in den Süden. Bereits am nächsten Mittag hat die Familie die österreichische Grenze überschritten.

Die »Tägliche Rundschau« in Berlin gilt allgemein als die Zeitung des Reichskanzlers Kurt von Schleicher. Das ist nur bedingt richtig. Finanziell hat sie sich von ihm unabhängig gemacht, doch unterstützt sie die Politik des Generals. Ihr Chefredakteur Hans Zehrer hat mit dreitausend Mark einen Mann aus der allerengsten Umgebung Hitlers gekauft und bekommt dafür Informationen aus erster Hand. Den Namen des Informanten kennt niemand, doch im Reichswehrministerium vermutet man, daß es sich dabei um Julius Schreck handelt, Hitlers Privatchauffeur. Jedenfalls erfährt Zehrer auf telefonischem Wege von seinem Vertrauensmann, daß die NSDAP unmittelbar vor der Spaltung in einen hitlertreuen und einen Strasser-Flügel steht.

Zehrer läßt die Maschinen anhalten, diktiert einen neuen Leitartikel, und gegen Mitternacht kann man in der Morgenausgabe der »Täglichen Rundschau« vom 5. Dezember lesen, daß Strasser zurückgetreten und der Zusammenbruch der nationalsozialistischen Bewegung nur noch eine Frage von einigen Tagen sei. Den Zeitungshändlern wird die Nummer aus den Händen gerissen, und die Halle des Hotels »Kaiserhof« gleicht einem aufgescheuchten Ameisenhaufen. Niemand weiß Rat. Aber wie so oft, kommt auch diesmal dem Dümmsten in der Führungsspitze der Partei, dem Gauleiter Dr. Robert Ley aus Köln, die rettende Idee. Er stürzt zum Telefon und ruft Hitler an, der sich noch in Goebbels' Wohnung am Reichskanzlerplatz aufhält und dessen Frau Magda noch immer mit seinen Selbstmordabsichten erschreckt. »Der Führer muß sofort ins Hotel kommen«, ruft Ley erregt in die Muschel, »die Partei ist in höchster Gefahr! Die ›Tägliche Rundschau‹ hat einen Artikel veröffentlicht, hinter dem zweifellos Strasser steht . . .«

Hitler läßt sich von Magda Goebbels überreden, setzt sich ins Auto und rast in den »Kaiserhof«. Doch auch jetzt weiß er nicht, was man tun könnte. Erst als Dr. Frick auftaucht, ringt sich Hitler zu einem Entschluß durch. »Mein Führer!« sagt Frick. »Das mit Strasser läßt sich bestimmt reparieren, wenn Sie mit ihm sprechen . . .«

»Schreck!« schreit Hitler nach seinem Chauffeur, bevor Frick seinen Satz beendet hat. »Holen Sie mir Strasser heran! Um jeden Preis! Verstanden! Um jeden Preis! Ich muß ihn sprechen. Man soll ihn in ganz Berlin suchen!«

Man sucht vergebens! Der Reichsorganisationsleiter hat um einige Stunden zu früh die Flinte ins Korn geworfen. Gegen zwei Uhr morgens kommt einer der Motorradfahrer auf die Idee, auf dem Anhalter Bahnhof nachzufragen. Dort erinnert sich ein Schaffner, daß Strasser abgereist ist.

Hitler triumphiert, als ihm das gemeldet wird. Die Furcht seines Propagandachefs Goebbels, der Reichsorganisationsleiter habe vielleicht die Absicht, vom »Braunen Haus« aus, der Parteizentrale in der Brienner Straße in München, die NSDAP zu spalten, teilt Hitler nicht. Sein telefonisch durchgegebener Befehl an die Leibwache, Strasser das Betreten des »Braunen Hauses« nicht zu gestatten, ist eigentlich überflüssig. Entscheidender sind Hitlers telegrafische Anweisungen an alle Gauleitungen, mit denen die Anhänger Strassers und jene, die als solche gelten, samt und sonders abgesetzt, beziehungsweise fristlos entlassen werden.

Als der Morgen anbricht, hat der ehemalige Reichsorganisationsleiter die Schlacht auf der ganzen Linie verloren. Zum Abschluß formuliert Hitler gemeinsam mit dem federgewandten Goebbels ein Kommuniqué an die Presse:

»Parteigenosse Gregor Strasser tritt mit Genehmigung des Führers einen Krankheitsurlaub von drei Wochen an. Alle weiteren daran geknüpften Gerüchte und Kombinationen sind unzutreffend und entbehren jeder Grundlage.«

Am selben Tage, an dem diese, die Tatsachen auf den Kopf stellende Verlautbarung erscheint, wird noch ein zweiter Schlag gegen Reichskanzler Kurt von Schleicher geführt. Franz von Papen fragt bei dem Kölner Bankier Freiherrn von Schröder an, ob er ihm nicht eine Unterredung mit Hitler vermitteln könne.

Schröder, bei dessen Bankhaus Stein & Co. der Führer der NSDAP eines seiner privaten Konten hat, war schon von einem Mittelsmann Hitlers gebeten worden, eine direkte Aussprache zwischen den beiden zustande zu bringen. Es kostet also den Bankier keinerlei Überredungskunst, beider »Zusage« zu erwirken.

Am 16. Dezember 1932 verläßt Franz von Papen den Garten des Palais Wilhelmstraße 74, in dem die von ihm bewohnte Villa steht, durch eine Pforte, die nach hinten hinaus zur Friedrich-Ebert-Straße führt. Von dort aus sind es nur wenige Schritte bis zur Ecke der Voßstraße. In dem Haus, das auf diesem Grundstück steht, und dessen Garten an den Garten der Reichskanzlei grenzt, hat der »Herrenclub« seinen Sitz, eine Vereinigung von Männern, die der Präsident des Klubs bei der Gründung vor neun Jahren mit folgenden Worten charakterisiert hat:

»In unserem Lande ist der Begriff ›Herr‹ geknüpft an den Namen, Besitz oder Stellung. Tatsächlich hat er damit gar nichts zu tun. Der Begriff ist rein eine Frage der Persönlichkeit, und nur sie entscheidet darüber, ob der Arbeiter wie der Fürst ein Herr ist.«

Allerdings fand man weder unter Arbeitern noch unter Demokraten irgendwelche »Herren«, die man hätte auffordern können, dem Klub beizutreten. Nur stramm rechtsstehende

»Herren« mit »Namen, Besitz und Stellung« entsprachen den Satzungen, die der Klub für die Aufnahme der Mitglieder aufgestellt hatte. Aber ab und zu garnierte man diese illustre Auslese der deutschen Nation durch Gäste, die sich nur kraft ihrer Leistung oder ihrer geistigen Fähigkeiten das Prädikat »Herr« erworben hatten.

Nachdem die für den 16. Dezember geladenen Herren an der prächtig gedeckten Tafel Platz genommen haben, läßt Franz von Papen zwischen Suppe und Fisch eine Tischrede vom Stapel. Natürlich versäumt er dabei nicht, auf das ihm vom Reichspräsidenten geschenkte Bild mit der Unterschrift »Ich hatt' einen Kameraden« hinzuweisen. Für Papen, der so schrecklich versagt hat, ist diese Fotografie sozusagen die Aktivlegitimation, sich weiterhin mit politischen Fragen zu beschäftigen.

Der junge, wendige Syndikus eines Industrieverbandes, Dr. Eschenburg, spricht nach dem Bankett den Veranstalter dieses Abends an: »Sie können doch in dieser kritischen Situation nicht eine solche Rede zulassen! Das ist ja ein Dolchstoß gegen Schleicher. Dieses Regierungsangebot an die Nationalsozialisten muß ihnen neuen Auftrieb geben. Die Nazis wissen doch, daß Papen nach wie vor der Vertrauensmann Hindenburgs ist.«

Schleichers Staatssekretär Planck, mit dem Dr. Eschenburg ebenfalls diskutiert, ist nicht besorgt. »Lassen Sie ihn doch reden«, antwortet er. »Papen ist völlig bedeutungslos. Den nimmt kein Mensch ernst.«

»Nur noch Hindenburg!« erwidert Eschenburg schlagfertig.

»Spielt keine Rolle. Herr von Papen ist ein Wichtigtuer. Diese Rede ist der Schwanengesang eines schlechten Verlierers.«

Niemand ahnt, daß der »schlechte Verlierer« bereits seine Fallstricke ausgelegt hat. Gleich darauf tritt der Freiherr von Schröder auf Herrn von Papen zu. Aus den unverbindlichen Worten des Bankiers erkennt Papen, daß sich Hitler bereit erklärt hat, mit ihm unter vier Augen zu sprechen.

Aber vorläufig scheinen die Optimisten recht zu behalten und die Nationalsozialisten endgültig beiseite geschoben worden zu sein. Zwei Wochen später steht in der »Frankfurter Zeitung« im Leitartikel zum Jahreswechsel:

»Die härteste Notzeit Deutschlands ist überwunden, und der

Weg aufwärts ist nunmehr frei . . . Der gewaltige nationalsozialistische Angriff auf den Staat ist abgeschlagen.«

Das berühmte Münchner Witzblatt »Der Simplizissimus« ist noch zuversichtlicher:

Eins nur läßt sich sicher sagen,
und das freut uns rundherum:
Hitler geht es an den Kragen.
Dieses ›Führers‹ Zeit ist um!

Hindenburg, der von den halb und halb in seinem Namen gestarteten Intrigen gegen Schleicher nichts ahnt, schreibt diesem:

»Lieber junger Freund!

Ich danke Ihnen für die ruhige, stille Weihnacht, die ruhigste Zeit, die ich in meiner Amtszeit erlebt habe.

. . . Mit Freuden drücke ich Ihnen, lieber junger Freund, meine größte Zufriedenheit mit Ihrer Regierungsführung aus . . .

Aber bereits am Tage vorher hat Dr. Goebbels in seinem Tagebuch vermerkt:

»Es besteht die Möglichkeit, daß der Führer in einigen Tagen eine Unterredung mit Papen hat. Da eröffnet sich eine neue Chance.«

3. Januar 1933. Am Vormittag verläßt Hitler im Auto das Haus »Wachenfeld« auf dem Obersalzberg bei Berchtesgaden. Am Abend besteigt er in München mit seinem Gefolge den Zug nach Köln. Offiziell heißt es, der »Führer« fährt zum Wahlkampf ins Lippesche Ländchen, das kleinste deutsche Bundesland mit rund 160000 Einwohnern.

Zur selben Zeit lösen auch zwei Reporter der »Täglichen Rundschau« in Berlin Rückfahrkarten nach Köln, denn Chefredakteur Zehrer hat von seinem Vertrauensmann in der Umgebung Hitlers prompt erfahren, wohin die Reise gehen soll. Von den Begleitern Hitlers ahnt niemand das Ziel, außer seinem Wirtschaftsexperten Keppler. Als sie in Bonn den Zug verlassen, sind sie recht erstaunt, daß draußen vor dem Bahnhof bereits Schreck mit dem »Führerwagen« wartet.

Im Hotel Dreesen in Godesberg frühstückt man. Hitler gibt seinem Pressechef Dr. Dietrich Anweisungen: »Sie setzen meine Autokappe auf und nehmen statt meiner neben Schreck Platz. Dann fahren Sie hier gegen elf Uhr los, Richtung Düsseldorf, aber am Kilometerstein 3 hinter Köln warten Sie auf mich, ganz gleich, wie lange es dauert . . .« Noch bevor Dietrich fragen kann, wo der »Führer« bleiben wird, fährt ein geschlossener Wagen vor. Hitler und das »kleine Gefolge«: Keppler, Himmler und der »Stellvertreter des Führers«, Heß, steigen ein, und Sekunden später ist das Auto den Blicken entschwunden.

Die von Hans Zehrer ausgesandten Reporter haben gleich nach ihrer Ankunft in Köln vor Schröders Villa Posten bezogen. Als das Auto mit Hitler vorfährt, gelingt es ihnen, dessen Ankunft gänzlich unbemerkt zu fotografieren. Weniger Glück haben sie bei Papen, der etwa zwanzig Minuten später mit einem Taxi eintrifft. Hier müssen die überraschten Reporter ihren Fotoapparat ungedeckt zücken, um zum Schuß zu kommen.

Hitler und Papen wechseln nach der Begrüßung in Schröders »Studierzimmer« hinüber, wie der Bankier sein Arbeitszimmer nennt. Das »kleine Gefolge« bleibt zurück; nur der Gastgeber darf bei der Unterredung anwesend sein. Aber einige Gesprächsfetzen können auch die Herren vom »kleinen Gefolge« hören. Sie erkennen daraus die Bedeutung dieser Begegnung: es geht um nicht mehr und nicht weniger als den Eintritt der NSDAP in die Regierung.

Inzwischen warten am Kilometerstein 3 die anderen Begleiter Hitlers: der Leibfotograf Heinrich Hoffmann, der Pressechef Dr. Dietrich und der Fahrer Schreck.

Die Frage, ob Papen nach den bisherigen ergebnislosen Verhandlungen überhaupt ein Mandat hat, erneut mit dem Chef der NSDAP Verbindung aufzunehmen, wird von Hitler nicht gestellt. Ihm ist bekannt, daß der Reichspräsident von Hindenburg seine Meinung durchaus nicht geändert hat, das heißt, daß er nach wie vor auf dem Standpunkt steht, den »böhmischen Gefreiten« könne man nicht zum Reichskanzler ernennen, es sei denn, er präsentiere eine arbeitsfähige Regierung auf parlamentarischer Grundlage.

Doch Franz von Papen ist erstaunlicherweise eine Idee gekommen, wie man Hindenburg trotz allem noch dazu bewegen könnte, Hitler das Amt des Reichskanzlers anzutragen, ohne ihn dabei in seinen Augen zum ersten Mann zu ernennen. Im alten Rom gab es das »Duumvirat«: die Zweimännerherrschaft. Papen meint nun, Hitler könne offiziell Reichskanzler werden, denn ohne diesen Titel will dieser nun einmal nicht in die Regierung eintreten, aber praktisch solle es eine Zweimännerherrschaft sein, mit dem Vizekanzler als zweitem Mann. Das Amt des Vizekanzlers reklamiert Papen selbstverständlich für sich, denn er traut sich zu, unterstützt von Hindenburg, mit dem »böhmischen Gefreiten« fertig zu werden!

Es dauert eine Weile, bis Hitler der Trick eingeht. Dann greift er mit beiden Händen zu. So ist er auch ohne weiteres bereit, nie allein zum Vortrag beim Reichspräsidenten zu erscheinen, sondern immer zusammen mit dem Vizekanzler, also dem »zweiten Mann« Franz von Papen. Beide meinen, daß es tatsächlich mit dem Teufel zugehen müßte, wenn der Reichspräsident mit dieser Regelung nicht einverstanden wäre.

Papens Idee kommt wirklich der Quadratur des Zirkels gleich. Voller Hoffnung schreibt Dr. Goebbels am 5. Januar 1933 in sein Tagebuch:

». . . wenn dieser Coup gelingt, dann sind wir nicht mehr weit von der Macht entfernt.«

Der Vorwurf der »politischen Erbschleicherei« ist vergessen. Aber diesmal soll ja nicht die SA »den Dreck« für die »geschniegelten und gebügelten vornehmen Kavaliere« wegfegen, damit diese dann »etwas breitstelzig und leicht angedooft in die gute deutsche Stube treten« können, nein, bei Schröder in Köln ist man sich einig geworden, daß Papen den Besen in die Hand nimmt, um für den OSAF der SA, den »Obersten SA-Führer«, die letzten Widerstände beiseite zu fegen.

Nahezu fünf Stunden dauert das Treffen in Schröders Haus. Der Teil von Hitlers Gefolge, der auf der Landstraße am Kilometerstein wartet, ist gründlich durchgefroren. Aber auch die Reporter Zehrers haben kalte Füße bekommen. Doch es hat sich gelohnt! Hitler und Papen stehen eine Weile lächelnd vor Schröders Haustür und schütteln sich ausgiebig die Hand, als legten sie Wert darauf, daß die Fotografen die Begegnung im Bilde festhalten. Hitler sieht bei dem Händedruck dem »Erbschleicher« von gestern mit seinem berühmten tiefen Blick in die Augen.

Die Pupillen der Berliner weiteten sich, als am nächsten Morgen in der »Täglichen Rundschau« steht, wer sich mit wem getroffen hat. Schleicher will die Nachricht zuerst nicht glauben, doch am Nachmittag legt ihm Hans Zehrer die Bilder vor. Jetzt kann der Kanzler nicht mehr an der Begegnung zweifeln. Dennoch ist er zuversichtlich. Der Reichspräsident hat am selben Tage, an dem Papen mit Hitler konferierte, den ehemaligen Reichsorganisationsleiter Strasser empfangen und den besten Eindruck von ihm gewonnen. Gerade daraus leitet Schleicher die Hoffnung ab, daß Hindenburg den Führer der NSDAP unter gar keinen Umständen zum Reichskanzler machen wird. Von Papens »Duumvirats«-Vorschlag ahnt der Kanzler noch nichts.

Als Hitler spürt, daß es in der Reichskanzlei nicht recht vorwärtsgeht – bis Mitte Januar bleibt alles still –, beschließt er, einen Vorstoß direkt in die Familie Hindenburgs zu wagen. Er lädt, wie ein Witzwort sagt: »den in der Verfassung nicht vorgesehenen Sohn« und Adjutanten des Reichspräsidenten, den Obersten Oskar von Hindenburg, zu einer Besprechung ein.

Wie schon beim Kölner Gespräch, so werden auch diesmal die seltsamsten Vorbereitungen getroffen, um die Begegnung geheimzuhalten. Man will sich nach zehn Uhr abends in der Villa Joachim von Ribbentrops treffen. Bisher hat dieser Schwiegersohn eines bekannten Sektfabrikanten in der Politik nicht die geringste Rolle gespielt, und Meißner nimmt an, daß gerade deshalb seine Wohnung ausgewählt worden ist.

Der Staatssekretär, der Oskar von Hindenburg begleiten soll, läßt sich für den Abend des 22. Januar eine Loge in der Preußischen Staatsoper Unter den Linden reservieren. Unter der Stabführung des großen Dirigenten Erich Kleiber gibt man Richard Wagners Jugendwerk »Das Liebesverbot«, eine sehr selten gespielte Oper, die 1833 in Magdeburg uraufgeführt worden ist. Meißner legt Wert darauf, gesehen zu werden und postiert sich deshalb in der großen Pause allen sichtbar im Foyer. Auch Oskar von Hindenburg und seine Gemahlin besuchen die Aufführung, und gleich Meißner begrüßen sie ebenfalls ungezählte Bekannte. Nach dem Klingelzeichen nehmen die beiden Herren mit ihren

Damen wieder in den Logen Platz, doch als die Lampen verlöschen und die ersten Akkorde erklingen, erheben sie sich und verlassen durch einen Seitenausgang das Opernhaus. Die Damen bleiben als »Kulisse« zurück.

Es ist bitterkalt, und ein eisiger Wind bläst Unter den Linden. Dennoch spürt man in den angrenzenden Straßen noch die Erregung dieses Nachmittags. Die Nationalsozialisten haben vor der Hochburg der Kommunisten, dem Karl-Liebknecht-Haus am Bülowplatz, demonstriert. Nur ein riesiges Polizeiaufgebot hat Zusammenstöße verhindern können.

Meißner und Hindenburg halten ein Taxi an, steigen ein und nennen erst im Wagen das Fahrziel: eine Straße in der Nähe der Villa jenes Sektreisenden Ribbentrop in Berlin-Dahlem. Oskar von Hindenburg blickt durch das Rückfenster, doch niemand folgt dem Auto. Der Coup scheint also geglückt zu sein. Auch vor der Villa selber dürfte bei diesem Hundewetter kaum jemand stehen, um die ankommenden Gäste zu fotografieren. Das letzte Stück gehen die beiden Herren zu Fuß. Es ist nicht leicht, in dem Schneetreiben, das inzwischen eingesetzt hat, den Eingang zu finden.

Nachdem die beiden späten Gäste vom Hausherrn überschwenglich begrüßt worden sind, werden sie in den Salon geführt, in dem Papen bereits wartet. Auch Hitler ist schon da. Er hat in Begleitung Fricks und Görings die Villa durch einen Hintereingang vom Garten her betreten. Die Regie klappt ausgezeichnet. Mitten in der allmählich lebhafter werdenden Unterhaltung steht Hitler plötzlich auf und wendet sich an Oskar von Hindenburg: »Herr Oberst! Wollen wir uns bitte nebenan unterhalten?« Schon stößt der Hausherr die Tür zum Teezimmer auf, und bevor sich der Sohn des Reichspräsidenten darüber klargeworden ist, was diese Trennung von Dr. Meißner bedeutet, steht er mit Hitler allein im Raum.

Zurück bleibt Göring, dem die Aufgabe zufällt, den Staatssekretär zu bearbeiten. Aber Meißner ist glatter und versierter als Oskar von Hindenburg. Er gibt, so sehr sich Hermann Göring auch anstrengt, keinerlei eigene Meinung von sich, sondern nimmt alles »nur zur Kenntnis«. Erst nach einer Stunde öffnet sich wieder die Tür, und Hitler und Oskar von Hindenburg betreten den Salon, beide mit Gesichtern, die ausdrücken sollen, daß man soeben über die allerletzten Dinge gesprochen hat, also Dinge, die das Leben einer Nation von fünfundsechzig Millionen Menschen »für die nächsten tausend Jahre« bestimmen werden.

Der Hausherr bittet seine Gäste an die festlich gedeckte Tafel. Doch was der behandschuhte Diener aus den silbernen Schüsseln in die kostbaren Porzellanteller gießt, ist nur ein simples Eintopfgericht: Erbsen mit Speck. In dieser Umgebung, in der jedes Möbelstück unsichtbar ein Preisetikett zu tragen scheint, wirkt diese überbetonte Einfachheit peinlich, ja sogar provozierend. Da man den Gästen aber auch zeigen muß, daß man es hat, wird zu den Erbsen mit Speck französischer Sekt serviert: Marke Pommery. Nur der »Führer« bekommt einfaches Mineralwasser.

Meißner und Hindenburg junior erheben sich bald. Draußen suchen die beiden Herren ein Taxi. Auf der Rückfahrt fragt der Staatssekretär den Sohn des Reichspräsidenten, was der Führer der NSDAP gesagt habe, aber Oskar bleibt schweigsam. Erst nach einer gewissen Zeit meint er: »Tja! Ich fürchte, wir werden um diesen Hitler nicht herumkommen! Er macht jetzt so viele Konzessionen und gibt so feierliche Versprechungen ab, daß man wirklich nicht mehr weiß, wie es zu begründen wäre, wenn man ihn auch jetzt nicht heranläßt.«

Meißner steigt vor seiner Wohnung in der Bendlerstraße aus, Hindenburg junior fährt bis zur Reichskanzlei. Als der Staatssekretär am nächsten Morgen sein Büro betritt, hält ihm die Sekretärin bereits den Hörer hin: »Der Herr Reichskanzler möchte Sie sprechen!«

»Einen schönen guten Morgen!« ruft Schleicher dem verdutzten Meißner zu. »Darf ich mich höflichst erkundigen, wie Ihnen gestern nacht der Eintopf geschmeckt hat – im Hause dieses Sektreisenden von Ribbentrop?«

Es wird nie bekannt, was zwischen Oskar von Hindenburg und Hitler in der Nacht vom 22. zum 23. Januar 1933 besprochen worden ist.

Reichskanzler Kurt von Schleicher sieht alle seine Pläne scheitern. Die Spaltung der NSDAP mißlang, Gregor Strasser wurde entmachtet, und die Freien Gewerkschaften wie auch die Sozialdemokratische Partei selber lehnen jedes Paktieren mit dem Kanzlergeneral ab. Auch das Zentrum, die Landwirtschaft und die Deutschnationalen haben sich von ihm distanziert. Jetzt bleibt nur noch ein Ausweg: den erst am 6. November 1932 gewählten Reichstag erneut aufzulösen.

Der Ältestenrat hat eine Plenarsitzung für den 31. Januar angesetzt. Schleicher läßt sich in der Präsidialkanzlei melden. In ruhigem Tone hält er dem Reichspräsidenten von Hindenburg über die politische Lage Vortrag. Seine Ausführungen schließt er mit den Worten: »Unter diesen Umständen muß ich den Herrn Feldmarschall bitten, den Reichstag aufzulösen. Ich muß aber auch bitten, die Neuwahlen zu verschieben und mich mit der gesamten Vollziehungsgewalt ohne Einschränkung zu betrauen.«

Hindenburg sieht erstaunt auf. Was da sein Reichskanzler fordert, ist doch nichts anderes als das, was Papen Anfang Dezember vorigen Jahres von ihm verlangt und wogegen sich Schleicher damals gewandt hat: Bruch der Verfassung. Papen war entschlossen, dieses Experiment selbst um den Preis eines Bürgerkrieges zu wagen. Schleicher hielt dieses Risiko für zu gefährlich. Jetzt, zwei Monate später, will er dasselbe.

Hindenburg möchte diese Verantwortung nicht ohne weiteres auf sich nehmen und klingelt nach seinem Staatssekretär, um dessen Rat einzuholen. Nachdem Meißner das Zimmer betreten hat, fragt ihn der Reichspräsident, ob sich die Pläne des Kanzlergenerals mit der Verfassung vereinbaren lassen.

Der Staatssekretär ist sich der Tragweite seiner Antwort bewußt. Ohne genau informiert zu sein, was Schleicher von dem Präsidenten verlangt hat, kann er sich aus der Frage Hindenburgs ein genügendes Bild machen. Meißner ist die Antwort peinlich. Er ist Schleichers Freund, kann aber andererseits seinem Vorgesetzten, dem Reichspräsidenten, keine falsche Auskunft geben. »Nach der Reichsverfassung, Herr Reichspräsident«, antwortet der Staatssekretär zögernd, »muß die Neuwahl eines aufgelösten Reichstages unbedingt spätestens am sechzigsten Tag nach der Auflösung stattfinden. Die Wahl durch eine auf Grund des Artikels 48 zu erlassende Notverordnung bis zur Herstellung geordneter Zustände unbefristet hinauszuschieben, wie es geplant zu sein scheint, ist in der Verfassung nicht vorgesehen. Nur dann, wenn am festgesetzen Wahltage durch schwere Unruhen die Abhaltung der Wahlen tatsächlich undurchführbar ist, kann eine Verschiebung unter Überschreitung der gesetzlichen Frist in Frage kommen.«

Hindenburg nickt Meißner zu, der aufsteht und sich wieder entfernt. Im Hinausgehen hört er noch, wie der Reichspräsident zum Kanzler sagt: »So ungefähr habe ich mir das gedacht.« Nachdem sich die Tür hinter Meißner geschlossen hat, lehnt Hindenburg die Forderung des Kanzlers nach Auflösung des Reichstages ab.

General von Schleicher ist am Ende seiner Kräfte. Mit rauher Stimme zeigt er dem Reichspräsidenten noch einmal die Gefahren auf, die eine Kanzlerschaft Hitlers, wie sie Papen betreibt, mit absoluter Sicherheit mit sich bringen muß. In beschwörendem Tone schließt er: »Um das Vaterland vor der Tyrannei und dem Verderben zu retten, gibt es nur noch den Weg der Notwehr durch außerordentliche Mittel und durch Gewalt. Die SA, die SS und die KPD müssen verboten, die gefährlichsten Führer der radikalen Parteien, vor allem Dr. Goebbels, verhaftet werden. Wenn sich die Nationalsozialisten auflehnen, wird die Reichswehr den Aufstand unterdrücken. Wenn Sie meinen Vorschlägen nicht zustimmen können, Herr Reichspräsident, so sehe ich keinen anderen Ausweg, als mein Amt zur Verfügung zu stellen.«

Hindenburg lehnt sich erschöpft zurück. Die Erregung seines Kanzlers hat sich auch auf ihn übertragen. Dann sagt er mit leiser Stimme: »Ich muß nach meinem Gewissen handeln. Sehen Sie, mein lieber junger Freund, ich bin doch schon so alt. Da will man eben nicht mehr gern zum Eidbrecher werden. Einen Bürgerkrieg verantworten, das viele deutsche Blut auf mich nehmen – nein, das kann ich nicht.« Sein Kopf sinkt nach vorn. Nach langer Pause fügt er hinzu: »Ich werde ja wohl bald vor dem ewigen Richter stehen, der wird mir sagen, ob ich recht gehandelt habe oder nicht. Hier kann das keiner!«

Reichskanzler von Schleicher erhebt sich schwerfällig. Aber dann strafft sich sein Körper. Ganz gegen seine Gewohnheit macht er vor dem alten Mann, der sich ausnahmsweise nicht erhebt, eine tiefe Verbeugung und verläßt das Zimmer. Hindenburg verharrt in seinem Lehnstuhl und starrt ins Leere.

Die Öffentlichkeit erfährt vorerst nichts davon, daß Schleicher gescheitert ist. Im Gegenteil, man vermutet, der General habe besondere Vollmachten erhalten. Da kein Kommuniqué herausgegeben wird, schließt man, Schleicher habe den Präsidenten doch noch überreden können. Bereits am nächsten Tage laufen in der Präsidialkanzlei bergeweise Telegramme und Briefe ein, die vor einem Staatsstreich warnen. Schleicher erstattet seinen Kabinettskollegen Bericht. Anschließend geht er hinüber zu Hindenburg und unterbreitet ihm die Demission des Gesamtkabinetts.

Am Samstag, dem 28. Januar, ist es in Berlin recht kalt. Die Schutzpolizisten auf ihren Überfallwagen in den Straßen rund um die Kaiser-Wilhelm-Gedächtnis-Kirche frieren erbärmlich. »Bei der Kälte demonstriert doch keener!« raunt der Schupo-Leutnant. »Aba wat hilft det? Befehl ist Befehl!«

Man kann sich in der Tat nicht recht vorstellen, daß große Menschenmengen stundenlang im Romanischen Viertel warten, nur um ein paar »Nieder-mit-Schleicher«-Rufe anzubringen, wenn der Reichskanzler zum Presseball fährt.

Diese Wohltätigkeitsveranstaltung des »Vereins Berliner Presse« ist in jeder Saison das vornehmste gesellschaftliche Ereignis der Reichshauptstadt. Die Karten sind sündhaft teuer und werden dazu nur an »renommierte Interessenten« abgegeben, das heißt an Ballbesucher, die dem Vorstand persönlich bekannt oder bestens empfohlen sind.

Nur vor dem Eingang zu den Marmorsälen in der Budapester Straße stehen, trotz der Kälte, einige Dutzend Neugierige, die ihre Filmlieblinge begrüßen wollen. Reichskanzler Kurt von Schleicher läßt bis gegen elf Uhr auf sich warten. Er kommt nicht in Begleitung seiner Gattin, sondern seines politischen Intimus, Oberst von Bredow. Doch keiner erkennt die beiden Herren, die aus einem Mietwagen steigen und schnell im Portal verschwinden. Das Festkomitee im Vestibül, das jeden der ankommenden Gäste begrüßt, ist dafür um so interessierter. Als Journalisten wissen sie natürlich, daß der Rücktritt des Generals von Schleicher jede Stunde zu erwarten ist. Der Vorsitzende des »Vereins Berliner Presse« geleitet den Reichskanzler in seine Loge, und so entgeht ihm die Ankunft eines anderen prominenten Gastes, des sowjetischen Botschafters Leo Chintschuk.

Wenige Minuten nach Mitternacht setzt plötzlich die Musik aus. Der Lichtstrahl eines Scheinwerfers spielt über die Köpfe der Tanzenden und bleibt dann an einer teppichbehangenen Logenbrüstung hängen, als hätte er sich dort in dem Blätterwerk der Lorbeerbäume verfangen. Es ist die Loge des Reichskanzlers. Schleicher und der Mann im Frack neben ihm, sein Freund Oberst von Bredow, erheben sich und treten nach vorn. Im Saal ist es still geworden. Nur aus einem der Nebensäle tönt Musik, ganz fern und unwirklich.

Mit den letzten Nachrichten wurde gemeldet, das Kabinett Schleicher sei zurückgetreten. Die Neuigkeit sprach sich wie ein Lauffeuer unter den Ballbesuchern herum, und alles lauscht, was der Kanzler wohl sagen wird. Auch die Damen und Herren in den Nebenlogen haben sich erhoben. Der französische Botschafter François-Poncet, der Brüning und Schleicher eher bekämpft als gefördert und damit seinen Teil zu dieser fatalen politischen Entwicklung beigetragen hat, sieht etwas spöttisch auf die vor ihm wogende Menschenmenge. Wissend nickt er zur Loge seines englischen Kollegen hinüber.

»Was wird Schleicher sagen?« Diese Frage steht in aller Augen, und für einen Moment hat es den Anschein, als wolle der gestürzte Kanzler den dreitausend Besuchern des Presseballes ein Masseninterview geben. Der Kellner hinter ihm füllt die Sektgläser. Schleicher hebt den schmalen Kelch hoch gegen das Licht. Der Strahl des Scheinwerfers bricht sich in den geschliffenen Facetten des Glases, und laut und deutlich ruft der General in den Saal: »Na, denn man Prost, meine Damen und Herren!«

Die Musik beginnt wieder zu spielen. Ist es Zufall oder ist es Ironie, daß die Kapelle intoniert: »Es war einmal ein treuer Husar . . .«? Die Paare auf der Tanzfläche beginnen wieder zu tanzen, und viele von ihnen summen die Melodie mit. »Nach der Meldung im Rundfunk hat Papen den Auftrag erhalten, die Möglichkeiten einer Regierungsbildung zu prüfen«, sagt der

Chefredakteur des »Berliner Tageblattes« zu einem Kollegen. »Mit anderen Worten: Kanzler wird Hitler, und die Bedingungen sind schon am 4. Januar zwischen ihm und Papen in Köln ausgehandelt worden . . .«

Als Staatssekretär Meißner am Sonntagmorgen gegen neun Uhr sein Büro in der Reichskanzlei betritt, berichtet man ihm, daß der Reichspräsident noch schlafe. Das wundert ihn, denn Hindenburg ist als Soldat das Frühaufstehen gewöhnt. Erst gegen zehn Uhr tönt aus dem Arbeitszimmer des Alten Herrn das Klingelzeichen. Meißner nimmt seine Vortragsmappe und geht hinauf in den ersten Stock.

»Guten Morgen, Kindchen!« begrüßt der Reichspräsident seinen Staatssekretär und fordert ihn mit einer Handbewegung auf, Platz zu nehmen. Doch bevor Meißner mit seinem Vortrag beginnen kann, sagt Hindenburg: »Ich hatte gestern nacht noch Besuch. Hammerstein-Equord war da mit einem Kameraden. Die beiden Herren meinten, mir gegenüber die Besorgnis der Reichswehr über die politische Entwicklung zum Ausdruck bringen zu müssen. Sie wollten, daß ich Schleicher als Reichskanzler behalte.« Hindenburg erhebt sich und geht im Zimmer hin und her. Auf seinen Stock gestützt erzählt er weiter: »Ich habe den Herren aber heimgeleuchtet. Was für die Armee tragbar ist, weiß ich als Oberster Befehlshaber besser. Dazu brauche ich keine Belehrung, am wenigsten von diesem Hammerstein.«

Der Reichspräsident bleibt stehen und sieht zu seinem Staatssekretär hinüber. Meißner nimmt das verschmitzte Lächeln im Gesicht Hindenburgs sehr wohl wahr, als ihm der Alte Herr, den Stock kräftig aufstoßend, jetzt die Szene von gestern sozusagen vorspielt: »Wissen Sie, Kindchen, was ich Hammerstein gesagt habe? ›Es wäre wirklich besser, wenn sich die Herren weniger um Politik und mehr um die Ausbildung der Truppe kümmern würden. Ihr Oderübergang, Herr von Hammerstein, hat mir nämlich ganz und gar nicht gefallen!‹ Nein, so alt bin ich noch nicht, als daß ich nicht erkenne, woran es fehlt!«

Staatssekretär Meißner weiß, was Hindenburg damit meint. Voriges Jahr hatte der Reichspräsident unerwartet die Herbstmanöver der Reichswehr besucht. Hammerstein-Equord, ein leidenschaftlicher Jäger, befand sich nicht bei der Truppe. Er mußte erst von seinem Hochstand in den Masurischen Wäldern geholt werden und traf im letzten Moment auf dem Manövergelände ein, kurz bevor Hindenburg erschien. Natürlich klappten die Übungen nicht so, wie sie hätten klappen müssen. Dem geschulten Auge des ehemaligen Generalfeldmarschalls war das nicht entgangen.

Der Reichspräsident nimmt wieder hinter seinem Schreibtisch Platz und sagt mit ernstem Gesicht: »Es muß sofort etwas geschehen! Die Reichswehr ist der Fels, auf dem in diesen bewegten Zeiten das Deutsche Reich noch ruht, und in der Armee darf es keine Politik geben. Deshalb muß Schleicher gehen, darüber lasse ich nicht mehr mit mir reden. Seit gestern abend nicht mehr! Denn hinter der Aktion Hammersteins steht niemand anderes als Schleicher.« Hindenburg faltet die auf dem Schreibtisch liegenden Hände ineinander und fügt mit grabestiefer Stimme hinzu: »Ich bin heute nacht zu dem Entschluß gekommen, einen neuen Reichswehrminister zu ernennen, noch bevor ich diesen Hitler ins Kabinett berufe. Es müssen klare Verhältnisse geschaffen werden . . .«

Meißner sieht erstaunt auf. Hitler soll nur »ins Kabinett berufen« werden? Was heißt das? Hat Papen in der gestrigen Unterredung, bei der Meißner nicht anwesend war, neue Dinge berichtet? Bevor der Staatssekretär fragen kann, sagt Hindenburg: »Schicken Sie an General Blomberg in Genf ein Blitztelegramm, daß er sofort kommen soll. Aber geben Sie selber das Telegramm auf, Kindchen! Niemand darf davon erfahren. Auch Papen nicht!«

Bereits eine Stunde später liegt die Antwort aus Genf vor. Blomberg wird am nächsten Morgen kurz vor acht Uhr in Berlin eintreffen. Hindenburg gibt seinem Sohn den Befehl, den General am Bahnhof zu erwarten und sofort in die Präsidialkanzlei zu geleiten.

Fast vier Wochen sind seit dem Gespräch im Hause des Bankiers von Schröder vergangen, aber erst am Nachmittag dieses Sonntags gelingt es Hermann Göring, eine Einigung mit Papen zu erzielen, wer nun Minister werden soll. Doch eine Frage bleibt auch jetzt noch ungeklärt: ob der Reichstag aufgelöst werden soll oder nicht.

»Ich bin nicht der Meinung«, berichtet Göring seinem »Führer«, »daß Papen prinzipiell gegen eine Reichstagsauflösung ist. Die Widerstände kommen zweifellos von Hindenburg, hinter dem der kleine Hugenberg steht. Man erklärt rundheraus, eine Neuwahl des erst vor zwei Monaten gewählten Reichstags sei völlig unnötig!«

Hitler sieht fragend seinen Unterhändler an. Ist das alles, was er bringt? Aber Göring hat sich das Beste für zuletzt aufgespart. Mit stolzgeschwellter Brust erklärt er jetzt: »Sonst bin ich mit Papen in allen Fragen handelseinig geworden. Morgen werden Sie, mein Führer, der Reichskanzler des Deutschen Reiches sein.«

Das ist ein feierlicher Augenblick. Alle erheben sich. Nur Goebbels hat einen verkniffenen Zug im Gesicht. Ihn giftet, daß ausgerechnet Göring und nicht er diese Nachricht überbringen kann. Aber er ist nicht umsonst ein Propagandagenie. Selbst jetzt versteht er, etwas für sich herauszuholen. Schnell faßt er nach der linken Hand Hitlers, mit seiner eigenen Linken aber nach der Rechten Görings und zwingt so seine beiden Gäste, einen Kreis zu bilden, als symbolischen Ausdruck einer verschworenen Gemeinschaft. Im selben Moment betritt Frau Magda Goebbels das Zimmer, mit einem Tablett selbstgebackener, herrlich duftender Nußkipfel, die Hitler besonders liebt. Frau Goebbels stellt das Tablett auf einem kleinen Tisch ab unkd wartet, bis die drei Männer ihren stummen Schwur zu Ende geschworen und sich wieder gesetzt haben. Dann begrüßt sie Göring, stellt ihm eine Tasse hin und gießt Kaffee ein. Während Hitler genießerisch sein Nußkipfel anbeißt, bringt er Goebbels bei, daß er vorläufig noch nicht Reichsminister werden könne: »Lieber Doktor, Sie müssen mir erst den Wahlkampf führen, den wir unter allen Umständen gewinnen müssen! Nur wenn wir die absolute Mehrheit erreichen, können wir Ihre speziellen Freunde, die Deutschnationalen, ausbooten. Sie kennen ja meine Pläne! Erst wenn wir Hugenberg und Konsorten hinauskomplimentiert haben, wird es möglich sein, Sie zum Minister zu ernennen.«

Hitler denkt also schon an den Wahlkampf, obwohl der

Reichstag noch gar nicht aufgelöst ist! Aber die Neuwahl ist der wesentlichste Punkt des nationalsozialistischen »Gesundungsprogramms«, wie Goebbels weiß. Nach kurzer Überlegung sagt er: »Mein Führer, könnte man den Widerstand des Präsidenten nicht durch etwas – ich meine, durch irgendein Argument überwinden?«

Dr. Goebbels ahnt nicht, daß bereits ein anderer auf diese Idee kam und das sogenannte »Argument« schon unterwegs ist, um den Gang der Ereignisse zu beschleunigen!

An diesem Sonntag findet in den Ausstellungshallen am Funkturm nachmittags und abends das alljährliche Reit- und Fahrturnier statt. Alle Pferdeliebhaber pflegen es zu besuchen. Auch General von Schleicher hat sich schon vor einer Woche Karten besorgt. Als er seinen Wagen besteigen will, wird ihm gemeldet, der Reichspräsident habe Werner von Blomberg in Genf befohlen, sofort nach Berlin zu kommen. »Soll der etwa Reichswehrminister werden?« sagt Schleicher. Er kann sich nicht gut vorstellen, daß Blomberg der geeignete Mann ist. Bei einem Reitunfall hat er eine schwere Gehirnerschütterung davongetragen, und seitdem ist er nicht mehr ganz auf der Höhe. Schon 1931 war seine Pensionierung erwogen worden, und die Ernennung zum militärischen Berater der deutschen Abrüstungsdelegation in Genf deutete man allgemein als den Beginn seiner Verabschiedung.

Schleicher läßt in Genf nachfragen und erfährt, daß Blomberg am nächsten Morgen kurz nach acht Uhr in Berlin eintreffen wird. Inzwischen ist es für den Besuch des Turniers zu spät geworden. Der General bleibt deshalb in seiner Wohnung. Später läßt sich Hammerstein-Equord bei ihm melden. »Wenn Blomberg ablehnt«, erklärt er Schleicher, »bleiben Sie Reichswehrminister. Das wäre die Rettung. Gegen die Armee kann Hitler keine Schweinerei machen!«

»Man müßte Blomberg auf dem Bahnhof abfangen und erst einmal hierher ins Ministerium bringen«, schlägt Schleicher vor. »So dumm ist er auch wieder nicht, daß er nicht einsieht, wie wichtig ein Gegengewicht gegen Hitler ist, und das kann nach der Lage der Dinge nur ein politisch versierter Reichswehrgeneral sein.« Hammerstein erbietet sich, seinen Adjutanten, Major Kuntzen, am nächsten Morgen zum Anhalter Bahnhof zu schikken, um Blomberg in seinem und Schleichers Namen aufzufordern, zuerst ins Reichswehrministerium zu kommen.

In diesem Augenblick taucht das von Goebbels so dringend gewünschte »Argument« in Gestalt des politischen Abenteurers Werner von Alvensleben, Bruder des »Herrenclub«-Präsidenten, in Schleichers Wohnung auf. Alvensleben, erst vor wenigen Jahren aus dem Ausland zurückgekehrt, unterhält in der Genthiner Straße ein Büro zur Vermittlung von Kontakten, vornehm getarnt als Geschäftsstelle des »Deutschen Bundes zum Schutze der Abendländischen Kultur«. Nach dem Weltkrieg von der Familie wegen peinlicher Dinge aus Deutschland hinauskomplimentiert, ist dieser Herr immer dort zu finden, wo es etwas »Abendländisches« zu schützen, zu vermitteln, zu erforschen, auszukundschaften und natürlich auch zu verdienen gibt. Man will ja leben!

Werner von Alvensleben kommt auch an diesem Abend im Auftrage eines Dritten zu Schleicher. Aber das sagt er selbstverständlich nicht! Großzügig erklärt sich der Bruder des »Herrenclub«-Präsidenten bereit, zu Hitler zu fahren und diesen für die beiden Generäle auszuhorchen, wieweit sich die Dinge entwikkelt haben. Weder Schleicher noch Hammerstein fällt auf, daß Alvensleben weiß, wo sich der Chef der NSDAP gerade befindet. Im allgemeinen gibt Hitler seine augenblickliche Adresse nur den intimsten Vertrauten. Außer diesen dürfte sie an diesem Abend nur noch Franz von Papen wissen . . .

Wenig später läutet Werner von Alvensleben an der Tür der Etagenwohnung des Dr. Goebbels am Reichskanzlerplatz. Das Mädchen führt ihn aber nicht sofort zu Hitler, sondern erst einmal in ein Nebenzimmer, das gleich darauf der Hausherr betritt. Das Gespräch zwischen den beiden Männern dauert nur wenige Minuten. Was man erörtert, wird nie jemand genau erfahren, aber alles spricht dafür, daß Alvenslebens Besuch bei Schleicher bereits ein Teil der abgefeimten Intrige war, die ein Dritter ersann und der Dr. Goebbels nur den letzten Schliff gab.

Kurz darauf steht der »Schützer der Abendländischen Kultur« dem Führer der NSDAP gegenüber. Er erzählt ihm, die Generale von Schleicher und Hammerstein planten, die Potsdamer Garnison zu mobilisieren, den Reichspräsidenten zu verhaften und im plombierten Viehwagen nach seinem Gut Neudeck in Ostpreußen zu transportieren. Nachdem Hindenburg ausgeschaltet worden sei, wollten sie dann eine Militärdiktatur ausrufen.

Hitler und Göring springen auf. Hastig bespricht man die »Gegenmaßnahmen«. Auf den naheliegenden Gedanken, in Potsdam oder einer der Berliner Kasernen nachzufragen, ob die Truppen tatsächlich in Alarmbereitschaft stehen, kommt man nicht, obwohl man in allen Regimentern Vertrauensleute sitzen hat! »Wer muß außerhalb der Partei gewarnt werden?« ruft Hitler und gibt auch gleich die Antwort: »von Papen, Oskar von Hindenburg, der Sohn des Präsidenten, und Staatssekretär Dr. Meißner.«

Goebbels, Alvensleben und Göring schwärmen aus, um das Deutsche Reich und die »Abendländische Kultur« vor dem entsetzlichen »Anschlag« zu retten. Hitler bleibt allein in der Wohnung zurück. Aber er bleibt nicht untätig. Telefonisch gibt er dem Grafen Helldorf, Gruppenführer der Berlin-Brandenburgischen SA, den Befehl, seine Männer zu alarmieren. Anschließend informiert er noch den nationalsozialistischen Polizeimajor Wecke und fordert ihn auf, seine Hundertschaft kasernierter Polizei einsatzbereit zu halten.

Inzwischen hat Görings Mercedes die Wilhelmstraße erreicht, wo Papen noch immer eine Dienst-Villa bewohnt. Erstaunlicherweise weiß er schon von dem Gerücht! Göring vergißt zu fragen woher. Auch Oskar von Hindenburg, den der Reichstagspräsident anschließend aufsucht, ist bereits im Bilde.

Wie ein Besessener läuft Göring zu seinem Auto und eilt nach der Bendlerstraße, zur Mietwohnung des Staatssekretärs der Präsidialkanzlei. Aber Dr. Meißner befindet sich auf dem Reit- und Fahrturnier in den Ausstellungshallen an der Masurenallee. »Zum Funkturm!« ruft Göring seinem Chauffeur zu. »Fahren Sie wie der Teufel!«

Kaum hat der Wagen gehalten, hastet er zum Eingang der Halle. Mit Feldherrngeste schiebt er die Kontrolleure beiseite und dringt in das Innere vor. Ein warmer Dunst wie aus einem Pferdestall schlägt ihm entgegen, für jeden Reiter ein anheimelnder und beruhigender Geruch. Auf Göring scheint er genau gegenteilig zu wirken. Er steigert sich in eine immer größere Wut hinein. »Wo sitzt der Staatssekretär?« brüllt er einen Platzanweiser an.

Das Geschrei erweckt Unwillen, denn in der weiten Halle ist es plötzlich still geworden wie in einem Zirkus, wenn bei einer Sensationsnummer die Musik aussetzt. Hier wird soeben um den »Großen Preis der Republik« gekämpft. Runde zwanzigtausend Mark sind dabei zu gewinnen. Favoritin ist Irmgard von Opel. Doch Reichstagspräsident Göring läßt sich nicht abhalten, erneut laut nach Meißner zu rufen. Endlich erbarmt sich jemand seiner und weist ihn nach der Tribüne, auf der Staatssekretär Meißner sitzt. Hermann Göring stürmt dorthin und überfällt den Chef der Präsidialkanzlei mit den Worten: »Schleicher beabsichtigt, die Berliner und Potsdamer Garnisonen zu alarmieren und eine Militärdiktatur auszurufen.«

Meißner sieht überrascht auf und wendet sich mit wegwerfender Handbewegung wieder dem Turnier zu. Rittmeister Hasse und Oberleutnant Momm setzen gerade über die Hürden. Das interessiert den Staatssekretär, der ein passionierter Reiter ist, erheblich mehr. Außerdem weiß er, wie unsinnig die Putschgerüchte sind, von denen er noch vor seinem Weggang aus der Reichskanzlei gehört hat. Erst nach geraumer Zeit widmet er sich dem Reichstagspräsidenten. In väterlich-mahnendem Ton sagt er zu ihm: »In Deutschland wird es kein Offizier wagen, gegen den hochverehrten Generalfeldmarschall des Weltkrieges die Hand zu erheben!« Und nach einer kleinen Pause fügt der Staatssekretär warnend hinzu: »Der Herr Präsident wird außerdem niemals der Gewalt weichen, ganz gleich, von welcher Seite sie kommt.«

Göring gibt sich zufrieden und verabschiedet sich. Meißner fragt sich, ob alles nur Theater war? Doch erfüllt der blinde Alarm zweifellos genau den Zweck, den er erfüllen sollte. Nachdem Hitler Reichskanzler geworden ist, schenkt er Werner von Alvensleben sein Bild mit der vielsagenden Unterschrift: »Meinem treuesten Freunde!«

Am Montag, dem 30. Januar 1933, klingelt in der Wohnung des Oberstleutnants a. D. Duesterberg, des zweiten Vorsitzenden der rechtsnationalen Organisation »Der Stahlhelm«, schon früh am Morgen das Telefon. Franz von Papen läßt ihn bitten, sich sofort bei ihm in einer dringenden Angelegenheit zu melden. Duesterberg sieht auf die Uhr. Es ist erst kurz vor sieben. Als er wenig später die Wohnung Papens betritt, ruft ihm dieser zu: »Wenn nicht bis elf Uhr die neue Regierung gebildet ist, marschiert die Reichswehr.«

Duesterberg begrüßt die anwesenden Bekannten und fragt dann mißtrauisch, von wem diese ungeheuerliche Nachricht stamme. Papen scheint wirklich in großer Erregung zu sein, zumindest spielt er sie hervorragend. »Von Hindenburgs Sohn!« schreit er Duesterberg zu. Dem Oberstleutnant kommt ein furchtbarer Verdacht: Vielleicht ist dieses ganze Putschgerücht nichts anderes als ein infam erfundenes politisches Manöver? Er verabschiedet sich eilig und geht hinüber in die Reichskanzlei, um mit Oskar von Hindenburg zu sprechen.

Vor der Tür zu den Privaträumen der Familie Hindenburg steht ein Feldwebel der Reichswehr. Duesterberg stutzt. Bewacht er den Präsidenten oder überwacht er ihn bereits? Doch der Oberstleutnant wird durchgelassen und kann mit Oberst von Hindenburg sprechen. »Ich kann Ihnen nichts sagen«, antwortet der Sohn des Präsidenten, der ausgehfertig im Zimmer steht, »ich muß sofort zum Anhalter Bahnhof, um Blomberg abzuholen. Aber dem Verräter Schleicher werde ich es heimzahlen.«

Das kurze Gespräch zwischen Tür und Angel macht beinahe Geschichte. Wegen der wenigen Minuten, die Hindenburgs Sohn mit Duesterberg spricht, verpaßt er um ein Haar den General von Blomberg.

Als das Auto der Präsidialkanzlei vor dem Anhalter Bahnhof hält, ist es schon acht Uhr dreißig. Der Zug aus Genf ist also vor zehn Minuten eingelaufen. Oskar springt, zwei Stufen auf einmal nehmend, die Freitreppe hinauf, stürmt durch die Vorhalle und drängt sich durch die Sperre. Unter den wenigen, die noch auf dem Bahnsteig stehen, erkennt Oskar von Hindenburg den General von Blomberg in Begleitung eines Herrn. Es ist Hammersteins Adjutant, Major Kuntzen.

Nach kurzer Begrüßung fordert Hindenburg den General auf, mit ihm in die Präsidialkanzlei zu kommen. »Mein Vater wartet schon!«

Blomberg stutzt: »Major Kuntzen bat mich, den Reichswehrminister aufzusuchen . . . aber der Reichspräsident ist als Oberbefehlshaber die höhere Stelle«, sagt er, verabschiedet sich von dem Major und steigt in den Wagen der Präsidialkanzlei. Damit hat Schleicher auch diesen letzten Wettlauf mit dem Schicksal verloren.

Hindenburg fragt den General gar nicht erst, ob er das Amt des Reichswehrministers übernehmen wolle und ob er sich der Aufgabe gewachsen fühle. Der Präsident als verfassungsmäßiger Oberbefehlshaber der Armee befiehlt Blomberg einfach, Minister zu werden und vereidigt ihn auch gleich. Als Direktive gibt Hindenburg dem neuen Reichswehrminister mit auf den Weg: »Mein Auftrag an Sie ist, die Truppe aus dem Parteigezänk herauszuhalten. Sie gehört dem ganzen Volk.« Blomberg schlägt die Hacken zusammen und antwortet: »Jawohl, Herr Reichspräsident!«

Wenige Minuten später gibt Meißner dem Reichskanzler von Schleicher telefonisch durch, daß er seines Amtes als Reichswehrminister enthoben sei. Dann macht er den neuen Reichswehrminister, das erste vereidigte Mitglied des kommenden Kabinetts Hitler, darauf aufmerksam, daß der zukünftige Vizekanzler, Herr von Papen, ihn erwarte.

»Ich glaube, ich sollte erst einmal ins Ministerium fahren«, erwidert Blomberg und meint damit das Reichswehrministerium in der Bendlerstraße.

»Tun Sie das lieber nicht«, warnt Oskar von Hindenburg. »Man wird Sie womöglich verhaften und festsetzen.«

Seit einer halben Stunde hat sich wie durch Zauberei die Wilhelmstraße mit Menschen gefüllt, zum überwiegenden Teil mit SA-Männern in Zivil, die Goebbels als »Stimmungskulisse« dorthin dirigiert hat. Der umsichtige Meißner empfiehlt deshalb General von Blomberg, den Weg zum Hause 74 durch die Gärten zu nehmen und geleitet ihn zum hinteren Ausgang. Dort übernimmt ihn ein Diener, der ihn weiter über verschwiegene und verschlungene Wege, durch niedere Pforten und Taxushecken zur Villa Papens führt.

Von jenseits der Häuserfront hört man schallende »Heil«-Rufe. Zur selben Zeit begibt sich Adolf Hitler in Begleitung von Hermann Göring und Dr. Frick vom Hotel »Kaiserhof« zur Wilhelmstraße 74. Blomberg und Hitler betreten fast gleichzeitig Papens Wohnung. Dr. Hugenberg, der Führer der Deutschnationalen Volkspartei und der Erste Vorsitzende des »Stahlhelm«, der Mineralwasserfabrikant Franz Seldte, ebenfalls für einen Ministerposten vorgesehen, sind schon anwesend. Auch Oberstleutnant Duesterberg ist da.

Die nationalsozialistischen Zeitungen haben in den letzten Wochen den Oberstleutnant scharf angegriffen und ihm seine jüdische Großmutter vorgeworfen. Im Kriege war er zwar ein hervorragender Truppenführer, aber nach nationalsozialistischen Begriffen ist er wegen dieser »jüdischen Versippung« ein »minderwertiges Subjekt«. Duesterberg beachtet deshalb den eintretenden Führer der NSDAP, den Papen überschwenglich als »Herr Reichskanzler« begrüßt, mit keinem Blick.

Hitler wittert in dieser Nichtbeachtung eine Gefahr, denn noch ist er nicht Reichskanzler! Das beste ist, die peinliche Angelegenheit gleich auszuräumen. Mit ausgestreckten Händen geht er auf den Oberstleutnant zu und erklärt: »Ich bedaure die Ihnen durch meine Presse zugefügten Beleidigungen und versichere Ihnen auf mein Wort, daß ich sie nicht veanlaßt habe.« Dabei weiß jeder im Zimmer, daß auch Hitler in seinen Versammlungen auf Duesterbergs »jüdische Versippung« hingewiesen hat. Merkt Papen noch immer nicht oder will er nicht merken, daß dieser Mann, den er zum Reichskanzler emporgehoben hat, den Begriff des »Ehrenwortes« nicht kennt und daraus nie ein Hehl machte?

Göring ruft Duesterberg zu: »Jetzt müssen wir fest zusammenhalten!« Anderthalb Jahre später wird Göring den Oberstleutnant verhaften und in das Konzentrationslager Dachau einliefern lassen. Der bereits befohlenen Erschießung entgeht jener nur dank des Eingreifens von Dr. Meißner beim Reichspräsidenten von Hindenburg.

Als es zehn Uhr fünfunddreißig geworden ist, bittet Papen

seine Gäste, mit ihm hinüber zur Reichskanzlei zu kommen. Mit Hitler zur Rechten führt er sie durch die winterlichen Ministergärten. Auch Duesterberg geht mit, obwohl er in das »Kabinett der nationalen Konzentration« gar nicht eintritt. Als Mann von Charakter hat er es, im Gegensatz zu Papen, abgelehnt, mit Menschen zusammenzuarbeiten, die ihn beschimpft haben.

In der Reichskanzlei empfängt Meißner die Herren und führt sie in sein Arbeitszimmer, wo schon einige Ministerkandidaten warten. Und hier kommt es zu einem heftigen Zusammenstoß. Nachdem Papen in einer kleinen Ansprache Adolf Hitler allen als Reichskanzler vorgestellt hat, sagt der Chef der NSDAP zu Hugenberg:

»Ich bin glücklich, daß das Kabinett der nationalen Konzentration endlich zustande gekommen ist. Die Wahlen zum Reichstag werden zeigen, wie sehr auch das deutsche Volk die neue Regierung begrüßt.«

Der Führer der Deutschnationalen Volkspartei begreift nicht gleich. »Wahlen zum Reichstag? Ich dachte, die Frage ist dahin entschieden worden, daß vorläufig nicht gewählt wird? Wir haben doch erst vor drei Monaten gewählt, und der jetzige Reichstag entspricht völlig der derzeitigen Parteistärke!«

Der Zwischenfall ist von Hitler bewußt provoziert worden. Er zieht Hugenberg in eine Mauernische und beginnt auf ihn einzusprechen. Aber der kleine, quecksilbrige alte Herr denkt nicht daran nachzugeben. Er bleibt bei seinem »Nein«. Papen erkennt, daß die so mühsam zusammengeleimte Koalition zu zerfallen droht, noch bevor sie zustande gekommen ist. Bitterkeit steigt in ihm auf. Dieser Hugenberg hat gut nein sagen! Wer auch immer Kanzler wird, der »Silberfuchs« hat stets Aussicht, Minister zu werden. Aber er, Franz von Papen, von Schleicher aus der Versenkung hervorgeholt wie ein Kaninchen aus dem Zylinder eines Zauberkünstlers, wird nie wieder eine Chance haben, als Staatsmann eine Rolle zu spielen, wenn Hitler heute das Haus nicht als Kanzler verläßt.

Plötzlich wechselt der Führer der Nationalsozialisten seine Taktik. Hat er soeben noch den Erregten gespielt, dem man die Reichstagsauflösung aus purer Bosheit nicht zugestehen will, so gibt er sich jetzt als seriöser Politiker, der nach einem annehmbaren Kompromiß sucht. »Herr Geheimrat«, sagt er mit getragener Stimme und faßt dabei nach Hugenbergs Hand, »ich gebe Ihnen hiermit mein feierliches Ehrenwort, daß ich mich von keinem der hier anwesenden Herren jemals trennen werde, mögen die Wahlen ausfallen, wie sie wollen.«

Hugenberg zeigt sich beeindruckt, wenn auch mehr vom Ton als von den Worten. Wie hoch ein Ehrenwort von Hitler einzuschätzen ist, weiß er genau. Zwar nicht mehr so grimmig, aber dennoch entschlossen, sagt er zum zehnten Male »Nein«.

Im selben Moment tritt Staatssekretär Dr. Meißner an die streitenden Herren heran und zeigt mahnend auf seine Uhr: »Es ist fünf Minuten über die Zeit. Der Herr Reichspräsident liebt Pünktlichkeit.«

Hugenberg bittet um einige Minuten Aufschub und wendet sich wieder Hitler zu, um ihm erneut seinen Standpunkt zu begründen, wie schon in den letzten Tagen mehr als ein halbes dutzendmal Papen gegenüber. Offenbar hat jener den Chef der NSDAP nicht darüber informiert, daß der Führer der Deutschnationalen nicht bereit ist, in diesem Punkt nachzugeben.

Hindenburg, der oben in seinem Arbeitszimmer hinter dem Schreibtisch Bismarcks sitzt, wird die Zeit zu lang. Er läßt Meißner zu sich bitten. Der Staatssekretär eilt hinauf und erklärt die Verzögerung. »Sie sollen sich endlich entscheiden, ob sie eine Regierung bilden wollen oder nicht!« ruft der in feierliches Schwarz gekleidete Hindenburg. »Für Verhandlungen war vordem genug Zeit.« Die Augen in dem kantigen Kopf blicken streng. Ärgerlich grollt die Stimme des alten Mannes, der zeit seines Lebens gewohnt war, seinen Tagesablauf auf die Minute genau einzuteilen.

Meißner bestellt den noch immer in der Fensternische streitenden Herren in erheblich konzilianterem Ton als Hindenburg: »Der Herr Präsident läßt bitten, ihn nicht mehr warten zu lassen. Es ist jetzt elf Uhr fünfzehn. Der Alte Herr kann sich jeden Augenblick zurückziehen.«

Die Spannung im Haus ist unerträglich geworden. Die übrigen Ministerkollegen stehen ratlos herum und wissen nicht, was sie tun sollen. Dr. Frick, der Reichsminister des Innern werden soll, öffnet ein Fenster, um frische Luft hereinzulassen. Konstantin von Neurath, der wieder das Außenministerium übernehmen soll, zeigt den Neulingen unter den Ministerkandidaten, Werner von Blomberg und Franz Seldte, wo im Garten die Bismarckschen Hundegräber liegen: »Auch sein Pferd, das er in der Schlacht bei Königgrätz ritt, liegt hier begraben . . .«

In der Fensternische greift Hitler abermals nach Hugenbergs Hand und umschließt sie mit seinen beiden Händen. »Herr Geheimrat«, sagt er feierlich, »nach der Neuwahl, ich verspreche es Ihnen feierlich vor dem ganzen Kabinett, werde ich sowohl mit dem Zentrum wie mit der Bayerischen Volkspartei Fühlung nehmen zwecks Beteiligung dieser beiden katholischen Parteien an einer Regierung auf parlamentarischer Basis. Aber die Auflösung des bestehenden Reichstages ist leider eine Notwendigkeit.«

Papen mischt sich ein. Vorwurfsvoll sagt er zu Hugenberg: »Aber Herr Geheimrat! Wollen Sie denn die nationale Einigung, die nach so vielen schwierigen Verhandlungen endlich zustande gekommen ist, aufs Spiel setzen?« Als Hugenberg den Kopf schüttelt, fügt Papen hinzu: »Sie können doch nicht an dem feierlichen Ehrenwort eines deutschen Mannes zweifeln?«

Kann man wirklich nicht am Ehrenwort eines Mannes zweifeln, der selber öffentlich erklärt hat, wenn er es für nötig halte, breche er jedes gegebene Wort? Doch Hugenberg wird jetzt weich. Er tritt einen halben Schritt zurück und schlägt vor, die Entscheidung dem Präsidenten zu überlassen. Hitler erklärt sich sofort einverstanden – und hat damit gewonnenes Spiel, denn nach den Koalitionsabmachungen wohnt allen Vorträgen des Reichskanzlers beim Präsidenten der Vizekanzler Franz von Papen bei – wegen des »Duumvirats«, der »Zweimännerherrschaft«. Und »Fränzchen« herumzukriegen ist für Hitler keine Sekunde ein Problem.

»Jetzt ist alles in Ordnung!« ruft Göring lärmend – wie von einer Angst befreit. »Jetzt können wir endlich hinaufgehen!« Der wohlproportionierte Hermann Göring, das »Schmuckstück der Bewegung«, hat es schon aus persönlichen Gründen eilig, Minister zu werden. Trotz der hohen Aufwandsentschädigung als Reichstagspräsident kommt er nie mit seinem Geld aus. Noch im vorigen Jahr haben sich die Gläubiger und Gerichtsvollzieher bei ihm die Türklinke in die Hand gegeben.

In unwürdiger Hast, dem feierlichen Moment gar nicht angemessen, läuft jetzt alles im Gänsemarsch, voran die »Duumvirn« Hitler und Papen, über die teppichbelegten Stufen hinauf zum Präsidenten. Hugenberg kommt kaum nach. Unverständliche Worte murmelnd, trippelt er hinterher. Nur Duesterberg bleibt zurück. Er lauscht nach dem sich schnell entfernenden Lärm, dann geht auch er langsam hinaus.

In der Vorhalle hilft ihm ein Diener in den Mantel und öffnet ihm die Türen. Ein Brausen schlägt Duesterberg entgegen, wie das Rauschen eines Meeres, eines Menschenmeeres, denn die Wilhelmstraße hat sich inzwischen mit Neugierigen und hierher Befohlenen gefüllt. Der Vorhof der Reichskanzlei ist zwar leer, aber an den eisernen Gittern hängen Trauben von Halbwüchsigen und Hitlerjungen. Zwei Soldaten öffnen Duesterberg das Tor und drängen die Menschen beiseite. Eine schmale Gasse bildet sich für den Oberstleutnant, dem es vorkommt, als müsse er Spießruten laufen. Hundert Fragen prasseln wie Schläge auf ihn nieder: »Ist Adsche (Adolf) nun schon Reichskanzler?« – »Ist der Führer bei Hindenburg?« – »Wo bleibt Hitler denn?«

Aus einer Art Galgenhumor ruft der Oberstleutnant einer Gruppe aufdringlicher Hitlerjungen ironisch zu: »Beruhigen Sie sich, meine Herren! Ihr Führer leistet soeben den Eid auf die von ihm so bekämpfte Verfassung von Weimar . . .«

Die Bemerkung frißt sich wie ein Lauffeuer durch die Massen. »Der Führer leistet den Eid!« – »Der Führer ist Kanzler!«

Dann steht plötzlich Hitler im Vorhof der Reichskanzlei und schüttelt die Hände seiner Kabinettskollegen, die ihn umringen und zum Auto geleiten, dessen Verdeck heruntergeschlagen ist. Die Massen schreien sich heiser. Sie erkennen am Gesichtsausdruck ihres »Führers«, daß es diesmal endlich geklappt hat. Nur meterweise kann sich der schwarze Mercedes vorwärtsschieben, in dem der »Retter« steht und lachend nach allen Seiten grüßt. Erst vor dem Portal des Kaiserhofes, das SA- und SS-Männer schnell frei gemacht haben, ist etwas Luft. In der nächsten Sekunde hat die Drehtür Adolf Hitler verschwinden lassen.

Um dieselbe Zeit verläßt im Reichswehrministerium in der

Bendlerstraße der bisherige Kanzler, General Kurt von Schleicher, sein Büro. Er sieht sich nicht einmal mehr um, so verbittert ist er. Auf der Treppe begegnet ihm Hammerstein-Equord. »Ein Gutes hat die Machtübernahme in dieser Form doch«, sagt der Chef der Heeresleitung zu Schleicher. »Bei einer offenen Revolte wäre es zu einer blutigen ›Nacht der langen Messer‹ gekommen, wie die SA immer gefordert hat. Jetzt bleibt alles in gewissen Grenzen.«

Schleicher sieht seinen Kameraden lange an, aber es scheint, als sähe er durch ihn hindurch. Dann nimmt er sein Monokel aus dem Auge und sagt, wie aus einem schrecklichen Traum erwachend: »Die ›Nacht der langen Messer‹? Lieber Hammerstein! Das ganze deutsche Volk wird daran glauben müssen, nicht nur einige Kommunisten und Sozialdemokraten. Dieser ›böhmische Gefreite‹ wird das Reich zugrunde richten! Mit Hitler zieht eine Bande von Strichjungen und Betrügern in die Reichskanzlei Bismarcks ein. Mit denen kann man keinen Staat reformieren, sondern nur ruinieren. Das Ende wird furchtbar sein!«

Die Machtergreifung

Es spricht sich schnell herum, wo sich der neue Reichskanzler aufhält. Die Halle des Hotels »Kaiserhof« ist im Nu überfüllt. Gemeinsam mit SA-Wachen halten die Liftboys alle nach oben führenden Treppen und Fahrstühle frei, damit niemand die Korridore zu den Räumen betritt, in denen Hitler seine ersten Besprechungen abhält. Selbst Angehörige der engeren Parteiführung dürfen nicht passieren.

Unmittelbar nach seiner Rückkehr hat der »Führer« den Stabschef der SA, Ernst Röhm, den Propagandachef der NSDAP, Dr. Joseph Goebbels, und seinen Leibfotografen, Heinrich Hoffmann, zu sich rufen lassen. Neidvoll sehen die anderen die drei nach oben gehen. Nachdem sie den Salon betreten haben, erklärt ihnen der frischgebackene Kanzler, die Reichstagsauflösung sei noch immer nicht gesichert. »Die Entscheidung liegt jetzt beim Reichspräsidenten.«

Goebbels und Röhm schlagen vor, den Alten Herrn noch am selben Abend mit einem riesigen SA-Aufmarsch »umzulegen«. Heinrich Hoffmann, eine Art Hofnarr in der Umgebung Hitlers und als solcher Zeuge vieler »historischer Momente«, erlaubt sich die Bemerkung: »Das wird Hindenburg mächtig imponieren.«

»Können Sie bis heute abend auch die Stürme aus der Umgebung von Berlin heranziehen?« fragt Hitler den Stabschef Röhm.

»Jawohl, mein Führer!« antwortet Röhm, dem man auch außerhalb der Partei nachsagt, ein organisatorisches Genie zu sein. Innerhalb von zwei Jahren hat er Hitler eine Privatarmee von rund einer halben Million Mann aufgebaut: die SA. Sie trug im letzten Jahr die Hauptlast der Wahlpropaganda, sie behauptete sich siegreich in vielen Saalschlachten, und sie ist in Wahrheit die Grundlage von Hitlers Macht.

Goebbels und Röhm ziehen sich bald zurück, der kleine Doktor, um in seiner Gauleitung die Anordnungen für den abendlichen »Siegesmarsch« durchs Brandenburger Tor zu geben, Stabschef Röhm, um seine SA-Männer für denselben Zweck »auf Draht« zu bringen. Ehrfurchtsvoll macht die Menschenmasse vor dem Hotel den beiden Männern Platz, als sie den »Kaiserhof« verlassen und in ihre Wagen steigen. Goebbels kann es sich nicht verkneifen, eine kleine Ansprache zu halten. »Der Führer und seine Mitarbeiter im Kabinett der nationalen Konzentration, die Parteigenossen Göring und Dr. Frick, sind sofort an die Arbeit gegangen«, erklärt er der erstaunten Menge, die diese Worte wie eine Offenbarung aufnimmt.

»Was für eine Plattheit!« meint ein Journalist. »Die anderen Kanzler vor Hitler haben ja auch gleich die Arbeit aufgenommen.«

»Du Judenlümmel!« schreien einige Männer, und eine Frau schlägt mit dem Regenschirm auf ihn ein. Das ist wie ein Signal. Nur mit Mühe kann sich der Journalist – er ist gar kein Jude – in die schützende Kette der Polizei retten, die den Eingang zum Hotel freihält.

In der Voßstraße, wo sich jetzt das Gaubüro der NSDAP befindet, treffen sich am Nachmittag der Gauleiter Dr. Goebbels, der Gruppenführer der SA-Formationen Berlin-Brandenburg, Graf Helldorf, und Oberführer Ernst, der neben anderen Einheiten auch die Gruppe «ZbV« (Zur besonderen Verwendung) befehligt, einer Bande geübter Schläger.

Goebbels hat sich für diesen Abend einen besonderen Plan ausgedacht. »Es muß zu Terrormaßnahmen der Kommune kommen«, betont er. »Wir müssen morgen dem Präsidenten, ja der gesamten deutschen Öffentlichkeit einen von den Kommunisten ausgeführten blutigen Überfall präsentieren können . . .« Karl Ernst, dem besonderen Schützling des Stabschefs Ernst Röhm, geht die ganze »Machtübernahme« wider den Strich. Nach der Meinung seiner Freunde hätte Adolf Hitler sich nicht zum Reichskanzler »ernennen« lassen dürfen. Diesen Posten wollte ihm die SA nach einer richtigen Revolution mit allem Drum und Dran präsentieren. Hitler sollte sein Amt ihrer Macht – und ihrer Gnade verdanken.

»Wir haben nicht nur den Kommunisten eine Rechnung zu präsentieren, Gauleiter! Auch die Sozis, die Katholiken und die anderen Scheißkerle haben uns bekämpft! Aber das fällt nun alles flach!«

Goebbels stöhnt auf. »Nichts fällt flach! Verstehen Sie doch! Ich will ja gerade die Grundlage dafür schaffen! Wenn wir die totale Macht haben wollen, müssen wir auf die Provokationen der Kommune, der Juden und der Sozis hinweisen können. Das ist doch klar wie Kloßbrühe!«

Gruppenführer Graf Helldorf, Ernsts Vorgesetzter, versteht genau, worauf Goebbels hinaus will, aber er wird sich hüten, offen dessen Partei zu ergreifen. Wer gegen Ernst Stellung nimmt, macht sich Röhm zum Feinde. »Gauleiter!« wendet sich Helldorf an Goebbels, »Sie müssen schon etwas deutlicher werden!«

Goebbels sagt zu Ernst, der noch immer vor seinem Schreibtisch steht: »Oberführer! Wir werden zuschlagen, darauf können Sie sich verlassen. Aber vorläufig ist es besser, von Maßnahmen gegen die Kommune abzusehen. Der bolschewistische Revolutionsversuch muß zuerst aufflammen. Verstehen Sie mich? Wenn wir einmal zuschlagen, schlagen wir so zu, daß wir gleich die anderen mit erledigen bis hinüber zu den Deutschnationalen.« Goebbels steht auf und stellt sich Ernst gegenüber. »Wir werden auf sie einschlagen, bis ihnen Hören und Sehen vergeht, darauf können Sie sich verlassen! Aber die Kommune muß anfangen, und wenn sie nicht will, müssen wir eben nachhelfen.«

Ernst pfeift durch die Zähne. »Ich verstehe.« Wenige Minuten später verlassen er und Helldorf das Arbeitszimmer von Goebbels. Beide schließen sich noch für kurze Zeit in ihrem Gaubüro ein, dann braust Ernst lachend davon. Sein Adjutant hat ihm für heute einen Wagen organisiert, das dunkelrote Sportkabriolett des Hellsehers Hanussen. Ohne Auto könnte er gar nicht mehr alles erledigen, was noch bis zum Einbruch der Dunkelheit erledigt werden muß.

Überall, wo Ernst auftaucht, wird er mit Hallo empfangen. Die SA-Männer hat so etwas wie ein Rausch befallen, weniger, weil die Wirte und Grünkramhändler heute bedenkenlos kreditieren und die Männer deshalb mehr Alkohol getrunken haben als sonst. Es ist der Machtrausch, der sie befallen hat. Seit Mittag sind sie die Herren von Berlin. Aber Oberführer Ernst dämpft ihren Übermut: »Keene Fisimatenten!« befiehlt er in seinem Berliner Dialekt, den er den einfachen SA-Männern gegenüber immer spricht. (Bei den »feinen Herren« dagegen redet er »mit frisierter Schnauze«.) »Aba, wenn die Kommune keß wird, dann ran und immer mang in die Fresse!«

»Die bleibt heute in ihren Mauselöchern!« ist die übereinstimmende Antwort, die Ernst in den Sturmlokalen zu hören bekommt. Sogar in dem SA-Heim in der Wallstraße, in dem der berüchtigte Sturm 33 haust, ist man überzeugt, daß am Abend alles ruhig abgehen wird. Doch Ernst vertritt den 33ern gegenüber eine andere Meinung: »Ick weeß nich, det jefällt mir nich! Diese Ruhe! Aber warm anziehen kommt heute nich in Frage! Det ist Befehl von janz hoch oben! Verstanden?« Und wie einen Kommentar fügt er hinzu: »Die haben ja da oben die Hosen gestrichen voll?!«

»Warm anziehen!« Diesen Tarnausdruck versteht jeder SA-Mann, denn damit wird gesagt: Schießeisen durchladen und griffbereit in der Tasche halten.

Am Abend des schicksalsträchtigen 30. Januar 1933 spannt sich der Himmel in tintiger Bläue über der Stadt. Nur voraus und zur rechten Hand glüht er, von den Lichtreklamen der City angestrahlt, dunkelrot auf. Die durch den Tiergarten führende Charlottenburger Chaussee sieht aus wie ein langer dunkler Schlauch. Von allen Seiten stoßen jetzt die Marschkolonnen hinzu. Lieder klingen auf und füllen dröhnend die Luft: ». . . Heute da hört uns Deutschland und morgen die ganze Welt!« Einige Stürme singen sogar schon die abgeänderte Version, die einige Jahre später ganz Europa in Unruhe versetzen wird: »Heute gehört uns Deutschland und morgen die ganze Welt!«

Jetzt rollen auch die ersten Lastwagen mit den Stürmen aus der Umgebung von Berlin in die Charlottenburger Chaussee ein: aus Potsdam, Nowawes, Spandau, Tegel, Nikolassee, Pankow, Nauen und sogar von Brandenburg, Rathenow, Zossen und Luckenwalde. Die Anfahrten klappen wie auf dem Exerzierplatz, oder wie bei einer Mobilmachung! Ernst sieht nach der Uhr. Bald ist es soweit! Ein Spielmannszug beginnt zu trommeln, die vordersten Stürme entzünden ihre Fackeln. »Singen«, befiehlt Ernst, und zum Spiel des Musikzuges singen die Männer: »Die Fahne hoch, die Reihen fest geschlossen . . .« Wie eine Besatzungsarmee marschieren die Kolonnen nach Berlin hinein, in das rote Berlin, das sie in tausend Saalschlachten erobert haben wollen. Aber sie haben gar nichts erobert, wie sich bald zeigen wird, sie haben sich nur mit Hilfe der demokratischen Einrichtungen durchgesetzt und feiern nun ihren triumphalen Sieg über die Demokratie.

Die feurige Schlange erstreckt sich jetzt kilometerweit bis hinaus nach Charlottenburg. Die Spitze hat das Brandenburger Tor erreicht. In der benachbarten französischen Botschaft ist jedes Fenster besetzt, ebenso in der japanischen Botschaft und im Hotel Adlon. Innerhalb des Tores werden auch die Zuschauer zahlreicher. Während im Tiergarten nur wenige Neugierige auf den Bordsteinen standen, drängen sich hier dichte Menschenmauern. Die Polizei hat Mühe, dem Zug die Fahrbahn freizuhalten.

Der Gesang geht mehr und mehr in den hysterischen »Heil«- und »Siegheil«-Rufen unter. Den Kindern und Halbwüchsigen, die auf den Laternenpfählen, Lichtmasten und Bäumen hocken, macht es Spaß, endlich einmal pausenlos schreien zu können. Der Zug biegt in die Wilhelmstraße ein. An den Fenstern der »preußischen Seite«, mit Verwaltungsgebäuden des preußischen Staates, sieht man nur wenige Zuschauer. Die Reichskanzlei dagegen ist hell erleuchtet. An einem der Fenster des neuen Flügels steht der Reichspräsident, Generalfeldmarschall von Hindenburg. Er ist in Zivil, aber seine massige Gestalt und seinen kantigen Schädel erkennt jeder. Die SA-Männer rufen pflichtgemäß »Heil!«, aber gedämpft, sozusagen piano. Sie wissen noch nicht recht, wie sie sich dem Alten Herrn gegenüber benehmen müssen. Bei den Wahlkämpfen im vorigen Jahr um das Amt des Reichspräsidenten, für das auch Hitler kandidierte, hat ihr »Führer« den Reichspräsidenten mitunter recht massiv angegriffen.

Wenige Schritte weiter erkennen die SA-Männer Adolf Hitler an einem der Fenster. Er beugt sich weit heraus, denn einen »Führer«-Balkon gibt es nicht. Erst später wird man einen solchen anbauen, damit sich der Chef der Bewegung richtig zeigen kann, wenn unten Sprechchöre rufen: »Wir wollen unseren Füüüührerrrr seehennnn!« Hitler winkt seinen Stürmen mit der rechten Hand zu, und sie antworten mit ekstatischen »Sieg-heil«-Rufen, wobei sie gleichzeitig ihre Fackeln kreisen lassen.

Der Vorbeimarsch dauert Stunden, denn nicht nur die SA, sondern auch der »Stahlhelm« und andere »Vaterländische Verbände« haben es sich nicht nehmen lassen, diesen Siegesmarsch mitzumachen. Der Sturm 33 marschiert schon längst wieder durch die Potsdamer Straße heimwärts, als noch immer SA-Kolonnen an der Reichskanzlei vorbeidefilieren.

Hans Maikowski, der ehemalige Führer dieses Sturms, läuft neben seinen Männern her. Er ist von Helldorf abgesetzt worden, weil er sich als überzeugter Atheist geweigert hat, aus propagandistischen Gründen seine Leute geschlossen in die Kirche zu führen. Infolgedessen hat er kein Recht, an der Spitze der 33er zu marschieren.

Als der Sturm dann in die Wallstraße einbiegt, schließt sich in gebührender Entfernung ein Überfallwagen an. »Wer hat denn den bestellt?« fragt Maikowski. »Die sticht wohl der Hafer? Wer soll uns denn heute was wollen? Wir haben uns vier Jahre lang zu wehren gewußt . . .« Der Rest des Satzes geht in einer plötzlichen Schießerei unter.

In der engen Wallstraße vervielfacht sich der Knall der Schüsse. Die Menschen spritzen auseinander und fliehen in die dunklen Torbogen oder werfen sich flach auf den Boden. Das Überfallauto fährt heran und hält mit kreischenden Bremsen. »Hat's jemand erwischt?« fragen die Beamten. Zwanzig, dreißig Schritte zurück liegen zwei Menschen auf dem Pflaster. Der eine ist ein Polizeibeamter, der andere ist Hans Maikowski. Der Polizist ist tot, Hans schwer, wahrscheinlich tödlich verletzt. Aber noch atmet er, wenn auch schwach. »Die Kommune!« schreit irgend jemand. Der »Rote Hahn«, Maikowskis Nachfolger, erkennt ihn. Es ist »Schweinebacke«, einer von Ernsts besonderen Lieblingen und Mitglied der Gruppe »ZbV«. Die 33er haben ihre eigene Meinung: »Dat war Ernsts Jeschoß.«

Für Goebbels ist »Kommune« ein Sammelbegriff, unter dem alle Gegner des Nationalsozialismus zu verstehen sind, also nicht nur die Kommunisten, sondern auch die Sozialdemokraten, die Katholiken, Juden, Pazifisten, Demokraten, und was sonst noch zu finden ist. Dem gerissenen »Vereinfacher« Adolf Hitler kommt diese Klassifizierung seiner Gegner gerade recht. Je primitiver eine Propaganda ist, als desto wirksamer erweist sie sich.

Inzwischen ist der Reichstag aufgelöst worden, ganz wie er es wollte, und die Neuwahlen wurden für Sonntag, den 5. März 1933, angesetzt. Noch vor dem großen Parteibegräbnis von Maikowski bespricht Goebbels noch einmal mit Hitler die Richtlinien für den Wahlkampf: »Mein Führer! Wir werden gleich nach der Eröffnung der großen Automobilausstellung am 11. Februar mit der Propaganda beginnen. Nach Versammlungen in Stuttgart, Essen, Dortmund, Köln und Hannover sprechen Sie am 24. in München. Natürlich spitzt sich alles auf die Woche vor der Wahl zu. Am 26. sprechen Sie in Nürnberg, und der 27., der letzte Montag vor der Wahl, ist frei . . .« Dabei spielt ein wissendes Lächeln um Goebbels' Mund.

Der kleine Doktor entfaltet einen großen Bogen mit einer schematischen Darstellung der Maßnahmen, die die einzelnen

Ämter bis zum Wahltag durchzuführen haben. Göring, inzwischen zum kommissarischen preußischen Innenminister ernannt, hat bis dahin die wichtigsten Posten der Provinzialverwaltungen umzubesetzen. Auch die Polizeipräsidien der großen Städte müssen bis zum 27. Februar in »zuverlässigen Händen« sein. »Mein Büro hat alle Vorbereitungen bereits getroffen«, sagt Goebbels stolz. »Diese Wahl wird doch die letzte sein. Flugzettel, Leitartikel, Aufrufe liegen in den Grundzügen fertig vor, auch die Radioansprachen. Aller Voraussicht nach müssen wir die Wahl am 5. März gewinnen . . .«

»Die Kommunisten werden sich still verhalten?« fragt Hitler. Goebbels bejaht. »Auch die Gewerkschaften?« fragt Hitler weiter. Goebbels kann seinen »Führer« auch in diesem Punkt beruhigen: »Nach allen vorliegenden Nachrichten, vornehmlich Berichten von V-Männern, sind keinerlei Aktionen geplant. Nur die Deutschnationalen machen mir Sorgen!« Lauernd sieht Goebbels dabei auf Hitler. Als dieser überrascht den Kopf hebt, fügt er boshaft hinzu: »Außerdem haben wir auch noch diesen Papen!«

»Ich weiß«, antwortet Hitler. »Sie mögen ihn nicht. Ich auch nicht! Aber der macht mir im Moment nicht die allergeringsten Sorgen. Papen gibt sich nationalsozialistischer als Sie und ich. Bei den gemeinsamen Vorträgen bei Hindenburg stimmt er mir immer zu. In der ersten Kabinettssitzung am 31. Januar forderte er sogar einen Kabinettsbeschluß, daß die Reichstagswahl am 5. März die letzte ist und daß eine Rückkehr zum parlamentarischen System für immer ausgeschlossen sein soll. Was wollen Sie mehr?« Hitler lacht kurz auf. »Ja, mein lieber Gauleiter, so ändern sich die Leute! Sie hätten Hugenberg sehen sollen. Er ist ganz blaß geworden. Gegenüber diesem Papen ist der kapitalistische Hugenzwerg direkt ein aufrechter Demokrat . . .«

Am Morgen des 17. Februar warten im Vorraum zum Arbeitszimmer Hitlers in der Reichskanzlei die nationalsozialistischen Minister Dr. Frick und Hermann Göring. Auch der Gruppenführer der Berliner SA, Wolf-Heinrich Graf von Helldorf, ist erschienen. Ihr »Führer«, der Reichskanzler, hat diese drei Würdenträger herbefohlen, weil er vor dem Antritt seiner letzten großen Wahlreise wissen will, ob alles für den »Tag X« vorbereitet ist.

Was eigentlich geschehen soll, weiß keiner, aber daß etwas geschehen wird, steht für alle fest. Vor Hitler liegt das von Goebbels aufgestellte Schema, das Helldorf mitgebracht hat. Die einzelnen Maßnahmen, die noch vor dem »Tag X« getroffen werden müssen, sind schön übersichtlich am Rande aufgeführt. Auf den ersten Blick hat es den Anschein, als gelte alles den Vorbereitungen für den »Tag der erwachenden Nation« am 4. März, unmittelbar vor der Wahl. »Die Hauptlast liegt bei Preußen«, meint Hitler. »Von hier aus werden wir die anderen Länder, hauptsächlich die süddeutschen, aufrollen . . .« Was Göring zu berichten hat, befriedigt den Kanzler sehr. »Alle Verordnungen für das Verbot der linken Parteien und die Verhaftung ihrer Führer und Hintermänner liegen fertig in der Schublade«, referiert der kommissarische preußische Innenminister.

»Macht Ihnen Papen in Preußen Schwierigkeiten?« fragt Hitler.

»Nicht die allergeringsten! Er unterschreibt alle Verordnungen und Erlasse, wie ich es wünsche. Als Rechtsgrundlage dient immer die ausgezeichnete Verordnung zum ›Schutze des Volkes‹ vom 4. Februar.«

Diese Verordnung stammt aus dem Reichsinnenministerium, und ihr geistiger Vater ist Dr. Frick, der neben Göring sitzt. Aber Göring hat auch eigenes zu bieten: »Heute ist von meinem Ministerium der Erlaß veröffentlicht worden, wonach die SA als Hilfspolizei aufgerufen werden kann. Inzwischen sind auch die Polizeipräsidien der wichtigsten Städte mit zuverlässigen und energischen Parteigenossen besetzt worden . . .«

Hitler hört schon gar nicht mehr hin. Er unterbricht den Vortrag und geht in seine Wohnräume. Draußen im Vorzimmer verabschiedet sich Frick von Göring, der noch mit dem Grafen Helldorf sprechen will.

»Es tut mir leid, Gruppenführer, daß Sie nicht zu Worte kamen, aber der Führer fliegt in einer Stunde ins Ruhrgebiet. Kommen Sie doch mit in mein Ministerium, dort werden wir über den Einsatz Ihrer SA als Hilfspolizei sprechen. In der letzten Woche vor der Wahl wird das wohl der Fall sein.«

Marinus van der Lubbe, gebürtig aus Leiden in Holland, hat seine Wohnung in dem Haus Uiterste Gracht Nr. 45 am 6. Februar 1933 verlassen. Bei Elten überschritt er die deutsche Grenze. Er war schon einige Male in Deutschland, aber diesmal glaubt er, eine Mission erfüllen zu müssen. Vor kaum einer Woche wurde er aus der Augenklinik entlassen, nachdem ihm die Gewißheit geworden war, an einem unheilbaren Leiden erkrankt zu sein. Er hatte schon immer Pech mit seinen Augen. Als er noch Maurerlehrling war, stülpten ihm seine Kameraden einen leeren Sack über den Kopf. Dabei fiel ungelöschter Kalkstaub in seine Augen. Dank einer sofortigen Operation blieb kein berufshinderndер Schaden zurück.

Kaum ein Jahr später kippte auf dem Bau ein Mörteltrog um. Marinus van der Lubbe spritzte der ätzende Speis in die Augen. Erst nach Monaten konnte er das Krankenhaus verlassen. Diesmal mußte er seinen Beruf aufgeben, und man sprach ihm eine kleine Rente zu. Weihnachten 1932 verschwamm plötzlich alles vor ihm. In der Klinik hörte er, daß sich die Erblindung bis zu einem gewissen Grade wieder beheben würde, aber leicht sei sein Leiden nicht zu nehmen, denn offensichtlich habe er Augentuberkulose. Als Alt-Patient in Augenkliniken wußte er, was das bedeutet. In spätestens zwei Jahren würde er total und für immer erblindet sein.

Bestürzt ließ er sich am 28. Januar, am selben Tage, an dem Reichskanzler Kurt von Schleicher zurücktrat, nach Hause entlassen. Aber die Einsamkeit seiner bescheidenen Kammer bedrückte ihn noch mehr. Voller Verzweiflung suchte er seinen politischen Freund auf, den ehemaligen Matrosen Sierach in Rotterdam. In seiner Jugend hatte sich Sierach 1918 an der Meuterei auf dem holländischen Panzerkreuzer »Zeven Provinciën« beteiligt und war zu mehreren Jahren Zuchthaus verurteilt worden. Nach seiner Entlassung hatte er mit seiner Frau die anarchistische Gruppe der »Rade-Kommunisten« gegründet, die allerdings mit den Kommunisten nichts gemeinsam hatte. Im Gegenteil, Sierach und seine Freunde betrachteten sich als Feinde der kommunistischen Bewegung.

»Jetzt müßte man in Deutschland sein«, begrüßte Sierach seinen jugendlichen Freund van der Lubbe. »Dort reift eine revolutionäre Situation heran, wie sie nie wieder kommt. Und ich sitze hier als kranker Mann.« Sich vor Magenschmerzen krümmend, fuhr er fort: »Wer kann in Deutschland die Regierung übernehmen? Die Sozialdemokraten? Die haben versagt! Die Pfaffen? Die haben auch versagt! Die Kommunisten? Die sind noch schlimmere Ausbeuter als die Kapitalisten. Man braucht nur nach Rußland zu sehen! Nur der Anarchismus kann das Proletariat retten! Es muß seine Sache selbst in die Hand nehmen. Wenn es keine Stempelstellen mehr gibt, werden sich die Arbeiter das holen, was ihnen gehört. Wenn es kein Parlament mehr gibt, werden sie nicht mehr an den Schwindel demokratischer Wahlen glauben. Erst wenn die Rathäuser und Schlösser, die Kasernen und Gefängnisse in Flammen aufgegangen sind, ist das Proletariat frei . . .«

Bis in die Nacht hinein diskutierte Sierach mit seinem Gast. Dann sagte van der Lubbe plötzlich: »Ich gehe nach Deutschland! Ich will noch eine Tat tun!« Eine »Tat« für wen? Und warum gerade jetzt? Auch Sierach erkannte nicht, daß Marinus van der Lubbe, eben erst zweiundzwanzig Jahre alt geworden, noch eine revolutionäre Tat vollbringen wollte, bevor es für immer Nacht um ihn werden mußte. Und jetzt ist van der Lubbe auf dem Wege nach Berlin. Noch weiß er nicht, wo er ansetzen soll. Er hat keine Freunde, nicht einmal Bekannte in dieser Riesenstadt von mehr als vier Millionen Einwohnern, aber er vertraut dem Zufall . . .

Schon seit etwa einem Jahr macht der »Hellseher« Erik Jan van Hanussen von sich reden. Seine Séancen in der »Scala« sind oft Tage vorher ausverkauft, und in seinen Wartezimmern drängen sich Geschäftsleute und Politiker, Frauen im verbleichenden Glanz ihrer Jugend und Glücksritter auf der Jagd nach dem großen Coup. Souverän gibt er seine Ratschläge und amüsiert sich im stillen über die Dummheit seiner Klienten, die ihm das Geld scheffelweise ins Haus tragen und nicht merken, wie sie betrogen werden. Im Gegenteil, sie machen noch kostenlos Propaganda für ihn und preisen ihn als den »Magier« von Berlin. Aber er ist eher der »Rasputin der Reichshauptstadt«, der in seiner Wochenzeitung »Bunte Wochenschau« seinen Lesern immer wieder »aus den Sternen« predigt, wie notwendig es sei, daß Hitler endlich die Macht übernimmt. Gegenüber seinen Mitarbeitern und seinen zahlreichen Freundinnen versagen allerdings Hanussens »mediale« Fähigkeiten. Immer wieder drohen sie, ihn zu entlarven, und laufend muß er hohe Schmier- und Schweigegelder zahlen, die diskret als »Betriebsunkosten« verbucht werden.

Die ständige Angst, bloßgestellt zu werden, ließ ihn schon bald nach seiner Ankunft in Berlin gesellschaftlichen Anschluß an die NSDAP suchen. Auf seiner Wannsee-Jacht »Ursel IV«, in Berlin als die »Jacht der sieben Sünden« bekannt, gab er dem SA-Gruppenführer Graf Helldorf und dessen rechter Hand, dem SA-Oberführer Karl Ernst, rauschende Feste.

Für den 26. Februar hat er nun zu einem großen Empfang in seiner neu eingerichteten Wohnung, dem »Palast des Okkultismus«, in der Lietzenburgerstraße in der Nähe des Kurfürstendammes, eingeladen. Die Straße ist mit Autos vollgestopft. Ein livrierter Diener öffnet den Gästen die Tür. Damen im Abendkleid und Herren im Smoking oder in großer Uniform streifen durch die Zimmerflucht und bewundern die von einem Modearchitekten erstellte Inneneinrichtung. Das »exklusive« Berlin, das zu einem Stelldichein in diesen »Palast« geladen wurde, kostet die Ehre aus, dabeisein zu können.

Hanussen hat die Liste der Gäste sorgsam zusammengestellt, und er hält Cercle wie ein Souverän. Bankiers und Rechtsanwälte, Schauspielerinnen und Damen der Gesellschaft, Uniformträger und Schriftsteller umschwärmen ihn wie Bienen eine Honigblüte. Beglückt treten sie zurück, wenn er sie mit einigen persönlichen Worten begrüßt, und laut rühmen sie des Hellsehers übernatürliche Fähigkeiten, deren Echtheit sie zu beschwören bereit sind. In die tiefen Sessel gekuschelt harren sie der medialen Offenbarungen, die ihnen heute noch serviert werden sollen. Sie haben an den »Propheten« geglaubt, an den »Meister«, den »Magier von Berlin«, den »Rasputin der Reichshauptstadt«, sie haben ihm den Weg geebnet, ihn in ihre Salons aufgenommen, und er hat sie nicht enttäuscht. »Ihr« Hellseher hat den Triumph des »Führers« vorausgesagt, trotz aller Rückschläge im vorigen Jahr. Seine Schau ist eingetroffen, wie alles, was er prophezeit hat. Und eintreffen wird auch das segensreiche Wirken des Messias Hitler, der sie erlösen und den Alpdruck der Wirtschaftskrise von ihnen nehmen wird, wie es Meister Hanussen gepredigt hat.

Wie ein Bekenntnis tragen sie – viele zum ersten Male, denn bisher hatte man Angst, sich zu Hitler zu bekennen – das Hakenkreuz offen am Rockaufschlag, als Schlipsnadel und sogar als Ringschmuck.

Graf Helldorf, in der Uniform eines höheren SA-Führers, steht inmitten eines Kreises wißbegieriger Gäste, die bestrebt sind, sich in Erinnerung zu bringen. Dem Kommandeur der Berliner SA steht todsicher eine große Karriere bevor, und es ist so angenehm, seinen Lebensweg im Schatten eines Mächtigen zu wandeln. Vor einem Jahr noch, als Helldorf wegen seiner antisemitischen Rüpeleien am Kurfürstendamm, anläßlich des jüdischen Neujahrstages, vor Gericht stand, würde man weggesehen haben, wenn er einem auf der Straße begegnet wäre. Aber die Zeiten ändern sich eben.

Zwei Diener bitten die Gäste in den Arbeitsraum des Meisters und öffnen die Flügeltüren, als seien es die Portale einer Kirche. Schnell drückt man noch die Zigarette aus, dann wagt keiner mehr zu sprechen. Eine Séance bei IHM ist eine Art »Gottesdienst«, der Götzendienst dieser aus den Fugen geratenen, verrückten Zeit. Aber der »Rasputin von Berlin« läßt auf sich warten. Erst vor wenigen Minuten telefonierte einer seiner Mitarbeiter, morgen werde der Reichstag brennen. Diese Nachricht ist so ungeheuerlich, daß Hanussen nicht so schnell damit fertig wird. Wenn das stimmt, kann er, Erik Jan Hanussen, heute abend mit einer tollen Sensation aufwarten. Er geht hinüber zu seinem Arbeitszimmer und nimmt hinter dem erhöhten, überdimensionalen Schreibtisch Platz. Die Damen richten sich in ihren Sesseln auf, die Herren erheben sich und grüßen mit einem Nicken des Kopfes. Zu sprechen wagt keiner.

Es herrscht eine fast beängstigende Stille. Erik Jan Hanussen hebt beide Hände und unterbricht damit den Strahl einer unsichtbaren Selenzelle. Das Licht verlöscht. Magisch leuchten an der Decke die zwölf Tierkreiszeichen auf. Die unter der mattblau getönten Schreibtischplatte eingebauten Leuchtkörper tauchen das Gesicht des Hellsehers in ein mystisches Bad von Licht und Schatten. Mit zur Decke gerichtetem Blick, der das Weiße der Augen hervortreten läßt, fällt er in »Trance«. Die Lider schließen sich spaltdicht, die Hände umklammern die Armlehne, der Atem geht stoßweise, den Körper schüttelt ein krampfhaftes Zucken. Es ist ein grandioses Schauspiel, und die crème de la crème einer gewissen Schicht, die sich anmaßend »die Berliner Gesellschaft« nennt, sitzt zu seinen Füßen und erschauert vor seiner medialen Kraft, seiner Macht und seinem Wissen.

Stoßweise läßt Hanussen seinen Mund Worte und Sätze formen. Pythia bedurfte eines Dreifußes und betäubender Dämpfe, er bedarf nur seines überscharfen Intellekts und der Meldung eines Nachrichtenmannes, um die Hirne seiner Gäste zu vernebeln: »Marschierende Kolonnen – Vögel, nein Fahnen flattern – dunkles Gewürm kriecht an den Führer heran – es wird zertreten – glückliche Menschen auf den Wegen, Feuer auf den Bergen – Schornsteine rauchen, ein Vogel, ein Adler hebt sich aus dem Feuer – und jetzt – ich sehe ein großes Haus in Berlin brennen – Flammen schlagen zum nächtlichen Himmel – aber der Führer zertritt das Feuer – der Arm der Gerechtigkeit –« Nur noch unartikulierte Laute sind zu hören. Der Prophet hat gesprochen, die Augen der Damen schauen verglast auf den Mund des Meisters. Es ist unerträglich heiß im Zimmer, auf den Stirnen der Herren stehen feine Schweißperlen. Hanussen »erwacht«, und dieses Erwachen legt kein Mime besser auf die Bretter. Er streicht sich die Haare aus der Stirn und holt tief Atem. Wehe, wenn sein Vertrauensmann, ihm, dem »Magier von Berlin«, einen Bären aufgebunden hat und das »große Haus in Berlin« gar nicht brennt? Sein Blick sucht Helldorf, doch in des Grafen Gesicht ist nichts zu lesen.

Die Gäste drängen zur Hausbar, um bei einem Cocktail das Ereignis zu besprechen. Schnell leeren sich die Räume; viele Gäste haben es plötzlich eilig, noch in den Klub zu kommen. Der Meister hat gesprochen, und sie waren dabei. Aber dieses »Dabei-gewesen-Sein« bekommt erst dann seinen richtigen Glanz, wenn man anderen gegenüber, die keine Karte erhielten, davon sprechen kann.

In derselben Nacht faßt der Holländer Marinus van der Lubbe den endgültigen Entschluß, das Reichstagsgebäude in Brand zu stecken. Am Tage vorher ist er nach Spandau hinausgewandert, hat einer Demonstration der SA zugesehen und ist dann weiter nach Hennigsdorf marschiert, um dort im Obdachlosenasyl zu schlafen, zusammen mit einem zweiten Gast, dem Erwerbslosen Paul Watschinski. Mit ihm bespricht er seinen Plan.

Schon am Samstagabend legte Lubbe an drei Stellen der Reichshauptstadt Feuer: in der Stempelbaracke am Mittelweg in Berlin-Neukölln, im Rathaus in der Königstraße und im ehemaligen Kaiserlichen Schloß. Nur bei dem dritten Brand wurde die Feuerwehr alarmiert. Mit Kohlenanzündern kann man eine hölzerne Baracke nicht so leicht zum Brennen bringen, geschweige ein großes Schloß oder Rathaus.

Am nächsten Morgen, Montag, den 27. Februar 1933, marschiert Marinus van der Lubbe von Hennigsdorf nach Berlin hinein. In der Drogerie Müllerstraße 48 a kauft der Holländer sechs Pakete Kohlenanzünder. Er wählt die Marke, die er schon bei den anderen Brandstiftungen verwendet hat: »Fleißige Hausfrau«. »Die met drie Flammetjes!« erklärt er der Verkäuferin. Gegen zwei Uhr trifft er vor dem Reichstag ein. Erst gegen neun Uhr abends nähert er sich wieder dem Platz der Republik.

Der »Hellseher« Hanussen wiederum muß an diesem Morgen alle Redaktionen abfahren, um fotografische Aufnahmen einzuziehen, die gestern abend gemacht worden sind und die Helldorf in Gesellschaft einer bei den Nationalsozialisten nicht gerade gut beleumundeten Filmschauspielerin an der Hausbar stehend zeigen. Um seiner Forderung Nachdruck zu verleihen, hat sich Hanussen ein Mitglied von Ernsts Gruppe ZbV mitgebracht. Keine der Redaktionen wagt, Schwierigkeiten zu machen.

Am selben Abend, es ist der 27. Februar 1933, ist der ehemalige Jugendmeister im Kurzstreckenlauf, der verheiratete Schriftsetzer Beni Thaler, auf dem Wege zum Lehrter Bahnhof. Als er an der Ecke Simson-/Sommerstraße steht, sieht er im Souterrain des Reichstages hinter den Milchglasscheiben eines Fensters einen Haufen Männer hantieren. Thaler wundert sich. Was haben diese Männer nächtlicherweise im Untergeschoß des Reichstagsgebäudes zu suchen?

Nachdenklich geht er weiter bis zum Bismarckdenkmal. Im selben Moment hört Thaler ein Fenster klirren. Er läuft zur Westrampe. Mit den Augen sucht er die Fassade ab und erkennt auch rechts zwischen den Säulen einen Mann, der einen Feuerbusch schwingt und durch eine eingeschlagene Scheibe in das Innere des Reichstagsgebäudes steigt.

Auch der Student der Theologie und Philosophie, Hans Flöter, der bis kurz vor 9 Uhr in der Staatsbibliothek Unter den Linden gearbeitet hat und jetzt auf dem Heimweg ist, hat das Klirren gehört und einen Mann entdeckt. Getrennt laufen Thaler und Flöter um den Reichstag herum. Flöter stößt als erster auf einen Polizisten. »Herr Wachtmeister«, ruft er ihm zu, »da steigt ein Mann in den Reichstag ein! Er hat die Scheiben eingeschlagen.«

Der Schupo, der Oberwachtmeister Buwert, braucht einige Sekunden, bis er begreift, was der Student gesagt hat, dann rennt er los. Flöter gibt ihm noch einen Stups in den Rücken und ruft hinterher: »Feuer ist auch da!« Dann geht er ruhig nach seiner Wohnung in der Hindersinstraße, nahe beim Reichstag.

Buwert steht vor dem Mittelbau. Trotz der Dunkelheit kann er das zerschlagene Fenster ausmachen. Er sieht auch einen Feuerschein, der wie ein Irrlicht hinter den großen Fenstern hin und her geistert. »Kommen Sie mal her«, ruft Buwert einem jungen Mann im schwarzen Uniformmantel und langen Schaftstiefeln zu. Der Bursche kommt näher und fragt: »Was ist denn los?« Im selben Moment gesellt sich Thaler dazu. Zu dritt verfolgen sie den irrenden Lichtschein hinter den Fenstern. »Schießen Sie doch«, ruft der Schriftsetzer Beni Thaler. Buwert reißt den Revolver heraus und feuert. Der Schuß alarmiert die Tiergartenstreife in der Siegesallee. Auch ein Reichswehrsoldat kommt herbeigelaufen. Der Schupo schickt ihn zur Wache am Brandenburger Tor. Aber dort ist die Anzeige von dem Einbruch im Reichstag bereits eingelaufen. Ein junger Mann machte die Meldung. Leider vergaß man, nach seinem Namen zu fragen.

Inzwischen ist Polizeileutnant Lateit vor dem Reichstag angekommen. Noch im Fahren springt er von dem Bereitschaftswagen. Seine erste Frage ist: »Haben Sie die Feuerwehr alarmiert?«

»Jawohl, Herr Leutnant, von zwei Stellen aus«, antwortet Buwert.

»Großer Alarm?«

»Nein.«

»Geben Sie sofort erhöhte Alarmstufe durch«, befiehlt Lateit und sieht auf seine Armbanduhr, die 17 Minuten nach 9 anzeigt.

Die riesige Glaskuppel des Mittelbaues beginnt rot aufzuglühen. Während sich unten die Polizisten bemühen, den Pförtner zu finden, der ihnen die Türen ins Innere des Reichstages öffnen soll, rast oben Marinus van der Lubbe durch die Wandelhalle. Er war noch nie in seinem Leben in diesem Gebäude, und er findet auch nicht gleich den Weg ins Innere des Reichstages. Plötzlich beginnen seine Kleider zu brennen. Er reißt sie sich vom Leibe. Nur mit der Hose bekleidet, rennt er weiter durch den Riesenbau.

Auf seinem Lauf durch den linken Umgang am Plenarsaal findet er einen Stoß Akten. Die vier Pakete Kohlenanzünder sind längst verbraucht. Mit Streichhölzern bringt er das Papier zum Brennen. Der kurz nach ihm diese Stelle passierende Scranowitz und Feuerwehrleute, denen man endlich die Tore geöffnet hat, löschen dieses Feuer ohne jede Mühe, wie auch die anderen Brandherde, die der Holländer gelegt hat. Bei einigen genügt es, sie mit den Stiefeln auszutreten.

Plötzlich steht van der Lubbe vor einer großen, hohen Tür. Er stößt sie auf und sieht, daß es eine große Halle ist: der Plenarsaal. Er hält ihn für eine Kirche. Aber er hat keine Brandmittel mehr, seine Feueranzünder sind ausgegangen. Lubbe rast durch den Saal, findet wieder zurück zum Ausgangspunkt, schlägt die Tür zu und rast mit schweißnassem Oberkörper weiter. Die dicken Läufer saugen den Hall seiner nackten Füße auf. Sekunden später stößt er im Bismarcksaal auf den Wachtmeister Pöschel vom Kommando Lateit. »Hände hoch!« Der neben ihm stehende Scranowitz fragt den Holländer: »Warum hast du das gemacht?« Dabei boxt er ihn in die Seite.

Van der Lubbe, der stehengeblieben war, atmet schwer. Langsam hebt er die Arme und ruft: »Protest! Protest!«

Eilig durchsucht der Schupo Marinus van der Lubbes Hosentaschen. Er findet nur ein zusammengeklapptes Messer, Portemonnaie, Taschentuch und einen holländischen Paß. Früher entdeckt man noch ein kommunistisches Flugblatt. Ein zweiter Beamter bringt den auf frischer Tat gefaßten Brandstifter nach unten in die Portierloge. Der Pförtner legt ihm eine Decke über den nackten, schweißglänzenden Oberkörper. Dann wird der Brandstifter zur Wache am Brandenburger Tor gebracht. Es ist 21 Uhr 27 Minuten, und die Umgebung des Reichstages wird vom Licht der zahlreichen Scheinwerfer in gleißendes Licht getaucht. Die Denkmäler im Tiergarten werfen phantastische Schatten.

Zur selben Zeit telefoniert Hanussen mit dem Chefredakteur des »12-Uhr-Blattes«, Dr. Franz Höllering. »Wissen Sie etwas über den Brand im Reichstag?« fragt der »Hellseher«. »Wer sind die Täter?«

Höllering antwortet, es liege eine unkontrollierbare Meldung über eine Meute kommunistischer Attentäter vor, die den Reichstag mit Fackeln angezündet haben sollen. »Aber ich kann mir nicht vorstellen«, fügt der Chefredakteur hinzu, »daß die Kommunisten so wahnsinnig sind.«

Erregt unterbricht ihn Hanussen: »Sie werden sehen, daß die Meldung stimmt! Ich weiß, daß sie stimmt! Sie werden sehr schnell die Folgen erkennen . . .«

Der Hellseher ahnt nicht, wie recht er dieses Mal behalten soll. Wenige Wochen nach dem Reichstagsbrand wird Erik Jan van Hanussen, mit dem bürgerlichen Namen Herschel Steinschneider, ermordet. Seine Leiche findet man erst einige Tage später. Die Grabrede hält der evangelische Pfarrer, der ihn kurz vor dem Reichstagsbrand getauft hat. Von seinen nach Tausenden zählenden ehemaligen Anhängern stehen nur sieben Getreue am Grab, darunter seine letzte Freundin, die es gegen den Willen der Polizei gewagt hat, eine Belohnung für die Aufklärung des Mordes auszusetzen.

Der Mörder, einer der Adjutanten des Grafen Helldorf namens von Ohst, wird auf Grund einer »Amnestie für Straftaten, die im Kampf um die nationale Erhebung des deutschen Volkes oder im Kampf um die deutsche Scholle begangen wurden«, begnadigt. Zwar fällt der Mord nicht unter den Zeitpunkt jener

Strafen, die nach dem Amnestie-Erlaß niedergeschlagen werden müssen; außerdem behauptet die Polizei, der Mord sei nicht politisch, sondern ein rein kriminelles Delikt: Raubmord. Dennoch setzt Helldorf durch, daß auch sein Adjutant von Ohst in den Genuß der Gnadenverordnung kommt. Gegen seine Helfershelfer, die Hanussen in den Wald bei Stahnsdorf verschleppen halfen, dann seinen Schreibtisch aufbrachen und die Wohnung durchsuchten, wird nicht einmal ein Verfahren eröffnet. Über das Vermögen des »Hellsehers« verhängt das Gericht den Konkurs. Die Schuldscheine, die Graf Helldorf und der Oberführer Ernst ausgestellt haben, wagt niemand zu präsentieren. Der Schriftsetzer Beni Thaler, der nach dem Bekanntwerden des Brandes harmlos erzählt hat, daß er einen Trupp Männer im Keller des Reichstagsgebäudes gesehen habe, wird zwar nicht verhaftet und »auf der Flucht erschossen«, aber im Gaubüro der SA nimmt man ihn gehörig in die Zange. Wie es von ihm gewünscht wird, verschweigt er vor dem Reichsgericht, was er an jenem fraglichen 27. Februar 1933, abends 9 Uhr, im Untergeschoß des Reichstages sah. Erst kurz vor seinem Tode im Hilfslazerett in der Wilski-Schule in Berlin-Zehlendorf erzählt der Leutnant und Sturzkampfflieger Beni Thaler, im Zivilleben inzwischen zum Redakteur des »Reichssportblattes« avanciert, seinem Freunde Benno Wundshammer, was er in jener Nacht, die Deutschlands Schicksal entschied, durch Zufall gesehen hat . . .

»Das ist ein von Gott gegebenes Zeichen. Niemand wird uns nun daran hindern, die Kommunisten mit eiserner Faust zu vernichten.« Adolf Hitler sagt diese Worte zu den Journalisten, die unmittelbar nach der Entdeckung des Feuers am brennenden Reichstag eingetroffen sind. Überrascht sehen sie auf, doch Hitler weiß noch mehr zu berichten. Zu Sefton Delmer gewandt, dem Korrespondenten der Londoner Zeitung »Daily Express«, ergänzt er in auffallend ruhigem Tonfall seine Bemerkungen mit den Worten: »Sie sind Zeuge einer großen, neuen Epoche in der deutschen Geschichte. Dieser Brand ist ihr Beginn.«

Der Engländer, der Hitler im vorigen Jahr auf seiner Wahlreise durch Deutschland begleitet hat, zieht seine Uhr. Es ist genau 9.47 Uhr. Vor dreißig Minuten wurde das Feuer entdeckt und etwas später auch ein Brandstifter verhaftet. Hitler traf erst vor etwa fünf Minuten ein. Delmer beobachtete sein Kommen und heftete sich zusammen mit anderen Kollegen an seine Fersen. Wie diese könnte auch er beschwören, daß der deutsche Reichskanzler von keiner Seite irgendein Untersuchungsergebnis, das übrigens aus rein zeitlichen Gründen noch gar nicht vorliegen konnte, vorgelegt oder vorgetragen bekam. Wie kommt Hitler dazu, von einer Täterschaft der Kommunisten zu sprechen? Bei verschiedenen Journalisten keimt ein furchtbarer Verdacht auf: Wußte Hitler von der bevorstehenden Brandstiftung und ließ dieses Verbrechen geschehen, um sich vor der Öffentlichkeit eine Handhabe gegen die Kommunistische Partei zu schaffen?

Noch wissen die Reporter der deutschen Zeitungen und die ausländischen Korrespondenten die Worte Hitlers nicht zu deuten. Kurz darauf hören sie noch viel erstaunlichere Dinge. Der preußische Innenminister Hermann Göring, gleichzeitig Präsident des Deutschen Reichstags und Reichsminister ohne besonderen Geschäftsbereich, benahm sich bei seinem Eintreffen vor dem brennenden Reichstag, kurz bevor Hitler und Goebbels aus ihrem Auto stiegen, noch merkwürdiger. »Durchsuchen Sie sofort den unterirdischen Gang, der vom Maschinenhaus im Garten meines Palais aus in den Reichstag führt!« rief er dem Chef seiner Leibwache zu. Von zwei erstaunten Journalisten nach dem unterirdischen Gang befragt, von dessen Existenz bisher nur ganz wenig Eingeweihte etwas wußten, ruft Göring laut in die Gegend, damit es auch alle hören können: »Es ist doch möglich, daß als SA-Leute verkleidete Kommunisten auf diesem Wege in den Reichstag eindrangen, um Feuer zu legen.«

Diese verblüffende Behauptung macht noch in derselben Nacht die Runde durch die Reichshauptstadt. Der Vertreter einer Wiener Zeitung, Willi Frischauer, meint zu einem der deutschen Kollegen: »Glaubt Göring wirklich, daß er uns diesen Bären aufbinden kann?« Bereits in den ersten Morgenausgaben der internationalen Presse werden Zweifel an den amtlichen Mitteilungen der deutschen Reichsregierung laut. Die Propagandaschlacht, die Goebbels am Reichstagsbrand entfesseln will, ist verloren, bevor sie richtig begonnen hat.

Der deutsche Regierungschef, laut Verfassung und geschworenem Eid nicht einer Partei, sondern dem ganzen deutschen Volk verpflichtet, fährt nicht zur Reichskanzlei, um dort mit seinen eiligst zusammengetrommelten Ministern zu beraten, was gegen den »drohenden kommunistischen Umsturzversuch« getan werden muß, sondern fährt ins Preußische Innenministerium. Nach kurzer Besprechung begibt er sich zur Berliner Redaktion des »Völkischen Beobachters«. Dort läßt er sich die Bürstenabzüge für die Morgenausgabe des 28. Februar 1933 vorlegen. Der Umbruchredakteur hat zwar die Nachricht vom Reichstagsbrand auf der Titelseite untergebracht, aber sonst keine Stellung dazu genommen und nicht einmal die Schlagzeile darauf abgestellt. »Sind Sie wahnsinnig«, brüllt Hitler den Redakteur an.

»Es liegen noch keine weiteren Meldungen vor«, verteidigt sich der junge Mann.

»Wenn man nicht alles selber macht!« stöhnt Goebbels. »Eine solche Meldung kommentiert man doch auch ohne amtliche Bestätigung. Wo haben Sie denn Ihr Handwerk gelernt?«

Hitler wirft den Trenchcoat von sich, stellt sich neben eine Schreibmaschine und beginnt, einen neuen Leitartikel für das Zentralorgan der NSDAP zu diktieren, den Goebbels dann schnell noch in ein brauchbares Deutsch überträgt.

Die Uhr zeigt bereits die elfte Stunde, als der Reichspropagandaleiter endlich in sein Arbeitszimmer in der Voßstraße zurückkehren kann. Er sitzt kaum am Schreibtisch, als das Telefon klingelt. Erst jetzt hört er von dem Durcheinander, das Görings Bemerkungen im Reichstag und die inzwischen von ihm herausgegebenen »Kommuniqués« in den Redaktionen angerichtet haben.

Goebbels hat einen seiner »begabtesten« Mitarbeiter, den achtundzwanzigjährigen Alfred Ingemar Berndt, für Göring abgestellt, ausgerüstet mit fertigen »Amtlichen Verlautbarungen des Preußischen Innenministeriums«. Nicht zu Unrecht befürchtet Goebbels, daß sich der »Hauptmann mit dem Kinderhirn«, wie er Göring verächtlich nennt, wie ein Elefant im Porzellanladen benehmen würde. Berndt, gewissenlos wie sein Herr und Meister, berichtet nur, was Göring damit angestellt hat. »Gauleiter! Der Herr Minister hat Ihre Berichte umdiktiert . . .«

Während Berndt weiterspricht, raunt Goebbels, die Hand auf die Sprechmuschel gelegt, seiner Sekretärin zu: »Holen Sie mir alle Fernschreiben, die eingelaufen sind!« Noch immer den Telefonhörer am Ohr, überfliegt er schnell die neuesten Meldungen, die ihm die Sekretärin auf den Schreibtisch legt. Er glaubt seinen Augen nicht zu trauen. Hat Göring endgültig den Verstand verloren? Das nimmt uns doch hier kein Mensch ab, geschweige einer von den Auslandsjournalisten! »Kommunistische Petroleure – besondere Chemikalien – hundert Zentner Brandmaterial – die Museen und öffentlichen Gebäude sollten in Brand aufgehen – morgen früh um 4 Uhr sollten Plünderungen beginnen – acht bis zehn Täter – Mordlisten der Kommunisten – der verhaftete Täter ein holländischer Kommunist . . .«

Goebbels behält recht. Kein ausländischer Journalist glaubt die viel zu dick aufgetragenen Beschuldigungen gegen die KPD. Jeder Korrespondent – das gehört zum Handwerk – kennt einige Kommunisten und Sozialdemokraten. Noch in der Brandnacht stellen die Männer von der Presse fest, daß nirgends auch nur die geringsten Anzeichen irgendwelcher Putschabsichten der deutschen Linksparteien festzustellen sind. Die Verkehrslokale der KPD sind leer, und in den Arbeitervierteln herrscht tiefste Ruhe. Einmal hellhörig geworden, glauben sie aus dem Göringschen Unsinn den Hergang der Tat ablesen zu können: Chemikalien, acht bis zehn Täter . . .

Aber der Reichstagspräsident begeht noch einen anderen Fehler. Als er hört, daß Graf Helldorf, Gruppenführer von Berlin, von sich aus Befehl gegeben hat, die SA-Einheiten als Hilfspolizei einzusetzen, wird er ärgerlich. »Wie kommt der dazu?« ruft er durchs Telefon Rudolf Diels zu, dem Leiter der Politischen Abteilung im Polizeipräsidium. Den Befehl zur »Rettung des Reiches vor dem drohenden kommunistischen Umsturz« will doch er, Hermann Göring, geben! Von ihm soll doch alles ausgehen! Nur von ihm allein!

In dem Wettlauf um die schneidigste Haltung spielt er schließlich dem »Völkischen Beobachter« die Listen der in dieser Nacht zu verhaftenden fünftausend Personen zu: vornehmlich kommunistische Funktionäre, aber auch Abgeordnete, die nach der Verfassung eigentlich immun sind, Pazifisten, Schriftsteller, einige Sozialdemokraten und andere Persönlichkeiten, die einmal den Zorn der NSDAP erregt haben. Die Listen lagen seit Wochen fertig in den Schubladen der nationalsozialistischen Führung. Sogar die Haftbefehle sind schon ausgeschrieben worden. Nur das Datum mußte noch eingesetzt werden.

Ein Reporter des »WTB« (Wolffs Telegraphisches Büro) bekommt davon Kenntnis und fragt bei Goebbels an, was es mit diesen Listen für eine Bewandtnis habe. Der Gauleiter will nicht das Mauerblümchen der nationalsozialistischen Revolution sein und gibt deshalb seinerseits eine Kopie der Listen heraus.

Zwanzig Minuten später, morgens zwischen zwei und drei Uhr, lesen verschiedene Redakteure im Fernschreiber, daß sie verhaftet worden sind. Sie warten nicht, bis sie wirklich festgenommen werden, sondern tauchen in der Millionenstadt Berlin unter oder verlassen mit den Vorortzügen die Reichshauptstadt. Die Fernbahnhöfe, Ausfallstraßen und der Flugplatz Tempelhof sind bereits von der SA besetzt, aber in Zossen oder Nauen kann man die Fernzüge ins Ausland ebenfalls erreichen.

Am Dienstag, dem 28. Februar, betritt Hitler kurz nach elf Uhr den historischen Gartensaal der Reichskanzlei. Nach der Begrüßung nehmen die Minister, ihrem Rang entsprechend, um den ovalen Tisch Platz. Rechts vom Regierungschef sitzt der Vizekanzler Franz von Papen, links der Außenminister Konstantin Freiherr von Neurath. Finanzminister Lutz Graf Schwerin von Krosigk, die beiden nationalsozialistischen Kabinettsmitglieder Hermann Göring und Innenminster Dr. Frick, die Deutschnationalen Geheimrat Hugenberg für Ernährung und Landwirtschaft, Dr. Gürtner für die Justiz, der Arbeitsminister Seldte und Freiherr von Eltz-Rübenach, der Verkehr und Post betreut, schließen den Kreis. Nur einer fehlt an diesem Morgen, das elfte Kabinettsmitglied, Reichswehrminister General Werner von Blomberg. Er ist eigentlich der mächtigste Mann der Regierung, denn er befehligt die Reichswehr, die stärkste bewaffnete Macht in Deutschland. Ausgerechnet an dieser Sitzung nimmt er nicht teil, er wird von Oberst von Reichenau vertreten, dessen Sympathien für die NSDAP allgemein bekannt sind.

Hitler läßt keine Diskussion aufkommen. In seinem kurzen

Bericht setzt er voraus, daß die Kommunisten die Täter sind. Jeder der Minister weiß, daß für den Reichskanzler das Wort »Kommunist« ein Sammelbegriff ist und daß die von ihm geforderte »rücksichtslose Abrechnung« mit der KPD nur ein Anfang sein wird. »Ich zweifle nicht mehr daran«, erklärt Hitler mit erhobener Stimme, »daß die Reichsregierung nunmehr 51 Prozent der Stimmen bei der Reichstagwahl erobern wird . . .«

Der »Silberfuchs«, Reichslandwirtschaftsminister Dr. Alfred Hugenberg, hebt den Kopf. Durch seine dicken Brillengläser sieht er überrascht auf Hitler. Daher also weht der Wind! Doch bevor er Fragen stellen kann, beginnt Göring mit seinem Bericht. Die Brandstiftung, führt dieser aus, sei mindestens eine Stunde vorher sorgfältig vorbereitet worden. Nach Aussage des festgenommenen holländischen Kommunisten habe dieser auch mit der SPD in Verbindung gestanden. Der Festgenommene habe zwar behauptet, er allein sei der Attentäter, aber dieser Aussage könne kein Glaube beigemessen werden. Er, der Herr Reichsminister Hermann Göring, rechne mit mindestens sechs bis sieben Attentätern.

Ferner weiß Göring zu berichten, der Brandstifter sei vor dem Brande zusammen mit Torgler gesehen worden. Für ihn handle es sich also um ein kommunistisches Verbrechen, wie auch aus dem Material zu ersehen sei, das man im Karl-Liebknecht-Haus, der Hochburg der Kommunisten, beschlagnahmt habe. Danach hätten die Kommunisten beabsichtigt, »Terrorgruppen« zu bilden, öffentliche Gebäude anzustecken, öffentliche Küchen zu vergiften und die Kinder und Frauen hochgestellter Persönlichkeiten als Geiseln zu entführen. Um den Terror drastisch zu belegen, behauptet Göring noch, in der Nacht seien drei SA-Leute von der Kommune erschossen worden.

Dieser »Bericht« des kommissarischen preußischen Innenministers an die Reichsminister ist eine einzige Lüge. Weder fanden sich Anzeichen für einen Putsch von links, noch entdeckte die Polizei bei der Durchsuchung des Karl-Liebknecht-Hauses vor einigen Tagen »Geisel-« oder »Mordlisten«. Es wurden auch keine SA-Männer erschossen, und nicht einmal eine Verbindung zu den Kommunisten geschweige denn zu den Sozialdemokraten hatte der verhaftete Brandstifter van der Lubbe eingestanden. Aber niemand, selbst der mißtrauische Hugenberg nicht, verlangt an diesem Morgen die Vorlage von Beweisen. Man kann sich noch nicht vorstellen, daß ein Minister seine Kabinettskollegen so dreist anzulügen vermag.

Unmittelbar nach der Kabinettsitzung geht Hilter in Begleitung von Vizekanzler Franz von Papen hinüber zum provisorischen Amtssitz des Reichspräsidenten Paul von Hindenburg. Staatssekretär Meißner, Chef der Präsidialkanzlei, geleitet sie zu dem Alten Herrn, der die beiden »Duumvirn« bereits erwartet. Denn noch gilt die Koalitionsabmachung, nach der Kanzler und Vizekanzler gemeinsam Vortrag beim Staatsoberhaupt zu halten haben.

Ausführlich schildert Adolf Hitler die »tödliche Gefahr«, die das Reich in dieser Nacht bedroht haben soll. Papen sitzt schweigend neben dem Regierungschef. Aber der von Hindenburg so boshaft als »böhmischer Gefreiter« bezeichnete Hitler versteht, Akzente zu setzen. Mit bebender Stimme berichtet er, man habe festgestellt, »daß die Kommunisten im Laufe des Jahres 1932 rund dreitausend Zentner Sprengstoff gestohlen haben«.

»Dreitausend Zentner«, murmelt der greise Reichspräsident vor sich hin. »Soviel wird ja nicht einmal während einer Schlacht verbraucht . . .«

»Natürlich!« bestätigt Hitler. »Aber wie der Reichstag so sollten auch die anderen öffentlichen Gebäude in der letzten Nacht in Flammen aufgehen. Nur das blitzschnelle Zuschlagen Görings hat das verhindert . . .«

Der Reichspräsident hört aufmerksam zu. Zum erstenmal bewegt ihn Hitler gegenüber so etwas wie Dankbarkeit. Er hat in dieser Nacht das Reich vor dem Chaos eines Bürgerkrieges gerettet.

Hitler fühlt, daß er gewonnen hat. Ohne jede weitere Begründung legt er dem Reichspräsidenten zwei Notverordnungen zur Unterschrift vor, verschweigt dabei, daß seit heute morgen vier Uhr bereits Tausende auf Grund der noch gar nicht rechtsgültigen Verordnung verhaftet worden sind.

Papen, dem diese Vorgänge bekannt sein müssen, unterläßt es, den Alten Herrn über diesen Verfassungsbruch zu informieren. Im Gegenteil, er nickt dem Alten Herrn aufmunternd zu, die Notverordnungen zu unterzeichnen.

Hindenburg unterschreibt mit großen, klaren Buchstaben. Daß sich der Reichspräsident mit diesen Notverordnungen selbst weitgehend ausschaltet, wird ihm nicht bewußt, und niemand macht ihn an diesem Morgen darauf aufmerksam, auch nicht sein Vertauensmann Franz von Papen!

Pressemeldung:

»Der Reichspräsident hat die vom Kabinett beschlossenen Maßnahmen, drei Notverordnungen zur Abwehr kommunistischer staatsgefährdender Gewaltakte, unterzeichnet. Sie treten sofort in Kraft. Die wichtigste ›Verordnung zum Schutze von Volk und Staat vom 28. Februar 1933‹ setzt folgende Artikel der Reichsverfassung außer Kraft: 114, 115, 117, 118, 123, 124 und 153

Art. 114 garantiert die Unverletzlichkeit der persönlichen Freiheit;
Art. 115 die Unverletzlichkeit der Wohnung eines jeden Deutschen;
Art. 117 die Unverletzlichkeit des Briefgeheimnisses sowie das Post-, Telegraph- und Fernsprechgeheimnis;
Art. 118 garantiert die freie Meinungsäußerung;
Art. 123 die Versammlungsfreiheit;
Art. 124 die Freiheit der Gründung von Vereinen und Gesellschaften,
Art. 153 gewährleistet das Eigentum.

Mit der Außerkraftsetzung dieser Artikel sind von jetzt ab auch Haussuchungen und Beschlagnahmen außerhalb der verfassungsmäßig gezogenen Grenzen zulässig.«

Vor allem mit der oben wiedergegebenen Notverordnung wird der Demokratie der Todesstoß versetzt. Erst mit der Aufhebung der in der Verfassung garantierten bürgerlichen Freiheiten tritt Hitler seine totale Macht an.

Die Machthaber des Dritten Reiches haben dafür gesorgt, daß die in diesem Kapitel geschilderten Vorgänge um den Reichstagsbrand nicht mehr in allen Einzelheiten zuverlässig aufzuklären sind. In der Sache aber sind alle hier wiedergegebenen Szenen beweisbar und durch das seit dem Erscheinen des Buches aufgefundene Material auch nicht widerlegt. So ist der Bericht dreier überlebender Zeugen, darunter des ehemaligen Sekretärs des »Hellsehers« Erik Jan van Hanussen alias Herschel Steinschneider über jene Séance, in der er einen großen Brand »prophetisch« ankündigte, durch das Protokoll über die Vernehmung des SA-Führers Graf Helldorf vor dem Reichsgericht am 20. Oktober 1933 indirekt bestätigt worden: Helldorf wich den drängenden Fragen eines Verteidigers aus und fand sich nur zu der Aussage bereit, ihm *persönlich* habe Hanussen keine solche Ankündigung gemacht.

In dem umfangreichen Buch von Fritz Tobias »Der Reichstagsbrand«, das der Verlag inzwischen vom Buchmarkt zurückgezogen hat, versuchte der Verfasser die These zu begründen, daß der Holländer Marinus van der Lubbe den Reichstag allein angezündet habe. Der Historiker Hans Schneider, heute wohl der beste Kenner der Materie »Reichstagsbrand«, hat Tobias eine Vielzahl schwerwiegender Fehler nachgewiesen. Allein die Richtigstellung der falsch wiedergegebenen, falsch übersetzten und interpretierten Zitate füllt einige hundert Schreibmaschinenseiten. Ich selber habe in zwei umfangreichen Kritiken auf eine Fülle von Unrichtigkeiten und den Sachverhalt ins Gegenteil verkehrende falsche Zitate hingewiesen: »Politische Studien«, Nr. 143/1962 und »Die Kultur«, Nr. 173/1962. In beiden Fällen vermied es Tobias, dazu berichtigend Stellung zu nehmen.

Einseitige Auswahl und Interpretation der Belege belastet auch die im Gegensatz zu dem Buch von Tobias auf wissenschaftlichem Niveau stehende Untersuchung von Dr. Hans Mommsen in Nr. 3/1964 der »Vierteljahreshefte für Zeitgeschichte«, die im wesentlichen der Beweisführung von Tobias folgte. Schneider dagegen kommt in seiner noch ungedruckten Arbeit zu dem das erstaunlich objektive Reichsgerichtsurteil von 1933 bestätigenden Ergebnis, daß van der Lubbe den Plenarsaal des Reichstags niemals allein in Brand gesteckt haben *kann* und daß dessen Verhalten in der Voruntersuchung und im Prozeß nur den Schluß zuläßt, er habe Mittäter decken wollen. Wer diese Mittäter waren, blieb ungeklärt. Die angeklagten Kommunisten wurden freigesprochen.

Um die Frage, ob der Holländer Marinus van der Lubbe der alleinige Brandstifter war oder ob er Helfershelfer hatte, ist nach dem Zweiten Weltkrieg ein Streit entbrannt. Sicher ist nur, daß die Kommunisten, entgegen den nationalsozialistischen Behauptungen, als Helfer van der Lubbes ausscheiden. Ebenso sicher erscheint, daß Göring an der Vorbereitung der Brandstiftung unbeteiligt war. Der Autor hat diese Meinung übrigens schon vor dem Kriege vertreten. Andererseits ist er nach wie vor davon überzeugt, daß van der Lubbe zwar der Meinung war, eine revolutionäre Tat zu vollbringen, daß er jedoch, wenn auch ohne es zu wissen, nationalsozialistische Helfershelfer gehabt hat.

Wie der Autor erfuhr, wird diese Frage erneut einer wissenschaftliche Prüfung unterworfen. Die Forschungsergebnisse des »Internationalen Komitees zur wissenschaftlichen Erforschung der Ursachen und Folgen des Zweiten Weltkrieges« unter Leitung von Prof. Dr. Walther Hofer sollen in drei Bänden veröffentlicht werden. Band I ist bereits erschienen – 1972 Berlin – und setzt sich im wesentlichen mit der Frage auseinander, ob ein einzelner Mann: Marinus van der Lubbe, mit einigen Paketen Kohleanzündern den Reichstag angesteckt haben kann. Eine Expertise des »Instituts für Thermodynamik der Technischen Universität Berlin« vom 17. Februar 1970 kommt zu dem Ergebnis, daß mehrere Täter im Plenarsaal des Reichstags tätig gewesen sein müssen.

Es ist bereits ein Band erschienen, der den Nachweis liefert, daß eine Reihe von Helfern im Plenarsaal des Reichstagsgebäudes flüssige Brandmittel ausgegossen haben müssen.

Das Leben van der Lubbes erforschte der Autor schon 1934 zusammen mit dem holländischen Schriftsteller Dr. Jef Last. Sie sprachen nicht nur mit dem Anarchistenführer Sierach, sondern auch mit den Ärzten, die van der Lubbe behandelt hatten, mit den Krankenschwestern und seinen näheren Freunden von der Gruppe »Radecommunisten«.

Auf Grund dieser Erhebungen kamen Dr. Jef Last und der Autor zu der Überzeugung, daß van der Lubbe zwar ein politischer Wirrkopf, aber niemals ein »nationalsozialistischer Provokateur« war, wie die Kommunisten behauptet hatten. Ebenso brachten sie in Erfahrung, daß Lubbes »Verbindung« zu Stabschef Röhm von einem Kominternagenten erfunden wurde, ohne daß dafür auch nur die geringsten Anhaltspunkte vorhanden waren. Sie veröffentlichten 1939 in Holland gemeinsam einen Roman, der auf diesen Erkenntnissen basiert.

Die hier in diesem Buch wiedergegebenen Szenen sind beweisbar. So wußte – beispielsweise – der »Hellseher« Hanussen bereits vor Ausbruch des Reichstagsbrandes von dem geplanten Anschlag, wie drei Zeugen aussagten.

Da die Kommunisten als Mit- oder gar Haupttäter nach dem übereinstimmenden Urteil aller Sachkenner völlig ausscheiden, bleibt nur, daß Nationalsozialisten die wahren Brandstifter waren. Diese Annahme ist um so berechtigter, als zur Brandlegung dieselbe selbstentzündliche Phosphorlösung benutzt wurde, die eine SA-Kolonne schon in den politischen Auseinandersetzungen des Jahres 1932 verwendet hatte. Auf sie zielte auch unverkennbar Hermann Görings Verdacht, als er kurz nach seiner Verhaftung im Internierungslager Mondorf dem ehemaligen Staatssekretär und späteren Staatsminister Dr. Meißner gegenüber »die Möglichkeit« zugab, »daß ein ›wildes Kommando‹ einer nationalsozialistischen Organisation, vielleicht auch die Berliner SA-Führer Graf Helldorf und Karl Ernst, Urheber und Anstifter des Reichstagsbrandes gewesen seien und sich des van der Lubbe hierbei als Werkzeug bedient« hätten (Meißner, S. 282). Dem ehemaligen Hilfsankläger der amerikanischen Anklagebehörde in Nürnberg, Dr. Robert Kempner, gegenüber, wurde Göring bei einer Vernehmung am 16. Januar 1946 noch deutlicher. Auf die Frage Kempners: »Warum erwähnen Sie den Namen von Ernst und von der SA in Verbindung mit dem Brand?«, erklärte Göring: »Ernst spielte eine Rolle dabei; ich kann mich nicht erinnern, wer mir das erzählte. Von Anfang an dachte ich, daß Ernst der Mann war, der uns die größten Schwierigkeiten bereiten würde . . . er war . . . eine ›treibende‹ Kraft.« Aber vor dem Reichsgericht hatte Göring 1933 unter Eid jede nationalsozialistische Beteiligung abgestritten.

Auch sonst weisen zahlreiche Indizien auf die Täterschaft von Nationalsozialisten hin, nicht zum wenigsten das Verhalten von Hitler, Göring, Goebbels, von Helldorf und anderer Größen der

NSDAP und SA unmittelbar nach dem Brand. Einige Beispiele wurden in dem vorstehenden Kapitel gegeben. Für den unvoreingenommenen Betrachter muß es deshalb als erwiesen gelten, daß der Reichstagsbrand von Nationalsozialisten geplant wurde, um durch siegreiche Wahlen »die Machtergreifung« auf kaltem Wege durchführen zu können, wie sie 1939 durch von ihnen inszenierte »Überfälle polnischer Insurgenten auf deutsches Gebiet« einen »Kriegsgrund« zu schaffen bemüht waren. Als Hitler am 1. September 1939 im Reichstag erklärte: »Seit 5 Uhr 45 wird *zurück*geschossen!«, basierte diese Formulierung auf einer Lüge, genauso wie Görings Behauptung, mit dem Reichstagsbrand hätten Nationalsozialisten nichts zu tun.

Bei der Überarbeitung des vorstehenden Kapitels gab mir Oberstudienrat Hans Schneider wertvolle Hinweise, für die ich ihm an dieser Stelle meinen Dank aussprechen möchte.

Der Weg nach Potsdam

Auf seinem Flug nach Königsberg zur großen Abschlußkundgebung der NSDAP vor der Reichstagswahl wird Adolf Hitler von seinem Propagandachef begleitet. Goebbels hat die Sendeleitungen gezwungen, die Rede Hitlers aus dem größten Saale der alten preußischen Krönungsstadt in ihre Programme zu übernehmen. Damit nicht genug! Auch die örtlichen Organisationen der NSDAP haben dafür gesorgt, daß jeder Deutsche die Übertragung hören muß, ob er will oder nicht. Aus der Wahlrede Hitlers machte Goebbels einen »Tag der erwachenden Nation«.

Am Abend tönt aus den auf allen Plätzen und an ungezählten Straßenecken aufgestellten riesigen Lautsprechern die »Übertragung aus Königsberg«. Goebbels hält die Einführungsrede, eine einzige Hymne auf Hitler. Er erhebt ihn ganz bewußt zu einer Art Gottheit, an die nicht zu glauben eine Lästerung wider den nationalen Geist bedeutet, die nur mit dem Fegefeuer der »Schutzhaft« geahndet werden kann. Dann spricht Hitler selbst. Aber es ist weniger seine Rede, die wirkt, als vielmehr das Drum und Dran, wie bei allen nationalsozialistischen Veranstaltungen.

Auch diese Schlußkundgebung in Königsberg hat Goebbels völlig auf »das Gemüt« abgestellt und nicht auf den Verstand.

Nachdem Hitler geendet hat, singt ein Männerchor das Niederländische Dankgebet: »Wir treten zum Beten, vor Gott den Gerechten . . .«

Auch Kirchenglocken müssen bei diesem »nationalen Gottesdienst« mitwirken. Das Geläut des Königsberger Domes wird in die zweite Strophe des Niederländischen Dankgebetes eingeblendet:

> Im Streite zur Seite, ist Gott uns gestanden.
> Er wollte, es sollte das Recht siegreich sein.
> Da ward, kaum begonnen,
> die Schlacht schon gewonnen.
> Du Gott, warst ja mit uns.
> Der Sieg, er war Dein!

Im Hotel diktiert Goebbels seiner Sekretärin noch folgenden Satz für das Tagebuch, das bald im Parteiverlag als Buch erscheinen soll und für das Max Amann, der Verlagsleiter, schon Vorschuß gezahlt hat:

»Hunderttausende werden in dieser Stunde den letzten Entschluß fassen, hinter Hitler zu treten und in seinem Geiste für die Wiedererstehung der Nation zu kämpfen . . .«

Aber das deutsche Volk schenkt bei dieser letzten freien Wahl Hitler durchaus nicht die Mehrheit, wie er, seine Partei und sogar die ganze Welt erwarten! In der Reichshauptstadt Berlin beispielsweise können die Nationalsozialisten nur vier Abgeordnetensitze von siebzehn erringen, während die Linksparteien zwölf Sitze erobern.

Nachdem Hitler in den frühen Vormittagsstunden des 5. März in Königsberg seine Stimme abgegeben hat, fliegt er zurück nach Berlin. Niemand ist zur Begrüßung erschienen. Nur der Leiter des Flughafens steht einsam auf dem Rollfeld. Eskortiert von SA-Männern auf Motorrädern, biegt der Wagen wenige Minuten später in die Belle-Alliance-Straße ein. Vor dem Landwehrkanal, gegenüber dem Hallischen Tor, ist die Straße gesperrt. Formationen des Stahlhelm, flankiert von Polizeiautos, marschieren durch die Königgrätzer Straße in Richtung Tiergarten.

Ein Polizeileutnant, dessen Hundertschaft hier die Absperrung vornimmt, tritt an das Auto heran und meldet: »Herr Reichskanzler! In der Siegesallee sind bereits mehr als zwanzigtausend Stahlhelmer angetreten. Soweit ich orientiert bin, handelt es sich um einen Aufmarsch sämtlicher Berliner und Brandenburger Einheiten.«

Hitlers Gesichtsfarbe wird fahl wie das verwaschene Gelb der Autokappe. Das kann sich doch nur gegen die SA richten! Weder Hitler noch seine Begleiter heben die Hand zum Gruße, aber auch keiner der vorbeiziehenden Stahlhelmer wendet den Kopf nach links, obwohl am Kühler des wartenden Autos der Stander des Reichskanzlers deutlich zu erkennen ist. Die Männer in den feldgrauen Uniformen sehen ostentativ starr geradeaus und singen weiter das Lied, das sie schon als Soldaten des Weltkrieges sangen: »Argonner Wald, Argonner Wald . . .«

In seinem Arbeitszimmer angekommen, läßt sich Hitler mit dem Büro des Vizekanzlers verbinden. Doch die Telefonzentrale meldet: »Herr von Papen ist zu der Kundgebung im Lustgarten gefahren!« Auch Franz Seldte, Reichsarbeitsminister und Erster Bundesführer des »Stahlhelm«, ist nicht in seinem Büro. Erst Göring weiß Näheres, dank seines telefonischen Überwachungsdienstes, vornehm als »Forschungsamt der Luftwaffe« getarnt. Dabei gibt es noch gar keine Luftwaffe! Er beeilt sich, in die Reichskanzlei zu fahren. »Mein Führer!« beginnt er seinen Vortrag. »Es sind eine Reihe von Gesprächen mitgehört worden, und außerdem habe ich in der Bundesführung des ›Stahlhelm‹ einen Mann sitzen, der uns alles berichtet. Natürlich steht dieser Duesterberg hinter diesem Aufmarsch.«

Hitler sagt keinen Ton. Aber seine haßsprühenden Augen sagen mehr als Worte. »Die Vorbereitungen für den heutigen Aufmarsch sind ganz geheim getroffen worden«, weiß Göring außerdem zu berichten. »Am Telefon erzählte Duesterberg von einem Putsch der SA im Anschluß an die Wahl. Deshalb hat er, wie mir gemeldet wurde, rund dreißigtausend Stahlhelmer in Berlin zusammengezogen. Damit nimmt er offen gegen uns Stellung. Ich könnte nur noch eins tun: ihm den Marsch durch die Wilhelmstraße verbieten . . .«

Der »Führer« stimmt Görings Maßnahmen zu. Jedes zu forsche Vorgehen gegen seine Koalitionsgenossen könnte zu diesem Zeitpunkt zur Katastrophe führen. Nicht nur die gesamte Linke würde sich bei einem offen ausgetragenen Machtkampf hinter den »Stahlhelm« stellen, sondern auch die Reichswehr, die Polizei, die Ministerialbürokratie und sogar der Reichspräsident, Ehrenpräsident des »Stahlhelm«.

Am Abend besucht Hitler mit Goebbels die Staatsoper Unter den Linden. Es wird Richard Wagners »Walküre« gegeben. Als er aus seinem Wagen steigt, bleibt er einen Moment stehen. Die Umgebung der ehemaligen Königswache schräg gegenüber, die jetzt das Ehrenmal für die Gefallenen des Weltkrieges ist, gleicht einem Heerlager. Rund um das Zeughaus sind Dutzende von Überfallwagen der Polizei abgestellt, und ein Oberst dirigiert die eingesetzten Einheiten der Schupo wie ein General auf dem Feldherrnhügel seine Regimenter. Jenseits der Schloßbrücke sieht Hitler zahlreiche Einheiten des »Stahlhelm« stehen. Sie formieren sich gerade zum Abmarsch.

Hitler entgehen nicht die Gesichter der Zuschauer auf den Bürgersteigen. Es sind offensichtlich keine Anhänger des »Stahlhelm«. In ihren Augen kann man die Zurückhaltung lesen, die sie dieser Organisation entgegenbringen. Und dennoch besteht ein geheimes Einverständnis zwischen den marschierenden Stahlhelmern und diesen Zuschauern.

Auch Goebbels spürt die knisternde Atmosphäre, die an diesem Abend über dem Lustgarten, den »Linden«, ja über der ganzen Stadt liegt. Seit der Flucht des letzten Kaisers nach Holland wurde Berlin zur republikanischen Hochburg. Aber heute ist die Bevölkerung bereit, sich mit dem monarchistischen »Stahlhelm« auszusöhnen und gemeinsam gegen den neu entstandenen Gegner vorzugehen: den braunen Nationalsozialismus. Adolf Hitler mit seinem sechsten Sinn für gefährliche Situationen erkennt instinktiv die Lage. Das Wichtigste ist jetzt, die Vereinigung dieser beiden Kräfte zu verhindern, sonst ist er die längste Zeit Kanzler gewesen.

Mit raschen Schritten betritt er das Vestibül und nimmt in seiner Loge Platz, doch bereits nach dem ersten Akt verläßt Hitler die Oper. »Zum Kaiserdamm!« ruft er draußen seinem Chauffeur Schreck zu.

In rasender Fahrt geht es die »Linden« hinunter, durchs Brandenburger Tor und den Tiergarten hinaus nach Charlottenburg. Am Kaiserdamm wohnt Hermann Göring. Ihm hat Hitler versprochen, den Abend bei ihm zu verbringen.

Die Wohnung Görings am Kaiserdamm ist neu. Bis zum Tode seiner Frau Karin, einer geborenen Baronesse Fock aus Schweden, wohnte er in der Badischen Straße. Dann lebte er längere Zeit im Hotel. Nach seiner Wahl zum Reichstagspräsidenten residierte er in dem mit diesem Amt verbundenen Dienstsitz, dem Palais gegenüber dem Reichstag. Aber das alles hatte keine »persönliche Note«. Göring nötigte deshalb den Großindustriellen Fritz Thyssen, ihm am Kaiserdamm eine Wohnung einzurichten, Kostenpunkt: zwanzigtausend Mark. Allerdings fehlen noch die alten Gemälde und das Tafelsilber, das Göring so sehr liebt. Aber dafür müssen bald Museen und andere Geldgeber herhalten.

Schon auf der Straße erkennt man, daß in dem vornehmen Mietshaus jemand Besonderes wohnen muß. Zwei Schutzpolizisten halten Wache, und mehr als ein Dutzend teurer Wagen parken längs des Bürgersteiges. Als Hitlers Auto vorfährt, springt ein Polizist hinzu und öffnet die Tür. Ein zweiter Beamter meldet die Ankunft des hohen Gastes. Göring erhebt sich und geht seinem »Führer« entgegen. Auch Fritz Thyssen, anerkannter Gönner der Partei, der ihr in den Jahren seit 1923 mehr als eine Million Mark geschenkt hat, eilt herbei. Sogar ein kaiserlicher Prinz, der vierte Sohn Wilhelms II., August Wilhelm, kurz »Auwi« genannt, geht nach draußen. Er trägt die Uniform eines SA-Brigadeführers. Zackig grüßt er seinen OSAF (Oberster SA-Führer) mit erhobenem Arm.

In den Salons geht es recht lebhaft zu. An einem Ecktisch sitzen einige Flieger im Schmuck ihrer Orden und erzählen sich Geschichten. SA-Männer und Beamte aus Görings Ministerium hören interessiert zu und fallen pflichtschuldigst in das Gelächter ein, wenn der berühmte Kunstflieger Ernst Udet einen saftigen Witz zum besten gibt. Damen sind nur wenige zu sehen. Der Witwer Göring ist kein Frauenheld. »Die Trauer um die verstorbene Gattin soll bei dem ›Eisernen‹ echt sein«, flüstert man sich zwischen zwei Schlucken Wermut zu. Der »Eiserne« – das ist Göring, dem kurz nach seiner Ernennung zum Minister ein Spaßvogel diesen Namen gab, der haften blieb.

Die Gäste bedienen sich an dem reichhaltigen Büfett, das der bekannte Gastronom Horcher zusammengestellt hat. SA-Diener füllen immer wieder die Gläser. Man prostet sich zu und stößt auf den Wahlsieg des »Führers« an. Denn daß die NSDAP heute bei der Wahl die Mehrheit errungen hat, vielleicht sogar die Zweidrittelmehrheit, steht für alle fest. Außerdem bestätigen die ersten durch das Radio bekanntgegebenen Teilergebnisse diese Annahme.

Gerade weil ihn der heutige »Stahlhelm«-Aufmarsch maßlos geärgert hat, gibt sich Hitler außerordentlich aufgeräumt. Er lacht sogar einige Male laut auf, was eifrig registriert wird. Man sieht den »Führer« nur äußerst selten lachen. Göring kann nicht umhin, eine Gruppe seiner Gäste besonders darauf aufmerksam zu machen. Er ist überhaupt mehr als glücklich. Ausgerechnet in seiner Wohnung nimmt der »Führer« die Siegesmeldung entgegen. Das wird den »Schrumpfgermanen« Goebbels schrecklich giften! Am liebsten würde der »Eiserne«, schon weil ein solcher Spitzname verpflichtet, laut hinausschreien: Wenn heute die Partei die absolute Mehrheit bekommt, so ist das mein Erfolg! Denn ich habe den Reichstag angesteckt und die Opposition mundtot gemacht . . . (Später wird sich Göring in Gegenwart von General Halder tatsächlich dieser Tat brüsten.)

Plötzlich fragt Hitler: »Liegen irgendwelche Ergebnisse vor? Einzelne Wahlkreise müssen schon soweit sein!«

»Mein Pressereferent stellt gemeinsam mit einem alten Fliegerkameraden die Ergebnisse zusammen«, antwortet Göring und bittet Hitler in ein Nebenzimmer, wo der »Fliegerkamerad«, der spätere Feldmarschall Erhard Milch, und der Oberregierungsrat Martin Sommerfeldt die Ergebnisse in vorbereitete Listen eintragen. Beide Herren erheben sich.

»Bitte lassen Sie sich nicht stören«, sagt Hitler und gibt ihnen die Hand.

»Wir sind schon fertig«, meint Milch. »Am Endergebnis dürfte sich nicht mehr viel ändern.«

Der große Augenblick ist damit gekommen, die Siegesmeldung kann entgegengenommen werden. Schade, daß kein Fotograf anwesend ist. »Nun?« fragt Hitler und sieht auf Sommerfeldt, der die Listen in der Hand hält.

»Der NSDAP fehlen an der Mehrheit etwa fünfzig Mandate«, antwortet der Pressereferent betont leise, doch dabei jedes Wort scharf akzentuierend.

Das ist wie ein Schlag ins Gesicht! Wie ist denn das möglich? Meint dieser Oberregierungsrat etwa die Zweidrittelmehrheit? Ratlos blickt Hitler auf Göring, der mit rauher Stimme hervorstößt: »An welcher Mehrheit?«

»An der einfachen Mehrheit!« antwortet Sommerfeldt.

Hitler preßt die Lippen hart aufeinander. Mit den Fingerspitzen stützt er sich auf die Schreibtischplatte. Dann fragt er: »Und Hugenberg?«

»Ungefähr fünfzig Mandate, Herr Reichskanzler.«

Äußerlich ruhig fragt Hitler, während seine Finger nervös auf der Schreibtischplatte trommeln: »Bitte, das gesamte Ergebnis.«

Sommerfeldt läßt sich Zeit. Aus seinen Listen liest er vor: »Insgesamt ergibt die Wahl etwa 650 Mandate. Davon entfallen auf die NSDAP rund 290, auf Hugenberg wahrscheinlich 50, das Zentrum und die Bayerische Volkspartei dürften 90 erhalten, die SPD 120, die Kommune 80. Auf die kleineren Parteien entfallen rund 20 Mandate.« Diese Voraussage wird sich am nächsten Tage bis auf unwesentliche Änderungen bestätigen.

»Danke!« sagt Hitler und wendet sich abrupt ab. Noch in der Tür stehend, sagt er zu Göring: »Solange der Alte Herr lebt, werden wir die Bande nicht los!«

»Der Alte Herr«, das ist Hindenburg, in dessen Hand Hitler den Eid auf die Verfassung geschworen hat, und die »Bande«, das sind die deutschnationalen Koalitionskollegen im Reichskabinett, denen er sein »Ehrenwort« gegeben hat, sich nie von ihnen zu trennen.

Dem Reichspräsidenten, Generalfeldmarschall Paul von Hindenburg, kommen im Laufe der nächsten Woche Bedenken, ob er richtig gehandelt hat. Nach der Wahl überrumpelten die Nationalsozialisten auch die süddeutschen Länder. Sie setzten deren Regierungen ab und ernannten überall Reichsstatthalter. In

Hindenburgs Präsidialkanzlei häufen sich die Protesttelegramme zu Bergen. Staatssekretär Dr. Meißner empfiehlt dem Alten Herrn, doch einmal mit dem zweiten Bundesführer des »Stahlhelm« zu sprechen. Der Präsident stimmt sofort zu.

Meißner lädt Duesterberg telefonisch ein. Der Oberstleutnant wundert sich. Als er im März vorigen Jahres gegen Hindenburg, den Kandidaten der Sozialdemokraten, Demokraten und des Zentrums für die Wahlen zum Reichspräsidenten kandidierte, führte das zu einer ernsten Verstimmung. Was will der Alte Herr jetzt von ihm?

Duesterberg steckt sich alle seine Orden an, so wie früher ein Ritter den Panzer anlegte, bevor er zum Turnier ging. Hindenburg empfängt seinen Gast stehend. Als Duesterberg sich entschuldigen will, gegen ihn kandidiert zu haben, sagt der Reichspräsident: »Reden wir nicht mehr davon! Das ist vorbei.« Damit hat man sich ausgesöhnt, der Weg zu einem Schwatz zwischen zwei alten Männern ist frei.

Bei dem 86jährigen Hindenburg machen sich Alterserscheinungen immer mehr bemerkbar. So beginnt er den privaten Teil des Gesprächs mit der Aufzählung seiner Leiden: »Das lange Stehen strengt mich doch sehr an, mein lieber Oberstleutnant. Die Beine wollen nicht mehr so recht. Und auch die Augen! Man wird eben alt. Aber das macht nichts! Ich werde ja sowieso bald zur großen Armee da droben abberufen werden . . .«

Der Gedanke an den Tod bringt den Reichspräsidenten auf ein anderes Gesprächsthema: »Wissen Sie, Duesterberg, man soll mich in Neudeck auf meinem eigenen Grund und Boden begraben. Meine Frau habe ich schon nach dort umbetten lassen. Ich will neben ihr liegen, in Neudecker Erde . . .«

Der Oberstleutnant nickt, doch schon beginnt Hindenburg von etwas anderem zu sprechen: »Jetzt will dieser Hitler in der Potsdamer Garnisonkirche so ein politisches Theater veranstalten. Was halten Sie denn davon?« Bevor Duesterberg antworten kann, fährt Hindenburg fort: »Ich will aber nicht. Als Oberbefehlshaber der Wehrmacht unterstehen mir auch die Garnisonkirchen. Ich habe angeordnet, daß dort nur Gottesdienste stattfinden dürfen . . .«

Duesterberg erkennt, daß die geistige Spannkraft des Alten

Herrn in den letzten Wochen erschreckend nachgelassen haben muß. Offensichtlich hat er vergessen, daß er seinem Reichskanzler trotz anfänglicher Bedenken die Genehmigung gab, übermorgen den Reichstag in einer feierlichen Sitzung in der Potsdamer Garnisonkirche zu eröffnen. Das Programm steht bereits fest. Gerade heute morgen erhielt der Oberstleutnant mit der Post die Eintrittskarten für die Feier und auch die gedruckte Festordnung. So offensichtlich kann sich Hitler doch nicht über ein ausdrückliches Verbot Hindenburgs hinwegsetzen?

In der Nacht zum 21. März gießt es in Strömen. Duesterberg meint auf dem Heimweg von einem Besuch zu seinem Mitarbeiter: »Petrus macht offenbar nicht mit, wenigstens ein Trost! Bei dem Hundewetter fallen alle Paraden flach!« Aber in den ersten Morgenstunden klart es plötzlich auf. Der Wind fegt den Himmel leer und trocknet die Lachen und nassen Fahnentücher. Der Frühlingsanfang des Jahres 1933 beginnt mit strahlendem Sonnenschein.

Von der Reichshauptstadt aus ergießt sich ein Strom von Schaulustigen hinaus nach Potsdam, der Stadt der preußischen Soldatenkönige. Von den Häusern wehen zahllose Fahnen und geben den Straßen ein festlich bewegtes Bild. SA-Männer haben alle Hausbesitzer und Wohnungsinhaber aufgesucht und sie mit mehr oder minder versteckten Drohungen gedrängt, doch die neuen Hakenkreuzflaggen herauszuhängen, zumindest aber schwarz-weiß-rote Fahnen. Schwarz-rot-goldene Fahnen, die Farben des Heiligen Römischen Reiches Deutscher Nation und der demokratischen Erhebung von 1848, seit 1919 Reichsflagge, sind nirgends zu sehen. Diese Fahne wurde von den Nationalsozialisten als die Fahne des »Verrats und des Novemberverbrechens« verfemt.

Evangelische und katholische Gottesdienste gehen der Feier in der Garnisonkirche voraus. Hitler, der immer von der Vorsehung spricht, bleibt dem katholischen Gottesdienste fern, ebenso Goebbels, der mit Hilfe eines kirchlichen Stipendiums studieren und seinen Doktor machen konnte. Zusammen fahren die beiden nationalsozialistischen Führer hinaus zum Luisenstädtischen Friedhof und legen an den Gräbern verstorbener SA-Männer riesige Kränze nieder.

Die protestantischen Mitglieder des neuen Reichstages versammeln sich um 10.30 Uhr in der Nikolaikirche. Auch Reichspräsident von Hindenburg und die evangelischen Reichs- und Länderminister nehmen an dem Gottesdienst teil. Die katholischen Abgeordneten und Reichsminister besuchen die Messe in der Stadtkirche von Potsdam. Allgemein fällt auf, daß auch Himmler und andere nationalsozialistische Würdenträger diesen Gottesdienst besuchen, obwohl seine Kumpane wissen, daß er einem »germanischen Götterglauben« anhängt.

Die Festpredigt in der altehrwürdigen Nikolaikirche hält Generalsuperintendent Dibelius. Als Bibelwort hat er ausgewählt: »Ist Gott für uns – wer mag gegen uns sein?« Seine Ausführungen finden gar nicht den Beifall der Nationalsozialisten. »Was soll denn dieses knochenweiche Gewimmer?« räsoniert der Präsident des Preußischen Landtags, Hanns Kerrl, der spätere Reichsminister für Kirchliche Angelegenheiten. Hermann Göring, dessen Wiederwahl zum Reichstagspräsidenten außer Frage steht, ist um eine Antwort nicht verlegen: »Die Sache mit dem lieben Gott ist ganz schön, aber die Erfahrung hat gelehrt, daß er immer da steht, wo die stärkeren Bataillone stehen. Das hat schon der Alte Fritz gewußt!«

Als Schlußchoral spielt die Orgel das Niederländische Dankgebet. Zur selben Zeit rollt Hitlers Wagenkolonne über die Stadtgrenze von Potsdam. Die Glocken beginnen zu läuten, und die Abgeordneten verlassen das Gotteshaus. In langem Zug marschieren sie in Reih' und Glied hinüber zur Garnisonkirche. Die Nationalsozialisten unter ihnen haben SA-Uniform angelegt. Auch das Schwarz der SS ist vereinzelt zu sehen. Die Mitglieder der deutschnationalen Fraktion schließen sich an. Viele von ihnen tragen zur Uniform des »Stahlhelm« das grüne Hemd. »Jetzt kommen die ›Bollejungens‹!« ruft ein SA-Mann seinem Scharführer zu. Die »Bollejungens« sind die Milchausträger der größten Berliner Molkerei. Wegen ihrer grünen Kittel lieferten sie den abfällig gemeinten Spitznamen für die »Stahlhelmer«.

Die sozialdemokratischen Mitglieder des achten Deutschen

Reichstages haben auf die Teilnahme an den Eröffnungsfeierlichkeiten verzichtet, und die achtzig kommunistischen Abgeordneten sitzen entweder in Haft oder sind untergetaucht und ins Ausland geflüchtet.

Den Uniformierten schließen sich die Abgeordneten in Zivil an. Sie fallen auch sonst aus dem Rahmen, weil sie noch nicht gelernt haben, im gleichen Schritt und Tritt zu marschieren, so wie es dem »Führer« gefällt. Viele von ihnen werden es niemals lernen! Die beiden Züge von der katholischen Stadtkirche und der evangelischen Nikolaikirche erreichen fast gleichzeitig den Platz vor der Garnisonkirche.

Auf den Emporen sind nur geladene Gäste zugelassen: das Diplomatische Corps, die Generalität, die höchsten Regierungsbeamten, soweit sie keinen Ministerrang haben, Bevorzugte, denen es gelungen ist, eine Eintrittskarte zu ergattern, und die Prominenz der NSDAP, der SA und SS. Das Volk steht draußen hinter den Ehrenkompanien der Reichswehr, der preußischen Schutzpolizei, der SA, SS und des »Stahlhelm«, in deren Reihen man die kaiserlichen Prinzen Eitel Friedrich und Oskar sieht. Auch der Veteranen hat man gedacht. Auf Stöcke gestützt, teilweise in Rollstühlen, ihre Orden und Ehrenzeichen aus den Kriegen 1864, 1866 und 1870/71 auf den altmodischen »Bratenröcken«, erleben sie die »Wiederauferstehung« des Reiches – wie man ihnen gesagt hat, des Reiches, das sie durch ihre Siege bei Vionville und Mars la Tour, bei Sedan und vor Paris mit errichten halfen. Diejenigen von ihnen, die als blutjunge Burschen in Versailles Spalier standen, als die 22 deutschen Fürsten oder ihre Gesandten in den historischen Spiegelsaal des französischen Königsschlosses gingen, um Wilhelm I., König von Preußen, zum Kaiser auszurufen, dürfen in die Garnisonkirche hinein. Auf Wunsch Hindenburgs, der mit einer Abordnung seines Regiments der Kaiserproklamation vor sechzig Jahren ebenfalls beigewohnt hat, hat man ihnen eine Seitenloge reserviert. Zuletzt kommt Hitler, im schwarzen Mantel, zum ersten Male mit Zylinder. Die Haare, weit rechts gescheitelt, fallen ihm wirr und in struppigen Strähnen in die Stirn. Das holprige Pflaster des Kirchenvorplatzes zwingt ihn, den Kopf krampfhaft gesenkt zu halten. Er hat Angst zu stolpern, denn das würde als böses

Omen gedeutet werden. Zu seiner Linken geht Papen, forsch und elegant, ganz Weltmann, der seinen Cut zu tragen versteht.

Die Zuschauer auf den Bürgersteigen schreien sich die Kehlen mit »Sieg-Heil«-Rufen wund und sind überzeugt, einem der größten Tage der deutschen Geschichte beizuwohnen: der Verschmelzung des alten Deutschlands mit dem neuen nationalsozialistischen Dritten Reich, der Synthese zwischen dem Gestern und der Zukunft, die ihren sichtbaren Ausdruck in dem Händedruck des Generalfeldmarschalls Paul von Hindenburg mit dem »Mann aus dem Volke«, mit Adolf Hitler findet.

Fast auf den Tag genau, zwölf Jahre später, wird die Garnisonkirche, von der jeder Stein preußische Geschichte ausstrahlt, in Trümmern liegen, und sowjetische Panzer werden an ihr vorbeirollen. Aus den blutroten Hakenkreuzfahnen wird der weiße Kreis verschwunden sein, und das Hakenkreuz wird sich in Hammer und Sichel verwandelt haben.

Noch immer läuten die Glocken. Ihr ehernes Dröhnen füllt die Luft und kontrapunktiert das gellende Schreien der Massen. Der »Tag von Potsdam« hat ein anderes Gesicht als der »Tag von Weimar« am 11. August 1919. An diesem Tage trat der erste Präsident des Deutschen Reiches, der Sozialdemokrat Fritz Ebert, auf den Balkon des Weimarer Nationaltheaters und grüßte das Volk, das unten auf dem Platz um das Goethe-Schiller-Denkmal zusammengeströmt war. Die Nationalversammlung hatte soeben, nach einem verlorenen Krieg und nach der Flucht des Kaisers, die neue republikanische Reichsverfassung angenommen, dieselbe Verfassung, nach der die augenblickliche Reichsregierung an die Macht gekommen ist und auf die der Kanzler Adolf Hitler den Eid geleistet hat!

Der Anmarsch der Gäste ist beendet. Nur einer fehlt noch: der Reichspräsident. Doch der Zeitplan wird auf die halbe Minute pünktlich eingehalten. Kaum ist Adolf Hitler die Stufen zum Kirchenportal hinaufgegangen, naht auch Hindenburg. Hitler empfängt ihn, zusammen mit den Geistlichen der Garnisonkirche, deren einfache schwarze Talare mit den weißen Bäffchen von dem farbigen Bild der Umgebung merkwürdig abstechen. Der Reichspräsident hat für diesen Tag seine alte feldgraue Uniform als preußischer Generalfeldmarschall angelegt. Auf dem Rock sieht man das breite Band des Schwarzen-Adler-Ordens, den einst Friedrich der Große gestiftet hat. Die Uniform ist Hindenburg zu eng geworden, das zwingt den Alten Herrn, noch aufrechter als sonst zu gehen. Auf seinen Degen gestützt, den Marschallstab in der Rechten, steigt er bedächtig die Stufen empor.

Als er durch das Portal in das Innere der Kirche schreitet, die er als junger Gardeleutnant nach seiner Rückkehr aus dem Preußisch-Österreichischen Krieg 1866 zum ersten Male betreten hat, erheben sich alle von ihren Plätzen. Langsam geht der Reichspräsident auf seinen reservierten Sessel am Altar zu. In der Mitte des Kirchenschiffes wendet sich Hindenburg plötzlich um und verneigt sich vor der ehemals kaiserlichen Hofloge. Mit dem Marschallstab grüßt er den Sohn des ehemaligen Gebieters, den Kronprinzen Wilhelm, der in der Uniform der Danziger Totenkopf-Husaren hinter dem leeren Stuhl seines Vaters steht. Ein Raunen geht durch die Garnisonkirche. Das also ist das Endziel des jungen Dritten Reiches: die Wiederherstellung der Monarchie! Denn einen anderen Sinn kann dieser Gruß Hindenburgs nicht haben. Der abgedankte Kaiser Wilhelm II., der in seinem Schloß Doorn in Holland am Radioapparat sitzt, hört der Funkreportage des Reichsjugendführers Baldur von Schirach zu und lächelt zufrieden.

Neben dem Kronprinzen stehen die anderen Prinzen des kaiserlichen Hauses. Kronprinzessin Cecilie, von der man weiß, daß sie, gleich ihrem Schwager »Auwi«, mit Hitler sympathisiert, winkt mit freudigem Gesicht nach unten, wo gerade Göring und Goebbels, die hinter Hindenburg die Kirche betreten, die Mitglieder des früheren Kaiserhauses grüßen. Reichsminister Hermann Göring, als schlichter Zivilist verkleidet, hebt gelassen den rechten Arm zum »Hitlergruß«, Goebbels, der nie Soldat war, versucht die Hacken zusammenzuschlagen und reißt etwas zu gewollt die rechte Hand hoch.

Der Organist spielt auf allen Registern den »Leuthen-Choral«: »Nun danket alle Gott!« Hindenburg nimmt, unterstützt von Staatssekretär Meißner, in seinem Sessel Platz. Zur Rechten sitzt Hitler, mit bleichem Gesicht. Nur wenig Damen sind zu sehen. Das Dritte Reich ist eine Männersache, und da die anwesenden

Damen kein Amt haben, kommt ihnen auch kein Sitzplatz zu. Sie stehen meist in den Seitenschiffen oder lehnen an den Brüstungen der Logen.

Glanzvoll wirkt die Diplomatenloge. Die einfallenden Sonnenstrahlen lassen die goldbestickten und ordenübersäten Diplomatenfräcke aufleuchten. In der ersten Reihe sitzt der päpstliche Nuntius Orsenigo in violetter Soutane. »Also auch das hat dieser Tausendsassa Hitler fertigbekommen«, sagt Duesterberg. »Die Versöhnung der katholischen und der evangelischen Kirche ist offensichtlich perfekt . . .« An den girlandenumwundenen Pfeilern der Emporen stehen Fahnen der alten »fritzischen« Regimenter. Postdam ist ja »fritzisch«, und diese Feier hat im Grunde genommen keinen anderen Sinn, als dem jungen Dritten Reich den Glanz der ruhmreichen Vergangenheit Friedrichs des Großen zu verleihen. Der Berliner Domchor beginnt zu singen: »Nun lob' mein' Seel' den Herrn!« In der ehemaligen Hofloge neigt sich »Auwi« zu seinem älteren Bruder Wilhelm, doch bevor er dazu kommt, seiner Bewunderung Ausdruck zu geben, sagt der Kronprinz in seiner schnodderigen Berliner Art: »Ein Staatsbegräbnis Erster Klasse!« Meint er damit die Monarchie? Oder das »Begräbnis« der Weimarer Republik?

Der Domchor hat sein Jubellied beendet. Hindenburg erhebt sich und setzt seine Hornbrille auf. Meißner reicht dem Präsidenten das Manuskript der Rede.

Mit ernstem Gesicht beginnt der Alte Herr sie zu verlesen. Was er sagt, sind durchaus keine Lobeshymnen, sondern eher Mahnungen, von Meißner in vorsichtige Formulierungen eingepackt: » . . . Schwer und mannigfaltig sind die Aufgaben, die Sie, Herr Reichskanzler, und Sie, meine Herren Reichsminister, vor sich haben!« Die Versammlung bemerkt sehr wohl, daß sich Hindenburgs Worte nicht nur an Hitler richten, sondern auch an die Ressortminister, die, außer Frick und Göring, nicht der NSDAP angehören.

Nachdem der Reichspräsident geendet hat, faltet er das Manuskript bedächtig zusammen und nimmt wieder in seinem Sessel Platz. Damit könnte die Feier beendet sein, denn in vielen Ländern dient die erste Sitzung eines neuen Parlaments nur dazu, eine Erklärung des Staatsoberhauptes entgegenzunehmen. Doch der Reichspräsident hat nachgegeben und zugestanden, daß auch der Reichskanzler eine Rede verlesen kann. Zwar soll sie nicht übermäßig lang sein und der Würde des Versammlungsortes entsprechen, aber Hitlers Begriffe von Würde und Länge einer Rede sind andere als die Hindenburgs und seiner Berater. Noch bevor die Teilnehmer sich wieder gesetzt haben, steht Hitler am Rednerpult vor dem Altar, gegenüber dem Sessel des Präsidenten. Krampfhaft umklammern seine Hände das Pult, als müsse er Halt suchen. Beinahe tonlos beginnt er: » . . . Nach einer Zeit stolzer Erhebung, reichen Blühens und Gedeihens auf allen Gebieten unseres Lebens sind – wie so oft in der Vergangenheit – wieder einmal Not und Armut bei uns eingekehrt . . .« Allmählich kommt Hitler in Fahrt, und die Rede wird flüssiger. Doch in seinen Bemühungen, möglichst unpathetisch zu sprechen, fällt er unwillkürlich in seinen österreichischen Dialekt zurück. »Am 5. März«, fährt er fort, »hat sich das Volk entschieden und in seiner Mehrheit zu uns bekannt . . .«

Das ist eine etwas kühne Behauptung. Mit den Deutschnationalen zusammen erreichte die Regierung Hitler genau 51,9 Prozent aller Stimmen, nicht gerade überwältigend viel. Die NSDAP allein ist in der Minderheit. Nachdem Hitler geendet hat, geht er auf den Reichspräsidenten zu, gibt ihm die Hand und verneigt sich vor ihm. Die Teilnehmer recken die Hälse, die Fotografen drücken auf ihre Auslöser. Göring und Papen bemühen sich, Ergriffenheit zu zeigen.

Die Versammlung löst sich schnell auf. Hindenburg geht auf den Eingang der Gruft zu. Zwei Offiziere tragen zwei schwere Kränze hinter ihm nach unten und legen sie auf die Särge des großen Preußenkönigs Friedrich II. und seines Vaters Friedrich Wilhelm I. Dann ziehen sie sich zurück. Der Reichspräsident, der sich die Begleitung Hitlers verbeten hat, steht stumm zwischen den beiden Sarkophagen. Hier stand auch einmal Napoleon I. Nach der Überlieferung soll er, mit dem Blick auf den Sarg Friedrichs des Großen, gesagt haben: »Lägest du nicht hier, so stünde ich nicht da!« Lange verharrt der greise Feldmarschall in der Gruft. Dann geht er mühsam Stufe für Stufe nach oben, wo sein Staatssekretär auf ihn wartet, um ihn nach draußen zu geleiten.

Auf dem Platz vor der Kirche begrüßt Hindenburg den Kronprinzen. In respektvoller Entfernung stehen einige Feldmarschälle der alten Kaiserlichen Armee, denn auch sie wollen dem greisen Staatsoberhaupt die Hand drücken. Endlich zieht man sich auf die Tribünen zurück, und die Parade kann beginnen.

Während die Nagelschuhe auf das Pflaster knallen, drängt sich der Vorsitzende der deutschnationalen Fraktion, Dr. Ernst Oberfohren, zu dem ehemaligen Reichskanzler Heinrich Brüning vom katholischen Zentrum durch, um ihn zu fragen, ob es eine Möglichkeit gibt, das geplante »Ermächtigungsgesetz« zu verhindern oder wenigstens zu entgiften. Oberfohren ist dabei ängstlich bemüht, Nebenstehende nicht hören zu lassen, was für ein Anliegen er hat. Am Nachmittag überbringt ein Vertrauensmann des amtierenden Reichsministers Dr. Hugenberg dem ehemaligen Reichskanzler Dr. Brüning die Einladung, den Führer der Deutschnationalen in dessen Privatwohnung zu besuchen: »Herr Reichsminister Hugenberg konnte sich nicht selber mit Ihnen in Verbindung setzen. Die Lage ist aber sehr ernst. Wir sind hereingelegt worden. Bitte kommen Sie bestimmt und möglichst unauffällig. Dr. Hugenberg möchte mit Ihnen beraten, ob man übermorgen das Ermächtigungsgesetz zu Fall bringen kann.«

Merkwürdiges Deutschland, denkt Dr. Brüning. Nachdem man in Potsdam die Wiedergeburt der Nation feierte, wagt es ein amtierender Reichsminister wegen des Terrors der SA nicht, offen mit einem ehemaligen Reichskanzler zu sprechen. Ist das nun das Dritte Reich?

Wie ein Dieb schleicht sich am Abend Dr. Heinrich Brüning in das Haus des Reichsernährungs- und Reichswirtschaftsministers Dr. Alfred Hugenberg in der Viktoriastraße, der Verlängerung der Siegesallee am Rande des Tiergartens. Brünings Begleiter ging voraus, den Hut tief in die Stirn gedrückt. Die beiden Herren atmen erleichtert auf, als sich hinter ihnen das Haustor schließt. Offensichtlich sind sie nicht beobachtet worden. In der stillen Straße war niemand zu sehen. Früher standen vor der schräg gegenüberliegenden italienischen Botschaft oft Polizeiposten, aber die sind jetzt eingezogen worden.

Ein Diener nimmt ihnen die Mäntel ab und geleitet sie in das Herrenzimmer, in dem der Hausherr und Dr. Oberfohren, der Brüning die Einladung übermittelte, schon warten. Die Begrüßung ist kurz, und man kommt schnell auf den Zweck der Zusammenkunft zu sprechen. Dabei dämpfen die vier Herren ihren Tonfall, als befürchteten sie, es könnten Lauscher ihre Worte mitstenografieren. Die Angst vor dem Terror, die wie eine undurchdringliche Nebeldecke über der Reichshauptstadt liegt, hat auch in das Haus Hugenbergs Eingang gefunden. Wie ein Gespenst lauert sie hinter den gediegenen altmodischen Möbeln, und während der Unterhaltung sitzt sie als fünfter Gast mit an dem Tisch, um den die Herren Platz genommen haben. »Das geplante Ermächtigungsgesetz wird der Regierung Vollmachten geben«, beginnt Hugenberg die Unterhaltung, »wie sie nicht einmal der Kaiser hatte.«

Das »Ermächtigungsgesetz« mit dem Titel: »Gesetz zur Behebung der Not von Volk und Reich« vom 24. März lautet:

Artikel 1
Reichsgesetze können außer in dem in der Reichsverfassung vorgesehenen Verfahren auch durch die Reichsregierung beschlossen werden . . .

Artikel 2
Die von der Reichsregierung beschlossenen Reichsgesetze können von der Reichsverfassung abweichen, soweit sie nicht die Einrichtung des Reichstags und des Reichsrats als solche zum Gegenstand haben. Die Rechte des Reichspräsidenten bleiben unberührt.

Artikel 3
Die von der Reichsregierung beschlossenen Reichsgesetze werden vom Reichskanzler ausgefertigt und im Reichsgesetzblatt verkündet. Sie treten, soweit sie nichts anderes bestimmen, mit dem auf die Verkündung folgenden Tage in Kraft . . .

Artikel 4
Verträge des Reiches mit fremden Staaten, die sich auf Gegenstände der Reichsgesetzgebung beziehen, bedürfen nicht der

Zustimmung der an der Gesetzgebung beteiligten Körperschaften. Die Reichsregierung erläßt die zur Durchführung dieser Verträge erforderlichen Vorschriften.

Artikel 5

Dieses Gesetz tritt mit dem Tage seiner Verkündung in Kraft. Es tritt mit dem 1. April 1937 außer Kraft; es tritt ferner außer Kraft, wenn die gegenwärtige Reichsregierung durch eine andere abgelöst wird.

Doch gegenüber der Notverordnung vom 28. Februar, die alle bürgerlichen Rechte aufhebt, ist dieses Gesetz noch harmlos. Es gibt auch nicht einer Person und nicht einer Organisation die Vollmachten, sondern dem Reichskabinett, und in dem sind die Nationalsozialisten noch in der Minderheit.

Heinrich Brüning, der als Reichskanzler nur selten die parlamentarische Unterstützung von Hugenberg und seinen Parteifreunden fand, vermeidet es, an Vergangenes zu erinnern. Er kommt sofort auf die Bemühungen seiner Fraktion zu sprechen, gewisse Sicherungen in das sogenannte »Ermächtigungsgesetz« einzubauen.

»Ich weiß«, antwortet Hugenberg. »Der ›große Manitou‹ hat gestern in der Kabinettssitzung darüber gesprochen, daß Ihre Fraktion einen ständigen Reichstagsausschuß durchsetzen will, der alle Maßnahmen der Regierung laufend überprüfen soll. Hitler erklärte sich damit einverstanden – aber gerade das, lieber Brüning, macht mich stutzig! Wenn der ›große Manitou‹ zu etwas ›ja‹ sagt, steckt todsicher irgendeine Gaunerei dahinter.«

Hugenberg hebt den Zeigefinger wie ein Lehrer, und dozierend fährt er fort:

»Was wird dann aus dem Ausschuß, frage ich Sie, wenn Hitler die anderen Parteien, vielleicht sogar Ihre Partei verbietet? Die KPD ist praktisch ohnehin schon verboten, und die Auflösung der SPD ist doch nur eine Frage der Zeit. Dann sind vielleicht sogar wir Deutschnationalen an der Reihe . . .«

Diese Worte klingen wie eine düstere Prophezeiung. Wird Deutschland wirklich zum Einparteienstaat werden? Im Zimmer wird es totenstill. Der Rauch der Zigarren und Zigaretten liegt wie eine Wolke über dem Tisch.

Brüning gibt sich einen Ruck, als wolle er das düstere Bild von sich abschütteln. Mit betont fester Stimme und lauter als nötig fragt er in die Stille hinein: »Herr Reichsminister, haben Sie einen Vorschlag zu machen?« Hugenberg sieht durch seine dicken Brillengläser auf seinen Gast. Sich im Sessel aufrichtend, erklärt er: »Ich war schon bei der Kabinettsbildung am 30. Januar gegen eine Reichstagsauflösung. Eine neuerliche Wahl würde völlig unter dem Terror der SA stehen. Deshalb schlug ich in der gestrigen Kabinettssitzung vor, den jetzigen Reichstag zur Nationalversammlung zu erklären, die eine neue Verfassung auszuarbeiten hat . . .«

Alle wissen, daß Hitler diesem Vorschlag niemals zustimmen wird. Auch Hugenberg ist dieser Meinung, und dann erklärt er: »Die Nationalsozialisten legen außerordentlichen Wert darauf, daß auch das Zentrum dem Ermächtigungsgesetz zustimmt. Gehen wir bei unseren Überlegungen doch einmal davon aus . . .«

Hier scheint sich endlich ein Ansatzpunkt zu bieten. Brüning verspricht, einen Zusatzantrag zum Ermächtigungsgesetz zu entwerfen. Danach sollen die vom Reichskabinett erlassenen Notverordnungen vom 28. Februar aufgehoben werden. »Auf die einfachste Formel gebracht, heißt das«, meint Dr. Brüning erklärend, »wenn die Regierung diese entsetzlichen Notverordnungen aufhebt, werden wir vom Zentrum dem Ermächtigungsgesetz zustimmen.«

Hugenberg verspricht, den Zusatzantrag im Namen der deutschnationalen Fraktion einbringen zu lassen und seine Parteifreunde zu überreden, ebenfalls dafür zu stimmen. »Da die NSDAP nicht die Mehrheit hat«, sagt er, »muß sie, wenn sie das Ermächtigungsgesetz retten will, die Notverordnungen aufheben und damit die bürgerlichen Rechte wiederherstellen!«

Die beiden Gäste verabschieden sich. Ein Diener geleitet sie hinaus, während der Hausherr zum Fenster geht, um die Straße zu beobachten. Vorsorglich zieht er die dicke Portiere hinter sich zu, damit er von draußen nicht gesehen werden kann. Gegenüber liegt das Reichswirtschaftsministerium, sein Amtssitz. Die zwei Schupoposten davor sind sicher keine Spitzel, und sonst sind kaum Menschen auf der Straße zu sehen. Mit den Augen verfolgt der Minister die beiden Taxis, mit denen die Herren vom Zentrum wegfahren. Beruhigt stellt er fest, daß kein Auto hinterherfährt. Hugenberg fragt sich erbittert: »Was ist aus dem deutschen Rechtsstaat geworden! Ein Reichsminister muß sich mit einem ehemaligen Reichskanzler heimlich treffen, um in Zukunft willkürlich Verhaftungen zu verhindern, Staatsbürger vor weiteren Mißhandlungen zu schützen und Bespitzelungen von Regierungsmitgliedern zu unterbinden. Ist das noch Deutschland? Oder sind das schon russische Zustände?

Für die erste Arbeitssitzung des neuen Reichstags mit dem einzigen Tagesordnungspunkt: »Beratung eines von der Regierung eingebrachten Ermächtigungsgesetzes«, sind von der NSDAP und SA Vorbereitungen getroffen worden wie nie zuvor. Der Zuschauerraum der Krolloper, zum Plenarsaal umgewandelt, bietet ein merkwürdiges Bild. Zahllose Blattpflanzen und Lorbeerbäume stehen in den Gängen. Im Hintergrund der Bühne, auf der das Präsidium Platz nehmen soll, hängt eine überdimensionale Hakenkreuzfahne. Dabei sind die Nationalsozialisten sowohl in der Regierung als auch im Reichstag in der Minderheit. Aber sie haben die Macht und zeigen sie! Hünenhafte, von Graf Helldorf besonders ausgesuchte SA-Männer stehen in den Wandelgängen und Foyers. Ihre Bemerkungen sind absolut eindeutig. Die 21 weiblichen Abgeordneten, die ausnahmslos der SPD und den bürgerlichen Parteien angehören, werden höhnisch als »Krampfaderngeschwader« bezeichnet, die Sozialdemokraten als »Vaterlandsverräter«, die katholischen Abgeordneten als »vom Papst bestochene Lumpen«.

Die SS, die in den letzten Wochen besonders viel »Märzgefallene« – so genannt, weil diese erst nach dem Reichstagsbrand ihr nationalsozialistisches Herz entdeckten – aufgenommen hat, tritt erstmals in größerer Zahl in Erscheinung. Sie hat die Absperrungen vor der Krolloper übernommen, denn die Abgeordneten müssen vor dem »Volk« geschützt werden! Die von Goebbels hindirigierten SA-Männer in Zivil rufen in rhythmischen Sprechchören: »Wir wollen das Ermächtigungsgesetz – o-der es gibt Zun-der! O-der es gibt Zun-der!« Die Diplomaten, die in- und ausländischen Pressevertreter und die wenigen Bevorrechtigten, denen es gelang, Einlaßkarten für die Zuhörertribünen zu erhalten, bekommen auf diese Weise einen Vorgeschmack von dem, was sich in der Krolloper abspielen wird.

Reichstagspräsident Göring eröffnet um 14.05 Uhr die Sitzung. Das Hohe Haus ist überfüllt. In den Diplomatenlogen und auf den Presse- und Zuschauertribünen stehen die Menschen Kopf an Kopf. Selbst im Foyer sieht man Menschentrauben vor provisorisch aufgestellten Lautsprechern. Hermann Göring schwingt die Glocke und ruft in den Saal: »Kameraden!« Ein Raunen geht durch die Reihen. Es sind auch Damen im Saal. Aber die NSDAP hat keine weiblichen Abgeordneten, und so ignoriert Göring die Damen auf den Bänken der anderen Fraktionen. Als rauher Kämpfer wendet er sich nur an die Männer seiner Partei. Dann hält der Reichstagspräsident, der nach der Verfassung und nach der Geschäftsordnung des Hohen Hauses zur Unparteilichkeit verpflichtet ist, eine Gedenkrede auf den im Dezember 1923 verstorbenen nationalsozialistischen Parteidichter Dietrich Eckart, der vor 65 Jahren, am 25. März 1868, geboren wurde.

»Kameraden«, ruft Göring zum zweiten Male, »wie oft habt ihr gesungen mit uns das Lied: ›Deutschland erwache!‹« Die nationalsozialistischen Abgeordneten erheben sich von ihren Plätzen. Göring beginnt zu rezitieren:

Deutschland erwache! Sturm! Sturm! Sturm!
Läutet die Glocken von Turm zu Turm!
Läutet die Männer, die Greise, die Buben,
Läutet die Schläfer aus den Stuben!
Läutet die Mädchen herunter die Stiegen!
Läutet die Mütter hinweg von den Wiegen!
Dröhnen soll sie und gellen die Luft,
Rasen, Rasen im Donner der Rache!
Läutet die Toten aus ihrer Gruft!
Deutschland erwache!

Niemand im Saale ahnt, daß diese Schreckensvision buchstäblich in Erfüllung gehen wird. Zwölf Jahre später werden zwar nicht Glocken, aber dafür Luftschutzsirenen durch die Luft gellen und die Männer, die Greise, die Buben, die Mädchen auf den Stiegen und die Mütter an ihren Wiegen hochschrecken. Es wird ein furchtbares Erwachen sein! Russische Truppen stehen auf dem Platz, wo einst die Krolloper stand, die durch eine englische Bombe längst zu Staub zerfiel, und das Deutsche Reich hat aufgehört zu existieren . . .

Von den gewählten 647 Mitgliedern des Reichstags sind über hundert nicht anwesend: die 81 kommunistischen Abgeordneten, die entweder verhaftet oder geflüchtet sind, und neun Sozialdemokraten, die widerrechtlich festgenommen wurden. Zehn haben Entschuldigungen geschickt. Der Fraktionsvorsitzende der SPD, Rudolf Breitscheid, hat einen Antrag eingebracht, die Abgeordneten seiner Partei sofort freizulassen. Göring erteilt dazu dem Nationalsozialisten Stöhr das Wort.

»Meine Damen! Meine Herren!« beginnt dieser seine Ausführungen. »Der dritte Ausschuß hat sich in seiner gestrigen Sitzung mit diesem Antrag beschäftigt . . . Der Ausschuß empfiehlt Ihnen, den Antrag abzulehnen, weil die Mehrheit . . . der Meinung ist, daß es unzweckmäßig wäre, die Herren des Schutzes zu berauben, der ihnen durch die Verhängung dieser Haft zuteil geworden ist . . .« Wieherndes Gelächter unterbricht ihn. Die Nationalsozialisten amüsieren sich köstlich über Stöhrs höhnische Worte. Der Antrag wird mit geringer Stimmenmehrheit abgelehnt.

Nach Erledigung einiger unwesentlicher Punkte erhebt sich Göring von seinem Stuhl und ruft, die Glocke schwingend, in den Saal: »Das Wort hat der Herr Reichskanzler!« Den Bruchteil einer Sekunde ist es totenstill, dann bricht ein Orkan los. Ein Abgeordneter schreit: »Unserem Führer ein dreifaches Sieg-Heil! Sieg-Heil! Sieg-Heil!« Auch die Zuschauer auf den Tribünen erheben sich und fallen in das Gebrüll ein. Durch einen Wald von erhobenen Armen geht Hitler von seinem Abgeordnetensitz zur Rednertribüne. Es ist das erstemal, daß er im Deutschen Reichstag spricht. Erst vor einem Jahr deutscher Staatsbürger geworden, konnte er bis 1932 nicht kandidieren. Später hielt er es für unter seiner Würde, Mitglied des Reichstags zu werden.

Seine Rede wird immer wieder vom Beifall unterbrochen, doch fällt es auf, daß nur ein Teil der Deutschnationalen klatscht. Auf den Bänken der anderen Fraktionen hört man schweigend zu. Was Hitler sagt, hat man alles schon irgendwann in nationalsozialistischen Zeitungen gelesen. Es sind die »unseligen vierzehn Jahre« der Weimarer Republik, die noch einmal verdammt werden, dann muß der »mißglückte Versuch einer großangelegten Aktion«, »die Brandstiftung im Reichstagsgebäude«, herhalten und schließlich die Lobpreisung der »Errettung des deutschen Volkes durch die NSDAP«. Aber er warnt auch vor der bolschewistischen Gefahr: »Es ist nur ein Zeichen dessen, was Europa vom Siege dieser teuflischen Lehre der Zerstörung zu erwarten hätte!«

Offensichtlich hat Hitler vergessen, daß seine Partei vor noch nicht einem halben Jahr Arm in Arm mit den deutschen Vertretern dieser »teuflischen Lehre« den Verkehrsarbeiterstreik inszeniert hat. Von allen Parteien, die im Reichstag sitzen, arbeitete keine so oft und so eng mit den Kommunisten zusammen wie gerade die NSDAP!

Als Hitler geendet hat, will der Beifall auf den Bänken der NSDAP kein Ende nehmen. Mit heiseren Stimmen rufen sie immer wieder: »Heil! Heil! Heil!« In ihrer Begeisterung vergessen sie sogar, die aus dem Saal drängenden Sozialdemokraten zu beschimpfen. Auch die Mitglieder der bürgerlichen Fraktionen gehen zum Ausgang. Von den Bänken der Deutschnationalen kommt ein Abgeordneter und geht wie zufällig am Sitz von Brüning vorbei. Dort dreht er sich um. Zur Regierungsbank gewendet, klatscht er Beifall, während er gleichzeitig in abgerissenen Sätzen flüstert: »Meine Partei kann leider nicht – nicht Ihren Antrag einbringen – es tut mir persönlich leid – es ist wirklich unmöglich – fragen Sie nicht – nein, es geht wirklich nicht . . .«

Die nationalsozialistischen Abgeordneten stimmen das Deutschlandlied an. Brüning ist überrascht. Doch bevor er fragen kann, geht der Abgeordnete weiter und drängt schnell zum

Ausgang. Man sieht ihm an, wie schwer ihm die Absage gefallen sein muß. Erst Tage danach wird bekannt, daß ein Teil der Deutschnationalen Fraktion drohte, zur NSDAP überzutreten, wenn der Brüningsche Zusatzantrag eingebracht würde.

Brüning eilt in das Fraktionszimmer seiner Partei. Mit der Ablehnung der Deutschnationalen, den Zusatzantrag einzubringen, schwindet die letzte Hoffnung, Hitler zu bändigen. Aufgestellte Berechnungen ergeben, daß bei der Abwesenheit von über hundert Abgeordneten der Linken die Regierung für ihre Vorlage höchstwahrscheinlich auch ohne die Stimmen des Zentrums eine Zweidrittelmehrheit erhält. Nach langen Beratungen verfällt man auf den Ausweg, Hitler um einen Brief zu bitten, in dem er die Zurücknahme der verhängnisvollen Notverordnungen verspricht. In diesem Falle will das Zentrum dem Ermächtigungsgesetz seine Zustimmung geben.

Einige Herren setzen sich sofort hin und fertigen einen Entwurf an. Der Parteivorsitzende, Prälat Dr. Kaas, bringt ihn zu Hitler in die Reichskanzlei, der nach kurzem Studium verspricht, einen solchen Brief auszufertigen und ihn noch vor der dritten Lesung des Gesetzes der Zentrumsfraktion zuzustellen, damit deren Mitglieder mit ruhigem Gewissen ihre Ja-Stimmen abgeben können. In den beiden katholischen Fraktionen des Hohen Hauses, dem Zentrum und der Bayerischen Volkspartei, ist man von der Zusage Hitlers angenehm berührt. Nur wenige Abgeordnete, darunter Dr. Brüning, äußern ihr Mißtrauen. Um für schnelle Entscheidungen gerüstet zu sein, beschließt man noch, auch ohne weitere Fraktionsberatung geschlossen die Stimme abzugeben, so wie der Sprecher der Partei, Prälat Dr. Kaas, entscheiden wird.

Kurz nach 18 Uhr rufen die Klingeln die Abgeordneten in den Sitzungssaal zurück. Gleich darauf eröffnet Göring die Sitzung und erteilt dem Sprecher der SPD, dem Abgeordneten Otto Wels, das Wort. Die Gespräche verstummen. Schweren Schrittes steigt Wels die Stufen zum Rednerpult hinauf. Auf den Tribünen reckt man die Hälse, die Gesichter der nationalsozialistischen Abgeordneten spiegeln offenen Hohn wider. Der Vorsitzende der SPD weiß, das ist seine historische Stunde. Nicht nur die Fraktionskollegen, nicht nur die Parteigenossen draußen im Lande, nein, die ganze Welt sieht auf ihn. Auf den überfüllten Pressetribünen sitzen Dutzende ausländischer, in Berlin akkreditierter Journalisten. Wenn er sich tapfer hält, kann er viele Sympathien zurückgewinnen, die seine Partei in den letzten Wochen verloren hat. Sein Blick schweift einen Moment über die Bänke des Hohen Hauses und die überfüllten Tribünen, um dann auf den Plätzen seiner Parteifreunde haften zu bleiben. Sie sind die einzigen, auf die er in dieser Stunde rechnen kann.

Mit ruhigen Worten erinnert Wels daran, daß er es war, der als erster Deutscher auf einer internationalen Tagung gegen den Versailler Vertrag protestiert hat. Doch wenn man nach außen die Forderung nach gerechter Behandlung erhebe, so müsse auch im Inland »die volle Rechtssicherheit für alle wiederhergestellt« werden. Die Abgeordneten der Linken gehen immer mehr aus sich heraus. Sie feuern ihren Sprecher mit Beifall und Rufen an. Sogar auf den Bänken der Mitte wird Zustimmung laut. Der Abgeordnete der demokratischen Staatspartei, Dr. Theodor Heuss, nickt Wels zu, und um die Augen einzelner Deutschnationaler huscht ein aufmunterndes Lächeln. »Kein Ermächtigungsgesetz gibt Ihnen die Macht, Ideen, die ewig unzerstörbar sind, zu vernichten . . .« ruft Wels mit erhobener Stimme in den Saal, um dann zu schließen: »Wir grüßen die Verfolgten und Bedrängten. Wir grüßen unsere Freunde im Reich. Ihre Standhaftigkeit und Treue verdienen Bewunderung. Ihr Bekennermut, ihre ungebrochene Zuversicht verbürgen eine hellere Zukunft.«

Beifall lohnt ihn, aber er wird überdeckt von dem Gejohle der Nationalsozialisten. Hitler meldet sich zum zweiten Male zum Wort. Mit hohnvollen Worten versucht er, Wels abzufertigen. Danach besteigen die Sprecher der anderen Parteien die Rednertribüne. Dr. Kaas formuliert die Zustimmungserklärung des Zentrums so vorsichtig wie nur möglich, denn der von Hitler versprochene Brief ist bis jetzt noch nicht eingetroffen. Während der Prälat noch spricht, geht sein Parteifreund Dr. Hakkelsberger zur Regierungsbank und fragt, ob man mit dem Eingang eines Schreibens vom Reichskanzler, in dem dieser die Reichstagsbrand-Verordnungen zurücknehme, rechnen könne.

»Es ist mir unverständlich«, erklärt Dr. Frick, »daß Sie noch nicht im Besitze dieses Briefes sind.« Hermann Göring, der den Präsidentenstuhl für einen Moment verlassen hat, mischt sich ein: »Ich gebe Ihnen mein Ehrenwort, daß dieser Brief abgegangen ist. Jedenfalls habe ich mit eigenen Augen gesehen, wie ihn der Führer unterschrieben hat.«

Hackelsberger fragt im Büro seiner Partei nach, aber dort ist kein Schreiben eingegangen. Inzwischen hat das Plenum die erste Lesung beendet und stimmt gerade zum zweiten Male ab. Hackelsberger spricht noch einmal mit Dr. Frick. »Mir wurde soeben gemeldet«, beteuert der Reichsminister, »daß der Brief in der Krolloper abgegeben wurde. Der Bote hatte Schwierigkeiten, die Absperrung der SS zu passieren.« Dr. Hackelsberger wundert sich. Ein Bote aus der Reichskanzlei kann die Postenketten nicht passieren? Und wo ist der Brief unterschrieben worden, wie Göring gesehen haben will?

Während Dr. Frick beruhigend auf Prälat Kaas, der ebenfalls nach dem Brief fragt, einredet und sogar ein Lächeln aufsteckt, ruft Göring in den Saal: »Meine Damen und Herren. Wir kommen jetzt zur Schlußabstimmung. Hierfür ist namentliche Abstimmung erforderlich. Ich darf also bitten, daß diejenigen Damen und Herren, die dem Gesetzentwurf ihre Zustimmung geben wollen, eine Karte mit Ja, die ablehnen wollen, eine Karte mit Nein abgeben. Ich bitte die Herren Schriftführer, die Karten einzusammeln . . . Die Abstimmung ist geschlossen.«

Die Entscheidung ist gefallen! Die drei Lesungen des Gesetzes wurden in der Rekordzeit von einer Viertelstunde durchgepeitscht. Kurz darauf gibt Göring das Ergebnis bekannt: » . . . Es haben gestimmt mit Nein 94, mit Ja 441 Abgeordnete. Damit ist das Gesetz angenommen.« Die Mitglieder der nationalsozialistischen Fraktion stürmen nach vorn. Zu Füßen der Regierungsbank geben sie ihrer Begeisterung durch Gesang Ausdruck. Zur Abwechslung singen sie diesmal die erste Strophe des Horst-Wessel-Liedes. Franz von Papen gratuliert seinem »Führer und Reichskanzler« Adolf Hitler durch eifriges Händeschütteln.

Der Brief, den zu schreiben Hitler feierlich zugesagt hat und der nach den ehrenwörtlichen Versicherungen zweier Reichsminister bereits abgegangen sein sollte, ist in Wahrheit niemals geschrieben worden. Nicht einmal die Absicht bestand, ihn zu schreiben. »Nie ist in Deutschland so viel und schamlos gelogen worden wie seit dem 30. Januar 1933«, sagt Dr. Hackelsberger.

Diese Äußerung wird der NSDAP hinterbracht. Wenige Jahre später stirbt Dr. Hackelsberger im Gefängnis . . .

Die deutsche Bartholomäusnacht

Mit der Regierungsübernahme Adolf Hitlers am 30. 1. 1933 und mit dem Erlaß der Notverordnungen »zum Schutze von Volk und Staat« nach dem Reichstagsbrand in der Nacht vom 27. zum 28. Februar hatte die sogenannte »Nationalsozialistische Machtergreifung«, oft auch Revolution genannt, zwei wichtige Etappen erreicht. Den Notverordnungen folgte das Ermächtigungsgesetz. Kurz darauf lösten sich die Parteien auf, oder sie wurden verboten.

Bereits im Sommer des Jahres 1933, nach kaum sechs Monaten Regierungszeit, hat Hitler alle Gegner und gegnerischen Parteien beseitigt. Alleinherrscherin ist die NSDAP. Zehntausende von Sozialdemokraten, Katholiken, Juden, Pazifisten, Kommunisten, Demokraten und wer sonst noch offen seine Meinung zu bekunden wagte oder im Verdacht stand, es einmal zu tun, wurden von der SA verhaftet und in Konzentrationslager gesteckt. Sogar Deutschnationale lieferte man dort ein, obwohl ihre früheren Parteifreunde noch in der Regierung saßen!

Gesetz über Beschlagnahme des Vermögens der KPD	26. Mai
Verbot der SPD	22. Juni
Selbstauflösung der Deutschnationalen Volkspartei	27. Juni
Selbstauflösung der Deutschen Staatspartei	28. Juni
Selbstauflösung der Deutschen Volkspartei	4. Juli

Selbstauflösung der Bayerischen Volkspartei (Zentrum)	4. Juli
Selbstauflösung der Zentrumspartei	5. Juli
Gesetz gegen die Neubildung von Parteien	14. Juli

In diesen Lagern, wie sie bisher in Deutschland noch nie existiert hatten, kommt es zu entsetzlichen Mißhandlungen. Einer der fürchterlichsten Sadisten ist der SA-Arzt Villain aus Berlin-Köpenick. Villain gibt, bis ihm der Gestapo-Chef Diels das Handwerk legt, verhafteten Sozialdemokraten ätzende Säuren zu trinken, röstet sie über offenen Feuerstellen und schlägt sie mit Peitschen bewußtlos, bis sie den Gnadenschuß erhalten oder auf »natürliche Weise« sterben. Rudolf Diels bezeichnet ihn als »das entmenschteste Wesen, das mir begegnet ist«!

Bei der Verhaftung Villains beschlagnahmt man auch seine Peitschensammlung. Diels breitet sie bei einem Vortrag vor Göring aus. Sie erregen sogar das Entsetzen des wahrlich nicht gerade zartbesaiteten preußischen Ministerpräsidenten. Doch Oberführer Karl Ernst, inzwischen zum Gruppenführer befördert, setzt es durch, daß der verhaftete Villain wieder freigelassen wird. Seine Vergehen fallen, wie ungezählte andere Morde, Überfälle und sonstige Verbrechen unter die Amnestie für »Straftaten, die im Kampfe für die nationale Erhebung des deutschen Volkes oder im Kampf um die deutsche Scholle« begangen worden sind.

Der SA-Arzt Villain ist nur einer von vielen! Reichspräsident von Hindenburg, von dem großen Chirurgen Sauerbruch auf zahlreiche Mißhandlungen und Morde in allen Landesteilen Deutschlands aufmerksam gemacht, läßt sich Adolf Hitler kommen. Doch der »Führer und Reichskanzler«, dem die Vorkommnisse genau bekannt sind, erklärt im Brustton tiefster Überzeugung, alle Anschuldigungen dieser Art seien Lüge oder maßlos übertrieben. »Im Gegenteil, die nunmehr als abgeschlossen zu betrachtende nationale Revolution ist in bewundernswerter Disziplin und ohne jedes Blutvergießen durchgeführt worden!« Auch in Reden gibt Hitler dieser Meinung Ausdruck.

Das Ausland weiß natürlich, was es von solchen Behauptungen zu halten hat. Die Korrespondenten der Weltpresse wie die diplomatischen Vertretungen haben inzwischen von der Existenz der Konzentrationslager erfahren; denn zahlreiche Ausländer sind verhaftet und mißhandelt worden. Darüber hinaus gelang es den Journalisten, auch Deutsche aufzufinden, die dank der Interventionen hochgestellter Persönlichkeiten nach wenigen Wochen oder Monaten Lagerhaft wieder entlassen wurden.

Das deutsche Volk erfährt kaum etwas von diesen Dingen. Zum Schweigen verurteilt, rettet es sich in den politischen Witz, der bisher in Deutschland keine rechte Heimat hatte. Das »Haben-Sie-schon-Gehört« wird zur stehenden Redensart. Den nationalsozialistischen Führern bleibt das nicht verborgen. Mancher macht sogar fröhlich mit, solange sich der Witz nicht gegen ihn richtet, sondern gegen einen Konkurrenten. Nur Hitler schließt sich von dieser Form der Kritik aus. Als der Fotograf Heinrich Hoffmann einmal den Versuch unternimmt, ihm einen Witz über einen Mißstand in der Partei zu erzählen, um dadurch Abhilfe zu schaffen, stößt er auf eisige Ablehnung. Nur über Fehler und Schwächen politischer Gegner oder fremder Nationen und Staatsmänner kann Hitler lachen.

»Kennen Sie den neuesten Witz?« fragt Hermann Göring den zum Vortrag erschienenen Chef der »Geheimen Staatspolizei« (Gestapo) Rudolf Diels. Ohne eine Antwort abzuwarten, beginnt Göring in einem Stoß brauner Blätter zu wühlen, der auf seiner Bettdecke liegt.

»Hier!« ruft er schließlich unbändig lachend. Mit dem Handrücken sich die Tränen aus den Augen wischend, fährt er fort: »Also: Professor Sauerbruch, Sie wissen ja, der große Sauerbruch, ich werde ihn zum Staatsrat ernennen, hat vorgestern vor seinen Studenten erklärt, die uralte Volksweisheit, daß Gezeichnete mit Vorsicht zu genießen seien, stimme haargenau.« Göring schaut triumphierend auf Diels. »Toll! Was! Aber hören Sie weiter: Sauerbruch meinte, der Bucklige sei meist geizig, der Glatzkopf gemütlich und humorvoll und der Klumpfüßige boshaft. Schon in uralten Zeiten habe man den Teufel immer als Hinkenden dargestellt . . .«

Diels, der einige Semester Medizin studiert hat, bis er zur Rechtswissenschaft umsattelte, wundert sich. Was ist daran so lächerlich? Mehr interessieren Diels die »Braunen Blätter«, in denen Göring Morgen für Morgen liest, noch bevor er sich von seinem Lager erhebt. »Ist das ein Bericht?« fragt er den Ministerpräsidenten.

»Das ist abgehört worden!« ruft Göring laut und wirft seinem Gestapochef einen mißtrauischen Blick zu. »Aber fragen Sie nicht zuviel, mein Lieber?« fügt er warnend hinzu. Doch gleich verklärt sich Görings Gesicht wieder. »Also hören Sie, was Sauerbruch sagte: ›Der Hinkende ist fast immer hinterhältig, boshaft und abgrundtief verlogen. Natürlich gibt es eine Ausnahme, leider nur eine, und wir kennen sie alle. Wir alle kennen einen Klumpfuß, der edel, schön, wahr und gütig war. Nun, meine Damen und Herren. Sie wissen, wen ich meine!‹«

Diels begreift, daß sich diese Erzählung gegen Goebbels richtet. Aber noch kann er die Pointe nicht erkennen. »Natürlich glaubten die Studenten, Sauerbruch werde unseren Klumpfuß nennen«, fährt Göring fort und schüttelt sich dabei vor Lachen. »Nix Goebbels!« ruft er prustend. »Sauerbruch sagte, als die Spannung auf dem Höhepunkt war: ›Sie wissen sicher, wen ich meine. Der Mann, der trotz seines Klumpfußes ein anständiger Mann war, hieß – Lord Byron . . .‹«

Diels lächelt erheitert und wirft schnell einen Blick auf die zu Boden gerutschten braunen Blätter. Er hebt sie auf und legt sie wieder auf die Steppdecke. Der kurze Augenblick genügt um festzustellen: die Blätter kommen vom »Forschungsamt der Luftwaffe«. Der Gestapochef weiß seit längerer Zeit, daß sich hinter diesem harmlosen Namen ein Telefonabhördienst verbirgt. Zwar gibt es noch keine Luftwaffe, aber mit diesem »Forschungsamt« hat sich Göring eine Waffe für den innenpolitischen Kampf geschaffen. Sie soll ihm im Wettlauf um den zweiten Platz im Staate das Material gegen seine Konkurrenten und Gegner liefern. Außer den Gesprächen politischer Gegner werden dabei auch die Gespräche von Goebbels, Rosenberg, Ley und anderen abgehört. Sogar die Telefonleitungen der Reichskanzlei und der Präsidialkanzlei werden pausenlos überwacht, ebenso die des Innenministeriums, der Minister und sogar die der Geheimen Staatspolizei.

Chef des »Forschungsamtes« ist der Korvettenkapitän Schimpff, ein Göring bis zur Selbstaufgabe treu ergebener Mann. Schimpffs Untergebene stellen Nacht für Nacht die abgehörten Gespräche der letzten vierundzwanzig Stunden zusammen. Besonders vereidigte und von der Gestapo ständig überwachte Stenotypistinnen übertragen dann in der »ruhigen Zeit« nach Mitternacht die von Schimpff getroffene Auswahl auf braune Schreibmaschinenbogen, die ein Kurier sofort zu Göring bringt, wo immer er übernachtet: in der Wohnung am Kaiserdamm; in der Dienstvilla der preußischen Ministerpräsidenten, Leipziger Straße 11a; im Palais des Reichstagspräsidenten oder im preußischen Innenministerium Unter den Linden. Später kommt für die nähere Umgebung Berlins noch das Jagdschloß Karinhall als »privater Besitz« hinzu, das mit staatlichen Geldern erworben und mit Steuergeldern laufend vergrößert wird, und in Ostpreußen der Reichsjägerhof bei Rominten. Ist Göring außerhalb Berlins, etwa auf seinen Schlössern in Bayern und Österreich, transportiert eine Kuriermaschine die kostbaren »Braunen Blätter« an den jeweiligen Aufenthaltsort.

Korvettenkapitän Schimpff wird erst nach Monaten klar, welches Geschäft er besorgt. Er wird immer schwermütiger. Im Herbst 1934 nimmt er sich in einem Breslauer Hotel das Leben. Den Zeitungen wird es strikt untersagt, die Nachricht zu veröffentlichen.

Vorläufig aber arbeitet Schimpff noch für Göring, der durch ihn Hunderte von Telefonen überwacht und Tausende von Gesprächen selbst intimster Art mithört. Nicht immer hört Diels bei seinen Vorträgen nur Amüsantes. Manchmal überfällt ihn Göring auch mit recht massiven Vorwürfen. »Ich kenne Sie! Ich kenne Sie ganz genau! Diels, wenn Sie glauben, Sie können mich hintergehen – ich weiß, daß auch Sie über mich reden! Und was Sie über mich denken!«

»Herr Ministerpräsident . . .« will Diels widersprechen.

Göring unterbricht ihn: »Seien Sie ruhig. Ich weiß ganz sicher, daß Sie mir wichtige Dinge unterschlagen! Warum haben Sie mir zum Beispiel nicht gesagt, wie mich mein Vetter Herbert nennt? Anderen haben Sie es erzählt, aber mir nicht. Herbert stellt mich als ›Lohengrin‹ hin. Oder er bezeichnet mich als ›Hermann den Schrecklichen‹!«

Schon am nächsten Morgen bestellt Göring ein Lohengrin-Kostüm bei seinem Leibschneider Stechbart. Bald darauf produziert sich der preußische Ministerpräsident darin vor seinen Gästen. Aber Stechbart, ein Künstler seines Fachs, kommt jeden Tag zur Anprobe. Meist wartet er schon im Vorzimmer, wenn Diels geht, und oft sind auch schon die Juweliere, die Göring beliefern, so früh am Tage anwesend.

In der Zeit der nationalsozialistischen Wirtschaftsankurbelung werden Aufträge nicht mehr ausschließlich nach rein wirtschaftlichen Gesichtspunkten vergeben. Auch hier gilt das »Führerprinzip«, das heißt, kann ein Industrieller nachweisen, daß er Göring oder gar den »Führer« persönlich kennt, hat er den Auftrag schon in der Tasche. Die alten Beamten der Reichskanzlei und auch Hitler selbst sind in diese bisher in Deutschland kaum praktizierten Methoden nicht verwickelt, aber dafür die zahlreichen neuen Beamten in den Ministerien, die aus der Partei gekommen sind und nun glauben, an der Futterkrippe zu sitzen. Unerreichbares Vorbild für diese immer mehr um sich greifende Korruption ist Hermann Göring.

»Wohin ist Deutschland gekommen?« raunt man sich im »Herrenclub« zu. »Früher war ein Beamter unbestechlich. Aber je höher ein Mann heute steht, desto schamloser hält er die Hand hin.«

Die Mitglieder des »Herrenclubs« haben allen Grund, verärgert zu sein. Als Papen nach dem 30. Januar 1933 gefragt wurde, warum er diesen Plebejer Hitler zum Kanzler gemacht habe, antwortete er stolz: »Was wollen Sie? Wir haben ihn uns engagiert!« Aber dieses Engagement erwies sich als nur wenig lukrativ für die Herren vom »Herrenclub«. Hitler brachte seine eigenen Leute mit, die nun an der Futterkrippe einen gesunden Appetit entwickeln. Kaum ein Gauleiter, der nicht eine Villa haben will, kaum ein hoher Parteifunktionär, der sich nicht einen neuen, teuren Wagen wünscht.

»Melden Sie solche Fälle doch Göring!« schlägt ein Industrieller aus der Provinz vor. »Er wird als Chef der preußischen Polizei schon dazwischenfahren. Göring ist alter Offizier.«

»Sie machen wohl Witze?« wird ihm lachend erwidert.

»Wollen Sie etwa sagen, daß auch der preußische Ministerpräsident Hermann Göring nimmt?«

»Er nimmt! Er nimmt!« antwortet einer der bekanntesten deutschen Großindustriellen. »Aber keine goldenen Zigarettendosen unter der Serviette. Das ist altmodisch – und zu wenig. Alte Bilder sind zeitgerechter, und man kann sie ihm ganz ungeniert ins Haus schicken!«

»Aber Hitler ist unbestechlich!« trumpft der Mann aus der Provinz auf.

»Er hat es auch nicht nötig! Für ihn sorgt sein Vermögensverwalter, der Reichsleiter Max Amann, Chef des Eher-Verlages. Schon die Autorenhonorare für ›Mein Kampf‹ gehen in die Hunderttausende . . .«

»Ja! Ja! Der Amann versteht sein Geschäft. Jetzt hat er die Stadtverwaltungen in Deutschland gezwungen, allen jungen Ehepaaren bei der Trauung ein Exemplar von ›Mein Kampf‹ zu schenken. Der Mann hat Ideen. Allein dieser Posten muß Hitler an Autorenhonoraren monatlich rund fünfzigtausend Mark einbringen, das Zehnfache dessen, was bisher ein Reichskanzler verdiente. Da kommen wir von der Industrie nicht mehr mit.«

Adolf Hitler ist tatsächlich nicht »bestechlich«. Aber dafür hält er, aus einer abgrundtiefen Menschenverachtung heraus, nahezu jeden für käuflich, sogar den deutschen Reichspräsidenten. Jedenfalls deuten Männer seiner Umgebung die Schenkung dahingehend, die er im Herbst 1933 dem Hause Hindenburg macht. Angeblich will er damit das Wohlwollen des Alten Herrn für seine Pläne erkaufen, die Reichswehr, die sich bisher mit Erfolg allen nationalsozialistischen Gleichschaltungsversuchen widersetzt hat, willfähriger zu machen.

Stabschef Ernst Röhm möchte die SA als geschlossene Formation in die Armee eingliedern. Der erste Schritt zu diesem Ziel soll mit der Ernennung eines neuen Chefs der Heeresleitung getan werden. Der bisherige Chef, General Freiherr von Hammerstein-Equord, gilt als »nicht länger tragbar«, vor allem dank der systematischen Verleumdungs-Kampagne der NSDAP. Man hat ihm sogar Sympathien für den Kommunismus angedichtet. Als Nachfolger wünscht sich Hitler einen zuverlässigen Nationalsozialisten. Er denkt dabei an Oberst von Reichenau.

Hitler sinnt darüber nach, wie der zu erwartende Widerstand Hindenburgs als Obersten Befehlshabers der Reichswehr zu brechen wäre. Bald bietet sich eine Gelegenheit wie von selber an. Während eines Höflichkeitsbesuches auf Neudeck, wo sich Hindenburg den Sommer über aufhält, kommt dem ostpreußischen Landeshauptmann Blunck der Gedanke, das Hindenburgische Familiengut durch Schenkung des sogenannten »Preußenwaldes« samt der Domäne Langenau zu »arrondieren«. Göring ist nicht abgeneigt, diesen Landkomplex zur Abrundung des Familienbesitzes derer von Beneckendorf und von Hindenburg aus dem Besitz des preußischen Staates herauszugeben. Er fragt beim »Führer und Reichskanzler« an, und Hitler ist sofort Feuer und Flamme. Er betreibt die Übereignung, ohne den Reichspräsidenten zu fragen, ob er die Schenkung auch annehmen will.

Mit seinem Sinn für Publikumswirkung macht Hitler aus der Überreichung der Dotationsurkunde gleich ein Volksfest. Als Anlaß dient der 19. Jahrestag der Schlacht bei Tannenberg. Durch sie wurde Hindenburgs Feldherrnruhm begründet. Das unter der Weimarer Republik gebaute und bereits vor sechs Jahren vom Reichspräsidenten eingeweihte »Tannenberg-Denkmal« mit seinen acht Türmen und den Quergängen, die einen riesigen Innenhof umschließen, ist als Kulisse außerordentlich geeignet.

Als der Alte Herr von den Plänen hört, läßt er Hitler durch Staatssekretär Meißner wissen, er halte die Schenkung nicht für angebracht und bitte deshalb, davon abzusehen. »Das ist doch Unsinn!« widerspricht Hitler. »Bismarck erhielt als Dank der Nation den ›Sachsenwald‹ samt Schloß Friedrichsruh. Warum will der Generalfeldmarschall nicht annehmen? Wegen des ungünstigen Eindrucks im Volk? Er hat auch Neudeck angenommen!

Warum hat der Feldmarschall ausgerechnet bei der Schenkung einer nationalen Regierung Bedenken?«

»Der Rückkauf des Herrensitzes Neudeck im Jahre 1927«, erwidert Meißner, »geschah mit Geldern, die aus einer Sammlung stammten.«

Erst nach längerem Hin und Her gelingt es Hitler, die Zustimmung des Reichspräsidenten zu erhalten. Da mit seinem baldigen Ableben zu rechnen ist, soll die Schenkung, wie schon bei dem Herrensitz Neudeck, auf den Namen des Sohnes Oskar eingetragen werden.

Am Samstag, dem 26. August 1933, sind die Züge nach Ostpreußen überfüllt. Die Reichsbahndirektion muß sogar Sonderzüge einlegen. Auch die Schiffe des »Seedienstes Ostpreußen« von Swinemünde nach Danzig und Pillau sind bis auf den letzten Platz besetzt. Die SA, die zusammen mit SS und Polizei den Ordnungsdienst versieht, hat Mühe, den Verkehr in Fluß zu halten.

Auch Gauleiter Erich Koch hat zum Gelingen des Festes beigetragen. Bereits eine Woche vor der als »Treuefahrt« aufgemachten Erinnerungsfeier ließ er verkünden, Ostpreußen sei frei von Arbeitslosen. Das ist zwar eine kühne Behauptung, aber außerhalb der Provinz wird sie tatsächlich geglaubt.

An den Straßen, die der Reichspräsident, die Regierung und sonstige Ehrengäste passieren müssen, bilden Hitlerjugend, SA und SS Spalier. Beim Tag von Potsdam herrschten noch die schwarz-weiß-roten Fahnen vor. Für die »Treuefahrt« zum Tannenberg-Denkmal sind nur Hakenkreuzfahnen zugelassen. Allein die vierzehn Fahnen der Regimenter, die an der Tannenbergschlacht teilgenommen haben, werden von Soldaten der Reichswehr-Ehrenkompanie in den Hof getragen und erinnern an die große Vergangenheit.

Mit dem Glockenschlag neun ertönen Fanfaren. Einundzwanzig Salutschüsse verkünden die Ankunft des Reichspräsidenten, gefolgt von Hitler und Göring. Hindenburg, in der Uniform eines preußischen Generalfeldmarschalls, den Marschallstab in der Rechten, legt an dem riesigen Kreuz im Inneren des Ehrenmals, unter dem zwanzig unbekannte deutsche Soldaten ruhen, einen Kranz nieder. Gauleiter Koch begrüßt den Reichspräsidenten, den »Führer« und die anderen Gäste und betont, daß der Name Hindenburg auf ewig mit dem ostpreußischen Boden verbunden bleiben werde. Er schließt mit den Worten: »Auch ein armes Volk hat das Recht und die Pflicht, seine großen Söhne zu ehren.«

Dann tritt Hermann Göring nach vorn. Er trägt die Uniform der Flieger-SA. Als einzigen Orden hat er den Pour le mérite, die höchste preußische Auszeichnung, angelegt. Laut ruft er dem Reichspräsidenten zu: ». . . übereignet Preußen in Ehrfurcht und Dankbarkeit als eine Schenkung des Landes die Domäne Langenau und Forst Preußenwald zur dauernden Vereinigung mit dem angrenzenden Altbesitz Neudeck und zur Bildung eines Hindenburgischen Hausgutes Rittergut Neudeck und Preußenwald.«

Adolf Hitler betritt das Podium. »Wir sind glücklich«, sagt er, »daß wir diesen Ehrentag des deutschen Volkes mit dem feiern dürfen, der ihn uns einst gegeben hat. Die deutsche Reichsregierung hat daher als Vertreterin der nationalen Ehre und in Erfüllung der Pflicht der nationalen Dankbarkeit beschlossen und zum Gesetz erhoben, daß jene Scholle der Provinz, die heute mit Ihrem Namen, Herr Generalfeldmarschall, verbunden ist, so lange frei sein soll von den öffentlichen Lasten des Reiches und der Länder, solange sie durch einen männlichen Erben mit dem Namen von Hindenburg verbunden bleiben wird.« Die in kostbares Leder gebundene Dotationsurkunde, die Göring überreicht, trägt das preußische Staatswappen mit dem Spruch »Gott mit uns«.

Noch kein Jahr später wird der tote Marschall, der sich gewünscht hat, in Neudeck neben seiner Frau zur letzten Ruhe gebettet zu werden, gegen seinen Willen in einem der Türme des Tannenberg-Denkmals beigesetzt. Im Februar 1945 holt man den Sarg Hindenburgs aus der Krypta des Tannenbergdenkmals, verlädt ihn auf ein Kriegsschiff und verbirgt ihn vor den vordringenden sowjetischen Armeen in einem Salzbergwerk in Thüringen. Dort finden ihn amerikanische Truppen, zusammen mit dem Sarg des großen Preußenkönigs Friedrich II. Nach langer Irrfahrt werden die beiden Toten in der Elisabethkirche in

Marburg beigesetzt. Amerikanische Offiziere erweisen dem toten Marschall und dem toten König die letzte Ehre.

Im Januar 1934 will Hitler den Gegenwert der Schenkung vom 27. August 1933 kassieren. Er fordert vom Reichspräsidenten die Ernennung des Obersten von Reichenau zum Chef der Heeresleitung. Aber der Reichspräsident, der immer stärker von Ermüdungserscheinungen befallen wird und oft nicht mehr klar erfassen kann, was man von ihm verlangt, hat gerade seinen guten Tag. Vielleicht liegt es auch daran, daß noch immer das Bewußtsein in ihm lebt, ein Generalfeldmarschall könne sich in militärischen Dingen von einem Gefreiten, auch wenn dieser Reichskanzler geworden ist, keine Vorschriften machen lassen.

»Nein!« sagt Hindenburg.

Als Hitler weiter in ihn dringt, erhebt sich Hindenburg und deutet damit an, daß die Unterredung zu Ende ist. Stehend erklärt er: »Die Wehrmacht ist meine Angelegenheit, Herr Reichskanzler! Bitte kümmern Sie sich um Ihre politischen Fragen. Für die Reichswehr bin noch immer ich allein zuständig!«

Meißner geleitet den Besucher zur Tür. Doch Hitler gibt sich nicht so leicht geschlagen. Er steckt sich hinter Reichswehrminister General Werner von Blomberg, den Hindenburg im Januar 1933 ernannt hat, um die Reichswehr von politischen Einflüssen freizuhalten. Aber auch ihn weist der Reichspräsident schroff ab. Blomberg, erstaunt über die Ablehnung, erklärt: »Wenn der Herr Marschall die Ernennung Reichenaus zum Chef der Heeresleitung nicht für tragbar hält, muß ich wohl mein Amt zur Verfügung stellen.«

Wieder erhebt sich Hindenburg. Es gibt Dinge, die sich besser stehend sagen lassen. Mit dem Krückstock aufstoßend sagt er: »Sie wurden nicht von Hitler, sondern von mir in Ihr Amt berufen. Wenn Sie auch Minister sind, so sind Sie doch in erster Linie Soldat. Sie haben zu gehorchen.« Es ist das letzte Aufbäumen des Reichspräsidenten gegen die braune Flut. Chef der Heeresleitung wird nicht Oberst von Reichenau, sondern General von Fritsch. Damit ist die Eingliederung der SA in die Armee unmöglich geworden.

»Mein lieber Stabschef«, sagt Werner von Alvensleben zu Hauptmann a. D. Ernst Röhm, »ich wäre Ihnen sehr verbunden, wenn Sie die Straße nach Freienwalde nehmen wollten. Der General fährt die Richtung Küstrin zu meinem Jagdhaus. Ich kann ihn nicht gut bitten, besondere Vorsichtsmaßregeln zu treffen. Die Herren von der Reichswehr sind in dieser Beziehung naiv wie Kinder.«

»Wenn niemand von unserer Verabredung weiß«, sagt Röhm, »was soll dann diese ganze Geheimniskrämerei? Sie ist mir in der Seele zuwider! Ich habe doch vor diesem Morphinisten und seiner Gestapo keine Angst!«

»Hermann Göring gebraucht seine Ellbogen recht energisch!« widerspricht Alvensleben.

Röhm wischt mit seiner Rechten den Einwurf beiseite: »Er ist der korrupteste Minister, der in Deutschland, was sage ich, in der ganzen Welt je auf einem Ministersessel saß. Dieser gußeiserne Kleiderständer bereichert sich an unserer Revolution! Aber ich gebe zu, er ist gefährlicher als der politische Pimpf Goebbels.«

»Auch hier muß ich widersprechen«, meint Alvensleben. »Göring ist rücksichtsloser, Goebbels ist hinterhältiger. Ihre SA hat recht, wenn sie im Hinblick auf den Gauleiter schreit: ›Lügen haben kurze Beine; die Lüge hat ein kurzes Bein!‹« Fast beschwörend fährt Alvensleben fort: »Glauben Sie mir, mein lieber Stabschef, es ist besser, Sie und Fritsch kommen auf getrennten Wegen. Von beiden Hauptstraßen ist es gleich weit zu meinem Jagdhaus. Es liegt in der Märkischen Schweiz, mitten zwischen den Ausfallstraßen nach Freienwalde und Küstrin. Dort stört uns dann keiner!«

Das Auto des Chefs der Heeresleitung, General Werner Freiherr von Fritsch, trägt den Generalsstander. Am Steuer sitzt ein Feldwebel, links von Fritsch sein Adjutant, ein Oberleutnant. Röhm wird von seinem Adjutanten begleitet, dem Standartenführer Graf Spreti. Der Fahrer ist ein Sturmführer. Die Zufahrtswege zum Jagdhaus Alvensleben sind durch einen hier »zufällig« übenden »Führerlehrgang« der SA gesichert. Das dichte Netz von Beobachtungsposten hat der inzwischen zum Gruppenführer avancierte Karl Ernst gezogen. In den Wirtshäusern an allen Haupt- und Nebenwegen sitzend oder eine Reparatur am Auto vortäuschend, registrieren sie jeden Wagen, der in Richtung Jagdhaus fährt. Doch kein warnender Telefonanruf stört die Verhandlungen zwischen Stabschef Röhm, General von Fritsch und deren Adjutanten. Als fünfter sitzt Werner von Alvensleben mit am Tisch. Obwohl er nie das Wort zum Diskussionsthema ergreift, hofft er, mit dieser Unterredung seinen größten Coup zu starten: die Aussöhnung der SA mit der Reichswehr.

»Ich fand bei meinem Dienstantritt am 1. Februar 1934 einen Trümmerhaufen vor, Herr Kamerad!« beginnt General von Fritsch das Gespräch. »Hammerstein ließ die letzten Monate vor seinem Rücktritt alles schleppen. Er ging lieber auf die Jagd . . .«

Röhm ist angenehm berührt, daß sein Gesprächspartner nicht den General herauskehrt, sondern ihn »Kamerad« nennt. Rangmäßig stand der Major von Fritsch 1918 bei Kriegsende nicht viel höher als der Hauptmann Röhm. Jetzt fühlt sich Röhm ihm im Range gleich. Der Reichswehrgeneral von Fritsch genießt natürlich ein höheres Ansehen, aber Röhm kommandiert vierzigmal mehr Männer als der Chef der Heeresleitung.

Der Aristokrat Fritsch, vornehm, zurückhaltend, ist in der Kadettenanstalt erzogen worden. Im Kriege Generalstabsoffizier, wurde er 1917 durch Granatsplitter am Kopf verwundet, ohne daß sichtbare Narben zurückblieben. Ernst Röhm dagegen ist ein geselliger, lebensfroher Bayer. Im Kriege zog er sich Verwundungen im Gesicht zu, die ihm einen martialischen Ausdruck verleihen. Dabei ist er nicht halb so wild wie die meisten seiner Unterführer. Nach seiner Rückkehr aus Bolivien Ende 1930 baute er Hitler innerhalb von zwei Jahren eine Privatarmee von 600000 Mann auf. Inzwischen wuchs sie durch Masseneintritte und zwangsweise Verschmelzung mit anderen »nationalen« Wehrorganisationen auf über vier Millionen an. »Geh in die SA«, heißt es, wenn einer Verfolgung durch die Gestapo zu befürchten hat. »Dort bist du sicher!«

Aber hier liegt auch das Problem, das die beiden so verschiedenen Männer Fritsch und Röhm heute beschäftigt. Die beiden Machtblöcke SA und Reichswehr beginnen sich gegenseitig zu reiben. »Wir müssen zu einem Akkord kommen, General!« sagt Röhm zu Fritsch.

Der Chef der Heeresleitung sieht durch das Fenster, das sein Adjutant soeben geöffnet hat. Draußen dehnt sich die Heide bis hin zu den sanften Hügeln westlich des Oderbruchs. Die Luft ist frisch und würzig. Man spürt den Frühling. Mit seiner rechten Hand dreht Fritsch gedankenverloren das Weinglas, dann nimmt er sein Monokel aus dem linken Auge, putzt es und wendet sich dem Stabschef Röhm zu: »Im Ministerium liegen alte Pläne, Stabschef! Die bieten vielleicht eine Verhandlungsgrundlage. Doch eines müssen Sie zugestehen: die Armee kann nicht vor der SA kapitulieren! Waffenträger muß die Reichswehr bleiben, unter allen Umständen.« Röhm betont, nie Gegenteiliges verlangt zu haben.

Bis zum Abend diskutiert man, dann kommt eine Vereinbarung zustande. Die Adjutanten halten das Ergebnis schriftlich fest:

Die nach zwölfjähriger Dienstzeit aus der Reichswehr zu entlassenden Soldaten werden von der SA erfaßt.

Unter Leitung dieser »Zwölfender« wird die SA zur Milizarmee ausgebaut. Die Waffen liefert die Reichswehr, sie behält sich aber die Kontrolle darüber vor.

Stabschef Röhm verzichtet seinerseits auf jegliche Einflußnahme bei der Reichswehr.

Es ist schon dunkel, als die beiden Autos, wiederum auf getrennten Wegen, nach Berlin zurückfahren. Noch am Abend spricht Röhm mit seinen Vertrauten in der Stabsleitung das Ergebnis der Verhandlungen mit Fritsch durch: »Wenn Adolf nicht einverstanden ist, wird er abserviert! Zumindest müssen wir diese ›Primadonna‹ von den minderwertigen Figuren wie Göring, Goebbels, Rosenberg und Ley befreien . . .«

Der Chef der Heeresleitung Fritsch hält anderentags dem Reichswehrminister Werner von Blomberg Vortrag. Der Minister ist einverstanden, und bereits am 28. Februar 1934 wird die Abmachung im Reichswehrministerium im Rahmen einer kleinen Feier von Röhm und Blomberg im Beisein Hitlers unterzeichnet. Doch sie bleibt Papier, denn der »Führer und Reichskanzler« hat ganz andere Pläne. Bei seiner Ansprache im Reichswehrministerium enthüllt er sie: »Es ist mein fester Entschluß, das deutsche Heer der Zukunft muß ein motorisiertes sein!« ruft er den eingeladenen Wehrkreisbefehlshabern zu. Mit einem Blick zur gleichfalls geladenen SA-Prominenz fährt er fort: »Wer mir bei dieser, meiner historischen Aufgabe der Wehrhaftmachung der deutschen Nation in den Arm fällt, den werde ich zerschlagen.«

Röhm begreift nicht, was das bedeuten soll. Woher kommt plötzlich diese Sinnesänderung? Sein Vorschlag einer Milizarmee macht doch das deutsche Volk nicht wehrlos, wie Hitler unterstellt! Und was soll dieses Gerede von der motorisierten Armee? Kein einziger SA-Führer hat sich dagegen ausgesprochen! Oder will Hitler eine Angriffsarmee für einen Krieg ausbauen?

Der Stabschef erkennt nicht, warum Hitler den Vertrag zwischen Reichswehr und SA innerlich ablehnt. Diese Absprache ist die Basis für eine Aussöhnung der beiden machtvollsten Kräfte des Reiches: der Armee und der SA. Daneben gibt es nichts mehr. Dieser Zustand ist Hitler zu gefährlich. Er befürchtet offenbar, eines Tages der Gefangene der Armee und ihrer Vier-Millionen-SA-Reserve zu sein. Ernst Röhm aber fühlt sich hintergangen. Der ehemalige Hauptmann glaubt, aus einer Art Minderwertigkeitskomplex den Offizieren der Reichswehr gegenüber, Fritsch, Blomberg und die anderen Generale hätten bei Hitler gegen die SA-Führer intrigiert. Wütend verläßt er den Saal und fährt in sein Stabsquartier am Skagerrakplatz.

Bereits in Alvenslebens Jagdhaus hat man zur Feier des Vertragsabschlusses im Reichswehrministerium ein gemeinsames Essen in dem neuen Haus der SA am Skagerrakplatz im Tiergartenviertel festgelegt. Die eingeladenen Offiziere der Reichswehr haben sehr wohl gemerkt, daß bei der »Führer«-Ansprache etwas danebengegangen ist, ohne daß ihnen die Ursache klar wurde. Trotz des provozierenden Benehmens von Röhm sagen sie die Teilnahme an dem Festessen deshalb auch nicht ab. Als sie kurz nacheinander im SA-Haus eintreffen, werden sie zwar höflich begrüßt, aber sie spüren die Welle der Abneigung, die ihnen entgegenschlägt.

Gleich Röhm sind auch dessen Unterführer überzeugt, daß hinter Hitlers »Rückzieher« nur die Reichswehr stecken kann. Ihr »OSAF« ist also nicht nur der Gefangene von Göring, Goebbels, Rosenberg und Konsorten, sondern auch der Gefangene der feudalen Offiziersclique. Die Gäste der SA, unter ihnen Reichswehrminister General Werner von Blomberg und Generalmajor Walter von Reichenau vom Ministeramt mit ihren Adjutanten, verabschieden sich schon bald. Als der letzte der Reichswehroffiziere gegangen ist, ruft Karl Ernst seinem Stabschef zu: »Zwingen Sie Adolf, endlich wieder in unsere Front einzuschwenken. Oder noch besser! Setzen Sie sich selber aufs Pferd!«

Das ist Aufforderung zum offenen Aufruhr! Doch Röhm weist Ernst nicht zur Ordnung. Im Gegenteil, er sagt noch:

»Wenn Adolf nicht will, werde ich marschieren, und Hunderttausende werden mir folgen!« Das ist recht unvorsichtig, denn der Verräter sitzt mit am Tisch. SA-Gruppenführer Lutze von Hannover, der sich benachteiligt fühlt, geht anderntags prompt zu Reichenau und berichtet ihm alles brühwarm.

Auch Reichenau ist, wie Lutze, ein Zukurzgekommener. Hindenburg hat nicht ihn zum Chef der Heeresleitung ernannt, sondern Fritsch. Jetzt kann er es beiden heimzahlen! Noch am selben Tag informiert er seinen Minister General von Blomberg, der die weinseligen Redereien postwendend Hitler weitererzählt.

Wie verabredet, besichtigt General von Fritsch auf dem Truppenübungsplatz der Reichswehr bei Zossen einige Berliner SA-Einheiten. Alles verläuft programmgemäß, wie immer bei solchen Gelegenheiten. Der General, in Zossen der Hausherr, schreitet gemeinsam mit Gruppenführer Ernst die Front der SA-Stürme ab. Bei einem Mann mit auffallend intelligentem Gesicht bleibt er stehen und fragt nach Alter, Beruf und Berufswünschen. Ernst, darauf aus, es dem vermeintlichen »Verräter« Fritsch vor versammelter Mannschaft heimzuzahlen, belfert los: »Das könnte Ihnen so passen, Herr General, was? Unsere besten Männer wegzuschnappen! Die haben für das neue Deutschland die Macht erobert und sind für Ihren Laden viel zu schade. Holen Sie sich Ihre Leute weiter aus Hinterpommern wie bisher. Meine Berliner Jungs bleiben bei mir!«

Fritsch ist sprachlos. Ist dieser merkwürdige Gruppenführer betrunken? Aber gerade die Ruhe, mit der Fritsch die Rüpelei aufnimmt, bringt Ernst erst recht auf. An den SA-Mann gewandt, fragt er: »Willst du unter die Fuchtel von ›Sülznase‹?«

»Nein, Gruppenführer! Ich will bei Ihnen bleiben!« schnarrt der Mann.

Fritsch zieht sich wortlos zurück. Zu Hause fragt er seinen Adjutanten, was es mit dem Ausdruck »Sülznase« für eine besondere Bewandtnis habe. Der Adjutant belehrt ihn: »Mit ›Sülznase‹ bezeichnen die SA-Leute den Herrn Reichswehrminister von Blomberg . . .«

Um die SA-Führer und ihren Stabschef Röhm wird es einsam. Viele Freunde von ehedem ziehen sich zurück, als einer der ersten der Nachrichtenhändler und Kontaktmann Werner von Alvensleben. Zum Märtyrer hat der »Schützer der abendländischen Kultur« keine Neigung. Als Hitlers »treuester Freund« will er Geschäfte machen, aber nicht sich in persönliche Gefahr begeben. Mit einem angeschossenen Hirsch, wie diesem Stabschef Röhm, läßt sich nichts erreichen. Seine Schweißspur zieht die Füchse und Aasgeier an. Es empfiehlt sich also, rechtzeitig umzuschalten – auf die Füchse und Aasgeier. Und auf die schwarzen Raben.

Alvensleben weiß, daß der Führer dieser »Schwarzen Raben«, Heinrich Himmler, Helfer sucht. Seit Ende 1933 Chef der politischen Polizei aller deutschen Länder außer Preußen, ist er auch der Reichsführer der schwarzuniformierten SS (Schutz–Staffeln). Diese SS hat ihren eigenen »Sicherheitsdienst« (SD) unter dem ehemaligen Leutnant z.S. Heydrich. Von 1933 bis heute wuchs die SS von dreißigtausend auf über hunderttausend Mann an. Nominell untersteht sie zwar dem Stabschef Röhm, aber sonst führt sie ein Eigenleben. Röhm kümmert sich kaum um die SS-Führung, doch Himmler und Heydrich möchten auch diese nominelle Unterstellung beseitigen.

Heydrich stieß erst verhältnismäßig spät zur SS. Als Himmler im März 1933 Polizeichef von München wurde, holte er sich diesen intelligenten jungen Mann als Mitarbeiter. Heydrich machte sich bald unentbehrlich. Er bearbeitete nicht nur alle Akten, sondern lieferte seinem Chef auch neue Ideen. »Das ist doch unmöglich, Reichsführer!« flüsterte Heydrich schon bald seinem Chef Himmler zu. »Nicht die SS sollte dem Stabschef unterstehen, sondern die SA dem Reichsführer SS. Die Elitetruppe sind doch wir! Die SA war nie etwas anderes als ein Saalschutz. Den brauchen wir jetzt nicht mehr. Wir haben ja die Macht. Aber die SS war und ist die Leibgarde des Führers . . .« Himmler ist ganz Ohr. Neben dem ehemaligen Reichsorganisationsleiter Gregor Strasser, dessen Sekretär er einmal war, kann er auch den Stabschef Ernst Röhm nicht ausstehen. Röhm hatte ihn 1923 als Geschäftsführer des Soldatenbundes »Reichskriegsflagge« eingestellt. Bei dem Marsch zur Feldherrnhalle am 9. November trug Himmler die Fahne dieses Bundes. Das sah nicht gerade kriegerisch aus! Vor den Achterreihen alter Frontsoldaten wirkte der schmalbrüstige Himmler wie eine Karikatur aus dem »Simplizissimus«. Röhm reagierte seine Wut über den mißglückten Putsch in beißenden Witzen über den Fahnenträger ab, und nichts verletzt mehr als der Hinweis auf körperliche Mängel.

»Gegen Röhm kommen wir vorläufig noch nicht an«, antwortet Himmler. Heydrich ist anderer Meinung. »Er wackelt, Reichsführer! Im Wettlauf mit der Reichswehr muß er unterliegen! Ich habe zuverlässige Nachrichten! Der Führer kann sich angesichts des bevorstehenden Todes von Hindenburg unmöglich gegen die Generale stellen. Die werden sonst, wenn der Alte die Augen schließt, auf die Monarchie zusteuern. Der Führer muß die Armee auf seine Seite bringen, Reichsführer! Und wir sollten ihm dabei mit allen Kräften helfen . . .«

Himmler ist jetzt ganz wach! Aber worauf will Heydrich hinaus?

Der SD-Chef arbeitet schnell, präzise und überlegt. Bald liegt auf Blombergs Schreibtisch »Material« über geheime Rüstungen der SA. Es fußt entweder auf bereits bekannten Tatsachen oder ist erfunden. Aber geschickt erfunden, zweifelsohne von einem Fachmann, der Einblick in intimere Vorgänge der SA-Führung hat. Zum Beispiel bekam schon vor einiger Zeit der Abwehrchef der Reichswehr, Kapitän z. S. Patzig, heraus, daß von Stettin aus ein Güterwagen mit Waffen nach München rollte. Patzig fragte beim Reichsinnenminister Dr. Frick an, wer das Geld für den Ankauf dieser Waffen hergegeben habe. Der verwies ihn an Göring. Schließlich stellte sich heraus, daß das Reichsfinanzministerium auf Drängen der SA-Führung die Devisen für den Waffenkauf in Rußland freigegeben hatte. Oberst von Reichenau ließ sie beschlagnahmen und den Heereszeugämtern übergeben.

Blomberg hört jetzt zum ersten Male davon, denn weltbewegend war die Angelegenheit gerade nicht. Auch ein anderer Vorgang ist für ihn neu. Röhm gab seinen Obergruppen- und Gruppenführungen kürzlich den Befehl, die Stabswachen mit schweren Maschinengewehren auszurüsten. Von Heydrich informiert, schreibt Blomberg warnend an Hitler:

». . . Ein derartiges Verhalten macht alle Vorsicht der Wehrmacht und der von ihr beeinflußten ›Krüger-Lager‹ (SA-Wehrschulen für die Jugend mit Reichswehr-Ausbildern) innerhalb der neutralen Zone illusorisch . . .«

Die »neutrale Zone« – das ist das Gebiet am Rhein, das nach den Bestimmungen des Versailler Vertrages und des Locarno-Paktes von Einheiten der Reichswehr nicht besetzt werden darf. Röhms eigenmächtiges Vorgehen, suggeriert man Hitler, birgt die Gefahr internationaler Verwicklungen in sich.

Auch in Münster in Westfalen kommt es zu einem recht merkwürdigen Vorfall. Bei Oberst Franz Halder, Chef des Stabes beim Wehrkreiskommando, meldet sich ein SA-Obergruppenführer mit der Erklärung, er sei bei der Übernahme der Reichswehr durch die SA als Nachfolger des Herrn Obersten bestimmt und er bitte, ihn einzuweisen. Halder glaubt nicht recht zu hören. »Die SA übernimmt die Reichswehr? Wann soll denn das geschehen?«

»Demnächst!« antwortet der SA-Obergruppenführer treuherzig.

Halder fährt sofort nach Berlin und berichtet Fritsch, der die immerhin recht bedenkliche Meldung zu den zahlreichen anderen legt, die in den letzten Wochen aus allen Teilen des Reiches eingelaufen sind.

Franz von Papen, nominell noch immer Vizekanzler des Reiches, wittert Morgenluft. Er läßt sich für den 17. Juni 1934 zu einem Vortrag in der Universität Marburg einladen. Das fahnengeschmückte Auditorium Maximum ist überfüllt, denn es hat sich herumgesprochen, daß der Vortrag sensationellen Charakter tragen wird. Außer zahlreichen in- und ausländischen Journalisten sind auch konservative Politiker, Nationalsozialisten und Gelehrte erschienen. Die Zuhörer wissen natürlich nicht, daß das, was Papen sagt, nicht von ihm stammt, sondern von dem Autor des Buches »Die Herrschaft der Minderwertigen«, Dr. Edgar Jung, einem Rechtsanwalt. Er hat die Rede aufgesetzt. Es ist also in erster Linie dieser jungkonservative Politiker, der durch den Mund des Vizekanzlers Forderungen anmeldet.

»Man sagt«, beginnt Papen, »ich hätte durch die Beseitigung des Weimarer Preußenregimes und die Zusammenfassung der nationalen Bewegung einen so entscheidenden Anteil an der deutschen Entwicklung genommen, daß mir die Pflicht obliege, diese Entwicklung schärfer zu beobachten als die meisten Deutschen. Nun wohl: Sosehr bin ich der in Angriff genommenen Erneuerung Deutschlands mit meinem Herzblut verbunden, daß es vom menschlichen wie vom staatsmännischen Gesichtspunkt aus eine Todsünde wäre, nicht das zu sagen, was in diesem entscheidenden Abschnitt der deutschen Revolution gesagt werden muß . . .«

Die Rede zündet, die Zuhörer gehen mit. Manche Stellen der Jungschen Ausführungen, von Papen oratorisch meisterhaft vorgetragen, wirken wie reinigende Gewitter. ». . . Eine offene und männliche Aussprache frommt dem deutschen Volke mehr als der ventillose Zustand einer Presse, von der selbst der Reichsminister für Propaganda feststellte, daß sie kein Gesicht mehr habe. . . . Die Presse wäre ja eigentlich dazu da, die Regierung darüber zu unterrichten, wo schwere Fehler gemacht werden, wo ungeeignete Männer am falschen Platze stehen. Ein anonymer oder geheimer Nachrichtendienst, mag er noch so trefflich organisiert sein, vermag nie, diese Aufgabe der Presse zu ersetzen . . . Wir hatten mit Hilfe der NS-Bewegung ein funktionsunfähig gewordenes System durch ein besseres ersetzen, niemals aber eine Diktatur aufbauen wollen.« Doch Papens Worte wirken auch wie Prophetie: »Deshalb, meine ich, wird der deutsche Staat einst seine Krönung in einem Staatsoberhaupt finden, das ein für allemal den politischen Kämpfen der Demagogie und dem Streit der wirtschaftlichen Interessen entrückt ist . . .« Das heißt also, Papen fordert die Monarchie.

Aber auch sonst fallen seine Ausführungen auf fruchtbaren Boden. Für die Zuhörer scheint ein Mann aufzustehen, der die Hoffnungen und Wünsche des deutschen Volkes nach größerer Freiheit, nach geordneten Zuständen und nach Sauberkeit im Staate in Worte zu fassen vermag: ». . . Große Männer werden nicht durch Propaganda gemacht, sondern von der Geschichte auf Grund ihrer Leistung anerkannt. Reformen oder gar die Einigkeit des Volkes durch Terror herbeizuführen, ist unmöglich. Die Unterdrückung des geistigen Menschen ist eine Verwechslung von Vitalität mit Brutalität. Sie verrät eine Anbetung der Gewalt, die für jedes Volk gefährlich ist . . . Kein Volk kann sich den ewigen Aufstand von unten leisten, wenn es vor der Geschichte bestehen will. Mit ewiger Dynamik kann nichts gestaltet werden. Deutschland darf nicht einem Zug ins Blaue gleichen, von dem niemand weiß, wann er zum Halten kommt.«

Brausende Zustimmung dankt ihm. Die Journalisten stürmen zu den Telefonen und geben die wichtigsten Passagen der Rede an ihre Redaktionen im In- und Ausland durch. Doch Goebbels ist schneller. Er verbietet die Verbreitung innerhalb Deutschlands und läßt sogar die Vervielfältigungen beschlagnahmen und vernichten. Zehn Tage später, am 27. Juni 1934, wird Dr. Edgar Jung verhaftet. Im letzten Augenblick gelingt es ihm, an die Wand des Badezimmers noch ein Wort zu kritzeln: »Gestapo«. Man hört nie wieder etwas von ihm, denn bevor ihm eine Intervention bei Hindenburg helfen könnte, beginnt das große Morden, dem auch er zum Opfer fällt . . .

Berlin fiebert. Irgendein Ereignis liegt in der Luft, man spürt es, doch niemand weiß, von welcher Seite das Unwetter kommen wird. Auch im Ausland jagen sich die Gerüchte. Einige große Zeitungen schicken Sonderkorrespondenten nach Berlin unter Wahrung aller möglichen Vorsichtsmaßnahmen. Denn eine Reise ins Dritte Reich ist bereits zu einem Abenteuer geworden!

Am Samstag, dem 23. Juni, findet der Abwehrchef der Reichswehr, Kapitän z. S. Conrad Patzig, einen »Geheimbefehl«

Röhms an die SA-Gruppenführer auf seinem Schreibtisch. Die Stürme sollen sich bewaffnen, da der Zeitpunkt gekommen sei, heißt es darin. Patzig ruft seine Sekretärin ins Zimmer und fragt: »Wer hat dieses Schriftstück gebracht?« Sie ist womöglich noch erstaunter als ihr Chef, und wahrheitsgemäß antwortet sie: »Es ging niemand an mir vorbei in Ihr Zimmer. Ich kann mir das einfach nicht erklären!« Ohne zu erkennen, daß das Schriftstück gefälscht ist, legt es Patzig dem Chef des Ministeramtes, Generalmajor von Reichenau, vor, der merkwürdigerweise gar nicht besonders überrascht ist. Als sei ein Stichwort gefallen, sagt er: »Jetzt wird es aber höchste Zeit!«

Anderentags ruft der Wehrkreiskommandeur von Breslau, Ewald von Kleist, der spätere Generalfeldmarschall, in Berlin an und meldet: »Ich erhalte laufend Nachrichten, daß ein Angriff der SA auf die Kasernen unmittelbar bevorsteht.« Vom Reichswehrministerium erhält er die lakonische Antwort: »Halten Sie die Truppe einsatzbereit, aber möglichst unauffällig!« Kleist, der das Ganze nicht versteht, packt den Stier bei den Hörnern und bittet den SA-Obergruppenführer von Schlesien, Edmund Heines, zu sich. Der Wehrkreiskommandeur sagt dem Obergruppenführer die Absicht, die Kasernen zu besetzen, auf den Kopf zu. Heines, der sich nicht so leicht verblüffen läßt, fällt aus allen Wolken. »Ich habe tatsächlich gestern gewisse Vorsichtsmaßnahmen angeordnet, aber nur, weil man mir laufend meldete, die Reichswehr plane einen Überfall auf uns, die SA! Oder auf den Führer! Warum haben Sie zum Beispiel ›Spanische Reiter‹ anfertigen lassen?« Schließlich gibt er Kleist sein Ehrenwort als Offizier und SA-Führer, keinen Überfall zu machen. In derselben Nacht ruft Heines bei Kleist nochmals an: »Die SA geht in Urlaub, und ich fliege nach München zu einer Führerbesprechung. Soeben erhielt ich die Einladung.«

»Wer lädt Sie denn ein?« will Kleist wissen.

»Die Oberste SA-Führung.«

»Also Stabschef Röhm!«

»Nein! Ernst Röhm ist nur Stabschef«, antwortet Heines, fast ärgerlich über soviel Unwissen. »Oberster SA-Führer ist der Führer!«

Kleist fliegt am selben Morgen nach Berlin und läßt sich bei

Fritsch zum Vortrag melden. »Ich habe den Eindruck, daß wir, also Reichswehr und SA, von dritter Seite gegeneinander gehetzt werden«, meint er zum Chef der Heeresleitung. »Es hat den Anschein, als gingen viele Nachrichten von einer bestimmten Stelle aus.«

»Welche Stelle meinen Sie denn?« fragt Fritsch.

»Das Büro des Reichsführers SS Heinrich Himmler!« antwortet Kleist. »Ich glaube, in erster Linie steckt dieser SD-Chef Heydrich dahinter!«

Fritsch läßt Reichenau kommen und bittet Kleist, seine Meinung noch einmal darzulegen. »Das mag alles stimmen«, meint der Generalmajor. »Aber jetzt ist es zu spät.«

»Zu spät? Für was zu spät?«

»Um unsere Abwehrmaßnahmen zu widerrufen! Wir mußten doch Vorsichtsmaßnahmen treffen! Irgend etwas ist geplant! Wenn Heines auch sein Ehrenwort gab, daß er von nichts weiß – vielleicht weiß er wirklich nichts! Aber wir können darauf nicht bauen. Mit Röhm ist nicht zu spaßen. Wir haben hunderttausend Mann hinter uns, die SA zählt vier Millionen.«

»Wo befindet sich denn der Führer und Reichskanzler?« fragt Kleist.

»In Essen. Auf der Hochzeit von Gauleiter Terboven.«

»Dann kann ja nichts passieren.«

»So?« fragt Reichenau gedehnt und legt Kleist eine »Abschußliste« vor, die angeblich von der SA-Führung aufgestellt worden ist. Sie liest sich wie eine Rangliste der Reichswehr. Zahlreiche führende Generale sind darauf als Todeskandidaten verzeichnet.

»Das ist ja ungeheuerlich«, antwortet Kleist.

Ebenso ungeheuerlich allerdings ist eine andere – nicht gefälschte – Liste, die gleichfalls in Reichenaus Mappe liegt. Sie stammt von Theodor Eicke, SS-Sturmbannführer und Kommandant des Konzentrationslagers Dachau. Er stellte sie Anfang Juni zusammen! Der Reichsführer SS Himmler und sein SD-Chef Heydrich überarbeiteten dann diese »Reichsliste« und legten sie Göring und Reichenau vor. Göring sagte ja und setzte noch einige andere Namen darauf, und Reichenau holte sich Rückendeckung bei Blomberg, der ebenfalls nichts einzuwenden hatte.

Gauleiter Terboven hält Hochzeit, und ganz Essen ist auf den Beinen. Denn er ist einer der wenigen Gauleiter, die in der Stadt, in der sie wirken, auch geboren wurden. Schon 1924 trat er als Bankbeamter der Partei bei, wurde Gauleiter in seiner Heimatstadt und 1933 sogar Oberpräsident der Rheinprovinz mit Sitz in Koblenz.

Der standesamtlichen Trauung mit dem Hochzeitsmarsch aus »Lohengrin« folgt die kirchliche mit Orgelspiel, Choral und Priestersegen. Auch Hitler wohnt ihr bei. Kinder, als Pimpfe uniformiert, streuen Rosen und tragen die meterlange Spitzenschleppe des kostbaren, blütenweißen Brautkleides. Es ist alles sehr schön, sehr feierlich und sehr konventionell. Von »germanischen Hochzeitsbräuchen«, wie Himmler sie propagiert, ist nichts zu spüren. Nur eines deutet auf die »neue Zeit« hin! Statt des traditionellen Fracks trägt der Bräutigam die braune Gauleiteruniform mit den goldenen Emblemen und der roten Hakenkreuzbinde am Arm.

Nach der kirchlichen Feier fährt die Hochzeitsgesellschaft in das Essener Hotel »Kaiserhof«. Im Festsaal türmen sich die Geschenke. Keine Organisation, kein Industriebetrieb, keine städtische oder staatliche Behörde wollte zurückstehen. Die Angestellten der Gauleitung haben alle Hände voll zu tun, um Quittungen auszuschreiben und über jedes Geschenk Buch zu führen. Terboven will genau wissen, wer entsprechend seiner Stellung, wer zu wenig oder gar nichts geschenkt hat.

Nach der glanzvollen, mit Rosen prächtig geschmückten Hochzeitstafel wird zum Tanz aufgespielt. Während unten im Saal die junge Frau, bis zur Verlobung Stenotypistin bei Goebbels, zu den wiegenden Weisen der österreichischen Operettenkönige eine Ehrenrunde tanzt, spricht im Salon des Fürstenappartements im ersten Stock Adolf Hitler mit Goebbels und Göring über die »Niederschlagung eines Putsches«, der als »die deutsche Bartholomäusnacht« in die Geschichte eingehen wird. Nicht zu Unrecht, denn auch die erste »Bartholomäusnacht« vom 23. zum 24. August 1572 fand nach einer Hochzeit statt.

Sonderkuriere bringen immer neue »letzte Meldungen« von Heydrich. Adjutant Schaub, vor dem Salon postiert, in dem Hitler konferiert, nimmt sie entgegen und reicht sie an Hitler weiter.

Alle diese Nachrichten sind entweder erfunden oder ins Groteske übertrieben. Nirgends rotten sich die SA-Männer zusammen, wie aus Berlin gemeldet wird. Im Gegenteil, sie treffen überall Vorbereitungen für ihren Urlaub. Gruppenführer Ernst ist bereits nach Bremen abgereist, um mit seiner ihm vor kurzem angetrauten Frau Minna auf der »Kap Polonio« eine verspätete Hochzeitsreise nach Madeira anzutreten. Es fand auch nirgends eine »Putschbesprechung« statt – außer im Salon Hitlers im Hotel »Kaiserhof« in Essen und den Büros von Reichenau, Himmler und Heydrich!

Am Abend sind die Rollen endgültig verteilt. Bad Wiessee, wohin er für Samstag, den 30. Juni, eine Führertagung der SA einberufen ließ, übernimmt Hitler selber, ebenso das auf dem Wege nach dort liegende München, die »Hauptstadt der Bewegung«. Für Berlin sind Göring und Himmler zuständig. Goebbels hält sich bewußt zurück. Er fürchtet sich, Hitlers Bannkreis zu verlassen.

Unmittelbar nach der Besprechung fliegt Göring nach Berlin zurück. Hitler nächtigt im »Kaiserhof«. Am nächsten Morgen fährt er zur »Waffenschmiede des Reiches«, in die Kruppwerke, die Essens Namen weltbekannt gemacht haben. Der Seniorchef, Gustav Krupp von Bohlen und Halbach, kein geborener Krupp, sondern verheiratet mit der einzigen Tochter des letzten männlichen Sprosses der Krupps, empfängt Hitler am Tor und führt ihn durch die Hallen. Hitler gibt sich entspannt und unbeschwert. Jovial grüßt er die Arbeiter und spricht auch mit einigen über nebensächliche Dinge.

Der Firmenchef Krupp hat eine Beschwerde: »Wir haben zuviel Ausfälle, Herr Reichskanzler. Die Arbeiter werden uns aus den Werkstätten immerzu für irgendwelche Übungen und Aufmärsche herausgeholt. Das stört die Produktion.«

Hitler ist gar nicht ungehalten. Generös erklärt er: »Was Sie sagen, Herr Krupp von Bohlen, ist völlig richtig!« Die Stimme scheint sich zu verändern. Wie fernes Donnergrollen schwingt ein drohender Ton mit: »Aber das ist jetzt vorbei! Die SA geht morgen in Urlaub, und danach hören diese Appelle und Sonderaufmärsche auf. Die Wirtschaft geht unter allen Umständen vor . . .«

Die Fahrt zurück ins Hotel gleicht einem Triumphzug. Im »Kaiserhof« erwartet Hitler allerdings eine unangenehme Überraschung. An der sogenannten »Führermaschine« muß der rechte Außenmotor ausgewechselt werden. Aber gerade dieser nebensächliche Umstand wird ganz wesentlich zur »Niederschlagung« des »Putsches« beitragen!

Am Nachmittag startet die Begleitmaschine, ebenfalls eine Ju 52, mit Hitler und seinem Gefolge an Bord zum Flug nach Bonn-Hangelar. Dort wartet bereits Schreck mit dem Auto. In rasender Fahrt, eskortiert von motorisierten SA-Männern, geht es weiter zum Hotel Dreesen in Bad Godesberg. Es ist Sommer. Erst spät wird es Nacht. Hitler steht auf der Terrasse des Hotels und blickt hinüber zum Siebengebirge, jenseits des Stromes. Doch seine Augen nehmen das friedliche Bild gar nicht wahr. Er hat andere Gedanken im Kopf. Ob sich die Todeskandidaten zusammenrotten? Und: Werden ihre Freunde den Exekutionen stillschweigend zusehen?

Goebbels steht neben Hitler und beruhigt ihn, wie er später Freunden gegenüber von dieser Stunde auf der Terrasse erzählen wird: »Mein Führer! Wer zuerst zuschlägt, hat gewonnenes Spiel. Im Kampf um die Macht entscheidet immer die erste Runde.« Doch Hitler kann seiner Nervosität nicht Herr werden. Wie Hagelschauer prasseln auf die Schar der Adjutanten die Befehle und Anordnungen nieder: »Brückner, verbinden Sie mich mit Göring . . . Schaub, rufen Sie Gauleiter Wagner an . . . Baur, die Maschine muß startbereit sein . . . Schreck, holen Sie mir meinen Mantel . . .«

Kurz vor zehn Uhr marschiert ein Spielmannszug des Arbeitsdienstes vor der Terrasse des Hotels auf, um ihrem »Führer« ein Ständchen zu bringen. Die Darbietung schließt mit dem Zapfenstreich und dem Choral: »Ich bete an die Macht der Liebe, die sich in Jesum offenbart . . .« Hitler steht am Geländer und lächelt den Männern freundlich zu. Im selben Moment tritt Brückner hinter ihn und schreit ihm ins Ohr: »Mein Führer! Hermann Göring ist am Apparat . . .« Das ist das Stichwort! Hitler stürzt zum Telefon, aber er kann nichts verstehen. Eilig geht er wieder hinaus auf die Terrasse, um das Ende des Zapfenstreichs abzuwarten: ». . . ich will, anstatt an mich zu denken, im Meer der Liebe mich versenken!«

Endlich ist das Spiel zu Ende. Hitler geht wieder an den Apparat. »Die SA ist in München zu Demonstrationen aufgerufen worden!« schreit Göring durch das Telefon seinem »Führer« zu.

Es ist soweit!

»Brückner! Schaub! Baur!« ruft Hitler. »Wir fliegen! In einer Stunde . . .«

»Ich werde diesem Schwein schon helfen!« ruft Hitler vier Stunden später, am 30. Juni 1934, kurz vor 3 Uhr morgens, auf dem Münchner Flugplatz Oberwiesenfeld dem Gauleiter Wagner zu, der mit seinem Adjutanten und zwei Offizieren der Reichswehr zum Empfang erschienen ist. Dabei läßt er die Nilpferdpeitsche durch die Luft sausen, daß der Gauleiter zusammenzuckt.

Die Begleiter Hitlers: der Flugkapitän Hans Baur, die Adjutanten Schaub und Brückner, der Reichspressechef Dr. Dietrich, die beiden Leibchauffeure Julius Schreck und Erich Kempka, und die unvermeidlichen vier Kriminalbeamten des sogenannten »Führerbegleitkommandos« wundern sich. Was hat denn so plötzlich Hitlers Zorn erregt? Während des Nachtfluges von Bonn-Hangelar nach München war er zwar recht einsilbig, aber besonders verärgert schien er nicht zu sein. Einer allerdings wundert sich nicht: Dr. Goebbels. Er weiß als einziger, wozu Hitler ausgezogen ist.

Gleich darauf steigt der »Führer« mit Gauleiter Wagner in das bereitstehende Auto. Die Tür knallt zu, und der Wagen springt an, als habe er einen Tritt bekommen. In rasendem Tempo durchfährt er wenige Minuten später die nachtstillen Straßen Münchens. Langsam hellt sich der Himmel auf. Ein zweiter Wagen bringt Goebbels und die anderen Begleiter zur Innenstadt. Flugkapitän Baur bleibt in Oberwiesenfeld. Mit Flugleiter Hailer geht er über die regennasse Rollbahn zum Verwaltungsgebäude. Die Fenster des langgestreckten Baues sind noch alle erleuchtet.

»Was ist denn eigentlich los?« fragt Hailer bestürzt. »So habe ich den Führer noch nie gesehen. Ist er vielleicht böse, weil nur so wenig Menschen zum Empfang erschienen sind? Ich habe ein furchtbar schlechtes Gewissen.«

Baur sieht ihn überrascht an. »Ja, warum denn? Sie haben doch gar nichts falsch gemacht, und für die Empfänge sind Sie nicht verantwortlich.«

»In diesem Falle vielleicht doch!« antwortet Hailer. »Stabschef Röhm hat mir nämlich aufgetragen, gestern spät abends noch, sofort bei der Obersten SA-Führung anzurufen, wenn das Führerflugzeug ›D – 2600‹ gemeldet wird. Ich konnte nicht riechen, daß ihr mit einer ganz anderen Maschine kommt.«

Einige Tage später berichtet der Flugkapitän seinem »Führer«, was ihm Hailer erzählte und fügt hinzu: »Der Maschinentausch an der ›D – 2600‹ hat Ihr Eingreifen zweifelsohne erleichtert. Wenn Röhm erfahren hätte, daß Sie schon in der Nacht nach München flogen . . .«

Hitler setzt sich in Positur. »Sie sehen selber, Baur«, antwortet er mit betont tiefer Stimme, »es hat wieder einmal das Schicksal die Hand im Spiel gehabt.«

Die Wagenkolonne Hitlers vermeidet es, am Braunen Haus in der Brienner Straße vorbeizufahren. Sie biegt vorher ab, gewinnt die Ludwigstraße und hält vor dem Bayerischen Innenministerium. Zahlreiche SA-Einheiten befinden sich auf dem Heimweg vom Braunen Haus oder auch von ihren Stammkneipen. Am Abend vorher waren die Stürme Münchens mit handgeschriebenen Zetteln aufgefordert worden, auf die Straße zu gehen. Keiner der örtlichen Befehlshaber wußte etwas davon; die Zettel stammten aus der Giftküche Heydrichs und Himmlers. Die SA-Männer, die Hitlers Autokolonne begegnen, sehen erstaunt auf die schweren Wagen, deren erster das Verdeck zurückgeschlagen hat. »Das war doch Adolf?« fragt einer der Truppführer einen Kameraden.

»Du siehst wohl seit gestern abend Gespenster, was?« erwidert dieser. »Adolf ist in Essen. Du hast es doch selbst im Radio gehört.«

Aber als sie am Innenministerium vorbeikommen, erkennen sie Hitlers Fahrer, der vor dem Tor steht und eine Zigarette raucht. Sie kommen nicht dazu, ihn anzusprechen, denn im selben Moment halten die Wagen des Münchner Polizeipräsidenten, des Obergruppenführers Schneidhuber, und des SA-

Gruppenführers von München, Wilhelm Schmid, vor dem Gebäude. Sie eilen ins Innere, um sich bei ihrem »Führer« zu melden.

Ohne sie anzuhören, reißt ihnen Hitler die Schnüre von den Schultern und läßt sie von Kriminalbeamten des Führerbegleitkommandos verhaften. Er selber setzt sich gleich darauf in seinen Wagen und ruft dem Fahrer zu: »Nach Bad Wiessee!« Die beiden verhafteten hohen SA-Führer sind die ersten, die in das Gefängnis Stadelheim eingeliefert werden.

Der Wachtmeister Zink vom Nachtdienst hat den telefonischen Befehl erhalten, die Beamten der Nachtschicht nicht nach Hause gehen zu lassen. Als Schneidhuber vor dem Gefängnis aus dem Wagen steigt, steht ein Spalier von Wärtern bereit. Verwundert sieht er um sich. Träumt er? Oder soll er diese Tür tatsächlich als Verhafteter durchschreiten? Im selben Moment bricht die Sonne durch. Sie hat gesiegt und die Regenwolken beiseite geschoben. Weiß und blau spannt sich der Himmel über Straße und Gefängnis. »Hitlerwetter!« meint Schneidhuber sarkastisch. »Da kann uns nicht viel passieren.« Der SA-Gruppenführer Schmid ist anderer Meinung. Ihn bedrücken Todesahnungen, und gesenkten Hauptes schreitet er durch das Portal ins Innere. Wie Schneidhuber wird er das Gefängnis nicht mehr lebend verlassen.

Zur gleichen Stunde läutet in Wiessee die Glocke der Kirche zur Frühmesse. Vor dem Hotel »Hanselbauer« stoppen zwei schwarze Mercedes. Kein Posten sichert die Eingänge. Sie werden von den Kriminalbeamten im zweiten Auto sofort besetzt. Hitler findet das Hauptportal offen, und schnellen Schrittes betritt er das Innere. Als erster wird Standartenführer Uhl, Chef der Stabswache, verhaftet. Gleich darauf führt man Graf Spreti nach unten. Auch er kann sich nicht erklären, was hier vorgeht. Heines, SA-Obergruppenführer von Schlesien, und sein Chauffeur, die in einem Zimmer schlafen, werden in ihren Betten erschossen. Die beiden Leichen bleiben vorläufig liegen.

Plötzlich hört man oben auf dem Korridor, an dem Röhms Zimmer liegt, ein Gepolter. Hitler trommelt mit den Fäusten an die Tür und ruft: »Aufmachen!« Doch der Stabschef scheint nicht zu hören. Er hat am Abend wegen seiner neuralgischen Schmerzen eine Spritze bekommen. Endlich erwacht er und fragt schlaftrunken: »Wer ist denn da?«

»Ich bin es, Adolf. Mach schon auf.«

»Was? Schon da? Ich denke, du kommst erst gegen Mittag?« Röhm springt aus dem Bett und zieht sich hastig an. Als er die Tür öffnet, prasselt ein Hagel von Beschimpfungen auf ihn nieder. Kriminalbeamte führen ihn schnell nach unten, noch bevor er begriffen hat, was mit ihm geschieht.

Im selben Moment fährt vor dem Hotel ein Lastwagen mit der Stabswache vor. Sind die Männer etwa alarmiert worden? Werden sie eingreifen und Röhm befreien? Besorgt eilt Hitler nach unten. Doch der befehlshabende Sturmführer ahnt nicht, was soeben vorgefallen ist. Er schlägt die Hacken zusammen und macht Meldung. »Danke!« antwortet Hitler, und geistesgegenwärtig befiehlt er dem Sturmführer, mit seinen Leuten sofort nach München zurückzufahren und dort weitere Befehle abzuwarten. Der Lastwagen macht kehrt und fährt wieder ab.

Die verhafteten SA-Führer werden einzeln in einen Wiesseer Omnibus verladen, der zufällig im Hof steht. Als letzter wird Röhm herangeführt. Inzwischen hellwach geworden, fragt er, als er an Hitler vorbeigeht: »Was soll das Theater?« Doch sein Duzfreund Adolf wendet sich stumm ab. Die Kriminalbeamten stoßen Röhm vorwärts: »Los! Keinen Aufenthalt!« Im Hintergrund steht Lutze. Hitler sieht ihn, geht auf ihn zu und sagt: »Lutze! Ich ernenne Sie mit sofortiger Wirkung zum Stabschef der SA!« Lutze reißt den Arm zum Hitlergruß hoch. Ein triumphierendes Lächeln gleitet über sein Gesicht. Er hat erreicht, was er wollte; sein Verrat hat sich also gelohnt!

Es ist eine merkwürdige Kolonne, die sich von Wiessee nach München bewegt. Im ersten Wagen sitzt Hitler. Dichtauf folgt der zweite Wagen mit den Kriminalbeamten, in einigem Abstand der Omnibus. Jedes entgegenkommende Auto wird angehalten. Die SA-Führer, die mit den Morgenzügen in München eingetroffen sind und sich jetzt auf der Fahrt zur Führertagung nach Wiessee befinden, werden Mann für Mann abgefangen und festgenommen. Kriminalbeamte nehmen ihnen die Waffen und Ehrendolche ab und führen sie zum Omnibus, dessen Türen zwei Polizisten mit entsicherten Revolvern bewachen. Am Stadtrand von München leitet Lutze, der den Transport führt, den Omnibus gleich nach links zum Gefängnis Stadelheim.

Nur einer der nach Wiessee hinausfahrenden SA-Prominenten wird nicht verhaftet: der Gruppenführer von Württemberg, Hanns Ludin, jener Reichswehrleutnant, der 1930 im Ulmer Offiziersprozeß zusammen mit zwei anderen Kameraden zu Festungshaft verurteilt worden ist. Als Hitler ihn erkennt, sagt er: »Nein! Den nicht!«

Andere haben weniger Glück als Ludin, obwohl sie gar keine Nationalsozialisten sind. Der ehemalige bayerische Generalstaatskommissar, Gustav von Kahr, der am 9. November 1923 den Putsch an der Feldherrnhalle zum Scheitern gebracht hat, wird in seiner Wohnung verhaftet und im Hemd in ein Auto gezerrt. Im Dachauer Moos erschlagen ihn SS-Männer mit Knüppeln. Ein anderes Kommando tötet Pater Stempfle vom Hieronymus-Orden. Stempfle schrieb Hitlers Buch »Mein Kampf« in ein einigermaßen verständliches Deutsch um. Eicke setzte ihn auf »die Reichsliste«, weil Stempfle gegen ein bestimmtes Etablissement opponierte, das der bekannte Münchner Nationalsozialist Christian Weber in der Senefelder Straße unterhielt. Hitler zieht die Mörder nicht zur Rechenschaft. Nur zu seinem Fotografen Hoffmann sagt er mit tränenschwerer Stimme: »Sie haben meinen guten Stempfle umgebracht!«

Recht verwickelt ist der Fall des Arztes Dr. Ludwig Schmitt. Er verhalf 1933 dem Bruder des ehemaligen Reichsorganisationsleiters Gregor Strasser zur Flucht ins Ausland. Wegen eines anderen politischen Deliktes sitzt Schmitt bereits seit dem 21. April in Stadelheim. Zufällig wissen die Gestapobeamten und die ihnen zur Unterstützung beigegebenen SS-Männer nichts davon. Da sie ihn weder in der Wohnung noch in der Klinik antreffen, wo Schmitt arbeitet, fragen sie auf der Straße eine Passantin: »Wohnt hier irgendwo ein Dr. Schmitt?« Die Frau sieht, wen sie vor sich hat, und stottert: »Dr. Schmidt suchen Sie? Er wohnt gleich dort oben, in derselben Straße, im ersten Stock des ersten Hauses.«

Es ist der Musikkritiker der »Münchner Neuesten Nachrichten«, Dr. Wilhelm Eduard Schmidt, der dort wohnt. Die Gestapoleute nehmen den Musikkritiker mit und erschießen ihn. Stolz melden sie ihrer Dienststelle: »Befehl ausgeführt!« Drei Tage später bekommt Frau Schmidt einen versiegelten Sarg zugestellt. Im Begleitschreiben heißt es, ihr Mann sei einem bedauerlichen Irrtum zum Opfer gefallen. Schmidts Lebenswerk, seine gesammelten Aufsätze, erscheinen unter dem Titel »Unvollendete Sinfonie . . .«.

Der richtige Schmitt hört in seiner Zelle in Stadelheim Lärm. Er ahnt, daß er gesucht werden könnte. Ein verständnisvoller Gefängnisbeamter versteckt ihn in einem Holzverschlag. So entkommt Dr. med. Ludwig Schmitt dem großen Massaker.

Gegen 8 Uhr morgens trifft Hitler mit seinem Gefolge, von Wiessee kommend, wieder in München ein. Diesmal fährt er ins Braune Haus in der Brienner Straße. Goebbels telefoniert sofort mit Berlin. Er gibt Göring den ersten Bericht durch und erwähnt dabei, Gruppenführer Ernst sei nicht in Wiessee gewesen. Dieses Telefonat ist das Stichwort für das Anrollen der Aktion in der Reichshauptstadt. Göring läßt sich nicht zweimal bitten. Er läßt nach fertig vorliegenden Listen verhaften und erschießen und geht sogar noch über die ursprünglich gesteckten Ziele hinaus. »Ich habe meinen Auftrag erweitert!« rühmt er sich bei einer Pressekonferenz am 2. Juli. Das heißt, er hat mehr Leute umbringen lassen, als vorgesehen war.

In Nürnberg, 1946 vor Gericht, wird er weniger bekenntnisfreudig sein. Nachdem er von seinem Kollegen, dem Reichsinnenminister Frick, erzählt hat: »Frick kam angeschlichen, bleich wie eine ausgekotzte Erbse!« sagt er allen, die es hören wollen: »Angesichts des Todes lügt man nicht!« Doch Göring lügt auch im Angesicht des Galgens! Wörtlich wird er erklären: »Ich möchte noch einmal vor dem Hohen Gericht klar aussprechen: Ich habe niemals, an keinem Menschen und zu keinem Zeitpunkt, einen Mord befohlen und ebensowenig sonstige Grausamkeiten angeordnet oder geduldet . . .« Dafür ruft er den »Allmächtigen« und »sein« deutsches Volk als Zeugen an!

Gregor Strasser holt man von seinem Arbeitsplatz in einem Werk der chemischen Fabriken des Schering-Kahlbaum-Konzerns. In den Kellern des SS-Hauptquartiers in der Prinz-Albrecht-Straße trampeln einige SS-Männer auf ihm herum, bis einer dem Bewußtlosen den Fangschuß gibt. Mit diesem Meuchelmord nimmt Göring persönlich Rache. Strasser hat ihn den »gußeisernen Kleiderständer« genannt.

In der Vizekanzlei wird von Dr. Behrends der Oberregierungsrat von Bose umgebracht. Er ermordet auch einen weiteren Freund Papens, den Ministerialdirektor im Reichsverkehrsministerium Dr. Erich Klausener, Leiter der Katholischen Aktion in Berlin. Danach greift dieser Mann zum Telefon und ruft Heydrich an: »Klausener hat Selbstmord begangen!«

Papen selber entgeht dem großen Morden nur dank der Fürsorge Hermann Görings. Er läßt den Vizekanzler an jenem 30. Juni von einer SS-Eskorte in seine Wohnung in der Lennéstraße bringen. Dort wartet bereits ein Polizeihauptmann, der den Befehl bekommen hat, Papen von der Außenwelt völlig abzuschließen. »Ich mache Sie mit Ihrem eigenen Kopf dafür verantwortlich, keine SA oder SS an ihn heranzulassen!« hat Göring ihm noch zugerufen. Papen verbringt drei Tage in einer Art »Stubenarrest«. Aber nur aus Rücksicht auf den Reichspräsidenten wird Papen von Göring am 30. Juni geschützt.

Am Vorabend des 30. Juni sitzen im Hauptquartier der SS in der Berliner Prinz-Albrecht-Straße fünf Männer im Kasino. Zwei Ordonnanzen servieren ihnen das Abendessen. Nach der handfesten Mahlzeit gibt es noch bayerisches Bier, Zigarren und Zigaretten. Gegen halb elf Uhr hält ein Oberführer der SS den Männern eine kleine Ansprache. »Ihr habt das Terrain ausgekundschaftet, morgen steigt die Aktion . . .« Die Aktion – das ist die Ermordung General von Schleichers.

Um dieselbe Zeit stößt auch Schleicher mit seinen Gästen an. Bis auf seinen früheren Adjutanten, Hauptmann Noeldichen, nehmen nur Familienangehörige an dem Essen teil: seine Schwester, ein Vetter des Generals, dessen Frau Anneliese, Frau von Schleicher und eine Cousine. Der General hebt sein Glas und trinkt auf das Wohl der Frauen in der Familie. Dabei sieht er besonders eine Frau an: Elisabeth von Schleicher. Sie haßt Hitler und seine NSDAP abgrundtief, vielleicht noch mehr als der General selber. Nicht umsonst heißt sie in Freundeskreisen: »Krimhild – die Rächerin«.

Von der nahen Havel weht ein frischer Wind. Am Himmel zuckt ein fernes Wetterleuchten. Die alte ostpreußische Wirtschafterin Marie Güntel, die seit Kriegsende Schleichers Haushalt betreut, reicht die Erdbeerbowle. Danach erzählt der General: »Man hat mich gewarnt, daß mir Gefahr drohe. Aber ein preußischer Offizier fürchtet sich nicht!«

Erst nach Mitternacht verabschiedet sich Hauptmann Noeldichen. Da kein Omnibus mehr fährt, muß er seine Kaserne zu Fuß erreichen. In Potsdam angekommen, hört er, daß die Garnison in höchster Alarmbereitschaft liegt . . .

Kurz vor Mitternacht hört der SS-Sturmführer Solm von dem Mordplan gegen Schleicher. Er hat gute Beziehungen zu Reichswehroffizieren. Sein größter Wunsch ist, in die Armee einzutreten. Doch erst am frühen Morgen erreicht er im Reichswehrministerium den diensthabenden Stabsoffizier und informiert ihn über das, was er gehört hat.

»Um Gottes willen!« ruft der Major. »Aber was kann ich da tun?« Auch er weiß, daß sich etwas gegen die SA zusammenbraut und daß der Chef des Ministeramtes, Generalmajor von Reichenau, die Hand im Spiele hat. Aber was hat das mit Schleicher zu tun? Da er den ehemaligen Reichswehrminister schätzt, sagt der Major zu Solm: »Fahren Sie doch bitte hinaus in die Wohnung Schleichers, Neubabelsberg, Griebnitzseestraße 4. Warnen Sie ihn. Bei diesen Zuständen weiß man nie, was passieren kann . . .«

Mittags bekommt das Mordkommando von Heydrich in der Prinz-Albrecht-Straße den Startbefehl nach Neubabelsberg. Auf der Fahrt überholen die SS-Männer, alle gleichmäßig in graue Staubmäntel und Autokappen gekleidet, ein langsam fahrendes Auto. Keiner erkennt in dem Mann am Steuer den SS-Sturmführer Solm.

Wenige Minuten, nachdem Heydrich im Einvernehmen mit Himmler die Leute losgeschickt hat, Schleicher umzubringen, gibt Göring drei Kriminalbeamten den Befehl, den General von

Schleicher »vorläufig festzunehmen«. »Sie haften mit Ihrem Kopf dafür«, ruft der Adjutant den Beamten zu, »daß dem General unterwegs und auch sonst nichts passiert. Außerdem besteht Schweigepflicht, sowohl Ihren Vorgesetzten als auch Ihren Kollegen gegenüber! Verstanden!«

Die drei Beamten, denen es davor graut, möglicherweise mit SS-Leuten zusammenzustoßen, beeilen sich nicht sonderlich. Auch sie überholen unterwegs das Auto des Sturmführers Solm, der, wohl im Widerstreit mit seinem Gewissen, gegen einen Baum gefahren ist. Die Beamten überlegen sich, ob sie anhalten sollen, aber dann fahren sie weiter: »Es ist zwanzig Minuten nach zwölf. Wir haben schon genügend Zeit verbummelt.«

In dieser selben Minute klingelt es am Gartentor der Villa, die Schleicher von dem Kölner Großindustriellen Otto Wolff gemietet hat. Die Wirtschafterin, die eben das Haushaltsgeld abrechnet, geht zur Haustür und fragt durch das kleine Fenster, wer da sei. »Wir müssen zu dem Herrn General!« antwortet eine Stimme. Marie Güntel betätigt den Drücker zur Gartentür und öffnet auch die Haustür. Fünf Männer laufen über den Gartenweg zum Hause hin. Einer fragt nach General von Schleicher.

Ohne etwas von den Warnungen zu wissen, hat Marie Güntel ein ungutes Gefühl. »Der General ist nicht zu Hause«, antwortet sie und will die Tür wieder schließen. Doch einer der Männer, etwa dreißig Jahre alt, hat bereits seinen Fuß dazwischengeklemmt und sagt mit drohendem Unterton in der Stimme: »Wir müssen ihn sprechen!« Dabei zeigt er eine Blechmarke.

»Ich werde mal nachsehen«, antwortet die Köchin zögernd, »ob er schon zurück ist.« Sie wendet sich in das Arbeitszimmer, um den General zu warnen. Aber die Männer folgen ihr auf den Fersen und treten mit ihr ins Zimmer. Schleicher sitzt am Schreibtisch. Als er Schritte hört, dreht er sich um.

»Sind Sie Herr von Schleicher?« fragt in der Anführer.

»Jawohl!« antwortet der General.

Im gleichen Moment krachen auch schon fünf Schüsse. Seine Frau, die in der Ecke vor dem Radioapparat sitzt, springt auf und wirft sich vor ihren Mann. Die Männer feuern zum zweiten Male. Auch Frau Schleicher sinkt zu Boden. Marie Güntel läuft schreiend aus dem Zimmer und flüchtet in den Wintergarten.

Die Beine versagen ihr den Dienst. Plötzlich sieht sie einen der Mörder. Er hält den Revolver in der Hand. »Nein!« schreit die Haushälterin und hebt flehend die Hände.

»Halt dein Maul!« ruft der Mann und geht vorüber. Schleichers Cousine hielt sich im Garten auf, als die Schüsse fielen. Erst nach Minuten findet sie die Kraft, sich ins Haus zu schleppen. Es ist alles still. Niemand ist mehr zu sehen.

Nach endloser Zeit hält ein Wagen vor dem Haus. Die von Göring ausgesandten Kriminalbeamten steigen aus und gehen ins Haus. Alle Türen stehen offen, und so finden sie auch das Ehepaar Schleicher am Boden liegend. Der General ist tot, seine Frau lebt wohl noch. Die Beamten alarmieren einen Arzt, die Mordkommission und das Überfallkommando. Aus dem Radioapparat, der noch immer läuft, tönt das Pausenzeichen des Deutschlandsenders vor den Ein-Uhr-Mittags-Nachrichten: »Üb' immer Treu und Redlichkeit . . .«

»Stellt ab!« schreit einer der Beamten. »Man wird sonst verrückt.« Gleich darauf trifft der leitende Arzt des Krankenhauses Nowawes, Dr. Schulz, ein. Er verfügt zwar noch die Einlieferung der Frau von Schleicher, doch sie ist nicht mehr zu retten. Wenige Minuten später stirbt sie.

Am Nachmittag durchwühlen Gestapo-Beamte die Wohnung Schleichers nach Papieren. Sie nehmen alles mit, darunter wahrscheinlich das Manuskript der Memoiren des Generals, denen er den Titel »Menschen und Situationen« geben wollte. Auch die Krankenpapiere Hitlers aus dem Pasewalker Lazarett, die sich Schleicher, nach einer Aussage von Max Amann, als Reichswehrminister beschafft haben sollte, dürften – falls diese Aussage zutrifft – unter den beschlagnahmten Akten gewesen sein. Aus ihnen ging zweifellos hervor, daß Hitler nicht wegen einer Gasvergiftung »erblindet« war, wie er später in seinem Buch behauptete, sondern höchstwahrscheinlich wegen einer verschleppten syphilitischen Infektion, die er sich bereits Jahre vor dem Krieg in Wien zugezogen haben muß. In Pasewalk soll er dann Salvarsanspritzen erhalten haben, die nicht selten vorübergehende Sehstörungen mit sich brachten. Möglich ist auch, daß die SS die Papiere in der Wohnung von Schleichers Freund, General von Bredow, fand, der am gleichen Tag ermordet wurde. Jedenfalls sind sie seit dem 30. Juni 1934 verschwunden. Nach Heydrichs Tod in Prag soll man die Hitlersche Krankengeschichte in dessen Schreibtisch entdeckt haben. Sein Nachfolger Kaltenbrunner hätte sie, wie Amann versicherte, an sich genommen. Seither hat sie niemand mehr gesehen.

Die Leichen des Ehepaares Schleicher werden verbrannt, die Urnen aus Gründen der Tarnung in normalen Gräbern beigesetzt. Dr. Schulz stirbt einige Monate danach auf geheimnisvolle Weise. Marie Güntel, die das grauenvolle Bild der Ermordung ihrer Herrschaft nicht vergessen kann, sucht 1935 im Heiligen See bei Potsdam den Tod.

Am Nachmittag sickern in der Reichshauptstadt die ersten Nachrichten über die Morde durch. Ungezählte Besitzer von Ehrendolchen der SA lassen beim nächsten Scherenschleifer schleunigst die Widmung des Stabschefs beseitigen. Gruppenführer Ernst wird in Bremen festgenommen. Bevor sein Schiff nach Madeira ausläuft, macht er noch, begleitet von einem Schwarm Pressefotografen, eine Rundfahrt durch die Stadt. Ins Hotel zurückgekehrt, wird er verhaftet. Er hält diese Festnahme zuerst für einen Ulk seiner Kameraden. In der SA liebt man solche Scherze. Seine Frau Minna glaubt es ebenfalls. Erst als sie erfährt, daß ihr Mann gefesselt zum Flugplatz gebracht worden ist, dämmert ihr, was ihm bevorsteht. Im Rathaus steckt der Oberbürgermeister seine Begrüßungsrede wieder ein, froh darüber, sie nicht schon gehalten zu haben.

Auch auf die Provinz greift die Welle der Verhaftungen und Meuchelmorde über. Am Abend des 30. Juni beginnen die Erschießungen. In Schlesien treibt man die SA-Führer in Tanzsälen zusammen und transportiert sie nach Deutsch-Lissa. Dort werden sie im gebündelten Scheinwerferlicht einiger Kraftwagen erschossen.

Auch in Ostpreußen, im Norden, im Westen und Süden des Reiches werden die SA-Führer vor die Gewehrmündungen der Exekutionskommandos gestellt. Am Abend kommt Ernst in Berlin an. »Kennt Ihr nicht die Uniform eines Gruppenführers?« Man lacht ihn aus, und jetzt begreift er endlich, daß das ganze kein Scherz ist. In Lichterfelde stellt man ihn als ersten an die Wand.

Die serienmäßigen Erschießungen beginnen in Berlin am 1. Juli gegen Mittag, nachdem Hitler gemerkt hat, daß die SA-Einheiten die Beseitigung ihrer bisherigen Führerschicht ruhig hinnehmen. Immer wieder tönt es in der ehemaligen Kadettenanstalt Lichterfelde: »Der Führer will es! Legt an! Feuer!« Die Namen der Exekutierten werden Göring ständig durchgegeben. Ein Adjutant hakt sie auf der Liste ab.

Sepp Dietrich, der spätere Generaloberst, erhielt am 28. Juni 1934 den Befehl, nach München zu fliegen. In der »Hauptstadt der Bewegung« eingetroffen, dirigierte ihn Hitler noch von Godesberg aus telefonisch nach Kaufering bei Landsberg am Lech. Dort übernahm er am Morgen des 30. Juni das Kommando über 200 Mann der Leibstandarte Adolf Hitler. Mit geliehenen Fahrzeugen der in Stuttgart stationierten Abteilung 5 der Reichswehr setzte er seine Leute in Richtung Wiessee in Marsch. In Bad Tölz wurde die Kolonne aufgehalten und nach München geleitet. Im Hotel »Hanselbauer« war alles viel glatter gegangen, als man erwartet hatte, die 200 Mann vom Wachbataillon der Leibstandarte wurden nicht mehr benötigt.

Jetzt wartet SS-Gruppenführer Sepp Dietrich im Braunen Haus und harrt weiterer Befehle. Endlich erscheint Hitler. Er übergibt ihm eine Liste mit Namen hoher SA-Führer, die in Stadelheim sitzen und erschossen werden sollen. Dietrich liest die Namen und erschrickt. Bekannt sind ihm diese Männer alle, mit einigen ist er sogar befreundet. Und jetzt soll er sie erschießen! Aber eine Rückfrage oder gar Intervention ist unmöglich; denn Hitler ist bereits von Oberwiesenfeld aus nach Berlin abgeflogen.

Sein Begleiter Dr. Goebbels hat, bevor er das Braune Haus verließ, schnell noch eine private Sache erledigt. Vor Monaten traf er sich im Münchner »Bratwurstglöckl« wieder einmal mit Röhm. Der Stabschef genierte sich nicht, in Gegenwart seines alten Bekannten, des Wirtes Karl Zehnter, mit Goebbels über seine Pläne zu sprechen. Die Bemerkungen, die Röhm dabei über Hitler machte, waren nicht sehr fein. Doch die Witze von Goebbels über den »Führer« und den »Eisernen« waren nicht nur nicht fein, sondern sogar ausgesprochen niederträchtig. Röhm lachte, bis ihm die Tränen kamen.

Als mittags die Nachricht von dem Mord an Schleicher in München bekannt wurde, bekam Goebbels Angst. Wenn Göring etwas von der Begegnung im »Bratwurstglöckl« erfahren hat, sagte er sich, wird er nicht zögern, auch Hand an mich zu legen. Kurz entschlossen setzte er deshalb beim SD-Stab in der Franz-Joseph-Straße in München die Beseitigung des lästigen Zeugen Zehnter durch. Heydrich kam der Wunsch gerade recht, denn es lag in seinen Plänen, sich Dr. Goebbels zu verpflichten.

Schon am frühen Nachmittag gibt Heydrich einem Spezial-Kommando telefonisch die Weisungen. Der ahnungslose Wirt wird auf der Treppe niedergeschossen. Da gerade der Kellner und der Schankmeister daneben stehen, werden die beiden gleich mit ermordet.

Nicht so reibungslos geht es in Stadelheim vor sich. Dem Gefängnisdirektor Robert Koch genügt es nicht, daß als Grundlage zur Vollstreckung eines Todesurteiles auf einer Liste einige Namen mit grüner Tinte angehakt sind. Er stammt noch aus einer Zeit, in der nur Schwurgerichte nach gründlicher Verhandlung Todesstrafen verhängen durften. Er hat eben die Neue Zeit nicht verstanden. Nach längerem Hin und Her werden seine Einwände weggewischt.

Am Abend führt man die Todeskandidaten aus ihren Zellen im rückwärtigen Neubau in den mittleren Hof neben der Kirche. Dann zerrt man sie einzeln in eine Ecke des vorderen Hofes. »Der Führer hat Sie zum Tode verurteilt!« schnarrt ein Sturmführer der SS. Wie zum Trost fügt er noch die beiden Worte hinzu: »Heil Hitler!« Schon legen fünfzehn SS-Männer ihre Karabiner an. »Feuer!« ertönt es, und ein Menschenleben ist ausgelöscht. Gefängnisbeamte tragen die durchsiebten Leichen in die danebenliegende Halle, um Platz für die nächste Erschießung zu machen. Bald sind Mauer und Boden mit Blut bedeckt.

Den Polizeipräsidenten von München, Obergruppenführer Schneidhuber, führt die SS als letzten zur Hinrichtungsstelle. Schneidhuber, der alle Schüsse hören mußte, wirft vor Ekel die Zigarette den SS-Männern vor die Füße und läuft schnell an die Exekutionsmauer. »Schießt gut, ihr . . .« ruft er noch, dann stirbt er wie seine Freunde vor ihm. Aber noch lebt der Wichtigste von allen: Stabschef Röhm, unter dessen Namen der »Putsch« in die Geschichte eingehen soll. Über ihn hat Hitler noch nicht entschieden. Böse knurrend wie ein gefangener Wolf sitzt er in seiner wohnlichen Zelle im zweiten Stock des Neubaus. Für drei Mann berechnet, ist sie fast so groß wie ein Zimmer. Wäre nicht das Klosett in der Ecke, könnte man meinen, es sei das Zimmer des Diensthabenden in einer Kaserne.

Es wird Nacht, es wird Tag. Auf den Gängen hört man den Kalfaktor Essen austragen. Zum zehnten Male verlangt Röhm, den »Führer« zu sprechen, seinen Duzfreund Adolf Hitler. Eine Turmuhr schlägt die sechste Stunde. Röhm sieht zum Fenster hinaus. Jenseits grüner Felder liegt ein großer Friedhof. Die Kuppel der Aussegnungshalle glänzt im Schein der Abendsonne weiß und golden auf. Was für ein friedliches Bild ist das! Wenn nur nicht vor dem großen Fenster die Gitterstäbe wären . . .

Da hört er auf dem Gang harte Schritte. Sie kommen immer näher. Hat es sich Hitler endlich überlegt? Die Tür wird aufgeschlossen. Draußen steht der Kommandeur der SS-Totenkopf-Verbände, Theodor Eicke, Herr über Leben und Tod im Konzentrationslager Dachau. Wortlos betritt er die Zelle, legt die letzte Nummer des »Völkischen Beobachters« auf den Tisch und darauf einen Revolver. Schon wieder im Türrahmen stehend, sagt Eicke: »Ernst Röhm, der Führer erwartet, daß Sie die Konsequenzen aus Ihrem Verrat ziehen! In zehn Minuten bin ich wieder da!«

Der abgesetzte Stabschef bäumt sich auf.

»Ich will den Adolf sprechen!«

Aber Eicke und seine Begleiter haben die Zelle schon wieder verlassen und abgeschlossen. Dumpf verhallen ihre Schritte auf dem Gang. Nur ein Gefängniswärter bleibt draußen stehen. »Das könnte euch so passen!« hört er Röhm toben. »Ich soll euch die Arbeit abnehmen! Niemals!« Dann wird es still. Der Wärter blickt durch den Spion und sieht den Gefangenen mit dem »Völkischen Beobachter« vor sich auf dem Tisch. Auf der Titelseite stehen die Namen seiner erschossenen Untergebenen und Freunde. »Ihr Schweine!« ruft er laut.

Doch schon hört man wieder die Schritte nägelbeschlagener Stiefel. »Schließen Sie auf«, herrscht Eicke den Wärter an, der wie gelähmt am Treppengeländer lehnt. Die Tür springt auf. Röhm steht mitten in der Zelle, mit offenem Hemd. Er setzt zu einer Erklärung an.

»Nichts da!« schreit Eicke. »Ruhig zielen!« ruft er seinen Begleitern zu. Zwei Schüsse krachen. Röhm fällt wie ein Baum nach hinten. Die beiden SS-Männer treten in die Zelle, und einer gibt dem Stabschef den »Gnadenschuß«. Die Kugel durchschlägt Röhms Kopf und bleibt im Holz des Fußbodens stecken. Die Leiche wird noch in der Nacht ins Krematorium des Ostfriedhofes gebracht und verbrannt.

Der Verleger Josef Huber in München nahm sich im Frühjahr 1934 die Freiheit, den Eher-Verlag zu verklagen. Vor Gericht ließ er sich von dem Rechtsanwalt Dr. Alexander Glaser vertreten, dem ehemaligen Stabsleiter des früheren Reichsorganisationsleiters Gregor Strasser. Glaser ist ein ausgezeichneter Anwalt. Außerdem gibt es keinen Zweifel an der Rechtslage. Er gewinnt den Prozeß spielend. Nach dem Urteilsspruch darf der Eher-Verlag künftig gewisse nationalsozialistische Schriften nicht mehr herausbringen.

Geschäftsführer des Eher-Verlages und zugleich – neben Hitler und der NSDAP – zu einem Drittel sein Miteigentümer ist der Reichsleiter Max Amann. Er ist schrecklich wütend, und Dr. Glaser wird zur Strafe in das Konzentrationslager Dachau gesperrt, auf Verlangen des Stabschefs Röhm aber bald wieder freigelassen. Als Antwort setzt der Lagerkommandant Eicke den Verleger Huber und seinen Anwalt auf die »Reichsliste«. Huber verschwindet am 30. Juni als einer der ersten. Dr. Glaser schlägt den SS-Männern, die ihn in seiner Wohnung in der Amalienstraße verhaften wollen, die Tür vor der Nase zu. Die drei Sturmmänner schießen den Anwalt durch die Glastür nieder. Dr. Glaser stirbt im Schwabinger Krankenhaus in der Nacht zum 1. Juli. Der Ermordete wird drei Tage später von seiner Familie beigesetzt.

Mitte Juli zitiert man den Bruder Glasers zur Gestapo, Leitstelle München, und händigt ihm eine Urne aus: »Die Asche Ihres Bruders!« Auch die Rechnung für die Verbrennung wird präsentiert. Es wird nie geklärt, wessen Asche sich in der Urne befindet. Es ist die Asche des unbekannten Deutschen, exekutiert am 30. Juni 1934 mit den Worten »Der Führer will es! Legt an! Feuer!«.

Insgesamt fallen rund dreihundert Menschen den Mord- und Erschießungskommandos der SS zum Opfer. Erst in den frühen Morgenstunden des 2. Juli erläßt Hitler einen »Exekutionsstopp«. Tags darauf erklärt das Reichskabinett die Morde und Hinrichtungen ohne Untersuchung und Urteil für »rechtens«. Am 13. Juli gibt Hitler im Reichstag, in dem nur noch Nationalsozialisten sitzen, seinen Rechenschaftsbericht. Alles, was er über die Vorgeschichte dieser »Deutschen Bartholomäusnacht« und über die angeblichen Schuldbeweise gegen die Opfer vorbringt, ist erlogen. Auch die Zahlen, die Hitler angibt, stimmen nicht: »19 höhere SA-Führer und SA-Angehörige wurden erschossen, ebenso drei SS-Führer als Mitbeteiligte am Komplott. 13 SA-Führer und Zivilpersonen, die bei der Verhaftung Widerstand versuchten, mußten dabei ihr Leben lassen. Drei weitere endeten durch Selbstmord. Fünf Nicht-SA-Angehörige, aber Parteigenossen, wurden wegen Beteiligung erschossen. Endlich wurden noch drei SS-Angehörige erschossen, die sich eine schändliche Mißhandlung gegenüber Schutzhäftlingen zuschulden kommen ließen.«

Als Begründung für das selbst nach den Strafbestimmungen des Dritten Reiches ungesetzliche Vorgehen gibt Hitler an: »Wenn mir jemand den Vorwurf entgegenhält, weshalb wir nicht die ordentlichen Gerichte zur Aburteilung herangezogen hätten, dann kann ich ihm nur sagen: In dieser Stunde war ich verantwortlich für das Schicksal der deutschen Nation und damit des deutschen Volkes oberster Gerichtsherr.«

Reichstagspräsident Göring dankt dem »Führer« im Namen des Reichstags für die Rettung des Vaterlandes vor Bürgerkrieg und Chaos. Von Papen, dessen Mitarbeiter und Freunde, Bose, Jung und Klausener, ermordet worden sind, erklärt seinen Rücktritt als Vizekanzler. Bei der Reichstagssitzung nimmt er nicht auf der Regierungsbank Platz. Doch tags darauf schreibt er an Hitler einen Brief, in dem es heißt:

. . . Nachdem Sie gestern der Nation und der Welt den großen Rechenschaftsbericht der inneren Entwicklung, die zum 30. Juni führte, gegeben haben, habe ich das Bedürfnis, Ihnen, wie einst am 30. Januar 1933, die Hand zu drücken und zu danken für alles, was Sie durch die Niederschlagung der beabsichtigten zweiten Revolution und durch Verkündung unverrückbarer staatsmännischer Grundsätze dem deutschen Volk neu gegeben haben . . . Ich wäre . . . dankbar, wenn Sie bald einmal Gelegenheit fänden, positiv festzustellen, daß ich bis heute in Loyalität für Sie, Ihre Führerschaft und ihr Werk um Deutschland eingestanden bin und gekämpft habe . . .
In unveränderter Treue Ihr Papen.

Die Ermordung von Dollfuß

Theo Habicht, der nach Deutschland geflüchtete Landesinspektor der NSDAP in Österreich, ist einer von den vielen, die sich nach dem 30. Juni 1934 in die Reichskanzlei drängen, um dem Reichskanzler ihre Ergebenheit zu beteuern und ihre Glückwünsche auszusprechen. Adolf Hitler, dessen beide Eltern aus dem Waldviertel nordöstlich von Linz stammen und der deshalb ein waschechter Österreicher ist, sieht überrascht auf. Was dieser Habicht sagt, wirkt reichlich komisch. Ausgerechnet ein Hesse aus Wiesbaden übermittelt ihm, dem geborenen Österreicher, die Glückwünsche seiner Landsleute.

»Wie steht es in Wien und in den Bundesländern?« fragt Hitler nur. »Was macht der ›Millimetternich‹?«

Habicht lacht kurz auf. »Millimetternich« – damit ist der österreichische Bundeskanzler Dr. Engelbert Dollfuß gemeint. Wegen seiner reaktionären Methoden bezeichnet man ihn höhnisch als den »kleinen Metternich«, der nur »einen Millimeter« der Größe jenes in Koblenz am Rhein geborenen berühmten österreichischen Staatskanzlers Fürst Metternich erreicht. »Dollfuß muß bald gehen«, meint Habicht und rückt mit der Hand seine Brille zurecht. »Die Attentate haben ihn mürbe gemacht.«

»Die Attentate?«

»Jawohl, mein Führer! Aber weniger Dollfuß will nicht mehr als vielmehr die Armee. Praktisch ist in den letzten Wochen jeden Tag ein Attentat verübt worden, manchmal sogar zwei, drei und noch mehr. Im Januar gab es einhundertvierzig Sprengstoffanschläge . . .«

»Das kann uns aber sehr belasten«, meint Hitler. »Das kann uns sogar internationale Schwierigkeiten bereiten!« »Die Bewegung ist nicht zu stoppen«, erwidert Habicht. »Nach dem niedergeschlagenen Februaraufstand der Sozialdemokraten haben sich sogar die Roten auf Attentate verlegt. Oft wissen wir selber nicht, wer bei einem Anschlag dahintersteckt, wir oder die Sozis. Sympathien hat der ›Millimetternich‹ im Volke kaum. Soweit ich orientiert bin, ist die österreichische Bundeswehr jetzt entschlossen, die Regierung Dollfuß zum Rücktritt zu zwingen, um wieder Ruhe ins Land zu bringen. Vor uns steht die Frage, ob wir von der Partei das Heer unterstützen sollen . . .«

»Darüber kann es gar keinen Zweifel geben«, unterbricht Hitler. »Die Partei muß immer mit der bewaffneten Macht gehen.«

Habichts Behauptung ist falsch. Nicht das österreichische Bundesheer ist entschlossen, gegen Dollfuß und sein Regime gewaltsam vorzugehen, sondern nur eine Gruppe ehemaliger Soldaten, die sich in der SS-Standarte 89 zusammengefunden haben. Die Angehörigen dieser Standarte wurden meist wegen ihrer nationalsozialistischen Gesinnung aus dem Bundesheer entlassen. Ihr Führer ist der frühere Leiter des von der Regierung verbotenen »Deutschen Soldatenbundes«, Dr. Fridolin Glass. Mit ihm zusammen hat Habicht den Plan ausgearbeitet, die österreichische Regierung während einer Kabinettssitzung gefangenzunehmen und abzusetzen. Aufgabe des neu zu berufenden Bundeskanzlers soll dann sein, Österreich an das Dritte Reich eng anzuschließen, dabei aber die staatliche Selbständigkeit des Landes zu erhalten.

Der politische Berater von Habicht und Glass ist der Rechtsanwalt Dr. Otto Freiherr von Wächter. Er hat schon im Mai mit verschiedenen deutschen Stellen konferiert, um mit diesen »die Beseitigung des klerikalen Dollfuß-Regimes« zu besprechen. Die in Bayern stationierte »Österreichische Legion« – samt und sonders aus ihrer Heimat geflüchtete Nationalsozialisten unter dem Kommando des ehemaligen Wiener Lehrers Reschny – soll, wenn der Putsch in Wien geglückt ist, die deutsch-österreichische Grenze überschreiten und das Land »aufrollen«.

In einem Punkte allerdings hat Habicht recht: Die Regierung Dollfuß ist im Lande reichlich unbeliebt. Kaum zehn Prozent der Bevölkerung dürften hinter ihr stehen. Auch viele aktive Offiziere lehnen sie ab und sympathisieren heimlich mit den Nationalsozialisten oder mit den verbotenen Sozialdemokraten. Ob es Dollfuß gelingen wird, im Laufe der Zeit seine Basis im Volke zu verbreitern, wagt im Juli 1934 niemand vorauszusagen. Dazu wirkt der Bundeskanzler zu wenig auf die breiten Massen.

Als er unmittelbar nach der Machtübernahme Hitlers im Deutschen Reich die Verfassung seines Landes außer Kraft setzte, stützte er sich bei dem allmählichen Abbau der demokratischen Einrichtungen zugunsten einer neuen »Ständischen Verfassung« ausschließlich auf die Polizei. Im Februar 1934 erhoben sich dann die österreichischen Sozialdemokraten gegen seine Diktatur. Dollfuß brach den Widerstand des sozialistischen »Schutzbundes« mit den härtesten Mitteln in einem blutigen Kampf. Dadurch verlor er international viele Sympathien. Außerdem beraubte sich der Bundeskanzler mit der Ausschaltung der Sozialdemokraten auch der stärksten Stütze im Kampf gegen die österreichischen Nationalsozialisten.

Fast zur gleichen Stunde, in der Habicht in der Reichskanzlei in Berlin mit dem deutschen Reichskanzler Adolf Hitler spricht, zieht der österreichische Bundespräsident, der Gymnasialprofessor Wilhelm Miklas, zusammen mit Bundeskanzler Dollfuß und fast allen Ministern, den Landeshauptmännern und zahlreichen hohen geistlichen Würdenträgern in einer Prozession hinauf zur Wallfahrtskirche Mariazell. Man hat diese Form des Zusammentreffens gewählt, um unauffällig die gespannte Lage besprechen zu können. Jeder spürt, daß irgendeine Gefahr droht. Die wichtigste Frage lautet: Wird Mussolini der Regierung Dollfuß helfen, respektive wird er ihr helfen können?

Nach der Prozession sitzen die Minister mit dem Bundespräsidenten im Gasthaus bei der Jause und sprechen über die Lage:

»Wir sind von Spitzeln umgeben. Alles, was in unseren Ämtern geschieht, wird an eine Deckadresse in Salzburg berichtet.«

»Angeblich soll die Wohnung eines Oberregierungsrates als Briefkasten dienen«, meint der Sicherheitsminister Emil Fey. »Wahrscheinlich gibt es mehrere solcher ›Briefkästen‹. Von dort bringen Kuriere die wichtigsten Nachrichten nach München. Wie – das haben wir noch nicht herausbekommen. Bereits am anderen Tage können wir dann im Radio hören, was in unseren Ämtern geschieht – oder auch nicht geschieht.«

»Das Schlimmste ist die ›Österreichische Legion‹«, meint Dollfuß. »Die rund 15000 Mann sind militärisch ausgerüstet und mit schnellen Kraftwagen vollmotorisiert längs unserer Grenze stationiert: in München, in Rosenheim und in Bad Aibling. Berlin leugnet ihre Existenz natürlich ab. Dabei sind wir bis ins kleinste orientiert! Wir konnten einige Konfidenten einschleusen und wissen deshalb genau Bescheid. Sogar die Namen der Unterführer kennen wir . . .«

Es wird Abend, bis sich die Herren einzeln in ihre Autos setzen und nach Wien zurückfahren. Entscheidende Beschlüsse sind nicht gefaßt worden. Bundespräsident Miklas begibt sich nach Velden am Wörther See in Kärnten. Er ahnt nicht, daß gerade diese räumliche Trennung von seinem Amtssitz in der Bundeshauptstadt Wien ein wesentlicher Punkt in den Plänen der Putschisten ist.

Am 21. Juli 1934, morgens kurz nach 5 Uhr, läuft auf dem Wiener Westbahnhof der fahrplanmäßige D-Zug aus Passau ein. Nur wenige Fahrgäste steigen aus. Seit Hitler, um der österreichischen Fremdenindustrie einen Schlag zu versetzen, von jedem deutschen Reisenden nach Österreich eine Sondersteuer von tausend Reichsmark fordert, ist der Ferienverkehr zum Erliegen gekommen. Lediglich Geschäftsreisende oder getarnte Agenten der Partei sind von der Abgabe befreit.

Ein mittelgroßer, schmächtiger Mann im Alter von etwa fünfundzwanzig Jahren, der den Frühzug verläßt und zum Ausgang eilt, erregt das lebhafte Interesse eines Polizeispitzels. Der Spitzel folgt ihm und sieht den auffälligen Reisenden in ein Taxi steigen. Vorsorglich notiert sich der Konfident die Autonummer. Zwei Stunden später weiß die Polizei, wo sich der elegant gekleidete junge Mann, der dem Chauffeur erst während der Fahrt die Adresse eines Garagenbesitzers namens Ott genannt hat, hinbringen ließ. Weiter stellt man fest, daß der junge Mann mit einem Reisenden identisch ist, der an der Grenze einen Paß auf den Namen »Kurt März« vorgezeigt hat. Die Beamten der Wiener Polizeidirektion sind überzeugt, daß der Paß falsch ist, obwohl – oder gerade weil – er von der Polizeidirektion München ausgestellt wurde.

Der Garagenbesitzer Ott hat an diesem Morgen überraschend viel Kundschaft. Alle Spitzel von der Polizeidirektion am Schottenring, aber auch von der »Promenad«, dem Polizeigefängnis auf der Elisabethpromenade, müssen plötzlich tanken. Bald weiß man dort auch, wie sich die Begrüßung zwischen Ott und dem aus dem Reich kommenden März abgespielt hat.

»Ist ein neuer Mercedeswagen in Reparatur gegeben worden?« fragte März, nachdem er gegen sechs Uhr früh den Garagenbesitzer herausgeklingelt hatte. Ott sah prüfend auf den jungen Mann, der zweifellos »von drüben« kam. Seine Frage nach dem »Mercedeswagen« war ein verabredetes Codewort. »Wie heißen Sie?« fragte Ott zurück und erhielt zur Antwort: »Kurt März.« Jetzt antwortete auch der Garagenbesitzer mit seiner Parole: »Ich erwarte zwei Wagen. Von wem soll denn das Auto sein, das Sie meinen?« Grinsend antwortete März: »Von Dr. W.!« Daraufhin begrüßte Ott den jungen Herrn von »drüben« mit: »Heil Hitler!« Nunmehr sagte März auch seinen richtigen Namen: »Max Grillmayer.«

»Wie ham's denn dös rausbracht?« fragt der Hofrat in der Wiener Polizeidirektion seinen Konfidenten, der ihm diese Begrüßung zwischen Ott und »März« wortwörtlich berichtet.

»Herr Hofrat werden's net glaub'n, ich hab's direkt von der Quellen!« antwortet der Polizeispitzel stolz. »Ich bin doch selber a Nazi gewesen . . .«

»Und was hat der Piefke für Kommissionen?«

»Dös weiß i noch net. Im Moment schläft er vorerst . . .«

Es wird Nachmittag, bis Grillmayer erzählt, warum er gekommen ist. Er hat sich ausgeschlafen und trinkt jetzt mit seinem Gastgeber Ott einen »Dollfuß«, worunter man in Österreich einen »kleinen Schwarzen« (Kaffee) versteht. Ein Sliwowitz gibt dem duftenden Getränk balkanische Würze.

»Ich brauche einen Wagen«, beginnt Grillmayer das Gespräch. »Übermorgen geht es los. Ich fahre mit euch – direkter Befehl – nach Klagenfurt. Die dortige SS ist informiert. Wenn Miklas unseren Dr. Rintelen nicht zum Bundeskanzler ernennen will, werden wir ihn einfach festnehmen . . .«

»Das haben die von München aus bestimmt!« meint Ott. »Aber ob das alles so einfach ist? Der Miklas hat einen harten Kopf! So ohne weiteres ernennt er nicht jemanden zum Kanzler.«

»Wir haben schon andere als diesen Miklas kleingekriegt«, prahlt Grillmayer. Dabei fällt er unwillkürlich in seinen schwäbischen Dialekt zurück. »Aber er wird klein beigeben, glaube mir, Kamerad!« fährt Grillmayer fort. »Meine Gruppe ist nur eine von dreien. Die erste setzt am 24. Juli, während der letzten Kabinettssitzung vor den Ferien, alle Minister fest. Sie werden einfach ausgehoben wie eine Bande Gangster. Der neue Kanzler, der Rintelen aus der Steiermark, ist schon in Wien angekommen. Er wohnt im ›Imperial‹ . . .«

Ingenieur Ott, seit langem Nationalsozialist und glühender Anhänger der Vereinigung Österreichs mit dem großen Deutschen Reich, dreht nervös sein Schnapsglas im Kreise. Der Alkohol spült seine Bedenken nicht weg, im Gegenteil, er verstärkt sie sogar. Den Bundespräsidenten zu verhaften, kann den Kopf kosten! »Das ist ein Staatsstreich!« sagt Ott schließlich. »Wie soll denn das Kabinett festgenommen werden? Ohne Tote wird das kaum abgehen!«

Grillmayer überhört den Einwurf. »Eine andere Gruppe«, fährt er wichtigtuerisch fort, »eine zweite Gruppe besetzt den Rundfunk. Damit haben wir das zentrale Nachrichtenmittel in der Hand und können alle unsere Freunde im Lande direkt zur Aktion aufrufen. Eine Stunde, nachdem wir das Signal gegeben haben, steht ganz Österreich in Aufruhr!«

Ott ist nicht ganz wohl bei der Sache. Er sucht nach einem

Ausweg. »Warum gerade Rintelen als Nachfolger?« fragt er, um überhaupt etwas zu sagen.

»Die Führung hat Rintelen gewählt«, antwortet Grillmayer altklug, »weil er als österreichischer Gesandter in Rom glänzende Beziehungen zu Mussolini hat. Aber beruhige dich, Kamerad, eine große Rolle wird er nicht spielen. Er ist nur ein Übergang . . .«

Tags darauf begibt sich Reichskanzler Adolf Hitler mit kleinem Gefolge zur Eröffnung der Festspiele nach Bayreuth. Längs des Weges von der Reichskanzlei zum Anhalter Bahnhof stehen SS-Stürme. Sie grüßen ihren Führer mit »Heil«-Rufen und schützen ihn gleichzeitig mit ihren Leibern gegen mögliche Rächer. Die Morde vom 30. Juni sind noch nicht vergessen!

Am selben Tage versendet der »Deutsche Presse-Klischee-Dienst« ein Klischee von einem Bilde Rintelens. Der Begleittext erläutert, in Wien sei es zu Unruhen gekommen und Rintelen verhandle über die Bildung einer neuen Regierung. Aber noch ist alles ruhig. Bundeskanzler Dollfuß befindet sich in seiner gemieteten Villa Hinterstoisser am Mattsee bei Salzburg und lernt schwimmen. Er will am 26. Juli in das Adriabad Riccione reisen und dort den italienischen Regierungschef Benito Mussolini treffen. Dollfuß' Frau, eine geborene Berlinerin, ist mit den beiden Kindern bereits nach Riccione abgereist.

Am folgenden Tag, am 23. Juli, meldet sich bei dem Polizeiinspektor Johann Dobler, der bis zum Verbot Mitglied der NSDAP war, der Kriminalbeamte Josef Steiner. Er beginnt gleich zu berichten: »Morgen wird der Dollfuß mit seiner ganzen Regierung ausg'hoben. Die SS-ler von der 89. werd'n am Nachmittag ins Bundeskanzleramt eindring' und alle Minister während der Kabinettssitzung festnehm'. Wer was verrät, soll umgelegt wer'n, wie der Cornelius Zimmer, der auch sei Papp'n net hat halten könn'. Der Rintelen soll die neie Regierung bilden. Wie es heißt, wird er Neuwahlen ausschreib'n und mit dem Reich ein Abkommen treff'n . . .«

Der Inspektor fragt sich im stillen, warum Steiner ihm das alles erzählt. Ist das ganze nichts anderes als ein schauerlicher

»Schmäh«, oder will er ihn warnen, etwas zu verraten? Sicher ist man ja nie, wer zu wem gehört. Vorsorglich macht Dobler eine Aktennotiz. Das ist in jedem Falle richtig! Dann geht er ins nächste Kaffeehaus und bestellt sich einen »großen Braunen«. Doch gleich darauf ruft er dem Ober nach: »Lieber einen ›Kleinen Schwarzen‹!« In diesen verrückten Zeiten kann ein »großer Brauner«, worunter man auch Hitler versteht, schon als Indiz gegen einen gewertet werden!

Um dieselbe Zeit beginnt in Bayreuth die große Auffahrt zur Eröffnung der diesjährigen Festspiele, denen der »große Braune« Adolf Hitler durch seine Anwesenheit besonderen Glanz verleihen will. Der Wagenkorso zum Festspielhügel führt durch eine Allee von Hakenkreuzfahnen, getreu der Propaganda von Dr. Goebbels, der aus Richard Wagner eine Art Vorläufer des Nationalsozialismus machen will.

In Mattsee bei Salzburg entschließt sich zur gleichen Zeit Bundeskanzler Dollfuß, die Kabinettssitzung um einen Tag zu verschieben. Er telefoniert mit Wien, aber sein Kabinettschef ist gerade »auf ein' Kaffee« gegangen. Diesem Umstand ist es zuzuschreiben, daß die Putschisten erst von der Verschiebung Kenntnis erhalten, nachdem den Ministerialbüros der neue Termin mitgeteilt worden ist . . .

Max Grillmayer, Leiter der »Aktion Bundespräsident«, erfährt nicht mehr rechtzeitig, daß alles um einen Tag verschoben worden ist. Befehlsgemäß fährt er am frühen Morgen des 24. Juli von Wien ab. Der Konfident vor der Garage notiert die Autonummer: »A 1009.« Eine Polizeistreife kann den Wagen daher in Klagenfurt ohne Mühe abfangen. Grillmayer selber entkommt allerdings und flieht nach Deutschland. Festgenommen werden nur seine Begleiter, darunter der Garagenbesitzer Ott.

Am gleichen Tage klopft es an der Wohnungstür eines Polizeikommissärs. Ein guter Bekannter teilt dem Beamten ganz privat mit, soeben sei bei ihm ein Geschäftsfreund erschienen, ein alter Kriegskamerad und Inhaber des hohen Ordens der »Eisernen Krone«. Dieser Mann, ein Oberleutnant der Reserve, habe ihm mitgeteilt, die Nazis würden heute nachmittag die gesamte Regierung anläßlich einer Kabinettssitzung festsetzen. »Dös is' doch a Schmäh!« meint der Polizeikommissär. Wie oft wurden in den letzten Monaten Alarmnachrichten durchgegeben, die sich dann bei näherem Zusehen als Irreführung der Polizei herausgestellt haben. Aber dann stutzt der Beamte. Wie ihm zufällig bekannt wurde, soll diesen Nachmittag tatsächlich eine Kabinettssitzung stattfinden. An dem »Schmäh« scheint also ausnahmsweise etwas dran zu sein! Diensteifrig macht er umgehend Meldung im Präsidium der Polizeidirektion, die davon in Form einer Aktennotiz Kenntnis nimmt und das zuständige Kommissariat benachrichtigt. Damit ist die Angelegenheit für sie erledigt.

Schwieriger ist es, die Aktion selber zu stoppen. Zahlreiche Vertrauensleute müssen ausgeschickt werden, um die Angehörigen der Standarte 89, die sich gegen 16 Uhr von allen Seiten in losen Gruppen dem Platzkommando hinter der Universität nähern, rechtzeitig zu warnen. Die ehemaligen Soldaten kommen in Zivil, aber in Papier eingepackt oder in Pappkartons bringen sie ihre Uniformblusen mit. Nach dem Putschplan soll ja »Militär« die Regierung ausheben. »Parole neunundachtzig!« rufen und raunen die Vertrauensleute den SS-Männern zu. »Dollfuß hat die Kabinettssitzung abgesetzt! Zu Hause bereithalten, bis neue Weisungen erfolgen.« Auch Inspektor Dobler wird von dem Kriminalbeamten Josef Steiner informiert, daß der Putsch verschoben worden ist. »Morgen werde ich mehr wissen!« meint Steiner beim Abschied. »Ich komme rechtzeitig und sage Bescheid!«

Dem »König Anton«, wie Anton Rintelen von seinen Freunden genannt wird, ist die Verschiebung nicht angenehm, aber es läßt sich nichts dagegen tun. Um seinen Ärger hinunterzuspülen, geht er ins »Griechen-Beisel«, wo es ein recht gutes Bier gibt. Bald ist jeder Platz an seinem Tisch besetzt. Auch der Dichter Franz Werfel und seine Frau trinken dem österreichischen Gesandten in Rom zu. Niemand ahnt, daß Rintelen heimlich mit den Nazis konspiriert. Im Gegenteil, er gilt als ein Repräsentant der bestehenden Ordnung, die dem Nationalsozialismus den Kampf angesagt hat.

Die Führer des Putsches sitzen währenddessen in dem unverdächtigen, gutbürgerlichen Gasthof Stelzer in Rodaun am Rande des Wienerwaldes und warten auf die Meldungen ihrer Unterführer. Gegen 22 Uhr erhalten sie die Nachricht, daß die Bundesturnhalle in der Siebensterngasse als Treffpunkt der Putschteilnehmer für den nächsten Tag gemietet worden ist. »Horrido!« sagt Fridolin Glass und gießt sich den letzten Rest Gumpoldskirchner ein.

»Das ist die beste Lösung! Morgen sind wir entweder die Herren, oder . . .«

»Oder – was?« fragt Wächter.

»Pssst! Malt den Teufel nicht an die Wand!«

Es ist der 25. Juli 1934, morgens 8 Uhr. Polizeiinspektor Dobler will gerade in sein Amt gehen, als Steiner bei ihm klingelt. »Habe die Ehre!« sagt der Kriminalbeamte und drängt sich schnell ins Innere der Wohnung. »Also, heut' steigt die Sach'. Bis Mittag wer' ich beim Waas Stephan in der Lerchenfelder Straßen 94 schriftlich hinterleg'n, was ich noch Genau'res erfahr'.« Steiner verabschiedet sich mit einem vertraulichen »Servus!« Dieser Gruß überzeugt Dobler vielleicht am meisten, daß der ihm untergebene Beamte es ehrlich meint. Also gilt es zu handeln! Die Polizei kann er nicht einschalten. Einige hohe Beamte sind nicht zuverlässig. Am besten ist es wohl, die Dollfuß nahestehende »Vaterländische Front« zu benachrichtigen.

Dobler geht zum Telefon und verlangt den Bundesleiter. Es meldet sich ein Ingenieur Kloss. »Ich kann meinen Namen nicht nennen«, sagt Dobler und bittet dann, einen der leitenden Herren ins Kaffeehaus zu schicken. »Zum Weghuber, dort werd' ich Ihnen die Einzelheiten mitteil'n.«

Beim »Weghuber« kommt Dobler, noch bevor sich jemand von der »Vaterländischen Front« sehen läßt, mit dem Inkassanten Karl Mahrer vom Heimatschutz ins Gespräch. Der wiederum macht Dobler mit dem Oberleutnant a.D. Schaufler bekannt. Während der Polizeiinspektor mit diesem spricht, eilt Mahrer zu seinem Landeszahlmeister Riederer, der endlich das einzig Richtige tut: er informiert den Gendarmeriemajor Wrabel vom Staatskommissariat für Sicherheit. Inzwischen hat der

Oberleutnant auch den Kommandanten des 5. Wiener Heimatschutzregiments, Hauptmann Mayer, angerufen. Der gibt die Meldung von dem drohenden Putsch direkt an Sicherheitsminister Fey durch. »Schicken Sie mir Ihren Gewährsmann«, ruft dieser dem Hauptmann Mayer durchs Telefon zu.

»Dös geht net«, antwortet der Hauptmann. »Der Dobler weigert sich, ein Amt zu betreten. Er will nur im Kaffeehaus sprechen. Ich denk', wir treffen uns am besten im ›Zentral‹ . . .« Also begeben sich Hauptmann Mayer, Inkassant Mahrer und Major Wrabel ins Café »Zentral«, in das Oberleutnant Schaufler und Polizeiinspektor Dobler bereits hinübergewechselt sind. Wrabel sieht nach der Uhr. Es ist 11.15 Uhr. Es dauert eine Weile, bis die Herren sich bekanntgemacht und ihre Bestellungen aufgegeben haben. Dann berichtet Dobler, was er weiß. »Wo ist der schriftliche Befehl, in dem der Versammlungsort und die Abmarschzeit bekanntgegeben werden?« fragt Major Wrabel.

»In der Lerchenfelder Straße 89«, antwortet Dobler.

Er bekommt die Weisung, ihn sofort herbeizuschaffen. Sicherheitshalber fahren Hauptmann Mayer und Oberleutnant Schaufler mit. Dobler setzt die beiden Herren in der Weinstube »Mang« ab, hastet in die Wohnung des Stephan Waas und holt die dort hinterlegte Nachricht. Sie lautet:

»89. 1/4 I Siebensterngasse Nr. 11, Bundesturnhalle – nicht über Breitegasse in die Siebensterngasse gehen. Steiner.«

Wrabel sieht nach der Uhr: 11.45 Uhr. »Wir haben gerade eine halbe Stunde Zeit . . .« Er gibt Dobler den Befehl, zur Siebensterngasse zu gehen. Zur Verstärkung schickt er die beiden Kriminalbeamten Marek und Pflug hinterher. Die drei Männer sollen sich der SS-Standarte 89 anschließen, sich mit verhaften lassen und dabei die Putschisten am Gebrauch der Waffen hindern. So meint jedenfalls der Adjutant des Generalstaatskommissars für Sicherheit, Major Wrabel. Sein Chef Emil Fey geht inzwischen zu Dollfuß ins Bundeskanzleramt am Ballhausplatz. Polizei und Bundesheer werden von ihm nicht in Alarmbereitschaft gesetzt! Dollfuß unterbricht die Kabinettssitzung und schickt die

Minister in ihre Ministerien. Er selber begibt sich in sein Arbeitszimmer.

Von den drei in die Siebensterngasse entsandten Kriminalbeamten gehen laufend telefonische Meldungen ein. Daraus ist zu entnehmen, daß die alarmierenden Nachrichten und Gerüchte alles andere als ein »Schmäh« sind. Es ist tatsächlich etwas im Gange, etwas sehr Ernstes sogar. Aber nicht der Sicherheitskommissär Fey, sondern der Staatssekretär Karwinsky setzt mit einem Donnerwetter durch, daß die Polizei alarmiert wird und auch Truppen bereitgestellt werden. Manchmal scheint es, als stände in den Wiener Ministerien alles Gewehr bei Fuß, um abzuwarten, auf welche Seite man sich schlagen soll. Als bewaffnete Polizeieinheiten endlich ausfahren, haben die Putschisten ihre Sammelplätze bereits verlassen.

Die als Soldaten des Bundesheeres verkleideten 154 SS-Männer der Standarte 89 dringen 12.53 Uhr mit drei Lastwagen in den Hof des Bundeskanzleramtes ein. Zwei weiteren Wagen gelingt es jedoch nicht mehr, das Tor zu passieren. Das hinterherfahrende Polizeikommando kann ihnen gerade noch den Weg abschneiden. Sehr schnell merken die SS-Männer, daß sie im Bundeskanzleramt wie in einer Mausefalle sitzen. Dabei verfügen sie über keine nennenswerten Waffen, denn ausgerechnet auf den beiden Lastwagen, die von der Polizei zurückgehalten werden konnten, befinden sich die jugoslawischen MGs samt den Munitionskisten. Der Putsch muß damit als gescheitert betrachtet werden, bevor er richtig angelaufen ist. Doch sie können nicht mehr zurück. Bei der Suche nach dem Bundeskanzler Dollfuß ist dieser schwer verwundet worden. Vielleicht hätte er gerettet werden können, aber die Putschisten weigerten sich, ärztliche Hilfe herbeizuholen. Auch einen Geistlichen zu holen, hatten sie abgelehnt.

Auch die dritte Aktion schlägt fehl. Zwar gelingt es 15 SS-Männern unter Führung von Truppführer Domes, das Rundfunkgebäude zu besetzen und den Rücktritt der Regierung Dollfuß bekanntzugeben, aber eine Schießerei zerstört die Sendeanlage. Zwei Stunden später ergeben sich die im Gebäude eingeschlossenen Putschisten . . .

Die ersten Nachrichten von einem Putsch in Wien sind in Berlin bereits am 24. Juli abends mit einem Extrablatt verbreitet worden, zu einem Zeitpunkt, als noch alles ruhig war. In Bayreuth laufen die ersten Meldungen am 25. Juli mittags ein, sieben Minuten nach der Besetzung des Bundeskanzleramtes am Ballhausplatz. Der deutsche Gesandte in Wien, Dr. Kurt Rieth, beeilt sich, dem »Führer und Reichskanzler« die Nachricht persönlich durchzugeben. Zu seinem Erstaunen ist Hitler recht reserviert. Eine Aktion, die nicht unter seiner Leitung steht, kann seiner Meinung nach nicht glücken.

Für heute steht »Rheingold« auf dem Programm. Bis zu Beginn der Vorstellung ist in Wien noch gar nichts entschieden. Hitler fährt zum Festspielhaus hinauf und gibt Anweisung, ihm alle wichtigen Nachrichten über das Telefon im Vorraum seiner Loge zuzuleiten. Aber erst während der beiden letzten Szenen des »Rheingold« häufen sich die Meldungen. Hitlers Adjutanten Schaub und Brückner hängen ohne Pause am Apparat. Ab und zu gehen sie nach vorn, um Hitler die letzten Nachrichten ins Ohr zu flüstern. Hitler erkennt bald, daß sich in Wien eine Katastrophe anbahnt. Noch weiß er nicht, daß inzwischen der schwerverwundete Bundeskanzler Dollfuß verblutet ist.

Während auf der Bühne die Rheintöchter den Verlust des Goldes beklagen, wird Hitler klar, daß der Putsch fehlgeschlagen ist. Nach den letzten Meldungen halten sich nur noch die ins Bundeskanzleramt eingedrungenen 154 Mann, weil sie gedroht haben, bei einem Sturm auf das Palais die in ihrer Hand befindlichen Geiseln umzubringen. Daß der Bundeskanzler bereits tot ist, verschweigen ist.

Nach der Vorstellung begibt sich Hitler ins Restaurant des Festspielhauses und begrüßt dort mit viel Aufwand einige prominente Gäste, die ihm von Winifred Wagner zugeführt werden. Dann nimmt er an einem der Tische Platz und bestellt sich ein Abendessen. »Ich muß eine Stunde hier aushalten«, sagt er zu seiner Begleitung. »Sonst glauben die Leute womöglich, ich hätte etwas mit der Sache in Wien zu tun.«

In der Stadt Bayreuth hat sich die Nachricht von dem Putsch in Österreich wie ein Lauffeuer herumgesprochen. In der »Post«

tafeln einige Künstler von den Wagner-Festspielen, darunter der Bassist Joseph von Manowarda. Da im Rundfunk nur für die Putschisten günstige Meldungen bekanntgegeben werden, glaubt Manowarda, daß der Aufstand geglückt ist. Laut ruft er über die Tische hinweg: »Der Führer hat mir versprochen, mich sofort im Flugzeug nach Wien zu schicken. Ihr werdet es erleben! Mit einem Sonderflugzeug!«

Seine Frau, eine blonde Österreicherin mit dem Charme der reiferen Jugend, spricht von Hitler wie von einem Geliebten oder einem Gott. Nach den Festspielen wird sie sich ein Schmuckstück anfertigen lassen: eine Hakenkreuzplatte, gehalten von vier silbernen Kettchen, um die Stelle auf ihrem Handrücken vor profaner Berührung zu schützen, die Hitlers Lippen beim Handkuß beinahe berührt haben . . .

Die im Bundeskanzleramt eingeschlossenen SS-Männer erreichen nach stundenlangen Verhandlungen die Zusage freien Abzuges über die deutsche Grenze. Der von ihnen herbeizitierte deutsche Gesandte Dr. Rieth lehnt zuerst ab, sich einzuschalten und die Garantie für die Einhaltung der Zugeständnisse zu übernehmen, aber dann spricht er doch mit den Rebellen. Um 19.30 Uhr strecken sie die Waffen. Polizeibeamte dringen in das Palais ein und finden den toten Kanzler Dr. Engelbert Dollfuß. Angesichts dieses Meuchelmordes fühlt sich die von Dr. Schuschnigg neugebildete Regierung nicht mehr an ihr Wort gebunden. Die Rebellen werden ins Polizeigefängnis überführt und als verhaftet erklärt. Nach einem schnell anberaumten Prozeß werden dreizehn gehenkt, der Rest erhält schwere Zuchthausstrafen. Von den Hauptrădelsführern, die den Putsch geplant haben, wird keiner gefaßt. Alle sind entkommen.

In Riccione an der Adria wohnt Frau Dollfuß neben der Villa des italienischen Regierungschefs Mussolini. Sie weiß seit dem frühen Abend, daß in Wien etwas im Gange ist. Ihre erste Regung war, sofort zu ihrem Manne zu eilen. Doch eines der Kinder ist gefährlich an Angina erkrankt, und so bleibt sie.

Gegen 20 Uhr läuft in der Villa des Duce die Meldung vom Tode des österreichischen Bundeskanzlers ein. Donna Rachele Mussolini sieht nach dem Nachbarhaus hinüber. Die Fenster sind ganz dunkel. »Vielleicht schläft sie schon«, sagt Donna Rachele. In ihren Worten schwingt die Hoffnung mit, die furchtbare Nachricht nicht noch diesen Abend überbringen zu müssen.

»Sie schläft nicht«, antwortet Mussolini, um dann zu fragen: »Könntest du schlafen?« Er gibt sich einen Ruck: »Ich werde ihr die Nachricht überbringen!« Es klingt, als ob er statt des Beileides eine Kriegserklärung aussprechen müßte.

Bevor das Ehepaar Mussolini zum Haus der Frau Dollfuß hinübergeht, läßt sich der Duce noch mit der österreichischen Gesandtschaft in Rom verbinden. Zu seinem Erstaunen hört er, daß der Gesandte Dr. Rintelen abwesend sei. »Er ist schon vor einigen Tagen nach Wien abgereist«, sagt zögernd der Legationsrat vom Dienst.

Die Meldung des italienischen Gesandten in Wien ist also zutreffend: Rintelen steckt mit den Verschwörern unter einer Dekke. Mussolini erinnert sich. Der »ungekrönte König der Steiermark« wurde seinerzeit von Dollfuß nach Rom geschickt, damit er dort unter Kontrolle steht. Ärgerlich ruft der Duce in den Apparat: »Es muß sich jemand um die Witwe des ermordeten Bundeskanzlers kümmern! Schicken Sie eine Krankenschwester und den Gesandtschaftsarzt. Die Tochter von Frau Dollfuß ist erkankt.«

Zusammen mit seiner Frau geht er dann zum Haus der Witwe des ermordeten Bundeskanzlers hinüber. Die Tür steht offen, nirgends brennt Licht, nicht einmal im Treppenhaus. Fast hat es den Anschein, als hätten die Bewohner das Haus verlassen. Es dauert eine Weile, bis sie den Schalter finden. »Sie wird im Kinderzimmer sitzen«, sagt Donna Rachele. Leise geht der Duce mit seiner Frau nach oben.

Im selben Moment öffnet sich eine Tür, und Frau Dollfuß tritt heraus. Sie erschrickt, erkennt dann aber ihren Besuch. »Haben Sie Nachrichten aus Wien?« stößt sie hervor. Mussolini nimmt sie am Arm und führt sie ins Zimmer zurück. Es ist das Schlafzimmer des kranken Töchterchens. Draußen zerreißt ein Blitz die Dunkelheit. Frau Dollfuß eilt zum Fenster und zieht die Vorhänge zu. Sie knipst das Licht an und dreht sich langsam um. Mit einem Schlage wird ihr klar, daß der Duce eine schreckliche

Botschaft bringt. »Nein!« schreit Frau Dollfuß auf. »Sagen Sie nichts! Sagen Sie, daß es nicht wahr ist!«

Mussolini drückt Frau Dollfuß in einen Sessel, und leise erklärt er ihr in deutscher Sprache: »In Wien ist ein Aufstand ausgebrochen. Er ist bereits niedergeschlagen. Leider wurde Ihr Mann dabei verwundet, sogar sehr schwer verwundet . . .«

»Ist er tot?« haucht Frau Dollfuß. »Sagen Sie alles. Ich ertrage es, aber sagen Sie mir um Christi willen alles. Ich will es wissen.«

»Liebe gnädige Frau, beruhigen Sie sich. Morgen früh können Sie nach Wien fliegen. Ich habe das Flugzeug schon bestellt. Eine Krankenschwester wird für die Tochter sorgen. Auch meine Frau wird sich um alles kümmern. Nur beruhigen Sie sich jetzt.«

»Ich habe es ja gewußt. Ich habe es immer gewußt . . .« jammert Frau Dollfuß leise vor sich hin.

Mussolini geht, während Donna Rachele zurückbleibt. »Fassen Sie sich«, sagt sie auf italienisch. »Wir Frauen müssen viel ertragen.« Leise, fast unhörbar, fügt sie dann hinzu: »Ihr Mann, der Herr Bundeskanzler . . . ich glaube nicht, daß er noch lange leben wird. Vielleicht ist er schon tot . . .« Der Rest des Satzes geht in den Donnerschlägen des Gewitters unter. Der Regen prasselt, als flögen Erbsenkörner gegen die Fensterscheiben.

Das kranke Kind bewegt sich unruhig in seinem Bettchen. Frau Dollfuß streicht ihm zart über die schweißnasse Stirn und zieht die Daunendecke zurecht. »Sie können beruhigt nach Wien reisen«, fährt Donna Rachele fort. »Ich werde für Ihre Tochter sorgen, als wäre sie mein eigenes Kind. Ich bin ja selber Mutter.« Frau Dollfuß versteht nur wenig italienisch, doch begreift sie sofort, was Rachele Mussolini sagt. Es ist der Ton, in dem die Worte gesprochen werden, der sie verstehen läßt.

Bis gegen Mitternacht sitzen die beiden Frauen zusammen: die Romagnolin Donna Rachele, Frau eines Freidenkers und ehemaligen Revolutionärs, der mit den herrschenden Gewalten seinen Frieden gemacht hat und zum Diktator aufgerückt ist, und die Witwe des katholischen Bundeskanzlers von Österreich, eine Berlinerin, wie ihr ermordeter Mann ein treues Mitglied ihrer Kirche. Es gibt kaum größere Gegensätze zwischen zwei Frauen, aber in einem sind sie sich gleich: in ihrer Sorge um ein krankes Kind.

Noch in derselben Nacht läßt Mussolini die oberitalienischen Divisionen in Alarmbereitschaft setzen. Das Korpskommando Verona erhält sogar den Marschbefehl für den nächsten Tag. Doch das Ganze ist nur Bluff. Die Italiener haben den Code der englischen Botschaft in Rom in ihre Hand bekommen und lesen alle Telegramme mit. Deshalb weiß man in Rom, daß Großbritannien nicht daran denkt, Italien in einem Krieg zu unterstützen. Aber ohne Rückendeckung von London wird Mussolini nicht einen Krieg riskieren.

England ist schon 1934 bereit, den Anschluß Österreichs an das Deutsche Reich hinzunehmen, doch das weiß Hitler nicht, und er fällt deswegen auf Mussolinis Bluff herein. Unmittelbar nachdem Rom die Alarmbereitschaft herausgegeben hat, erfahren die deutschen Dienststellen in Rom davon. Vielleicht hat man ihnen die Nachricht auch ganz bewußt zugespielt ...

In den Vormittagsstunden des 26. Juli 1934 steigt in allen Hauptstädten der Welt die Spannung aufs höchste. Was wird Italien tun, seine »österreichische Filiale«, wie Winston Churchill sich ausdrückte, zu schützen? Gegen Mittag ist an den italienischen Truppenbewegungen nicht mehr zu zweifeln. Hitler wird unsicher. Die Möglichkeit, daß diese Verbände in Österreich einmarschieren, ist nicht von der Hand zu weisen. Die kurze Nachricht im Radio Wien, bevor ein Schuß die Sendeanlagen zerstört hat, Dollfuß sei zurückgetreten, ließ viele der illegalen nationalsozialistischen Einheiten zu den Waffen greifen. In der Steiermark, in Kärnten, an ungezählten anderen Plätzen, kam es zu Schießereien. Zahlreiche Unruheherde sind noch immer nicht niedergekämpft. Was geschieht, wenn der neue Bundeskanzler Dr. Schuschnigg die italienischen Truppen zu Hilfe ruft?

Noch lebt der alte Reichspräsident von Hindenburg. Zwar ist mit seinem baldigen Tode zu rechnen, aber auch in diesem Falle werden die Generale gerne den Prestigeverlust Deutschlands zum Anlaß nehmen, um ihn, den »böhmischen Gefreiten« Adolf Hitler, zu stürzen. Gerade der Machtzuwachs, den die Armee mit der Niederschlagung des Röhm-Flügels der NSDAP erhalten hat, wird hier zur Gefahr. Verzweifelt sucht Hitler nach

Möglichkeiten, aus der Sackgasse, in die ihn seine österreichischen Gesinnungsgenossen hineinmanövriert haben, wieder herauszukommen. Doch wer kann hier helfen?

In seiner Not verfällt Hitler auf den ehemaligen Vizekanzler Franz von Papen, dessen Rücktritt er noch immer nicht bekanntgegeben hat. »Bringen Sie mir Papen an den Apparat!« befiehlt er seinem Adjutanten Brückner. Das ist leichter gesagt als getan. Der ehemalige Vizekanzler ist nirgends zu erreichen, denn er befindet sich gerade auf der Reise von Bad Warmbrunn in Schlesien nach Berlin.

Erst am Abend des 26. Juli kehrt Franz von Papen in die Reichshauptstadt zurück. Gegen zwei Uhr nachts klopfen zwei SS-Männer an die Tür seines Hauses in der Lennéstraße am Rande des Tiergartens. Papens Sohn glaubt, sein Vater solle verhaftet werden. Er entsichert den Revolver und bezieht hinter der Haustür Posten. Wenn die SS-Männer gewaltsam eindringen, will er das Leben seines Vaters mit der Waffe in der Hand verteidigen. Inzwischen zieht sich der ehemalige Vizekanzler in seinem Zimmer mit fliegender Hast an. Währenddessen rufen die SS-Männer immerfort: »Herr von Papen! Herr von Papen! Bitte kommen Sie mit uns! Der Führer wünscht Sie zu sprechen! Es ist außerordentlich wichtig!«

Vater und Sohn fragen sich, was das bedeuten soll. Das kann doch kaum eine Falle sein. Der ehemalige Vizekanzler steigt schließlich in das Auto, das ihn in die Wilhelmstraße bringt. Die Posten an der Tür zur Reichskanzlei grüßen stramm, und der diensthabende Beamte führt Papen in einen Raum. Gleich darauf klingelt das Telefon. Er nimmt den Hörer ab und lauscht. »Hier Adjutant Brückner«, tönt es aus der Muschel. »Herr von Papen? – Einen Augenblick bitte, ich verbinde mit dem Führer.«

»Herr von Papen?« ruft Hitler durch das Telefon. Seiner Stimme hört man die Erregung an. »Sie müssen sofort als Gesandter nach Wien gehen. Die Lage ist außerordentlich ernst. Sie dürfen Deutschland diesen Dienst nicht abschlagen.«

»Ich verstehe dieses Angebot nicht, nach allem, was zwischen uns vorgefallen ist. Und warum ist die Lage plötzlich so ernst?«

»Ja wissen Sie denn nicht, was sich ereignet hat? Wir stehen vor einem neuen Krieg!« In knappen Worten erläutert Hitler, was sich in den letzten vierundzwanzig Stunden in Wien zugetragen hat.

Als Papen nicht sofort zusagt, ruft Hitler beschwörend durch das Telefon: »Kommen Sie wenigstens zu einer Aussprache nach Bayreuth! Hier am Apparat kann ich nicht alles sagen. Ich stelle Ihnen mein eigenes Flugzeug zur Verfügung. Morgen früh können Sie schon hier sein!«

Am Morgen besteigt Papen um 8 Uhr in Berlin-Tempelhof die Ju 52, deren Motoren bereits laufen. Sein Sohn und die beiden Sekretäre, Wilhelm Freiherr von Ketteler und Graf Kageneck, begleiten ihn.

Franz von Papen nimmt an dem kleinen Tisch Platz, an dem sonst Hitler zu sitzen pflegt. Vor sich hat er einen weißen Bogen liegen, auf dem er die Bedingungen festlegen will, unter denen er als Vertreter des Reiches nach Österreich zu gehen bereit ist.

»Wenn Sie jetzt die Berufung annehmen«, gibt Ketteler zu bedenken, »wird das von vielen nicht verstanden werden. Für das deutsche Volk sind Sie doch noch immer der Vizekanzler der Regierung Hitler.«

»Das ist richtig«, erwidert Papen. »Aber ich glaube, ich kann nützlich sein. Dem Reiche droht der Zusammenbruch der auswärtigen Politik. In solchen Situationen dreht es sich nicht um einen Reichskanzler, sondern um Deutschland. Ein Kampf gegen das System ist nur von innen her möglich . . .«

»Nur wenn Hitler gewisse Garantien gibt, können Sie nach Wien gehen.«

Papen ist selber dieser Meinung. Obwohl er liebend gern wieder ein Amt übernehmen möchte, sieht er ein, daß er nicht ohne weiteres »Ja« sagen kann. Zusammen mit seinen beiden Sekretären spricht er alle Möglichkeiten durch, die es ihm gestatten würden, die Berufung nach Wien trotz allem anzunehmen.

In erster Linie müßte der Landesinspekteur der NSDAP, Theo Habicht, seines Postens enthoben werden und darüber hinaus von Hitler die bindende Zusage vorliegen, sich jeder Einmischung in die innerpolitischen Verhältnisse Österreichs zu enthalten. Auch der NSDAP und allen nationalsozialistischen Dienststellen muß strengstens untersagt werden, illegale Bestrebungen in Österreich zu unterstützen. Ferner muß der »Führer und Reichskanzler« versprechen, die Frage eines eventuellen Zusammenschlusses der beiden Staaten nur auf friedlichem Wege voranzutreiben.

Daß Deutschland und Österreich einmal ein Staat werden, stand bis zum 30. Januar 1933 für die Mehrheit der Bevölkerung außerhalb jeder Diskussion. Gleich nach dem Zusammenbruch des Habsburger Kaiserreiches hatte sich »Deutsch-Österreich« zu einem Bestandteil des Deutschen Reiches erklärt. Im Friedensvertrag von St. Germain mußte die Erklärung widerrufen werden. Österreich mußte sogar das Wort »deutsch« aus seinem Namen streichen. Daraufhin veranstaltete man im Jahre 1921 in den Ländern Tirol und Salzburg private Volksbefragungen. Mehr als 97 Prozent der Bevölkerung beteiligten sich an diesen Abstimmungen, und von diesen sprachen sich 98 Prozent dafür aus. Die Siegerstaaten untersagten schließlich weitere Abstimmungen. Erst mit der Machtübernahme Hitlers verschob sich das Bild. Die österreichische Bevölkerung war jetzt in dieser Frage plötzlich nicht mehr so einmütig, während sich bei den Siegern eine gewisse Bereitschaft feststellen ließ, den »Anschluß«, den man den Österreichern im Frieden von St. Germain verboten hatte, doch zu gestatten.

Die Zeit, die das Flugzeug bis Nürnberg braucht, vergeht sehr schnell. Als es auf dem Flughafen ausgerollt ist, fahren auch schon die Autos heran, die Franz von Papen und seine Begleiter nach Bayreuth bringen sollen.

Hitler läßt den ehemaligen Vizekanzler seines Kabinetts sofort zu sich kommen, doch erst bei einer zweiten Begegnung legt Papen seine inzwischen schriftlich fixierten »Bedingungen« vor. Der »Führer und Reichskanzler« ist mit allem einverstanden, bis auf die Forderung, den in den Augen der Welt Hauptverantwortlichen für die Ereignisse in Wien, den Landesinspekteur Theo Habicht, umgehend abzuberufen. Dieser Punkt muß zuerst und sofort erfüllt werden. Die anderen Forderungen Papens drängen nicht. Sie sind auch zu umgehen, ohne daß man ihm einen direkten Verstoß wird nachweisen können!

»Die erste Bedingung ist völlig unmöglich«, fährt Hitler auf. »Wenn ich Habicht jetzt öffentlich absetze, gebe ich damit indirekt meine Beteiligung und Schuld an dem Putsch zu.« Doch Papen gibt nicht nach, wohl zum ersten Male. »Sie haben zwischen ihm und mir zu wählen«, antwortet der ehemalige Vizekanzler nur.

Schließlich läßt Hitler den Landesinspekteur herbeiholen und überhäuft ihn in Gegenwart Papens mit bittersten Vorwürfen. Dann enthebt er ihn aller seiner Ämter. Damit ist das entscheidende Hindernis aus dem Wege geräumt, und Franz von Papen nimmt die Berufung als »Gesandter in besonderer Mission« in Wien an.

Nun ist es in allen Staaten der Welt üblich, bei derartigen Ernennungen auch den Außenminister zu konsultieren, doch weder Hitler noch Papen kommt dieser Gedanke. Warum auch? Papen hat sich ja extra ausbedungen, nicht dem noch von Hindenburg berufenen Freiherrn von Neurath unterstellt zu sein, sondern dem Reichskanzler direkt!

Noch am Abend wird der Öffentlichkeit der bereits vor drei Wochen erfolgte Rücktritt des Vizekanzlers bekanntgegeben und gleichzeitig seine Ernennung zum Vertreter des Reiches in Wien. Das wiederum verschnupft die Österreicher, denn bisher war es diplomatische Gepflogenheit, bei der Ernennung eines Gesandten oder Botschafters erst die Zustimmung des betreffenden Landes einzuholen. Aber über solche Höflichkeitsformen setzt sich Hitler großzügig hinweg.

Hitler wird Staatsoberhaupt

Im April 1934 sitzt Franz von Papen dem greisen Reichspräsidenten gegenüber. Beide Unterarme auf den Schreibtisch gestützt, blickt der Alte Herr nachdenklich auf den Vizekanzler. Er muß die Antwort, die Papen fordert, gründlich überdenken. Vielleicht hat Papen recht, und ich muß wirklich daran denken, ein Testament zu machen! Aber dann sollte darin zum Ausdruck gebracht werden, daß es Zeit wird, die Hohenzollern auf ihren Thron zurückzurufen. Deutschland muß wieder Monarchie werden!

Noch immer zögert Hindenburg mit seiner Antwort. Seine

Augen suchen das Bild seiner verstorbenen Frau, an der er so sehr hing. Sie verließ ihn, lange bevor er vor seine schwerste Aufgabe gestellt worden ist. Nicht, daß sie ihn beeinflußt hätte – ein alter Soldat läßt sich nicht beeinflussen! Er muß immer allein entscheiden. Aber sie dachte so unkompliziert und natürlich. Was hätte sie ihm jetzt wohl geraten?

Der Blick des 86jährigen Greises gleitet vom Bild der Verewigten auf den Leitspruch der Hindenburgs, der in verblichenen schlichten Kreuzstichen auf Seide gestickt unter Glas und Rahmen daneben steht: Ora et labora – bete und arbeite! Dieser lateinische Spruch begleitete ihn überall hin und stand in allen Amtsstuben, in denen er residiert hat. Als er 1911 den Helm mit dem Hut vertauschte und den Dienst quittierte, stellte er ihn auf die Kommode seiner neuen Wohnung in Hannover.

»Sie haben recht, mein lieber Papen!« antwortet Hindenburg. Seine tiefe Stimme klingt rauh und brüchig. »Ich muß an meinen Tod denken. Gott kann mich jede Stunde abberufen.« Die Blicke des Präsidenten schweifen durch die Fenster hinaus in den Garten hinter dem Palais. Lange Zeit schweigt er, bevor er wieder zu sprechen beginnt: »Mein Geschlecht repräsentiert ein gutes Stück preußisch-deutscher Geschichte . . .«

Gern hat Hindenburg dieses Amt nicht übernommen, nachdem er sich bereits 14 Jahre zuvor ins Privatleben zurückgezogen hatte. Im Jahre 1911 pensioniert, weil er als Kommandierender General des IV. Armeekorps in Magdeburg bei einem Manöver wegen seiner offenen Kritik den Unwillen des Kaisers erregt hatte, holte man ihn drei Jahre später zurück. Als Oberbefehlshaber Ost errang er, zusammen mit Ludendorff, den Sieg bei Tannenberg. 1916 wurde Hindenburg Chef des Großen Generalstabes, Ludendorff sein Generalquartiermeister. Als 1918, nach dem Verlust des Krieges, der Kaiser über die holländische Grenze floh, blieb Hindenburg in seinem Amt. Erst 1919 nahm er seinen Abschied und ging zurück nach Hannover. Dort lebte er bis 1925. Als Sammelkandidat der Rechten wurde er dann zum Reichspräsidenten gewählt und sieben Jahre später in diesem Amt bestätigt.

»Ja, mein lieber Papen, Sie haben schon recht, man muß an den Tod denken. Auch Meißner erinnert mich immer wieder daran, meinen letzten Willen niederzuschreiben. Entwerfen Sie mir mal ein solches Testament. Sie kennen doch alle meine Wünsche . . .«

Einige Tage später legt Franz von Papen seinen Entwurf vor. »Sie haben das alles sehr schön gemacht«, sagt Hindenburg, als er ihn gelesen hat. »Ich muß das natürlich gründlich überlegen. Ein Testament ist eine ernste Sache. Da will jedes Wort bedacht sein . . .«

Erst nach einigen Wochen kommt der Präsident dem Vizekanzler gegenüber noch einmal auf das Testament zu sprechen: »Mein Adjutant, Rittmeister von der Schulenburg, hat es abgeschrieben, und ich habe es auch unterzeichnet. Nach reiflicher Überlegung habe ich mich entschlossen, Ihren Entwurf in zwei Teile zu zerlegen. Ich halte es nicht für richtig, im Augenblick meines Todes dem deutschen Volke Empfehlungen über seine Staatsform zu geben.« Hindenburg macht eine Pause. Mit der Hand streicht er über seine Augen, als blende ihn das Licht. Erst nach längerem Überlegen fährt er fort: »So ist der erste Teil meines Testaments ein Rechenschaftsbericht. In einem persönlichen Schreiben habe ich dem Herrn Reichskanzler ans Herz gelegt, die Monarchie wiederherzustellen. Ihr Entwurf war mir dabei eine große Hilfe. Ich danke Ihnen.«

Papen wird auch darüber informiert, daß die beiden Schriftstücke im Panzerschrank des Reichspräsidenten-Palais in der Wilhelmstraße liegen. Der Umschlag mit dem ersten Teil des Dokumentes trägt die Aufschrift: »Dem deutschen Volke«, der zweite Teil: »Dem Reichskanzler Adolf Hitler.« Beide Umschläge sind mit dem Reichssiegel versehen und in einem größeren, ebenfalls versiegelten Umschlag verwahrt, der die Aufschrift trägt: »Dem deutschen Volke und seinem Kanzler. Mein Testament. Dieser Brief ist durch meinen Sohn dem Herrn Reichskanzler zu übergeben.«

Ende Mai 1934 stellen die Ärzte fest, daß der Alte Herr an Blasensteinen leidet. Bei seinem hohen Alter muß das zum baldigen Tod führen. Hindenburg selber ahnt, daß sein Ableben nahe bevorsteht. Er läßt deshalb die beiden wichtigen Dokumente aus seinem Panzerschrank holen und sorgt dafür, daß sein Adjutant sie mit nach Neudeck nimmt und dort in den Panzerschrank legt. Dann geht der Reichspräsident noch einmal durch die Räume des Palais in der Wilhelmstraße 73. Sein Gang ist steif und wirkt unbeholfen. Die Beine wollen nicht mehr so recht. Jede Stufe, ja jede Schwelle macht ihm Schwierigkeiten. Es war ihm nicht vergönnt, als Pensionär zu sterben! Aber schon Bismarck sagte, ein braves Pferd sterbe in den Sielen. »Auch ich werde in den Sielen sterben«, meint er zu Meißner, der neben ihm geht, damit er sich jederzeit auf ihn stützen kann.

Am 4. Juni verläßt der Präsident sein Berliner Palais. Mit dem neuen Fahrstuhl, gegen den er sich wegen der hohen Kosten so lange gewehrt hat, fährt er in das Erdgeschoß hinab. Als sich die Tür des Portals hinter ihm schließt, ist das wie der Abschied von einer ganzen Epoche.

Die Krankheit schreitet schnell vorwärts. Drei Wochen später liegt Hindenburg ans Bett gefesselt. Nur wenn er für kurze Zeit aus seinem Dämmerschlaf erwacht, setzen ihn pflegende Hände in einen Stuhl auf der Terrasse des Neudecker Herrenhauses. Von dort aus kann er weit in das ostpreußische Land hineinsehen. Doch Freude bereitet ihm das nicht mehr. Er ist zu müde geworden...

Professor Ferdinand Sauerbruch, dessen internationaler Ruhm als Chirurg beinahe legendäre Formen angenommen hat, wird nach Neudeck gerufen. Er untersucht den Reichspräsidenten und erkennt sofort, daß hier nichts mehr zu retten ist. Gegen das Alter gibt es kein Mittel. Aber etwas bequemer sollte es der Alte Herr schon haben, meint der Professor und beginnt zu schimpfen: »Herr Präsident, das Feldbett, auf dem Sie schlafen, ist doch kein Bett für einen Kranken! Sie können sich ja nicht einmal richtig ausstrecken!«

»Ich habe zeit meines Lebens auf einem Feldbett geschlafen, und ich denke nicht daran, mir noch ein anderes Bett anzuschaffen.«

Hindenburgs Pfleger Schmidt schaltet sich ein: »Seine Exzellenz friert so . . .«

Sauerbruch, für seine Grobheit bekannt, läßt jede Rücksicht fallen: »Ja, zum Donnerwetter, Exzellenz, wenn Sie frieren, dann ziehen Sie doch in Gottes Namen einen warmen Schlafrock an!«

»Ich habe noch nie einen Schlafrock besessen«, antwortet der Generalfeldmarschall und Präsident des Deutschen Reiches. »Soldaten haben keine Schlafröcke.«

»Jetzt wird ein Schlafrock angeschafft«, erklärt Sauerbruch kategorisch.

»Dazu habe ich kein Geld, und das ist auch nicht nötig. Ich sterbe ja sowieso bald«, erwidert Hindenburg.

Sauerbruch verschlägt es die Sprache. Der Pfleger Schmidt holt die Tochter Hindenburgs ins Zimmer und wagt einen Vorschlag. »Ich fahre jetzt in die Stadt und besorge für Exzellenz einen warmen Schlafrock.«

»Nein«, ruft der Alte Herr. Der Schlafrock wird auch nicht angeschafft.

Im Zustand des Patienten ist keine Besserung zu erhoffen. Professor Sauerbruch drängt es nach Berlin zurück, wo einige dringende Operationen auf ihn warten. Er läßt den greisen Reichspräsidenten in der Obhut von Professor Krauß und fährt in die Reichshauptstadt zurück. Wenige Stunden später steht er bereits im Operationssaal.

Inzwischen hat Hitler, der sich noch immer in Bayreuth aufhält, dem Stabsleiter der Parteikanzlei, Martin Bormann, den Befehl erteilt, Professor Sauerbruch nach Bayreuth einzuladen. Er will ihn über den Zustand Hindenburgs befragen. Bormann stellt fest, wo sich Sauerbruch augenblicklich aufhält und greift dann zum Telefon. Barsch verlangt er von der Schwester in der Telefonzentrale der Charité, ihn »sofort mit dem Professor zu verbinden«.

»Das ist im Moment nicht möglich«, erklärt Schwester Martha. »Der Herr Geheimrat ist im Operationssaal. Da kann ich ihn jetzt nicht herausholen lassen.«

»Ich will nicht wissen, wo er ist«, ruft Bormann in den Apparat, »ich will ihn sprechen.«

»Aber im Operationssaal kann ich nicht stören!«

Aus Bormanns Gesicht weicht der letzte Blutstropfen. Nur die Narbe an der Stirn brennt wie ein rotes Wundmal. »Hören Sie«, sagt er mit mühsam unterdrückter Wut, »ich spreche im Auftrag des Führers und Reichskanzlers. Geheimrat Sauerbruch soll sofort an den Apparat kommen!«

Sauerbruch ist Bormann an Grobheit gewachsen. Als eine Schwester ihm die Nachricht des Parteisekretärs bestellt, murmelt er unter seinem Mundtuch »Stabsleiter Bormann kann mich mal . . .«

Schwester Martha hält es nicht für richtig, das von Geheimrat Sauerbruch gebrauchte klassische Zitat aus den Werken des Geheimrats Goethe dem Stabsleiter Bormann zu bestellen. Sie sagt nur, der Herr Professor werde anrufen, sobald er die komplizierte Operation, bei der es um Tod und Leben ginge, beendet habe.

Zwei Stunden später wird Sauerbruch aufgefordert, sich umgehend in dem Wohnsitz der Familie Wagner, der Villa Wahnfried, zu melden. Er eilt zum Anhalter Bahnhof, und es gelingt ihm gerade noch, den D-Zug nach München zu erreichen. Während der Zug durch die Nacht seinem Ziel entgegenbraust, ruft Professor Krauß im Hause von Sauerbruch an, um ihn zu bitten, so schnell wie möglich nach Neudeck zurückzukommen. Die Frau des Geheimrats setzt sich mit dem Verkehrsministerium in Verbindung. Dort prüft man die Fahrpläne und gibt dann Anweisung, den D-Zug auf einer kleinen Station in Thüringen anzuhalten. Über diese kleine, gottverlassene Station zwischen Saalfeld und Kronach weht in dieser Nacht vom 28. zum 29. Juli 1934 plötzlich ein Hauch deutscher Geschichte. Der Bahnhofsvorsteher erhält von seiner Reichsbahndirektion den Auftrag, nicht nur den D-Zug nach München anzuhalten, sondern auch den Gegenzug nach Berlin, der wenige Minuten später dieselbe Station durchfahren muß. »Geheimrat Sauerbruch muß sofort zum Reichspräsidenten kommen. Aber das ist strengstes Dienstgeheimnis . . .«

Der Bahnhofsvorsteher reißt sich zusammen und zeigt sich seiner Aufgabe gewachsen. Ohne Verzug setzt er die Durchfahrtssignale auf Rot. Bald darauf kreischen bei dem Zug nach München die Bremsen. Der Stationsvorsteher setzt seine rote Mütze auf und rennt am Zug entlang. Laut rufend geht er von Schlafwagen zu Schlafwagen: »Herr Geheimrat Sauerbruch! Herr Geheimrat Sauerbruch!«

Der Professor erwacht in seinem Schlafwagenabteil. Der Zeitpunkt, wo er sich bereitmachen muß, um nach Bayreuth umzusteigen, ist sowieso schon gekommen. Er stürzt an die Waggontür und fragt, was los ist. Der Stationsvorsteher zieht sich am Trittbrett hoch und sagt ihm leise ins Ohr: »Der Geheimrat muß sich sofort nach Neudeck zurückbegeben . . .«

Mit Hilfe des Schlafwagenschaffners rafft Sauerbruch seine Sachen zusammen und steigt aus. Der Stationsvorsteher reißt ihn beiseite, denn im selben Moment fährt der Zug nach Berlin in die Station ein und hält ebenfalls. Am nächsten Morgen ist der Professor bereits wieder in der Reichshauptstadt. Ein Taxi bringt ihn zum Bahnhof Friedrichstraße. Dort erreicht er gerade noch den Zug nach Ostpreußen.

Als Hitler in Bayreuth von Sauerbruchs Rückberufung hört, gibt er den Befehl, seine Abreise nach Neudeck vorzubereiten. Am 31. Juli 1934 trifft er in Neudeck ein. Doch der Professor will ihn nicht vorlassen. Erst nach längeren Verhandlungen gestattet er ihm für wenige Minuten den Eintritt in das Schlafzimmer des sterbenden Reichspräsidenten. Nach dem Besuch sagt Hitler zu Sauerbruch: »Der Herr Reichspräsident ist nur für eine kurze Weile bei voller Besinnung gewesen und hat mich mit Majestät angeredet.«

Dem Staatssekretär Meißner sagt er: »Der Herr Feldmarschall hat sich von seinem Posten wie ein alter Soldat abgemeldet.« Als dritte Version wird am nächsten Tage verbreitet, zweifelsohne von Goebbels speziell für das deutsche Volk erfunden: Der Herr Reichspräsident habe den Führer erkannt und ihm herzlich für seinen Besuch gedankt. Das anschließende Gespräch habe dann einige Minuten gedauert, bis der Präsident in einen ruhigen Schlaf gefallen sei. Die vierte Version wird nur dem Reichskabinett vorgetragen. Seinen Ministerkollegen gegenüber behauptet Hitler, der sterbende Reichspräsident habe ihm noch genaue Richtlinien für die zukünftige Außenpolitik gegeben. Goebbels ist klug genug, diese vierte Version nie zu veröffentlichen . . .

Der Todeskampf setzt am Abend des 1. August 1934 ein. Sauerbruch wacht, in einem Sessel sitzend, über die letzten Stunden des Reichspräsidenten. Die Worte Sterbender sind oft ein Vermächtnis! Angestrengt lauscht der Professor auf das, was der Alte Herr sagt, aber nur einige Satzfetzen sind zu verstehen: »Mein Kaiser – mein deutsches Vaterland.«

An diesem Abend wird auch ein amtliches Kommuniqué veröffentlicht, das besagt, die Benommenheit des Kranken beginne, die Schwäche nehme zu, die Herzkraft lasse nach. Das Kommuniqué vom 2. August morgens verstärkt die Befürchtungen vom Tage vorher. Wenige Stunden später, um 9 Uhr vormittags, hat Hindenburgs Herz aufgehört zu schlagen. Zur selben Zeit veröffentlicht das Reichsgesetzblatt ein Gesetz:

§ 1
Das Amt des Reichspräsidenten wird mit dem des Reichskanzlers vereinigt. Infolgedessen gehen die bisherigen Befugnisse des Reichspräsidenten auf den Führer und Reichskanzler Adolf Hitler über. Er bestimmt seinen Stellvertreter.

§ 2
Dieses Gesetz tritt mit Wirkung von dem Zeitpunkt des Ablebens des Reichspräsidenten von Hindenburg in Kraft.
Der Reichskanzler – Adolf Hitler
Der Stellvertreter des Reichskanzlers – Franz von Papen
Der Reichsminister des Auswärtigen – Konstantin Freiherr von Neurath
Der Reichsminister des Innern – Dr. Wilhelm Frick
Der Reichsminister der Finanzen – Lutz Graf Schwerin von Krosigk
Der Reichsarbeitsminister – Franz Seldte
Der Reichsminister der Justiz – Dr. Franz Gürtner
Der Reichswehrminister – Werner von Blomberg
Der Reichspostminister und Reichsverkehrsminister – Paul Freiherr Eltz von Rübenach
Der Reichsminister für Ernährung und Landwirtschaft – Walter Darré
Der Reichsminister für Volksaufklärung und Propaganda – Dr. Joseph Goebbels

Der Reichsminister für Luftfahrt – Hermann Göring
Der Reichsminister für Wissenschaft, Erziehung und Volksbildung – Bernhard Rust
Die Reichsminister ohne Geschäftsbereich – Rudolf Hess, Hanns Kerrl.

Reichswehrminister General Werner von Blomberg, den Hindenburg achtzehn Monate vorher eingesetzt hat, damit er die Armee von politischen Einflüssen freihalte, gibt seine Zustimmung zu einem Eid, für den es in der deutschen Geschichte kein Vorbild gibt:

»Ich schwöre bei Gott diesen heiligen Eid, daß ich dem Führer des Deutschen Reiches und Volkes, Adolf Hitler, dem Oberbefehlshaber der Wehrmacht, unbedingten Gehorsam leisten und als tapferer Soldat bereit sein will, jederzeit für diesen Eid mein Leben einzusetzen.«

Der Text des Eides stammt vom Chef des Ministeramtes, Generalmajor Walter von Reichenau, den der alte Hindenburg ein halbes Jahr zuvor nicht zum Chef der Heeresleitung hatte ernennen wollen. Zusätzlich zu diesem Eid setzt Blomberg noch durch, daß alle Soldaten Adolf Hitler mit »Mein Führer« anzusprechen haben.

Die Offiziere der Heeresleitung leisten den neuen Eid, ohne sich über die Konsequenzen klarzuwerden. Anschließend heben auch die Truppen auf den Kasernenhöfen und die Mannschaften auf den Kriegsschiffen die Hand zum Treueid auf einen Mann, der erst zwei Jahre vorher die deutsche Staatsbürgerschaft durch ein Hintertürchen erworben hat.

Sechs Tage später wird der tote Reichspräsident in einem Turm des Tannenberg-Denkmals beigesetzt. Hitler schließt seinen Nachruf mit den Worten: »Toter Feldherr, gehe ein in Walhall.«

Das neue Staatsoberhaupt des Deutschen Reiches legt Wert darauf, sich sein Amt vom Volke bestätigen zu lassen. Für den 19. August 1934 setzt Hitler eine Volksabstimmung an. Daß sie eine erdrückende Mehrheit erbringen wird, daran zweifeln weder er noch seine Paladine auch nur einen Augenblick. Dafür wird die SA und vor allem die SS schon sorgen! Die Zeit bis zur Abstimmung will Hitler auf dem Berghof bei Berchtesgaden verbringen.

Bevor er die Reichskanzlei in Berlin verläßt, meldet sich bei ihm der Staatssekretär der Präsidialkanzlei, Dr. Otto Meißner, zum Vortrag. Meißner hat schon dem ersten Präsidenten des Deutschen Reiches, Friedrich Ebert, gedient. Hindenburg übernahm ihn 1925 als Chef seiner Präsidialkanzlei, und neun Jahre später ist Hitler klug genug, den Staatssekretär, schon aus Gründen des äußeren Scheines, in seinem Amt zu bestätigen. Die Anwesenheit Meißners in der Präsidialkanzlei gibt der Präsidentschaft des »Führers« einen gewissen legalen Anstrich.

»Wissen Sie etwas von einem Testament des verstorbenen Reichspräsidenten?« fragt er den Staatssekretär. Meißner verneint, fragt aber sicherheitshalber telefonisch in Neudeck an. Zu seiner Überraschung antwortet ihm Oskar von Hindenburg: »Das Testament liegt hier im Panzerschrank.«

Meißner rät Hitler, sich mit Papen ins Benehmen zu setzen, der es entworfen haben soll. Hitler ruft sofort bei dem ehemaligen Vizekanzler an und fragt ihn, was es mit dem Testament des verstorbenen Feldmarschalls für eine Bewandtnis habe. Doch Franz von Papen weicht aus: »Ich weiß nicht einmal sicher, ob eines vorhanden ist«, antwortet er.

»Aber Sie haben doch einen Entwurf gemacht!«

Papen ist überrascht. Woher weiß Hitler davon? Dann verspricht er: »Ich werde mich sofort in Neudeck erkundigen!«

»Ich bitte Sie, mich möglichst bald in den Besitz dieses Dokumentes zu setzen«, erwidert Hitler, der befürchtet, das Testament könne bekannt werden, bevor er es zu sehen bekommen hat.

Papen schickt seinen Sekretär, den Grafen Kageneck, nach Ostpreußen. Oskar von Hindenburg gibt das Dokument bedenkenlos heraus, und anderentags hält der ehemalige Vizekanzler den versiegelten Umschlag in seinen Händen. Hitler ist inzwischen nach Berchtesgaden abgereist. Telefonisch teilt ihm Papen dorthin mit, daß er das Testament am 15. August übergeben werde. An diesem Tage will er sich auf dem Berghof sowieso zur

Übernahme seines neuen Amtes als »Gesandter in besonderer Mission« in Wien abmelden.

Drei Tage später liegt der große Briefumschlag auf Hitlers Schreibtisch. Die Prüfung ergibt, daß das Siegel unverletzt ist. Die Aufschrift von Hindenburgs Hand: ». . . durch meinen Sohn dem Herrn Reichskanzler zu übergeben«, macht verständlich, warum das Testament nicht sofort abgeliefert worden ist. Oskar von Hindenburg wollte es ursprünglich selbst übergeben, kam aber noch nicht dazu. In Gegenwart Papens öffnet Hitler die zwei Umschläge, den mit der Aufschrift »Dem deutschen Volke«, und den an ihn persönlich gerichteten Teil. Beide liest er mit der größten Aufmerksamkeit.

Papen sitzt schweigend in einem Sessel und sieht durch das Fenster hinüber zu den Bergen des Berchtesgadener Landes. Keine Uhr tickt, kein Schritt ist zu hören. Es ist ganz still im Raum. Man könnte meinen, die Zeit sei stehengeblieben. Sogar das Blätterwerk draußen bewegt sich nicht. Nur die Luft flimmert in der unerträglichen Hitze.

Nachdem Hitler die beiden Schriftstücke gelesen hat, erhebt er sich und sagt: »Ich werde den Teil, der an das Deutsche Volk gerichtet ist, sofort veröffentlichen. Den zweiten Teil, der für mich bestimmt ist, werde ich zu gegebener Zeit dem deutschen Volke zur Kenntnis bringen.«

Papen kennt den endgültigen Text nicht. Er hat zwar den Entwurf geliefert, aber was daran geändert worden ist, weiß er nicht. Hitler gibt ihm das Dokument auch nicht zu lesen. Höchstwahrscheinlich enthält es die Aufforderung, zur Monarchie zurückzukehren. Trotz der dringenden Vorstellungen des ehemaligen Vizekanzlers lehnt Hitler kategorisch ab, auch den zweiten Teil zu veröffentlichen.

Zwei Tage später, am Vorabend der Volksabstimmung, spricht Hindenburgs Sohn Oskar im Radio. Ohne es zu wollen, erweckt er damit den Eindruck, daß der inzwischen veröffentlichte Teil des Testamentes alles ist, was der verstorbene Reichspräsident an Empfehlungen hinterlassen hat.

Diese Rede trägt nicht wenig dazu bei, das Ergebnis der Abstimmung günstig zu beeinflussen: 38,3 Millionen Deutsche erkennen Hitler als Staatsoberhaupt an. Trotz aller Propaganda und ohne daß jemand es wagen durfte, Gegenargumente zu äußern, fanden 4,2 Millionen Deutsche den Mut, mit Nein zu stimmen. 870000 gaben ungültige Wahlzettel ab.

Nach der Abstimmung drängt es Hitler, nach Berlin zurückzugehen. Die Schlappe bei der Reichspräsidentenwahl im Frühjahr 1932, als er erfolglos gegen Hindenburg kandidiert hat, ist mit dem Ergebnis vom 19. August 1934 ausgelöscht. Für ihn und seine Unterführer ist Hitler legal zum Staatsoberhaupt des Deutschen Reiches berufen worden. Daß er sich die Würde des Staatsoberhauptes bereits zwei Wochen vorher selber zugebilligt hat, scheint vergessen.

Hochzeit in schlichtem Prunk

Der alte nationalsozialistische Propagandaschlager, keiner dürfe über tausend Mark im Monat verdienen, gilt längst nicht mehr. Diese nach »Marxismus« riechende Forderung wurde ebenso stillschweigend über Bord geworfen wie die »25 Punkte« des sagenhaften »Unabänderlichen Parteiprogramms«.

Der geistige Vater dieses am 24. Februar 1920 im Münchner Hofbräuhaus vor zweitausend Besuchern von Hitler verkündeten Programms ist der Diplom-Ingenieur Gottfried Feder. Bei der Postenverteilung nach der Machtergreifung ging er leer aus. Erst als Hugenberg zurücktrat, wurde er Staatssekretär im Reichswirtschaftsministerium. Bereits im Dezember 1934 wieder abgehalftert, fand man ihn mit dem Posten eines Honorarprofessors an der Technischen Hochschule in Berlin ab.

Von Feder stammt die Forderung nach »Brechung der Zinsknechtschaft«, die im Parteiprogramm als Punkt 11 ihren Niederschlag fand. Nicht einmal Feder weiß genau, was darunter eigentlich zu verstehen ist, geschweige seine Freunde in der NSDAP. Schon 1930 sagte Goebbels zu dem jungen Leutnant Scheringer, der wegen nationalsozialistischer Propaganda aus der Reichswehr entlassen und vor Gericht gestellt worden war: »Brechung der Zinsknechtschaft? Was für ein Unsinn! Ich muß brechen, wenn ich nur daran denke!«

11. Abschaffung des arbeits- und mühelosen Einkommens. Brechung der Zinsknechtschaft . . .
13. Wir fordern die Verstaatlichung aller (bisher) bereits vergesellschafteten (Trusts) Betriebe.
14. Wir fordern Gewinnbeteiligung an Großbetrieben . . .
18. Wir fordern den rücksichtslosen Kampf gegen diejenigen, die durch ihre Tätigkeit das Gemeininteresse schädigen. Gemeine Volksverbrecher, Wucherer, Schieber usw. sind mit dem Tode zu bestrafen, ohne Rücksicht auf Konfession und Rasse . . .
25. . . . Die Führer der Partei versprechen, wenn nötig unter Einsatz des eigenen Lebens, für die Durchführung der vorstehenden Punkte rücksichtslos einzutreten.

Auch der Punkt 18 wird weder dem Wortlaut noch dem Sinne nach angewendet. Sonst müßte Hermann Göring, der zweite Mann in der Partei und gleichzeitig Reichstagspräsident, Reichsluftfahrtminister, Preußischer Ministerpräsident, Reichsjägermeister und was sonst noch, eigentlich zuerst erschossen werden. Noch bevor Hitler seinen Unterführern freie Bahn gab, hielt sich Göring an das Wort: »Bereichert euch!« Von allen nationalsozialistischen Ministern, Gau-, Obergruppen-, Gruppen- und sonstigen Führern erreichte er die höchste Meisterschaft im »Nehmen«.

Im Jahre 1935 bezieht er nicht nur für jedes seiner Ämter das volle Gehalt, er verfügt auch noch über die dazugehörende »Dienst«-Wohnung. Daneben unterhält er noch einige Privatwohnungen. Sie alle müssen ausgebaut, eingerichtet und mit alten Bildern, kostbaren Teppichen, Tafelsilber und erlesenem Porzellan ausgestattet werden. Die Kosten dafür belaufen sich auf Millionen. Alles kann Göring dem Steuersäckel nicht entnehmen. Deshalb müssen auch reiche Privatleute, Industrielle, Museen und Interessentenverbände herhalten. Zu Gegendiensten ist er gern bereit!

Görings erste Frau, die schwedische Baronesse Karin von Fock, starb im Oktober 1930. Sein Schmerz um ihren Verlust war tief und echt. Selbst seine erbittertsten Feinde geben das zu. Er ist

Morphinist, er lügt bedenkenlos, er betrügt, er läßt sich bestechen, er besticht selber um billiger Vorteile willen, er erpreßt, und er vergeht sich an Steuergeldern. Am 30. Juni 1934 ließ er zahlreiche Gegner ins Gefängnis und in die Konzentrationslager werfen, einige wurden sogar auf seinen Befehl hin ermordet! Doch seine Eheverhältnisse waren immer klar und sauber. Nie hat er Karin, deren Krankheit die letzten Jahre der Ehe verdunkelte, mit einer anderen Frau betrogen.

Erst lange nach dem offiziellen Trauerjahr wandte sich Hermann Göring wieder anderen Frauen zu. Während eines Besuches in Weimar im Sommer 1932 lernte er die Schauspielerin Emmy Sonnemann kennen. Zusammen mit seinem Freunde Pilli Körner löste er sich an einem Samstagabend Parkettplätze für das Nationaltheater. Auf dem Spielplan stand »Minna von Barnhelm«.

Göring liebte dieses Lustspiel, obwohl Gotthold Ephraim Lessing als Verfasser des »Nathan« im nationalsozialistischen Olymp nicht gerade einen Ehrenplatz einnahm.

Bei der Aufführung in Weimar spielte Emmy Sonnemann die Rolle der Minna. »Eine anziehende Frau«, flüsterte Göring seinem Freunde Pilli zu. »Ich würde sie gern kennenlernen!«

In der großen Pause ging Körner hinter die Bühne und bat die Darstellerin der Titelrolle, den Herrn Reichstagspräsidenten zu empfangen. Aber Frau Sonnemann lehnte ab. Kurz darauf begegnete er ihr in einer Abendgesellschaft. Göring erkannte sie sofort wieder. Er erkundigte sich bei der Dame des Hauses, ob sie verheiratet sei und ließ sich ihr dann vorstellen. Frau Sonnemann verstand seinen Namen nicht gut. Während sie mit ihm sprach, wußte sie noch immer nicht, wie der Mann, der jede ihrer Bewegungen mit den Augen verfolgte, eigentlich hieß. War es vielleicht dieser Goebbels, der soviel von sich reden machte? Endlich begriff sie: Es war Hermann Göring.

Es blieb nicht bei dieser ersten Begegnung. Als »IdF« (Inhaber der Freifahrtkarte erster Klasse, die jedem Reichstagsabgeordneten zustand) konnte sich Göring jederzeit in den Zug setzen und kostenlos nach Weimar fahren. Immer die Fahrkarte zu bezahlen, wäre ihm damals sicherlich schwergefallen. Göring, seit 1928 Reichstagsabgeordneter, war nie mit seinen Einnahmen ausgekommen, und bis er über die Aufwandsentschädigung des Reichstagspräsidenten verfügte, waren die Gerichtsvollzieher seine ständigen Besucher.

Mußte Emmy Sonnemann spielen, saß er in einer Loge; hatte sie spielfrei, fuhr er mit ihr irgendwohin. Später nahm sie ein Engagement am Staatlichen Schauspielhaus in Berlin an. Für die Freunde des »Eisernen« stand es fest, daß er sie einmal heiraten würde. Doch in den ersten beiden Jahren der nationalsozialistischen Herrschaft fand sich keine rechte Gelegenheit dazu. Göring wollte die Hochzeit auch mit Pomp feiern. Schon die erste Heirat mit Karin im Münchner Parkhotel war Stadtgespräch gewesen. Diesmal sollte ganz Deutschland davon sprechen.

Göring denkt immer an sie. Sogar während einer Reichstagssitzung schreibt er auf eines der Präsidentenkärtchen: »Ich liebe Dich. H.« Zu Beginn des Jahres 1935 hält er die Zeit für gekommen, Emmy Sonnemann zu heiraten. Als Hochzeitstag wird der 10. April bestimmt. Bis dahin bleibt genügend Zeit, das feierliche Ereignis gründlich vorzubereiten, vor allem hinsichtlich der Geschenke. Sie sollen »sinnvoll« sein, das heißt brauchbar und kostbar. Die Leute müssen deshalb rechtzeitig wissen, was sie schenken sollen. Tagelang sitzt Göring mit seinen Vertrauten über der Wunschliste. Ein Industriellenverband beispielsweise, der aufgefordert wird, »freiwillig« entweder ein Gemälde, ein gerade zum Verkauf stehendes Porzellanservice oder ein Landhaus zu schenken, entscheidet sich schließlich für das Landhaus, weil es am billigsten ist. Es kostet »nur« dreißigtausend Mark.

Der Reichsbauernführer überreicht am Hochzeitstag im Namen des »Reichsnährstandes« ein »kostbares silbernes Kaffeegedeck, ein Meisterstück deutscher Handwerkskunst«, wie der »Völkische Beobachter« enthusiastisch schreibt. Neunzehn Landesbauernführer stiften handgeschnitzte Eichenstühle, westfälische Schinken, Rheinwein, Pfefferkuchen aus Sachsen, Bernstein aus Ostpreußen, Schwarzwälder Kirsch, Schafkäse, Stickereien und handgewebtes Bauernleinen. Eine Abordnung des Offizierskorps überreicht einen lebensgroßen Bronzeabguß der Büste des preußischen Soldatenkönigs Friedrich Wilhelms I.

Die Stadt Hamburg, in der Frau Göring geboren ist, schenkt die Nachbildung einer Kogge in Silber. Nürnberg schenkt einen Schrein, Remscheid einen Werkzeugkasten, damit Göring sich beim Basteln fotografieren lassen kann. Richard Strauß trennt sich von der Handschrift einer seiner Opern. Auch ein Granatsplitter aus der Skagerrak-Schlacht ist unter den Geschenken. Der Fuß, auf dem er ruht, ist aus massivem Gold.

Die Geschenkliste erreicht die Dicke eines mittleren Buches. Auch kleinere Spenden werden nicht verachtet, nur registriert man sie als Gesamtposten, wie die Gabe der Berliner Beamten. Ihnen wurde der Einfachheit halber gleich ein entsprechender Betrag vom Gehalt abgezogen. »Kleinvieh bringt auch Mist«, meint ein Stadtamtmann sachverständig, als ihm die Endsumme vorgelegt wird: 40000 DM. Staatskommissar Lippert überbringt Göring den Scheck, der in der Liste nicht mehr als eine Zeile einnimmt.

In den vier Berliner Wohnungen stapeln sich die Geschenke zu Bergen. Nach Karinhall werden die Kisten mit Lastwagen gefahren. Sie füllen einen großen Raum. Museen schicken wertvolle Gemälde, die der Herr Ministerpräsident bei irgendeinem Besuch eingehend musterte, was einer Aufforderung gleichkam, ihm das Bild »leihweise« zu überlassen. Schon seit geraumer Zeit zittern die Museumsdirektoren, wenn Göring länger vor einem Gemälde oder einer Skulptur stehenbleibt. Die beiden wertvollsten Geschenke stammen aus der Münchner Pinakothek: zwei Bilder von Lukas Cranach, deren Wert gar nicht abzuschätzen ist. Es ist eine Lust zu heiraten, wenn man Hermann Göring heißt. Die anderen Brautpaare, die am selben Tage vor den Standesbeamten treten, müssen sich mit einem Exemplar von Hitlers »Mein Kampf« begnügen . . .

Aber es kommen auch kostbare Teppiche, herrliche Gobelins, aus Silber getriebene Leuchter und Tafelaufsätze, Schmuckgegenstände aus purem Gold und natürlich Juwelen. Görings Sucht nach erlesenen Steinen ist ebenso krankhaft, wie seine Sucht nach Orden und Morphium. Seiner Braut kauft er Schmuck im Werte von fünfzigtausend Mark. Am Polterabend besucht er sie in ihrer Wohnung in der Bendlerstraße, ein Paket unter dem Arm. Emmy Sonnemann entfernt die Verpackung und findet eine kostbare Perlenkette und ein mit herrlichen Steinen besetztes Diadem.

»Die Kette nehme ich an«, sagt sie, »und ich danke dir dafür. Aber das Diadem traue ich mich nicht zu tragen. Was werden die Leute sagen? Es herrscht noch so viel Not und Elend in Deutschland. Das ist auch zu kostbar für mich!«

Göring lacht schallend auf. »Was redest du da für Unsinn? Wenn die Leute noch so arm sind, Prunk lieben sie immer. Sie wollen so etwas sehen! Du erweist ihnen nur einen Gefallen und gibst ihnen etwas, wovon sie träumen können. Und außerdem – ich nehme dich nur mit Diadem . . .«

Der Hochzeitstag am 10. April wird zum Volksfest. Schon um zehn Uhr morgens beginnt es mit dem Aufzug der Musik- und Spielmannszüge des Wachregimentes Berlin, des »Regiments Hermann Göring«, der »Leibstandarte Adolf Hitler«, des Luftsportverbandes, der SA und des Feldjägerkorps. Auch der »Arbeitsdienst« darf vor dem Hause des Ministerpräsidenten aufmarschieren und bei dem Morgenständchen zugegen sein.

Kurz nach elf Uhr fährt er vor dem Hause seiner Braut vor, wo sich Hunderte eingefunden haben, um das Paar bei der Abfahrt zur standesamtlichen Trauung zu begrüßen. Der Oberbürgermeister Dr. Sahm, wegen seines Gardemaßes im Volksmund »Langsahm« genannt, soll sie im Ratsherrensaal vornehmen. Schon vor zehn Uhr hat zu beiden Seiten des Rathaus-Portals das »Jungvolk« und der »BdM« (Bund deutscher Mädel) Aufstellung genommen.

Längs der großen Freitreppe im Innern stehen Abordnungen des Feldjägerkorps und der Schutzpolizei. Gleich darauf fährt auch Hitler vor, der als Trauzeuge fungieren soll, zusammen mit dem Reichsminister für kirchliche Angelegenheiten, Hanns Kerrl.

Die Abfahrt ist nicht weniger effektvoll. Die Menschen, die den Weg am Schloß vorbei, die Linden hinunter, bis zur Wilhelmstraße einsäumen, sind nicht zu zählen. Hitler fährt in die Reichskanzlei zurück, Göring mit seiner frisch angetrauten Frau zum Leipziger Platz 11a, der Dienstvilla der preußischen Ministerpräsidenten.

Aber nicht nur die Zuschauer auf den Berliner Straßen sollen etwas erleben, nein, auch die Rundfunkhörer im ganzen Reich sollen auf ihre Kosten kommen. Göring hat gegen Goebbels' heimlichen Widerstand durchgesetzt, daß die Trauungsfeierlichkeiten in einer einstündigen Sendung übertragen werden. Mit tremolierender Stimme spricht der Ansager seinen Bericht in das Mikrofon, von Musik, »eingeblendetem« Glockengeläut und Heilrufen »funkisch untermalt«: »Ich führe Sie jetzt zur Trauung des Herrn Ministerpräsidenten Hermann Göring mit der Staatsschauspielerin Frau Emmy Sonnemann. Der Herr Ministerpräsident verläßt jetzt seine Dienstvilla in der Leipziger Straße, fährt die Wilhelmstraße hinunter zu den Linden und dort entlang zum Dom . . .«

Man hört die »Heil«-Rufe der Menschenmassen.

Mit erhobener Stimme fährt der Funkreporter fort: »Wenige Minuten darauf folgt in einem zweiten Wagen die junge Frau. Etwa vierzigtausend Kameraden der SA, der SS, der politischen Organisationen, des Luftsportverbandes, des Arbeitsdienstes, der Hitlerjugend, des NSKK und der Frauenschaft bilden in den Durchfahrtsstraßen ein doppelreihiges Spalier . . .«

Göring hat wahrhaftig nichts vergessen. Alle nationalsozialistischen Nebenorganisationen ließ er zum »freiwilligen« Aufmarsch befehlen. Sich überschreiend reportiert der Ansager weiter: ». . . Das berühmte Richthofen-Geschwader kreist wieder über uns. Eine unfaßbare Begeisterung hat die Menschen erfaßt. Der Regen hat nachgelassen, und es herrscht strahlender Sonnenschein. Es herrscht ›Hitlerwetter‹ . . .« Der Reporter macht eine Pause, wie ein Conférencier nach einem Witz. Dann fährt er fort. Seine ruhiger gewordene Stimme erreicht lyrische Höhen: ». . . In das eherne Geläut der Glocken mischen sich die Heilrufe. Die vor dem Dom aufmarschierten Ehrenkompanien präsentieren das Gewehr, und die Musik spielt den Präsentiermarsch. Gleich darauf trifft auch der Ministerpräsident und General der Flieger Göring ein. Wieder präsentiert die Ehrenkompanie das Gewehr . . . Während der Herr Ministerpräsident die Fronten abschreitet, nähert sich der Wagen der Braut. Geführt von Staatssekretär Körner betritt sie den Dom. Ihr folgt die Prinzessin zu Wied, die Fräulein Giesela Kerrl, Ursula Kerrl und

Guntvor Martin. Vier andere junge Mädchen gehen voran und streuen Blumen . . .«

Als Geistlichen für die glanzvolle kirchliche Trauung hat Hermann Göring den »Reibi«, den Reichsbischof Ludwig Müller, gewonnen. Die Anhänger dieses von Hitler eingesetzten evangelischen Bischofs nennen sich »Deutsche Christen«. Für sie ist Christus ein Arier, und besonders fanatische Anhänger bezeichnen das Alte Testament als ein »jüdisches Geschichtsbuch von Viehändlern, Zuhältern und Bigamisten«. Die übergroße Mehrheit der deutschen Protestanten und ihre Geistlichkeit will vom »Reibi« nichts wissen. Um so glücklicher ist Müller, wieder einmal Gelegenheit zu repräsentativem Auftreten zu haben.

Der breite Platz vor dem Dom und Kaiserschloß hat sich inzwischen mit Menschen gefüllt. Die Musikkapellen der Reichswehr spielen Märsche zu ihrer Unterhaltung, darunter auch das bekannte Lied aus der Oper »Martha«. Die Berliner singen dazu ihren eigenen Text: »Emmy, Emmy, du entschwandest, und mit dir mein Port'mannee . . .« In der Menge bilden sich schunkelnde Gruppen. »Wenn das da drinne noch lange dauert«, sagt der Polizeileutnant Lengat aus Ostpreußen zu einem Kameraden, »dann fangen die noch an zu tanzen.«

Seine Sorge ist unbegründet. Gleich darauf tritt das jungvermählte Paar wieder durch das Kirchenportal. Die Militärkapellen intonieren den Brautmarsch aus »Lohengrin«. Göring grüßt lächelnd und schreitet gewichtig an der Seite seiner Frau über die roten Läufer die Stufen hinab durch ein Spalier von Generalen der Luftwaffe, die ihren Degen schräg nach oben halten. Das Deutschland- und das Horst-Wessel-Lied klingen auf. Die Massen erstarren und recken den rechten Arm zum »Deutschen Gruß«, der eigentlich ein römischer Gruß ist. Cäsar hat so gegrüßt, aber nicht Hermann der Cherusker.

Bevor die Eheleute in das neue blumengeschmückte Auto steigen, gratuliert Adolf Hitler. »Meine liebe Frau Göring«, sagt er zu Emmy. »Dieser Tag ist für uns alle ein glücklicher. Wenn sie einen Wunsch haben, wird es mir eine Ehre sein, ihn zu erfüllen. Bitte sagen Sie ihn mir.«

»Ich habe schon einen Wunsch, mein Führer, einen großen

sogar«, antwortet Emmy Göring. »Ich wünsche mir, daß die Politik Hermann etwas in Ruhe lassen wird. Mir wäre es viel lieber, wenn er ein Schauspieler wäre.«

Hitler hat keinen Humor. »Machen Sie keine Witze, gnädige Frau!« antwortet er kühl. »Sie haben einen Mann geheiratet, der sich der Politik verschrieben hat. Ich wiederhole noch einmal, wenn Sie einen Wunsch haben, werde ich ihn gern erfüllen.«

Während der Badenweiler Marsch erklingt, fahren Hitler, das junge Paar und die Festgäste davon. Die Autokolonne nimmt den Weg über die Linden, biegt in die Wilhelmstraße ein und fährt dann vor dem Hotel »Kaiserhof« vor. Der Reigen der »Prominenten«, die zu dem großen Bankett geladen sind, gleicht einer Modenschau. Hinter der dichten Mauer von Ehrenformationen der SS, der SA und des Luftsportverbandes schreiten sie gewichtig mit ihren Damen durch das Portal. Hitler hält die große Rede: »Ich halte nicht gern Tischreden, aber die Pflicht, meinem lieben alten Kampfgenossen und seiner Lebensgefährtin von Herzen Glück zu wünschen, ist eine angenehme . . .!«

Es folgen Ansprachen der Reichsminister Blomberg und Kerrl und des Regierenden Bürgermeisters von Emmy Görings Heimatstadt Hamburg. Zuletzt spricht der schwedische Graf Rosen, ein Schwager der toten Karin, der schon in München dabei war. Nach dem Bankett fährt Göring mit Frau Emmy in die Dienstwohnung der Preußischen Ministerpräsidenten. Auf dem Leipziger Platz hat eine Einheit der Polizei Paradeaufstellung genommen. Langsam rollt der Wagen der Neuvermählten an den Männern in den grünen Uniformen vorbei. Diese preußische Schutzpolizei war sogar der Ausgangspunkt von Görings kometenhaften Aufstieg. »Wenn ihr schießt, so schieße ich«, rief er den Polizisten am 17. Februar 1933 als kommissarischer preußischer Innenminister zu, »und wenn einer tot liegt, so habe ich ihn erschossen . . .«

Doch Hitler war die Zusammenballung der bewaffneten Kräfte in einer Hand zu gefährlich, »Teile und herrsche« – die Staatskunst der Römer und der österreichischen Habsburger ist auch sein Grundsatz. Vor einem Jahre übernahm der Reichsführer SS Himmler die preußische Polizei.

Am Abend gibt es eine Festvorstellung in der unter Friedrich dem Großen erbauten Preußischen Staatsoper Unter den Linden. Zwar gehören die Theater eigentlich zum Machtbereich von Goebbels, aber die Opern- und Schauspielhäuser des preußischen Staates, auch die außerhalb Berlins, hat sich Göring nicht wegnehmen lassen. Der Intendant hat »Die Ägyptische Helena« von Richard Strauß zur Festaufführung ausgewählt. Dem Text liegt das Drama »Helena« des griechischen Tragödiendichters Euripides zugrunde, der vierhundert Jahre vor unserer Zeitrechnung gelebt hat. Zur Oper umgearbeitet wurde es von dem österreichischen Dichter Hugo von Hofmannsthal, von dem nach dem nationalsozialistischen Kulturkammergesetz vom 1. November 1933 und dessen Durchführungsverordnungen im Dritten Reich als »Judenstämmling« nichts mehr erscheinen durfte. Die Kritiker verschweigen deshalb in ihren Besprechungen diskret den Namen des Textbuchverfassers.

In der großen Pause hält Göring in der Wandelhalle Cercle. Alles, was Rang und Namen hat und eine Eintrittskarte bekommen konnte, ist zu diesem Fest erschienen. Um die Karten gab es schon vor Wochen erbitterte Kämpfe. Vorsorglich überprüfte die Gestapo vorher die Liste der Opernbesucher, und besonders eingeübte Beamte kontrollieren die Eingänge. Aber es war nichts mehr zu bemängeln. Hermann Göring und Frau Emmy können beruhigt in der königlichen Loge sitzen und dem Schlußgesang des Menelaos lauschen: »Oh, meine Tochter, glücklich Kind, welch eine Mutter bringe ich dir heim.«

Die Hochzeitsreise wird um sechs Wochen verschoben, denn Göring will noch das neue Wehrgesetz abwarten, das die bereits im März angekündigte Wiedereinführung der allgemeinen Wehrpflicht regeln soll.

Am 21. Mai 1935 spricht Adolf Hitler vor dem Deutschen Reichstag, dessen Männer seit November 1933 nicht mehr gewählt, sondern von Hitler ernannt werden. Die sogenannten »Abgeordneten« beziehen achthundert Mark Diäten und verfügen über einen Freifahrtschein für das gesamte Reichsgebiet, ohne dafür irgendwelche parlamentarische Arbeit leisten zu müssen. Das einzige, was von ihnen dafür verlangt wird, ist eine gelegentliche Reise nach Berlin, um sich eine Rede des »Führers und Reichskanzlers« anzuhören und anschließend die erste Strophe des Deutschland- und des Horst-Wessel-Liedes zu singen. Das Volk nennt den Reichstag zutreffend »den teuersten Gesangverein der Welt«.

Das neue Wehrgesetz setzt die Wehrpflicht vom achtzehnten bis fünfundvierzigsten Lebensjahr fest und die Dienstpflicht auf mindestens ein Jahr. Es regelt auch das Ersatzwesen, die Wehrunwürdigkeit und eine Reihe weiterer Einzelheiten.

Auf der Hochzeitsreise begleiten Göring ein Stab von rund zwanzig Mann, der Diener Robert Kropp, ein Mädchen für Emmy und das übliche Büropersonal. Als weitere Hilfskräfte, aber auch zur Dekoration, sind diesmal noch im Gefolge: der Reichsminister für kirchliche Angelegenheiten Hanns Kerrl, Prinz Philipp von Hessen, die Staatssekretäre Erhard Milch, Paul Körner und Dr. Erich Gritzbach sowie der alte Freund und jetzige Adjutant, Major Bodenschatz.

Die Hochzeitsreise wird als diplomatische Aktion drapiert. Göring hat sich schon in der Kampfzeit den Ruf erworben, der »Diplomat der Bewegung« zu sein, und Hitler gibt ihm auch eine ganze Reihe Anweisungen und Anregungen mit auf den Weg. Der zuständige Außenminister Konstantin Freiherr von Neurath wird dabei nicht zu Rate gezogen, nicht einmal über das informiert, was Göring unternehmen soll.

Die Besuche beim König von Bulgarien, dem ungarischen Reichsverweser von Horthy und beim Prinzregenten Paul in Belgrad sind also alles andere als Höflichkeitsbesuche. Der »Diplomat der Bewegung« soll erkunden, ob sich im französischen Bündnissystem schwache Stellen finden. Die außenpolitische Lage des Reiches ist im Mai 1935 nicht sehr günstig. Allmählich hat man außerhalb Deutschlands begriffen, daß Hitlers Friedensbeteuerungen bei der Machtübernahme, beim Austritt Deutschlands aus dem Völkerbund am 14. Oktober 1933 und bei der Verkündung der allgemeinen Wehrpflicht nur der Vorhang sind, hinter dem sich die Wiederaufrüstung vollzieht. Es bilden sich neue Fronten, und in allen Hauptstädten spricht man über Bündnismöglichkeiten.

Frankreich und die Sowjetunion beantworten die Wiedereinführung der deutschen Wehrpflicht im März mit dem Abschluß eines Beistandspaktes im Mai. Görings Versuche, Ungarn, Bulgarien und Jugoslawien zu Stellungnahmen zugunsten des Dritten Reiches zu veranlassen, schlagen daher zunächst fehl. Die Regierungen dieser kleineren Staaten wollen erst einmal abwarten, ob der französisch-sowjetrussische Beistandspakt, gegen den sich in Frankreich eine starke Opposition bemerkbar macht, vom französischen Parlament gebilligt wird.

Erfolgreicher als Göring ist der von Hitler am 1. Juni nach London entsandte »Botschafter in besonderer Mission«, der ehemalige Sektreisende Joachim von Ribbentrop. Ihm gelingt es, am 15. Juni 1935 ein Flottenabkommen abzuschließen. Darin stimmt England zu, daß die deutsche Marine 35 Prozent der britischen umfassen darf. Die Wirkung dieses Abkommens ist ungeheuer. Während die Einführung der allgemeinen Wehrpflicht ein – von Frankreich niemals anerkannter – einseitiger Akt Deutschlands war, liegt die Bedeutung des Flottenabkommens darin, daß die britische Regierung mit diesem Abkommen die Aufhebung der im Versailler Vertrag festgelegten Rüstungsbeschränkungen sanktioniert. Hitler, gestern noch ein Gewaltmensch, wird über Nacht zum vorausschauenden Staatsmann.

Max Amann, der Geschäftsführer und Mitinhaber des parteiamtlichen Eher-Verlages, Hitlers früherer Feldwebel, jetzt Reichsleiter und Präsident der Reichspressekammer, versäumt nicht, die Weltkonjunktur seines Verlagsautors Adolf Hitler auszunutzen. Einzig gegen eine französische Übersetzung sperrt er sich. Der »Führer« wünscht nicht, daß die Franzosen lesen sollen, was er in seinen Revancheträumen vor zehn Jahren über Frankreich gesagt hat.

Die amerikanische Ausgabe erschien bereits im Herbst 1933 unter dem Titel »MY BATTLE«, wenige Tage vor der englischen mit dem Titel »MY STRUGGLE«. Auch eine dänisch-norwegische Übersetzung liegt seit nahezu zwei Jahren vor (»MIN KAMP«), ebenso die italienische (»LA MIA BATTAGLIA«).

Amann läßt eine Schautafel unter dem Titel »Ein Buch geht um die Welt« anfertigen und in der Presse abdrucken. Stolz verkündet er darauf, daß außer den Amerikanern und Engländern, den Skandinaviern und Italienern auch die Portugiesen Hitlers Buch

»Mein Kampf« (unter dem Titel »MINHA LUTA«) veröffentlicht haben, die Schweden (»MIN KAMP ON UPPGÖRELSE«), die Spanier (»MI LUGHA«) und die Ungarn (»HARCOM«). Natürlich gibt es auch eine japanische und arabische Übersetzung. Sogar eine russische Ausgabe (»MOJA BORBA«) liegt vor, die ein Emigrantenverlag in New York herausgebracht hat. Eines sagt die Schautafel nicht: Nirgends wird »MOJA BORBA« fleißiger gelesen als im Kreml.

Dieses Studium wird 1939 unerwartet Früchte tragen, wenn auch gänzlich andere, als sich die russischen Stalin-Gegner in New York bei der Herausgabe von Hitlers »Mein Kampf« vorgestellt haben.

Vorstöße in den Krieg

Am Mittwoch, dem 12. Februar 1936, kehrt Adolf Hitler vom Begräbnis des Landesgruppenleiters der NSDAP in der Schweiz, Wilhelm Gustloff, der in Schwerin beigesetzt wurde, nach Berlin zurück. Gustloff ist von dem jugoslawischen Studenten jüdischer Konfession, David Frankfurter, in Davos aus Protest gegen die Diffamierung der Juden im Dritten Reich erschossen worden. Die Überführung der Leiche nach Deutschland machte Goebbels zu einer großen Propagandaaktion.

Kurz nachdem Hitler seine Privaträume in der Reichskanzlei betreten hat, fährt ein zweiter Wagen in den Ehrenhof der Reichskanzlei ein. Aus dem Auto steigt der General der Artillerie Werner von Fritsch, der Oberbefehlshaber des Heeres.

»Ich habe mich entschlossen«, sagt Hitler nach den ersten einleitenden Worten zu dem General, »die Souveränität des Reiches auf dem linken Rheinufer wiederherzustellen. Die augenblickliche Situation ist eine unerträgliche . . .«

Fritsch lehnt einen Überraschungscoup nicht grundsätzlich ab. Auch für ihn ist das Versailler Verbot, auf dem linksrheinischen Gebiet Garnisonen zu unterhalten und Befestigungen anzulegen, eine schwere einseitige Belastung des Reiches. Aber im Gegensatz zu Hitler hält er es, wie viele andere Generale mit ihm, für klüger, diesen Zustand durch Verhandlungen zu ändern, zumal das Verbot in das 1925 von Deutschland freiwillig geschlossene Vertragswerk von Locarno als Verpflichtung aufgenommen worden war. »Das Risiko eines Krieges können wir nicht tragen«, warnt er, »ganz abgesehen davon, daß es kaum angebracht erscheint, ein Problem durch einen Krieg lösen zu wollen, das durch Verhandlungen gelöst werden kann.«

»Dieser Preis wäre in der Tat ein ungewöhnlicher«, antwortet Hitler. »Aber die Verhandlungen können Monate in Anspruch nehmen, und die Situation erscheint mir günstig. Vor allem die psychologische Situation. Die Kammer in Paris wird den französisch-russischen Vertrag todsicher ratifizieren, und die Welt wird mir zustimmen, wenn ich mich dann gegen einen Bundesgenossen der Bolschewisten sichere! In Locarno war die Lage eine andere!«

Fritsch bleibt kühl und zurückhaltend. Das Monokel im linken Auge, den Oberkörper leicht nach vorn geneigt, sitzt er Hitler am Schreibtisch schweigend gegenüber. Er könnte darauf hinweisen, daß die Reichswehr mehr als zehn Jahre eng mit der Roten Armee zusammengearbeitet hat und gerade mit ihrer Hilfe die Bestimmungen des Versailler Vertrages bezüglich der Bewaffnung zu umgehen in der Lage war, aber was hätte das für einen Zweck?

»Können Sie die Transportbewegung innerhalb kürzester Zeit durchführen?« fragt Hitler in die Stille hinein.

»Das hängt davon ab, wie viele Truppen ins Rheinland verlegt werden sollen«, erwidert Fritsch.

»Ich werde natürlich nur von einer symbolischen Verlegung der Garnisonen sprechen,« antwortet Hitler. »Vorerst genügen deshalb neun Bataillone und drei Artillerieabteilungen.«

Fritsch zögert nur einen Augenblick: »Das ist kein Problem. Dafür brauchen wir, einschließlich Material, etwa neunzig bis hundert Züge. Die sind in zwei Tagen aufgestellt.«

Unmittelbar nach der Unterredung mit Fritsch reist Hitler nach Garmisch-Partenkirchen, um die letzten Tage der Winter-Olympiade mitzuerleben. Dorthin läßt er den Reichskriegsminister von Blomberg kommen. »Das Problem liegt bei Italien«, meint dieser. »Wenn Frankreich marschiert, wird es Rückendeckung bei England und Italien suchen. Gibt uns Mussolini diplomatische Unterstützung, ist das Risiko bedeutend geringer . . .«

Die Entscheidung fällt am 2. März. An diesem Tage gibt Hitler von Berlin aus den Oberbefehlshabern der drei Wehrmachtsteile den Befehl, Vorbereitungen zu treffen, um Einheiten »des Heeres und der Luftwaffe . . . überraschend und gleichzeitig in die Standorte der entmilitarisierten Zone« zu verlegen. Der Termin bleibt vorläufig offen.

Am Abend des 6. März herrscht im Propagandaministerium am Wilhelmplatz Hochbetrieb. Goebbels wählt eine Anzahl von Schriftleitern aus, die am nächsten Morgen vom Tempelhofer Flugplatz aus nach dem Westen fliegen sollen. Auch Anordnungen werden getroffen, die öffentlichen Gebäude zu beflaggen. Einige Journalisten bereiten die Reden und amtlichen Verlautbarungen, die vom Rundfunk und den Zeitungen verbreitet werden sollen, satzfertig vor.

In Berlin jagen sich die Gerüchte, seitdem bekannt ist, daß der Reichstag für den 7. März einberufen wurde, um eine Regierungserklärung entgegenzunehmen. Der französische Botschafter, François-Poncet, ahnt, worum es geht. In seiner Residenz am Pariser Platz neben dem Brandenburger Tor sagt er zu einem seiner Mitarbeiter: »Hitler wird die entmilitarisierte Zone besetzen. Eine andere Bedeutung kann der ganze Rummel nicht haben.« Auch die in der Nacht alarmierten Journalisten, darunter einige ausländische Pressevertreter, glauben zu wissen, was für ein Ereignis bevorsteht.

Am 7. März 1936 morgens startet die Junkersmaschine mit den Pressevertretern pünktlich um 8 Uhr von Tempelhof. Kurz nach elf Uhr überfliegt sie bei Düsseldorf den breit und träge dahinfließenden Rhein. Zwanzig Minuten später landet sie auf dem Kölner Flugplatz. Jetzt gibt es keinen Zweifel mehr, es geht um die Besetzung der entmilitarisierten Zone. Wenige Minuten nach 12 Uhr stehen die Journalisten an der Hohenzollern-Brükke, über die vor achtzehn Jahren die deutschen Soldaten zurückmarschiert sind. Nach den Bestimmungen des Waffenstillstandes mußten sie ihre Waffen an den Rheinbrücken zurücklassen.

Plötzlich hört man vom östlichen Ende der Brücke Lärm. Das Trappen vieler Füße, das Rollen eisenbeschlagener Räder und das Aufschlagen von Pferdehufen mischt sich mit dem Jubel der völlig überraschten Bevölkerung. Die Journalisten sehen nach der Uhr. Es ist 12 Uhr 50 Minuten. Zur selben Zeit spricht Hitler in der Kroll-Oper vor dem Reichstag: »Die deutsche Reichsregierung hat mit dem heutigen Tage die volle und uneingeschränkte Souveränität des Reiches in der demilitarisierten Zone des Rheinlandes wiederhergestellt . . .« Die »Abgeordneten« erheben sich von ihren Plätzen und klatschen minutenlang Beifall.

Nachdem Hitler noch die Auflösung des Reichstages verkündet und die Neuwahl für den 29. März 1936 verfügt hat, fährt er zur Reichskanzlei zurück. Wenige Minuten später laufen die ersten Meldungen aus Paris und London ein. Das französische Kabinett ist sofort zu einer Sitzung zusammengetreten. Die Beschlüsse, die dabei gefaßt werden, bleiben natürlich geheim. Gegen Abend laufen in Berlin Agentenberichte von jenseits der Grenzen ein, die besagen, daß der französische Oberbefehlshaber Gamelin an den Ostgrenzen Frankreichs Truppen zusammenzieht. In kriegsmäßiger Stärke rücken sie in die Forts der Maginotlinie ein. Nach den Berechnungen der deutschen Abwehr dürften die Truppenkonzentrationen die Stärke von dreizehn Divisionen erreichen.

Am Sonntagmorgen läßt sich Reichskriegsminister General von Blomberg bei Hitler melden, nachdem er die letzten Telegramme der Militär-Attachés in London, Paris und Brüssel studiert hat. »Mein Führer! Nehmen Sie wenigstens die Truppen aus Aachen, Trier und Saarbrücken zurück.« drängt er. »Wenn Frankreich marschiert, müssen wir uns kampflos zurückziehen, und wir haben eine moralische und militärische Niederlage erster Ordnung erlitten . . .«

Hitler starrt Blomberg wie ein Mann an, der zuviel getrunken hat und dem es Mühe macht, den Sinn eines Satzes zu begreifen. Erst nach einer langen Pause antwortet er: »Warten wir ab! Morgen können wir auch noch zurückmarschieren!« Jahre später wird er dem Dolmetscher Dr. Schmidt bekennen: »Die achtundvierzig Stunden nach dem Einmarsch ins Rheinland sind die aufregendste Zeitspanne meines Lebens gewesen. Wären die Franzosen damals eingerückt, hätten wir uns mit Schimpf und Schande zurückziehen müssen. Die militärischen Kräfte, über die wir verfügten, reichten nicht einmal zu einem mäßigen Widerstand aus.«

Am Montag schickt Blomberg den Obersten Hoßbach mit einem gemeinsamen Telegramm der Londoner Wehrmachts-Attachés in die Reichskanzlei. Die drei hohen Offiziere des Heeres, der Marine und der Luftwaffe warnen dringend vor weiteren Truppenbewegungen. »Ich danke«, sagt Hitler und schiebt das zusammengefaltete Formular ungelesen in seine Rocktasche. Hoßbach wundert sich, denn er weiß nicht, daß der »Führer« den Text bereits kennt.

Der Abhördienst Görings liefert Hitler nicht nur laufend alle mitgehörten Gespräche der in Berlin akkreditierten Botschafter und Gesandtschaften, sondern auch die der ebenfalls überwachten höchsten deutschen Dienststellen. Von der Warnung der drei deutschen Militärattachés aus London erhielt er Kenntnis, noch bevor sie auf dem Schreibtisch des Kriegsministers lag.

Kurz danach läßt sich Blomberg persönlich bei Hitler melden. Er hat inzwischen neue Nachrichten erhalten. Eine militärische Aktion Frankreichs scheint nicht mehr unmittelbar bevorzustehen. »Mein Führer!« sagt er, als er nach Atem ringend das Arbeitszimmer Hitlers betritt, »darf ich um Rückgabe des Telegramms bitten! Es ist überholt . . .«

Auch die Meldungen, die Blombergs Sinnesänderung hervorriefen, kennt Hitler bereits, doch er sagt seinem Kriegsminister kein Wort davon. Im Gegenteil, er verbittet sich in Zukunft Telegramme wie die der Militärattachés als unzulässige »Beeinflussungsversuche unverantwortlicher untergeordneter militärischer Dienststellen auf die Reichspolitik«. Laut ruft er Blomberg zu: »Die Politik wird hier in der Reichskanzlei gemacht und nicht bei Ihnen in der Bendlerstraße!«

Gleich darauf fügt er mit vor Hohn triefender Stimme hinzu: »Wissen Sie, was der Staatssekretär des Foreign-Office im Unterhaus erklärt hat?« Blomberg, tief beeindruckt von der Allwissenheit seines Staats- und Regierungschefs, schüttelt den Kopf. Genüßlich beantwortet Hitler seine eigene Frage: »Also hören Sie, was dieser Gentleman sagte, als er von seinem Wochenendurlaub zurückkam: ›Die Besetzung des Rheinlandes durch die Reichswehr ist ein ernster Schlag gegen die Heiligkeit der Verträge.‹ Als ob die Engländer sich schon jemals um die Heiligkeit der Verträge gekümmert hätten, wenn es um ihre Interessen ging! Da staunen Sie, was? Aber der Herr in London hat auch noch etwas anderes gesagt: ›Glücklicherweise besteht kein Grund, in der Handlung Deutschlands eine feindselige Drohung zu sehen.‹ Die Engländer merken auch alles. Nächste Woche werden wir die zweite Division in Marsch setzen, denn jetzt weiß ich, England wird in gar keinem Falle marschieren, und ohne englisches Hilfsversprechen marschiert kein französischer Soldat über die deutsche Grenze.«

Drei Tage später tritt Hitler seine Propagandareise durch Deutschland an. Zuerst spricht er in Karlsruhe. Dann ist München, die »Hauptstadt der Bewegung«, an der Reihe. Es folgen Berlin, Frankfurt, Hamburg, Breslau, Königsberg, Leipzig und Ludwigshafen. Am 27. März steht er in der Lokomotiv-Bauwerkstatt der Krupp-Werke in Essen vor hunderttausend Arbeitern. Darüber hinaus hat Goebbels auf allen deutschen Plätzen und in den Kantinen der großen Werke Lautsprecher aufstellen lassen und eine Stunde Arbeitspause angeordnet. Auf diese Weise werden rund fünfzig Millionen Menschen gezwungen, sich die Rede des »Führers und Reichskanzlers« anzuhören.

Am Samstag vor der Wahl spricht Hitler in Köln. Nach Schluß der Versammlung fährt er, gefolgt von seinen »Paladinen«, zum Kölner Hauptbahnhof. Langsam setzt sich der Sonderzug unter den »Heil«-Rufen der auf den Bahnsteigen stehenden Menschenmassen in Bewegung und rollt über die Hohenzollernbrücke. Im Rhein spiegeln sich die Lichter der roten und grünen Schiffslaternen wie lustige Girlanden. Hitler läßt im Salonwagen das Licht ausschalten und zeigt auf die wuchtigen Türme des Doms, die sich von den orange aufglühenden, tiefhängenden Wolken schwarz und schwer abheben. »Achthundert Jahre hat man gebraucht, bis dieses Meisterwerk der Gotik vollendet wurde. Jetzt ist Köln wieder deutsch, und nie wieder wird ein fremder Soldat diese Stadt betreten . . .«

Noch einmal überwältigt ihn die Erinnerung an die letzten Wochen: »Wenn die Franzosen wirklich ernst gemacht hätten, wäre für mich die Rheinlandbesetzung die größte politische Niederlage gewesen. Nicht eine freie Brigade hätte ich zur Verfügung gehabt, um auch nur der simpelsten Kriegsdrohung Frankreichs entgegenzutreten. Bin ich froh! Herrgott, bin ich froh, daß alles so glatt abgegangen ist. Ja, dem Mutigen gehört die Welt! Ihm hilft Gott!«

Der Zug fährt durch das Ruhrgebiet. Vor den Fenstern ziehen die Hochöfen vorbei, deren Feuer wie lodernde Brände zum Himmel lecken. Hitlers persönlicher Adjutant Julius Schaub zieht den elektrischen Plattenspieler heran. Hingerissen von seiner eigenen Größe wählt Hitler das von Carl Muck in Bayreuth dirigierte Vorspiel zu »Parsifal« aus, das die Haupttriebkräfte des Grals schildert: Liebe und Glauben. Das rhythmische Rollen der Räder mischt sich mit den Klängen aus Richard Wagners letztem Werk. Nachdem der letzte Ton verklungen ist, sagt Hitler: »Meine Religion baute ich mir aus Parsifal auf: Gottesdienst in feierlicher Form ohne theologisches Parteigezänk – mit einem brüderlichen Grundton der echten Liebe, ohne Demutstheater und leeres Formelgeplapper. Und ohne diese ekelhaften Kutten und pfäffischen Weiberröcke! Nur im Heldengewand kann man Gott dienen . . .«

Wenige Monate später schickt Hitler die ersten deutschen Soldaten im »Heldengewand« in den Bürgerkrieg nach Spanien. In diesem seit Jahrzehnten von politischen Krisen zerrütteten Land kam nach den allgemeinen Wahlen im Frühjahr 1936 eine Regierung an die Macht, die sich auf einen Block aller Linksparteien bis hin zur bürgerlichen Mitte stützt. Mitte Juli 1936 inszeniert die Armee unter Leitung von General Franco einen Putsch, der aber nur halb glückt. Weite Teile des Landes bleiben in der Hand der republikanischen Regierung. Über die Köpfe seiner Minister hinweg stellt Hitler daraufhin den spanischen Putschisten nicht nur militärische Berater zur Verfügung, sondern auch vier Staffeln Kampfflugzeuge, vier Jagdstaffeln, eine Aufklärerstaffel und zwei Staffeln Seeflugzeuge. Auch Bodenpersonal, schwere Artillerie, Flak und Nachrichtenverbände schickt er nach Spanien.

Göring ist begeistert. Endlich kann er seine Luftwaffe an »lebenden Zielen« ausprobieren und zum ersten Male in der Geschichte der Menschheit den Krieg in voller Wucht über die Fronten hinweg ins Hinterland tragen. Verglichen mit dem, was jetzt in Spanien geschieht, waren die Bombenwürfe der Zeppelinluftschiffe auf London im Weltkrieg 1914/18 nur harmlose Vorspiele.

Die Zerstörung des baskischen Städtchens Guernica durch ein deutsches Geschwader erregt denn auch in der ganzen Welt Aufsehen. Nicht nur dieser militärisch völlig bedeutungslose Wallfahrtsort wird durch das Bombardement der deutschen Flugzeuge ausgelöscht, auch zahlreiche Frauen, Kinder und Greise fallen dem Angriff zum Opfer. Die von allen Kulturnationen anerkannte »Haager Landkriegsordnung«, die zwischen Kriegführenden und Zivilpersonen unterscheidet und ausdrücklich den Schutz der Zivilisten fordert, ist damit ausgelöscht.

Die eilends an den Ort der Zerstörung geeilten Reporter der internationalen Presse melden, aus dem Inferno von Guernica habe es kein Entrinnen gegeben. Die Berichte lesen sich wie ein Menetekel, das die Welt aber im Jahre 1936 nicht wahrhaben will. Neun Jahre später wird diese Art der Kriegsführung mit den Namen Rotterdam, Coventry, Dresden und Hiroshima in den Geschichtschroniken verzeichnet werden.

Der Spanische Bürgerkrieg lenkt die fremden Mächte von den deutschen Problemen ab und legt außerdem den Grundstock zur späteren italienisch-deutschen Waffenbrüderschaft. Denn nicht nur Hitler, sondern auch Mussolini schickt Waffen, Munition und Truppen für General Franco. Die italienischen Verbände enttäuschen jedoch. Bei Teruel müssen sie eine empfindliche Niederlage hinnehmen. Die deutschen Generale warnen Hitler deshalb vor einer allzu engen Bindung, aber Hitler setzt sich über die Skeptiker hinweg. Was seinen Wünschen, Hoffnungen und Zielen widerspricht, existiert für ihn nicht.

Nach einiger Zeit schickt auch Moskau Instrukteure und Waffen nach Spanien; für die republikanische Armee, die verzweifelt gegen die aufständischen Generale kämpft. Aber Stalin verschenkt nichts: jedes Gewehr und jede Patrone muß die spanische Regierung vorher in Gold bezahlen. Für den Kreml ist der Bürgerkrieg ein Geschäft und erst in zweiter Linie ein politisches Exerzierfeld.

Eine Zeitlang hat es den Anschein, als ob Hitlers Bemühungen um eine Einheitsfront der Westmächte gegen die Sowjetunion Erfolg haben werden. Dem »Parteitag der Ehre« in Nürnberg im Herbst 1936 gibt Hitler im letzten Augenblick einen antibolschewistischen Charakter. Da er wegen eines Halsleidens nicht selber sprechen kann, läßt er Gauleiter Wagner seine Rede verlesen, in der Leistungen des nationalsozialistischen Regimes überschwenglich gepriesen werden: »Welcher Unterschied zu einem anderen Land, in dem der Marxismus die Macht zu erringen versucht! Da brennen die Städt, da sinken die Dörfer in Schutt und Asche . . .« So etwas wird in Deutschland selbstverständlich nie geschehen. Ausdrücklich versichert Wagner in Hitlers Namen: ». . . Wir geben das Versprechen ab, daß diese zerstörenden bolschewistischen Kräfte, solange wir und unsere Nachkommen leben, sich niemals in Deutschland erheben werden.«

Die Generale der Wehrmacht befürchten indessen, daß ein Krieg dem Bolschewismus die Tore nach Europa öffnen wird. Deshalb wollen sie den Frieden erhalten, auch gegenüber der Sowjetunion, deren politisches Regime sie ablehnen. Bei den Herbstmanövern 1936, unmittelbar nach dem Parteitag in Nürnberg, trinkt Generaloberst von Fritsch dem sowjetischen Gast, General Uborowitsch, ostentativ zu und leert sein Glas auf das Wohl der Roten Armee. Diese versöhnliche Geste wird Hitler postwendend hinterbracht. Er stellt Fritsch zur Rede: »Wenn ich von dem deutschen Arbeiter eine antikommunistische Haltung verlange, erwarte ich auch von meinen Generalen, daß sie nicht mit kommunistischen Generalen pokulieren und zechen!«

Drei Jahre später wird Hitler mit dem bolschewistischen Rußland einen Pakt schließen, um gegen Polen freie Hand zu haben. Doch das kann Fritsch im Herbst 1936 unmöglich voraussehen. Indigniert erwidert er, sein Trinkspruch entspreche internationalen Gepflogenheiten. Hitler wischt die Bemerkung mit einer Handbewegung unter den Tisch. Göring, der durch seinen Überwachungsdienst ebenfalls von dem Trinkspruch erfahren hat, ist der gleichen Meinung wie Hitler. Ihm sind die Generale der Wehrmachtsführung schon seit langem ein Dorn im Auge. Er will nicht nur der Oberkommandierende der Luftwaffe sein, sondern auch der Oberbefehlshaber der Armee. Sogar den Kriegsminister von Blomberg will er ablösen.

Doch offen gegen die Generale vorzugehen, wagt Hitler im Jahre 1936 noch nicht. Erst die von Heydrich gegen den sowjetrussischen Marschall Tuchatschewski eingefädelte Intrige legt den Gedanken nahe, daß etwas Ähnliches auch gegen die unbequemen Generale der Wehrmacht inszeniert werden könnte.

Mörderische Intrigen

Hitler sieht mißtrauisch auf den SD-Chef Heydrich. Der ehemalige Marineoffizier hat seinem Führer einen verwegenen Plan vorgeschlagen. Es ist die Idee eines genialen Teufels. Das Opfer der geplanten Intrige ist der russische Marschall Michael Tuchatschewski, einer der fähigsten militärischen Führer der Sowjetunion. Stalin jedoch, der Diktator des Sowjetreiches, haßt diesen Mann, und dieser Haß geht zurück auf eine heftige Auseinandersetzung im Russisch-Polnischen Krieg im Jahre 1920.

Tuchatschewski hatte bereits unter dem Zaren als Offizier in der Kaiserlichen Garde gedient. Im Jahre 1915 war er in deutsche Kriegsgefangenschaft geraten, 1918 schloß er sich der russischen Revolution an. Er avancierte schnell. Nach seinem Sieg über General Denekin vertraute ihm der Schöpfer der Roten Armee, Leo Trotzki, den Oberbefehl über die Westarmee an. Mit 32 Jahren wurde Tuchatschewski Chef des Generalstabes. Und dann kam der Zusammenstoß mit Stalin, der dem Marschall 17 Jahre später zum Verhängnis werden sollte.

Heydrich hatte seinem Führer kurz berichtet, wie es dazu kam.

Stalin war damals Polit-Kommissar der in Galizien operierenden Roten Südwest-Armee. Es war eine sehr einflußreiche Position. Als Tuchatschewski, der Oberbefehlshaber der Westfront, allen Armeen befohlen hatte, zur Entscheidungsschlacht bei Warschau einzuschwenken, setzte es der ehrgeizige Stalin durch, daß die Südwest-Armee ihren Vormarsch auf Lemberg fortsetzte. Die größte Stadt Galiziens sollte zur gleichen Zeit fallen wie Polens Hauptstadt. Weil Stalin gegen Tuchatschewski gehandelt hatte, wurde die aussichtsreiche Schlacht vor Warschau für die Sowjets zur kriegsentscheidenden Niederlage. Im Frieden von Riga mußte die Sowjetunion weite Gebiete an Polen abtreten, die überwiegend nicht von Menschen polnischer Zunge bewohnt wurden.

In einer Rechtfertigungsschrift wies Tuchatschewski auf das verhängnisvolle Versagen der Südwest-Armee hin. Auch später in seinen Vorlesungen auf der Kriegsschule in Moskau verschwieg er nicht, wie es zu der Niederlage kam. Inzwischen hatte sich Stalin zum absoluten Diktator der Sowjetunion aufgeschwungen. Ihm war der unbequeme Kritiker lästig.

Doch so schnell bot sich keine Gelegenheit, ihn loszuwerden. Der Marschall erfreute sich nicht nur in der Roten Armee, sondern auch bei der Bevölkerung außerordentlichen Ansehens. Auch im Ausland erkannte man Tuchatschewskis militärische Begabung. Für die Begräbnisfeierlichkeiten des englischen Königs Georg V. am 28. Januar 1936 fand Stalin keinen würdigeren Vertreter der Sowjetunion als den Marschall.

Für die Verhandlungen mit dem tschechischen Generalstab über eine militärische Zusammenarbeit im Falle eines Angriffs gab es ebenfalls keinen geeigneteren Mann als ihn. Auf der Rückreise von Prag fuhr Tuchatschewski über Berlin, wo er in der Sowjetbotschaft mit führenden Generalen der Wehrmacht zusammentraf, die er noch aus der früheren Zusammenarbeit der Reichswehr mit der Roten Armee kannte.

Dieses Treffen wird für den Marschall zur Falle werden. Fast zwei Jahrzehnte hat Stalin auf diesen Augenblick gewartet, und es wird ihm dabei ein Mann in die Hände spielen, der zumindest ebenso verschlagen und kaltblütig ist wie er selber: der SD-Chef Heydrich, der jetzt vor Hitler steht und mit der Stimme eines wissenschaftlichen Dozenten Vortrag hält.

SD-Chef Heydrich hat vor ein paar Wochen von dem in Paris lebenden ehemaligen zaristischen General Skoblin die vertrauliche Meldung erhalten, der Marschall plane in Zusammenarbeit mit deutschen militärischen Stellen den Sturz Stalins und die Reformierung des Sowjetregimes zugunsten einer größeren Freiheit und humanerer Methoden. Informierte Mitarbeiter machen Heydrich sofort darauf aufmerksam, daß diese Meldung nach Bestellung rieche, denn es sei bekannt, daß der russische Diktator nach Möglichkeiten suche, sich Tuchatschewskis zu entledigen. Die Vermutung, daß Skoblin nicht nur für Deutschland, sondern auch für die Sowjetunion arbeite, läge nahe, um so mehr als seine Frau, der einstmals gefeierte Star der Kaiserlichen Oper in Petersburg, Nadeschda Plewitzkaja, schon lange im Verdacht stehe, Agentin der sowjetischen GPU zu sein.

Gerade dieser Hinweis dient Heydrich dazu, Hitler einen teuflischen Plan zu unterbreiten. Heydrich schließt seine Ausführungen mit dem Hinweis: »Mein Führer! Jedenfalls haben wir die Möglichkeit, uns in die innerpolitischen Verhältnisse der Sowjetunion einzuschalten, ganz gleich, ob die Meldung unseres Agenten stimmt oder nicht. Stimmt sie, steht uns frei, Tuchatschewski zu unterstützen, ist es eine Falschmeldung, können wir uns gegen ihn stellen und gegebenenfalls Dokumente fabrizieren, daß er mit uns in Berlin in dem genannten Sinne verhandelt hat. Das muß ihn in den Augen Stalins bloßstellen. Unsere Fachleute sind in der Lage, solche Dokumente stilecht zu liefern. Wir haben auch die Möglichkeit, sie Stalin zuzuspielen.«

Nachdenklich sagt Hitler: »Die Möglichkeiten sind außerordentlich!« Erst nach einer Pause fügt er zögernd hinzu: »Ich werde mir die Sache überlegen.«

Der Reichsführer SS Himmler versucht sich einzuschalten: »Eine Demaskierung Tuchatschewskis muß natürlich Stalins Stellung stärken . . .«

In Heydrichs Augen glimmt Spott auf. »Aber in der Armee wird es eine Erschütterung geben«, erwidert er. »Eine eventuelle Beseitigung Tuchatschewskis wird sich nicht auf ihn beschränken. Sie wird auf das gesamte Offizierskorps übergreifen. Die Rote Armee wird dadurch geschwächt, und somit wird jeder Schlag gegen den Marschall unsere eigene militärische Lage stärken.«

Das Nächstliegende wäre, Blomberg oder Fritsch über die Besprechungen mit Tuchatschewski zu befragen. Doch Hitler denkt nicht daran, im Gegenteil, er hält die Informationen aus Paris vor den Generalen der Wehrmachtsführung sorgfältig geheim. Auch als er sich entschließt, Heydrichs Spiel gegen den sowjetischen Marschall zu unterstützen, informiert er sie nicht, obwohl bestimmtes Aktenmaterial, das in den Panzerschränken des Kriegsministeriums liegt, für die auszuführenden Fälschungen benötigt wird.

Da auf Hitlers strikten Befehl dieses Material nicht auf dem Dienstweg angefordert werden darf, beschafft es Heydrich mit Hilfe eines Einbruchs in der Bendlerstraße. Der Chef der Reichskriminalpolizei, Heinrich Nebe, muß für diese Aktion zwei Spezialisten seines Amtes zur Verfügung stellen. Um die Spuren zu verwischen, legen sie nach bewährtem Muster ein Feuer an und lösen selber den Alarm aus. Die anrückende Feuerwehr zerstört alle kriminalistischen Spuren. Erst später kommt man im Reichskriegsministerium darauf, daß mit Wissen des deutschen Staatschefs eingebrochen worden ist.

Die Dokumente, die der SS bei diesem Einbruch in die Hände gefallen sind, dienen Heydrichs Fachleuten als Vorlage. Sie stellen einen echt aussehenden Akt her. Er beginnt bei der Zusammenarbeit der Reichswehrführung mit militärischen Stellen der Sowjetunion und reicht bis zu den »Verhandlungen« Tuchatschewskis im Jahre 1936. Der SS-Standartenführer Behrens bringt die »Originaldokumente« nach Prag und spielt sie dort dem Staatspräsidenten Dr. Eduard Benesch zu. Wie erwartet, beeilt sich Benesch, Stalin in einem persönlichen Brief mitzuteilen, was ihm da soeben angeboten worden ist: Unterlagen über die Verhandlungen zwischen Tuchatschewski und dem tschechischen Generalstab, die echt sind und vom SD in Prag beschafft wurden; die »Beweise«, daß nicht SD-Agenten im Spiel waren, sondern der sowjetische Marschall bei seinem Berliner Aufenthalt alles verriet; und drittens Tuchatschewskis Bitte um Unterstützung bei einem Putsch gegen Stalin.

Stalins Kanzlei teilt dem tschechischen Staatspräsidenten sofort mit, der Herr Standartenführer aus Deutschland möge sich mit einem Angehörigen der russischen Botschaft in Berlin in

Verbindung setzen. Behrens fährt nach Berlin zurück. Der Mann von der sowjetischen Botschaft sieht sich das Material an, steckt Fotokopien von einigen der Dokumente in seine Aktentasche und eilt nach Moskau.

Schon zwei Tage später meldet sich in der Prinz-Albrecht-Straße ein Sonderbeauftragter des GPU-Chefs Jeschow. Er bietet für die Überlassung der gefälschten und der wenigen echten Dokumente drei Millionen Rubel. Das Geld hat er in einem großen Koffer gleich mitgebracht. Die Geldbündel tragen noch die Banderolen der russischen Staatsbank. Die Papiere und das Geld werden Zug um Zug ausgetauscht.

Aber nicht nur der SD legt die GPU herein, auch die Sowjets betrügen. SD-Agenten, die in der Sowjetunion mit Rubeln aus diesem Schatz arbeiten, werden innerhalb weniger Tage von der russischen Geheimpolizei verhaftet. Die Scheine waren also entweder gezinkt, oder die GPU hatte ihre Nummern notiert. Den Rest, mehr als zweieinhalb Millionen Rubel, läßt Heydrich in der Prinz-Albrecht-Straße durch den Zerreißwolf laufen.

Bei der Feier am 1. Mai 1937 steht Marschall Tuchatschewski zwar noch während der großen Parade auf der Tribüne über Lenins Grabmal an der Kremlmauer, aber die Eingeweihten wissen, daß er bereits ein toter Mann ist. Auch Tuchatschewski weiß es. Keiner seiner Kameraden, weder Marschall Jegorow noch Vizekommissar Gamarnik, grüßen ihn. Es ist, als lehne nur noch seine Marschalluniform an der Brüstung auf dem Roten Platz, hoch über den aufmarschierenden Sechzehner-Reihen der Roten Armee. Die Soldaten paradieren vorbei. Der rechte Ärmel der Uniform hebt sich zur goldbestickten Mütze. Das Gesicht darunter ist bereits ausgelöscht, ist nur noch eine wachsbleiche Maske.

Am 4. Mai wird Tuchatschewskis Auftrag annulliert, die Sowjetunion bei den Feierlichkeiten zur Krönung Georgs VI. zu vertreten. An seiner Stelle fährt Admiral Orlow nach London. Eine Woche später degradiert das Präsidium des Obersten Sowjet Marschall Tuchatschewski zum Rayonkommandeur eines Militärbezirks an der Wolga. Der Salonwagen, der ihm dem Range nach zusteht, wird an einen fahrplanmäßigen Zug gehängt. Auf dem Saratower Bahnhof erweisen ihm Soldaten die militärischen Ehren. Minuten später dampft der Zug zum Bahnhof hinaus. In der Nacht wird der Salonwagen auf einer kleinen Station abgehängt und von einer GPU-Einheit umstellt. Zwölf Stunden nach seiner Abreise kehrt der Marschall als Gefangener nach Moskau zurück.

Erst am 11. Juni gibt die »Prawda« bekannt, daß Tuchatschewski und seine Mitverschworenen vor Gericht gestellt und als Nazispione zum Tode verurteilt worden seien. Die Meldung besagt auch, daß der Stellvertretende Kriegskommissar Gamarnik, bevor er verhaftet werden konnte, Selbstmord begangen habe. Einen Tag später wird die Vollstreckung des Urteils bekanntgegeben. Mit Tuchatschewski wurden noch weitere sieben kommandierende Generale erschossen. Im ganzen fallen der »Säuberung« in der Roten Armee im Laufe der nächsten Monate rund 35000 Offiziere und Mannschaften zum Opfer.

Von den acht hohen Offizieren, die nach den sowjetischen Zeitungen das Kriegsgericht gebildet haben sollen, saß General Alksnis zu diesem Zeitpunkt bereits als Gefangener in den Kellern der Ljubljanka, im Hauptquartier der GPU. Von den anderen sieben fallen kurz darauf weitere fünf der »Säuberung« zum Opfer.

Als die Nachrichten über das Schnellverfahren gegen die sowjetische Generalität in Berlin einlaufen, verkündet Heydrich dem Reichsführer SS: »Von diesem Schlag wird sich die Rote Armee in den nächsten zehn Jahren nicht erholen. Die Erschießung Tuchatschewskis und seiner Freunde ist mehr wert als eine gewonnene Schlacht!« Auch Hitler ist sehr beeindruckt. Von den Berichten, die ihm das Auswärtige Amt vorlegt, interessieren ihn am meisten die Telegramme aus Moskau. Die Warnungen des deutschen Militärattachés in der sowjetischen Hauptstadt, Generalmajor Köstring, den »Säuberungen« keine allzu große Bedeutung beizumessen, schlägt Hitler in den Wind. Zudem liest er aus den Ereignissen etwas anderes heraus: ein Diktator kann auch gegen höchste Generale vorgehen, wenn er es nur geschickt genug einfädelt.

Hitler hat Offiziere nie gemocht. Seinen Minderwertigkeitskomplex gegenüber preußisch-deutschen Offizieren, die auf eine Jahrhunderte alte Familientradition zurückblicken können, hat er niemals überwunden. Natürlich weiß er, daß sich das russische Beispiel nicht genau kopieren läßt. Mit »Verrat« ist in Deutschland nichts zu machen. Aber wenn sich unbequeme Generale nicht über das Arbeitszimmer ausschalten lassen, gelingt es vielleicht über das Schlafzimmer!

In den Vormittagsstunden des 5. November 1937 klingelt im Büro des Reichskriegsministers von Blomberg das Telefon. Der Chef der Reichskanzlei, Staatssekretär Dr. Lammers, bittet den Herrn Generalfeldmarschall für vier Uhr nachmittags zu einer Besprechung in die Reichskanzlei. Der Reichsaußenminister von Neurath, die Oberbefehlshaber des Heeres, der Luftwaffe und der Marine erhalten dieselbe Aufforderung. Der Wehrmachtsadjutant Hitlers, Oberst Friedrich Hoßbach, führt das Protokoll.

Die Wagen fahren mit militärischer Pünktlichkeit in den Hof der Reichskanzlei ein. Wenige Minuten nach vier Uhr läßt Hitler die Herren in sein Arbeitszimmer bitten. Göring, Blomberg, Generaloberst von Fritsch und Generaladmiral Raeder gehen nach oben. Es ist schon beinahe dunkel, als sie den Raum betreten. »Meine Herren«, beginnt Hitler, »ich habe Sie herbitten lassen, um Ihnen einige Gedanken über die Entwicklungsmöglichkeiten der deutschen Politik auseinanderzusetzen. Ich halte die Angelegenheit für so wichtig, daß ich sie sogar für den Fall meines Ablebens als politisches Testament angesehen wissen möchte . . .«

Auf den Gesichtern der sechs Herren spiegelt sich Überraschung. Ist irgend etwas Besonderes eingetreten? Doch Hitler läßt ihnen zum Nachdenken keine Zeit. »Das Ziel der deutschen Außenpolitik muß sein«, fährt er fort, »die Sicherung und Erhaltung der Volksmasse und deren Vermehrung. Die Frage der deutschen Raumnot ist das große Problem, zu dessen Lösung es nur den Weg der Gewalt gibt . . .«

Den Offizieren verschlägt es die Sprache. Zum ersten Male gibt Hitler offen zu, daß er auf einen Krieg zusteuert. Als moralische Begründung müssen die Kämpfe Friedrichs II. um Schlesien, die Kriege gegen Dänemark, Österreich und Frankreich und die Kolonialkriege der großen Weltmächte herhalten.

Aus dem Gesicht des Außenministers von Neurath ist alle Farbe gewichen. Blomberg sitzt steif auf seinem Stuhl. Der Chef der Heeresleitung, Generaloberst von Fritsch, putzt nervös sein Monokel mit einem kleinen Lederläppchen. Admiral Raeders Gesicht ist leicht gerötet, Hermann Göring blickt starr vor sich hin.

»Meine Herren«, doziert Hitler weiter, »der äußerste Zeitpunkt, die deutschen Probleme zu lösen, ist 1943 bis 1945. Danach ist nur noch eine Veränderung zu unseren Ungunsten zu erwarten . . .« Keiner der Herren ahnt, daß diesen Worten eine fast prophetische Bedeutung zukommt, wenn auch in einem gänzlich anderen Sinne. Die Wende des Krieges, den Hitler zwei Jahre später auslösen wird, zeichnet sich in der Tat zu Beginn des Jahres 1943 mit der Katastrophe von Stalingrad ab.

Hitler begründet seine Behauptung auch: »Die Aufrüstung der Armee und der Luftwaffe ist beendet. Sie ist modern, aber bei weiterem Zuwarten liegt die Gefahr einer Veraltung vor. Außerdem weiß man nie, ob nicht ein Schweinehund die Geheimnisse unserer Sonderwaffen verrät . . .«

Fritsch und Blomberg wird bestürzend klar, daß die Wiederaufrüstung nicht der Sicherung Deutschlands, sondern der Vorbereitung eines Angriffskrieges dienen soll. Den günstigsten Zeitpunkt, einen bewaffneten Konflikt vom Zaune zu brechen, hält Hitler für gekommen, wenn die sozialen Spannungen in Frankreich sich zu einer innenpolitischen Krise auswachsen und die Armee nicht mehr sicher erscheint. Dann will er zuerst gegen die Tschechoslowakei vorgehen.

Generalfeldmarschall Werner von Blomberg hat Hitler bisher jeden Wunsch von den Augen abgelesen. Er hat die Soldaten einen persönlichen Eid »auf den Führer« schwören lassen, er hat den nationalsozialistischen Propagandisten die Mannschaftsstuben und Offizierskasinos geöffnet und niemals Rückgrat bewiesen, wenn Hitler selber irgendwelche Forderungen vorbrachte, die der bisherigen Tradition widersprachen. Seine Kameraden nennen ihn deshalb auch den »Gummilöwen«. Aber heute steht er auf und widerspricht den Plänen Hitlers. Niemals dürfe Deutschland gegen England und Frankreich wieder Krieg führen.

Generaloberst von Fritsch ist ebenfalls gegen alle kriegerischen Abenteuer. Auch er versucht nicht, Hitler mit moralischen Bedenken von seinen Plänen abzubringen. Er weiß nur zu genau, daß das keinerlei Wirkung hätte. Wie Blomberg bemüht er sich, mit nüchternen realpolitischen und militärischen Argumenten den »Führer und Reichskanzler« zu überzeugen, daß ein Krieg nur zum Verderben Deutschlands ausschlagen könne.

Generaloberst Hermann Göring, der »Kronprinz« des Dritten Reiches, der zu Lebzeiten Hitlers nichts mehr dazugewinnen, sondern nur verlieren kann, ist ebenfalls gegen kriegerische Abenteuer. Aber er wagt nicht zu widersprechen. Statt dessen macht er den Vorschlag, die militärische Unterstützung General Francos in Spanien abzubauen.

Hitler winkt ab. General von Fritsch zieht aus dieser Geste den Schluß, Göring müsse mehr über Hitlers Pläne wissen, als dieser offenbart hat. Wie um abzutasten, was sich noch dahinter verbergen könnte, erklärt der Chef der Heeresleitung, wenn die Lage so sei, halte er es für angebracht, seinen am 10. November beginnenden Auslandsurlaub nicht anzutreten.

»Das ist nicht notwendig«, antwortet Hitler beschwichtigend. »Die Möglichkeit eines Konfliktes ist nicht so nahe bevorstehend.«

Es ist bereits halb neun Uhr abends, als Hitler sich erhebt und die Besprechung für beendet erklärt. Seinem Gesicht ist nicht anzusehen, ob er sich über den Widerspruch der Generale, dem sich auch der Außenminister von Neurath nachdrücklich angeschlossen hat, ärgert.

Die Herren verabschieden sich etwas steif. Jeder ist mit seinen eigenen Gedanken und Überlegungen beschäftigt. Herr von Neurath, der von der Reichskanzlei aus nur wenige Schritte zu seinem Amtssitz zu gehen hat, zieht sich in sein Arbeitszimmer zurück. Plötzlich wird ihm unwohl. Der Schock, den ihm die Ausführungen Hitlers bereitet haben, beginnt sich auszuwirken. Der herbeigerufene Arzt verordnet Ruhe. Während Neurath auf einer Chaiselongue liegt, wird ihm klar, daß er alles versuchen muß, Hitler in den nächsten Tagen zu erreichen. Aber der »Führer und Reichskanzler« weigert sich, ihn zu empfangen. Erst Mitte Januar 1938 kann Neurath seine Bedenken vortragen.

Auch dann machen seine Einwände auf Hitler nicht den geringsten Eindruck. Er wird sich doch nicht seine Pläne von einem Diplomaten durchkreuzen lassen.

Blomberg, Göring und Generaladmiral Raeder treffen sich in den nächsten Tagen zu einer Besprechung. Der Reichskriegsminister hat sich inzwischen etwas beruhigt, und auch Görings Bedenken sind geringer geworden. Beide reden auf den noch immer besorgten Raeder ein, die Dinge nicht so tragisch zu nehmen. Die anderen Generale von der Wehrmachtsführung dagegen lassen sich nicht so schnell beschwichtigen. Sie drängen Fritsch, dem »Führer« alle militärischen Vorbehalte offen darzulegen. Anfang Dezember spricht der Chef der Heeresleitung deshalb noch einmal in der Reichskanzlei vor, aber ohne Erfolg.

»Dieser knochenweiche Fritsch ist fehl am Platz«, sagt Hitler später zu Göring. »Auch dieser Blomberg ist mir zu lahm. Da habe ich mir eingebildet, Generale seien wie Kettenhunde, die man mit aller Gewalt zurückhalten muß, in den Krieg zu ziehen. In Wirklichkeit sind sie schlappschwänzige Pazifisten, die man in den Krieg prügeln muß . . .«

Am 20. Dezember 1937 stirbt in Tutzing am Starnberger See der Generalquartiermeister des Weltkrieges, Erich Ludendorff. Er war einst mit Hitler verbunden, doch nach dem Putsch an der Feldherrnhalle 1923 verfeindete er sich mit ihm. Als Hindenburg »den Gefreiten« zum Reichskanzler ernannte, schrieb Ludendorff an den Reichspräsidenten:

»Ich prophezeie Ihnen feierlich, daß dieser unselige Mann unser Reich in den Abgrund stoßen, unsere Nation in unfaßbares Elend stoßen wird. Kommende Geschlechter werden Sie verfluchen in Ihrem Grab, daß Sie das getan haben . . .«

Dieser Warnbrief ist Hitler bekanntgeworden, aber er hat es für klüger gehalten, dem Generalquartiermeister gegenüber den großzügig verzeihenden Staatsmann herauszukehren. Doch alle Versuche, ihn mit Titeln und materiellen Vorteilen für sich zu gewinnen, schlugen fehl. Als Ludendorffs Tod gemeldet wird, ordnet Hitler sofort ein Staatsbegräbnis an. Gegen diese Ehrung Hitlers kann sich der Tote nicht mehr wehren.

Während dieser Feier vor der Feldherrnhalle in München tritt Generalfeldmarschall von Blomberg an Hitler heran und bittet ihn um eine kurze Unterredung. Der »Führer und Reichskanzler« fordert ihn auf, in seinem Wagen Platz zu nehmen. Aber im Auto bietet sich keine Gelegenheit zum Sprechen, erst in Hitlers Wohnung kommt Blomberg dazu, sein Anliegen vorzutragen: »Mein Führer! Ich bitte melden zu dürfen, daß ich mich wieder zu verheiraten gedenke.«

Hitler ist überrascht. Das hat er nicht erwartet. Der Reichskriegsminister ist nahezu sechzig Jahre alt und Vater von drei erwachsenen Kindern. Eine Tochter ist bereits verheiratet. Andererseits muß man zugeben, daß niemand Blomberg sein Alter ansieht. »Sie wollen also wieder heiraten? Nun gut, ich gratuliere Ihnen.« Dabei drückt er dem Kriegsminister die Hand.

Der Reichskriegsminister hat offensichtlich noch etwas auf dem Herzen. Zögernd sagt er: »Die Trauung soll bereits am 12. Januar stattfinden, mein Führer! Meine Braut heißt Erna Gruhn. Fräulein Erna Gruhn! Sie ist erheblich jünger als ich – und, mein Führer, ich muß Ihnen noch etwas melden . . .«

Aufmunternd sieht Hitler zu seinem Reichskriegsminister hinüber. »Fräulein Gruhn«, fährt Blomberg fort, »ist nach den Begriffen des deutschen Offizierskorps nicht ebenbürtig. Sie stammt aus kleinen Kreisen und ist eine Dame mit Vergangenheit . . .«

Hitler springt auf. »Ebenbürtig! Kleine Kreise!« Diese Begriffe haßt er. Sie wirken auf ihn wie eine persönliche Beleidigung. Auch seine Eltern stammen »aus kleinen Kreisen« und um sie schwirren ungezählte Gerüchte. »Das gibt es nicht mehr«, ruft er. »Wenn Sie die Frau lieben, dann heiraten Sie sie. Alles andere ist mir gleichgültig. Wir Nationalsozialisten werden beweisen, daß es das nicht mehr gibt!« Wie um seine Worte zu bekräftigen, fügt er hinzu: »Ich selber werde als Trauzeuge erscheinen.«

Blomberg bedankt sich hocherfreut und verabschiedet sich. Er ahnt nicht, daß Hitler schon vor einem Monat, unmittelbar nach der denkwürdigen Sitzung in der Reichskanzlei, Reinhard Heydrich den Befehl gegeben hat, gegen den Reichskriegsminister »Material« zu sammeln.

Am 12. Januar 1938 melden die Berliner Abendblätter, der Herr Generalfeldmarschall Werner von Blomberg habe sich mit einem Fräulein Erna Gruhn verheiratet. Trauzeugen seien der Führer und Reichskanzler Adolf Hitler und Generaloberst Hermann Göring gewesen. Über die näheren Umstände dieser Heirat sagt die Meldung kein Wort. Hat es mit dieser Hochzeit etwa eine Bewandtnis?

Bald gibt es in Berlin niemanden mehr, dem man nicht irgendwelche Dinge zugeflüstert hätte. Die interessantesten Neuigkeiten erfährt die Frau eines Berliner Kriminalkommissars.

Ausführlich erzählt sie ihrem Mann, was »die Juden« wieder einmal an Gerüchten ausgestreut haben. Zu ihrer Überraschung hört sich dieser alles genau an. Am nächsten Morgen blättert der Inspektor in der großen Kartei. Schon nach wenigen Augenblikken hält er ein Blatt in den Händen, dessen Inhalt jeden Zweifel ausschließt. Er legt es seinem Vorgesetzten auf den Tisch, zusammen mit einigen Zeitungsausschnitten.

Der Kriminalrat wagt keine Entscheidung zu fällen. Er trägt Karteikarte samt Zeitungsausschnitt von der Heirat zu seinem Vorgesetzten. Es ist schon gegen 11 Uhr, als sich der Polizeivizepräsident beim Polizeipräsidenten von Berlin, dem SA-Obergruppenführer Graf Helldorf, melden läßt. Ein recht skandalöses zusätzliches Aktenstück aus dem Moabiter Strafgericht hat er inzwischen noch herbeischaffen lassen.

Auch Göring ist entsetzt, als er am 22. Januar 1938 die berüchtigten »Braunen Blätter« vom »Forschungsamt der Luftwaffe« liest, die ihm ein Kurier nach Karinhall hinausgebracht hat. »Das ist ja ungeheuerlich!« ruft er laut. Seine Augen starren auf das vor ihm liegende »Braune Blatt« mit der Wiedergabe eines abgehörten Telefongespräches:

FALW Nr.: 3564/I/38 GEHEIM! Zeit: 21. 1. 38–9.20–9.30
Vermerk: mitgehört durch: Krb., Schf. gesehen: Lb.
Anruf-Nr.: Öffentl. Döhnhoffplatz durch: unbekannt
Empfänger: RKM (Reichskriegsministerium), GObst. v. Fritsch, abgenommen Adju. Hptm . . .

A.: »Ich kann Sie nicht verbinden, mein Herr. Darf ich fragen, wer spricht?«

U.: »Das ist im Moment nebensächlich. Ich habe dem Herrn Generalobersten eine wichtige Meldung zu machen!«

A.: »Ich kann Sie aber nicht ohne weiteres verbinden! Wollen Sie mir bitte nicht sagen, um was es sich handelt?«

U.: »Machen Sie keine Geschichten und verbinden Sie mich!« (Scharfer Tonfall.) »Hier spricht Generalleutnant Niemann!«

A.: »Der Herr Generaloberst lehnt ab, das Gespräch entgegenzunehmen, wenn Sie mir nicht Ihren richtigen Namen nennen und sagen, um was es sich handelt.«

U.: »Dann sagen Sie dem Herrn Generaloberst, daß die Frau, die der Herr Feldmarschall von Blomberg geheiratet hat, eine ganz gewöhnliche Hure gewesen ist, die ihr Geld auf der Straße verdiente!«

Am liebsten würde Göring sofort in die Reichskanzlei fahren, um mit Hitler zu sprechen, aber der »Führer« ist gestern mit dem jugoslawischen Ministerpräsidenten Stojadinowitsch zur Eröffnung der deutschen Architekturausstellung nach München geflogen, und telefonisch kann man nicht gut über diese Dinge sprechen.

Während Göring nachdenkt, was er bis zur Rückkehr Hitlers unternehmen könnte, kommen ihm Zweifel. Vielleicht stimmt die Behauptung gar nicht? Andererseits sagt ihm sein Gefühl, daß an der Sache etwas dran sein muß. Ist aber die Beschuldigung richtig und Heydrich und Goebbels erfahren davon, bevor er mit Hitler gesprochen hat, dann besteht die Gefahr, daß sie gegen ihn intrigieren und womöglich Fritsch als rangältester Generaloberst Reichskriegsminister wird.

Der Name Fritsch ist für Göring ein Stichwort. Er erinnert sich plötzlich, daß Heydrich im Jahre 1936 dem »Führer« ein Aktenstück über Fritsch vorgelegt hat. Hitler zog damals keine Konsequenzen, im Gegenteil, er hat sogar verlangt, daß alle Unterlagen verbrannt würden. Der Akt existiert also nicht mehr.

Vielleicht kann Heydrich den Vorgang rekonstruieren? Göring fährt ins Luftfahrtministerium in der Leipziger Straße.

Dort läßt er sich mit dem SD-Chef Reinhard Heydrich verbinden.

Auch Heydrich ist bereits dahintergekommen, daß die Heirat des Reichskriegsministers ein peinliches Geheimnis in sich birgt. Vor einigen Tagen hat sich im Reichssicherheitshauptamt der SD-Mann Bednarczyk gemeldet, der in jenem Standesamt angestellt ist, in dem Werner von Blomberg mit dem Fräulein Erna Gruhn getraut worden ist. Bednarczyk verlangt, Gruppenführer Heydrich zu sprechen, denn er habe erfahren, das Aufgebot des Brautpaares Blomberg-Gruhn dürfe nicht ausgehängt werden. »Befehl vom Führer!«

»Das ist doch nichts Besonderes!« wirft der Adjutant ein.

»Natürlich nicht!« befleißigt sich Bednarczyk zuzustimmen. »Aber bei der Trauung fehlten einige Papiere über die arische Abstammung, und bei der Mutter stand als Beruf: ›Masseuse‹ . . .«

Der Adjutant wird aufmerksam und macht sofort Heydrich Meldung, der sich seinen V-Mann auch gleich kommen läßt: »Sie meinen also, Kamerad Bednarczyk, daß mit der Ahnenreihe etwas nicht in Ordnung ist?«

»Ich wollte nur melden, Gruppenführer«, antwortete er, »daß nicht alle Papiere vorhanden waren. Und die Mutter vom Fräulein Gruhn ist eine Masseuse. Sie betrieb in Berlin-Neukölln einen Massagesalon. Es heißt, sie sei mit einem Juden verheiratet gewesen.«

Der SD-Mann hat bei Heydrich einen wunden Punkt berührt. Auch die Ahnenreihe des SS-Gruppenführers und SD-Chefs entspricht nicht den Nürnberger Gesetzen. Er hat den Grabstein seiner jüdischen Großmutter auswechseln und die betreffenden Seiten in den Kirchenbüchern vernichten lassen.

Mehr routinemäßig als schon überzeugt, übergibt Heydrich nach dem Besuch des SD-Mannes Bednarczyk den Fall Blomberg einem Referenten. Innerhalb von 48 Stunden hat dieser Referent einen Stapel voll Unterlagen beschafft.

Während er Heydrich am 22. Januar 1938 darüber Vortrag hält, klingelt das Telefon. Der Adjutant im Vorzimmer meldet, der Herr Reichsluftfahrtminister wünsche den Gruppenführer persönlich zu sprechen. Gleich darauf wird Heydrich mit Göring verbunden.

Am Nachmittag sitzen sich Heydrich und Göring im Reichsluftfahrtministerium gegenüber. Die Tasche mit dem Dossier Blomberg liegt griffbereit auf Heydrichs Knien. Viel enthält die Mappe nicht. Es sind nur allgemeine Spitzelberichte, aus denen hervorgeht, daß der Herr Generaloberst von Blomberg in Zivil regelmäßig ein gewisses Fräulein Gruhn zu besuchen pflegte.

Ein zweiter Vorgang enthält den Bericht und die Abrechnung von zwei Beamten, die im »Golfhotel« in Oberhof im Thüringer Wald Fräulein Erna Gruhn vor möglichen Belästigungen zu schützen hatten. Die Überwachung dauerte zwei Monate und geschah auf Wunsch von Blomberg. Angeblich sollte es sich um eine weitläufige Verwandte von ihm handeln. Inzwischen weiß Heydrich allerdings mehr. Angereichert mit den Rechercheur-Berichten der letzten Tage läßt dieser Bericht das frühere Fräulein Gruhn in recht eindeutigem Licht erscheinen . . .

»Ich habe Ihnen den Akt gleich mitgebracht«, sagt Heydrich.

Göring sieht überrascht auf. »Den Akt Fritsch? Ich denke, da gibt es gar keinen Akt mehr? Wurde er denn nicht auf Anweisung des Führers verbrannt? Oder sind da neue Dinge bekannt geworden? Und woher wissen Sie überhaupt, daß ich etwas über Fritsch haben will?«

»Den Akt Fritsch?« fragt Heydrich zögernd. »Den habe ich nicht mitgebracht. Das konnte ich ja nicht wissen!«

»Was meinen Sie denn für einen Akt?« fragt Göring mißtrauisch.

Heydrich überhört die Frage. Wenn Göring nichts von dem Fall Blomberg weiß, so wird er ihm die Angelegenheit nicht auf die Nase binden. »Natürlich wurde der Akt Fritsch vernichtet«, antwortet der SD-Chef ausweichend. »Ein Führerbefehl ist ein Führerbefehl. Aber von jedem Protokoll werden immer mehrere Kopien angefertigt. Beim Einsammeln dieser Duplikate blieb versehentlich eins liegen. Ich fand es erst vor kurzer Zeit wieder. Das Duplikat kann der Herr Generaloberst selbstverständlich sofort haben. Aber darf ich noch fragen, ob dieser Akt bis in die neueste Zeit ergänzt werden soll?«

»Was heißt ›bis in die neueste Zeit‹?«

»Es gehört zu unserer Routinearbeit, die Herren der Reichswehr bei ihren Auslandsreisen unauffällig zu betreuen. Der Herr Generaloberst von Fritsch war vor kurzer Zeit einige Wochen in Ägypten. Ich glaube, er ist erst im Januar zurückgekehrt. Den Bericht des betreffenden Beamten habe ich noch nicht zur Kenntnis genommen, er muß aber vorliegen . . .«

Die Feindschaft zwischen der SS und der Armee ist so alt wie die SS. Solange die schwarzuniformierten »Schutzstaffeln« noch bedeutungslos waren, blieb dieser Gegensatz unsichtbar. Aber nach dem 30. Januar 1934 gewann die SS an Gewicht und Zahl. Unter Heydrichs Führung baute Himmler seine Garde zu einem zweiten Machtzentrum im Staate aus. Seine furchtbarste Waffe wurde die »Geheime Staatspolizei«, kurz »Gestapo« genannt.

Im Jahre 1936, also vor nun fast zwei Jahren, begann die Gestapo Listen über Personen im In- und Ausland anzulegen, die wichtige Posten innehatten oder einmal wichtig werden könnten. Heydrich ließ die Gerichtsakten durchkämmen, sogar die bereits erledigten und auf Grund der damaligen Gesetze niedergeschlagenen Fälle bis zurück zum Jahre 1926.

Bei der Bearbeitung solcher Dinge entwickelte der Kriminalkommissar Meisinger aus München eine an Sadismus grenzende Virtuosität. Er ließ alle Häftlinge, die wegen Zuhälterei, Erpressung und ähnlicher Delikte verurteilt worden waren, aus den Gefängnissen und Zuchthäusern kommen und vernahm sie. So stieß er auch auf den Zuchthäusler Otto Schmidt.

Schmidt saß nicht zum erstenmal hinter Gittern. Bereits in seiner Jugend mußte er in Fürsorgeerziehung gesteckt werden, und 1936 verurteilte ihn ein Gericht wegen Erpressung im Rückfall zu sieben Jahren Zuchthaus und zehn Jahren Ehrverlust. Dabei war er erst 31 Jahre alt. Schmidt verfolgte Männer, die Anschluß suchten. Er schlich sich an sie heran und »ertappte« sie dann als »Kriminalbeamter«. Aber der falsche »Kriminalbeamte« war »human«. Er brachte seine Opfer nicht zur Polizei. Wenn sie bereit waren zu zahlen, ließ er sie laufen. Allerdings kam er immer wieder, einmal, zweimal, dreimal.

Meisinger erfuhr von Schmidt nicht nur die Namen seiner Opfer, sondern auch die Namen von Persönlichkeiten, von denen er nur irgend etwas wußte. Der Kriminalkommissar schrieb alles nieder, was ihm Schmidt zu Protokoll gab. Er klopfte dem Verbrecher jovial auf die Schulter und ermunterte ihn: »Auch einen Herrn von Fritsch haben Sie besucht? Erzählen's schon! War das vielleicht ein Offizier?«

»Ja, er war Offizier!« bestätigte Schmidt. Schließlich gab er zu Protokoll, am 22. November 1934, gegen 18 Uhr, hätte er auf dem Potsdamer Bahnhof einen Herrn beobachtet, der den »Bayern-Seppl« angesprochen habe. An das Datum erinnerte sich Schmidt nach nahezu zwei Jahren angeblich noch ganz genau. »Der ›Bayern-Seppl‹ ist der Weingartner Josef . . .« ergänzte er seine Aussage. »Ich habe zugewartet, bis der Seppl sein Geld bekommen hat. Dann erst habe ich den Herrn gestellt. Der hat gleich einen Lichtbildausweis gezogen und gesagt, er sei der Rittmeister von Fritsch . . .«

»Rittmeister hat er g'sagt? War er nicht ein General?« fragte Meisinger.

»Aber ja! Jetzt fällt's mir wieder ein! Natürlich war er General. Ich habe mich nur versprochen«, korrigierte sich Otto Schmidt. »Ich habe nämlich auch mit einem Rittmeister – na ja! Also, ich bin mit dem General nach Lichterfelde-Ost hinausgefahren zur Ferdinandstraße 21, habe mir noch einmal seinen Lichtbildausweis zeigen lassen, und am anderen Tage hat er mir im Bahnhof Lichterfelde-Ost 1500 Mark gezahlt. Dafür habe ich eine Quittung ausgeschrieben.«

Dieses Protokoll, ergänzt durch die Aussagen des »Bayern-Seppl«, war das Kernstück der Akte, die Göring im Jahre 1936 Hitler vorgelegt hatte und die dieser zu verbrennen befahl. Sie wurde auch verbrannt – aber die Kopien blieben erhalten. Sie landeten in Heydrichs »Giftschrank«, wo schon Dutzende von Dossiers über alle möglichen nationalsozialistischen Größen lagen. Darunter sogar ein Dossier über – Hitler!

Eigentlich müßte Helldorf den Akt, den ihm sein Stellvertreter vorgelegt hat, an den Reichsführer SS Heinrich Himmler oder dessen rechte Hand Heydrich weitergeben. Aber dagegen sträubt sich der Polizeipräsident. Als Chef der Ordnungspolizei ist er auf die SS und die Gestapo nicht gut zu sprechen. Aus dem jugendlichen Stürmer ist ein ruhiger Beamter geworden, der auszugleichen versucht. Er läßt deshalb in der Dienstwohnung des Generals der Artillerie Wilhelm Keitel anrufen, den er für besonders geeignet hält, die delikate Angelegenheit Blomberg irgendwie zu bereinigen. Schließlich ist Keitels Sohn mit einer Tochter des Reichskriegsministers verlobt.

Zur Enttäuschung Helldorfs weigert sich Keitel, den Fall auch nur zur Kenntnis zu nehmen, geschweige etwas in dieser Angelegenheit zu tun. »Man soll alles totschweigen«, schlägt er vor. Das klingt beinahe wie Hohn. Denn worüber bereits ganz Berlin spricht, das läßt sich nicht mehr »totschweigen«. Auch in der Partei spricht man über den Fall. Bei einem Empfang, der in der Wohnung eines Generalleutnants stattfindet, fragt der Reichsleiter Hans Frank den General Adam: »Was sagen Sie denn zu den Gerüchten über Ihren Feldmarschall?« Adam mißt den Reichsleiter, der in voller Parteiuniform erschienen war, von oben bis unten und sagt dann verächtlich: »Es ist nicht unser Feldmarschall, sondern Ihrer!«

Helldorf versenkt den Akt wieder in seine Mappe und fährt zurück ins Polizeipräsidium. Wenn Keitel nicht will, bleibt nur übrig, sich an Generaloberst Göring zu wenden.

Göring gibt sich überrascht, als Helldorf ihm die Angelegenheit vorträgt. »Sie müssen den Fall mit dem Führer besprechen«, meint Helldorf. »Verheimlichen läßt sich das nicht mehr.«

»Immer bleibt alles bei mir hängen!« erwidert Göring mit tränenschwerer Stimme. »Wenn dem Führer irgend etwas Unangenehmes zu sagen ist, dann kommt ihr stets zu mir!«

Am nächsten Tage, am Montag, dem 24. Januar, trifft Hitler wieder in Berlin ein. Blomberg, der gemerkt hat, daß sich etwas gegen ihn zusammenbraut, läßt in der Reichskanzlei um eine Unterredung bitten. Göring, durch seinen Abhördienst informiert, fährt schnell zu Hitler. Im Vorzimmer trifft er dessen Wehrmachts-Adjutanten, den Obersten Hoßbach. Vorwurfsvoll fragt er ihn, was das »Geschimpfe« im Heer zu bedeuten habe. »Was wollen die Offiziere? Es ist doch keine Schande, wenn Blomberg ein einfaches Mädchen aus dem Volke heiratet.«

Hoßbach stimmt vorbehaltlos und aus ehrlicher Überzeugung zu. »Was sonst noch behauptet wird, vermag ich nicht zu glauben«, meint er. »Herr Generaloberst von Fritsch vertritt die Ansicht, das Offizierskorps müsse sich vor den Feldmarschall stellen.«

»Wollen Sie mich für den Ruf der Frau von Blomberg verantwortlich machen?« fragt Göring ganz unmotiviert.

»Aber Herr Generaloberst! Sie waren doch Trauzeuge! Daraus mußte das Offizierskorps auf die Untadeligkeit des Rufes der Frau von Blomberg schließen!«

»Und wenn der Ruf nicht in Ordnung wäre?« wirft Göring ein.

»Dann müßte sich das Offizierskorps seine Stellungnahme vorbehalten!« erwidert Hoßbach schlagfertig.

Das Gespräch wird unterbrochen. Hitler bittet Göring zu sich. Länger als zwei Stunden verhandeln die beiden unter vier Augen miteinander. Ein Protokoll wird nicht geführt. Nur an den Auswirkungen kann man erkennen, was besprochen und abgemacht worden ist. Hitler will die Angelegenheit Blomberg nicht selber bereinigen. Er schickt Göring zum Reichskriegsminister. Göring soll Blomberg beibringen, daß nur eines in Frage kommt: der Rücktritt.

Erst am nächsten Vormittag läßt sich Göring im Reichskriegsministerium am Tirpitzufer sehen. Die Adjutanten im Vorraum wissen, daß damit die Stunde der Entscheidung gekommen ist.

»Ihre Ehe kann selbstverständlich sofort annulliert werden«, sagt Göring, »trotzdem glaube ich nicht, Herr Feldmarschall, daß die Folgen Ihrer Heirat abgewendet werden können. Die Armee verlangt, soweit ich herumgehört habe, in jedem Falle Ihren Rücktritt. Der Führer läßt Sie deshalb bitten, bis zur Erledigung der leidigen Angelegenheit die Uniform nicht anzulegen.«

»Wenn die Sache so liegt«, antwortet Blomberg, »sehe ich keine Veranlassung, eine Lösung der Ehe in Erwägung zu ziehen. Ich bin mit meiner Frau sehr glücklich.«

Am nächsten Tage meldet sich Blomberg in der Reichskanzlei. Der Marschall kommt, wie befohlen, in Zivil, und die beiden Posten vor dem Eingang präsentieren auch nicht das Gewehr. Hitler ist außerordentlich liebenswürdig und stellt die leidige Angelegenheit so dar, als ob nicht er, sondern das Offizierskorps etwas an der Heirat auszusetzen gehabt hätte. Blomberg treten die Tränen in die Augen. Hitler geht um seinen Schreibtisch herum und stellt sich dicht neben den Generalfeldmarschall, um ihn zu trösten. Am Abend schreibt der nachmalige Generaloberst Jodl in sein Tagebuch: »Es gelang dem Führer in seiner Güte, Blomberg wieder aufzurichten.«

Bereits am Abend vorher hat Hitler mit seinem Wehrmachtsadjutanten Hoßbach über die Nachfolge gesprochen. Bei dieser Gelegenheit bemerkt er ganz nebenbei: »Auch Generaloberst von Fritsch muß gehen. Er ist schwer belastet. Das Material habe ich in der Hand, und zwar schon seit Jahren.«

Das ist für Hoßbach neu. Was für Material hat Hitler seit Jahren in den Händen? Und warum kommt er ausgerechnet erst während dieser Krise damit heraus? Hitler läßt seinen Adjutanten auch Einblick in die Akte nehmen, die inzwischen durch Fotos des Erpressers und des »Bayern-Seppl« bereichert worden ist. Hoßbach ist wie vor den Kopf geschlagen. Erregt streitet er die Echtheit der Protokolle ab. Die Kopien trügen beispielsweise keine Unterschrift und einige der laufend numerierten Blätter seien offensichtlich nur Gedächtnisprotokolle. Den Spitzelberichten legt Hoßbach überhaupt keine Bedeutung bei. »Das Vernünftigste ist«, sagt er, »den Generalobersten selbst zu fragen!«

Hitler braust auf: »Ich verbiete Ihnen, Herrn von Fritsch Mitteilung von dem Akt zu machen. Die Angelegenheit ist noch keine spruchreife!«

Hoßbach kümmert sich nicht um das Verbot. Obwohl es schon nach 22 Uhr ist, fährt er zur Wohnung des Generalobersten in die Bendlerstraße. Fritsch empfängt den Obersten in seinem Wohnzimmer. Der bevorstehende Rücktritt Blombergs ist ihm bereits gemeldet worden, und der Generaloberst nimmt an, daß Hoßbach wegen der Nachfolge vorzufühlen habe. Um einem solchen Angebot zuvorzukommen, betont er sofort, daß er unter keinen Umständen Reichskriegsminister und damit Oberbefehlshaber der gesamten Wehrmacht werden wolle. Er wolle nur der Oberbefehlshaber des Heeres sein.

Hoßbach faßt Mut und teilt Fritsch den wahren Grund seines nächtlichen Besuches mit. Mit kurzen dürren Worten schildert er, was sich in der Reichskanzlei zugetragen hat. Der Generaloberst hört schweigend zu. Als der Adjutant geendet hat, sagt er, ohne auch nur eine Sekunde zu überlegen: »Alles ist erstunken und erlogen! Wenn er mich los sein will, genügt ein Wort, und ich werde meinen Abschied nehmen. Zu solchen Mitteln braucht er nicht zu greifen.«

Nach einer Pause fragt Fritsch noch: »Wissen möchte ich nur, wer diesen Schurkenstreich ausgeheckt hat?« Hoßbach weiß keine Antwort und verabschiedet sich. Er ahnt nicht, daß der größte Schurkenstreich Fritsch erst am folgenden Tage widerfahren soll.

Am nächsten Morgen spricht Oberst Hoßbach Reichskanzler Hitler und teilt ihm mit, daß er sich nicht an das Verbot gehalten habe: »Ich hielt es für richtig, den Generalobersten zu informieren. Er hat mir geantwortet: ›Alles ist erstunken und erlogen!‹«

Wie befreit von einem Alpdruck antwortet Hitler: »Dann wäre ja dieser Fall in Ordnung, und Fritsch kann Kriegsminister an Blombergs Stelle werden.« Hoßbach atmet auf. Er weiß ja nicht, daß bereits am Morgen, kurz nach dem Besuch Blombergs, der Befehl erging, den einunddreißigjährigen, fünffach vorbestraften Erpresser und Zuchthäusler Otto Schmidt in die Reichskanzlei zu bringen. Dort soll er dem Oberbefehlshaber des Heeres gegenübergestellt werden. Hoßbach erfährt erst am Nachmittag, daß ein »Zeuge« gegen Fritsch existiert. Daß es sich um einen Zuchthäusler handelt, verschweigt man ihm natürlich.

Göring bleibt in der Reichskanzlei aus Sorge, eine wichtige Stunde zu versäumen. Gegen sechs Uhr drängt er: »Mein Führer! Es muß jetzt endlich eine Entscheidung fallen!« Hitler stimmt zu. In seinem und Görings Beisein ruft Hoßbach den Generalobersten von Fritsch an und bittet ihn, in die Reichskanzlei zu kommen. Bald biegt ein Wagen in den Ehrenhof ein. Hoßbach begrüßt den Oberbefehlshaber des Heeres und bereitet ihn darauf vor, daß ihm ein Zeuge gegenübergestellt werden soll.

»Das ist unmöglich«, antwortet Fritsch. »Es kann keinen Zeugen geben, denn ich habe mir nichts vorzuwerfen!«

»Der Zeuge ist schon im Hause«, sagt Hoßbach.

Der Generaloberst ruft laut: »Das Schwein will ich sehen!«

Zu gleicher Zeit werden in den Redaktionen der deutschen Zeitungen bereits die Leitartikel für den fünften Jahrestag der »Machtergreifung« gesetzt, der am 30. Januar ganz groß gefeiert werden soll! Alle diese Artikel heben »die Güte des Führers« hervor, preisen »die Sauberkeit des Dritten Reiches«, loben »die Wahrheitsliebe Hitlers« und sprechen von der »spartanischen Lebensführung« seiner Paladine.

Kaum eine Viertelstunde später stürzt Göring, beide Hände vor das Gesicht haltend, in das »kleine Eßzimmer« der Reichskanzlei mit den Worten: »Er war es! Er war es!«

»Was war er?« fragt Oberst Hoßbach.

Wie ein bezahltes Klageweib jammernd, berichtet Göring, was sich soeben im Arbeitszimmer Hitlers zugetragen hat:

Der »Führer und Reichskanzler« hielt dem Oberbefehlshaber des Heeres, Generaloberst von Fritsch, die gegen ihn erhobene Beschuldigung »sittlicher Verfehlungen« vor. Fritsch stritt ab und bot sein Ehrenwort an, das Ehrenwort eines Soldaten, der vierzig Jahre einer untadeligen Dienstzeit hinter sich gebracht hatte. Hitler nahm dieses Ehrenwort nicht an, sondern öffnete eine Tür und ließ den Zuchthäusler aus einem Nebenzimmer eintreten.

Der Schützling des Gestapo-Kriminalkommissars Meisinger, von Polizeihauptmann Haeusserer und Kriminalsekretär Löffner im Juli und August 1936 ausgequetscht, war gut präpariert. Man hatte ihm Bilder von dem Generalobersten Fritsch vorgelegt, die diesen in Zivil und in Uniform, mit Mütze und Stahlhelm und mit und ohne Monokel zeigten. Aber Meisinger war noch weiter gegangen. Er hatte Schmidt auch gesagt, daß dem Freiherrn ein nervöses Schulterzucken eigen sei. »So, sehen Sie!« hatte der Kriminalkommissar in seinem Arbeitszimmer im Hauptquartier der Gestapo in der Prinz-Albrecht-Straße dem Erpresser vorgemacht. »Daran können Sie den Generalobersten unter Dutzenden von Offizieren herausfinden.«

Hitler fragte nun den zuletzt zu sieben Jahren Gefängnis und zehn Jahren Ehrverlust verurteilten Erpresser: »Erkennen Sie den Generalobersten?«

»Ja!« antwortete Schmidt, der bereits über hundert Menschen der Gestapo ans Messer geliefert hatte, und zeigte mit dem Finger auf Fritsch. »Das ist er! Er war es!«

Der Oberbefehlshaber des Heeres begriff offensichtlich gar nicht, um was es ging. Er hatte keine Ahnung, wer dieser Mann war, und fragte verwundert: »Was will der Herr von mir?«

Wohl noch nie wurde der ranghöchste Offizier eines Heeres von seinem Staatsoberhaupt in eine solche peinliche Situation gebracht. In der Meinung, wenn schon der ehemalige Gefreite kein Gefühl für Fairneß habe, so werde doch der ehemalige Fliegerhauptmann und Pour-le-mérite-Träger Hermann Göring ihn verstehen, wandte sich der Generaloberst hilfesuchend an diesen, ohne zu ahnen, daß gerade er der Inszenator des ganzen »Falles« war. Der Oberbefehlshaber der Luftwaffe hörte sich Fritsch auch gar nicht an. Er drehte sich brüsk um und verließ das Zimmer.

»Aber das war doch zweifelsohne ein gedungener Zeuge!« sagt Hoßbach zu Göring. »Die Aussage eines solchen Mannes hat doch nicht den allergeringsten Wert!« Eine Antwort erhält er nicht. Gleich darauf hört der Oberst draußen Schritte. Er verläßt das kleine Eßzimmer und sieht den Generalobersten von Fritsch die Treppe hinuntergehen. Hoßbach stürzt hinterher und begleitet den Oberbefehlshaber des Heeres bis zu seinem Auto, das im Ehrenhof der Reichskanzlei wartet.

Am nächsten Morgen, Donnerstag, dem 27. Januar 1938, gegen elf Uhr, macht der Generalfeldmarschall a. D. von Blomberg in Zivil bei Hitler seinen Abschiedsbesuch. Zur allgemeinen Überraschung dauert diese letzte Unterredung fast eine Stunde.

Nach den Begrüßungsworten und den guten Wünschen für seine Erholung auf der Ferienreise nach Italien fragt Hitler, wen der zurückgetretene Kriegsminister als seinen Nachfolger vorzuschlagen habe. »Der Dienstälteste, mein Führer, wäre Hermann Göring«, antwortet Blomberg.

Hitler macht eine wegwerfende Handbewegung. »Göring? Der kommt nicht in Frage! Der ist viel zu faul! Und viel zu eitel!«

»Dann Generaloberst von Fritsch!« schlägt Blomberg vor.

»Der kommt noch weniger in Frage!« erwidert Hitler. »Gegen Fritsch liegt etwas vor, was ihn für diesen Posten gänzlich unmöglich macht.«

Blomberg fragt nicht, um was es sich handelt. Er schlägt auch keinen anderen General vor. »Mein Führer!« sagt er schließlich. »Dann ist es wohl das Beste, Sie übernehmen das Kriegsministerium selber!«

Hitler ist nicht sonderlich überrascht. Wahrscheinlich hat er bereits mit dem Gedanken gespielt. Auch Benito Mussolini, der Duce und Regierungschef Italiens, ist sein eigener Kriegsminister. Als dieser im vorigen Jahr Deutschland besuchte, sprach er darüber ausführlich mit seinem deutschen Kollegen. Anscheinend denkt Hitler im Augenblick an jenes Gespräch; denn ganz unvermittelt sagt er zu Blomberg: »Ich werde an den Duce einen Brief schreiben und ihn bitten, dafür zu sorgen, daß Sie auf Ihrer Ferienreise durch Italien nicht irgendwelchen Insulten ausgesetzt sind. Lassen Sie den Duce immer wissen, wo Sie sich aufhalten . . .«

Blomberg schlägt die Hacken zusammen und verbeugt sich leicht. »Ich danke Ihnen, mein Führer!«

Während in der Reichshauptstadt die Feiern zum 5. Jahrestag der nationalsozialistischen Revolution über die Bühne gehen, fallen in der Reichskanzlei die Entscheidungen über die Nachfolge des zurückgetretenen Kriegsministers und über das Schicksal des Oberbefehlshabers des Heeres, Generaloberst Werner von Fritsch.

Göring hat gewußt, als er Hitler die Akte über den Fall Fritsch auf den Tisch legte, wie wenig stichhaltig die Beschuldigungen des Erpressers Schmidt sind. Fritsch dagegen ist, als er am 26. Januar völlig verstört die Reichskanzlei verläßt, der Überzeugung, daß nicht nur Hitler, sondern auch der Oberbefehlshaber der Luftwaffe einer niederträchtigen Verleumdung zum Opfer gefallen sind. Im Bewußtsein seiner Unschuld erklärt sich Fritsch bereit, einem Befehl des »Führers« nachzukommen. Im Hauptquartier der Gestapo in der Prinz-Albrecht-Straße will er sich verhören lassen, obwohl er als Offizier nur der Militärgerichtsbarkeit untersteht.

Vor dem Hauptquartier der Gestapo überfällt ihn ein unerklärliches Gefühl der Beklemmung. Zögernd betritt er das Gebäude. Auf dem Weg durch die langen Korridore begegnet er einer Reihe merkwürdiger Gestalten, die ihn eingehend und provozierend mustern. Der arglose Fritsch ahnt nicht, daß Himmler und Heydrich schnell alle greifbaren »Kollegen« Schmidts zusammengetrommelt und in den Gängen aufgestellt haben, die der Generaloberst zu passieren hat. Doch die Hoffnung des Reichsführers SS, des SD-Chefs Heydrich und des Kriminalkommissars Meisinger erfüllt sich nicht. Die aus der Gosse hervorgeholten Burschen benehmen sich anständiger als die SS-Führer. Keiner der jungen Männer »erkennt« in Fritsch einen »Klienten« wieder, obwohl man ihnen für diesen Fall eine gute Belohnung versprochen hat. Meisinger muß das Verhör beginnen, ohne mit einem Überraschungscoup aufwarten zu können.

Am nächsten Tage wiederholt sich das Schauspiel. Diesmal hat man sogar einen SS-Brigadeführer aufgeboten. Er versucht es bei Fritsch mit der »süßen Tour«, wie die Berliner Ganoven sagen, wenn der vernehmende Kriminalbeamte jovial wird, Zigaretten anbietet und rät, doch durch ein Geständnis »sein Herz zu erleichtern«. Der 35jährige weist den Generalobersten Fritsch, der sein Vater sein könnte, darauf hin, daß er als SS-Brigadeführer auch im Generalsrang stünde, deshalb könne der Oberbefehlshaber des Heeres Vertrauen zu ihm haben und sozusagen als Kamerad zum Kameraden sprechen. »Vielleicht wollen Sie mir ganz persönlich etwas anvertrauen?« schließt er seine Ausführungen.

Fritsch macht eine wegwerfende Handbewegung. Er hat nichts zu »gestehen«, weil er sich keines Vergehens bewußt ist. Drei Tage später stellt sein Anwalt, Graf von der Goltz, fest, daß der »kameradschaftliche« Anbiederungsversuch des SS-Brigadeführers auf Band aufgenommen und zu den Akten gegeben worden ist.

Nach der dritten Vernehmung am 29. Januar 1938 wird es Fritsch endlich bewußt, daß es diesen Leuten gar nicht darauf ankommt, die Wahrheit zu erforschen. Sie wollen, ganz gleich unter welchen Umständen, nur irgendein Schuldgeständnis von ihm. Inzwischen hat man auch zahlreiche Bekannte und ehemalige Bedienstete vernommen. Sie wurden nicht nur nach »sittlichen Verfehlungen« ihres Herrn befragt. Man bemühte sich auch so ganz nebenher, etwas über politische Dinge zu hören. War der Herr Generaloberst vielleicht ein Gegner des Regimes? Hat er Witze kolportiert oder sich sonstwie abfällig geäußert?

Am 4. Februar endlich wird amtlich gemeldet, daß Generalfeldmarschall von Blomberg aus »Gesundheitsrücksichten« zurückgetreten sei. In einem Handschreiben gibt der »Führer und Reichskanzler« seiner »tiefbewegten Dankbarkeit« Ausdruck. Aber das Bemerkenswerte ist nicht der Rücktritt, sondern der Erlaß, mit dem zum Erstaunen des deutschen Volkes und der ganzen Welt bekanntgegeben wird, in Zukunft gedenke Hitler selber die Befehlsgewalt über die Wehrmacht auszuüben. An Stelle des bisherigen »Wehrmachtsamtes im Reichskriegsministerium« tritt ein »Oberkommando der Wehrmacht«, zu dessen Chef der General der Artillerie Wilhelm Keitel ernannt wird, der dem Range nach einem Reichsminister gleichgestellt wird.

Die Eingeweihten wissen, daß diese »Gleichstellung« nur formale Bedeutung hat, denn Kabinettssitzungen, in denen die Minister gemeinsam beraten, hat es schon seit Jahren nicht mehr gegeben. Die letzte Kabinettssitzung des Dritten Reiches überhaupt wird für den 4. Februar 1938 einberufen. Sie dauert ganze zwanzig Minuten. In den folgenden Jahren bis zum Ende des Dritten Reiches treten die Minister nie mehr zusammen, auch im Kriege nicht.

Gleichzeitig wird bekanntgegeben, daß der Oberbefehlshaber des Heeres, Generaloberst Freiherr von Fritsch, ebenfalls aus »Gesundheitsgründen« um seinen Abschied eingekommen sei. Das Handschreiben Hitlers vom 4. Februar bringt die »tiefe Dankbarkeit« zum Ausdruck und würdigt die »hervorragenden Leistungen im Dienste des Wiederaufbaues des Heeres«. An Stelle von Fritsch wird der General der Artillerie von Brauchitsch zum Oberbefehlshaber des Heeres ernannt.

Hermann Göring aber, der die Intrigen eingefädelt hat, wird wider Erwarten weder Nachfolger Blombergs noch Fritschs.

Doch ganz leer geht er nicht aus. Hitler ernennt den Oberbefehlshaber der Luftwaffe zum Generalfeldmarschall und schenkt ihm zu dem neuen Titel auch einen mit Brillanten reich besetzten Marschallstab.

Die »Konzentration in der Führung des Reiches« ist mit den Ernennungen auf dem militärischen Sektor noch nicht abgeschlossen. Bei der Besprechung vor drei Monaten, am 5. November 1937, in der Reichskanzlei, bei der Hitler seine Kriegspläne erstmals offenbart hat, haben nicht nur die Generale Blomberg und Fritsch, sondern auch Außenminister Konstantin Freiherr von Neurath widersprochen. Hitler hat das nicht vergessen. Deshalb entläßt er auch den Außenminister. Gnädigerweise gestattet er ihm, den Titel »Reichsminister« beizubehalten. In einem Handschreiben an Neurath führt er aus, er könne den Rat des erfahrenen Diplomaten nicht entbehren und sähe sich nicht in der Lage, Neuraths Bitte um Versetzung in den Ruhestand zu entsprechen. Deshalb ernenne er ihn zum Chef eines »Geheimen Kabinettsrates«.

Dieser »Geheime Kabinettsrat« tritt niemals zusammen. An Stelle Neuraths wird der bisherige Botschafter in London, Joachim von Ribbentrop, zum Reichsminister des Auswärtigen ernannt. Zwei weitere Botschafter – in Tokio und Rom – werden ebenfalls ausgewechselt.

Der aus seinem Amt entlassene Generaloberst von Fritsch sitzt verbittert in seiner Dienstwohnung im Ministerflügel des Reichskriegsministeriums. Die Gestapo kontrolliert seine Post, und Görings »Forschungsamt« hört jedes Telefongespräch ab. Auch die Namen derjenigen Personen werden notiert, die sich bei dem ehemaligen Oberbefehlshaber des Heeres anmelden oder ihm ihre Sympathien zum Ausdruck bringen.

Heydrich und Himmler genügt die Entlassung des Generalobersten als Oberbefehlshaber des Heeres nicht. Sie wollen ihn vollends zur Strecke bringen. Ein »Selbstmord« wäre für sie das Angenehmste. Aber im Reichskriegsministerium am Tirpitzufer kennt man die Praktiken der Geheimen Staatspolizei nur zu gut und trifft daher Vorsorge. Der neue Oberbefehlshaber von Brauchitsch stellt einige jüngere Offiziere zum Schutze von Fritsch zur Verfügung. Sie haben die Weisung, auf jeden zu schießen, der unbefugt versuchen sollte, die Wohnung des Generalobersten zu betreten. Nur acht Personen, die den bewachenden Offizieren bekannt sind, haben freien Zugang.

Die Gestapo erfährt von diesen Maßnahmen. Daraufhin erhält Meisinger die Weisung, eine Vorladung zu einer neuen Vernehmung in der Prinz-Albrecht-Straße auszuschreiben. Das ominöse Schriftstück beginnt mit der Formel: »Auf Befehl des Führers . . .!« Inzwischen ist aber beim Reichskriegsgericht ein Verfahren anhängig gemacht worden, und Rechtsanwalt von der Goltz als Verteidiger von Fritsch rät, der Vorladung keine Folge zu leisten. Auch Reichskriegsgerichtsrat Dr. Biron ist dagegen. Entweder ist das für die Untersuchung des Falles eingesetzte Kriegsgericht zuständig oder die Gestapo. Daß zwei Instanzen ein und denselben Fall untersuchen, hat es in der deutschen Rechtspflege bisher noch nicht gegeben.

Doch Heydrich läßt nicht locker. Die Generale von Brauchitsch und Beck erreichen schließlich mit Hilfe von Keitel einen Kompromiß: Freiherr von Fritsch soll nicht im Reichssicherheitshauptamt in der Prinz-Albrecht-Straße vernommen werden, sondern unter Teilnahme eines Reichskriegsgerichtsrates an einem neutralen Ort.

Der Verteidiger opponiert auch dagegen: »Man will Sie aus der Bendlerstraße heraushaben!« Doch Fritsch meint, eine Weigerung würde Hitler als Schuldbeweis ansehen, und nimmt die Ladung an.

Freunde stellen fest, daß Fritsch in einer bisher unbewohnten Villa am Wannsee vernommen werden soll, in der angeblich eine Dienststelle der SS untergebracht ist. Unabhängig davon erfährt Oberst Oster von der Abwehr, daß mit einem Gewaltakt der Gestapo zu rechnen ist. Es bestehe die Absicht, Fritsch zu verhaften, zu ermorden und dann die Version zu verbreiten, er sei »auf der Flucht erschossen« worden oder er habe »Selbstmord« begangen.

Der Präsident des Reichskriegsgerichtes bestimmt deshalb, daß der Reichskriegsgerichtsrat Dr. Kanter zusammen mit dem Adjutanten, Hauptmann von Both, den Generalobersten begleiten soll. Das sind nicht die einzigen Vorsichtsmaßnahmen. Brauchitsch beordert einige Züge einer Nachrichteneinheit mit Fernmeldegeräten nach Wannsee. Sie müssen ab zehn Uhr vormittags in der Nähe der für die Vernehmung vorgesehenen Villa »üben«. Die Truppe hat die Anweisung, bei Alarmschüssen sofort einzugreifen. Zu diesem Zweck erhalten sowohl Hauptmann von Both als auch Dr. Kanter Pistolen.

Es ist vormittags zehn Uhr, als Fritsch seine Wohnung in der Bendlerstraße verläßt. Im Wagen nehmen auch seine Begleiter Platz. Zwanzig Minuten später erreicht das Auto das geheimnisvolle, von einer hohen Mauer umgebene Grundstück. Kriminalkommissar Meisinger empfängt den Generalobersten an der Tür der Villa, die inmitten eines großen Parks liegt. Hauptmann von Both darf das Innere nicht betreten. Er muß im Wagen bleiben. Fritsch und Kanter werden durch eine Halle geführt, deren Fensterläden geschlossen sind. Im Halbdunkel erkennen sie, daß sie kein einziges Möbelstück enthält. Nur acht oder zehn breitschultrige Männer in Zivil stehen herum. Sie bemühen sich um die beiden Gäste, nehmen ihnen die Mäntel ab und führen sie in das kleine Zimmer, in dem Meisinger bereits verschwunden ist.

Hinter Fritsch und Dr. Kanter schließt sich die eisenbeschlagene Tür wie die Tür einer Gefängniszelle. Das einzige Fenster nach dem Park ist vergittert. Fritsch sieht seinen Begleiter an. Was hat das alles zu bedeuten? Kanter zuckt mit den Schultern und mustert kritisch die Einrichtung des Zimmers: einen Stuhl, einen Schreibtisch, zwei Sessel – das ist alles. Das primitive Mobiliar wurde sicher erst kurz zuvor in diesen Raum gebracht. Ein Telefon ist nicht zu entdecken.

Der Kriminalkommissar beginnt das Verhör betont höflich. Im Beisein des Reichskriegsgerichtsrates fühlt er sich offensichtlich gehemmt. Bei der Befragung kommt wieder nichts heraus. Das Ganze wurde von der SS offensichtlich auch nur organisiert, um den Generalobersten von Fritsch aus seiner Burg in der Bendlerstraße herauszulocken.

Plötzlich erhebt sich Meisinger, verbeugt sich vor den beiden Herren und sagt: »Ich muß mir weitere Weisungen holen.« Fritsch und Kanter bleiben allein im Zimmer. Die Stille und die Enge des Raumes wirken unheimlich und bedrückend. Kanter steht auf und öffnet die Tür. Es ist nichts zu hören. Er geht durch das Nebenzimmer und kommt in die Halle. Die Türen läßt er absichtlich offen. Nirgends ist ein Mensch zu sehen, und doch hat Kanter das Gefühl, als verfolgten ihn unsichtbare Augenpaare. Draußen marschiert der Adjutant des Generalobersten, Hauptmann von Both, im Kreis um den Wagen herum. Ungezählte Zigarettenstummel zeugen von seiner Nervosität. Auf Kanter wirkt die Anwesenheit des Adjutanten draußen im Garten jedoch ungemein beruhigend. Der Kriegsgerichtsrat geht ins Zimmer zurück, wo Fritsch noch immer steif wie eine Statue auf seinem Stuhl sitzt.

Fast eine halbe Stunde vergeht, ehe Meisinger zurückkehrt und das Verhör fortsetzt. Der Kriminalkommissar interessiert sich plötzlich nicht mehr für die »sittlichen Verfehlungen« des Generalobersten. Er »verhört« ihn auch nicht mehr, er »plaudert« mit Fritsch über das Wetter, über Menschen, über Politik. Fritsch bleibt einsilbig. Man muß ihm jede Antwort aus dem Munde ziehen. Schließlich läßt Meisinger die Katze aus dem Sack. »Herr Generaloberst«, sagt er unvermittelt, »geben Sie doch zu, daß Sie ›dagegen‹ sind!«

Fritsch begreift nicht, aber um so besser versteht Kanter, was hier gespielt wird. Er unterbricht und ersucht den Kriminalkommissar, sich auf das Thema zu beschränken. Meisinger hat aber keine Fragen mehr vorzubringen und bricht das Verhör ab. Er komplimentiert die Herren mit betonter Höflichkeit hinaus und begleitet sie sogar bis zu ihrem Auto.

Einige Tage später erstattet Dr. Kanter dem Chef des Oberkommandos der Wehrmacht, General Wilhelm Keitel, Bericht. »In dieser Art und Weise kann man doch nicht mit dem Generalobersten umspringen!« wagt er zu sagen. General Keitel ist anderer Meinung: »Sie sind eben nicht mit den Gepflogenheiten der Geheimen Staatspolizei vertraut.« Der Urkundsbeamte des Reichskriegsgerichts, Dr. Carl Sack, ist es um so besser. Er schließt das Protokoll der letzten Vernehmung Fritschs am 23. Februar 1938 mit den Worten des Generalobersten:

»Eine so schmachvolle Behandlung hat zu keiner Zeit je ein Volk seinem Oberbefehlshaber des Heeres angedeihen lassen. Ich gebe das hiermit ausdrücklich zu Protokoll, damit die spätere

Geschichtsschreibung weiß, wie im Jahre 1938 der Oberbefehlshaber des Heeres behandelt worden ist. Eine solche Behandlung ist nicht nur unwürdig für mich, sie ist zugleich entehrend für die ganze Armee.«

Es ist der 27. Februar 1938. Vor genau fünf Jahren brannte der Reichstag, und in der Nacht zum 28. Februar erließ die Reichsregierung zwei Notverordnungen, die den Ausgangspunkt für die Diktatur Adolf Hitlers bilden. Mit diesen Notverordnungen begann die Rechtsunsicherheit, begannen die willkürlichen Verhaftungen, begannen die Folterungen und die Morde. Seit dieser Nacht riecht es in Deutschland nach Blut.

Dr. Biron, Untersuchungsrichter des Reichskriegsgerichts, folgt einem Vorschlag des Kriegsgerichtsrates Dr. Sack und besucht den Wartesaal im Bahnhof Lichterfelde-Ost, in dem der Erpresser Schmidt nach seiner eigenen Aussage von seinem Opfer 1500 Mark erhalten haben will. Vielleicht, meint Dr. Sack, erinnert sich irgend jemand, daß der Generaloberst im November 1934 tatsächlich in diesem Wartesaal war.

Es ist Sonntag. Biron läßt sich an einem Tisch nieder und beginnt mit der Wirtin ein Gespräch. Frauen haben für ältere Herren oft einen besseren Blick als Kellner oder sonstiges Bedienungspersonal.

»Das ist zu lange her, Herr Doktor«, meint die Wirtin. Aber dann erinnert sie sich doch, daß manchmal ein Offizier zusammen mit einer älteren Dame in die Bahnhofswirtschaft kam und etwas verzehrte. Biron zeigt der Wirtin ein Bild, und sie meint, der Herr, an den sie denke, könne sehr wohl mit dem Herrn auf dem Bilde identisch sein. »Wissen Sie vielleicht«, fragt Biron, »wo der Herr, der hier manchmal etwas verzehrte, wohnt?«

»Ich weiß es nicht genau. Aber in der Straße« – sie zeigt dabei durch das Fenster nach draußen – »wohnt er sicher.«

Biron informiert den Verteidiger des Generalobersten, den Grafen von der Goltz, der das Nächstliegende tut, was in diesem Falle zu tun ist, merkwürdigerweise bis jetzt aber unterlassen wurde: er läßt sich das Berliner Adreßbuch kommen. Der Verteidiger braucht nicht lange zu suchen. Schon nach einigem Blättern springt ihm bei der Ferdinandstraße 20 in Lichterfelde der Name ins Auge: »von Frisch, Rittmeister a. D.«

Noch am selben Tage, es ist der 28. Februar 1938, fährt er zusammen mit Biron hinaus nach Lichterfelde-Ost. Zögernd betreten sie das Haus und klingeln an der Tür, an der ein Schild angebracht ist: »von Frisch«. Die Haushälterin öffnet und fragt, um was es sich handelt. Als Biron erklärt, er möchte den Rittmeister sprechen, bedauert sie. Ihr Herr könne leider niemanden empfangen, denn er liege krank zu Bett. Dann fragt die Haushälterin: »Was ist denn schon wieder los?«

»Schon wieder?« wundern sich die erstaunten Besucher. »Wieso ›schon wieder‹?«

»Nun ja. Die Gestapo war doch erst vor einigen Wochen da.«

»Wer war da?« fragt Dr. Biron.

»Nun, die Gestapo!«

»Wann war denn das?«

Die Haushälterin denkt einen Moment nach, dann sagt sie zögernd: »Es war ein Samstag. Ja, jetzt weiß ich's. Es war Samstag, den 15. Januar.«

Die beiden Herren sehen sich vielsagend an. Bereits zehn Tage, bevor Hitler die Akte Fritsch übergeben worden ist, hat Meisinger gewußt, daß es sich bei der ganzen widerlichen Affäre nicht um den Generalobersten von Fritsch handelt, sondern um den Rittmeister a. D. von Frisch. Über jede Einzelheit hat Meisinger Protokolle angelegt und sie fein säuberlich in den Akt Fritsch eingeheftet, aber daß er sich bereits Mitte Januar über die Person des von Schmidt erpreßten Offiziers im klaren gewesen ist, wird nicht »aktenkundig«. Wer steckt dahinter? Nur Heydrich? Oder auch Himmler? Vielleicht sogar auch Göring?

Zu allem Überfluß entdecken die beiden Herren in der Garderobe auch die Pelzkappe, den schwarzen Mantel und daneben den Stock mit silberner Krücke, alles Gegenstände, an die sich Schmidt laut Protokoll genau erinnert hat. Biron und Goltz lassen sich jetzt nicht mehr abweisen. Sie wollen von dem ehemaligen Rittmeister von Frisch empfangen werden.

Wenige Augenblicke später stehen sie in dessen Schlafzimmer, und nun enthüllt sich ihnen das letzte Geheimnis. Frisch ist in der Tat der Mann, der am 22. November 1934 auf dem Potsdamer Ringbahnhof gewesen ist und am nächsten Tag dem Erpresser im Bahnhof Lichterfelde-Ost 1000 Mark ausgehändigt hat, später noch weitere 100 Mark. »Haben Sie dem Mann Ihren Ausweis gezeigt?« fragt Goltz.

»Nein!« antwortet Frisch. »So dumm war ich doch nicht. Aber er hat mir eine Quittung geschrieben.«

»Dieser Schmidt hat Ihnen eine Quittung ausgeschrieben?«

»Ja, ich habe sie noch.« Frisch erhebt sich und holt aus einem kleinen Geldschrank ein Papier heraus. Die Unterschrift darauf stimmt mit der Unterschrift Schmidts auf den Protokollen des Aktes gegen den Generalobersten von Fritsch überein. Ein Zweifel ist ausgeschlossen.

»Hatten Sie das Geld zu Hause?« fragt Goltz.

»Natürlich nicht! Ich habe es von der Bank geholt.« Er nennt die Lichterfelder Depositenkasse einer Großbank. Der Kriegsgerichtsrat überzeugt sich noch am selben Tage: am 23. November 1934 hob der Rittmeister von Frisch tatsächlich 1000 Mark von seinem Konto ab. Aber auch die Gestapo hat bei der Bank nachgefragt.

Goltz und Biron eilen nach Berlin zurück. Der Verteidiger besorgt sich einen großen Rosenstrauß und fährt zur Bendlerstraße, um zu gratulieren. Hauptmann von Both führt ihn in das Zimmer. »Herr Generaloberst! Sie können Viktoria schießen!« ruft Goltz. »Der richtige Fritsch ist gefunden. Der Fall ist aufgeklärt!«

Fritsch erhebt sich und sieht seinen Verteidiger an. Aber es scheint, als ob die Augen des Generalobersten durch den Grafen hindurchsehen. »Was hilft das?« fragt er ernst. »Auch das wird dem Führer nicht genügen! Er will etwas Derartiges nicht glauben!«

Nach diesem Ergebnis, erwidert Goltz, könne der »Führer« wohl nicht mehr anders, als dem Generalobersten Genugtuung zu geben. Doch Fritsch hat begriffen. Hitler ging es gar nicht um die »sittlichen Verfehlungen«.

Auch der Reichsjustizminister Dr. Gürtner ist pessimistisch. Als er hört, man habe das Opfer des Erpressers entdeckt und jetzt sei die größte Sorge, daß dieser Entlastungszeuge nicht plötzlich »stirbt«, antwortet Gürtner: »Befürchtungen in dieser

Richtung sind durchaus begründet. Die Gestapo schreckt vor nichts zurück. Sie müssen meine Worte im äußersten Sinne auffassen.« Leise fügt er hinzu: »Das Justizministerium hat leider keine Möglichkeiten, ein Verschwinden des Zeugen zu verhindern. Dafür muß die Wehrmacht sorgen.«

Bevor sich Keitel und Brauchitsch entschließen, den Mann in Sicherheit zu bringen, schlägt die Gestapo zu. Rittmeister von Frisch wird vom Krankenbett weg verhaftet. Reichskriegsgerichtsrat Biron verlangt sofort seine Vernehmung, aber Heydrich läßt erklären, der Rittmeister sei so krank, daß man mit seinem Ableben stündlich rechnen müsse. Den Strapazen eines Verhörs könne er nicht ausgesetzt werden.

Herr von Frisch ist in der Tat sehr krank. Wie der Verteidiger des Generalobersten erfährt, hat man ihn unter stärksten psychischen Druck gesetzt, seine Aussage zu widerrufen. Aber der ehemalige Rittmeister, der jetzt weiß, um was es geht, bleibt bei seinen bis ins Kleinste beweisbaren Angaben, auch dann noch, als man ihn mißhandelt.

Schmidt wird die Aussage Frischs vorgehalten. Der Erpresser setzt sich aufs hohe Pferd. Er hat längst von Meisinger erfahren, welchen Schlag der Verteidiger Fritschs gegen die Gestapo gelandet hat. Frech behauptet er, es stimme schon, daß er dem Rittmeister von Frisch Geld abknöpfte, aber der Fall Fritsch habe mit dem Fall Frisch nicht das geringste zu tun. Es handele sich nicht um eine, sondern um zwei Erpressungen.

Das Kriegsgericht tritt im Saale des ehemaligen preußischen Herrenhauses in der Leipziger Straße zusammen. Nur Zeugen und Sachverständige sind geladen, Presse und Öffentlichkeit sind nicht zugelassen. Auf den Zuhörerbänken sitzen einige prominente Gäste: Gestapo- und Kriminalbeamte und einige höhere Beamte aus dem Justizministerium, an ihrer Spitze Reichsjustizminister Dr. Gürtner. Der angeklagte Generaloberst nimmt in voller Uniform Platz, neben ihm sein Verteidiger, Rechtsanwalt Graf von der Goltz. Als das Gericht erscheint, bleibt Fritsch ostentativ sitzen.

Zum Vorsitzenden des Kriegsgerichts ist, als Vertreter Hitlers, Generalfeldmarschall Göring bestellt. Hinter ihm kommen

Großadmiral Raeder, der Oberbefehlshaber des Heeres, General von Brauchitsch, und die beiden Senatspräsidenten des Reichskriegsgerichts, Dr. Sellmer und Dr. Lehmann.

Neben dem Vorwurf, homosexuelle Handlungen mit einem Strichjungen namens Weingartner vorgenommen zu haben, spricht die Anklage auch von dem Verdacht »gleichgeschlechtlicher Unzucht mit zwei Hitlerjungen«.

Die Anklage vertritt Dr. Biron. Aber Dr. Biron bemüht sich, nicht nur Material gegen den Angeklagten herbeizuschaffen, sondern auch solches, das für den Generalobersten spricht, wie das die Strafprozeßordnung vorsieht. Das Protokoll führt der Reichskriegsgerichtsrat Dr. Carl Sack, dem ein nicht minder großes Verdienst an der Aufklärung des Falles zukommt.

Dr. Sellmer, der die Verhandlung eigentlich leitet, fragt den Generalobersten, ob er sich schuldig bekenne. Fritsch antwortet verächtlich: »Nein!« Unmittelbar danach wird der Kronzeuge Otto Schmidt aufgerufen. Flink wie ein Wiesel tritt er vor den Richtertisch. Ausführlich schildert er den Hergang der sogenannten Tat, so wie es ihm von Meisinger eingetrichtert worden ist. Die meisten der Anwesenden hören die detaillierten Anschuldigungen zum ersten Male. Die Spannung im Saale wächst. Man kann sich kaum vorstellen, wie die Vorwürfe widerlegt werden können. Wäre es für den Generalobersten nicht das beste, so fragen sich viele Zuhörer, durch ein offenes Geständnis die peinliche Erörterung zu unterbinden?

Sie wird auch unterbunden. Plötzlich erhebt sich Göring und erklärt: »Das Reichsinteresse fordert, die Verhandlung zu vertagen.«

Die zweite Sitzung findet eine Woche später statt. Inzwischen sind deutsche Regimenter unter dem Jubel der einheimischen Bevölkerung in Österreich einmarschiert. Das Land wird als selbständiger Staat ausgelöscht und dem Deutschen Reich angeschlossen, ein Triumph sondergleichen!

Als am 17. März 1938 die Kriegsgerichtsverhandlung weitergeführt wird, spricht alles nur von Österreich. Göring benimmt sich ganz als siegreicher Feldherr. Sogar auf den Gesichtern der Parteimitglieder und SS-Männer, die eine Eintrittskarte für diese

Gerichtsverhandlung erhalten haben, spiegelt sich der Triumph wider. Die demonstrativ getragenen Partei-Abzeichen sind in ihren Augen mehr wert als die Orden und Kriegsauszeichnungen auf den Uniformröcken der hohen Offiziere.

Göring eröffnet die Sitzung, und wieder tritt, wie schon am 10. März, der Erpresser Otto Schmidt als Kronzeuge der Anklage vor die Schranken des Gerichtes. Seine Haltung ist noch fester geworden als vor einer Woche. Kriminalkommissar Meisinger von der Gestapo hat ihm den Rücken gestärkt. Aber die Gestapo hat durch Inspektor Fehling auch den Vorsitzenden Hermann Göring vorbereitet. Der Generalfeldmarschall erweist sich als geschickt und juristisch gut beschlagen.

Mit besonderer Spannung erwartet das Gericht die Vernehmung des Rittmeisters von Frisch. Er wird aus der Haft vorgeführt. Seine Angaben decken sich mit den ursprünglichen Behauptungen Schmidts. Ein Gericht mit einem Vorsitzenden, dem es auf die Wahrheitsfindung ankommt, würde jetzt die Beweisaufnahme schließen. Für jeden Unbefangenen ist es klar, daß der Belastungszeuge lügt und der angeklagte Generaloberst unschuldig ist. Göring jedoch spielt die Komödie weiter. Er will seine Rolle als »Oberster Gerichtsherr« bis zur Neige auskosten. Auch die beiden Hitlerjungen werden verhört, ebenso fünfzehn Burschen des Generalobersten, seine Adjutanten, seine Wirtschafterin. Alle bestreiten ganz energisch, bei Fritsch jemals etwas von homosexuellen Neigungen bemerkt zu haben.

Senatspräsident Dr. Sellmer fragt einen als Zeugen von der Verteidigung geladenen Gestapo-Beamten, ob es richtig sei, daß seine Dienststelle bereits am 15. Januar die Wohnung des Rittmeisters von Frisch ausgemacht und auch dessen Konto-Auszüge bei der Bank eingesehen habe. Der Kommissar muß dies zugeben, erklärt aber zungenfertig, für die Verhandlung und die Beweisführung sei das unwichtig, denn man habe bis jetzt noch keine Zeit gefunden, die Ergebnisse der Nachforschungen zu bearbeiten . . .

Auf eine zweite Frage, ob es richtig sei, daß die Gestapo den Generalobersten auf seiner Reise nach Ägypten bespitzelt habe, streitet der Zeuge diesen Vorgang glatt ab. Göring befürchtet, daß der Verteidiger Graf von der Goltz die Agentenberichte aus

Ägypten gelesen haben könnte und ermahnt den Gestapobeamten freundlich: »Sagen Sie doch lieber, daß Ihnen nichts darüber bekannt ist!«

Schließlich wird dem Erpresser Schmidt die Frage vorgelegt, ob man ihm auf der Gestapo gedroht habe. Zögernd antwortet Schmidt: »Man hat mir jesacht, wenn ick nich' zu meina Aussache steh', dann jibt es morjen eene Himmelfahrt.« Kriminalkommissar Meisinger wird sofort darüber vernommen. Klug genug, den Vorfall nicht abzustreiten, erklärt er lächelnd: »Das ist richtig, es handelt sich hier nur um eine drastische Wahrheitsermahnung.«

Man glaubt ihm die »drastische Wahrheitsermahnung« aufs Wort.

Am zweiten Verhandlungstag ist nur noch ein Zeuge zu vernehmen, ein »Berufskollege« von Schmidt. Im letzten Moment von der Verteidigung geladen, soll er sozusagen als »Sachverständiger in Erpressungsfragen« aussagen. Der Zeuge wurde bereits einmal vernommen, und die Gestapo vergaß wahrscheinlich, dieses Protokoll zu beseitigen. Der Verteidiger des Generalobersten entdeckte das Dokument in den Gerichtsakten. Die Vernehmung dieses Zeugen bringt eine Sensation.

»Ja«, erklärt der Mann betreten, »Schmidt hat mir erzählt, daß er einen hohen Offizier in Lichterfelde aufs Kreuz gelegt hat. Den Namen weiß ich nicht mehr. Aber ich bin nicht hingegangen. Ich mache solche Sachen nämlich nicht professionell.«

»Woher wissen Sie, daß das Opfer von Schmidt in Lichterfelde wohnte?«

»Ich bin doch mit Schmidt durch die Straße gegangen, und dabei hat er mir die Wohnung gezeigt und gesagt, hier wohnt der Mann. Er ist Offizier.«

Es ist die Wohnung des Rittmeisters von Frisch, daran ist nicht zu zweifeln. Goltz läßt auch nicht locker. »Wie war denn das?« dringt er weiter in den Zeugen.

»Ja, der Schmidt hat mir gesagt, bei dem lohnt es sich. Da ist etwas zu holen. Er hat eine Pflegerin, und außerdem bekommt man einen Schnaps.«

Dieser unbedeutende Nebensatz entscheidet den Prozeß. Frisch hat eine ständige Pflegerin, und bereits bei seiner ersten

Vernehmung – wie auch hier im Gerichtssaal wieder – gab er zu Protokoll: »Ich habe dem Schmidt ein Glas Schnaps angeboten. Man müht sich ja, mit einem solchen Kerl sich einigermaßen gutzustellen . . .«

Göring erkennt, daß jetzt nichts mehr zu retten ist. Der Prozeß ist zugunsten von Fritsch entschieden. Jetzt gilt es nur noch, das Gesicht zu wahren. Er bläht sich auf und schreit den »Zeugen« Schmidt an: »Sie sind der verlogenste Mensch, der mir je vorgekommen ist. Glauben Sie denn, uns noch weiter belügen zu können?«

Schmidt bleibt fest. Erst als Göring ihm sein Wort als Generalfeldmarschall gibt, es werde ihm nicht das geringste geschehen, wenn er endlich die Wahrheit sage, gesteht Schmidt: »Jawohl! Ich habe Ihnen anjelochen. Ick war nur bei Rittmeister Frisch. Den Herrn Jeneral hab' ich nie jesehen . . .«

Im Saal herrscht atemlose Stille. Kriminalkommissar Meisinger sieht betreten zu Boden. Die Gestapo hat diese Partie verloren. Schmidt ahnt, was Meisinger denkt, und macht eine Bewegung mit dem rechten Daumen nach unten: das Zeichen Neros im alten Rom, den verwundeten Gladiator zu töten. »Was soll das heißen?« wird der Zuchthäusler gefragt. »Jetzt fahre ick in' Himmel«, antwortet er leise. Jeder im Saal weiß, daß diese Angst nur zu begründet ist.

Schmidt wird tatsächlich kurz darauf erschossen, obwohl ihm Göring sein Wort gegeben hat, es werde ihm nichts geschehen.

Der Vertreter der Anklage beantragt Freispruch. Graf von der Goltz, der Verteidiger des Generalobersten, beginnt sein Plädoyer mit den Worten: »Die deutsche Armee hat nach Tagen des Sieges auch Tage des Unglücks erleben müssen, doch Tage solcher Schande bisher noch nicht. Die ungeheuerlichste Beschimpfung des ganzen Heeres durch ein einmaliges, unglaubliches Vorgehen gegen seinen Oberbefehlshaber von Verbrecherhand ist in ein Nichts verflogen. Der Ehrenschild des Heeres und seines Oberbefehlshabers ist rein . . .« Diese Worte richten sich nicht nur gegen die Gestapobeamten, sondern auch gegen den stellvertretenden Vorsitzenden, den Generalfeldmarschall Hermann Göring, und nicht minder gegen den

Obersten Kriegsherrn, den »Führer und Reichskanzler« Adolf Hitler.

Kurz und prägnant, als übe er Kritik nach einem Manöver, wendet sich der ehemalige Oberbefehlshaber des Heeres von Fritsch gegen die Schmach dieses ganzen Prozesses und die ihm widerfahrene Behandlung. Die drei hohen Offiziere und die beiden Senatspräsidenten am Richtertisch senken den Kopf.

Die Beratung des Gerichts dauert nur kurze Zeit. Das Urteil lautet: »Freispruch wegen erwiesener Unschuld.« Der Saal leert sich rasch.

Der Blumenkrieg

Der Kalender auf dem Schreibtisch des deutschen Sonderbotschafters in Wien, Franz von Papen, zeigt den 4. Februar 1938 an. Der ehemalige Vizekanzler studiert die letzten aus Berlin eingegangenen sensationellen Nachrichten. Eine Uhr schlägt die neunte Stunde, als das Telefon klingelt. Der Botschafter greift nach dem Hörer und meldet sich: »Hier Papen.«

»Hier Reichskanzlei, Staatssekretär Dr. Lammers«, tönt es aus dem Apparat. »Der Führer läßt Ihnen sagen, Ihre Mission in Wien sei beendet. Ich wollte Ihnen diese Mitteilung machen, bevor Sie sie morgen in der Zeitung lesen.«

Papen glaubt, nicht richtig gehört zu haben. Es dauert einige Sekunden, bis er den Sinn der Worte voll begriffen hat, dann stößt er erregt hervor: »Können Sie mir einen Grund für diesen plötzlichen Entschluß mitteilen? Der Führer hätte mich unterrichten können, als ich vor einigen Tagen in Berlin war!«

»Die Abberufung erfolgt im Zuge der Aktion, bei der auch der Herr Außenminister von Neurath und die Botschafter von Hassel und von Dirksen abgelöst wurden. Ich bedaure sehr, Ihnen weiter nichts sagen zu können.«

Papen legt den Hörer langsam auf die Gabel. Wie erstarrt bleibt er in seinem Stuhl sitzen. Hat sich irgend jemand einen bösen Scherz mit ihm erlaubt? Oder hat er geträumt? Was hat das alles zu bedeuten?

Ob die beiden anderen Botschafter ihre Abberufung ebenfalls

durch einen Telefonanruf des Staatssekretärs der Reichskanzlei erfahren haben: ». . . bevor Sie sie in der Zeitung lesen?«

Erregt geht der Botschafter in seine Privaträume hinüber. Frau von Papen gießt ihrem Mann eine Tasse Tee ein. Als der mit heiserer Stimme hervorstößt: »Ich bin abberufen worden!« versteht keiner der Anwesenden, was damit gemeint ist. Erst allmählich begreift man. Alle fragen nach dem wirklichen Grund dieser Abberufung. »Vielleicht plant Hitler einen Überfall auf Österreich?« meint der Freiherr von Ketteler, der zufällig an diesem Abend zu Gast ist.

Es wird still im Raum, so still, daß man das Knistern der Holzscheite im Kamin hört. Wie ein Gespenst geistert das Wort durch das Zimmer: ». . . plant einen Überfall?« Das wäre eine Erklärung. Aber bedeutet das nicht den Krieg, den Zweiten Weltkrieg? Papens Energie kehrt allmählich zurück. Er bittet seinen Mitarbeiter Ketteler, ihm zu helfen, einige wichtige Papiere zusammenzustellen. Telefonisch wird Baronesse Stotzingen herbeigerufen, die Kettler bei der Auswahl zur Hand gehen soll.

»Heydrich wird einer der ersten sein, wenn sie in Wien einfallen. Er wird meinen Schreibtisch aufbrechen, wie er am 30. Juni 1934 meinen Schreibtisch in Berlin aufbrechen ließ. Dieser Bursche schreckt vor nichts zurück. Daß ich bei der Bartholomäusnacht im Jahre 1934 mit dem Leben davonkam, hat er mir wohl nie verziehen . . .«

Ketteler erklärt sich bereit, die Papiere Papens nach der Schweiz in Sicherheit zu bringen: »Damit wir später vor der Geschichte bestehen können!« Nach einer Pause fügt er ernst hinzu: »Ich werde nach Kitzbühel gehen und mir dort beim Skifahren den Fuß verstauchen. Dann fahre ich zum Auskurieren mit den Papieren nach Zürich weiter.«

Papen setzt sich an den Schreibtisch und verfaßt für die österreichische Regierung die Note über seine Abberufung. Am anderen Morgen übergibt er sie persönlich dem Staatssekretär für Auswärtiges, Dr. Guido Schmidt. Auch dem Bundeskanzler Kurt von Schuschnigg macht der Botschafter einen Abschiedsbesuch. Beide finden ihn um Jahre gealtert. Nach der Unterredung mit den österreichischen Regierungsstellen besteigt von Papen auf dem Westbahnhof den Orient-Expreß nach Salzburg.

»Hitler soll mir die Gründe meiner plötzlichen Abberufung erklären!« sagt er zu seinem Freund Ketteler, der ihn begleitet.

Als der Zug in Salzburg einläuft, ist es bereits Nacht. Papen meldet sich bei Martin Bormann, dem Stabsleiter auf dem Obersalzberg, telefonisch an, nimmt ein Auto zur Grenze, fährt mit einem Mietwagen in Richtung Berchtesgaden weiter und steigt unten an der Brücke auf ein Kettenfahrzeug um, das ihn über die steilen Straßen und vereisten Kehren hinauf zum Berghof bringt.

Hitler macht einen zerstreuten und erschöpften Eindruck. Das Haar hängt ihm in die Stirn, die Augen liegen tief in den Höhlen. Nach der kurzen, nicht gerade herzlichen Begrüßung geht er in der großen Halle unruhig auf und ab. Er hört offensichtlich gar nicht zu, als Papen beteuert: »Sie müssen nicht etwa glauben, mein Führer, daß ich um den Verlust meiner Stellung trauere. Ich bin unabhängig. Aber ich gab mich dem Glauben hin, in Wien für Deutschland etwas tun zu können . . .«

Hitlers Blicke irren durch den Raum. Er glaubt dem Botschafter kein Wort. In seinen Augen geht es diesem Papen nur um einen neuen Posten.

»Die Österreicher suchen nach einem Ausgleich«, fährt der abberufene Botschafter fort. »Selbst Schuschnigg hat den Wunsch geäußert, mit Ihnen einmal alle schwebenden Fragen zu besprechen – auf der Basis der bestehenden Verträge. Gerade in den letzten Tagen hat er sich zu der Überzeugung durchgerungen, daß ein offener und direkter Gedankenaustausch nur nützlich sein kann.«

Es ist, als erwache Hitler plötzlich aus einem Trancezustand. Er geht auf Papen zu und ruft: »Das ist eine ausgezeichnete Idee! Mit Schuschnigg zu sprechen, mein lieber Papen, ist in der Tat eine ganz ausgezeichnete Idee! Bitte fahren Sie gleich nach Wien zurück und verabreden Sie eine Zusammenkunft. Ich würde mich freuen, ihn hier oben auf dem Berghof zu sehen und alles offen mit ihm zu besprechen. Der Obersalzberg liegt Österreich ja am nächsten.«

Papen ist überrascht. »Aber mein Führer. Das ist doch unmöglich. Ich habe die Note über meine Abberufung bereits abgegeben. Außerdem hat die Presse im In- und Ausland darüber berichtet. Sie werden den Geschäftsträger der Gesandtschaft in Wien damit beauftragen müssen, Schuschnigg einzuladen.«

Hitler hat andere Vorstellungen von diplomatischen Gepflogenheiten. »Das macht gar nichts«, antwortet er. »Ich bitte Sie sehr, mein lieber Herr von Papen, die Geschäfte wieder zu übernehmen, bis eine Unterhaltung mit dem Kanzler zustande gekommen ist.«

Zwei Tage später trifft Papen am frühen Morgen wieder in Wien ein. Schon am Vormittag empfängt ihn der österreichische Bundeskanzler. Der vor drei Tagen abberufene, aber nun wieder eingesetzte Botschafter überbringt ihm die Einladung Hitlers. Schuschnigg sagt nach kurzer Überlegung zu.

Kaum ist Papen gegangen, bestellt der Bundeskanzler für den Abend zwei seiner Vertrauten in das Grand-Hotel: den Staatssekretär Schmidt und den Generalsekretär der »Vaterländischen Front«, Zernatto. Schuschnigg teilt ihnen mit, daß er eine Einladung Hitlers angenommen habe. Als voraussichtlichen Termin dieser Reise nach Berchtesgaden nennt er den 12. Februar. Dann gibt er seinen beiden Mitarbeitern den Auftrag, ihm als Grundlage für die Verhandlungen alle Wünsche und Beschwerden Österreichs gegenüber Deutschland zusammenzutragen.

Schmidt und Zernatto stellen in den nächsten Tagen für ihren Chef eine Liste auf. Sie bemühen sich dabei um äußerste Geheimhaltung. Doch vergeblich. Nationalsozialistische Spitzel spielen ihrem »Führer« eine Kopie des Materials zu. Hitler weiß also rechtzeitig, noch bevor die Besprechungen mit dem österreichischen Bundeskanzler begonnen haben, welche Klagen sein Gesprächspartner vorzubringen gedenkt und wie weit er zu gehen gewillt ist.

Schmidt informiert nur noch die französischen, italienischen und englischen Gesandten in Wien, ebenso den apostolischen Nuntius. Sonst wird niemand eingeweiht, nicht einmal der österreichische Bundespräsident Miklas. Erst am Tage seiner Abreise teilt Schuschnigg dem Präsidenten, der in Mariazell weilt, brieflich die Gründe für die Reise nach Berchtesgaden mit.

Am Abend des 11. Februar besteigt Kurt von Schuschnigg auf

dem Wiener Westbahnhof den Nachtexpreß nach Salzburg. Nachdem er Platz genommen hat, sagt er zu seinem Staatssekretär Schmidt: »Eigentlich müßte unser großer Psychiater Wagner-Jauregg zu Hitler fahren und nicht ich.«

Mit dem gleichen Zug fährt auch der deutsche Botschafter Franz von Papen. Unbeobachtet von allen, sowohl von den Österreichern wie von dem deutschen Vertreter, fährt noch ein anderer Mann im Nachtexpreß zur Mozartstadt an der Salzach: der Kunsthistoriker Dr. Kajetan Mühlmann, ein führender österreichischer Nationalsozialist. Hitler betrachtet ihn als seinen »Völkischen Beobachter in der Ostmark«.

In Salzburg wird der Salonwagen abgehängt und auf einem Nebengleis abgestellt. Der Bundeskanzler bleibt in seinem Schlafabteil, während Papen und Mühlmann getrennt nach Berchtesgaden weiterfahren. Sie klingeln, jeder für sich, den verschlafenen Portier des »Grand-Hotels« heraus und lassen sich Zimmer geben. Erst am nächsten Morgen treffen sie sich zufällig im Frühstücksraum. Es ist kalt und unfreundlich. In den Tälern liegen dicke Nebelschwaden. Gegen zehn Uhr begibt sich Mühlmann auf den Obersalzberg, Papen fährt zurück zur Zollstation Hallein, um Schuschnigg und Schmidt an der Grenze abzuholen.

Kurz vor halb elf Uhr naht auf der österreichischen Seite das Auto des Bundeskanzlers. Neben dem Fahrer Reichert sitzt der Kriminalbeamte Hamberger. Im Fond hat auch Oberstleutnant Bartl Platz genommen. Papen begrüßt die Herren aus Wien mit dem »Hitlergruß«. Die österreichischen Grenzbeamten heben ebenfalls den Arm, obwohl das in Österreich verboten ist. Eigentlich müßte jetzt der Kriminalbeamte, der in Schuschniggs Auto sitzt, einschreiten, doch er übersieht geflissentlich den Verstoß gegen die Gesetze seines Landes. »Das fängt ja gut an«, meint Schuschnigg leise zu Schmidt.

Aber das ist nicht die einzige Überraschung, die auf ihn wartet. Gleich nach der Begrüßung sagt Papen: »Herr Bundeskanzler, Sie haben doch nichts dagegen, wenn zufällig auf dem Berghof einige Generale anwesend sind?«

»Generale? Welche Generale?« fragt Schuschnigg erstaunt. »Und wenn es mir nicht recht wäre, was könnte ich dagegen tun?«

Auch der Stabsleiter der Parteikanzlei, Martin Bormann, hat sich für den Besuch des »papsthörigen Österreichers« Kurt von Schuschnigg eine Überraschung ausgedacht. Er hat angeordnet, daß an diesem Tage Angehörige der »Österreichischen Legion« – aus Österreich geflüchtete Nationalsozialisten – den Wachdienst versehen. Diese Männer sehen in ihrem Landsmann Schuschnigg so etwas wie den leibhaftigen Teufel. Diesmal sagt Schmidt: »Das kann ja gut werden.« Der Bundeskanzler aber starrt schweigend geradeaus. Diese Fahrt ist wie ein Spießrutenlaufen, aber er wird sich keine Blöße geben.

Auf der Terrasse des Berghofes steht Adolf Hitler, der Staatschef des Dritten Reiches, im Braunrock und langer schwarzer Hose zur Begrüßung bereit. Hinter ihm sieht man drei baumlange Generale. Mit gewinnendem Lächeln führt der »Führer und Reichskanzler« den Gast aus Wien in sein Arbeitszimmer im ersten Stock. Schuschniggs Begleiter, Staatssekretär Guido Schmidt und Oberstleutnant Bartl, der neue deutsche Außenminister Joachim von Ribbentrop und Franz von Papen nehmen inzwischen in der großen Halle Platz. Auch die drei Generale kommen hinzu und lassen sich etwas abseits in den breiten Sesseln am Kamin nieder.

Wie alle peinlichen Gespräche auf der Welt beginnt auch die Aussprache zwischen Hitler und Schuschnigg mit einer Verlegenheitsfloskel. Der Bundeskanzler rühmt die herrliche Lage des Hauses und die geschmackvolle Inneneinrichtung. Erst dann lenkt er auf das eigentliche Thema über: »Dieses wundervolle Haus ist wohl schon der Schauplatz vieler entscheidender Besprechungen gewesen, Herr Reichskanzler?«

»Ja«, antwortet Hitler, »hier reifen meine Gedanken.« Doch plötzlich geht mit ihm eine Verwandlung vor. Die Liebenswürdigkeit, die er bis jetzt zur Schau trug, fällt von ihm ab wie ein lästiger Mantel. In grobem, verletzendem Ton erklärt er: »Herr Bundeskanzler, wir sind aber nicht zusammengekommen, um von der schönen Aussicht und dem Wetter zu reden.«

Nicht mehr die Regierungschefs zweier befreundeter Staaten stehen sich gegenüber, sondern zwei Feinde.

Auf und ab gehend hat der »Führer und Reichskanzler« nur Vorwürfe für seinen Gast: »Österreich hat nie etwas getan, was dem Deutschen Reich genützt hat. Seine ganze Geschichte ist ein ununterbrochener Staatsverrat. Das war früher nicht anders als heute. Aber dieser geschichtliche Widersinn muß endlich sein Ende finden. Und das sage ich Ihnen, Herr Schuschnigg, ich bin fest entschlossen, ein Ende zu machen. Das Deutsche Reich ist eine Großmacht, und es kann und wird ihm niemand dreinreden, wenn es an seinen Grenzen für Ordnung sorgt . . .«

Schuschnigg weiß jetzt, daß alle seine Vorbereitungen sinnlos waren. Hitler hat ihn nicht nach Berchtesgaden eingeladen, um mit ihm eine Verständigung zu suchen, sondern um mit ihm abzurechnen. Länger als zwei Stunden muß der Bundeskanzler eine Sturzflut aller möglichen Vorwürfe über sich ergehen lassen, die in immer neuen Variationen nur das eine Thema wiederholen: »Die österreichische nationale Leistung ist gleich Null. Jede nationale Regierung bekam seit je nur Knüppel zwischen die Beine, und das allein war die Haupttätigkeit der Habsburger und der katholischen Kirche . . .«

Auch der unermüdlichste Dauerredner holt einmal Atem. Eine solche Pause benutzt Schuschnigg, um dazwischenzuwerfen: »Herr Reichskanzler, Sie kennen meinen grundsätzlichen Standpunkt, den ich aus persönlicher Überzeugung und auch pflichtgemäß vertrete. Aber was sind denn nun eigentlich Ihre konkreten Wünsche?«

»Darüber werden wir uns am Nachmittag unterhalten«, antwortet Hitler ausweichend und erhebt sich. Er drückt auf einen der Klingelknöpfe. Die Türen öffnen sich von außen, und Hitler führt seinen Gast die Treppe hinunter.

Während sich Schuschnigg im Waschraum etwas erfrischt, inspiziert Hitler, wie immer bei Empfängen, die vom Hausintendanten Kannenberg angerichtete Tafel. Die diensthabenden SS-Männer in ihren weißen Dinner-Jacken stehen betreten an den Wänden. Sie haben ein schlechtes Gewissen, weil sie einen Befehl Hitlers nicht wortwörtlich befolgt haben. Als der »Führer« auf die Terrasse hinaustrat, um die österreichischen Gäste zu begrüßen, rief er den SS-Männern zu: »Gebt mir ja dem Kerl nichts zu essen!« Kannenberg dagegen vertritt die Meinung, daß er dem »Kerl« Schuschnigg, der immerhin österreichischer Bundeskanzler ist, nicht ein Stück trockenes Brot auf den Teller legen und ein Glas Wasser danebenstellen kann.

An der Tafel sitzen nur Männer. Neben Hitler hat Außenminister Ribbentrop, der in seiner neuen Würde vor Eitelkeit fast zerspringt, Platz genommen. In bunter Folge wechseln sich dann die Generale mit dem Botschafter Franz von Papen, dem Staatssekretär Dr. Schmidt, Oberstleutnant Bartl und einem halben Dutzend Adjutanten und Stabsleitern ab. Ganz unten an der Tafel sitzt Stabsleiter Martin Bormann.

Man spricht über Motorisierung und die neuesten Automodelle. Die nationalsozialistischen Herren loben ihre Wagen und deren Pferdestärken, wie die Raubritter des Mittelalters die Stärke ihrer Pferde. Aber auch das Persönliche kommt nicht zu kurz. Hitler gibt ein nationalsozialistisches Märchen zum besten. »Da wollte mir doch eine Gemeinde an der Ostsee ein ganzes Haus schenken«, weiß er zu berichten. »Aber ich mußte ablehnen. Ich beziehe ja kein Gehalt und kann mir daher solche Extravaganzen nicht leisten!«

Zwischen Hauptgericht und Dessert kommt das Gespräch auf den Krieg. Dabei fällt ein furchtbares Wort. »Die deutschen Mütter«, ruft Hitler mit sich überschlagender Stimme, »die deutschen Mütter werden ihren Söhnen keine Träne nachweinen, wenn sie einmal für das Reich fallen.« Triumphierend sieht er zu Schuschnigg hinüber, der seinen Blick gesenkt hält wie die anderen Gäste. Zu opponieren wagt niemand.

Nach dem Essen reichen weißbejackte SS-Männer den Kaffee. Hitler zieht sich zurück, und Schuschnigg kann sich endlich eine Zigarette anstecken. Er kommt mit Keitel ins Gespräch. Zu seiner Überraschung stellt der Bundeskanzler fest, daß der Chef des Oberkommandos der Wehrmacht nicht weiß, warum er zum Berghof bestellt wurde. Auch die anderen Generale haben keine Ahnung. »Wir hofften, es von Ihnen zu erfahren«, sagt Fliegergeneral Sperrle, der soeben aus dem Spanischen Bürgerkrieg zurückgekehrt ist und recht drastisch von der Niederlage des italienischen Expeditionskorps bei Guadalajara zu erzählen weiß.

Gegen vier Uhr nachmittags wird Schuschnigg zu Ribbentrop und Papen gerufen. Der deutsche Außenminister legt den Herren aus Wien den Entwurf eines Übereinkommens vor. Schuschnigg und Schmidt überfliegen das Schriftstück.

1. Die österreichische Bundesregierung verpflichtet sich, sofort Dr. Arthur Seyß-Inquart zum Sicherheitsminister mit voller und unbeschränkter Polizeikompetenz zu ernennen.
2. Zur Betreuung des österreichisch-deutschen Wirtschaftsverkehrs und aller daraus resultierenden Zuständigkeiten wird Dr. Fischböck als Regierungsmitglied ernannt.
3. Sämtliche Nationalsozialisten, die in Österreich sich wegen ihrer Tätigkeit in gerichtlicher oder sicherheitsbehördlicher Haft befinden – einschließlich der Teilnehmer am Juliaufstand 1934 und der Blutverbrecher – werden binnen längstens drei Tagen amnestiert.
4. Alle disziplinierten nationalsozialistischen Beamten und Offiziere werden im Wege der Verwaltungsamnestie in den Genuß der früheren Rechte gesetzt.
5. Hundert Offiziere der deutschen Wehrmacht werden mit sofortiger Wirkung dem österreichischen Bundesheere zugeteilt und umgekehrt.
6. Das freie Bekenntnis zur nationalsozialistischen Weltanschauung wird erlaubt. Die österreichischen Nationalsozialisten sind gleichberechtigt mit den übrigen Gruppen der Vaterländischen Front; es wird ihnen legale Betätigungsmöglichkeit auf dem Boden der Vaterländischen Front eröffnet, bei Anerkennung der österreichischen Gesetze und der Verfassung vom 1. Mai 1934, deren berufsständische Ordnung die Bildung politischer Parteien ausschließt. Die Nationalsozialistische Partei und ihre Gliederungen bleiben daher in Österreich verboten.
7. Die deutsche Reichsregierung bestätigt hingegen den Weiterbestand der Abmachungen vom 11. Juli 1936 und erneuert dadurch ausdrücklich die Anerkennung der Unabhängigkeit und Souveränität des Bundesstaates Österreich bei Verzicht auf jede innerpolitische Einmischung.

Die Bedingungen sind hart, doch die Österreicher stimmen ihnen prinzipiell zu. Sie wissen, daß sie allein auf der Welt stehen und keine der europäischen Großmächte bereit ist, sich für die österreichische Unabhängigkeit zu schlagen.

»Der Entwurf muß als Ganzes genommen werden!« fordert Ribbentrop, als Schuschnigg über einzelne Punkte verhandeln will. Der Bundeskanzler opponiert: »Herr Minister! Nach der österreichischen Verfassung erhält ein Vertrag mit einer ausländischen Macht erst dann Rechtskraft, wenn ihn der Bundespräsident unterzeichnet hat.«

Kurz darauf wird Schuschnigg zu Hitler gerufen, der einem Zornausbruch nahe ist, als der Bundeskanzler erklärt: »Für die Einhaltung der vorgeschriebenen dreitägigen Frist in der Amnestiefrage kann ich leider keine Gewähr übernehmen.«

»Das müssen Sie!« schreit Hitler.

»Das kann ich nicht!« erwidert Schuschnigg fest.

Der »Führer und Reichskanzler« öffnet die Tür und brüllt hinaus: »Der Keitel soll kommen!«

Den Chef des Oberkommandos der Wehrmacht, der im Range eines Reichsministers steht, ruft Hitler also wie einen Lakaien herbei. Es ist ein beschämendes Schauspiel. Die österreichischen Gäste werden hinausgeschickt, als »der Keitel« dienstbeflissen das Zimmer betritt. Aber Hitler hat gar keinen Befehl für seinen Wehrmachtschef. Er ließ ihn nur kommen, um den Bundeskanzler und dessen Staatssekretär mit einer militärischen Drohung zu bluffen. Ruhig sagt Hitler zu ihm: »Setzen Sie sich.« Gehorsam wie ein Schuljunge setzt sich Keitel auf einen Stuhl.

Gleich darauf betritt Dr. Kajetan Mühlmann das Zimmer. Der Führer überfällt ihn mit einer Frage: »Kann man diesem Seyß-Inquart, den ich zum Sicherheitsminister machen will, auch nur für eine Sekunde trauen?« fragt Hitler den Vertreter der österreichischen Nationalsozialisten. »Er ist ›Kathole‹ und geht regelmäßig zur Beichte. Auch an Exerzitien nimmt er teil. Ein solcher Mann kann kaum Nationalsozialist sein.«

Doch Mühlmann setzt sich für ihn ein.

Nach einer halben Stunde wird Schuschnigg erneut zu Hitler gerufen. Angesichts der festen Haltung des Bundeskanzlers gibt der »Führer« nach. – »Zum ersten Male in meinem Leben«, fügt er hinzu. Beide Regierungschefs unterschreiben die Reinschrift des Abkommens, und damit ist die Konferenz beendet.

Es ist 22 Uhr. Schuschnigg lehnt die Einladung zum Abendessen ab. Papen, der die Gäste aus Wien hinausbegleitet hat, sagt zum Abschied: »Ja, so kann der Führer sein. Nun haben Sie es selbst erlebt. Aber wenn Sie das nächste Mal kommen, werden Sie es viel leichter haben. Der Führer kann auch ausgesprochen charmant sein.«

Zwei Tage später gibt Schuschnigg dem österreichischen Bundespräsidenten Miklas eine Darstellung des Abkommens von Berchtesgaden. »Wir dürfen Hitler nicht reizen, wir müssen unsere Nerven behalten. Wenn Österreich von den Großmächten nicht im Stich gelassen wird, kommen wir vielleicht durch.«

Unter der Arbeiterschaft von Wien bildet sich eine Bewegung mit der Devise: »Wir lassen uns nicht an Hitler verkaufen.« Aber Schuschniggs Vorgänger Dollfuß hatte alles getan, um sich die sozialdemokratischen Arbeiter zu Todfeinden zu machen. Er baute auf Rom, den Papst, auf England und Frankreich, ohne im eigenen Lande genügend Rückhalt zu haben. Auch Schuschnigg glaubt, ohne die Arbeiterschaft auskommen zu können. Selbst jetzt unternimmt er nichts, sich mir ihr auszusöhnen und die antinationalsozialistische Bewegung für seine Ziele auszunutzen.

Das Echo aus den Hauptstädten Europas ist für Wien nicht sehr günstig. In London erklärt ein Regierungssprecher: »Die österreichische Lage ist bedrohlich . . . doch glaube ich, wir sollten uns bei der Beurteilung gewisser Verhältnisse einige Zurückhaltung auferlegen. Die Regierung Seiner Majestät ist derzeit nicht in der Lage, die Wirkung des jüngsten Abkommens zwischen Österreich und Deutschland abzuschätzen.« Frankreich will ohne England und Italien nichts unternehmen, und außerdem steht wieder einmal eine Regierungskrise bevor.

Dem österreichischen Militärattaché in Rom, Oberst Liebitzky, erklärt Mussolini zu Beginn des Monats März, Deutschland werde Österreich nicht überfallen, Göring habe ihm sein Ehrenwort gegeben.

»Meine Regierung ist anderer Meinung«, widerspricht Liebitzky. »Berlin stellt immer neue Forderungen. Jetzt sollen wir sogar noch einen zweiten Nationalsozialisten in das Kabinett aufnehmen und die Zahl der auszutauschenden Offiziere verdoppeln. Auf diese Weise werden wir langsam aufgesaugt. Einmal geht jede Geduld zur Neige.«

Mussolini weiß, worauf der Militärattaché hinauswill. Italien soll den Schutz Österreichs übernehmen und seine Unabhängigkeit garantieren. Aber gegenüber dem Jahre 1934, wo italienische Divisionen am Brenner aufmarschiert waren, hat sich die Lage grundlegend geändert. Der Duce ist nicht mehr geneigt, Österreich irgendwelche Versprechungen oder Garantien zu geben. Deutschland hat Italien während des Italienisch-Abessinischen Krieges unterstützt, deutsche Truppen kämpfen gemeinsam mit italienischen Verbänden auf den Schlachtfeldern des Spanischen Bürgerkrieges, und bei seinem Staatsbesuch im Oktober vorigen Jahres ist Mussolini von der deutschen Bevölkerung in einer fast südländischen Weise gefeiert worden.

»Welche Maßnahmen hat denn Ihre Regierung im Auge?« fragt der Duce lauernd.

»Der Herr Bundeskanzler wird übermorgen in Innsbruck bekanntgeben, daß seine Regierung für den 13. März eine Volksabstimmung anberaumt hat!«

»Eine Volksabstimmung?« Erschrocken richtet sich Mussolini in seinem Sessel auf. Sein Gesicht wird hart. »Das ist doch nicht möglich, Herr Oberst! E un errore! Diese Bombe wird euch in der Hand explodieren! Wenn die Wahl gut ausgeht, erkennt Hitler sie nicht an. Er wird von einer Fälschung sprechen, und ich kann nicht sehen, wie Sie gegen seine Propaganda aufkommen wollen. Wenn sie nicht gut ausgeht, hat sie für Schuschnigg ohnehin keinen Wert.«

Oberst Liebitzky weiß, daß auch hohe österreichische Beamte nicht an den Erfolg eines solchen Manövers glauben. Bereits vor vier Tagen, als er überraschend nach Wien zitiert worden war, hat er von diesen Bedenken gehört. Die Absicht der Regierung steht auch nicht im Einklang mit der Verfassung, die Volksabstimmungen nur unter genau begrenzten Bedingungen vorsieht. Aber das wäre noch der geringste Einwand. Noch bedenklicher ist der für die Volksabstimmung vorgesehene Modus. Die letzte Wahl zum Nationalrat hat 1930 stattgefunden, und die Listen der Stimmberechtigten sind veraltet. Sie zu erneuern und zu ergänzen würde Wochen, wenn nicht Monate dauern. Da die

Jugend vielfach zum Nationalsozialismus neigt, will man das Wahlalter auf 24 Jahre hinaufsetzen. Abstimmen soll jeder können, der irgendeinen Ausweis vorlegt, ohne daß dieser kenntlich gemacht wird. Selbst wenn die Regierung, wie sie hofft, 60 bis 70 Prozent Ja-Stimmen erreicht, wird es Hitler nicht schwerfallen, Fälschungen nachzuweisen und die Weltöffentlichkeit gegen Österreich und die Regierung Schuschnigg einzunehmen.

Der Militärattaché erhebt sich. Es ist ihm nicht gelungen, irgendeine Zusage von Mussolini zu erhalten. Sein Auftrag ist gescheitert. Er verabschiedet sich und durchschreitet schnell das saalartige Arbeitszimmer des Duce. Am nächsten Tage fliegt er nach Wien, um dem Bundeskanzler Bericht zu erstatten. Als er sich am Ballhausplatz meldet, hört er, daß Schuschnigg bereits nach Innsbruck abgereist ist. Der inzwischen zum Außenminister ernannte Dr. Schmidt teilt dem Bundeskanzler das Ergebnis der Sondierungen des Militärattachés bei Mussolini telefonisch mit. »Jetzt kann ich nicht mehr zurück«, antwortet Schuschnigg. »Liebitzky soll das in Rom berichten.«

Zur gleichen Zeit, in der Oberst Liebitzky mit Dr. Guido Schmidt konferiert, diktiert Zernatto seiner Sekretärin die Bedingungen, unter denen die Volksabstimmung durchgeführt werden soll. Er macht sie noch einmal darauf aufmerksam, daß diese Dinge, die er ihr zu schreiben gibt, besonders vertraulich behandelt werden müssen: »Der Bundeskanzler wird morgen in Innsbruck auf einem Amtswalterappell der Vaterländischen Front die Durchführung der Volksabstimmung bekanntgeben. Vorher darf nichts davon an die Öffentlichkeit dringen. Unter gar keinen Umständen. Wenn die Nationalsozialisten nichts erfahren, können sie den Vorsprung der Regierung nicht mehr einholen.«

Die Sekretärin ist eine Anhängerin Hitlers, und die Ermahnung des Staatssekretärs ist für sie ein besonderer Ansporn, ihre Freunde zu informieren. Es gelingt ihr, dem stellvertretenden Bundesleiter des Volkspolitischen Referats der Vaterländischen Front, Dr. Hugo Jury, einem Nationalsozialisten, der im selben Hause seinen Sitz hat, einen Zettel mit der Nachricht zuzustekken. Dr. Jury greift zum Telefon. »Herr Kamerad, was ist denn an der Nachricht von der Volksabstimmung am 13. März dran?« fragt er den Sicherheitsminister Seyß-Inquart, der nach der Berchtesgadener Konferenz in das Kabinett Schuschnigg aufgenommen werden mußte. »Das widerspricht doch dem Abkommen vom 12. Feburar. Und so kurz anberaumt!«

Seyß-Inquart ist erst unmittelbar vor der Abreise des Bundeskanzlers nach Innsbruck informiert worden, wobei ihm Schuschnigg das Ehrenwort abnahm, nichts darüber verlauten zu lassen. Der Sicherheitsminister schweigt deshalb, streitet aber den Plan nicht ab. Jury, bald darauf Gauleiter von Niederdonau, faßt das als Bestätigung auf. Er denkt darüber nach, was jetzt wohl zu tun sei. Irgend etwas muß er unternehmen. Schließlich telefoniert er mit seinem Parteigenossen Rainer, dem späteren Gauleiter von Salzburg.

Es ist inzwischen Mitternacht geworden und für eine Benachrichtigung der deutschen Gesandschaft oder einer Berliner Dienststelle zu spät. Erst am nächsten Morgen kann sich Rainer im Büro des Volkspolitischen Referats in der Seitzer Straße mit Jury und anderen Nationalsozialisten besprechen. Nach kurzer Beratung fahren sie gemeinsam zu Seyß-Inquart. In dessen Büro beschließen sie, unverzüglich Hitler zu informieren, der sich vom Berghof wieder nach Berlin begeben hat.

In der Reichskanzlei nimmt Staatssekretär Keppler, Beauftragter des »Führers und Reichskanzlers« für Wirtschaftsfragen, das Telefongespräch aus Wien entgegen. Auch über die Gegenmaßnahmen der Nationalsozialisten in der österreichischen Regierung informiert Rainer den deutschen Staatssekretär, der sich anschließend sofort bei Hitler melden läßt. »Das ist nicht möglich!« ruft dieser aus. »Drei Wochen nach dem Berchtesgadener Abkommen wird Schuschnigg nicht wagen, so etwas zu machen. Fliegen Sie sofort mit meinem Flugzeug nach Wien und informieren Sie sich an Ort und Stelle, was an den Gerüchten wahr ist.«

Die Männer in der Umgebung Hitlers haben nicht den Eindruck, daß sich der »Führer und Reichskanzler« sonderlich aufregt. Im Gegenteil, fast hat es den Anschein, als ob er die Aktion des österreichischen Bundeskanzlers begrüßt, bietet sie doch die langgesuchte Gelegenheit, die »Anschluß-Pläne« weiterzutreiben.

Gegen drei Uhr nachmittags fliegt Keppler nach Wien ab. Kurz darauf landet Odilo Globocznigg, der stellvertretende Landesleiter der österreichischen NSDAP, auf dem Flugplatz Tempelhof. Ohne Verzug fährt »Globus«, wie ihn seine Parteifreunde nennen, zur Reichskanzlei.

Seine Absicht ist eigentlich, sofort nach Wien zurückzufliegen, aber Hitler fordert ihn auf, in der Reichshauptstadt zu bleiben und abzuwarten, bis das Ergebnis der Mission Kepplers feststeht. Daß die Nachricht über eine bevorstehende Volksbefragung richtig ist, daran zweifelt Hitler nach den Meldungen von »Globus« nicht mehr.

In den Straßen der österreichischen Hauptstadt wimmelt es von Polizei. Auch militärische Einheiten und solche der regierungstreuen »Vaterländischen Front« sind in höchster Alarmbereitschaft. Die »Vaterländischen« erhalten sogar Waffen. So ist es kein Wunder, wenn die gesamte Bevölkerung an diesem Abend am Radio sitzt und der Rede des Bundeskanzlers lauscht. Selbst der Unpolitischste hat gemerkt, daß irgend etwas im Gange ist.

»Seid ihr für ein freies und deutsches, unabhängiges und soziales, für ein christliches und einiges Österreich, für Friede und Arbeit und Gleichberechtigung aller, die sich zu Volk und Vaterland bekennen?« ruft Schuschnigg von der Tribüne des größten Saales in Innsbruck seinen Zuhörern von der »Vaterländischen Front« zu. Schon die zahlreichen Mikrophone vor dem Rednerpult beweisen, daß es ein »historischer Tag« ist, dem sie beiwohnen. Begeistert rufen sie »Ja«. Es dauert Minuten, bis der Beifall abgeebbt ist. Nach Schluß der »historischen Versammlung« fährt Schuschnigg in der Gewißheit nach Wien zurück, den einzig möglichen Weg beschritten zu haben. Morgen wird er auch mit den Führern der verbotenen Sozialdemokratischen Partei verhandeln und versuchen, sie für die Volksabstimmung zu gewinnen.

Mit den Stimmen der Sozialisten könnte die Regierung ihre sonst recht schmale Basis ganz erheblich verbreitern. Daß für die Sozialdemokraten die Formulierung der Frage, die dem Volke vorgelegt werden soll, und die Schuschnigg in Innsbruck vor aller Welt ausgesprochen hat, kaum annehmbar ist, wird ihm nicht bewußt. Nur eines weiß der Bundeskanzler: daß er in den nächsten Tagen die gefährlichste Strecke seiner Amtsführung durchläuft.

Staatssekretär Keppler fliegt am Morgen des 10. März, kurz nach sechs Uhr, von Wien ab, ohne mit österreichischen Regierungsstellen verhandelt zu haben. Als er gegen zehn Uhr in der Reichskanzlei eintrifft, konferiert Hitler bereits mit Generalen süddeutscher Wehrkreise, die im Flugzeug herangeholt worden sind.

»Wien gleicht einem Hexenkessel«, berichtet Keppler. »Am erstaunlichsten ist, daß die illegalen Kommunisten heute morgen ein Flugblatt verbreitet haben. Die sind wirklich auf Draht. Natürlich verteilten auch die ›Vaterländischen‹ Flugzettel, aber die wußten ja, was bevorstand.«

Hitler hört schweigend zu. Er stellt auch keine Fragen. Es hat den Anschein, als sei schon alles entschieden. Als Keppler wissen will, ob er noch benötigt wird, befiehlt Hitler: »Bleiben Sie hier im Hause!«

Gleich nachdem Keppler Hitlers Arbeitszimmer verlassen hat, trifft der Chef des Oberkommandos der Wehrmacht, General Wilhelm Keitel, in Begleitung von Generalmajor Viebahn in der Reichskanzlei ein. »Schuschnigg hat das Berchtesgadener Abkommen gebrochen«, erklärt ihnen Hitler. »Es bleibt mir nur eines übrig, in Österreich wieder geordnete und verfassungsmäßige Zustände herzustellen. Die jetzige Lage ist eine untragbare. Gegen die deutschgesinnte Bevölkerung werden laufend Terrorakte verübt . . .«

»Mein Führer!« schaltet sich Keitel ein. »Im OKW liegt eine Generalstabsarbeit unter dem Stichwort ›Unternehmen Otto‹.«

Hitler dreht sich abrupt um. »Das sagen Sie mir erst jetzt! Lassen Sie die Arbeit sofort herholen.« Oberst Jodl beeilt sich, aus den Panzerschränken des »OKW« die Pläne zum »Unternehmen Otto« zu entnehmen und umgehend in die Reichskanzlei zu bringen. Das »Unternehmen Otto« wurde bereits im Juni 1937 vom Generalstab als Sonderfall der »Weisung für die einheitliche Kriegsvorbereitung der Wehrmacht« bearbeitet. Vornehmlich dachte man dabei an eine Thronbesteigung Otto von Habsburgs. In diesem Falle wollte Hitler seine Truppen marschieren lassen. Deswegen bekamen die Pläne auch das Stichwort »Otto«.

Der ehemalige Österreicher Hitler haßt die Habsburger beinahe noch mehr als der tschechoslowakische Staatspräsident Eduard Benesch, dessen Haß gegen das ehemalige Herrscherhaus schon krankhafte Formen angenommen hat. »Lieber den Anschluß Österreichs als die Habsburger in Wien!« hatte er 1934 ausgerufen, als Dollfuß Anstalten machte, Otto von Habsburg wieder auf den Thron zu setzen.

Ein Angriffsplan ist vom deutschen Generalstab im Vorjahr jedoch nicht ausgearbeitet worden. Erst jetzt beauftragt Keitel den Generalstabschef des Heeres, General Beck, sofort die Pläne für einen Einmarsch nach Österreich auszuarbeiten. Am Abend legt man Hitler zur Unterzeichnung nachstehendes Schriftstück vor:

Oberkommando der Wehrmacht — Berlin, den 11.3.1938
OKW L I a Nr. 420/38 g. Kdos. — 30 Ausfertigungen
Geheim!

Betr.: Unternehmen Otto
Geheime Kommandosache
Weisung Nr. 1

1. Ich beabsichtige, wenn andere Mittel nicht zum Ziele führen, mit bewaffneten Kräften in Österreich einzurücken, um dort verfassungsmäßige Zustände herzustellen und weitere Gewalttaten gegen die deutschgesinnte Bevölkerung zu unterbinden.
2. Den Befehl über das gesamte Unternehmen führe ich . . .
3. Aufgaben:
   a) Heer: Der Einmarsch nach Österreich hat in der mir vorgetragenen Art zu erfolgen. Das Ziel für das Heer ist zunächst die Besetzung von Oberösterreich, Salzburg, Niederösterreich, Tirol, die schnelle Besitznahme von Wien und die Sicherung der österreichisch-tschechischen Grenze.

b) Luftwaffe: Die Luftwaffe hat zu demonstrieren und Propagandamaterial abzuwerfen, österreichische Flughäfen für eventuell nachzuziehende Verbände zu besetzen, das Heer in dem erforderlichen Umfange zu unterstützten und außerdem Kampfverbände zu besonderen Aufträgen bereitzuhalten.

4. Die für das Unternehmen bestimmten Kräfte des Heeres und der Luftwaffe müssen ab 12. März 1938 spätestens 12.00 Uhr einmarsch- bzw. einsatzbereit sein.
5. Das Verhalten der Truppe muß dem Gesichtspunkt Rechnung tragen, daß wir keinen Krieg gegen ein Brudervolk führen wollen . . . Daher ist jede Provokation zu vermeiden. Sollte es aber zu Widerstand kommen, so ist er mit größter Rücksichtslosigkeit durch Waffengewalt zu brechen . . .

Hitler setzt seine Unterschrift darunter und ordnet zusätzlich an, tschechoslowakische Truppen, die auf österreichischem Territorium angetroffen werden, als Feinde zu behandeln, italienische jedoch als Freunde.

Am 11. März 1938, zwischen 3 und 4 Uhr morgens, läuft in Wien ein Telegramm ein. Die Beamten des Außenministeriums wissen damit nichts anzufangen und rufen den Leiter der Deutschland-Abteilung, den Gesandten Max Hoffinger, an. »Hier ist ein Telegramm auf Ihren Namen eingegangen. Aber wir wissen nicht, was es bedeuten soll . . .«

Hoffinger kam gestern erst spät ins Bett. Schläfrig fragt er zurück.

»Wie lautet der Text?«

»Leo reisefertig!«

Der Leiter der Deutschland-Abteilung ist sofort hellwach. »Leo reisefertig« ist das mit dem österreichischen Generalkonsul in München, Dr. Jordan, abgesprochene Codewort für den Fall, daß dieser etwas von einem unmittelbar bevorstehenden Einmarsch deutscher Truppen in Österreich erfährt. Der österreichische Nachrichtendienst hat prompt gearbeitet: die Befehle an die Verbände wurden erst um zwei Uhr morgens herausgegeben. Hoffinger zieht sich hastig an und verständigt seinen Außenminister Dr. Guido Schmidt, der wiederum mit dem Bundeskanzler spricht.

Kurt von Schuschnigg ist nicht sonderlich überrascht. Wenige Minuten vorher hat ihm Staatssekretär Skubl über die direkte Leitung des Polizeipräsidiums mitgeteilt:

»Die deutsche Grenze in Salzburg ist seit einer Stunde hermetisch gesperrt. Die deutschen Zollbeamten werden abgezogen. Der Zugverkehr ist unterbrochen.«

Bundeskanzler Schuschnigg verläßt seine Wohnung kurz nach sechs Uhr. Im Wagen ruft er dem Fahrer zu: »Zum Stephansdom!« Bevor er ins Amt fährt, will er erst noch der Messe beiwohnen. Für den Kanzler gibt es keinen Zweifel mehr: Dieser Tag wird für Österreich, aber auch für sein eigenes Schicksal entscheidend sein.

Im Bundeskanzleramt ist es in diesen frühen Morgenstunden noch ruhig. Vorsorglich weist Schuschnigg das Polizeipräsidium und das Gardebataillon an, die Innenstadt und die Zugänge zum Ballhausplatz abzusperren.

Bald laufen weitere Meldungen ein:

Der deutsche Sonderbotschafter Franz von Papen hat heute morgen Wien im Flugzeug verlassen –

Der Nationalsozialist Dr. Jury vom Volkspolitischen Referat hat in den »Wiener Neuesten Nachrichten« einen Artikel gegen den Wahlmodus geschrieben. Die Zeitung wurde beschlagnahmt –

Die deutsche Presse, die gestern kein Wort meldete, nimmt in den heutigen Morgenausgaben schärfstens gegen die Volksabstimmungspläne Stellung –

Das DNB (Deutsches Nachrichten-Büro) meldet kommunistische Kundgebungen in Wien zugunsten der Regierung. Allenthalben sehe man rote Fahnen mit Hammer und Sichel, und die Demonstranten brächten Rufe »Heil Moskau« und »Heil Schuschnigg« aus –

Mussolini hat recht, denkt Schuschnigg. Gegen die deutsche Propaganda kann Österreich niemals aufkommen. Interessiert schaut er dann einem seiner Sekretäre zu, der die unteren Fensterscheiben des Bundeskanzleramtes mit aufklappbaren Panzerplatten versieht. Ist es schon soweit? Und was wird, wenn es zu Blutvergießen kommt wie im Februar 1934 gegen die Sozialdemokraten und im Juli desselben Jahres gegen die Nationalsozialisten?

Außenminister Dr. Schmidt meldet, daß er Auftrag gegeben habe, mit London und Rom Fühlung aufzunehmen. Mit Paris in Verbindung zu treten ist zwecklos, da dort gerade wieder einmal die Regierung zurückgetreten ist. Die zuständigen Minister und Staatssekretäre in der Downingstreet und in Rom im Palazzo Chigi und im Palazzo Venezia lassen sich verleugnen. Nur untergeordnete Beamte nehmen die Anfragen Wiens entgegen und erklären fast wörtlich übereinstimmend, der Herr Minister sei noch nicht im Amt, aber man werde ihn in Kenntnis setzen.

Der Gesandte Max Hoffinger bemüht sich inzwischen, mit den ausländischen Vertretern in Wien in Verbindung zu kommen. Der Franzose Puaux verspricht zwar, sich für Österreich zu verwenden, verweist aber in resignierendem Tone auf die Regierungskrise in Paris. Der englische Gesandte Palairet, der erst vor kurzem sein Beglaubigungschreiben abgegeben hat, ist noch nicht eingearbeitet genug, um irgend etwas Positives sagen zu können. Der Italiener weiß natürlich, daß Rom nicht eingreifen will. Er nimmt die Klage Hoffingers höflich zur Kenntnis und antwortet: »Ich werde meiner Regierung sofort Mitteilung machen . . .« Auch die Gesandten Polens und Jugoslawiens zeigen sich außerordentlich zurückhaltend. »Sie haben uns bereits zu den Toten geworfen«, kommentiert Hoffinger das Verhalten der Diplomaten.

Der österreichische Minister Glaise-Horstenau, einer der heimlichen Nazis im Kabinett Schuschnigg, der bis gestern abend in der Wohnung Görings in einer Art »Hausarrest« gesessen hat, trifft mit dem Flugzeug gegen neun Uhr morgens in Aspern bei Wien ein. Aus der gleichen Maschine steigt auch Görings Schwager, der Notar Hueber aus Salzburg. Er teilt dem zur Begrüßung von Glaise-Horstenau erschienen Seyß-Inquart mit, daß auch ein Sonderkurier angekommen sei. »Er überbringt einen Brief Hitlers für Sie mit wichtigen Nachrichten.«

»Würden Sie den Brief für mich auf der deutschen Gesandtschaft abholen?« bittet Seyß-Inquart. Hueber erklärt sich dazu bereit.

Während die beiden Minister im Restaurant des Flughafens eine Tasse Kaffe trinken, berichtet Glaise-Horstenau: »Hitler hat geschrien und getobt. Er will mit Bomben und Flugzeugen über Österreich herfallen. Bereits morgen will er marschieren, damit die Volksabstimmung übermorgen gar nicht erst stattfinden kann.«

Nachdem Hueber das Schreiben Hitlers herbeigeschafft hat, fährt Seyß-Inquart mit Glaise-Horstenau zum Ballhausplatz. Im Auto lesen sie, was der »Führer und Reichskanzler« fordert. Er verlangt, daß die Volksabstimmung um einige Wochen verschoben und ihre ordnungsgemäße Durchführung gesichert wird. Im Falle einer Ablehnung werde es sicher zu Demonstrationen kommen und dann müsse er unter allen Umständen für Ruhe und Ordnung sorgen. Die Erfüllung dieser Forderungen ist bis Mittag zwölf Uhr befristet. Dem Brief liegt auch der Entwurf eines Telegramms bei, das notfalls an Hitler geschickt werden soll. Es ist die Bitte um den Einmarsch deutscher Truppen in Österreich zur Wiederherstellung der Ruhe und Ordnung.

»Eigentlich sollte ich diese Schriftstücke befördern«, sagt Glaise-Horstenau, »aber ich habe es abgelehnt. Schließlich bin ich nicht Hitlers Briefträger.«

Der Wagen hält am Ballhausplatz vor dem Amtssitz des Bundeskanzlers und des Außenministers. Glaise-Horstenau unterrichtet Schuschnigg über seine Gespräche mit Hitler und Göring. Anschließend macht Seyß-Inquart den Kanzler darauf aufmerksam, daß eventuelle Unruhen unweigerlich den Einmarsch der deutschen Truppen auslösen würden.

»Damit wird sich Hitler vor der ganzen Welt ins Unrecht setzen«, antwortet Schuschnigg.

»Kaum«, erwidert Seyß-Inquart, »es wird sich schon jemand finden, der einen Hilferuf an den Führer schickt, in Österreich einzumarschieren.« Daß er den Entwurf dazu bereits in der Tasche hat, verschweigt er.

Die Uhr zeigt 11.30 Uhr. In einer halben Stunde läuft die von Hitler gesetzte Frist ab. »Herr Bundeskanzler«, sagt Seyß-Inquart, »darf ich Sie bitten, mir bis vierzehn Uhr eine Nachricht zu übermitteln, ob Sie bereit sind, auf das Schreiben Hitlers einzugehen? Falls sie glauben, dazu nicht in der Lage zu sein, müßte ich zurücktreten.«

Glaise-Horstenau schließt sich dieser Drohung mit dem Rücktritt an und sagt dann noch: »Du, wenn wir nicht mit dem Plebiszit aufhören, marschiert der Hitler ein . . .«

Die Frist, die Seyß-Inquart stellte, wird dann bis 15 Uhr verlängert, damit Bundeskanzler Schuschnigg mit dem österreichischen Bundespräsidenten Miklas verhandeln kann. Seyß-Inquart und Glaise-Horstenau sprechen inzwischen mit Außenminister Schmidt und Staatssekretär Zernatto. Um 14.45 Uhr kehrt Schuschnigg in das Bundeskanzleramt am Ballhausplatz zurück und läßt wissen, daß er bereit ist, die Volksabstimmung auf unbestimmte Zeit zu vertragen. »Gott sei Dank!« ruft Glaise-Horstenau. »Das Ärgste ist nun überwunden.«

Im selben Moment wird Seyß-Inquart an das Telefon gerufen. »Hier ist die Reichskanzlei in Berlin«, meldet die Vermittlung. Gleich darauf ist Göring am Apparat. »Bundeskanzler Schuschnigg hat die Forderung des Führers erfüllt und die Volksabstimmung abgesetzt«, meldet Seyß-Inquart. In der Telefonüberwachungszentrale der Luftwaffe schaltet sich ein Kontrollbeamter ein. Er nimmt jedes Wort auf. Einige Wochen später werden die Berichte Göring als historische Dokumente feierlich übergeben. (Diese Mappe ist erhalten geblieben.)

»Es sind umfangreiche Sicherheitsmaßnahmen getroffen worden, Herr Generalfeldmarschall«, berichtet Seyß-Inquart weiter. »Unter anderem ist ein Ausgangsverbot für die Zeit nach 22 Uhr verhängt worden.«

Göring hockt in der Reichskanzlei in Berlin in einem Sessel und lauscht auf die Stimme des österreichischen Ministers. Der Wiener Tonfall irritiert ihn. Zu weich, fährt es ihm durch den Kopf, viel zu weich. Die »Ostmärker« da unten brauchen preußische Ordnung. »Damit können wir uns nicht einverstanden erklären«, unterbricht Göring den Redefluß Seyß-Inquarts. »Wir fordern jetzt auch den Rücktritt Schuschniggs. Nach dem Bruch des Berchtesgadener Abkommens haben wir kein Vertrauen mehr zu ihm. Die nationalen Minister müssen zurücktreten und so den Kanzler zwingen, seine Demission einzureichen. Wenn in einer Stunde kein Bescheid vorliegt, muß ich annehmen, daß Sie nicht mehr in der Lage sind zu telefonieren . . .« Seyß-Inquart hängt den Hörer ein. Ihm ist klargeworden, daß es Hitler, vielleicht auch nur Göring, gar nicht darauf ankommt, lediglich die Volksabstimmung zu unterbinden. Sie wollen mehr.

Im übrigen ist tatsächlich Göring die treibende Kraft. Er steht vor der größten Stunde seines Lebens, und er ist es, der den noch zögernden Hitler mitreißt und den Anschluß Österreichs schließlich durchsetzt.

Hitler läßt Keppler kommen. »Sie fliegen sofort nach Wien«, wird ihm befohlen. »Drohen Sie mit dem Einmarsch deutscher Truppen. In jedem Falle müssen Sie auf dem Rücktritt Schuschniggs bestehen. Er hat das Berchtesgadener Abkommen gebrochen.« Nach kurzer Überlegung fährt Hitler fort: »Im Prinzip will ich das Abkommen aufrechterhalten. Aber es muß eine richtige Regierung gebildet werden. Am liebsten wäre mir, wenn Seyß-Inquart Bundeskanzler wird.«

Keppler fährt zum Flughafen Berlin-Tempelhof, wo seit heute morgen einige Maschinen startbereit stehen, um sofort aufsteigen zu können. Es ist 15.30 Uhr, und das Flugzeug braucht bis Wien zwei Stunden. Aber bevor Keppler landet und die deutsche Gesandtschaft erreicht, ist die Entscheidung bereits gefallen. Wenige Minuten vor vier Uhr nachmittags ruft Seyß-Inquart die Reichskanzlei an und teilt Göring mit, daß sich der Bundeskanzler soeben zu Bundespräsident Miklas begeben habe, um die Demission des Kabinetts einzureichen.

»Haben Sie den Auftrag bekommen, eine Regierung zu bilden?« fragt Göring.

»Natürlich nicht. Formell ist Schuschnigg noch Kanzler«, antwortet Seyß-Inquart.

»Keppler ist unterwegs«, antwortet Göring. »Er bringt die Bedingungen des Führers. Die Nachfolge müssen Sie antreten. Er bringt auch eine Ministerliste mit.«

Noch ist bei diesem Gespräch vom Anschluß nicht die Rede.

Berlin gibt sich mit einer »gleichgeschalteten Regierung« in Wien zufrieden. Aber während sich Seyß-Inquart bemüht, eine Liste von Männern zusammenzustellen, die für die Unabhängigkeit Österreichs eintreten und die dennoch von Berlin akzeptiert würden, sind die Dinge bereits weiter fortgeschritten. Auf die Hilferufe Schuschniggs in Rom hat Mussolini antworten lassen:

»Die italienische Regierung erklärt, wenn sie konsultiert wird, in der gegenwärtigen Lage keinen Rat erteilen zu können.«

Göring weiß zwar nicht, was der Duce nach Wien telegraphieren ließ, aber er spürt, daß von Rom kein Widerstand mehr zu erwarten ist. So stößt er immer weiter vor . . .

Das Flugzeug Kepplers kreist über Wien. Zur selben Zeit notiert der Kontrollbeamte im »Forschungsamt der Luftwaffe« ein neues Gespräch: 17.20 Uhr.*)

Göring: »Der Globocznigg teilte mir mit, daß Sie die Kanzlerschaft bekommen hätten.«

Seyß-Inquart: »Ich selbst? Wann hat er das gesagt?«

Göring: Vor einer Stunde. Er sagte, Sie hätten die Kanzlerschaft.«

Seyß-Inquart: »Das ist nicht so. Ich habe dem Bundespräsidenten den Vorschlag gemacht, mir die Kanzlerschaft zu geben. Das dauert bei ihm allgemein vier bis fünf Stunden! Was die Partei betrifft, so haben wir die Formationen SA und SS angewiesen, daß sie den Ordnungsdienst übernehmen.«

Göring: »Also, das geht so nicht! Das geht unter keinen Umständen! Die Sache ist jetzt im Rollen. Also bitte: es muß jetzt sofort dem Bundespräsidenten mitgeteilt werden, daß er unverzüglich Ihnen die Macht zu übergeben hat als Bundeskanzler und daß er das Ministerium so anzunehmen hat, wie es gesagt worden war, also Sie Bundeskanzler und das Heer . . .«

Seyß-Inquart: »Herr Generalfeldmarschall, jetzt ist der Mühlmann gerade gekommen, der war dort. Darf er Ihnen berichten?«

Göring: »Ja!«

---

*) Der folgende Text ist die wörtliche, nur unwesentliche gekürzte Wiedergabe der Telefongespräche, wie sie am Nachmittag des 11. 3. 1938 zwischen Berlin und Wien geführt wurden.

Mühlmann: »Die Situation ist so, daß der Bundespräsident noch immer die Zustimmung hartnäckig verweigert und eine diplomatische Aktion, eine offizielle, seitens des Reiches fordert. Wir wollten ihm nahelegen, in dieser aussichtslosen Situation das einzig Mögliche zu tun, nämlich ja zu sagen. Er hat uns nicht einmal vorgelassen. Es sieht insofern also aus, als ob er keineswegs gewillt wäre, nachzugeben.«

Göring: »Geben Sie mir Seyß-Inquart!«

Seyß-Inquart: »Ich bin am Apparat.«

Göring: »Also bitte folgendes: Sie möchten sich sofort mit dem Generalleutnant Muff (dem deutschen Militärattaché in Wien) zum Bundespräsidenten begeben und ihm sagen: wenn er nicht unverzüglich die Forderungen annimmt, dann erfolgt heute nacht der Einmarsch der bereits an der Grenze aufmarschierten und anrollenden Truppen auf der ganzen Linie, und die Existenz Österreichs ist vorbei! . . . Bitte geben Sie uns unverzüglich Nachricht, auf welchem Standpunkt Miklas bleibt. Sagen Sie ihm, es gibt keinen Spaß jetzt! . . . Der Einmarsch wird nur dann aufgehalten, wenn wir bis 19 Uhr 30 Meldung haben, daß der Miklas die Kanzlerschaft Ihnen übertragen hat . . . Lassen Sie dann im ganzen Land die Nationalsozialisten losgehen. Sie dürfen jetzt überall auf die Straße gehen. Also bis 19 Uhr 30 Meldung!«

Um 19.30 Uhr versammelten sich die Mitglieder der zurückgetretenen Regierung und rund dreißig höhere Beamte im Roten Salon des Bundeskanzleramtes am Ballhausplatz. Kurz darauf betritt Schuschnigg in Begleitung des Bundespräsidenten Miklas den Raum. Die österreichische Rundfunkgesellschaft, die »Rawag«, hat ein Mikrophon aufgestellt, um dem Bundeskanzler den Weg in die Senderäume zu ersparen. Punkt 19.45 Uhr tritt der Rundfunkansager vor und sagt ins Mikrophon: »Es spricht der Herr Bundeskanzler.«

Schuschnigg zieht ein Manuskript aus der Tasche und beginnt den Text zu verlesen: »Der heutige Tag hat uns vor eine schwere und entscheidende Situation gestellt. Ich bin beauftragt, dem österreichischen Volk über die Ereignisse des Tages zu berichten . . .« Im Saal herrscht Totenstille. Aber auch draußen, in den

Wohnungen und Kaffeehäusern, den Wirtschaften und auf dem flachen Lande und in den Einödhöfen auf den Bergen, wo das österreichische Volk der Ansprache lauscht, ist es still wie in einer Kirche.

Schuschnigg berichtet von den Ultimaten, die im Laufe des Tages von Berlin aus gestellt worden sind und spricht dann von den Nachrichten, die deutsche Agenturen verbreiten und die von Strömen von Blut zu berichten wissen, die angeblich in Österreich geflossen seien. Dann fährt er, jedes Wort einzeln betonend, fort: »Der Herr Bundespräsident beauftragte mich, dem österreichischen Volke mitzuteilen, daß wir der Gewalt weichen. Wir haben, weil wir um keinen Preis gesonnen sind, auch in dieser ernsten Stunde nicht, deutsches Blut zu vergießen, unserem Bundesheer den Auftrag gegeben . . . sich ohne Widerstand zurückzuziehen und die Entscheidung der nächsten Stunde abzuwarten . . . So verabschiede ich mich in dieser Stunde von dem österreichischen Volk mit einem deutschen Wort und einem Herzenswunsch: Gott schütze Österreich!«

Um dieselbe Zeit telefoniert der nach Wien gesandte Vertrauensmann Hitlers, Wilhelm Keppler, mit der Reichskanzlei:

Keppler: »Ich habe mit Muff gesprochen, Muff ist jetzt oben gewesen beim Präsidenten. Der hat wieder abgelehnt.»

Göring: »Wo ist der Muff jetzt?«

Keppler: »Der Muff ist wieder' runtergekommen. Seine Aktion war erfolglos.«

Göring: »Ja was sagt er denn?«

Keppler: »Er (der Bundespräsident) würde das nicht tun.«

Göring: »Dann soll ihn der Seyß-Inquart absetzen. Gehen Sie nochmal 'rauf und sagen Sie ihm ganz glatt, der Seyß-Inquart soll die nationalsozialistische Wache aufrufen, und die Truppen bekommen jetzt in fünf Minuten von mir den Befehl zum Einmarsch . . .«

Eine Viertelstunde später spricht Göring mit Seyß-Inquart:

Göring: »Also gut! Ich gebe den Befehl zum Einmarsch, und dann sehen Sie zu, daß Sie sich in den Besitz der Macht setzen! Machen Sie die führenden Leute auf folgendes aufmerksam, was ich Ihnen jetzt sage: Jeder, der Widerstand leistet oder Widerstand organisiert, verfällt augenblicklich . . . den Standgerichten der einmarschierenden Truppen. Ist das klar?«

Seyß-Inquart: »Ja!«

Göring: »Einschließlich führender Persönlichkeiten. Ganz gleichgültig!«

Seyß-Inquart: »Die haben den Befehl gegeben, keinen Widerstand zu leisten.«

Göring: »Ganz egal! Der Bundespräsident hat Sie nicht (mit der Regierungsbildung) beauftragt, und das ist auch Widerstand!«

Seyß-Inquart: »Na ja.«

Göring: »Gut! Also Sie haben den offiziellen Auftrag!«

Seyß-Inquart: »Ja.«

Göring: »Also, alles Gute, Heil Hitler.«

Um 20.48 Uhr telefoniert Göring mit Keppler.

Göring: »Nun passen Sie auf: folgendes Telegramm soll der Seyß-Inquart hersenden. Schreiben Sie es auf:

›Die provisorische österreichische Regierung, die nach der Demission der Regierung Schuschnigg ihre Aufgabe darin sieht, die Ruhe und Ordnung in Österreich wiederherzustellen, richtet an die deutsche Regierung die dringende Bitte, sie in ihrer Aufgabe zu unterstützen und ihr zu helfen, Blutvergießen zu verhindern. Zu diesem Zweck bittet sie die deutsche Regierung um baldmöglichste Entsendung deutscher Truppen.‹«

Keppler: »Also, es marschieren SA und SS durch die Straßen. Es ist aber sehr ruhig.«

Göring läßt sich nicht im geringsten beeinflussen:

»Also! Bitte, legen Sie ihm das Telegramm vor und sagen Sie ihm, wir bitten – er braucht das Telegramm ja gar nicht abzuschicken – er braucht nur zu sagen: einverstanden.«

Keppler: »Jawohl!«

Seyß-Inquart denkt gar nicht daran, sein Einverständnis zu geben. Deshalb ruft um 21.45 Uhr Reichspressechef Dietrich an.

Dietrich: »Ich brauche dringend das Telegramm!«

Keppler: »Sagen sie dem Generalfeldmarschall, daß Seyß-Inquart einverstanden wäre.«

Dietrich: »Das ist hervorragend. Ich danke Ihnen!«

In Wirklichkeit hat Seyß-Inquart nie ein Telegramm abgeschickt und niemals das Wort »einverstanden« telegrafieren lassen. Es war auch nicht notwendig. Bereits zehn Minuten, bevor so dringend um die Absendung des Telegramms gebeten wurde, erteilte Hitler seinen Truppen den Befehl, in Österreich einzumarschieren.

Gegen Mitternacht entschließt sich Bundespräsident Miklas, Seyß-Inquart mit der Bildung einer neuen Regierung zu betrauen. In der ersten Stunde des 12. März 1938 spricht der Landesleiter der österreichischen NSDAP, Major a. D. Klausner, über den Wiener Rundfunk: »In tiefer Bewegung verkünde ich in dieser feierlichen Stunde: Österreich ist frei geworden. Österreich ist nationalsozialistisch. Durch das Vertrauen des ganzen Volkes emporgetragen, ist eine neue Regierung gebildet worden . . . In dieser Stunde gedenken wir in tiefster Dankbarkeit und Liebe unseres Führers Adolf Hitler . . . Unser Ziel ist erreicht: Ein Volk, ein Reich, ein Führer. Heil unserem Führer! Heil Hitler!«

Doch die Regie klappt nicht. Während Major a. D. Klausner diese Worte über den Wiener Rundfunk in den Äther ruft, erklären die deutschen Sender: »In Wien ist ein blutiger Kommunisten-Aufstand losgebrochen. Die Regierung Schuschnigg ist nicht mehr Herr der Lage. Angesichts der ungezählten Toten, die in die Hunderte gehen . . .«

Kurt von Schuschnigg, vor wenigen Stunden noch österreichischer Bundeskanzler, steht am Fenster seines Arbeitszimmers. Der Ballhausplatz zwischen dem nördlichen Flügel der Hofburg und dem Bundeskanzleramt liegt für gewöhnlich nach Mitternacht einsam und verlassen da. Nur selten überquert ihn um diese Zeit ein einzelner Zecher, der zu lange beim »Heurigen« saß, oder ein Liebespärchen, das sich auf dem Weg in die Innenstadt verspätet hat. Doch in dieser Nacht wimmelt es von Passanten. Haufen von jungen Menschen stehen an den Ecken, vom Schein der Laternen gespenstisch beleuchtet, oder schlendern vom Ballhausplatz hinüber zum Heldenplatz. Sind es vielleicht wirklich Kommunisten?

Auf den Plätzen um die Hofburg spürt man die achthundertjährige Geschichte dieses Staates am stärksten. Hier stehen, in Erz gegossen, die Denkmäler von Grillparzer, der Kaiserin Elisabeth, die ein Anarchist ermordet hat, des Edlen Ritters Prinz Eugen, von Kaiserin Maria Theresia, Kaiser Joseph, Erzherzog Karl, der Napoleon bei Aspern besiegte, von Mozart, Bruckner, Beethoven, Schubert und Johann Strauß. Auch das Burgtheater, das neugotische Rathaus, das Parlament und die Universität liegen in diesem Ersten Bezirk der alten Kaiserstadt, die bis vor zwei Jahrzehnten Herzkammer eines großen Reiches war.

Natürlich sind es keine Kommunisten, die unten auf dem Ballhausplatz und am Ring stehen und die sich anschicken, in die Regierungsgebäude zu stürmen. Schuschnigg weiß es nur zu gut. Es sind auch keine Anhänger der »Vaterländischen Front«, die gekommen sind, die Regierung zu verteidigen. Nein, die finster dreinblickenden Männer mit den benagelten Bergschuhen sind Nationalsozialisten. Man erkennt sie deutlich an dem Braunhemd unter der Trachtenjoppe und an den weißen Strümpfen.

Vorsorglich beziehen sie schon jetzt Posten, damit ihnen keiner »auskommt«. In den vier Jahren des unterirdischen Kampfes gegen das »Dollfuß-Regime« hat sich in ihnen ein unbändiger Haß aufgestaut. Schuschnigg wird bestürzend klar: einen kommunistischen Aufstand könnte man niederschlagen, doch gegen die nationalsozialistischen Demonstranten gibt es keine Mittel mehr.

Nicht nur am Ballhausplatz spürt man die hektische Betriebsamkeit, die in dieser Nacht vom 11. zum 12. März 1938 die Hauptstadt der Bundesrepublik Österreich erfaßt hat. In allen Stadtteilen rauchen Schornsteine, weil die Bewohner kompromittierende Papiere verbrennen: marxistische Schriften, Flugblätter für die am 13. März angesetzte Volksabstimmung, regierungstreue Zeitungen und antinationalsozialistische Bücher, aber auch Mitgliedsausweise der »Vaterländischen Front« und der alten Sozialdemokratischen Partei.

Auch Zehntausende von Streichholzschachteln samt Inhalt

wandern in das Feuer. Die »Vaterländische Front« hatte zu Propagandazwecken ihr Abzeichen, das Krukenkreuz, auf Streichholzschachteln anbringen lassen. Das kann jetzt peinliche Folgen haben. Sparsame Gastwirte und die Trafikanten der österreichischen Tabakregie allerdings bringen es nicht übers Herz, die kostbare Ware ins Feuer zu werfen. Sie besorgen sich Kleister und überkleben in dieser ereignisreichen Nacht vom 11. zum 12. März die Schächtelchen mit neuen, schnell beschafften Etiketten. Sie tragen das Hakenkreuz.

Eines an dem reichsdeutschen Radiobericht von dem »kommunistischen Aufstand« stimmt: die Hunderte von Toten. Nur fielen diese Menschen nicht im offenen Kampf; sie setzten ihrem Leben selber ein Ende oder wurden von unbekannten SA- und SS-Männern umgebracht. Der ehemalige Sicherheitsminister Fey, der bei dem Dollfuß-Mord vor vier Jahren eine so zwielichtige Rolle gespielt hat, erschießt im Morgengrauen des 12. März seinen Sohn, seine Frau und dann sich selbst. General Zehner dagegen, den noch vor wenigen Stunden – nach dem Rücktritt Schuschniggs – Bundespräsident Miklas als möglichen Bundeskanzler vorgeschlagen hatte, wird ermordet.

In den frühen Morgenstunden des 12. März gleichen die Bahnhöfe wimmelnden Ameisenhaufen. Tausende von Großkaufleuten, Bankiers, hohen Beamten, Rechtsanwälten, Ärzten und Journalisten versuchen, mit den Frühzügen das Land zu verlassen, bevor die deutschen Truppen die österreichische Grenze überschreiten. An vielen Schaltern sind die Fahrkarten nach kurzer Zeit ausverkauft, und die Eisenbahnbeamten müssen die Billets mit der Hand ausstellen.

Andere versuchen, im Auto zu fliehen. Taxichauffeure fordern für die Fahrt zur Grenze kleine Vermögen. Auf den Ausfallstraßen in Richtung Ungarn, Tschechoslowakei und Jugoslawien reiht sich bald Wagen an Wagen. Auch vor den Konsulaten und Gesandtschaften bilden sich lange Schlangen. Schon nachts stellen sich die Menschen an, um sicher ein Einreisevisum zu erhalten.

Auf dem Ostbahnhof fährt gegen drei Uhr morgens plötzlich ein Auto vor, dem eine Handvoll junger Burschen entsteigt. Hakenkreuzbinden am Arm, die Stutzen umgehängt, durchsuchen sie die Waggons eines gerade zusammengestellten Zuges nach Preßburg. Ohne Mandat überprüfen sie die Pässe, wühlen in Koffern und befehlen Familien, die ihnen nicht gefallen oder die nicht genug Schweigegeld bezahlen können, wieder auszusteigen. Eine Menschenjagd sondergleichen hat begonnen, noch bevor deutsche Truppen österreichischen Boden betreten haben. Sechs Stunden zuvor hatte Hitlers Vertrauensmann in Wien, Staatssekretär Keppler, von Göring durchs Telefon den Befehl erhalten: »Passen Sie genau auf: Seyß-Inquart soll die Grenzen besetzen lassen, damit die Juden nicht mit dem Vermögen abschieben . . .«

Wer flieht, hofft zuversichtlich, daß die Flucht ins Ausland auch gelingt. Noch hat es sich nicht herumgesprochen, daß in Ungarn, der Tschechoslowakei, in Jugoslawien und auch in der Schweiz die Grenzbeamten Anweisung bekommen haben, strengste Maßstäbe anzulegen. Im Jahre 1938 nimmt kein Staat gern Emigranten aus dem Dritten Reich auf. Nach einigen Tagen wird die Einreise nicht nur verweigert, man übergibt die Flüchtlinge sogar den deutschen Zollbehörden oder der Polizei, um sicherzugehen, daß sie nicht »schwarz« zurückkehren. Andere irren tagelang im Grenzgebiet hin und her, bis sie eine SA-Streife aufgreift oder bis sie ihrem Leben freiwillig ein Ende setzen. Nur wenigen gelingt es, ohne Paß oder Visum durch die Maschen der Grenzbewachungen ins rettende Ausland zu entkommen.

Das letzte Telefongespräch mit Keppler unterbricht Göring mit den Worten: »Ich habe nicht viel Zeit und kann nicht mehr lange auf die Bitte der neuen österreichischen Regierung um deutsche Hilfe warten. Ich muß zum Fliegerball . . .«

Um sich in seiner neuen Würde als Generalfeldmarschall endlich einmal produzieren zu können, hat Göring schon vor Wochen das Diplomatische Corps in das »Haus der Flieger« eingeladen. Nur der österreichische Gesandte Tauschitz und der Militärattaché haben ihre Teilnahme abgelehnt. Rund tausend Gäste sind anwesend: außer den Diplomaten auch die hohe Generalität und die Ministerialbürokratie. Als Staffage wurde die Prominenz von Film und Bühne eingeladen. Viele von den Gästen haben kurz vorher am Radio noch die Rundfunkrede des zurückgetretenen österreichischen Bundeskanzlers Kurt von Schuschnigg gehört. Das unmittelbar darauf folgende deutsche Dementi lautete:

»Der frühere österreichische Bundeskanzler, Dr. Schuschnigg, hielt heute um 19.45 Uhr eine Ansprache, in der er eine Reihe von unwahren Behauptungen aufstellte. Schuschnigg behauptete, daß die deutsche Regierung von Österreich in einem befristeten Ultimatum die Bildung einer neuen Bundesregierung verlangt hätte.

Diese Behauptung Schuschniggs ist unwahr. Nicht die deutsche Reichsregierung stellte ein solches Ultimatum, sondern österreichische Stellen und österreichische Minister waren es, die angesichts der immer mehr sich zuspitzenden Lage in Österreich dem Bundespräsidenten derartige Forderungen unterbreiteten.

Schuschnigg behauptete weiter, die deutsche Reichsregierung habe von dem Bundespräsidenten in ultimativer Form verlangt, die Regierung nach Vorschlägen der deutschen Regierung zu bilden. Auch dies entspricht nicht den Tatsachen. Vielmehr haben österreichische Regierungskreise in voller Erkenntnis der Lage in Österreich dem Bundespräsidenten solche Forderungen gestellt.«

Auch der englische Botschafter, Sir Nevile Henderson, ist erschienen. Er hofft Hermann Göring, der schon seit Tagen nicht zu erreichen war, heute abend endlich sprechen zu können. Doch kaum ist Sir Nevile im »Haus der Flieger« eingetroffen, übergibt ihm sein Botschaftsrat Kirkpatrick ein Telegramm mit der Anweisung, sich wegen der Vorgänge in Wien sofort mit Herrn von Neurath in Verbindung zu setzen, der den in London weilenden neuen deutschen Außenminister Ribbentrop vertritt. Während Sir Nevile das Telegramm liest, stockt das Fest. Als der Botschafter dann betont langsam und nachdenklich zum Ausgang geht, verfolgen ihn tausend Augenpaare. Verläßt er den Saal, um der Reichsregierung ein Ultimatum zu überbringen?

Auf den Gesichtern der Generale, die wissen, daß um 20.45 Uhr der Befehl zum Überschreiten der Grenze herausgegeben worden ist und daß die ersten deutschen Truppen bei Morgengrauen in Österreich einmarschieren werden, spiegelt sich drückende Sorge. Kommt es zum Kriege? Sie wollen keinen Krieg, sehen aber auch keine Möglichkeit, sich Hitlers Befehlen zu widersetzen.

Noch bevor Henderson den Ausgang des Saales erreicht, erscheint Göring in der ordenübersäten Uniform eines Generalfeldmarschalls. Jovial grüßt er mit dem Marschallstab nach allen Seiten. Als er Sir Nevile erkennt, geht er auf ihn zu, schüttelt ihm die Hand und führt ihn zurück in den Saal. Die Festgäste schöpfen wieder Hoffnung, daß das Gespenst eines Krieges vorbeigehen wird. So wie die hohen Herren miteinander sprechen, spricht man eigentlich nicht mit dem Feind von morgen.

Nachdem Göring Platz genommen hat, beginnt das Ballett der Preußischen Staatsoper. Die Scheinwerfer begleiten die Tanzenden, aber sie dienen auch als Beleuchtung für Göring, der aus seinem Programmheft ein Blatt herausgerissen hat und darauf mit einem Bleistift schreibt: »Gleich wenn die Musik vorüber ist, möchte ich Sie sprechen und Ihnen alles erklären.« Die letzten vier Worte unterstreicht er dick. Die neben ihm sitzende Gattin des amerikanischen Botschafters Hugh Wilson überreicht Sir Nevile, der gerade gehen will, den Zettel. Der Botschafter liest ihn interessiert und sagt sich, daß es zweifelsohne wichtiger ist, mit Göring zu verhandeln als mit Neurath.

Fast eine Stunde sprechen dann der englische Botschafter und Göring in den für den Marschall im »Haus der Flieger« reservierten Privatgemächern miteinander. Sir Nevile tritt für den zurückgetretenen österreichischen Bundeskanzler ein: »Tun Sie bitte Ihr möglichstes, Exzellenz, damit Herr von Schuschnigg und seine Mitarbeiter mit Schicklichkeit behandelt werden, wie das unter Gentlemen üblich ist . . .«

Göring gibt sein Ehrenwort, daß Schuschnigg nichts geschehen werde. Vierzehn Stunden später steht der ehemalige österreichische Bundeskanzler unter Hausarrest, und achtzehn Tage nach dem Einmarsch wird er verhaftet. Erst nach sieben Jahren ist er wieder ein freier Mann.

Um dieselbe Stunde, in der Henderson mit Göring spricht, telefoniert Prinz Philipp von Hessen von Rom aus mit Hitler in der Reichskanzlei. Philipp, aus der Linie der Landgrafen von Hessen, flog erst an diesem Morgen in die italienische Hauptstadt, um einen Brief des »Führers« an Mussolini zu überbringen. Als Gatte der Prinzessin Mafalda von Savoyen, einer Tochter des italienischen Königs, ist der Prinz für derartig delikate Aufgaben besonders geeignet. Rom ist seine zweite Heimat. Ihm wurde auch sofort eine Audienz im Palazzo Venezia gewährt, unmittelbar nach dem Besuch des englischen Botschafters.

Der Duce liest Hitlers Brief und bittet dann den deutschen Schwiegersohn des italienischen Königs um einige Erläuterungen. Unmittelbar darauf eilt Prinz Philipp zur deutschen Botschaft in der Villa Wolkonsky und läßt sich mit der Reichskanzlei in Berlin verbinden. Der Überwachungsbeamte im »Forschungsamt der Luftwaffe« schaltet das Aufnahmegerät ein, und am Morgen schreibt es ein Beamter ins reine:

Philipp von Hessen verlangt den Führer.*)
11. 3. 38 FL Zürich 22.24–22.29

Hessen: Ich komme eben zurück aus dem Palazzo Venezia. Der Duce hat die ganze Sache sehr, sehr freundlich aufgenommen. Er läßt Sie sehr herzlich grüßen. Man hätte ihm die Sache von Österreich aus mitgeteilt, am Montag hätte es Schuschnigg mitgeteilt. Da hätte er gesagt, das wäre eine vollkommene Unmöglichkeit, ein Bluff. Man könnte so etwas nicht machen. Darauf hätte er ihm geantwortet, das wäre leider schon so festgesetzt, und man könne davon nicht abgehen. Dann hätte Mussolini gesagt, damit wäre Österreich eine abgetane Angelegenheit für ihn.

Führer: Dann sagen Sie Mussolini, ich werde ihm das nie vergessen.

Hessen: Jawohl.

Führer: Nie, nie, nie, es kann sein, was sein will. Ich bin jetzt bereit, mit ihm in eine ganz andere Abmachung zu gehen.

Hessen: Jawohl, das habe ich ihm auch gesagt.

---

*) Originaldokument, an dem nur sinnstörende Hörfehler verbessert wurden.

Führer: Wenn die österreichische Sache jetzt aus dem Weg geräumt ist, bin ich bereit, mit ihm durch dick und dünn zu gehen, das ist mir alles gleichgültig.

Hessen: Jawohl, mein Führer.

Führer: Passen Sie mal auf, ich mache jetzt auch jedes Abkommen. Ich fühle mich auch jetzt nicht mehr in der furchtbaren Lage, die wir doch militärisch hatten für den Fall, daß ich in Konflikt gekommen wäre. Sie können ihm das nur mal sagen. Ich lasse ihm wirklich herzlich danken. Ich werde das ihm nie, nie vergessen.

Hessen: Jawohl, mein Führer.

Führer: Schön.

Hitler hat kaum aufgelegt, als das Auswärtige Amt aus Rom meldet: »Der englische Außenminister Viscount Halifax hat bereits heute nachmittag, wie Graf Ciano dem Prinzen von Hessen mitteilte, nach Berlin, Paris, Prag, Rom und Budapest durchgeben lassen, die Regierung Seiner Majestät könne die Verantwortung nicht dafür übernehmen, dem Bundeskanzler Schuschnigg zu Handlungen zu raten, die sein Land Gefahren aussetzen würden, gegen die Seiner Majestät Regierung keinen Schutz garantieren könne.«

Ferner berichtet der deutsche Geschäftsträger in Rom, die französische Regierung habe versucht, in der österreichischen Frage mit der italienischen Regierung ein gemeinsames Vorgehen zu erörtern, die italienische Regierung habe jedoch jede Erörterung abgelehnt. Wie die deutsche Botschaft in Paris melde, hätten zahlreiche französische Abgeordnete geäußert, man sei froh, mit Österreich nicht durch einen militärischen Hilfeleistungsvertrag wie mit der Tschechoslowakei verbunden zu sein. Außerdem habe heute nachmittag der jugoslawische Gesandte im Auswärtigen Amt in der Wilhelmstraße vorgesprochen und offiziell erklärt, seine Regierung stehe auf dem Standpunkt, die österreichische Frage sei eine innerdeutsche Angelegenheit, und Jugoslawien lege besonderen Wert auf gute Beziehungen zum Deutschen Reiche . . .

Hitler weiß jetzt, daß sein Befehl zum Einmarsch in Österreich keinen internationalen Widerstand hervorrufen wird. Unter dem Eindruck dieser günstigen Nachrichten beschließt er, selbst nach Österreich zu fahren.

Das »Unternehmen Otto« läuft befehlsgemäß ab. Kleine Vorkommandos überschreiten am 12. März 1938 gegen drei Uhr morgens die österreichische Grenze. Die Zollbeamten lassen die Schlagbäume nicht mehr niedergehen. Wie zum Himmel gereckte Zeigefinger stehen sie in der Landschaft und weisen den im Morgengrauen nachfolgenden Einheiten der 8. Armee den Weg.

An vielen Übergängen werden die Schlagbäume von den Grenzbewohnern zerhackt. Kinder und Frauen holen aus den Treibhäusern und Blumengeschäften Blumensträuße und schmücken damit die einmarschierenden deutschen Soldaten. Überall herrscht ein Jubel sondergleichen. Die Reporter der ausländischen Zeitungen, die dieses Schauspiel erleben, sind erstaunt. Das haben sie nicht für möglich gehalten. General Beck meint zu seinem Adjutanten: »Das ist ja ein Blumenkrieg!«

Kurz nach 10 Uhr landen auf dem Flugplatz Aspern bei Wien die ersten Staffeln der deutschen Luftstreitkräfte. Aus einer der Maschinen steigt der Reichsführer SS Himmler. Durch seinen Kneifer betrachtet er die zur Begrüßung erschienen österreichischen SS-Führer. Zur selben Zeit verlangen auf den Straßen nach Wien die SS-Einheiten in rüdem Ton Vorfahrt. Die Verbände der Wehrmacht und erst recht die der österreichischen Armee müssen beiseite treten. Die schwarzuniformierten Männer von der SS wollen als erste in der österreichischen Hauptstadt sein.

Gegen 12 Uhr trifft Hitler beim Oberkommando der 8. Armee in München ein. Einige Minuten später sitzt er schon im Wagen. »Nach Braunau!« ruft er seinem Chauffeur zu. Er will seine ursprüngliche Heimat dort betreten, wo der Vater Alois Hitler als österreichischer Zollbeamter seinen Dienst versehen hat und wo er selber geboren worden ist.

Kurz vor 15 Uhr passiert die Wagenkolonne den Wallfahrtsort Altötting. Die Straße nach Simbach ist von Fahrzeugen und Autos blockiert, und das Führer-Begleitkommando hat Mühe, die Fahrbahn frei zu machen. Reichspressechef Dietrich sieht auf die

Uhr. Es ist 15.30 Uhr, als das schwarze Auto Hitlers mit der »Führerstandarte« am Kühler über die Innbrücke in das Städtchen Braunau einfährt. Die Bevölkerung jubelt, reckt begeistert die Arme zum Hitlergruß. Der Wagen kann nur noch im Schritt fahren. Alle wollen das Auto berühren, so wie man eine Reliquie berührt in der Hoffnung, gesund zu werden. Mütter heben ihre Kinder, damit sie »den Führer« sehen können.

Der Weg über Altheim und Ried nach Lambach, wo Hitler einst im Chor des Klosters gesungen hat, gleicht einem Triumphzug. »Die Benediktiner-Äbte von Lambach führen in ihrem Wappen das Hakenkreuz«, sagt Hitler zu seinen Begleitern, als er das Auto vor dem Eingang des Klosters halten läßt. Dann zeigt er auf den Gasthof gegenüber: »Hier wohnte einmal meine Familie!«

Es ist inzwischen dunkel geworden, und die Fenster der Häuser an den Straßen, die Hitlers Wagenkolonne auf dem Wege nach Linz durchfahren muß, sind alle erleuchtet. Es ist, als hätte das ganze Land illumuniert. Vor Wels steht eine Einheit der österreichischen Bundeswehr am Straßenrand. Sie begrüßt ihn mit allen dem Staatsoberhaupt zukommenden militärischen Ehren. Kurz darauf begegnet ihm der neue österreichische Bundeskanzler Seyß-Inquart, der erst an diesem Morgen von Professor Miklas auf die Verfassung vereidigt worden ist. Das Auto des Bundeskanzlers schließt sich der Wagenkolonne Hitlers an.

Punkt 22 Uhr zieht Hitler in Linz ein, der Hauptstadt Oberösterreichs. Seyß-Inquart tritt vor das im Sitzungssaal des Rathauses aufgebaute Mikrophon und begrüßt den »Führer«. Beflügelt von der grenzenlosen Begeisterung der Bevölkerung, verkündet er die Aufhebung des Artikels 88 des Friedensvertrages von Saint-Germain aus dem Jahre 1919, der Österreich den Anschluß an das Deutsche Reich verbietet. »Im Namen aller Österreicher bekenne ich mich frei und offen, stolz und unabhängig zu meinem Führer Adolf Hitler, dem Führer der deutschen Nation und des Nationalsozialismus!« schließt er seine Rede. Dem Funkreporter versagt die Stimme. Man hört nur noch sein Schluchzen, untermalt von den »Heil«-Rufen der vor dem Rathaus stehenden Menschenmenge. Draußen auf dem Balkon steht Hitler. Jeder seiner Sätze wird von minutenlangem Beifall unterbrochen. Österreich »kehrt heim ins Reich«.

Im Hotel »Weinzinger«, wo er nach nahezu dreißigjähriger Abwesenheit von Linz die Nacht verbringen will, läßt Hitler an Papen telegrafieren, sofort nach Wien zu kommen. Die Vereinigung der »Ostmark« mit dem Reich soll durch einen feierlichen Staatsakt begangen werden. Der ehemalige Vizekanzler und spätere Sonderbotschafter in Wien soll als Ehrengast teilnehmen und wegen seiner Verdienste um den Nationalsozialismus das Goldene Parteiabzeichen erhalten, das an Nicht-Parteimitglieder äußerst selten verliehen wird.

Ursprünglich wollte Hitler Österreich nur durch eine Art Personalunion mit dem Deutschen Reich verbinden, so wie der letzte Kaiser von Österreich gleichzeitig auch König von Ungarn war. Aber die Begeisterung der Massen schwemmt alle diese Überlegungen weg. Nur der »Anschluß« kommt noch in Frage. Hitler ist sich natürlich bewußt, daß nicht nur Herr von Papen seine Verdienste um diese Entwicklung hat, sondern auch Benito Mussolini. Ohne die Zurückhaltung Italiens wäre der reibungslose Einmarsch kaum möglich gewesen. Impulsiv diktiert er seinem Adjutanten Martin Bormann ein Telegramm:

An Seine Exzellenz den italienischen Ministerpräsidenten und Duce des faschistischen Italiens, Benito Mussolini: Duce, ich werde Ihnen das nie vergessen! Adolf Hitler.

Am nächsten Morgen besucht er in Leonding, vier Kilometer von Linz entfernt, das Grab seiner Eltern und das am Eingang des Friedhofs gelegene Elternhaus. Nach Linz zurückgekehrt, läßt er dann den Gauleiter von Oberösterreich, den ehemaligen Gelegenheitsarbeiter August Eigruber, zu sich kommen. »Hören Sie mal, Eigruber. Ich habe da eine besondere Sache. Hier in Linz muß ein mich betreffender Militärakt liegen. Dieser Akt ist mir auszuhändigen. Mir ganz persönlich! Verstanden?«

Eigruber glaubt nicht richtig zu hören. Sein Führer diente doch bei den Reichsdeutschen. Hitler erläutert seinen Wunsch: »Ich habe mich hier der Assentierung (Musterung) entzogen. Darüber muß es ein Faszikel geben. Ebenso über meine Ausbürgerung im Jahre 1925.« Der Gauleiter geht sofort auf die Suche. Doch zu seinem Bedauern muß er tags darauf melden: »Mein Führer! Die Sie betreffenden Akten lagen tatsächlich hier in Linz. Aber sie sind ausgehoben, unbekannt von wem.« Alles Toben Hitlers hilft nichts. Die Akten bleiben verschwunden, obwohl die Gestapo jahrelang danach sucht. Auch die amerikanische Militärpolizei entdeckt sie nach Kriegsende nicht. Erst 1952 kommen sie wieder ans Tageslicht.

Inzwischen ist Franz von Papen, wie Hitler gewünscht hat, in Wien eingetroffen. Vom Flugplatz Aspern fährt er zu seiner Wohnung in der deutschen Gesandtschaft in der Metternichstraße. Seine Familie ist abgereist und das Gebäude von Gestapobeamten besetzt. Bald erfährt er, daß sein Sekretär, der Baron von Ketteler, in der Nacht vom Sonntag auf Montag verschwunden ist. Man sah ihn zuletzt in einer Seitenstraße, wo er von drei Männern in ein Auto gezerrt wurde.

SS-Gruppenführer Heydrich im Hauptquartier der Gestapo im Hotel »Metropol« hört sich die Klage des Herrn von Papen mit todernstem Gesicht an. So sieht also ein Mann aus, der das Goldene Parteiabzeichen trägt, das noch nicht einmal er, die rechte Hand des Reichsführers SS, erhalten hat. »Ich werde alles tun, Herr von Papen«, versichert Heydrich mit kaum verhaltenem Hohn in der Stimme, »um den Aufenthalt Ihres Sekretärs festzustellen.«

Sechs Wochen später wird der Leichnam Herrn von Kettelers bei Fischamend unterhalb Wiens aus der Donau geborgen. Die Beamten der Gestapo versichern treuherzig, bei der Sezierung hätten sich keinerlei Anzeichen eines gewaltsamen Todes finden lassen. Papen gerät in eine schwierige Lage. Wilhelm von Ketteler war so unvorsichtig, einem Journalisten, mit dem er sich befreundet glaubte, zu erzählen, er habe für den deutschen Sonderbotschafter geheime Papiere in die Schweiz gebracht und dort deponiert. Auch über ein Attentat auf Hitler plauderte er, ohne zu ahnen, daß dieser Journalist im Solde der Gestapo stand. Doch gelingt es Papen, sich aus der Schlinge herauszuwinden.

Am Montag, dem 14. März 1938, um 17.30 Uhr erreicht Hitler unter dem Geläute aller Glocken die österreichische Hauptstadt. Der Weg durch die Straßen zum Heldenplatz ist ein einziger Triumphzug. Alle Häuser und sogar die Kirchen sind beflaggt. Er ist geneigt, seinen Haß gegen Wien zu vergessen. So wie er ist wohl noch niemand in dieser Stadt empfangen worden, weder ein siegreicher Heerführer noch ein Kaiser.

Die Parteikanzlei hat für den »Führer« und seine Begleitung im Hotel »Imperial« Quartiere belegt. Es spricht sich schnell herum, wo Hitler abgestiegen ist, und die Wiener eilen zum Ring, in der Hoffnung, den »Befreier« zu sehen. Vom Dachfirst des in der Gründerzeit erbauten Hotels hängen meterlange rote Fahnen mit dem Hakenkreuz auf weißem Grund. Auch der Balkon vor Hitlers Appartement ist mit Hakenkreuzfahnen drapiert. Immer wieder brandet Gesang an den Mauern hoch. Nur wenn prominente Gäste vor dem Portal vorfahren, verebbt er für kurze Zeit.

Es dunkelt schon. Die lange Reihe der Bogenlampen bis hin zur Oper wirkt wie eine riesenhafte Girlande. Als ein Auto naht, hat die SS-Wache Mühe, in dem hin und her wogenden Menschenmeer eine schmale Gasse freizuhalten. Dem Wagen entsteigt ein würdiger Greis in scharlachroter Soutane: Kardinal Innitzer. Der Kirchenfürst schreitet segnend durch die Menschenmauern. Franz von Papen erwartet den Kardinal am Portal des Hotels. Nachdem er den Bischofsring geküßt hat, lächelt er tiefbefriedigt. Fast hat es den Anschein, als erwarte er Beifall, denn er war es, der alles tat, damit die Begegnung des Kirchenfürsten mit Hitler bereits zu diesem Zeitpunkt zustande kommt. Gleich nach seiner Ankunft in Wien hat Papen über seinen Freund v. Jauner mit dem Ordinariat Verbindung aufgenommen, und es ist ihm auch gelungen, den Kardinal zu überzeugen, daß er zu Hitler gehen müsse. Für viele Katholiken ist das der letzte Anstoß, sich zum »Anschluß« zu bekennen.

Doch der größte Triumph wird dem »Führer« durch ein Telegramm aus Rom zuteil, das ihn am selben Tage erreicht:

»Adolf Hitler, Wien. Meine Haltung ist bestimmt von der in der Achse besiegelten Freundschaft zwischen unseren beiden Ländern. Mussolini.«

Jetzt bleibt den europäischen Großmächten nichts anderes übrig, als den Anschluß Österreichs hinzunehmen, auch wenn ihnen der deutsche Machtzuwachs von mehr als sechs Millionen Menschen nicht genehm ist.

Niemand sagt dem »Führer«, mit welchen Worten Mussolini das Telegramm Hitlers aus Linz vom 12. März 1938 mit dem Schlußsatz: »Duce, das werde ich Ihnen nie vergessen!« entgegengenommen hat. Als er es gelesen hatte, hat er wütend gemurmelt: »Maledetto tedesco!« (Verdammter Deutscher).

Der Blinddarm Europas

Noch bevor Hitler den Deutschlandbesuch Mussolinis vom September 1937 mit einem Staatsbesuch in Rom und Neapel im Mai 1938 erwidert, begleitet von rund hundert Reichsleitern, Ministern, Generalen samt den dazugehörenden Dienern und Adjutanten, bereitet er den nächsten Schritt vor. Am 21. April empfängt er in der Reichskanzlei den Chef des Oberkommandos der Wehrmacht, General Keitel. Zugegen ist sonst nur noch der neue Wehrmachtsadjutant, Major Schmundt, der die Ergebnisse der Besprechung später zu einer Art Protokoll zusammenfassen soll. Für äußerste Geheimhaltung der Unterredung ist gesorgt. Nicht einmal das Vorzimmer dürfen die SS-Männer der »Kannenberg-Garde« betreten.

»Es ist mein unabänderlicher Entschluß«, beginnt Hitler das Gespräch, »die Tschechoslowakei in absehbarer Zeit durch eine militärische Aktion zu zerschlagen . . .«

Keitel ist viel zu sehr von der »einmaligen geschichtlichen Größe des Führers« überzeugt, als daß er die politische Tragweite des furchtbaren Wortes »militärische Aktion« zu begreifen in der Lage wäre. Gefesselt hört er zu, was Hitler dazu zu sagen hat: »Ein strategischer Überfall aus heiterem Himmel ohne Anlaß oder Rechtfertigungsgrund ist natürlich nicht vorgesehen. Bei der Hetze der Juden im Ausland könnte das zu unangenehmen Folgerungen führen. Das Vorgehen gegen die Tschechoslowakei muß diplomatisch und propagandistisch vorbereitet werden. Ich werde darüber mit dem Duce in Italien noch zu sprechen Gelegenheit haben . . .«

Auch der Wehrmachtsadjutant hängt förmlich an Hitlers Lippen: ». . . Unser Handeln muß ein blitzartiges sein, auf Grund eines Zwischenfalles, wie zum Beispiel die Ermordung des deutschen Gesandten im Anschluß an eine deutschfeindliche Demonstration . . .«

Nachdem Hitler seine politischen Pläne dargelegt hat, bespricht er mit Keitel die militärischen Vorbereitungen: die Zahl der Divisionen, der Waggons, die Aufriegelung der tschechischen Verteidigungslinien, deren Kampfwert man recht hoch einschätzt, den Zeitplan.

Am nächsten Tag fertigt Major Schmundt das Protokoll aus und stellt es als »Chefsache, Grundlage zur Studie Grün« den Chefs der drei Wehrmachtsteile zu.

General Ludwig Beck, Chef des Generalstabes, befürchtet, daß sich aus dem Vorgehen ein allgemeiner Krieg entwickeln wird. Entschlossen, den Kampf gegen Hitlers Kriegsabsichten aufzunehmen, legt er bereits am 5. Mai eine Denkschrift vor, in der er erklärt, zu einem langen Krieg sei Deutschland nicht in der Lage und deshalb müsse von jedem militärischen Abenteuer abgeraten werden.

Aber wie Mussolini als begeisterter Mitläufer aus Deutschland zurückgekehrt ist, so kommt Hitler hochbefriedigt aus Rom zurück. Dort hat er die Überzeugung gewonnen, daß der Duce des faschistischen Italiens mit ihm durch dick und dünn gehen wird. Ohne Verzug gibt er dem Chef des OKW, General Keitel, die Anweisung, die »Operation Grün« gegen die Tschechoslowakei bis Anfang September auszuarbeiten. Zwei Tage später teilt er auf einer Konferenz in Jüterbog auch den führenden Generalen seine Absichten mit. Fast alle sind entsetzt. Doch seit der Abhalfterung des Kriegsministers von Blomberg und des Oberbefehlshabers des Heeres, des Generalobersten von Fritsch, wissen sie, daß der Kampf gegen Hitlers Kriegsabsichten auf anderer Ebene und mit anderen Mitteln geführt werden muß.

»Die Dummheit Beneschs ist die Grundlage für Hitlers Brutalität«, sagt ein sudetendeutscher Sozialdemokrat einem französischen Gesprächspartner*).

»Aber Benesch ist ein Demokrat«, antwortet der Franzose.

»Er ist ebensowenig Demokrat wie Hitler. Es ist wahrhaftig kein Zufall, daß Benesch Führer der tschechischen ›National-Sozialisten‹ ist. So nennt sich nämlich seine Partei. Wenn er bloß dumm wäre, so könnte das noch hingehen. Aber er ist nicht nur dumm. Er ist auch niederträchtig, wortbrüchig und gemein.«

»Sie reden wie ein Nazi.«

»Ihre Antwort ist typisch. Nicht jeder Gegner Hitlers ist unser Freund. Benesch hat 1919 bei der Gründung der tschechoslowakischen Republik versprochen, aus ihr eine Art Schweiz zu machen und den sudetendeutschen Bewohnern eine Autonomie zu gewähren. Nichts davon ist eingehalten worden: Selbst die unteren Postbeamten und die einfachen Streckenwärter bei der Eisenbahn setzte man auf die Straße, wenn sie nicht die tschechische Sprache beherrschten. Nein, Benesch ist ein Imperialist reinsten Wassers, trotz seines demokratischen Gehabes. Nicht an seinen Reden erkennt man einen Politiker, sondern an seinen Taten. Benesch würde sich genauso aufführen wie Hitler, wenn er die Macht dazu hätte.«

Am 21. Mai 1938 sind in der Tschechoslowakei Gemeinderatswahlen angesetzt. Allgemein wird erwartet, daß die Sudentendeutsche Partei, der sich fast alle anderen deutschen Parteien angeschlossen haben, drei Viertel aller Stimmen bekommt. In Prag glaubt man, daß man daran etwas ändern kann, wenn man die Armee mobilisiert. Der deutsche Gesandte in der tschechischen Hauptstadt, Ernst Eisenlohr, wird am 20. Mai gegen Mittag von Außenminister Krofta angerufen:

»Ich muß Ihnen mitteilen, daß die tschechoslowakische Regierung durch die deutschen Truppenzusammenziehungen in Sachsen außerordentlich beunruhigt ist. Wir haben uns daher gezwungen gesehen, Gegenmaßnahmen einzuleiten.«

---

*) Das Gespräch zwischen den zwei prominenten Politikern fand Mitte Mai 1938 in Paris statt. Der Autor hatte Gelegenheit, ihm beizuwohnen.

Wenige Stunden später läuft in Berlin ein chiffriertes Telegramm ein, das auf Grund deutscher Truppenbewegungen – »acht bis zehn Divisionen« – an der böhmisch-sächsischen Grenze die tschechische Mobilmachung meldet. Legationsrat Günther Altenburg, der es entgegennimmt, hat von militärischen Maßnahmen gegen die Tschechoslowakei nichts gehört. Er ruft sofort das Oberkommando der Wehrmacht an, das ihm mitteilt, kein einziger deutscher Soldat sei in Marsch gesetzt worden. Daß Hitler seinem OKW-Chef Keitel einen Monat früher seine Absicht bekanntgegeben hat, gegen die Tschechoslowakei »so oder so« vorzugehen, weiß Altenburg nicht, aber auch Benesch kann es kaum erfahren haben. Der Legationsrat telefoniert sofort mit der deutschen Botschaft in Prag: »Von militärischen Maßnahmen deutscherseits zu sprechen ist barer Unsinn . . .«

Auch Staatssekretär Ernst von Weizsäcker versichert anderentags dem englischen Botschafter, daß keine Truppen an der tschechischen Grenze aufmarschiert sind. Der britische Militärattaché, Oberst Mason-Macfarlane, und Major Strong fahren am nächsten Morgen nach Sachsen und Schlesien, um sich mit eigenen Augen zu überzeugen. Auch die anderen diplomatischen Missionen stellen tagelang Nachforschungen an, ohne von Truppenbewegungen etwas zu sehen.

Benesch legt die Zurückhaltung auf deutscher Seite in seinem Sinne aus. Frohlockend gibt er der tschechischen Presse seinen Triumph bekannt: »Diplomatisch haben wir den Krieg bereits gewonnen.« Die ausländischen Korrespondenten in Prag werden dahingehend informiert, daß Hitler vor den militärischen Maßnahmen der Tschechoslowakei zurückgewichen sei: »Das ist die einzige Sprache, die Hitler versteht.«

Die Gemeindewahlen, die Benesch mit seiner Mobilmachungsorder beeinflussen wollte, erbringen eine Zunahme der Sudetendeutschen Partei, die niemand vorausgesehen hat. Sie erhält 90 Prozent aller deutschen Stimmen. Hitler antwortet auf seine Weise: Er gibt den Befehl zum Ausbau des Westwalls. Und am 30. Mai 1938 ergeht an die Wehrmachtsteile folgender Befehl:

Geheime Kommandosache.
Anlage zu D. Oberste Befehlshaber der Wehrmacht.
Abschrift von der 4. Ausfertigung, 3 Abschriften, 1. Abschrift
OKW Nr. 42/38 g. Kds Chefsache L Ia
v. 30. 5. 38
Von Offizier geschrieben

Chefsache
Nur durch Offizier
II. Zweifrontenkrieg mit Schwerpunkt Südost
(Aufmarsch »Grün«)

1. Politische Voraussetzungen.
Es ist mein unabänderlicher Entschluß, die Tschechoslowakei in absehbarer Zeit durch eine militärische Aktion zu zerschlagen. Den politisch und militärisch geeigneten Zeitpunkt abzuwarten oder herbeizuführen ist Sache der politischen Führung . . .

Immer wieder kommt es zu Grenzzwischenfällen, und niemand vermag vorauszusehen, wie das enden soll. Im Juli beschließt die britische Regierung, sich ein eigenes Bild von den Verhältnissen zu verschaffen. Sie entsendet Lord Walter Runciman in die sudetendeutschen Gebiete der Tschechoslowakei. In den kleinen nordböhmischen Industriestädten am Fuße des Erzgebirges, in den Gemeinden an den Hängen des Riesengebirges, des Böhmerwaldes und in Mähren schöpft man wieder Hoffnung. Krieg will niemand! Aber wenn London einen Lord schickt, dann kann das nur heißen: England will die Krise friedlich beilegen.

Vor den Hotels, in denen der englische Sendbote absteigt, drängt sich die Jugend. Die Mädchen tragen bunte Trachten, die Männer weiße Strümpfe, das Zeichen ihrer Zugehörigkeit zur sudetendeutschen Volksgruppe. Sie ist immerhin fast halb so stark wie das sogenannte »Staatsvolk« der Tschechen. Dazu kommen die Slowaken, Ungarn und Polen. Mit den Sudetendeutschen betragen die nichttschechischen Volksgruppen dieses nach 1918 gebildeten Staates insgesamt 51 Prozent der Bevölkerung. Prag majorisiert alle diese Volksgruppen.

Bis Mitternacht harren die Menschenmassen vor den Hotels aus. Immer wieder rufen sie in Sprechchören: »Lieber Lord, mach uns frei von der Tschechoslowakei!« Dieser Ruf pflanzt sich über alle Randgebiete dieses Vielnationenstaates fort bis zu den Dörfern, in denen die Slowaken, Ungarn und Polen wohnen. Auch sie erheben jetzt ihre Stimme und fordern Autonomie und Schutz vor dem Zentralismus der Tschechen.

Die Tragödie der einstigen österreich-ungarischen Monarchie von 1918 wiederholt sich, weil Benesch alle Fehler wiederholt, die das von ihm so bitter bekämpfte Wien einst gemacht hat.

Den Führern der Sudetendeutschen Partei genügt die Forderung nach kultureller Autonomie und lokaler Selbstverwaltung längst nicht mehr. Ihre mit Goebbels in Berlin abgesprochene Parole lautet jetzt: »Wir wollen heim ins Reich.« Bei allen Bemühungen um Objektivität, auch gegenüber Prag, kommt der englische Lord zu der Überzeugung daß ein Zusammenleben zwischen Tschechen und Sudetendeutschen unmöglich geworden ist. Sein Bericht nach London führt aus:

»Ich glaube, diese Beschwerden (der Sudetendeutschen) sind im wesentlichen berechtigt. Selbst jetzt während meiner Mission finde ich die tschechische Regierung nicht bereit . . . (die Ursachen der Beschwerden) in auch nur einigermaßen zureichendem Maße abzustellen . . . Ich bin deshalb der Meinung, daß diese Grenzbezirke sofort von der Tschechoslowakei an Deutschland abgetreten werden sollten . . . durch ein Abkommen zwischen den beiden Regierungen . . .«

Hitler ahnt offenbar, zu welchen Ergebnissen Lord Runciman gekommen ist. Seinen Generalen erklärt er: »Haben Sie keine Angst vor Rußland, England und Frankreich. Keiner dieser Staaten wird für die Tschechoslowakei kämpfen. Sie können sich ausschließlich mit den militärischen Kräften der Tschechoslowakei allein beschäftigen, und auch hier kann ich Ihnen die Versicherung geben, daß Herr Benesch nachgeben wird, ja sogar von England und Frankreich zum Nachgeben gezwungen werden wird . . .«

Am 5. September beginnt in Nürnberg der X. Parteitag der NSDAP. Er trägt den stolzen Namen »Parteitag Großdeutschlands«. Als die SA-Kolonnen aus Österreich vorbeimarschieren, kennt die Begeisterung keine Grenzen mehr. Daß ein neuer Weltkrieg droht, ahnt nur eine kleine Minderheit. »Auf Anordnung des Führers« wurden die Krönungsinsignien: die deutsche Kaiserkrone, das Zepter, der Reichsapfel, das Schwert, die mit Edelsteinen bestickten Handschuhe, die scharlachroten Krönungssandalen, die genähten Seidenstrümpfe und der Purpurmantel von der Wiener Hofburg nach Nürnberg gebracht. »Hier sollen sie für ewige Zeiten in der ›Meistersinger‹-Kirche aufbewahrt werden!« ruft Hitler unter dem Toben seiner Zuhörer.

In seiner zweistündigen Rede greift er dann die Tschechoslowakei in einer Weise an, daß die auf den reservierten Plätzen sitzenden Diplomaten zu der Überzeugung kommen, die Welt stehe am Vorabend eines Krieges. Beim Empfang der ausländischen Missionschefs am 10. September auf der Kaiserburg hoch über der Stadt hält der in Berlin am längsten akkreditierte Diplomat, der französische Botschafter François-Poncet, eine Ansprache. Beschwörend ruft er Hitler zu: ». . . Der schönste Lorbeerzweig wird stets jener bleiben, der gepflückt wird, ohne daß er auch nur einer Mutter Tränen kostet . . .« Die Blicke der Gesandten und Botschafter suchen Hitler, auf dessen leichenblassem Gesicht sich keine Miene verzieht. Nur seine Augen wandern wie geistesabwesend über die Köpfe der Diplomaten hinweg. »Der Blick eines Besessenen«, flüstert der Vertreter der von Deutschland anerkannten Regierung des spanischen Generals Franco seinem Kollegen aus Portugal zu.

Die führenden deutschen Generale wollen keinen Krieg. Sie haben sich schon beim Anschluß Österreichs gegen Hitlers »Pokerspiel« gewandt, aber Hitler gewann. Die Sudetenkrise rief sie erneut auf den Plan. Der Chef des Generalstabs, General Ludwig Beck, war kein Gegner einer Auflockerung der in der Tschechoslowakei herrschenden Zustände. Er wollte nur nicht, daß Deutschland das Risiko eines Krieges eingehe. Daß es Hitler allein darum zu tun wäre, die Sudetendeutschen zu »befreien«, glaubte er schon längst nicht mehr. Im Gegenteil, er hatte die Überzeugung gewonnen, daß Hitler einen Krieg entfesseln wollte. Aber jeder bewaffnete Konflikt mußte sich mit Sicherheit zum zweiten Weltkrieg ausweiten.

Alle Denkschriften Becks waren bisher ohne Erfolg geblieben. In geheimen Treffen mit den Chefs der obersten militärischen

Kommandostellen prüfte Beck die Möglichkeiten. Viele der Generale waren der Meinung, daß nur ein Weg übrigbleibe, wenn Hitler der Wehrmacht den Befehl geben sollte, fremde Grenzen zu überschreiten: ihn gefangenzusetzen und als Kriegstreiber vor Gericht zu stellen. Der Kommandeur des Wehrkreises Berlin, General von Witzleben, und der Kommandeur der Potsdamer Garnison, General Graf Brockdorff-Ahlefeld, waren bereit zu handeln. General Hoepner wollte mit seiner Panzerdivision in Thüringen aufmarschieren, um ein Eingreifen süddeutscher SS-Einheiten zu verhindern. Auch Admiral Canaris, Chef der Abwehr, des deutschen militärischen Nachrichtendienstes, war mit von der Partie. Selbst ins Berliner Polizeipräsidium und sogar ins Reichssicherheitshauptamt der SS reichten die Fäden der Kriegsgegner.

Die Vorbereitungen für ein Eingreifen der Wehrmachtsführung wurden unterbrochen, als am 27. August 1938 General Ludwig Beck seinen Rücktritt erklärte. Seine Freunde im Kriegsministerium und im Auswärtigen Amt beschworen ihn, auf seinem Posten auszuharren, aber der General war kein Blücher und erst recht kein York von Wartenburg. Er war auch müde geworden. Vielleicht fühlte er, daß Hitler ihm eines Tages den Stuhl vor die Tür setzen oder ihn in irgendeine schmutzige Affäre verwickeln werde wie Blomberg und Fritsch, um seinen Rücktritt zu erzwingen.

Becks Nachfolger wird General Franz Halder. Er denkt wie Beck. Auch er ist bereit, gegen Hitler vorzugehen, falls dieser den Befehl zum Angriff geben sollte. Als der Fall »Grün«, die Aktion gegen die Tschechoslowakei, nur noch eine Frage von Tagen zu sein scheint, wird der 29. September als Tag der Verschwörung festgesetzt. Doch bevor es zum Schlag gegen Hitler kommt, wird die Welt von einer diplomatischen Aktion überrascht, für die es in der Geschichte keine Parallele gibt.

Einen Tag nach Hitlers großer Rede auf dem Parteitag in Nürnberg, am 7. September 1938, hat die Londoner Zeitung »The Times« in einem Leitartikel das Selbstbestimmungsrecht für die Sudetendeutschen gefordert. In den diplomatischen Missionen und bald auch in den Pressebüros der britischen Hauptstadt ist es ein offenes Geheimnis, daß dieser sensationelle Artikel vom englischen Außenminister inspiriert wurde. Die britische Regierung hat die Tschechoslowakei offensichtlich abgeschrieben. Zur Debatte steht nur noch die Prozedur, wie alles vor sich gehen soll.

Auch das scheint sich jetzt zu regeln. Am 13. September 1938 erhält der englische Botschafter in Berlin, Sir Nevile Henderson, kurz vor Mitternacht ein Telegramm seines Premierministers:

»Veranlassen Sie durch Ribbentrop, daß zum frühest möglichen Zeitpunkt folgende Botschaft an Herrn Hitler als persönliche Mitteilung des Ministerpräsidenten übergeben wird:

›Angesichts der immer kritischer werdenden Lage schlage ich vor, Sie sofort zu besuchen, um eine friedliche Lösung zu finden. Ich schlage vor, auf dem Luftwege zu kommen und bin bereit, morgen zu starten.

Bitte teilen Sie mir frühesten Zeitpunkt mit, an dem Sie mich empfangen können und schlagen Sie Treffpunkt vor. Wäre dankbar für baldigste Antwort. Neville Chamberlain.‹«

Bereits am nächsten Morgen ruft der Botschafter Seiner Majestät des Königs von England den Staatssekretär des Auswärtigen Amtes an. Ernst von Weizsäcker, der zum Kreis der Friedensfreunde gehört, schöpft neue Hoffnung. Er läßt sich sofort mit dem Hotel »Vier Jahreszeiten« in München verbinden, wo sich der deutsche Außenminister Joachim von Ribbentrop gerade aufhält.

Adolf Hitler ist nach dem Nürnberger Parteitag auf seinen Berghof gefahren – er scheint etwas von den Plänen der Generale zu ahnen. Außenminister von Ribbentrop hat es nicht eilig, die sensationelle Nachricht nach Berchtesgaden weiterzugeben. Erst gegen Mittag fährt er über die neue Autobahn hinauf zum Obersalzberg. Inzwischen wartet in Berlin Sir Nevile Henderson nervös auf eine Antwort, weil man das Angebot des Premierministers Seiner Majestät des Königs so dilatorisch behandelt.

Als um 12.00 Uhr noch immer keine Nachricht vorliegt, ruft er von neuem Herrn von Weizsäcker an, der erklärt, leider noch keine Auskunft geben zu können. Als auch um 14.30 Uhr noch keine Antwort eingegangen ist, setzt sich Henderson mit Generalfeldmarschall Göring in Verbindung, der sofort zusagt, mit

Hitler zu telefonieren. Dieses Gespräch kreuzt sich mit dem Ribbentrops Antwort an seinen Staatssekretär, der »Führer« würde sich freuen, den britischen Premierminister bei sich zu empfangen.

In den späten Abendstunden des 14. September gibt die »British-Broadcasting-Corporation« plötzlich bekannt, daß der Premierminister Seiner Majestät morgen nach München fliegen werde, um eine friedliche Beilegung der Krise zu versuchen. Die Nachricht verwandelt die Menschen. Auf der Straße sieht man Frauen, die vor Freude weinen. Die Gefahr, ihre Männer und Söhne in den Krieg schicken zu müssen, scheint gebannt zu sein. Auch die Männer atmen auf.

In Berlin tönt aus »Reichslautsprechersäulen« unvermittelt der »Egerländer Marsch«. Die Menschen bleiben stehen. Bei allen großen Aktionen wurden Sondermeldungen immer mit einem bestimmten Motiv eingeleitet: bei der Saarabstimmung mit dem Lied »Deutsch ist die Saar«, bei Österreich mit dem »Kaiserjägermarsch«. Endlich verkündet der Ansager, der Führer werde am Donnerstag, dem 15. September, den englischen Ministerpräsidenten Neville Chamberlain auf dem Berghof empfangen. Die Menschen erkennen, wie außerordentlich dieser Vorgang ist. Sechzig Jahre sind es her, daß ein englischer Ministerpräsident Deutschland besucht hat. Wenn Chamberlain nach Deutschland kommen will, ohne daß vorher ein Konferenz-Thema ausgehandelt worden ist, sucht er ehrlich den Frieden. Diese Überlegung beruhigt viele Hörer.

Die Plätze der Lufthansa-Maschinen nach München sind im Nu belegt, die Schlafwagenplätze der D-Züge innerhalb weniger Minuten ausverkauft. München und Berchtesgaden werden plötzlich zum begehrtesten Reiseziel Europas.

Am Morgen des 15. September besteigt Chamberlain auf dem Flugplatz Heston bei London ein Sonderflugzeug. Obwohl es erst acht Uhr morgens ist, haben sich zahlreiche Menschen eingefunden, die den Premierminister herzlich begrüßen. Kurz nach zwölf Uhr landet Chamberlain auf dem Oberwiesenfeld bei München.

Auf dem Flugplatz ist kurz vorher ein Wolkenbruch niedergegangen, aber als die Maschine aufsetzt, hat sich der Himmel schon wieder aufgehellt. »Wenn Friedensengel reisen, lacht die Sonne«, sagt ein deutscher Journalist. Auf den Masten wehen die deutschen und englischen Fahnen. Ribbentrop und rund dreißig Würdenträger der Partei und des Auswärtigen Amtes stehen ausgerichtet wie eine Kompanie Soldaten zur Begrüßung bereit. Die meisten von ihnen sind erst kurz vorher mit einer Sondermaschine eingetroffen. Botschafter Henderson fragt seinen Premierminister, wie er den ersten Flug seines Lebens bestanden habe. »Oh, recht gut. Ich bin zäh und borstig!« antwortet Chamberlain heiter. Dann ist Ribbentrop an der Reihe, der seine Begleiter vorstellt: Staatssekretär Weizsäcker, den Chef des Protokolls, Gesandten von Dörnberg, und den Dolmetscher Dr. Paul Schmidt.

Um 13.15 Uhr rollt unter »Heil«-Rufen der Sonderzug aus der Halle des Münchner Hauptbahnhofs in Richtung Berchtesgaden.

Im Speisewagen ist eine große Tafel für fünfzehn Personen gedeckt. Die Journalisten und Träger niederer Titel müssen an Nebentischen Platz nehmen. Als Fischliebhaber und begeisterter Sportfischer erhält Chamberlain Starnberger Renken vorgesetzt. Als der Sonderzug Rosenheim passiert, fährt er an langen Güterzügen vorbei, die Artillerie, Panzer und Lastwagen mit frisch eingekleideten Soldaten zur tschechischen Grenze befördern. Der Premierminister und seine Begleiter fragen nicht, was das zu bedeuten hat – sie wissen es ohnehin.

In Reichenhall ist der Bahnsteig schwarz von Menschen. Auch längs der Bahngleise bis nach Hallthurm hinauf reißt das Spalier winkender Feriengäste nicht mehr ab. Bei der Ankunft in Berchtesgaden steht nahezu die gesamte Bevölkerung am Bahnhof und bereitet Neville Chamberlain begeisterte Ovationen. Staatsminister Dr. Meißner, Chef der Präsidialkanzlei, geleitet den englischen Ministerpräsidenten in das schnell frei gemachte »Grandhotel«. Die Fassade ist mit englischen Fahnen geschmückt. SS-Männer der Leibstandarte Adolf Hitler mit weißem Koppelzeug präsentieren das Gewehr, als Chamberlain das Haus betritt. Als er es nach einer Stunde wieder verläßt, hat es zu regnen begonnen. Die Menschen auf der anderen Straßenseite sehen mit ernsten Gesichtern zu. In ihren Augen kann man den Wunsch lesen, die Mission des britischen Premierministers möge Erfolg haben.

Der Obersalzberg ist in Wolken gehüllt, und kaum hat die Kolonne die Achebrücke überquert, fahren die schweren schwarzen Wagen wie durch weiße, weiche Watte. Die Posten melden die Ankunft. Als das erste Auto mit dem englischen Ministerpräsidenten zum Berghof einbiegt, betritt Hitler die Terrasse. Die Begrüßung ist freundlich. Nach der Vorstellung begibt man sich ins Haus und nimmt in der großen Halle Platz. Fasziniert blicken Chamberlain, Henderson und ihre Begleiter durch das riesige, versenkbare Fenster auf die trotz des Regens grandiose Berglandschaft, die zwischen Wolkenfetzen sichtbar wird.

Neville Chamberlain ist nicht der erste prominente englische Gast in diesem Raum. Vor zwei Jahren hat der ehemalige Premier Lloyd George hier Tee getrunken und kurz darauf der Herzog von Windsor, der frühere englische König Eduard VIII., und seine Gemahlin Wallis, geb. Warfield, geschiedene Simpson.

Auch unter Staatsmännern spricht man zuerst über das Wetter, die Reise und ähnliche Belanglosigkeiten. Nach etwa zwanzig Minuten fragt Hitler unvermittelt seinen Gast, ob er ihn allein zu sprechen wünsche oder in Gegenwart seiner Berater Strang, Wilson und Sir Nevile Henderson. »Ich möchte Sie gern allein sprechen«, antwortet Chamberlain, dem von seinem Berliner Botschafter empfohlen worden ist, den auf einen Krieg drängenden eitlen Außenminister von Ribbentrop möglichst von der Aussprache fernzuhalten.

Hitler führt Chamberlain in sein Arbeitszimmer im oberen Stockwerk. Nur der Dolmetscher Dr. Schmidt, der als hervorragender Übersetzer schon legendären Ruf genießt, darf sich anschließen. Während die anderen englischen und deutschen Herren im großen Raum zurückbleiben, beginnt Hitler mit einem Monolog. Der Regen prasselt gegen die Fensterscheiben und unterstreicht den Wortschwall. Die Anklagen gelten Benesch und der Tschechoslowakei.

Der englische Premierminister hört aufmerksam zu, was ihm Dr. Schmidt übersetzt. Mit seinen braunen Augen studiert er den deutschen Staatschef, sein Gesicht, seine Gesten, sein ganzes Gehabe. So also sieht ein Diktator aus?

»Aber Gewalt soll unterbleiben«, unterbricht Chamberlain unvermitelt Hitlers Ausführungen.

»Gewalt?« erwidert Hitler. »Wer spricht hier von Gewalt? Herr Benesch wendet diese Gewalt gegen meine Landsleute im Sudetenland an. Und Herr Benesch hat im Mai mobilisiert, nicht ich. Ich werde in kürzester Zeit diese Frage – so oder so – aus eigener Initiative regeln.« Eine peinliche Pause entsteht.

Unten in der großen Halle wird zur selben Zeit ein Pressetelegramm herumgereicht. Danach sollen bei einem Zwischenfall im Sudetengebiet vierzig Deutsche getötet worden sein. Ingemar Berndt, Ministerialrat im Propagandaministerium, dessen Gewissenlosigkeit in Berliner Journalistenkreisen schon sprichwörtlich ist, fühlt sich verpflichtet, Chamberlains Bemühungen um eine friedliche Regelung mit aufgebauschten Nachrichten zu stören. Henderson läßt später die Nachricht überprüfen und stellt dabei fest, daß an diesem Tage nur eine einzige Person getötet worden ist.

In Hitlers Arbeitszimmer geht die Diskussion weiter. Der Dolmetscher bemüht sich, Hitlers Bemerkung »so oder so« nicht wörtlich zu übersetzen. Seine englische Formulierung »one way, or another« (ein Weg, oder ein anderer) klingt erheblich milder.

»Wenn ich Sie richtig verstanden habe«, antwortet Chamberlain, »dann sind Sie entschlossen, auf jeden Fall gegen die Tschechoslowakei vorzugehen. Wenn das Ihre Absicht ist, warum haben Sie mich nach Berchtesgaden kommen lassen? Unter diesen Umständen ist es das beste, wenn ich gleich wieder abreise. Es hat ja alles keinen Zweck. Ich habe nur meine Zeit vergeudet.«

Der kritische Punkt in der Unterhaltung ist erreicht. Jetzt geht es um Krieg oder Frieden. Hitler überlegt einen Augenblick, dann erwidert er: »Wenn Sie für die Behandlung der Sudetenfrage den Grundsatz des Selbstbestimmungsrechts der Völker anerkennen, dann können wir uns anschließend darüber unterhalten, wie dieser Grundsatz in die Praxis umgesetzt werden kann.«

Obwohl Chamberlain keine Zusage gibt, spürt Hitler, daß der Engländer persönlich durchaus bereit dazu ist. Doch das britische Empire ist kein »Führerstaat«, in dem nur einer entscheidet. Als Chef eines Kabinetts mit verantwortlichen Ministern erwidert Chamberlain: »Ich muß mich erst mit meinen Kollegen darüber beraten und schlage daher vor, daß wir unsere Unterhaltung an diesem Punkte abbrechen. Ich werde sofort nach England zurückfliegen, um diese Rücksprache zu halten und mich erneut mit Ihnen treffen.«

Hitler ist einverstanden. Als die Gesprächsteilnehmer nach drei Stunden wieder die große Halle betreten, ruhen aller Blicke auf ihren Gesichtern. Sie strahlen Zufriedenheit aus. Hitler weiß, daß das, was er erreicht hat, für den Augenblick die äußerste Grenze ist, und Chamberlain hofft, mit dieser Unterhaltung das Eis gebrochen zu haben.

Beim Abschied sichert Hitler zu, von Gewaltmaßnahmen gegen die Tschechoslowakei abzusehen. Dabei macht er allerdings eine Einschränkung: »Wenn nicht irgendwelche besonders unerhörten Zwischenfälle erfolgen.« Zwei Tage später wird klar, warum Hitler sich die »Zwischenfälle« vorbehielt:

»Geheime Kommandosache. Chef-Sache.

10.45 Uhr an Hauptmann Engel – Berlin durchgegeben. Gestern abend hat die Besprechung Führer – Oberstlnt. Köchling stattgefunden. Dauer der Besprechung 7 Minuten . . . Zweck: Schutz der Sudetendeutschen und Aufrechterhaltung weiterer Unruhen und Zusammenstöße. Die Aufstellung des Freikorps erfolgt in Deutschland. Bewaffnung nur mit österreichischen Waffen. Beginn der Tätigkeit des Freikorps so schnell wie möglich.«

Nach der Abreise Chamberlains läßt sich der polnische Botschafter Lipski auf dem Berghof melden. Sein Land will an der bevorstehenden Aufteilung der Tschechoslowakei teilnehmen, und wenn es nur eine Stadt oder ein paar Dörfer sind. Nach ihm werden der ungarische Ministerpräsident Imrédy und sein Außenminister Kanya gemeldet. Sie fordern Gebiete der Slowakei, die von ungarisch sprechenden Bauern bewohnt sind. Benesch gelang es 1919, diese Landstriche für die Tschechoslowakei zu reklamieren.

Inzwischen wird in London und Paris über das Ergebnis der Berchtesgadener Besprechung verhandelt. Am Sonntag, dem 18. September, fliegen der französische Ministerpräsident Daladier und sein Außenminister Bonnet nach London. Zusammen suchen die englischen und französischen Staatsmänner nach einer Möglichkeit, die Tschechen zur Abtretung großer Gebiete zu bewegen. Erst abends kommt es zur Einigung über ein gemeinsames Vorgehen.

Am nächsten Tage empfängt Benesch auf dem Hradschin, der alten Kaiserburg in Prag, den britischen und den französischen Gesandten. Der tschechische Staatspräsident überfliegt den ihm vorgelegten Abtretungsplan. Die Buchstaben verschwimmen vor seinen Augen. Er kann den Sinn der Worte kaum fassen. Sich nur mit äußerster Mühe beherrschend, verabschiedet er die beiden Missionschefs. Eineinhalb Tage lang berät die tschechische Regierung. Ihr wird bald klar, daß nichts anderes übrigbleibt als nachzugeben. Aber wie sollen sie nach der bisher ostentativ zur Schau getragenen Zuversicht und Unnachgiebigkeit dem Volke klarmachen, daß sich die Dinge anders entwikkelt haben? Sie sehen nur einen Ausweg: das verbündete Frankreich soll eine Erklärung abgeben, daß es nicht marschieren werde, wenn die Tschechoslowakei von Deutschland angegriffen wird.

Das will Paris nicht zugestehen, denn eine solche Erklärung würde dem Prestige der französischen Republik einen tödlichen Stoß versetzen. Erst in der Nacht erreicht London die bedingungslose tschechische Verzichterklärung. Chamberlains Reise verzögert sich dadurch. Er wollte bereits am Mittwoch in Godesberg sein. So wird es Donnerstag, bis der englische Ministerpräsident auf dem Flugplatz bei Köln landet.

Die Musikkapelle spielt »God save the King«, als der Premierminister das Flugzeug verläßt. An der Seite Ribbentrops sitzend, fährt er im offenen Wagen durch die alte Stadt am Rhein, die fünf Jahre später ein rauchender Trümmerhaufen sein wird. Bei dem verträumten Universitätsstädtchen Bonn überquert die

Wagenkolonne den Strom und nimmt den Weg zum Hotel »Petersberg« hinauf, in dem zehn Jahre später die Alliierte Hohe Kommission regiert . . . Um fünf Uhr nachmittags bringt ein Wagen Chamberlain zum Rhein hinunter. Eine extra in Betrieb genommene Motorfähre setzt den Premier nach Godesberg über zum Rheinhotel »Dreesen«. Längs des Weges und auf den Ufermauern stehen viele Menschen, die dem Premierminister freundlich zuwinken, wie eine Woche vorher in München und wie heute morgen in Köln. Hitler führt seinen Gast sofort in das Beratungszimmer, einen länglichen nüchternen Raum, in dem ein grünbezogener Tisch steht. Chamberlain hat diesmal seinen eigenen Dolmetscher mitgebracht, Ivone Kirkpatrick von der britischen Botschaft in Berlin.

Der Premierminister beginnt das Gespräch mit der Erklärung, es sei ihm gelungen, alle Forderungen des Herrn Reichskanzlers durchzusetzen, sowohl bei seiner eigenen als auch bei der französischen Regierung und sogar bei den Tschechen. Als er geendet hat, sieht er zufrieden auf Hitler. Er hat ihm einen Erfolg verschafft, den vorher noch kein deutscher Staatsmann erreicht hat: Deutschland erhält ein großes Gebiet, ohne daß die Waffen gesprochen haben. Aber Hitler ist mit diesem Ergebnis alles andere als zufrieden. Mit finsterem Gesicht antwortet er: »Es tut mir sehr leid, Herr Chamberlain, daß ich auf diese Dinge jetzt nicht mehr eingehen kann. Nach der Entwicklung der letzten Tage geht diese Lösung nicht mehr!«

Der englische Premierminister glaubt, nicht richtig gehört zu haben. Als ihm die Dolmetscher den Satz zum zweiten Male übersetzen, sieht er zornig auf Hitler und fragt: »Wie soll ich das verstehen?«

Mit vielen Worten versucht Hitler, seine neuen Forderungen zu begründen: »Auch die Ansprüche Polens und Ungarns müssen befriedigt werden!« Doch in erster Linie wendet er sich gegen die vorgesehenen Fristen für die Räumung der abzutretenden Gebiete: »Sie sind viel zu lang. Die Besetzung muß sofort erfolgen.«

Mit todernstem Gesicht verläßt Chamberlain das Hotel und fährt zurück zum »Petersberg«. Die Unterredung hat kaum eine Stunde gedauert.

Die nächste Besprechung ist für Freitag, den 23. September, vorgesehen. Aber Chamberlain hält es für richtiger, Hitler einen Brief zu schreiben:

». . . Ich bin sicher, daß, wenn deutsche Truppen sofort Gebiete zu besetzen versuchen, die sowieso im Prinzip unverzüglich ein Teil des Reiches werden und in kürzester Frist auf Grund einer formellen Grenzziehung dem Reich einverleibt würden, dies als unnötige Machtdemonstration beurteilt werden würde . . .«

Aber gerade das will Hitler. Er will nicht nur die Gebiete, er will die Demütigung der Tschechen um jeden Preis. In dem Verhalten des ehemaligen österreichischen Staatsbürgers aus dem Waldviertel nördlich von Linz spiegelt sich der nationalistische Haß seiner Jugend gegen die Tschechen wider.

Erst am Nachmittag beantwortet Hitler den Brief. Er lehnt nichts ab, und er sagt nichts zu. Chamberlain weiß damit nichts anzufangen und schickt zwei Stunden später durch seinen Botschafter einen zweiten Brief mit der Bitte, der Herr Reichskanzler möge seine Forderungen schriftlich mitteilen.

Inzwischen wird bekannt, daß der englische Ministerpräsident für den nächsten Tag den Rückflug angeordnet hat. Infolgedessen berichten die Abendzeitungen des Auslandes mit Balkenüberschriften, die Verhandlungen seien als gescheitert zu betrachten. Erst in der Nacht kommt die festgefahrene Situation wieder in Fluß. Chamberlain fährt gegen halb elf Uhr noch einmal vor dem Rheinhotel »Dreesen« vor, um ein Memorandum entgegenzunehmen, das Hitler inzwischen ausgearbeitet hat. Danach sollen die Tschechen bis zum 26. September, also innerhalb von zwei Tagen, mit der Evakuierung der abzutretenden Gebiete beginnen. Das geräumte Gebiet soll in dem derzeitigen Zustand bleiben. Auch die Befestigungsanlagen dürfen nicht beschädigt werden.

»Das ist ja ein Ultimatum!« ruft Chamberlain aus und hebt beschwörend die Hände.

Diese heftige Reaktion hat Hitler nicht erwartet. »Ein Ultimatum?« fragt er. »Es steht aber Memorandum und nicht Ultimatum darüber!«

»Mit großer Enttäuschung und tiefem Bedauern muß ich feststellen, Herr Reichskanzler«, erklärt Chamberlain, »daß Sie mich in meinen Bemühungen um die Erhaltung des Friedens auch nicht im geringsten unterstützt haben!«

Im selben Moment wird die Nachricht ins Zimmer gereicht, daß Staatspräsident Benesch die Mobilmachung befohlen hat. Wie wird der deutsche Staatschef darauf reagieren? Aber erst nach einer längeren Pause nimmt Hitler wieder das Wort:

»In diesem Falle ist die Angelegenheit erledigt. Die Tschechen denken nicht daran, die Gebiete abzutreten.«

Chamberlain widerspricht: »Die Mobilmachung ist nur eine Vorsichtsmaßnahme und sollte von Ihnen nicht tragisch genommen werden.«

Dumpf antwortet Hitler: »Ein Ende mit Schrecken ist besser als ein Schrecken ohne Ende. Das ist mein letztes Wort.« Doch dann läßt er sich zu einer Konzession herbei. Er verlängert den Beginn der Räumung bis zum 1. Oktober. Als sich Chamberlain und seine Begleiter verabschieden, fügt er noch hinzu: »Sie sind der einzige Mensch, mit dem ich jemals einen Kompromiß geschlossen habe!«

Der englische Premierminister nimmt die Karte an sich, auf der von deutschen Experten die abzutretenden Gebiete eingezeichnet sind, und erklärt sich bereit, sie zusammen mit dem Memorandum an die tschechische Regierung weiterzuleiten. Doch eine Verpflichtung, die Annahme der neuen Forderungen in Prag zu befürworten, übernimmt er nicht. Am nächsten Morgen tritt Chamberlain die Heimreise an.

Im Kriegsministerium in Berlin hat man fest mit einer friedlichen Lösung gerechnet. Um so überraschter ist man deshalb, als Hitler erneut Befehl erteilt, die Kriegsvorbereitungen in vollem Umfange fortzuführen. »Jetzt haben wir den klaren Beweis«, sagt Oberst Oster, ein Mitarbeiter von Canaris, »daß Hitler unter allen Umständen zum Kriege treiben will. Nun kann es kein Zögern mehr geben. Hoffen wir, daß Hitler bald wieder in Berlin ist. Der Vogel muß zurück in den Bauer.«

Nicht nur die Militärs lehnen den Krieg ab, auch das deutsche Volk wünscht, daß der Frieden erhalten bleibt. Mit seinem sechsten Sinn für Stimmungen ordnet Hitler bei seiner Rückkehr an,

Einheiten der Wehrmacht durch Berlin marschieren zu lassen, um bei der Bevölkerung die Kriegsbegeisterung zu wecken. Der gleiche General von Witzleben, der sich bereit erklärt hat, Hitler festzunehmen, hat das Kommando.

Goebbels hat die Jugend zum Wilhelmplatz dirigiert und läßt sie rufen:

»Wir wollen unseren Füüührrrerrr seehennn!« Doch entgegen seiner sonstigen Gewohnheit zeigt sich der geliebte Führer nicht. Erst als es schon zu dunkeln beginnt und man aus der nördlichen Wilhelmstraße Motorengeräusch hört, werden an den Fenstern der Reichskanzlei die Gardinen zurückgezogen. Kurz darauf ziehen lange Kolonnen Soldaten mit ihren Wagen, Maschinengewehren und Geschützen vorbei. Die Männer sind neu eingekleidet. Alles deutet auf Krieg hin. Jetzt tritt auch Hitler auf den Balkon hinaus, den er sich nach der Machtübernahme hat anbauen lassen. Mit erhobenem Arm grüßt er die wartenden Menschenmassen. Und da geschieht das Unheimliche: Alles bleibt stumm. Sogar das »Heil«-Rufen der Hitlerjugend erstirbt. Keine Hand hebt sich, und kein Sprechchor ertönt: »Wir danken unserem Führer!«

»Sehen Sie die Gesichter der Leute an!« sagt ein Journalist zu einem Kollegen. »Die hat das bleiche Entsetzen vor dem Kriege gepackt.« Weitere Bemerkungen gehen in dem Motorengeräusch schwerer Zugmaschinen unter. Auch die ernsten, wie aus Holz geschnitzten Gesichter der Soldaten lassen jede Begeisterung vermissen. Hitler tritt in das Zimmer zurück, läßt die Türen schließen und die Gardinen vorziehen. Sogar das Licht befiehlt er abzudrehen, obwohl er Dunkelheit eigentlich scheut. Zornig ruft er seiner Umgebung zu: »Mit diesem Volk kann ich noch keinen Krieg führen!«

Als äußersten Termin zur Beilegung der Krise ohne militärisches Einschreiten hat Hitler in Godesberg den 1. Oktober 1938 bezeichnet. Als letzte Frist, den entsprechenden Vormarschbefehl an die Truppen weiterzuleiten, nannten die Generale ihm Mittwoch, den 28. September, 14 Uhr. Am Morgen dieses gewitterschwülen Tages fragt Oberst Oster noch einmal bei seinen Freunden im Auswärtigen Amt an, ob sich irgend etwas verändert habe. Das wird verneint. Im Gegenteil, der Krieg könne jeden Augenblick losbrechen. Ribbentrop halte sich zusammen mit zahlreichen Würdenträgern der Partei seit den frühen Morgenstunden in der Reichskanzlei auf.

Dem Berliner Polizeipräsidenten, Graf Helldorf, und seinem Stellvertreter, Fritz Graf von der Schulenburg, ist es gelungen, einen Grundriß der Reichskanzlei in ihre Hände zu bekommen. Menschlicher Voraussicht nach muß es einem Stoßtrupp der Wehrmacht ohne Schwierigkeiten möglich sein, sich der Person Hitlers zu bemächtigen. Ihn zu ermorden ist nicht geplant, man will ihn nur ausschalten und vor ein Gericht stellen. Das deutsche Volk soll erfahren, daß sein »Führer« einen unsinnigen Krieg beginnen wollte, der die Gefahr in sich birgt, daß er sich zum Zweiten Weltkrieg ausweitet. Generalstabschef Franz Halder ist zum Handeln entschlossen. Er läßt sich bei dem Oberbefehlshaber des Heeres, General von Brauchitsch, melden. Nach wenigen Minuten kommt Halder zurück und erklärt, auch Brauchitsch sehe nunmehr den Zeitpunkt zum Eingreifen gekommen, er werde nur noch einmal in der Reichskanzlei herumhören, wie die Dinge lägen.

Um dieselbe Zeit läßt sich der italienische Botschafter Attolico mit dem Ministerbüro des Auswärtigen Amtes verbinden. In englischer Sprache ruft er in höchster Erregung durch das Telefon: »Ich habe eine persönliche Botschaft vom Duce. Ich muß sofort den Führer sehen. Sehr dringend! Schnell! Schnell!«

»Fahren Sie sofort zur Reichskanzlei«, wird ihm geantwortet.. »Ich werde Sie dort inzwischen bei der Adjutantur anmelden. Wenn ich mit meinem Gespräch nicht durchkommen sollte, fahren Sie einfach vor. Man wird ein Auto der italienischen Botschaft nicht anhalten.«

Attolico eilt ohne Hut und Mantel nach unten, aber sein Chauffeur ist nicht zu finden. Um keine Zeit zu verlieren, hält der Botschafter ein vorüberfahrendes Taxi an. Wenige Minuten später trifft er in der Reichskanzlei ein. Hitler spricht gerade mit dem französischen Botschafter François-Poncet. Im Vorzimmer des Großen Salons decken die SS-Männer die Tafel, zu der die Kommandierenden Generale der Truppenverbände, die in die Tschechoslowakei einmarschieren sollen, geladen sind. Da öffnet sich die Tür, und ein Adjutant meldet, der italienische Botschafter bäte in einer dringenden Angelegenheit sofort um eine Unterredung. Hitler verläßt zusammen mit dem Dolmetscher Schmidt sein Arbeitszimmer. Im Vorraum kommt ihm Attolico entgegen. Durch die dicken Brillengläser sieht er blinzelnd auf Hitler. Noch völlig außer Atem, ruft er dem deutschen Staatschef zu: »Der Duce bittet, den Beginn der Feindseligkeiten um vierundzwanzig Stunden hinauszuschieben, doch läßt er sagen, er stehe unter allen Umständen an Ihrer Seite. In der Zwischenzeit will der Duce die Möglichkeit zur Lösung des Problems studieren . . .«

Dr. Schmidt sieht auf seine Uhr. Es ist kurz vor zwölf, zwei Stunden vor Ablauf der Frist zur Erteilung des Marschbefehls. »Sagen Sie dem Duce, daß ich seinen Vorschlag annehme.«

Der französische und der britische Botschafter werden von Hitler persönlich informiert: »Ich habe die Mobilmachung auf Wunsch meines großen italienischen Freundes um vierundzwanzig Stunden verschoben.«

Ohne es zu ahnen, vereitelt er mit seiner Zustimmung auch den von den Generalen geplanten Staatsstreich, und nie wieder wird sich eine so günstige Situation für einen Putsch ergeben.

Das englische Unterhaus hat einen großen Tag. Der Beginn der Sitzung ist auf die gleiche Stunde angesetzt, die der deutsche Generalstab seinem Obersten Kriegsherrn Adolf Hitler als letzte Frist genannt hat, um den Vormarschbefehl an die Wehrmacht zum Einmarsch in die Tschechoslowakei am 1. Oktober morgens herauszugeben: Mittwoch, den 28. September 1938, 14 Uhr. Soeben hat man in London erfahren, daß die Mobilmachung um vierundzwanzig Stunden verschoben worden ist. Das ist eine kurze Frist, und niemand wagt vorauszusagen, ob diese kurze Frist genügt, die Katastrophe eines Krieges noch im letzten Moment abzuwenden.

Das Hohe Haus ist bis auf den letzten Platz besetzt, ebenso die Pressetribünen. Auf den Diplomatenplätzen sieht man die Botschafter von Deutschland, Frankreich und der Sowjetunion. Auch der tschechische Gesandte Jan Masaryk, der Sohn des ersten tschechischen Staatspräsidenten, ist erschienen.

Der Kaplan des Hohen Hauses eröffnet die Sitzung mit einem

Gebet: ». . . gib uns die Kraft, zu sehen und zu erkennen, was wir tun sollen. Gib uns die Kraft und den Segen, es auszuführen, durch Jesum Christum, unsern Herrn. Amen!« Auf den ernsten Gesichtern der Mitglieder des Unterhauses scheinen sich die Worte widerzuspiegeln: ». . . sehen und erkennen, was wir tun sollen . . .« Welchen Weg soll England gehen? Welchen Weg muß es gehen, wenn Hitler marschiert?

Auf der Tagesordnung steht eine Anzahl untergeordneter Punkte. Man erledigt sie, als ob die Gefahr eines Krieges gar nicht vorhanden wäre. Als der Premierminister den Sitzungssaal betritt, begrüßt ihn beifälliges Gemurmel. Erst als der letzte Tagesordnungspunkt »Erklärung der Regierung Seiner Majestät« an der Reihe ist, erhebt sich Chamberlain.

Neville Chamberlain beginnt seine Erklärung mit ruhiger Stimme, der man die Erregung über Hitlers Verhalten nicht anmerkt. Hitler hatte in Berchtesgaden Forderungen gestellt, für deren Erfüllung sich der englische Premierminister mit dem Gewicht seines Amtes und seiner Persönlichkeit eingesetzt hat. Bei der zweiten Begegnung in Bad Godesberg wurden von Hitler neue, befristete Forderungen präsentiert. Sein sogenanntes »Memorandum« kam einem Ultimatum gleich. Jeder andere Staatsmann, am ehesten wohl Hitler selber, hätte das als persönliche Beleidigung aufgefaßt. Nicht so Chamberlain. Nach einem Rückblick auf die letzten Monate erklärt er, warum sich die britische Regierung zur Entsendung des Sonderbotschafters Lord Runciman entschlossen habe. Als er auf seine Verhandlungen mit Hitler zu sprechen kommt, referiert er objektiv: »Herr Hitler sagte nachdrücklich, daß er Freundschaft mit England wünsche und daß er, wenn nur die Sudetenfrage friedlich aus dem Wege geräumt werden könne, gern die Gespräche wiederaufnehmen würde. Es ist richtig, daß er sagte: ›Da gibt es eine mißliche Frage – die Kolonien, aber das ist kein Anlaß für einen Krieg.‹« Zuletzt erwähnt der englische Premierminister noch die Ergebnisse an diesem Vormittag: »Im letzten Moment hat Signor Mussolini den Aufschub der Mobilmachung um vierundzwanzig Stunden erreicht . . .« Die Stimme Chamberlains wird um eine Nuance lauter, als er fortfährt: »Wie immer auch die ehrenwerten Abgeordneten früher über Signor Mussolini gedacht haben mögen, so glaube ich, wird es jeder begrüßen, daß er die Mobilmachung hat verzögern können . . .«

Auf der Peers Gallery entsteht plötzlich eine leichte Unruhe. Der Außenminister Lord Halifax wird herausgerufen. Kurz darauf kommt Chamberlains Parlamentarischer Sekretär in den Sitzungssaal und geht leise zur Regierungsbank hin. In seiner Hand hält er ein Blatt Papier, das er dem Schatzkanzler, Sir John Simon, hinaufreicht, der neben dem Redner sitzt. Der Schatzkanzler liest, was darauf geschrieben steht, und versucht, die Aufmerksamkeit des Premierministers auf sich zu lenken. Im Sitzungssaal ist es totenstill. Aller Augen sehen gebannt auf Chamberlain, der ruhig weiterspricht und sich bemüht, die Schlußworte seiner Rede so konziliant wie möglich zu formulieren. Doch mitten im Satz unterbricht er seine Ausführungen, sieht auf Simon, dem es gelungen ist, sich bemerkbar zu machen, nimmt das Blatt und liest es.

Man könnte eine Stecknadel zu Boden fallen hören. Nach einer geflüsterten Rückfrage bei Schatzkanzler Simon richtet sich Chamberlain wieder auf und erklärt mit lauter Stimme: »Das ist noch nicht alles! Ich habe dem Hause noch etwas mitzuteilen. Herr Hitler informiert mich eben, daß er mich einlädt, ihn morgen früh in München zu treffen. Er hat Signor Mussolini und Monsieur Daladier ebenfalls eingeladen. Signor Mussolini hat bereits angenommen, und ich zweifle nicht, daß Monsieur Daladier ebenfalls kommen wird. Was meine Antwort ist, brauche ich Ihnen wohl nicht zu sagen.«

Die Abgeordneten erheben sich und beginnen laut zu klatschen. Chamberlain hebt das Blatt Papier mit der schicksalsschweren Nachricht hoch und verschafft sich Ruhe: »Wir sind alle Patrioten, und unter den ehrenwerten Mitgliedern dieses Hauses ist wohl keiner«, ruft er in den Saal, »dessen Herz nicht höher schlägt, weil die Krise noch einmal verschoben worden ist . . . Ich bin sicher, daß das Haus mir jetzt gestatten wird zu gehen. Vielleicht halten Sie es angesichts dieser neuen Entwicklung für richtig, die Debatte für ein paar Tage zu verschieben. Ich hoffe, wir werden uns unter glücklicheren Umständen wiedertreffen.«

Ein Beifallssturm bricht los. Auch die Peers Gallery beteiligt sich an der Kundgebung. Aber die Saaldiener können Erzbischöfe und Mitglieder des Königshauses, die mit am lautesten klatschen und vor Begeisterung mit den Fäusten auf die hölzerne Brüstung schlagen, nicht gut zur Ordnung rufen!

Nur wenige Mitglieder des Unterhauses nehmen an den Beifallskundgebungen nicht teil. Die Geschichte wird ihnen später recht geben. Doch auch sie verkennen nicht, daß Neville Chamberlain nur aus lautersten Motiven gehandelt hat, als er sich bemühte, den Krieg abzuwenden, den er ein Jahr später doch zu führen gezwungen ist!

In den Büros der Münchner Hotels beginnen die Telefone zu klingeln. Die Portiers können sich nicht erklären, warum mit einem Male Zimmerbestellungen zu Dutzenden einlaufen. Wie am 15. September in Berchtesgaden, so sind an jenem Mittwoch, dem 28. September, in München selbst die letzten Notunterkünfte vergeben. »Nicht einmal ein Sessel ist mehr frei!« rufen sie verzweifelt in das Telefon.

In den großen Bierzelten des Münchner Oktoberfestes, draußen auf der Theresienwiese, will keine rechte Stimmung aufkommen. Die Blaskapellen spielen wie immer Rheinlieder und Wiener Walzer, Märsche und Trinklieder, aber kaum einer singt mit. Und wenn sich schon die Menschen um einen Tisch unter die Arme fassen und zu schunkeln beginnen, so wirkt ihr Gehabe künstlich aufgeputscht. Es ist, als stünde hinter den dichten Rauchschwaden an der Decke die Frage geschrieben, die alle quält: »Kommt es zum Krieg?«Plötzlich verbreitet sich das Gerücht, am nächsten Tage finde in München eine internationale Konferenz statt. Von Tisch zu Tisch ruft man sich zu: »Ham's scho' g'hört, Herr Nachber? Der Dutsche kommt un' der Tschamperlein. Und natierlich auch der Fiehrer . . .« Die Menschen strömen zu den Ausgängen, und die Straßen zwischen den Zelten und Schaubuden sind im Nu gefüllt. Viele Festbesucher stürmen die Straßenbahnen zur Stadt hinein. Sie wollen sich vergewissern, ob an den Gerüchten etwas Wahres ist. Wenn eine Konferenz stattfindet, dann bleibt vielleicht der Frieden erhalten.

Auch im Braunen Haus am Karolinenplatz geht es zu wie in einem Ameisenhaufen, in dem jemand mit seinem Spazierstock herumgestochert hat. Reichspropagandaminister Dr. Goebbels gibt von Berlin aus pausenlos Anweisungen. Die Aufregung überträgt sich auch auf die Amtsstuben der städtischen Behörden und des Polizeipräsidiums. Nur eine Nacht steht zur Verfügung, um das Treffen der Regierungschefs von England, Frankreich und Italien mit dem »Führer und Reichskanzler« vorzubereiten. Ein Wald von Fahnenmasten muß aufgestellt werden und die Sicherheit der ausländischen Staatsmänner garantiert sein. Auch aufgebrochene Straßen müssen in aller Eile zugeschüttet werden. Die Quartierfrage ist ein Problem für sich. Dafür müssen die Hotels die entsprechenden Zimmer frei machen. Darüber hinaus sollen sprachkundige SD-Agenten, als Hausburschen und Kellner getarnt, der SS-Führung alles Wissenswerte direkt übermitteln. Nur eines vergißt man: die organisatorischen Vorbereitungen für die Konferenz selber.

Hitler trifft noch in der Nacht in München ein und fährt nach einer kurzen Ruhepause weiter nach Kufstein, der ehemaligen deutsch-österreichischen Grenzstation. Rudolf Heß und eine Anzahl hoher Beamter und Offiziere fahren weiter zum Brenner, um die italienischen Gäste an der neuen Reichsgrenze zu empfangen. Die Kurs- und Sonderzüge von Berlin nach München und erst recht die Flugzeuge sind bis auf den letzten Platz besetzt. Mit den Vertretern des Auswärtigen Amtes treffen auch die französischen und britischen Botschafter am Morgen in München ein, wenige Minuten, bevor der Sonderzug mit Mussolini und Hitler in die festlich geschmückte Halle rollt.

Die Konferenz soll um 12.45 Uhr im »Führerbau« am Königsplatz beginnen. Bevor man an dem großen, runden Tisch Platz nehmen kann, kommt es noch zu einem kleinen Zwischenfall. Der französische Ministerpräsident sucht seinen Staatssekretär Léger. »Ich kann nicht anfangen«, ruft Daladier aufgeregt, »ehe nicht Léger da ist. Er kennt die ganzen Geschichten.« Endlich ist der Staatssekretär gefunden, doch man kann sich immer noch nicht setzen, denn auch Légers Sekretärin hat sich verspätet, und sie transportiert die Unterlagen der französischen Delegation. Endlich erscheint Madame Globowsky keuchend und etwas aufgeregt und übergibt ihrem Chef »tous les papiers«.

Hitler hat sich als Auftakt einen kleinen Theatercoup ausgedacht. Er ruft seinen Wehrmachtsadjutanten, Oberst Schmundt, und sagt halblaut, damit es alle hören sollen: »Die Mobilmachung unterbleibt!« Doch geht das in dem allgemeinen Tumult unter.

Die ersten Reden sind bedeutungslos wie das Stimmen der Instrumente vor Beginn eines Konzerts. Man muß erst warm werden. Dolmetscher Schmidt übersetzt ununterbrochen und vollbringt dabei ein wahres Meisterwerk. Wenn einer der Regierungschefs etwas dazwischenruft, weist er ihn zurück wie ein Lehrer einen vorlauten Schüler. Seine Kunst trägt nicht wenig dazu bei, den Diskussionen einen ruhigen Verlauf zu geben.

Bevor sich die Konferenz um 15 Uhr zur Mittagspause vertagt, legt Mussolini einen Vertragsentwurf in italienischer Sprache vor. Schmidt übersetzt ihn in die anderen drei Konferenzsprachen, ohne sich anmerken zu lassen, daß er ihn bereits kennt. Mit diesem Vertragsentwurf hat es nämlich eine besondere Bewandtnis.

Gestern abend hatten Göring, Neurath und Weizsäcker Bedingungen aufgestellt, die nach ihrer Meinung sowohl für Hitler als auch für die anderen Mächte annehmbar sein könnten. Ribbentrop, der fest mit dem Krieg rechnet und sich dafür schon eine neue feldgraue Uniform bestellt hat, fand diesen Entwurf viel zu mild. Er beauftragte seinen Hausjuristen, den Ministerialdirektor Friedrich Gaus, einen »starken Vertragsentwurf« aufzusetzen. Doch Weizsäcker gab sich noch nicht geschlagen. Während sich Ribbentrop vor dem Spiegel in der halbfertigen Uniform drehte, beauftragte der Staatssekretär den Dolmetscher Schmidt, er solle den mit Neurath und Göring aufgestellten Entwurf unverzüglich ins Französische übertragen. Im Zug nach München spielte er diese Übersetzung dann listigerweise dem italienischen Botschafter zu. Arturo Atollico übersetzte den Text schnell ins Italienische und legte ihn seinem Chef Mussolini als eigenen Entwurf vor. Der Duce fand die Arbeit seines Botschafters recht brauchbar. Als seinen eigenen Vorschlag legt er ihn jetzt der Konferenz als Diskussionsgrundlage vor. Bevor Ribbentrop seinen von Gaus aufgestellten »starken Vertragsentwurf« aus der Tasche ziehen kann, hat Hitler »Ja« gesagt. Auch die anderen Delegationsmitglieder sind der Meinung, man könnte von dem, was Signor Mussolini da eben vortragen ließ, durchaus ausgehen.

Vor dem »Führerbau« am Königlichen Platz stauen sich die Menschen. Alle möglichen Gerüchte gehen von Mund zu Mund: »D'r Tschamperlein hat ja g'sagt!« – D'r Dutsche will au' kein' Kriech!« –»Der Führer hat es aber den anderen richtig gegeben!«

Erst um halb fünf Uhr nachmittags werden die Verhandlungen wiederaufgenommen. Als sich gegen sechs Uhr das Auto eines Generals durch die Menschenmauern schiebt, verstummt alles. Ist es der Kriegsgott, der im »Führerbau« seinen Einzug hält? Hat Hitler den General rufen lassen, weil die Verhandlungen gescheitert sind?

Hitler macht als Hausherr einen etwas linkischen Eindruck. Er spricht keine fremde Sprache und ist in allem auf die Dolmetscher angewiesen. Der Duce dagegen beherrscht nicht nur Deutsch, er versteht auch Französisch und etwas Englisch und kann den Ausführungen Daladiers und Chamberlains unmittelbar folgen. So kommentiert er die Reden und Bemerkungen der Franzosen und Engländer sofort mit Lachen, Erstaunen, Ablehnung oder Zustimmung. Hitler, der nichts versteht, bevor Schmidt übersetzt hat, hält sich in allem an seinen italienischen Kollegen. Für die ausländischen Konferenzteilnehmer wirkt es erheiternd zu sehen, wie der »Führer« zu seinem Freund Mussolini aufschaut. Man könnte tatsächlich meinen, er sei nichts anderes als das Echo oder Spiegelbild des italienischen Regierungschefs. Runzelt der Duce die Stirn, so zieht sie auch Hitler in Falten, und lacht der Duce, so versucht auch er zu lachen.

Um 20 Uhr werden zum zweiten Male die Verhandlungen unterbrochen, um das Abendessen einzunehmen. Hitler hat die Konferenzteilnehmer zu einem Bankett eingeladen, aber nur die Italiener haben angenommen. Die Franzosen und Engländer ziehen es vor, außerhalb zu essen. Sie wollen während der Verhandlungspause auch mit ihren Kabinettskollegen in London und Paris telefonieren.

Inzwischen stellen die Übersetzer des Auswärtigen Amtes

und der anderen Delegationen die bisher erzielten Ergebnisse zusammen und redigieren miteinander die Texte. Sir Horace Wilson, dem Mitarbeiter Chamberlains, fällt eine besonders unangenehme Aufgabe zu. Er hat die tschechische Delegation, die erst am Nachmittag mit dem Flugzeug eingetroffen ist, mit den bisherigen Übereinkünften bekanntzumachen. Die Tschechen widersprechen in einigen Punkten sehr scharf. Wilson zieht sich zurück und überläßt es einem Mitarbeiter, den Herren aus Prag die Lage zu erklären. »Wenn Sie nicht annehmen, dann werden Sie Ihre Angelegenheiten mit den Deutschen ganz allein zu regeln haben«, sagt er den Tschechen. »Die Franzosen werden sich vielleicht liebenswürdiger ausdrücken als ich. Aber ich versichere Ihnen, sie teilen unsere Ansichten, und sie werden sich ebenfalls zurückziehen . . .«

Kurz vor Mitternacht trifft man sich wieder. Die Nachricht, daß man sich endgültig geeinigt hat, geht wie ein Lauffeuer durch die Stadt. In den Bierzelten auf der Theresienwiese erreicht die Stimmung ihren Höhepunkt. Die Schankkellner kommen mit dem Ausstoß nicht mehr nach, und die Märsche der Blaskapellen werden unter dem Gesang der fröhlichen Zecher zu einem Furioso des Lärms und der »Gemütlichkeit«. Bei der Schlußabrechnung stellt man den dreifachen Umsatz fest. Nach Mitternacht ergießt sich der Strom der bierseligen Wies'n-Besucher in das Stadtinnere. Glücklich, daß es keinen Krieg gibt, singen sie ihre Freude laut heraus.

In der dritten Morgenstunde des 30. September 1938 wird der Vertrag mit seinen sieben Anlagen, in vier Sprachen ausgefertigt, unterschrieben.

Abkommen zwischen Deutschland,
dem Vereinigten
Königreich von
Großbritannien, Frankreich und Italien.
Getroffen in München am 29. September 1938.

Deutschland, das Vereinigte Königreich, Frankreich und Italien sind . . . hinsichtlich der Abtretung des sudetendeutschen Gebietes . . . übereingekommen . . .

1. Die Räumung beginnt am 1. Oktober.

2. Das Vereinigte Königreich, Frankreich und Italien vereinbaren, daß die Räumung des Gebietes bis zum 10. Oktober vollzogen wird, und zwar ohne Zerstörung irgendwelcher Einrichtungen . . .
3. Die Modalitäten der Räumung werden im einzelnen durch einen internationalen Ausschuß festgelegt . . .
4. Die etappenweise Besetzung beginnt am 1. und 2. Oktober . . .
5. Der in § 3 erwähnte internationale Ausschuß wird die Gebiete bestimmen, in denen eine Volksabstimmung stattfinden soll. Diese Gebiete werden bis zum Abschluß der Volksabstimmung durch internationale Formationen besetzt werden . . .
6. Die endgültige Festlegung der Grenzen wird durch den internationalen Ausschuß vorgenommen werden . . .
7. Es wird ein Optionsrecht für den Übertritt in die abgetretenen Gebiete und für den Austritt aus ihnen vorgesehen . . .
8. Die tschechoslowakische Regierung wird innerhalb von vier Wochen alle Sudetendeutschen . . . aus ihren militärischen und polizeilichen Verbänden entlassen, die diese Entlassung wünschen . . .

Adolf Hitler
Neville Chamberlain
Mussolini
Ed. Daladier.

Unmittelbar nach der Unterzeichnung begibt sich Daladier in sein Hotel »Vier Jahreszeiten« und gleich danach Chamberlain zum nahegelegenen »Regina-Palast-Hotel«. Tausende winken den beiden Staatsmännern beglückt zu. Auch dem Duce wird auf seiner Fahrt zum »Prinz-Karl-Palais« begeistert zugejubelt. Vor dem Hotel der französischen Delegation ruft einer: »Daladier! Vive la paix!« Als der Ruf zum zweiten Male erklingt, stimmen schon zehn oder zwanzig mit ein. Bald wiederholen Sprechchöre ununterbrochen diesen Satz, bis Daladier auf den Balkon tritt und für die Ovationen dankt. Der SS ist diese Begeisterung recht unangenehm. Sie riecht zu sehr nach Frieden. Himmlers Stellvertreter Heydrich läßt deshalb die Maximilianstraße räumen.

Der englische Premierminister hat den deutschen Staats- und Regierungschef um eine Unterredung gebeten. Am Vormittag besucht er Hitler in seiner Privatwohnung am Prinzregentenplatz. Die Fahrt im offenen Auto mitten durch die Stadt wird zur Demonstration für den Frieden. Der Premier bringt den Entwurf eines Übereinkommens mit. Die wenigen Sätze sind auf einem Briefbogen des Foreign-Office geschrieben, der das königlich-britische Wappen trägt. Dr. Schmidt übersetzt akzentuiert:

»Wir, der deutsche Führer und Kanzler und der britische Premierminister, haben uns heute noch einmal getroffen und erkennen übereinstimmend an, daß die Frage der deutsch-englischen Beziehungen von erster Bedeutung für die beiden Länder und Europa ist.

Wir betrachten das gestern abend unterzeichnete Abkommen und das englisch-deutsche Flottenabkommen als symbolisch für den Wunsch unserer beiden Völker, niemals wieder miteinander Krieg zu führen.

Wir beschließen, daß die Methode der Konsultation die Methode sein soll, um alle übrigen Fragen zu behandeln, die unsere beiden Länder angehen, und wir beabsichtigen, uns weiterhin zu bemühen, mögliche Ursachen von Meinungsverschiedenheiten zu beseitigen und so zur Erhaltung des Friedens in Europa beizutragen.«

Hitler, der eigentlich siegesgestimmt sein müßte, macht alles andere als einen zufriedenen Eindruck. Erst nach einigem Zögern setzt er seinen Namen unter die Erklärung. Vielleicht erinnert er sich in diesem Moment daran, daß er gestern dem Duce auf der Fahrt von Kufstein nach München erklärt hat: »Im übrigen wird der Tag kommen, an dem wir uns vereint gegen England und Frankreich werden schlagen müssen. Es ist von großem Wert, daß das stattfindet, solange an der Spitze unserer Länder Sie, Duce, und ich stehen, und zwar noch jung und voller Kraft.«

Doch davon weiß Chamberlain nichts. Als er in Heston aus dem Flugzeug steigt, hält er der begeisterten Menschenmenge, die ihn empfängt, das Papier entgegen, auf dem steht, nie wieder würden Deutschland und England gegeneinander Krieg führen.

Der Oberhofmarschall Lord Clarendon begrüßt den Premier im Namen des Königs und überreicht ihm ein Handschreiben Seiner Majestät. Chamberlain tritt ans Mikrophon. Aber der nüchterne Mann kann vor innerer Bewegung kaum die richtigen Worte finden. Diese Begeisterung hat er nicht erwartet. Immer wieder ruft er: »Peace for our time . . .« (Friede für unsere Zeit).

Wenig später besteigt er den altmodischen, hochrädrigen Dienstwagen, der ihn zur Downingstreet bringen soll. Die Menge durchbricht die Sperre und blockiert die Wege. Frauen klopfen an die Fensterscheiben, und Männer bringen immer wieder Hochrufe auf ihn aus und singen vor Freude, nicht in den Krieg ziehen zu müssen. Am Abend ist Chamberlain Gast des Königspaares. Zehntausende drängen sich vor den Toren des Buckingham-Palastes. Sie geben nicht früher Ruhe, bis Chamberlain und seine Frau auf dem Balkon des Schlosses erscheinen und zusammen mit dem Königspaar die Huldigungen entgegennehmen.

Auch Mussolini wird vom König geehrt. Viktor Emanuel III. unterbricht seinen Aufenthalt auf Schloß San Rossore und kommt in Florenz zum Bahnhof. Besonders freut es den König, daß sich dank der Münchner Konferenz das Verhältnis zu England erheblich gebessert hat. Die Rechnung des Königs geht bald auf. Nachdem sich Frankreich schon am 4. Oktober dazu entschlossen hat, Viktor Emanuel als Kaiser von Abessinien anzuerkennen, folgt am 16. Oktober auch Großbritannien.

Daladier fliegt am 30. September in seiner Bloch 220, die den Namen »POITOU« trägt, von Oberwiesenfeld zurück nach Paris. Über Le Bourget zieht die Maschine eine große Schleife. Besorgt sehen der Ministerpräsident und seine Begleiter unten auf dem Flugplatz Zehntausende von Menschen. Daladier gibt dem Piloten Anweisung, in Villa-Coublay zu landen, aber aus technischen Gründen muß der Flugzeugführer in Le Bourget niedergehen. Als die Maschine steht und die Treppe herangefahren wird, durchbricht die Menge die Absperrungen. Wie eine Wasserwoge rollt sie über das Feld.

Der Ministerpräsident befürchtet, hinweggespült zu werden. Wird man ihn auspfeifen, beschimpfen und vielleicht sogar erschlagen? Nichts von alledem! Die Menschen jubeln ihm zu und strecken ihm die Hände entgegen. Die Fahrt zum Kriegsministerium, Daladiers Amtssitz, wird zum triumphalen Einzug in das sonst so aufsässige, widerspruchsbereite Paris. Nur im Schritttempo kommt das Auto vorwärts. An ungezählten Häusern haben die Concierges in aller Eile Fahnen ausgehängt. Die Wochenschaumänner und die Rundfunkreporter sind sich einig: eine solche Begeisterung erweckte noch kein französischer Ministerpräsident. Im Außenministerium häufen sich die Glückwunschtelegramme zu Bergen. Der amerikanische Botschafter überreicht einen riesigen Blumenstrauß und gibt mit Tränen in den Augen seiner Genugtuung über das Münchner Abkommen Ausdruck. Fünf Tage später spricht das französische Parlament der Regierung Daladier mit 535 Stimmen gegen 75 der Kommunisten und einiger »Intransigenter« das Vertrauen aus.

Hitler dagegen ist mit der Entwicklung nicht zufrieden. Der Erfolg wurde am Verhandlungstisch errungen und nicht auf dem Schlachtfeld. Seiner engeren Umgebung gegenüber macht er aus seinem Groll keinen Hehl: »Dieser Chamberlain hat mir meinen Einzug in Prag verdorben!« Aber auch der offen zur Schau getragene Friedenswille der Massen stört ihn. Das deutsche Volk ist ihm nicht kriegerisch genug. Schon in den nächsten Tagen gibt er die Anweisung, »den deutschen Menschen zur Kriegsbereitschaft erziehen zu helfen«.

Der Stahlpakt

Bereits am 21. Oktober 1938 gibt Hitler seinem Generalstab den Befehl, Vorbereitungen zur »Erledigung der Rest-Tschechoslowakei« zu treffen. Nach wochenlangem Trommelfeuer in Presse und Rundfunk wird der Nachfolger des tschechischen Staatspräsidenten Benesch – er mußte zurücktreten und ins Ausland gehen –, der ehemalige österreichisch-ungarische Verwaltungsjurist und spätere Präsident des Obersten tschechoslowakischen Verwaltungsgerichts Dr. Emil Hacha, bei einem Besuch in Berlin gezwungen, den sogenannten »Protektoratsvertrag« zu unterzeichnen.

Der Führer hat heute ... den tschechoslowakischen Staatspräsidenten ... empfangen ... Der tschechoslowakische Staatspräsident hat erklärt, daß er ... um eine endgültige Befriedung zu erreichen, das Schicksal des tschechischen Volkes und Landes vertrauensvoll in die Hände des Führers des Deutschen Reiches legt. Der Führer hat diese Erklärung angenommen und seinem Entschluß Ausdruck gegeben, daß er das tschechische Volk unter den Schutz des Deutschen Reiches nehmen und ihm eine seiner Eigenart gemäße autonome Entwicklung seines völkischen Lebens gewährleisten wird.
Berlin, den 15. März 1939.
Adolf Hitler Dr. Hacha von Ribbentrop Dr. Chvalkovsky.

Während sich Dr. Hacha und sein Außenminister Dr. Chvalkovsky noch auf der Fahrt nach der tschechischen Hauptstadt befinden, hält Hitler, der ein Flugzeug benutzt hat, seinen Einzug auf dem Hradschin, der alten Kaiserburg über Prag. »Haben Sie Nachricht über militärische Bewegungen in Frankreich und der Sowjetunion oder über eine Mobilmachung der englischen Flotte?« fragt er seinen Pressechef Dr. Dietrich.

»Nein!« antwortet dieser.

»Ich habe es gewußt! In vierzehn Tagen spricht kein Mensch mehr davon!«

Aber damit irrt sich Hitler gründlich. Diesmal kann der »Führer des Großdeutschen Reiches« keine moralischen Gründe ins Feld führen und auch nicht ableugnen, daß er einen Vertrag gebrochen hat, der Deutschland nicht aufgezwungen worden ist, sondern den Hitler der Welt aufgezwungen hat.

Kurz nach der Besetzung von Prag erklärt der englische Premierminister im Unterhaus, daß sich Großbritannien verpflichtet habe, Polen im Falle eines Angriffs gegen seine Unabhängigkeit unverzüglich mit allen zur Verfügung stehenden Mitteln Unterstützung zu gewähren. Chamberlain weist ausdrücklich darauf hin, daß die Regierung Seiner Majestät der polnischen Regierung eine Zusicherung in diesem Sinne bereits erteilt habe und daß auch die französische Regierung die gleiche Stellung einnehme. Außerdem beginnt England mit dem großzügigen Ausbau seiner Luftstreitkräfte.

Sogar in Rom ist man ungehalten.

»Die Sache ist sehr ernst«, kommentiert der italienische Außenminister Graf Ciano die Besetzung der Rest-Tschechoslowakei durch die deutsche Wehrmacht. »Hitler hat versichert, er wolle niemals einen einzigen Tschechen annektieren. Welches Gewicht kann in Zukunft noch seinen anderen Erklärungen und Versprechungen beigelegt werden?«

Diese Erkenntnis hindert merkwürdigerweise das faschistische Italien nicht, mit Adolf Hitler noch engere Bindungen einzugehen, als bisher schon bestehen. Vier Wochen nach der Besetzung Prags sind Mussolini und Graf Ciano bereit, mit dem deutschen Außenminister Joachim von Ribbentrop einen Bündnispakt auszuarbeiten, dem der Duce den Namen »Patto di sangue« (»Pakt des Blutes«) geben will. Doch schließlich erhält er nur die bescheidenere Bezeichnung »Patto d'acciaio« (Stahlpakt). Um die näheren Bedingungen auszuhandeln, reist Ribbentrop am 6. Mai 1939 nach Italien.

Mussolini möchte »den eitlen Deutschen« nicht in Rom haben. Deshalb findet die Begegnung in Mailand statt. Keiner der Teilnehmer der Bankette und Festlichkeiten ahnt, daß auf den Tag genau sechs Jahre später Deutschland in Reims bedingungslos kapitulieren und daß es zu diesem Zeitpunkt ein italienisches Imperium nicht mehr geben wird . . .

Bei der Zusammenstellung seines Gefolges ist Ribbentrop gut beraten. Er sucht die Adjutanten und Attachés nicht nach den Wünschen Heydrichs und Himmlers aus, die gern einige von ihren SD-Agenten dabeihaben möchten, sondern nach diplomatischen Gesichtspunkten. Die Italienfahrer müssen eine gute Kinderstube haben, italienisch sprechen und verstehen, eine Dame mit Anstand zu Tisch zu führen. Ribbentrop geht mit gutem Beispiel voran. Er benimmt sich in Mailand beinahe wie ein Diplomat der alten Schule. Am Abend des ersten Tages vermerkt Graf Ciano befriedigt in seinem Tagebuch: »Es sind nicht die üblichen hölzernen deutschen Knoten, die meist abstoßend wirken.«

Das Abschlußbankett am Abend des 7. Mai 1939 in dem bekannten Luxushotel »Villa d'Este« am Comer See wird zu einem großen gesellschaftlichen Erfolg. Einladungen zu diesem glanzvoll aufgezogenen Ereignis ergingen an alle lombardischen

Adelsfamilien, deren Stammbäume Jahrhunderte zurückreichen. Für gewöhnlich rümpfen die Sforza und Crespi, die Borromeo und Trivulzio und wie diese uralten Geschlechter sonst noch heißen, die Nase, wenn von den Cianos und Ribbentrops, deren Adelsbriefe sehr jungen Datums sind, die Rede ist. Die Cianos sind erst 1918 in den Grafenstand erhoben worden, und Ribbentrop gar kann seinem Namen das »von« nur hinzufügen, weil er sich gegen eine hohe Summe von einer Tante des adligen Zweiges seiner Familie adoptieren ließ.

Der Park der »Villa d'Este« gleicht Klingsors Zaubergarten in Richard Wagners »Parsifal«. Kamelien und Rhododendren, Magnolien und Azaleen stehen in voller Blüte, die Blumenbeete sind ein einziger Rausch der Farben und Düfte. Die Damen der lombardischen Hocharistokratie in ihren neuesten Pariser Frühjahrsmodellen flirten mit den meist blonden Mitgliedern der deutschen Delegation, die ihre Diplomaten-Uniform tragen.

Das sonntägliche Fest in der »Villa d'Este« wird mit der Bekanntgabe eines Militärbündnisses zwischen Deutschland und Italien beendet. »Der Text der amtlichen Verlautbarungen«, rühmt Ribbentrop, »stammt vom Führer persönlich.« Der zehnjährige Bündnisvertrag, der zwei Wochen später in Berlin unterzeichnet werden soll, sieht vor, daß sich die vertragschließenden Teile über alle strittigen internationalen Probleme laufend verständigen. Die Partner verpflichten sich ferner im Kriegsfall, zu Land, zu Wasser und in der Luft einander Beistand zu leisten. Im Falle eines gemeinsam geführten Krieges sind Waffenstillstand und Frieden nur in vollem Einverständnis miteinander abzuschließen.

Kein einziger dieser Artikel wird eingehalten. Deutschland beginnt den Zweiten Weltkrieg, ohne Italien zu konsultieren; Italien tritt erst 1940 an Deutschlands Seite in den Krieg ein, nachdem Frankreich bereits besiegt ist, und Waffenstillstand schließt es anderthalb Jahre vor Ende des verlorenen Zweiten Weltkrieges.

Tief befriedigt fahren die Deutschen und Italiener nach Berlin und Rom zurück. Anderntags wohnt der italienische Außenminister der Wiedereröffnung der »curia romana« bei, dem Forum des antiken Roms. Es wird dem Senat in Obhut gegeben. »Mein Vater«, schreibt Graf Ciano am Abend des 9. Mai 1939 ahnungsvoll in sein Tagebuch, »hat seinerzeit ... dagegen ... Einspruch erhoben, indem er daran erinnerte, daß es gerade der Senat war, der Cäsar Widerstand leistete, und daß Cäsar in jenen Mauern den Tod fand.« Vier Jahre nach dieser Tagebucheintragung, am 24. Juli 1943, stimmt Graf Ciano im faschistischen Senat gegen seinen Schwiegervater Mussolini und hilft damit, dessen Sturz herbeizuführen. Nachdem der Duce von deutschen SS-Männern befreit worden ist, läßt er Ciano vor Gericht stellen. Mussolini weigert sich, seinen zum Tode verurteilten Schwiegersohn zu begnadigen. Am 11. Januar 1944 wird er standrechtlich erschossen ...

Zwei Wochen nach dem glanzvollen Bankett in der »Villa d'Este« trifft Graf Cianos Sonderzug in Berlin ein. Die italienische Delegation wird von Joachim von Ribbentrop, Botschafter Attolico und einigen Dutzend Reichsministern, Reichsleitern und der sonst noch in Berlin vorhandenen Prominenz begrüßt. Man fährt über die verbreiterte Prachtstraße und durch das Brandenburger Tor zum Hotel »Adlon«, wo Heydrich in den Zimmern, die für die Italiener vorgesehen sind, vorsorglich Mikrophone hat einbauen lassen. Zur spontanen Begrüßung in den geschmückten Straßen hat man Männer der »Deutschen Arbeitsfront« aufgeboten. Sie müssen in der »via spontana«, wie die Berliner die Straße quer durch Berlin nennen, Aufstellung nehmen und jubeln. Im offenen Auto grüßt Ribbentrop mit dem Hitlergruß und Graf Ciano mit dem Römischen Gruß. Das heißt, sie heben beide den rechten Arm.

Am Abend findet in der Alten Reichskanzlei eine große Galatafel statt, für die rund zweihundert Personen geladen sind. Ciano hat es merkwürdig eilig. Er will noch mit dem »Reichsbildberichterstatter« Heinrich Hoffmann, der den hohen Gast aus Rom schon einmal betreut hat, das Etablissement der Kitty Schmidt besuchen. Heydrich hat ihr dafür spezielle Aufträge gegeben.

Die Sonne steht schon ziemlich hoch am Himmel, als Ciano ins Hotel zurückkommt, wo man sich bereits Sorgen gemacht hat. Ein heißes Bad frischt ihn auf, dann fährt er in die Neue

Reichskanzlei. Wenige Minuten vor elf Uhr vormittags schreiten Hitler, Graf Ciano und Ribbentrop durch den riesigen Saal, die Marmorgalerie. Dort wird auch die Unterzeichnung des »Stahlpaktes« zelebriert – mit Stahlfedern aus Krupp-Stahl. Gleich darauf überreicht Adolf Hitler dem Gast aus Rom das »Großkreuz des Ordens vom Deutschen Adler« in Gold. Als Gegenleistung erhält Joachim von Ribbentrop bei dem Empfang in der italienischen Botschaft die höchste Auszeichnung, die Italien zu vergeben hat: den Annunziaten-Orden, eine Kette mit einem kostbaren goldenen Geschmeide. Auf dem Anhänger ist die Verkündigung Marias zu sehen, umgeben von blitzenden Diamanten. Wer diesen diamantengeschmückten Orden verliehen bekommt, gilt als Vetter des italienischen Königs und damit als »unantastbar«.

Während Graf Ciano dem deutschen Außenminister die goldene Ordenskette um den Hals legt, tritt unerwartet Hermann Göring ein. Niemand hat ihn gebeten, der Dekorierung beizuwohnen, und niemand fordert ihn auf, näherzutreten und Platz zu nehmen. Göring sagt kein Wort, er schnauft nur und wendet sich zum Gehen. Unten im Empfangsraum macht er dem deutschen Botschafter in Rom eine fürchterliche Szene. »Warum bekomme ich nicht den Annunziatenorden?« schreit er. »Ich habe diesen Tag herbeigeführt! Ich war bereits 1923 in Italien! Ich habe für den Führer alle Verhandlungen geführt! Ich war da, bevor es diesen Ribbentropf gab! Ich habe den ersten Anspruch auf diesen Orden!«

Die Herren, die dieser Szene beiwohnen, tun so, als ob sie nichts hören und nichts sehen. Der Botschafter weist vergeblich auf Görings neueste Auszeichnung hin, die niemand in Deutschland besitzt: die Pfeile der spanischen Falange in Gold.

Während des Frühstücks spricht Göring kein Wort. Gleich nach dem Essen ruft Graf Ciano in Rom an und berichtet Mussolini über Görings »Halsschmerzen«. Der Duce hält es für klüger, sich Göring nicht zum Feinde zu machen. Beim Besuch der zweiten Stadtwohnung des Generalfeldmarschalls im Reichsluftfahrtministerium, der vom Protokoll vorgesehen ist, kann Graf Ciano dem Hausherrn mitteilen, daß auch er sich in Kürze »Vetter des italienischen Königs« nennen darf. Es ist, als ob die

Sonne aufginge. Der soeben noch recht mürrische Göring strahlt über das ganze Gesicht und gibt ungefragt sein »großes Ehrenwort«, am Abend auf dem Gartenfest Ribbentrops mit seiner Frau zu erscheinen.

Ribbentrop ist die Zusage gar nicht so sehr willkommen. Dieses nächtliche Fest bereitet ihm ohnehin Sorgen genug. Genau 556 Einladungskarten sind für das Gartenfest verschickt worden, aber ein plötzlicher Kälteeinbruch wirft alle Vorbereitungen über den Haufen. Die drei »gestrengen Eisheiligen« Pankratius, Servatius, Bonifatius und die »Kalte Sophie« haben sich etwas verspätet. Die Temperatur hat einen für diese Jahreszeit ungewöhnlichen Tiefstand erreicht. Die Innenräume der Villa sind für die große Gästezahl viel zu klein. Der Außenminister kam deshalb auf die Idee, zwei riesige Zelte aufzustellen. Das »A-Zelt« ist für die Prominenz bestimmt, mit Tischen, Büfett und einem Podium für künstlerische Darbietungen, während das »B-Zelt« für die weniger prominenten Gäste vorgesehen ist. Also nur mit Büfett. Gegen die Kälte läßt der Außenminister in beiden Zelten offene Koksfeuer aufstellen, wie sie Straßenarbeiter zur Aufwärmung benutzen. Mancher Dame bringen diese Feuer peinliche Überraschungen: sie versengen ihnen den kostbaren Pelz. Das Gartenfest bei Ribbentrops geht deshalb als »Die Nacht der feurigen Pelze« in die Geschichte der Berliner Gesellschaft ein.

Aber noch ein anderer Vorgang erregt Aufsehen: das Erscheinen Astaschoffs, des Geschäftsträgers der sowjetischen Botschaft. Während sich Filmstars und Mitglieder der Staatsoper und der Berliner Theater bemühen, die Feststimmung in beiden Zelten über die Atmosphäre eines Bierzeltes auf dem Münchner Oktoberfest hinauszuheben, kommentieren die anwesenden Diplomaten, was die ostentativ freundliche Begrüßung des bolschewistischen Diplomaten zu bedeuten hat.

»Ich prophezeie Ihnen« sagt der rumänische Gesandte Crutzescu zu dem polnischen Botschafter Lipski, »zwischen Berlin und Moskau bahnt sich etwas an!«

Lipski schnippt mit dem Finger ein Stäubchen von seinem Frack und meint doppelsinnig: »Ja, hier riecht es nach verbrannten Pelzen.«

»Aber auch Federn brennen«, antwortet der Rumäne und spielt damit auf das polnische Wappentier, den Adler an. »Vergessen Sie nicht das Angebot, das Stalin den Deutschen am 10. März gemacht hat!«

Die Rede des Diktators auf dem 18. Kongreß der Kommunistischen Partei im Moskauer Kreml am 10. März 1939 hat in der Tat erhebliches Aufsehen erregt. Nachdem sich Berlin und Moskau jahrelang gegenseitig beschimpft hatten, erklärte Stalin plötzlich, es gäbe keinen »sichtbaren Grund« für einen Konflikt zwischen Rußland und Deutschland. Noch auffälliger war, daß der russische Diktator behauptete, die Westmächte hätten die Absicht, das Dritte Reich in einen Krieg gegen Rußland zu treiben. »Doch die Nazi-Führer haben ihnen die kalte Schulter gezeigt«, schloß Stalin diesen Passus seiner stundenlangen Rede. »Sie gehören nicht zu den Verrückten in Deutschland, die von einer Eroberung der Ukraine träumen, und für Irre hat Rußland genug Zwangsjacken.«

»Aber Stalin hat doch allen Opfern der nazistischen Aggression Hilfe versprochen«, widerspricht der polnische Botschafter.

»Wollen Sie etwa diese Hilfe annehmen, wenn Sie überfallen werden?« fragt Crutzescu sarkastisch. »Die Deutschen machen nichts umsonst, das weiß die ganze Welt. Aber die anderen, die Sowjets, auch nicht. Ihr Staatspräsident Rydz-Smigly hat es dem französischen Botschafter gegenüber gut ausgedrückt: ›Mit den Deutschen riskieren wir unsere Freiheit, mit den Russen verlieren wir unsere Seele!‹ Ihr Oberst Beck kann sich aussuchen, was ihm lieber ist . . .«

»Wir wollen weder Freiheit noch Seele verlieren«, antwortet Lipski leise.

»Sie haben vollkommen recht«, erwidert der Rumäne. »Aber das hätte sich Ihr Außenminister Beck 1934 überlegen müssen, als er mit Hitler einen Pakt schloß!«

Bis 1934 war die Freundschaft mit Frankreich die Grundlage der polnischen Politik. Außenminister Beck machte dann die Schwenkung zu Deutschland hin. Polen beteiligte sich sogar an der Zerstückelung der Tschechoslowakei. Sechs Tage nach dem Einmarsch in Prag präsentierte Hitler die Rechnung. Oberst Beck fiel aus allen Wolken, als Außenminister Ribbentrop eine Reihe Forderungen stellte. Vorerst wünschte Hitler nur die Einverleibung der Freien Stadt Danzig in das deutsche Reichsgebiet, was zwangsläufig die polnischen Rechte in dieser Freien Hafenstadt außer Kraft setzen mußte. Außerdem wollte Hitler eine exterritoriale Autobahn durch den polnischen Korridor nach Ostpreußen bauen lassen.

Natürlich will der »Führer und Reichskanzler« mehr, darüber ist sich ganz Europa im klaren. Zwar versichert Ribbentrop beim Abschluß des »Stahlpaktes«: »Deutschland braucht eine Periode langen Friedens – mindestens drei Jahre«, aber Hitler hat von der Länge einer »Periode des langen Friedens« noch kürzere Vorstellungen als sein Außenminister. Die Besprechung, die er einen Tag nach Graf Cianos Abreise in der Reichskanzlei anberaumt, macht das auch den führenden Generalen klar.

An ihr nehmen außer Generalfeldmarschall Göring noch Generaloberst von Brauchitsch, Großadmiral Raeder und die Generale Keitel, Milch und Bodenschatz teil. Ein weiteres halbes Dutzend höherer Offiziere sind als technische Berater geladen. Das Protokoll führt Hitlers Wehrmachtsadjutant Oberstleutnant Schmundt.

Ein Büfett zur Selbstbedienung hat Hausintendant Kannnenberg an der Fensterfront zum Garten der Reichskanzlei hin aufbauen lassen, damit kein Unbefugter Gelegenheit hat, den Ausführungen Hitlers zuzuhören. Die meisten der Teilnehmer leben sieben Jahre später nicht mehr, doch das Protokoll bleibt erhalten.

Nach einem längeren Überblick über die weltpolitische Lage, so wie Hitler sie sieht, kommt er auf die neueste Krise, die mit Polen, zu sprechen: »An eine Wiederholung der Tschechei ist nicht zu glauben. Es wird zum Kampf kommen. Aufgabe ist es, Polen zu isolieren. Das Gelingen der Isolierung ist entscheidend . . .«

Mit »Wiederholung der Tschechei« meint Hitler wahrscheinlich, daß er eine zweite Konferenz von München für ausgeschlossen hält, mit anderen Worten, die Westmächte werden diesmal nicht vor seinen Kriegsdrohungen zurückweichen. Hitler wird darin sogar recht behalten. Erstaunlich ist nur, daß er dennoch nicht mit der Möglichkeit eines Krieges gegen die Westmächte zu rechnen scheint, obwohl England und auch Frankreich den Polen inzwischen eine Garantie gegeben haben. »Es ist nicht sicher, daß im Zuge einer deutsch-polnischen Auseinandersetzung ein Krieg mit dem Westen ausgeschlossen bleibt.« Aber Hitler geht die Fähigkeit ab, sich unmißverständlich und klar auszudrücken. »Dann gilt der Krieg in erster Linie England und Frankreich«, orakelt er. »Es ist notwendig, sich auf die Auseinandersetzung vorzubereiten ... England ist ... unser Feind, und die Auseinandersetzung mit England geht auf Leben und Tod.«

Keiner der Offiziere nimmt offen gegen die Kriegspläne Stellung. Sie wissen längst, daß es sinnlos wäre. Wer Hitler zu widersprechen gewagt hat, ist entweder pensioniert oder auf einen unbedeutenden Posten versetzt worden. Der Plan, Hitler festzusetzen und vor ein Gericht zu stellen, läßt sich nicht mehr verwirklichen. Die Angliederung Österreichs, der Sudetengebiete und des Memellandes, die Errichtung des Protektorates Böhmen und Mähren, also die Besetzung des tschechischen Staates, sind in den Augen der Öffentlichkeit politische Erfolge, die Hitler, um mit seinen eigenen Worten zu sprechen, als »den größten Deutschen aller Zeiten« ausweisen. Verzweifelt suchen die Generale nach anderen Möglichkeiten.

Acht Tage nach dem Abschluß des »Stahlpaktes« gibt Mussolini in einem Handschreiben die von Ribbentrop genannte Ruhepause »von nicht weniger als drei Jahren« als Minimum an. General Cavallero, der den Brief Mussolinis selbst überbringt, läßt überall die Bemerkung fallen, daß Italien nicht vor 1943 kriegsbereit sei. So konzentrieren sich alle Bemühungen um die Erhaltung des Friedens auf den Duce. In den nächsten Wochen schickt Attolico laufend Berichte nach Rom, die vor der zunehmenden Kriegsgefahr warnen. Doch Ciano glaubt ihm nicht. »Er ist vor seinem eigenen Schatten erschrocken«, sagt er zu seinem Schwiegervater Mussolini. »Er bildet sich ein, das Vaterland retten zu müssen, das gar nicht in Gefahr ist. Wir sollten uns von ihm nicht ins Bockshorn jagen lassen.«

Aber wenige Tage später wird auch der bisher immer optimistische Ciano mißtrauisch, als Botschafter Attolico aus sicherer

Quelle meldet, der Angriffsbefehl gegen Polen sei auf den 15. August festgesetzt. »Ich glaube, wir sollten uns direkt erkundigen«, sagt Ciano zum Duce. »Ich möchte selber nach Deutschland fahren und nach dem Rechten sehen.« Mussolini billigt den Vorschlag. Ein paar Telefonanrufe regeln die protokollarischen Einzelheiten. Ribbentrop erwartet den Italiener am 11. August auf seinem Schloß Fuschl am Fuschlsee bei Salzburg.

»Mach den Deutschen den Wahnsinn eines Krieges klar!« ruft der Duce seinem Außenminister beim Abschied zu. »Unsere Vorbereitungen sind ungenügend, und die Möglichkeit eines Sieges ist nur fünfzig zu fünfzig Prozent. In drei Jahren werden es achtzig Prozent sein. Sage dem Führer, daß eine internationale Konferenz eine ausgezeichnete Lösung der jetzigen Krise wäre. Der Krieg mit Polen muß vermieden werden, weil es unmöglich ist, ihn zu lokalisieren. Ein allgemeiner Krieg wäre für alle verhängnisvoll . . .«

Der Chefdolmetscher des Auswärtigen Amtes, Dr. Paul Schmidt, wird am 10. August aus seinem Urlaub auf Norderney durch eine Sondermaschine abgeholt. Der Flugkapitän weiß noch nicht wohin die Reise gehen soll. »Die Weisung bekomme ich erst kurz nach dem Abflug«, sagt er geheimnisvoll. Die Ju 52 landet schließlich auf dem Flughafen von Salzburg. Ein Auto bringt Schmidt zum Hotel »Österreichischer Hof«, wo bereits Attolico abgestiegen ist. »Sie können mir glauben«, flüstert der Botschafter dem Chefdolmetscher zu, »England und Frankreich sind diesmal entschlossen, es zum Kriege kommen zu lassen, wenn Deutschland gegen Polen mit derselben Methode vorgeht wie gegen die Tschechoslowakei.«

»Mich brauchen Sie nicht zu überzeugen«, antwortet Schmidt. »Wenn Ihr Außenminister in der Unterredung mit Hitler solche Ansichten vertritt, dann können Sie sich darauf verlassen, daß ich seine Ausführungen mit völliger Überzeugung und mit aller Eindringlichkeit übersetzen werde.«

Die Last der Verantwortung scheint die schmalen Schultern Attolicos noch mehr niederzudrücken. »Sie dürfen versichert sein«, erwidert der alte Mann leise, »daß Sie Ihrem Herrn Reichskanzler genau das übersetzen müssen, was ich Ihnen jetzt eben gesagt habe. Nur deswegen schickt der Duce seinen Schwiegersohn nach Salzburg.«

Gegen Mittag des 11. August 1939 fahren Attolico und Schmidt hinaus zum Fuschlsee, an dessen Ufern das Schloß steht. Ursprünglich hat es einem Herrn von Raemitz gehört, der mit einer Verwandten des deutschen Großindustriellen Fritz Thyssen verheiratet ist. Er wurde als bekannter österreichischer Legitimistenführer, als Freund einer Rückkehr der Habsburger, ins KZ gebracht. Ribbentrop fand sein Schloß als Sommersitz geeignet und brachte es an sich.

Graf Ciano ist bereits eingetroffen und geht mit dem Gastgeber im Garten des Schlosses spazieren. Schmidt und Attolico begrüßen die beiden Außenminister. Ribbentrop scheint sich in einem Zustand fieberhafter Erregung zu befinden. Das Gespräch wird in französischer Sprache geführt und kommt nur langsam in Gang. »Nun also, Ribbentrop?« fragt Ciano schließlich. »Was wollt ihr? Danzig oder den ganzen Korridor?«

Der deutsche Außenminister bleibt stehen. Seine Augen blikken starr über den See. Das landschaftliche Bild berührt ihn offensichtlich nicht. »Jetzt nicht mehr«, sagt er ungerührt, so wie eine Hausfrau den Kauf von einem Pfund Äpfeln ablehnt. »Jetzt wollen wir mehr. Jetzt wollen wir den Krieg.«

Das furchtbare Wort ist gefallen, gefallen in einer Landschaft, die voller Frieden und Ruhe ist. Die Sonne vergoldet mit ihren Strahlen Garten und See, Bienen summen, über das Wasser schwirren Libellen. Die Luft flimmert in der Hitze, aber den Grafen Ciano fröstelt. Hat er richtig gehört: »Jetzt wollen wir den Krieg?« Eiskalt und gelassen hat Ribbentrop den Satz ausgesprochen, ohne dabei an die Möglichkeit zu denken, daß daraus ein Zweiter Weltkrieg entstehen könnte. Oder will dieser Ribbentrop womöglich diese Katastrophe bewußt herbeiführen? Dann wäre er ein Verbrecher.

Auch Italien hat Kriege geführt, gegen Abessinien, gegen Albanien und in Spanien. Doch das war ein Unterschied, verteidigt sich Ciano. In diesen Kriegen steckte nicht der Keim einer Weltkatastrophe. Aber diesmal geht es um die Existenz von ganz Europa. Bevor der italienische Außenminister etwas erwidern kann, schlägt der Gong, und der Hausherr sagt ganz leicht und dennoch von oben herab: »Darf ich zu Tisch bitten?«

Während des Essens will keine rechte Unterhaltung aufkommen. Es empfiehlt sich auch nicht, in Gegenwart der Dienerschaft über so ernste Probleme Gedanken auszutauschen. Am Nachmittag kommt man wieder auf das Thema zurück. Graf Ciano bemüht sich verzweifelt, dem deutschen Außenminister den Standpunkt Mussolinis klarzumachen. Aber er predigt tauben Ohren. Im Gegenteil, der Widerspruch des Grafen reizt Ribbentrop immer mehr. Er wird von Minute zu Minute arroganter und behandelt seinen italienischen Kollegen schließlich nur noch wie einen armen Verwandten, der nicht mitziehen kann, weil ihm die Rohstoffe und die Waffen fehlen.

Doch der Duce hat seinem Schwiegersohn die unmißverständliche Anweisung gegeben, die Kriegsabsichten Hitlers unter allen Umständen zu vereiteln. Ciano darf also nicht nachgeben und bleibt deshalb hart. Als Ribbentrop ihn nicht für die deutschen Argumentationen gewinnen kann, der Krieg ließe sich lokalisieren und die Westmächte England und Frankreich würden Gewehr bei Fuß stehenbleiben, bietet er ihm eine Wette an: »Wetten wir! Bleiben die Franzosen und Engländer neutral, bekomme ich ein altes italienisches Gemälde. Treten sie an der Seite Polens in den Krieg, verspreche ich Ihnen eine Sammlung altertümlicher Waffen . . .«

Anderentags fahren Graf Ciano, Attolico und Dolmetscher Schmidt nach dem Frühstück im »Österreichischen Hof« hinauf zum Berghof. Es ist unerträglich heiß, und am Horizont steht ein Gewitter. Auch auf dem Obersalzberg ist es nicht kühler, obwohl das Haus des »Führers« mehr als tausend Meter hoch liegt.

An der Besprechung nehmen neben den beiden Außenministern die Botschafter Attolico und Mackensen, die Dolmetscher Schmidt und Eugenio Dollmann und der Gesandte Hewel teil. An Hand von Karten erläutert Hitler den italienischen Gästen die militärische Lage des Dritten Reiches. Er spricht leise und bemüht sich sichtbar, auf den Grafen Ciano einzugehen, obwohl er den italienischen Außenminister nicht ausstehen kann.

Ciano hört eine Zeitlang zu, dann wendet er sich gegen die

Ausführungen des »Führers und Reichskanzlers«. Sein Widerspruch reizt Hitler, dessen Erwiderungen immer schärfer und höhnischer werden. Am Abend ist man sich nicht um einen Schritt nähergekommen, im Gegenteil, man hat sich noch mehr auseinandergeredet. Die Diener haben das große Fenster heruntergedreht, aber auch die Abendluft bringt keine Kühlung. Hitler, der Hitze nur schlecht vertragen kann, wird immer nervöser. Mit weit ausholenden Schritten geht er auf dem dicken Teppich auf und ab und hält einen seiner Monologe. Zwischendurch wird bekannt, daß Hitler den Befehl erteilt hat, den »Parteitag des Friedens« in Nürnberg abzusagen. Während Ciano noch darüber nachdenkt, ob das schon den Krieg bedeutet, öffnet sich plötzlich die Tür. Der Gesandte Hewel erscheint, geht auf seinen Chef Ribbentrop zu und flüstert ihm etwas ins Ohr.

Der deutsche Außenminister verwandelt sich. Für gewöhnlich verliert er in Gegenwart Hitlers seine Arroganz und wird unterwürfig, aber heute richtet er sich auf, drückt die Brust heraus, wirft den Kopf in den Nacken und schaut mit »Bismarck-Blick« auf seine Umgebung. Hitler, aufmerksam geworden, unterbricht seinen Redefluß. Ribbentrop geht auf ihn zu und flüstert ihm nun seinerseits etwas ins Ohr. Es muß eine gute Nachricht sein, denn auch der »Führer« verändert sich.

Graf Ciano, der an einer Ecke des großen Marmortisches vor einer Flasche Mineralwasser sitzt, macht große Augen. Was ist in die beiden Deutschen gefahren? Hitler zögert, dann ruft er den Dolmetschern zu: »Die Russen sind mit der Entsendung eines deutschen politischen Unterhändlers nach Moskau einverstanden. Das bedeutet eine völlige Wandlung der Dinge!«

Dem italienischen Außenminister verschlägt es die Sprache. Sollte Attolico recht behalten? Er hat in den Berichten der letzten Wochen schon mehrfach angedeutet, daß in Berliner diplomatischen Kreisen das Gerücht ginge, zwischen Moskau und Berlin seien irgendwelche Verhandlungen im Gange. Oder ist alles ein billiger Bluff? Aber auch der italienische Botschafter in Moskau hat auf die veränderte Haltung der Sowjets den Deutschen gegenüber hingewiesen. Nur hielt man in Rom diese Nachrichten für unsinniges Geschwätz. Offensichtlich ist doch etwas daran.

Bevor Graf Ciano um Erläuterungen bitten kann, sagt Hitler

zu Schmidt: »Erklären Sie Graf Ciano, ich müßte mir alles, was er gesagt hat, und auch das Kommuniqué durch den Kopf gehen lassen. Am besten treffen wir uns morgen noch einmal zu einer Besprechung. Vielleicht auf dem ›Adlerhorst‹.«

Am nächsten Tag bringt das Auto den Grafen Ciano und den Botschafter Attolico zum »Adlerhorst«, Hitlers Teehaus auf dem Kehlstein, 1834 Meter über dem Meeresspiegel gelegen. Bis zum Berghof führt eine verhältnismäßig breite, teilweise allerdings sehr steile Straße. Doch am Postenhaus der SS, hinter dem ehemaligen Gasthaus »Zum Türken«, jetzt Sitz des Reichssicherheitsdienstes, Abteilung Obersalzberg, verengt sie sich. Einbahnig führt die Straße weiter hinauf zum Kehlstein. Da keine Ausweichmöglichkeit besteht, regeln die SS-Posten telefonisch den Verkehr. In 1700 Meter Höhe endet dann die sieben Kilometer lange und sehr steile Straße auf einem Parkplatz. Von hier aus führt ein 130 Meter langer und drei Meter hoher, befahrbarer Tunnel zu einem Fahrstuhl, der die Besucher direkt hinauf in die Halle des Teehauses transportiert. Die Zugänge zum Tunnel und der Lift sind solide Arbeit. Die Türen aus massiver Bronze, der Fahrkorb aus blitzendem Messing. Dreißig Millionen Mark hat die Anlage dieses gigantischen Spielzeugs gekostet, ein Geschenk Bormanns an seinen »Führer«. Er benutzt es im ganzen siebenmal.

Von der Terrasse des Teehauses bietet sich eine ungewöhnlich schöne Fernsicht. Tief unten liegt der majestätische Königssee, zwischen steil abfallenden Felswänden eingebettet. Dahinter ragt der meist wolkenumhüllte Watzmann auf. Die zahlreichen Kuppen des Tauernmassivs schließen den Horizont ab. Doch Graf Ciano hat in dieser Stunde keinen Blick für die Schönheiten der Bergwelt. In einer stundenlangen Rede führt Hitler noch einmal die Punkte an, die für ein sofortiges Eingreifen gegen Polen sprechen. Immer wieder schwingt in seinen Worten die Bedeutung der Nachricht aus Moskau mit. Aber gerade das bestärkt Cianos Annahme, daß es sich um einen Bluff handelt.

Nachdem Hitler geendet hat, fügt Ribbentrop hinzu: »Die Sowjetunion ist über die deutschen Absichten bezüglich Polens selbstverständlich unterrichtet.« Hitler unterstreicht diese Bemerkung mit den Worten: »Unter diesen Umständen werden natürlich weder Frankreich noch England einen Krieg wagen.«

Ciano widerspricht nicht mehr. Resignierend sagt er: »Herr Reichskanzler, ich bin seit meiner Jugend für eine deutsch-italienische Zusammenarbeit eingetreten. Zwischen unseren beiden Ländern bestehen keinerlei Interessengegensätze. Sie haben schon so oft recht behalten, wenn wir anderen gegenteiliger Meinung waren. Ich halte es für gut möglich, daß Sie auch dieses Mal die Dinge richtiger sehen als wir.« Der deutsche Dolmetscher Schmidt senkt den Kopf. Blitzartig begreift er: diese Worte des italienischen Außenministers werden bei Hitler noch die letzten Hemmungen beseitigen.

Die Konferenz ist beendet. Die Männer der »Kannenberg-Garde« servieren Tee. Einer von ihnen geht zum Musikschrank und läßt das Grammophon spielen. Er legt keine neue Platte auf, sondern setzt den Tonabnehmer auf die Platte, die Eva Braun bei ihrem letzten Besuch auf dem »Adlerhorst« hat abspielen lassen. Es ist der Schluß des dritten Aktes aus der »Götterdämmerung«: Siegfried verbrennt, und Hagen sinkt in die Tiefe. Es ist wie eine letzte Mahnung. Doch niemand will die Schrift an der Wand erkennen: »Meneh, meneh tekel u pharsin! – Gewogen, gewogen und zu leicht befunden!«

Auf der Rückfahrt nach Rom schreibt Graf Ciano in sein Tagebuch:

13. August 1939.

Ich kehre nach Rom zurück, angeekelt von Deutschland, von seinen Führern, ihrer Handlungsweise. Sie haben uns belogen und betrogen. Und heute sind sie im Begriff, uns in ein Abenteuer hineinzureißen, das wir nicht gewollt haben und das das Regime und das Land gefährdet. Das italienische Volk wird schaudern vor Schrecken, wenn es von dem Angriff auf Polen erfährt, und unter Umständen wird es sogar die Waffen gegen die Deutschen ergreifen wollen . . .

Der Berliner Vertreter der amerikanischen Nachrichtenagentur »United Press« verläßt in höchster Eile das Auswärtige Amt. Was er soeben vertraulich von einem Beamten erfahren hat, ist eine weltpolitische Sensation. In seinem Büro angekommen, wirft er den Hut von sich und läuft zum Fernschreiber, um selber zu tippen: »Wie ich soeben erfahre, wird Deutschland mit der Sowjetunion einen Nichtangriffspakt abschließen. Außenminister Ribbentrop fliegt zu diesem Zweck morgen, Dienstag, den 22. August 1939, nach Moskau. Die amtliche Bekanntmachung wird noch heute nacht im Radio herausgegeben werden.« Wenige Minuten später liegt die Nachricht auf den Redaktionstischen in allen Hauptstädten der Welt.

Wo die Morgenausgaben schon im Druck sind, halten die diensttuenden Redakteure die Rotationsmaschinen an. Nach der scheinbaren Ruhe der letzten Tage, die allgemein als die Ruhe vor dem Sturm betrachtet worden ist, zeigt das politische Barometer plötzlich einen Wettersturz an.

Die deutschen Sender unterbrechen gegen zehn Uhr abends ihr Programm und kündigen eine Sondermeldung an. Dann teilt der Sprecher mit:

»Die Reichsregierung und die Sowjetunion sind übereingekommen, einen Nichtangriffspakt miteinander abzuschließen. Der Reichsminister des Auswärtigen, von Ribbentrop, wird am 23. August in Moskau eintreffen, um die Verhandlungen zum Abschluß zu bringen.«

Die Radiostationen in Frankreich und England, in Italien und Spanien, in Skandinavien, Amerika und Asien bringen die Nachricht von dem bevorstehenden Paktabschluß zwischen Deutschland und der Sowjetunion ebenfalls als Sondermeldung oder an der Spitze ihrer Nachrichtensendung. Nur Warschau zeigt eine künstliche Ruhe. Der polnische Botschafter in der Sowjetunion erklärt gemäß der ihm erteilten Direktive: »Der Besuch Ribbentrops in Moskau ist nur ein Zeichen der verzweifelten Lage, in der sich das Dritte Reich befindet.«

Die kommunistische Tageszeitung in Kopenhagen kommentiert die Nachricht der »United Press« mit der Bemerkung, das

Ganze sei nichts anderes als ein hinterhältiger Propagandatrick des als niederträchtigen Lügner sattsam bekannten Dr. Joseph Goebbels. Zwei Tage später preist die Redaktion den Abschluß des Paktes als einen klugen Schachzug des weisen Josef Stalin, des »Vaters der russischen Völkerschaften . . .«

Auch Ministerpräsident Daladier in Paris glaubt zunächst nicht, was ihm gemeldet wird. »Stellen Sie fest«, ruft er dem Außenminister Bonnet zu, »ob das nicht ein Journalistenwitz ist!« Bald bestätigt ihm Bonnet die Richtigkeit der Nachricht. Am nächsten Morgen telefoniert er mit dem französischen Botschafter Naggiar in Moskau: »Wie ist das möglich, daß gestern unsere Militärmission noch lange mit der russischen Militärmission verhandeln konnte, ohne daß man sie über die mit Berlin laufenden Verhandlungen unterrichtet hat?« Bonnets Erstaunen ist in der Tat berechtigt. Seit geraumer Zeit weilt eine britisch-französische Militärmission in Moskau, um für den Fall eines Krieges die Möglichkeit eines Zusammengehens der drei Armeen zu erörtern. Doch Hitler kann mehr bieten, als die Westmächte zu bieten in der Lage sind: er offeriert die baltischen Staaten und die polnischen Ostprovinzen.

In London schreiben die Zeitungen von der »erschütterndsten Wendung der Geschichte«. Das britische Kabinett tritt um 15 Uhr zusammen, um zu beraten. Das am Abend veröffentlichte Kommuniqué stellt fest, der Abschluß eines deutsch-sowjetischen Nichtangriffspaktes werde die Haltung Großbritanniens in keiner Weise ändern. Die Regierung Seiner Majestät sei fest entschlossen, alle eingegangenen Verpflichtungen dem polnischen Staat gegenüber zu erfüllen.

Auf dem Obersalzberg löst das Telegramm mit der Nachricht, Stalin sei einverstanden, den deutschen Außenminister zu empfangen, eine große Geschäftigkeit aus. Ribbentrop legt Hitler die Liste der Personen vor, die mitfliegen sollen. Hitler liest sie aufmerksam und fragt dann: »Wo bleibt Hoffmann?« Er meint damit seinen Leibfotografen, der vor kurzem den Professorentitel verliehen bekommen hat und den er vor einigen Tagen nach dem Obersalzberg kommen ließ.

»Es fährt schon ein Fotograf mit«, antwortet Ribbentrop.

Aber Hitler hat seinen besonderen Plan: »Was heißt das? Wer mitfährt, bestimme ich. Wenn das Flugzeug voll ist, muß eben einer von Ihren nutzlosen Diplomaten dableiben. Hoffmann fliegt jedenfalls mit!« Dann nimmt der »Führer und Reichskanzler« den »Reichsbildberichterstatter« am Arm und führt ihn nach vorn zu dem langen Marmortisch. »Ich will Sie als meinen persönlichen Bekannten mitschicken, Hoffmann«, sagt er, während sein Blick über die Bergkuppen draußen vor dem großen Fenster schweift. »Diplomaten sieht der Mann im Kreml immer. Sie dagegen sollen als mein Freund mitfliegen und Stalin meine herzlichsten Grüße ausrichten. Er wird es zu schätzen wissen.« Als sich Hoffmann verabschiedet, drückt ihm Hitler fest die Hand. »Geben Sie den Händedruck an Stalin weiter, und wünschen Sie ihm dabei alles Gute.«

Auf dem Flug nach Berlin lächelt Hoffmann über sich selber. Er hat das Empfinden, als ob er mit der rechten Hand nichts mehr anfassen dürfe. Auch die Flasche Wein, die er im Flugzeug leert, spült dieses merkwürdige Gefühl nicht hinweg. Ganz unbewußt gießt er sich nur mit der linken Hand ein und führt auch das Glas nur mit der linken Hand zum Munde.

Am selben Tag empfängt Hitler noch die führenden Männer der drei Wehrmachtsteile: des Heeres, der Luftwaffe und der Marine. In einer stundenlangen Ansprache, die nur von einer Essenspause unterbrochen wird, gibt er seinen Entschluß bekannt, Polen anzugreifen. Als Garantie für das Unternehmen stellt er sich selber und Mussolini hin. »Der Duce ist der nervenstärkste Mann Italiens!« ruft er den Offizieren zu. »Unsere Gegner sind dagegen kleine Würstchen. Ich sah sie in München . . .« Da Hitler die Befürchtungen seines Generalstabs vor einem Zweifrontenkrieg und einer englischen Blockade kennt, versucht er die Offiziere zu beruhigen: »Wir brauchen keine Angst vor einer Blockade zu haben. Der Osten liefert uns Getreide, Vieh, Kohle, Blei, Zink. Es ist ein großes Ziel, und ich habe nur eine Angst: daß mir noch im letzten Moment irgend so ein Schweinehund einen Vermittlungsplan vorlegt . . .«

Die Sorge Hitlers ist nicht unbegründet. Der »Schweinehund« ist bereits unterwegs: der britische Botschafter in Berlin, Sir Nevile Henderson. Er bringt einen Brief seines Ministerpräsidenten. Am Morgen des 23. August besteigt er ein Flugzeug nach Salzburg, und um 13 Uhr trifft er auf dem Berghof ein. Hitler will ihn gar nicht empfangen, aber Staatssekretär Weizsäcker macht ihn darauf aufmerksam, daß er als Staatsoberhaupt den Botschafter nicht abweisen könne. Aber gerade dieser Hinweis auf diplomatische Gepflogenheiten reizt Hitler. Er will sich unter gar keinen Umständen seinen Krieg verpatzen lassen.

Das »Forschungsamt der Luftwaffe« hat prompte Arbeit geleistet. Als der Botschafter am 23. August mittags die große Halle betritt, liegt der in Berlin abgehörte Text des Briefes bereits vor. Nach bewährter Methode dreht Hitler den Spieß sofort um und überfällt Sir Nevile mit einer Flut von Vorwürfen: »Über hunderttausend Flüchtlinge aus Polen gibt es bereits, außerdem Tausende von Toten unter den deutschen Minderheiten!« Diese Behauptung ergänzt er mit Schilderungen von Übergriffen, die an Scheußlichkeit nichts zu wünschen übriglassen. Nun ist es in der Tat richtig, daß fanatisierte polnische Nationalisten sich zu Brutalitäten gegenüber der deutschen Minderheit haben hinreißen lassen. Aber die Zahlen, die Hitler angibt, sind übertrieben wie bei der tschechischen Krise. Zudem ist Henderson versucht, Hitler an die der ganzen Welt bekannten Verbrechen in deutschen Konzentrationslagern zu erinnern.

»Ich ziehe den Krieg im Alter von 50 Jahren einem Krieg im Alter von 55 oder 60 vor« sprudelt Hitler heraus. »Ich habe immer die Freundschaft mit England gewollt und an sie geglaubt. Aber ich begreife nun, daß das nicht möglich ist . . .«

Der britische Botschafter bemüht sich, den Chamberlain-Brief zu erläutern. Insbesondere hebt er hervor, daß England seine Verpflichtungen Polen gegenüber unter allen Umständen erfüllen werde. Andererseits sei sein Land bereit, nach Herstellung einer friedlichen Atmosphäre alle Probleme zu erörtern, auch die des polnischen Korridors. »Aber die Waffen müssen vorher in der Garderobe abgegeben werden. Sie gehören nicht in den Verhandlungssaal.« Doch Hitler ist wie in einem Trancezustand. Er nimmt die Mahnungen Hendersons offensichtlich gar nicht zur Kenntnis. »Sollte ich von weiteren Maßnahmen dieser Art hören, die englischerseits heute oder morgen durchgeführt werden«, erwidert er, »so werde ich die sofortige Generalmobilmachung in Deutschland anordnen!«

»Damit würde der Krieg unvermeidlich sein«, wirft der Botschafter ein und erhebt sich.

Nachdem Henderson die große Halle des Berghofes verlassen hat, schlägt sich Hitler lachend auf die Schenkel. Sein eben noch zur Schau getragener Zorn und seine Erregung über die polnischen Übergriffe sind wie weggeblasen. »Dem habe ich es aber gegeben«, ruft er Weizsäcker zu. »Dieses Gespräch überlebt Chamberlain nicht! Sein Kabinett wird noch heute abend stürzen.«

Der Staatssekretär zweifelt daran und behält recht. Das Kabinett stürzt nicht. Im Gegenteil. Am selben Abend ermächtigt es die britische Admiralität, sofort 25 Handelsschiffe zu bewaffneten Hilfskreuzern umzubauen und 35 Fischdampfer mit Suchgeräten auszustatten. In den überseeischen Garnisonen werden 6000 Reservisten, in England 24000 Reservisten der Luftstreitkräfte einberufen.

Hitler braucht nicht mehr zu mobilisieren, wie er es Henderson angedroht hat. Die deutsche Wehrmacht ist längst auf Kriegsstärke gebracht. Als Tag und Stunde des Angriffs auf Polen steht der 26. August 1939, morgens 5 Uhr 30 Minuten bereits fest.

Die viermotorige Condor-Maschine mit Außenminister Ribbentrop an Bord landet um 11 Uhr vormittags auf dem Moskauer Flughafen. Glanzvoll ist der Empfang gerade nicht. Lediglich eine Hakenkreuzfahne weht neben dem Schild »Moscou«, flankiert von der roten Sowjetfahne mit Hammer und Sichel. Zur Begrüßung sind der stellvertretende sowjetische Außenminister Potemkin und einige hohe Beamte erschienen, und natürlich der deutsche und der italienische Botschafter. Das ist alles. Nachdem Ribbentrop die Front einer Kompanie der sowjetischen Luftwaffe abgeschritten hat, besteigt er den Wagen der deutschen Botschaft. Die Fahrt durch Moskau verläuft völlig unbemerkt. Sowjetrußland ist am 23. August 1939 das einzige Land der Welt, in dem Presse und Rundfunk noch nicht von dem bevorstehenden Paktabschluß Kenntnis gegeben haben.

In der ehemals österreichischen Gesandtschaft, in der Ribbentrop abgestiegen ist, meldet sich um 18 Uhr ein breitschultriger russischer Oberst, der Kommandeur der Leibwache Stalins. Er geleitet den deutschen Außenminister durch die abgesperrten Straßen in den Kreml. An den Fenstern sind nirgends Menschen zu sehen, als die Wagenkolonne vorbeifährt. Sogar in den Seitenstraßen läuft alles vor der anrollenden Sicherheitsgarde des Kreml davon. Das Ganze macht einen gespenstischen Eindruck.

Der deutsche Botschafter, Graf von der Schulenburg, weist während der Fahrt auf einige historische Gebäude der sowjetischen Hauptstadt hin und bemerkt dann, die Verhandlungen würde wahrscheinlich Molotow führen. Gleich darauf fährt das Auto über den Roten Platz, biegt in eines der Kreml-Tore ein und hält vor einem kleinen Portal. Ribbentrop und Graf von der Schulenburg werden eine Treppe hinaufgeführt. Oben übernimmt sie ein Beamter und führt sie in einen länglichen Raum, an dessen Ende Stalin seine deutschen Gäste stehend erwartet. Graf Schulenburg kann einen Ausruf des Erstaunens nicht unterdrücken. Er ist schon einige Jahre in Moskau, aber bisher hatte er keine Gelegenheit, mit dem russischen Diktator zu sprechen.

Insgesamt nehmen nur sechs Personen an den Verhandlungen teil: Stalin, Molotow, Ribbentrop und Graf Schulenburg, und als Dolmetscher der Botschaftsrat Hilger und der blonde Russe Pawlow, ein Vertrauensmann Stalins. Ribbentrop beginnt das Gespräch mit dem Hinweis auf den Wunsch Deutschlands, das deutsch-sowjetische Verhältnis auf eine neue Grundlage zu stellen. Josef Stalin, dem Range nach nur Generalsekretär der Kommunistischen Partei, spielt erst eine kleine Komödie. Da er ein Ministeramt nicht innehat, wendet er sich mit betonter Höflichkeit an Molotow und fragt ihn, ob er nicht antworten will. Der russische Außenkommissar ist der Situation nicht gewachsen. Betreten bittet er seinen Herrn und Meister, für ihn zu erwidern, da er ja mit seiner Rede im Frühjahr den Stein ins Rollen gebracht habe.

»Sie haben uns zwar mit Kübeln von Jauche übergossen«, meint der Sowjetdiktator zu Beginn, »aber das ist kein Grund, daß wir uns nicht wieder vertragen könnten. Ich habe meine

Rede ganz bewußt gehalten, um den sowjetischen Verständigungswillen gegenüber Deutschland anzudeuten . . .«

Das Eis ist gebrochen, und man beginnt, über die einzelnen Punkte des Vertragsentwurfes zu sprechen. Bald liegt der Text der sieben Artikel jenes Vertragsteiles fest, der veröffentlicht werden soll.

Die deutsche Reichsregierung und die Regierung der Union der Sozialistischen Sowjetrepubliken, geleitet von dem Wunsche, die Sache des Friedens zwischen Deutschland und der UdSSR zu festigen, und ausgehend von den grundlegenden Bestimmungen des Neutralitätsvertrages, der im April 1926 zwischen Deutschland und der UdSSR geschlossen wurde, sind zu nachstehender Vereinbarung gelangt:

Artikel I. Die beiden vertragschließenden Teile verpflichten sich, sich jeden Gewaltaktes, jeder aggressiven Handlung und jeden Angriffs gegeneinander, und zwar sowohl einzeln als auch gemeinsam mit anderen Mächten, zu enthalten.

Artikel II. Falls einer der vertragschließenden Teile Gegenstand kriegerischer Handlungen seitens einer dritten Macht werden sollte, wird der andere vertragschließende Teil in keiner Form diese dritte Macht unterstützen.

Artikel III. Die Regierungen der beiden vertragschließenden Teile werden künftig fortlaufend zwecks Konsultation in Fühlung miteinander bleiben, um sich gegenseitig über Fragen zu informieren, die ihre gemeinsamen Interessen berühren.

Artikel IV. Keiner der beiden vertragschließenden Teile wird sich an irgendeiner Mächtegruppierung beteiligen, die sich mittelbar oder unmittelbar gegen den anderen Teil richtet.

Artikel V. Falls Streitigkeiten oder Konflikte zwischen den vertragschließenden Teilen über Fragen dieser oder jener Art entstehen sollten, werden beide Teile diese Streitigkeiten oder Konflikte ausschließlich auf dem Wege freundschaftlichen Meinungsaustausches oder nötigenfalls durch Einsetzung von Schlichtungskommissionen bereinigen.

Artikel VI. Der gegenwärtige Vertrag wird auf die Dauer von zehn Jahren abgeschlossen mit der Maßgabe, daß, soweit nicht einer der vertragschließenden Teile ein Jahr vor Ablauf dieser

Frist kündigt, die Dauer der Wirksamkeit dieses Vertrages automatisch für weitere fünf Jahre als verlängert gilt.

Artikel VII. Der gegenwärtige Vertrag soll innerhalb möglichst kurzer Frist ratifiziert werden. Die Ratifikationsurkunden sollen in Berlin ausgetauscht werden. Der Vertrag tritt sofort mit seiner Unterzeichnung in Kraft.

Ausgefertigt in doppelter Urschrift, in deutscher und russischer Sprache.

Moskau, den 23. August 1939.

Für die	In Vollmacht
Deutsche Reichsregierung:	der Regierung der UdSSR:
v. Ribbentrop	W. Molotow.

Wichtiger ist das geheime »Zusatzprotokoll«, in dem die demnächst zu erlegende Beute verteilt wird: Polen, Finnland, die baltischen Länder und das zu Rumänien gehörende Bessarabien. Stalin fordert mehr, als Ribbentrop angenommen hat, der deshalb von einem Apparat des Kreml aus telefonisch auf dem Berghof anfragt. Hitler läßt sich schnell eine Karte bringen und gibt schon nach wenigen Minuten sein Einverständnis, die eisfreien Häfen Lettlands, Libau und Windau, der sowjetischen »Einfluß-Sphäre« zuzuschlagen.

Aus Anlaß der Unterzeichnung des Nichtangriffspaktes zwischen dem Deutschen Reich und der Union der Sozialistischen Sowjetrepubliken haben die unterzeichneten Bevollmächtigten der beiden Teile in streng vertraulicher Aussprache die Frage der Abgrenzung der beiderseitigen Interessensphären in Osteuropa erörtert. Diese Aussprache hat zu folgendem Ergebnis geführt:

1. Für den Fall einer territorial-politischen Umgestaltung in den zu den baltischen Staaten (Finnland, Estland, Lettland, Litauen) gehörenden Gebieten bildet die nördliche Grenze Litauens zugleich die Grenze der Interessensphäre Deutschlands und der UdSSR. Hierbei wird das Interesse Litauens am Wilnaer Gebiet beiderseits anerkannt.
2. Für den Fall einer territorial-politischen Umgestaltung der zum polnischen Staat gehörenden Gebiete werden die Interessensphären Deutschlands und der UdSSR ungefähr durch

die Linie der Flüsse Narew, Weichsel und San abgegrenzt. Die Frage, ob die beiderseitigen Interessen die Erhaltung eines unabhängigen polnischen Staates erwünscht erscheinen lassen und wie dieser Staat abzugrenzen wäre, kann endgültig erst im Laufe der weiteren politischen Entwicklung geklärt werden.

In jedem Falle werden beide Regierungen diese Frage im Wege einer freundschaftlichen Verständigung lösen.

3. Hinsichtlich des Südostens Europas wird von sowjetischer Seite das Interesse an Bessarabien betont. Von deutscher Seite wird das völlige politische Desinteressement an diesen Gebieten erklärt.
4. Dieses Protokoll wird von beiden Seiten streng geheim behandelt werden.

Moskau, den 23. August 1939.

Für die Deutsche Reichsregierung:	In Vollmacht der Regierung der UdSSR:
v. Ribbentrop	W. Molotow.

Zum Abendessen fährt Ribbentrop in die deutsche Botschaft, von wo aus er Hitler einen Zwischenbericht gibt. Danach setzt man sich erneut zusammen, und gegen Mitternacht können die inzwischen ausgefertigten Dokumente unterzeichnet werden. Der Vertragsabschluß ist eine Rekordleistung sondergleichen. Noch nie wurden zwei Großmächte über ein schwieriges Problem, das über Krieg und Frieden entscheidet, so schnell einig. Beim anschließenden Umtrunk kommt es dann zu einem längeren Gespräch, zu einem sogenannten »Tour d'Horizon«, einem allgemeinen Überblick. Man könnte es auch eine Art diplomatisches Karussell nennen. Botschaftsrat Hencke führt das Protokoll.

Generös erklärt sich Ribbentrop bereit, zwischen dem kaiserlichen Japan und der proletarischen Sowjetunion zu vermitteln. Der russische Diktator Stalin erwidert stolz: »Die Sowjetunion wünscht immer eine Verbesserung ihrer Beziehungen zu Japan. Aber ihre Geduld gegenüber den ständigen japanischen Provokationen hat Grenzen. Wenn Tokio den Krieg will, kann es ihn haben. Die Sowjetunion fürchtet ihn nicht, sie ist darauf vorbereitet.«

Anschließend spricht Stalin über den zweiten Partner des Dritten Reiches: »Für Italien ist Albanien doch gänzlich wertlos. Aber vielleicht hat Herr Mussolini die Absicht, von dort aus in Griechenland einzufallen?« Die Bemerkung trifft ins Schwarze. Ribbentrop weiß keine rechte Antwort und erwidert reichlich unbestimmt. »Mussolini ist ein starker Mann, der sich nicht einschüchtern läßt.«

Das Karussell dreht sich weiter. »Was halten Sie von der Türkei?« fragt Stalin. Ribbentrop gibt sich als delphisches Orakel: »Obwohl wir Deutschen vor Monaten der türkischen Regierung freundschaftliche Beziehungen angeboten haben, hat sich dieses Land der Einkreisungsfront gegen Deutschland angeschlossen und es nicht einmal für notwendig gehalten, die Reichsregierung zu verständigen.«

Das ist natürlich unverzeihlich. Nur Deutschland darf sich erlauben, Gegner oder Freunde über bevorstehende Bündnisse nicht zu informieren. Auch Stalin und Molotow finden das türkische Verhalten abgrundtief gemein. Der sowjetische Diktator hat dafür auch eine Erklärung zur Hand: »England hat die türkischen Politiker mit mehr als fünf Millionen Pfund bestochen und damit die Propaganda gegen Deutschland angekurbelt.«

Das Karussell dreht sich weiter. England ist an der Reihe, und Ribbentrop, der schon einige Gläser Wodka hinter sich hat und jetzt beim roten Krimsekt angekommen ist, erklärt emphatisch: »Ich habe dem Führer vorgeschlagen, den Engländern mitzuteilen, daß Deutschland jede feindselige britische Handlung im Falle eines deutsch-polnischen Konfliktes mit einem Bombenangriff auf London beantworten würde.« Von so viel Offenheit ganz gerührt, beginnt Stalin auf Großbritannien zu schimpfen, schon weil es die Türkei ermuntert, die Dardanellen zu verteidigen: »Wenn England die Welt beherrscht, so liegt das nur an der Dummheit der anderen Länder, die sich immer wieder bluffen lassen. Es ist doch lächerlich, daß einige Hundert Engländer ganz Indien unterdrücken.« Dann spöttelt der russische Diktator über die Anwesenheit der britisch-französischen Militärmission in Moskau: »Die Herren haben es nicht nötig gefunden, uns zu sagen, was sie eigentlich wollen.« Voller Hohn fügt er hinzu: »Heute haben sie eines unserer Museen besichtigt . . .«

Das Niveau des Gesprächs sinkt auf eine Biertisch-Diskussion herab. »Der Westwall, den der Führer hat bauen lassen«, prahlt Ribbentrop, »ist fünfmal stärker als die Maginot-Linie.«

Stalin ist vorsichtiger: »Aber Frankreich hat eine recht beachtliche Armee.«

Doch da kommt er beim deutschen Außenminister schlecht an: »Wenn Frankreich mit Deutschland Krieg führen will, wird es unter allen Umständen besiegt werden!«

Das politische Karussell, genannt »Tour d'Horizon«, ist jetzt an einem Punkt angelangt, der die Sowjetunion direkt berührt: dem Antikominternpakt. Er richtet sich ausschließlich, wenn Worte einen Sinn haben, gegen die Kominternmacht, also gegen die Sowjetunion. Vielleicht wäre es klüger, dieses heikle Thema nicht zu berühren, aber der Herr Außenminister hat schon ziemlich viel Krimsekt getrunken. »Der Antikominternpakt richtet sich gar nicht gegen die Sowjetunion, sondern vielmehr gegen die westlichen Demokratien.« Dem Gesicht des Außenministers ist dabei anzusehen, daß er selber an seine Worte glaubt.

Auch Stalin hat sich wohl ein dutzendmal eingießen lassen, aber er ist völlig nüchtern. In der Flasche, aus der immer wieder sein Glas gefüllt wird, ist zweifellos kein Wodka, sondern Wasser. Sarkastisch erwidert er: »Der Antikominternpakt hat in der Tat hauptsächlich die Londoner City und die kleinen Londoner Kaufleute erschreckt.«

Ribbentrop ist nicht mehr fähig, den Hohn in dieser Bemerkung wahrzunehmen. Wie ein Automat wiederholt er: »Das ist richtig. Und das deutsche Volk denkt genauso. Die witzigen und humorvollen Berliner haben dazu ein Scherzwort erfunden. Sie behaupten, auch Sie, Herr Stalin, würden noch dem Antikominternpakt beitreten.«

Ein russisches Zechgelage kann nicht ohne Trinkspruch enden. Stalin erhebt sich und ruft: »Ich weiß, wie sehr das deutsche Volk seinen Führer liebt. Ich möchte deshalb auf seine Gesundheit trinken.« Die Herren erheben sich und stoßen ihre Wodka- und Sektgläser mit Stalins Wasserglas an. Gleich darauf trinkt Graf Schulenburg auf Stalins Wohl. Dann erhebt Molotow sein Glas: »Es war unser großer Genosse Stalin, der durch seine Rede vom März dieses Jahres, die in Deutschland gut verstanden worden ist, den Umsturz bei den politischen Beziehungen eingeleitet hat. Ich trinke auf sein Wohl!«

Inzwischen ist auch Heinrich Hoffmann eingetroffen, der den Händedruck Hitlers abliefern möchte. Auch Ribbentrops Fotograf ist mitgekommen. Stalin kann die beiden Herren sehr wohl unterscheiden, seine Berater haben ihn ausgezeichnet unterrichtet. Der russische Diktator steht auf, gibt Hoffmann die Hand und lädt ihn ein, neben ihm Platz zu nehmen. Hoffmann entledigt sich sofort seines Auftrages: »Exzellenz! Ich habe die große Freude, Ihnen die herzlichsten Wünsche von Herrn Adolf Hitler persönlich auszusprechen. Er hat mich gebeten, Ihnen in seinem Namen die Hand zu drücken.«

Es ist ein erhebender, sogar ein historischer Augenblick. Stalin faßt Hoffmanns Hand und drückt sie fest und innig. Unter der Assistenz des Dolmetschers Pawlow, der jedes Wort schnell und sicher übersetzt, erkundigt er sich dann, wie es Herrn Hitler gesundheitlich geht.

Mit beredten Worten schildert Hoffmann dessen Gesundheitszustand: »Keine Spur von einer Krankheit, Exzellenz. Aber auch Herr Hitler möchte wissen, wie es Ihnen geht.«

Stalin dankt und erhebt sein Glas. Als Hoffmann ausgetrunken hat, gießt Pawlow nach. Noch einmal hebt Stalin das Glas und dann noch ein drittes Mal. Botschaftsrat Hilger geht auf Hoffmann zu und flüstert ihm ins Ohr, darauf bedacht, daß Pawlow nicht mithören kann: »Herr Professor, seien Sie vorsichtig, man will Sie betrunken machen.«

Hoffmann ist gerade dabei, den Krimsekt zu probieren. Er findet ihn außergewöhnlich süffig. Verärgert über die Störung wendet er sich dem Botschaftsrat zu und sagt lauter als nötig: »Ach geb'ns a Ruh'. Das macht mich doch nicht besoffen! Gelernt ist gelernt!« Dann hebt er sein Sektglas, einen wunderbar geschliffenen Kelch, aus dem einst die Gäste der russischen Zaren getrunken haben, und sagt: »Auf Ihre Gesundheit, Exzellenz!« Stalin stößt mit seinem Wasserglas an und ruft die in deutscher Sprache mühsam gelernten Worte in den dichten Tabaksqualm: »Dem deutschen Fotografenarbeiter Goffmann – Urrah! Urrah! Urrah!« Ribbentrops Fotograf hält die Szene im Bilde fest.

Es dämmert schon, als die Deutschen sich anschicken, in die Botschaft zurückzufahren. Beim Abschied schüttelt Stalin die Hand des Reichsbildberichterstatters und beauftragt ihn, dem neuerdings auch von den Männern im Kreml geliebten »Führer Adolf Hitler« den Händedruck weiterzugeben. Ribbentrop legt der russische Diktator den Arm um die Schulter. Pawlow übersetzt, was Stalin sagt: »Die Sowjetunion nimmt den neuen Pakt sehr ernst, Herr Außenminister. Ich versichere Ihnen auf mein Ehrenwort, daß die Sowjetunion ihren Partner nicht betrügen wird!«

Am Donnerstag, dem 24. August 1939, mittags ein Uhr russischer Zeit, verabschiedet der stellvertretende Außenkommissar Potemkin die Deutschen auf dem Flugplatz. Genau vierundzwanzig Stunden hat der Aufenthalt in Moskau gedauert. Von Jägern der Luftwaffe begleitet, fliegt Ribbentrops Condor-Maschine von Königsberg aus weit in die Ostsee hinaus. Der Luftraum über dem polnischen Korridor erscheint nicht mehr sicher. Während des Fluges kommt der Befehl, Berlin anzufliegen, da der »Führer« auf dem Wege in die Reichshauptstadt ist. Um 19 Uhr landen die beiden Flugzeuge in Tempelhof.

In der Reichskanzlei wimmelt es von Würdenträgern des Regimes samt ihren Adjutanten. Sie haben sich eingefunden, um in der Stunde des Triumphes mit dabeizusein. Ribbentrop, seines Erfolges bewußt, entsteigt dem Wagen, als habe er plötzlich Gicht bekommen. Mit stelzendem Gang, die Brust herausgedrückt, durchquert er die Halle, ohne nach rechts oder links zu sehen. Er kommt sich wie ein Triumphator vor.

Nach dem Vortrag bei Hitler ruft er vom Auswärtigen Amt den italienischen Außenminister in Rom an. So ganz nebenbei läßt er mit einfließen, infolge der ständigen polnischen Provokationen sei die Lage plötzlich recht kritisch geworden. Als Ciano vorschlägt, zwecks Erörterung der Situation nach Berlin zu kommen, lenkt Ribbentrop ab und hängt schnell ein.

Kurz darauf fragt ihn Reichsleiter Rosenberg, wie er sich im Kreml in Gegenwart des Bolschewistenführers gefühlt habe. Ribbentrop setzt seinem Konkurrenten gegenüber ein impertinentes Gesicht auf und antwortet ganz von oben herab: »Wie unter alten Parteigenossen!«

Die fiebrige Spannung in der Reichshauptstadt erreicht am Freitagmittag ihren Höhepunkt. Wenn die Wehrmacht am Samstag, dem 26. August, marschieren soll, muß spätestens bis 16 Uhr der Befehl dazu erteilt werden. Auch Hitler ist nervös. Er läßt sich seinen Pressechef Dietrich kommen und fragt ihn: »Haben Sie die neuesten Nachrichten aus London und Paris über die Rückwirkung unseres Vertrages? Was wissen Sie über die Kabinettskrisen?«

Dietrich versteht nicht: »Welche Kabinettskrisen meinen Sie, mein Führer?«

»Natürlich die Kabinettskrisen in Paris und London. Was denn sonst? Keine demokratische Regierung kann sich halten, der eine solche Niederlage und Blamage zuteil geworden ist wie mit unserem Moskauer Vertrag.«

Doch kein Kabinett tritt zurück. Trotzdem erteilt Hitler um 15 Uhr 02 Minuten den Befehl zum Einmarsch in Polen. Noch am Abend setzen sich an der deutsch-polnischen Grenze, von Pommern bis Oberschlesien und in Ostpreußen, die deutschen Truppen in Marsch. Die Telefonverbindungen mit dem Ausland werden unterbrochen. Sogar die Diplomaten haben keine Möglichkeit mehr, mit ihren Regierungen zu telefonieren. Die Flughäfen werden gesperrt, das Überfliegen des Reichsgebietes ist ausländischen Maschinen streng verboten und die Militärattachés dürfen Berlin nicht mehr verlassen.

Gegen 17 Uhr meldet der Vertreter des Deutschen Nachrichten-Büros in London, Dr. Fritz Hesse, daß soeben die Unterzeichnung des formellen Bündnisvertrages zwischen England und Polen stattfinde. Wenige Minuten später überbringt der italienische Botschafter Attolico einen telefonisch übermittelten Brief Mussolinis, in dem er in verhüllten Worten darlegt, daß Italien keinen Krieg führen könne. Hitler hört sich die Übersetzung schweigend an und komplimentiert dann Attolico hinaus. Kaum eine Minute später stürzt der Chef des Wehrmachtsamtes, General Keitel, aus dem Arbeitszimmer Hitlers und ruft seinem Adjutanten aufgeregt zu: »Der Vormarschbefehl muß sofort widerrufen werden. Der Führer braucht Zeit zu Verhandlungen.« Nur der exakten Arbeit der deutschen Stäbe ist es zu danken, daß der Krieg nicht schon am 26. August 1939 um 5 Uhr 30 morgens beginnt.

Doch noch am selben Tage setzt Hitler den neuen Angriffstermin auf den 1. September fest. Dann zieht er sich in seine Privaträume im alten Flügel der Reichskanzlei zurück. Dort nimmt er in seinem Ohrensessel Platz und gibt dem eintretenden Hausintendanten Kannenberg den Befehl, das Fenster zu öffnen. Gleich darauf schlüpft ein zahmes Eichhörnchen aus dem Garten ins Zimmer. »Kannenberg«, ruft Hitler. »Bringen Sie mir Nüsse.«

Vorsichtig nimmt das Tierchen eine der Haselnüsse. Aber es knackt sie nicht im Zimmer, sondern verschwindet damit nach draußen. Eichhörnchen sind kluge Tiere. Sie wissen, daß man menschlichen Freundschaftsbezeigungen nur sehr bedingt trauen kann!

». . . Dann gnade uns Gott!«

Großbritannien wünscht Frieden, aber nicht Frieden um jeden Preis. Mister Charles Spencer, Mitglied des englischen Unterhauses, macht eine kleine Pause. Das, was er sagen will, sagt er eigentlich nicht zu den Mitgliedern des »Constitutional-Club«, in dessen Räumen er seine Rede hält, sondern dem schwedischen Fabrikanten Birger Dahlerus, von dem man sich erzählt, er habe besonders enge Beziehungen zu Generalfeldmarschall Göring.

Es ist Sonntag, der 2. Juli 1939. Am Vormittag hat König Georg VI. eine Parade abgenommen. Sie ließ erkennen, wie weit die Ausrüstung der englischen Armee hinter der Feuerkraft der deutschen zurücksteht. Keiner der Offiziere und der ausländischen Militärattachés kann sich noch irgendwelchen Illusionen hingeben. Dennoch zeigte sich auf allen Gesichtern, sowohl der offiziellen Persönlichkeiten als auch der Soldaten und der Zuschauer, die Entschlossenheit, diesmal nicht vor der Gewalt zurückzuschrecken.

Als Premierminister Chamberlain im vorigen Herbst nach der Konferenz von München nach England zurückkehrte, rief er seinen Freunden zu: »Peace for our time« (Friede für unsere Zeit). Heute weiß man, daß es nur ein Aufschub war, mehr nicht. Wie eine Dampfwalze rollt das Unglück langsam, aber stetig auf die Menschheit zu. Doch solange nicht geschossen wird, darf man hoffen, daß der Frieden erhalten bleibt.

Diese Hoffnung hat unmittelbar nach der Parade im »Constitutional-Club« einige Persönlichkeiten zusammengeführt. Sie wollen überlegen, was getan werden könne, um die Kriegsgefahr abzuwenden. Voraussetzung dafür ist allerdings, daß der deutsche Außenminister ausgeschaltet wird. Jedermann in England weiß, daß Ribbentrop seinen Staatschef Adolf Hitler aus Unwissenheit, Dummheit oder Bosheit falsch berät.

Mit Blick auf Dahlerus sagt Spencer: »Das englische Volk wünscht mit dem deutschen Volk in Frieden zu leben und kann nicht einsehen, daß ein begründeter Anlaß zu einem bewaffneten Konflikt vorhanden ist . . . Großbritannien und seine Verbündeten werden in einem Krieg ebenfalls enorme Verluste erleiden. Dieser Krieg kann in der Tat den Untergang der Zivilisation bedeuten, aber wir können nicht mehr nachgeben. Und wie früher wird Deutschland auch in einem kommenden Krieg wiederum geschlagen werden . . .«

Nach Spencer spricht Sir Holberry Mensforth: ». . . man sollte doch noch einmal, trotz allem, den Versuch machen, die Probleme auf dem Verhandlungswege zu lösen, bevor das große Morden beginnt . . .« Alle stimmen zu und bitten nach längerer Diskussion den Schweden Dahlerus, nach Berlin zu reisen und den Versuch zu machen, außerhalb des üblichen diplomatischen Weges eine Begegnung zwischen Engländern und Deutschen zustande zu bringen, am besten auf neutralem Boden. Vielleicht gelingt auf diese Weise eine friedliche Lösung des deutsch-polnischen Konfliktes.

Birger Dahlerus weiß, daß die englische Regierung bereit ist, Deutschland Zugeständnisse zu gewähren. Sogar Kolonien soll es erhalten. Aber Forderung Nummer eins ist: »Vor dem Betreten des Verhandlungssaales müssen die Waffen in der Garderobe abgegeben werden.« Weder England noch das mit ihm verbündete Frankreich wollen sich wieder unter Druck setzen lassen. Außerdem fordert man Garantien, daß Hitler nicht wiederum sein Wort bricht. Aber gerade weil Dahlerus einem Volke angehört, das keine Forderungen an Deutschland stellt und nichts zu gewähren hat, hofft er, daß seine Mission Erfolg haben kann. Er verläßt London am Abend des 3. Juli 1939. Am nächsten Tage trifft er in Berlin ein. Kaum, daß er sein Zimmer im Hotel »Esplanade« betreten hat, läßt er sich mit Görings Ministerium in der Leipziger Straße verbinden.

Der Schwede hat Göring bereits im November 1934 kennengelernt, als er in einer privaten Angelegenheit um Görings Vermittlung bat. Als Gegenleistung hat sich Dahlerus für dessen Stiefsohn Thomas Kantzow – aus der ersten Ehe seiner verstorbenen Frau Karin – eingesetzt.

Bereits am Nachmittag fährt Dahlerus nach Karinhall hinaus. Er erinnert sich noch genau, wie das ehemalige kaiserliche Jagdhaus bei seinem ersten Besuch im Jahre 1934 ausgesehen hat. Es war nicht mehr als ein bescheidenes nordisches Blockhaus, aus groben Balken gezimmert, innen recht gemütlich eingerichtet, aber nicht sonderlich pompös. Wie wird es heute aussehen? In der ganzen Welt erzählt man sich Wunderdinge von dem Märchenschloß in der Heide.

Nachdem das Auto von dem Hauptweg abgebogen ist, fährt es an einem großen modernen Gebäude vorüber, der Kaserne für die Wachkompanie von Karinhall. Erst nach einer weiteren Fahrt von mehreren Kilometern taucht das Herrenhaus auf, inmitten eines parkähnlichen Geländes. Ungezählte Gruppen von Arbeitern, Kellnern, Hausbediensteten und Soldaten der Luftwaffe sind damit beschäftigt, Vorbereitungen für ein großes Gartenfest zu treffen. Göring hat mehrere Hundert Leute aus der Film- und Theaterwelt eingeladen, und ununterbrochen fahren noch Omnibusse mit Musikkapellen, Kellnern und Varietékünstlern vor, denen gleich darauf luxuriöse Privatwagen mit prominenten Gästen folgen.

Ein Offizier in weißer Sommeruniform geleitet Dahlerus in die große Halle des Herrenhauses. Dort begrüßt ihn der Hausherr und führt ihn in sein riesiges Arbeitszimmer. Schon die Türklinke hat überdimensionale Ausmaße. Der Diener muß sie mit beiden Händen niederdrücken. Göring bittet seinen Besucher, in einem der Brokatsessel Platz zu nehmen, die um den großen runden Mahagonitisch stehen. Dahlerus nimmt sich nicht die Zeit, die Gemälde und Gobelins, die ungezählten Fotos von Königen und Generalen in silbernen Rahmen mit handgeschriebenen Widmungen und die Skulpturen samt den tausend anderen Kleinigkeiten eingehender zu betrachten. Es drängt ihn, ohne Umschweife auf seine Mission zu sprechen zu kommen. »Ich war noch vorgestern in England und traf dort mit einer Reihe von Persönlichkeiten zusammen, die den Versuch unternehmen wollen, sich vermittelnd in die Krise einzuschalten . . .«

Göring horcht auf. Es ist ein offenes Geheimnis, daß er gegen kriegerische Abenteuer ist. Er kann nichts hinzugewinnen, er kann nur verlieren. Aber er hat nicht die Kraft, sich gegen Hitlers Kriegsabsichten durchzusetzen. Das kann er diesem Schweden natürlich nicht sagen. Ihm gegenüber muß er die Politik des »Führers und Reichskanzlers« sogar verteidigen: »Englands Stellungnahme in dem deutsch-polnischen Konflikt ist reiner Bluff. Die Engländer werden sich hüten, für Danzig zu den Waffen zu greifen. Ihre Zusage an Polen ist nicht die Tinte wert!«

Es klopft, einer der weißuniformierten Adjutanten, ein Offizier der Luftwaffe, betritt den Raum. Er meldet dem Herrn Generalfeldmarschall, daß sich die Gäste versammelt haben. Dahlerus sieht nach der Uhr. Es ist 16.45 Uhr. Doch Göring wehrt den Adjutanten, der in strammer Haltung an der Tür stehen geblieben ist, mit einer herrischen Geste ab: »Sie sollen warten!«

»Ich glaube«, legt Dahlerus eindringlich dar, »daß man aneinander vorbeiredet. England wird zu den Waffen greifen, daran ist auch nicht eine Sekunde zu zweifeln. Schon um dieses Mißverständnis auszuräumen, würde es sich empfehlen, daß führende deutsche Persönlichkeiten mit einigen englischen Herren an einem neutralen Ort in Schweden zusammentreffen und ein Gespräch führen – von Herz zu Herz . . .«

Göring erhebt sich und geht auf und ab. Seine Schritte sind auf dem dicken Teppich nicht zu hören, aber gerade das erhöht den optischen Eindruck. Die massige Fülle seines Körpers, in die Marschallsuniform gepreßt, wird zum Mittelpunkt des riesigen Raumes. Ausnahmsweise trägt er heute nur wenige Orden: Pour le mérite, Eisernes Kreuz und Goldenes Parteiabzeichen. Lauter sprechend als im Sitzen, tönt seine Stimme voller als noch vor wenigen Minuten. »Auf diese Art und Weise würden wir uns tatsächlich näherkommen«, sagt er und bleibt stehen. Dahlerus sieht die blauen Augen des Generalfeldmarschalls und versucht, in dessen Gesicht zu lesen. »Natürlich müßte man die Garantie haben«, fährt Göring fort, »daß es England ehrlich meint.« Der Ton, in dem diese Worte gesagt werden, läßt den schwedischen Vermittler die Überzeugung gewinnen, daß der Generalfeldmarschall bemüht ist, dieses Gespräch »von Herz zu Herz« zustande zu bringen. Vielleicht wird er sogar selbst daran teilnehmen.

Die Begegnung kommt tatsächlich zustande, aber nicht im neutralen Schweden, wie ursprünglich geplant, sondern auf dem Gute von Birger Dahlerus' deutscher Frau in Sönke Nissen Koog in Holstein. Am Sonntag, dem 6. August, werden die in Hamburg eingetroffenen sieben englischen Geschäftsleute unter Führung von Charles Spencer im Auto nach Sönke Nissen Koog gebracht. Am nächsten Tag, um acht Uhr morgens, trifft Hermann Göring im Sonderzug in Bredstedt ein. Ministerialrat Görnert, Staatssekretär Körner und General Bodenschatz begleiten ihn. Auch ein Dolmetscher ist mitgekommen. Göring benimmt sich recht geschickt. Er doziert nicht, er bittet die englischen Gäste, zunächst einmal Fragen zu stellen. Schon dieser Unterschied zur Verhandlungstaktik Hitlers und Ribbentrops fällt angenehm auf. Bald ist eine angeregte Diskussion im Gange.

Beim Mittagessen bringt Göring einen Trinkspruch auf den Frieden aus. Der Ton seiner Stegreifrede überzeugt alle Zuhörer. Als er am Abend Sönke Nissen Koog im Auto verläßt, sind die Teilnehmer der festen Überzeugung, daß die Begegnung erfolgreich war und sie den vielleicht entscheidenden Beitrag zur Erhaltung des Friedens geleistet haben. Besonders glücklich sind die englischen wie die deutschen Gäste, daß nichts an die Öffentlichkeit gedrungen ist. Die Absperrung der Wege und der telefonischen Verbindungen war gründlich. So kann Ribbentrop auch nicht querschießen. Die weiteren Verhandlungen wegen der Einberufung einer geheimen Viererkonferenz bleiben ebenfalls geheim.

Görings Begleiter, General der Flieger Bodenschatz, fährt sofort nach Berchtesgaden und informiert Hitler über das Ergebnis der Zusammenkunft in Sönke Nissen Koog. Doch Hitler sabotiert alle Vermittlungsversuche. Achtzehn Tage lang wird wegen der Konferenz verhandelt, ohne daß man einen Schritt weiterkommt.

Währenddessen verschärft sich die Lage, und im geheimen trifft Hitler seine Dispositionen am 26. August, morgens 5.30 Uhr, in Polen einzumarschieren.

Birger Dahlerus, der nach Schweden zurückgefahren ist, ahnt das herannahende Unheil, als er am Mittwoch, dem 23. August, kurz nach 10 Uhr vormittags, in Stockholm angerufen wird. »Die Situation hat sich entscheidend verschlechtert«, ruft ihm Göring durchs Telefon zu. »Können Sie sofort nach hier kommen? Vielleicht brauche ich Sie.« Der Schwede trifft bereits am nächsten Tag in der Reichshauptstadt ein. Dort setzt er sich sofort mit einem Landsmann, dem Bankdirektor Allan Wettermark, in Verbindung. Der Bankier macht ein besorgtes Gesicht. »Ohne Zweifel will Göring keinen Krieg«, meint Wettermark. »Aber diese Tatsache birgt auch große Gefahren für dich persönlich in sich, lieber Dahlerus. Wir haben es nicht mit einem Rechtsstaat zu tun. Einer von Görings Gegnern, das kann Himmler sein oder Ribbentrop, aber auch Hitler selber kann dich verhaften lassen, und niemand wird wissen, wo du steckst.« Wettermark senkt seine Stimme bis zum Flüstern: »Ich halte es deshalb für richtig, daß ich zugegen bin, wenn du heute mittag nach Karinhall fährst. Ich werde mich wie zufällig in der Halle aufhalten und mir die Nummer des Wagens notieren, den man dir schickt. Wenn etwas passiert, kann der schwedische Gesandte dich vielleicht heraushauen.«

Dahlerus macht ein ungläubiges Gesicht, aber sein ständig in Berlin wohnender Freund wird die Dinge wohl besser überschauen. Bedrückend wird ihm bewußt, wie tief das Heimatland seiner Frau gesunken ist. Ein Mann, der sich gemeinsam mit dem »Kronprinzen der Bewegung«, Hermann Göring, ehrlich für den Frieden einsetzt, muß befürchten, verhaftet zu werden oder sogar spurlos zu verschwinden.

In Karinhall angekommen, glaubt Birger Dahlerus an Görings sorgenvollem Gesicht zu erkennen, wie gering die Chancen geworden sind, den Frieden zu erhalten. »Das Auswärtige Amt ist nicht fähig und wahrscheinlich nicht einmal willens, Kontakte mit dem Ziel einer friedlichen Lösung herzustellen«, meint Göring. Nachdem er den schwedischen Vermittler eingehend informiert hat, sagt er: »Ich muß jetzt nach Berlin fahren, um mit dem polnischen Botschafter Lipski zusammenzutreffen. Anschließend werde ich mit dem Führer in der Reichskanzlei sprechen. Außerdem wird heute abend Ribbentrop aus Moskau zurückerwartet, und da möchte ich zugegen sein. Ich nehme Sie der Einfachheit halber gleich in meinem Auto nach Berlin mit. Dort warten Sie in Ihrem Hotel auf meinen Anruf.«

Göring steuert das offene zweisitzige Sportkabriolett selber. Wenn der Wagen an einer Straßenkreuzung halten muß und die Berliner Göring erkennen, winken sie ihm freundlich lachend zu. Es hat sich herumgesprochen, daß »der dicke Hermann« für den Frieden eintritt. Das erhöht seine Popularität gewaltig. Inzwischen ist auch der Abschluß des Paktes mit Rußland bekanntgegeben worden, und in der Stadt jagen sich die Gerüchte. Die Bevölkerung glaubt, daß mit dem »deutsch-sowjetischen Ausgleich« auch die Kriegsgefahr beseitigt würde. Noch ahnt niemand, daß gerade dieser Pakt dazu beitragen wird, den Krieg auszulösen.

Vor dem Hotel »Esplanade« steigt Dahlerus aus. Göring verspricht ihm, bald Nachricht zu geben. Doch erst kurz vor Mitternacht, um 23 Uhr 20, klingelt in seinem Zimmer das Telefon. Göring selber ist am Apparat. Mit seiner tiefen, sonoren Stimme teilt er dem Schweden mit, daß der Vertrag mit Rußland bedeutend weitergehende Konsequenzen hat, als aus den offiziellen Verlautbarungen zu ersehen ist.

Gibt es vielleicht Geheimklauseln, die mehr aussagen als der veröffentlichte Vertragstext, fährt es Dahlerus durch den Kopf. »Können Sie nicht sofort nach England fliegen?« tönt es aus dem Telefon. Der Schwede horcht auf. »Ich werde dafür sorgen«, ruft Göring durch den Apparat, »daß Sie morgen früh um acht Uhr in dem fahrplanmäßigen Flugzeug einen Platz bekommen.« Es klingt, als befürchte er, die Verkehrsmaschine sei die letzte, die noch fliegt, bevor die Bomben- und Jagdgeschwader durch die Lüfte ziehen.

Zwölf Stunden später verhandelt Birger Dahlerus in London mit den Teilnehmern der Konferenz von Sönke Nissen Koog. Sein mündlicher Bericht wird schriftlich fixiert und sofort dem britischen Kabinett zugestellt. Niemand ahnt, daß Hitler um dieselbe Stunde dem Obersten Warlimont den Befehl zur Auslösung des »Unternehmens Weiß« erteilt, das heißt, den Befehl zum Angriff auf Polen. Kurz zuvor hat Hitler in der Reichskanzlei noch den englischen Botschafter Sir Nevile Henderson empfangen und ihm von einundzwanzig Grenzzwischenfällen erzählt, die angeblich in der vergangenen Nacht von polnischen Gruppen ausgelöst worden seien. »Diese mazedonischen Zustände an meiner Ostgrenze müssen unter allen Umständen beseitigt werden.«

Die Vorschläge, die Hitler dann zur Beseitigung dieser »mazedonischen Zustände« macht, sind wahrhaft erstaunlich. Nachdem er erklärt hat: »Rußland und Deutschland werden niemals wieder die Waffen gegeneinander ergreifen«, bietet er dem britischen Botschafter an, die »Existenz des britischen Weltreiches zu garantieren«. Der deutsche Staatschef will sogar in Übersee kämpfen: »Ganz gleich wo, an jedem Punkt der Welt, wo solche Hilfe notwendig werden könnte.«

Hitler ist sich dabei gar nicht bewußt, was für ein beleidigendes Angebot er den Engländern macht. Henderson nimmt den Vorschlag kühl entgegen, erklärt sich aber bereit, ihn am nächsten Tag persönlich nach London zu überbringen. Bevor er das Arbeitszimmer in der neuen Reichskanzlei verläßt, kommt er noch einmal auf die Ursache der augenblicklichen Krise zu sprechen: »Exzellenz! Ich fühle mich verpflichtet, klar und deutlich zum Ausdruck zu bringen, daß mein Land von seinem gegebenen Wort Polen gegenüber niemals zurücktreten wird. Wie sehr die Regierung Seiner Majestät des Königs auch bestrebt ist, zu einem besseren Einvernehmen mit Deutschland zu kommen, so glaube ich, daß das nur auf der Grundlage einer Beilegung des Streites mit Polen und auf dem Verhandlungswege geschehen kann.«

In die Botschaft zurückgekehrt, verfaßt Sir Nevile den ersten

Bericht für seine Regierung. Der Chiffrierbeamte verschlüsselt ihn, und dann trifft der Botschafter Vorbereitungen zur Reise nach London. In der britischen Hauptstadt dagegen bereitet sich der schwedische Fabrikant Birger Dahlerus darauf vor, nach Deutschland zurückzukehren, um Göring einen Brief von Lord Halifax zu überbringen.

Am 26. August, 19 Uhr, trifft Dahlerus wieder in Berlin ein. Görings Adjutant erwartet ihn auf dem Flugplatz und bittet ihn, sofort nach Karinhall zu kommen. Es ist schon dunkel, als das Auto durch die Schorfheide fährt und schließlich vor Görings Schloß hält. Doch der Marschall hat Karinhall bereits verlassen und sich in sein Hauptquartier begeben, einen Sonderzug, der irgendwo in der Umgebung von Berlin steht. Das Auto bringt Dahlerus nach Friedrichswalde. Göring empfängt den Schweden sofort. Bevor Birger Dahlerus den Brief des britischen Außenministers übergibt, schildert er noch einmal eindringlich die Stimmung in der britischen Hauptstadt: »Es besteht kein Zweifel, Exzellenz, daß England seinen Vertrag mit Polen ernst nimmt und bei einem deutschen Angriff unverzüglich zu den Waffen greifen wird.«

Göring hört aufmerksam zu. Dann übergibt Dahlerus den Brief von Lord Halifax. Der Marschall reißt den Umschlag auf und versucht den Text zu lesen. Doch er spricht zu wenig Englisch, um ihn richtig verstehen zu können. So bittet er seinen Gast: »Herr Dahlerus, übertragen Sie mir den Brief ins Deutsche und denken Sie daran, wie außerordentlich wichtig es ist, daß jede Silbe in Ihrer Übersetzung die rechte Bedeutung bekommt.«

Der Zug hat sich inzwischen in Bewegung gesetzt. Das Rollen der Räder untermalt die Worte des schwedischen Fabrikanten. Göring gibt sich keine Mühe, seine Bewegung zu verbergen. Der Brief des englischen Außenministers macht sichtlich tiefen Eindruck auf ihn. Kaum hat Dahlerus geendet, gibt der Generalfeldmarschall den Befehl, den Zug an der nächsten Station anzuhalten und für die Bereitstellung eines Autos zu sorgen.

Es ist inzwischen 23 Uhr geworden. Die Bremsen kreischen, und an irgendeiner kleinen Station, deren Name in der Dunkelheit nicht zu erkennen ist, hält der Zug. Wenige Minuten später fährt ein Auto vor, und in rasender Fahrt geht es hinein nach Berlin. Die Uhr auf dem Wilhelmplatz zeigt die zwölfte Stunde an, als der Wagen mit Göring und Dahlerus vor der Reichskanzlei hält. Die verdunkelte Wilhelmstraße und die querlaufende Voßstraße wirken wie Schluchten. Nirgends brennen Laternen. Berlin ist schon auf Krieg eingestellt. Der Adjutant Görings klopft an das Tor der Reichskanzlei, an deren Front kein einziges Fenster erleuchtet ist. Göring bittet Dahlerus zum Hotel »Esplanade« weiterzufahren und dort auf Nachricht zu warten. Er selber will Hitler, der offenbar schon schlafen gegangen ist, wecken lassen.

Die meisten Fremden haben die Reichshauptstadt fluchtartig verlassen, und die Hotelhalle des »Esplanade« wirkt öde und leer. Dahlerus' Stimme klingt hohl, als er zum Portier sagt: »Ich werde hier unten warten. Bringen Sie mir etwas zu trinken!« Bereits nach einer Viertelstunde erscheinen zwei Obersten. Sie wenden sich an den Portier und gehen dann auf Dahlerus zu, schlagen die Hacken zusammen und melden: »Der Führer läßt bitten.«

Vor kaum dreißig Minuten stand der schwedische Fabrikant zum ersten Male in dieser Nacht vor der völlig dunklen Reichskanzlei. In der kurzen Spanne Zeit hat sich das Bild völlig verändert. Fast alle Fenster sind jetzt hell erleuchtet und bilden zu den dunklen Fronten der anderen Häuser und Paläste einen starken Kontrast. Das ist auch der Grund, warum zahlreiche nächtliche Passanten stehengeblieben sind. Die Zeitungsjungen nutzen die Gelegenheit und rufen die neuesten Morgenausgaben aus.

Die schweren Bronzetore im Anbau der Alten Reichskanzlei am Wilhelmplatz sind weit geöffnet. Ohne Aufenthalt rollt der Wagen in den inneren Hof, wo bereits einige Beamte bereitstehen, um den nächtlichen Gast zu empfangen. Zwei Herren geleiten Birger Dahlerus durch den Ehrenhof, eine Vorhalle, den Mosaiksaal, den Runden Saal und schließlich durch den östlichen Teil der Marmorgalerie in den Vorraum zu Hitlers Arbeitszimmer.

Nach einiger Zeit öffnet sich die Tür, und eine SS-Ordonnanz bittet den Schweden in das Arbeitszimmer. Hitler erwartet ihn vor seinem Schreibtisch stehend, die Hände über dem Leib ineinandergelegt. Ihm zur Seite lehnt Hermann Göring. Dahlerus geht auf Hitler zu und begrüßt ihn: »Guten Abend, Exzellenz.«

Adolf Hitler bittet seinen Gast und auch Hermann Göring, in der Sesselgruppe vor dem Kamin mit dem Lenbachschen Bismarckbild Platz zu nehmen. Ohne auf den Brief des englischen Außenministers einzugehen, beginnt er mit einem längeren Vortrag über Sinn und Zweck der deutschen Politik. Doch alles läuft auf eine scharfe Kritik Englands hinaus. Dahlerus benutzt geschickt eine Atempause Hitlers, den Monolog zu unterbrechen. »Exzellenz! Ich kann leider die Meinung Eurer Exzellenz über England und das englische Volk nicht teilen. Offensichtlich hat man Eure Exzellenz falsch informiert. Ich habe längere Zeit als Arbeiter in England gearbeitet und kenne deshalb die verschiedensten Schichten des englischen Volkes . . .«

Hitler schaut überrascht auf den Schweden. Das ist ihm noch nicht vorgekommen. Hier ist einer, der eine andere Meinung zu äußern wagt. Aber noch verblüffter scheint er über die Bemerkung von Dahlerus zu sein, er habe als Arbeiter gearbeitet. »Was sagen Sie da? Sie haben als gewöhnlicher Arbeiter in England gearbeitet? Das ist interessant. Erzählen Sie doch mal.«

In seinem Buch »Mein Kampf« hat Hitler seine Erlebnisse als Bauarbeiter in Wien beschrieben. Jedes Wort davon ist erlogen. Er hat niemals sein Brot mit körperlicher Arbeit verdient, und alle seine Meditationen über das Denken und Fühlen der Wiener Arbeiter sind Hirngespinste. In Birger Dahlerus tritt ihm nun ein Mann entgegen, der England kennt. Darüber vergißt Hitler, warum er den Schweden mitten in der Nacht hat zu sich kommen lassen.

»Der Engländer ist zäh und beharrlich in der Erreichung seines Zieles«, schließt Dahlerus seinen Bericht. »Das befähigt ihn auch, Bürger einer Großmacht zu sein. Es ist kein Zufall, daß das englische Volk die halbe Welt beherrscht.«

»Aber die englischen Plutokraten sind untüchtig und faul geworden«, widerspricht Hitler.

Der schwedische Fabrikant weiß zu antworten: »Das ist nichts typisch Englisches, sondern eine Erscheinung, die man in jedem Lande, auch in Deutschland, beobachten kann. Ich glaube, wenn Exzellenz Gelegenheit gehabt hätte, so wie ich, längere

Zeit unter dem englischen Volke zu weilen, dann würde manches anders aussehen. Vielleicht ließen sich dann auch manche Konflikte leichter lösen . . .«

Das friedliche Intermezzo ist zu Ende. Hitler beginnt wieder zu dozieren. Er kommt auf seine Vorschläge zu sprechen, die er vor sechsunddreißig Stunden dem britischen Botschafter unterbreitet hat: Die Garantieerklärung für die Existenz des britischen Weltreiches. »Das ist mein letztes großzügiges Angebot an England!« ruft er und rühmt die überlegene Kriegsbereitschaft Deutschlands. Dabei verändert er sich völlig. Die Augen aufgerissen, die Pupillen übermäßig geweitet, das Gesicht maskenhaft erstarrt, wirkt er gänzlich anomal. »Gibt es Krieg«, ruft er Dahlerus zu, »dann werde ich U-Boote bauen! U-Boote! U-Boote!« Er erhebt sich und geht stelzend auf und ab wie eine Marionette, deren Arme und Beine an Fäden gezogen werden.

Plötzlich bleibt er mitten im Raume stehen, hebt seine Stimme, als ob er zu einer großen Versammlung spräche und ruft: »Ich werde Flugzeuge bauen! Flugzeuge bauen! Ich werde meine Feinde vernichten! Ein Krieg schreckt mich nicht! Eine Einkreisung Deutschlands ist unmöglich! Mein Volk bewundert mich und folgt mir treu. Wenn die Deutschen Notzeiten entgegensehen, so werde ich der erste sein, der hungert. Wenn es keine Butter gibt, werde ich aufhören, Butter zu essen, und mein deutsches Volk wird freudig dasselbe tun!«

Die weiteren Worte sind nur noch ein unartikuliertes Gurgeln. Dahlerus wird bewußt, daß dieser Mann, der nicht nur das Schicksal seines Volkes entscheidet, sondern auch über das Wohl und Wehe ganz Europas, vielleicht der ganzen Welt, geistig nicht normal ist. Und wieder geht eine Verwandlung mit Hitler vor. Es ist, als erwache er aus einem Trancezustand und sei jetzt bestrebt, die peinliche Szene durch lehrerhafte Strenge vergessen zu machen. »Herr Dahlerus!« ruft er, den rechten Arm nach vorn gestreckt, den Zeigefinger auf seinen Gast gerichtet: »Herr Dahlerus! Sie kennen England so gut! Können Sie mir die Ursache meines ständigen Mißerfolges erklären, mit England übereinzukommen?«

Der Schwede überlegt, ob er eine höfliche oder eine wahrheitsgemäße Antwort geben soll. Dann nimmt er all seinen Mut zusammen und sagt: »Exzellenz! Auf Grund meiner eingehenden Kenntnis des englischen Volkes, seiner Mentalität und seiner Einstellung gegenüber Deutschland muß ich es als meine Auffassung bezeichnen, daß diese Schwierigkeiten nach meiner Überzeugung in einem Mangel an Vertrauen in Sie persönlich und Ihre Regierung begründet sind.«

Hermann Göring verschlägt es die Sprache. Das hat Hitler noch keiner zu sagen gewagt, weder ein Minister, noch ein Botschafter, noch ein General. Wie wird der »Führer« darauf reagieren?

Aber Hitler ist gar nicht böse. Mit der linken Hand auf seine Brust schlagend, die Rechte wie zum Schwur nach oben gestreckt, ruft er: »Idioten! Habe ich jemals in meinem Leben die Unwahrheit gesagt? Sie, Herr Dahlerus, haben meine Auffassung gehört. Sie müssen sofort nach England reisen, um sie der englischen Regierung mitzuteilen. Ich glaube nicht, daß Henderson mich verstanden hat, und ich wünsche aufrichtig, daß eine Verständigung zustande kommt!«

Dann macht Hitler neue Vorschläge. Birger Dahlerus lernt sie Wort für Wort auswendig, wie ein Schüler die Lektion seines Lehrers:

1. Deutschland wünscht einen Pakt oder ein Bündnis mit England . . .
2. England soll mitwirken, daß Deutschland Danzig und den Korridor erhält. Polen bekommt in Danzig einen Freihafen und behält außerdem die polnische Stadt Gdingen.
3. Deutschland verpflichtet sich, Polens Grenze zu garantieren.
4. . . . Deutschland wünscht entweder seine Kolonien zurück oder eine Vereinbarung über die zum britischen Empire gehörigen Kolonien . . .
5. . . . Garantien für die Behandlung der deutschen Minderheit in Polen.
6. Deutschland verpflichtet sich, das britische Empire, wo immer es angegriffen werden könnte, mit seiner Wehrmacht zu schützen.

Der letzte Punkt ruft Göring auf den Plan. »Das bedeutet«, erklärt er, »Deutschland wird England auch in einem Konflikt gegen Italien unterstützen!« Dabei ist erst vor wenigen Monaten zwischen Italien und dem Dritten Reich mit großem Gepränge der »Stahlpakt« unterzeichnet worden. Kaum ein Vierteljahr später ist einer der Partner bereit, gegen den anderen Krieg zu führen. Aber der Schwede hütet sich, seine Gedanken über Treue, die nach dem Wahlspruch der SS gleichzusetzen ist mit nationalsozialistischer Ehre, laut zu äußern. Jede abfällige Bemerkung würde die aufgelockerte Stimmung sofort wieder verhärten.

»Bringen Sie das, was ich gesagt habe, nach London zu Herrn Chamberlain!« ruft Hitler aufgeräumt.

»Ich kann nicht als Beauftragter der deutschen Regierung fliegen«, antwortet Dahlerus. »Ich kann nur nach London gehen, wenn mich ein englisches Flugzeug abholt und ich eine Einladung der englischen Regierung erhalte.«

Göring verläßt das Zimmer. Bereits nach wenigen Minuten kommt er zurück. »Morgen früh, acht Uhr, steht für Sie ein deutsches Flugzeug bereit, das Sie nach Amsterdam bringt. Von dort kann Sie ein englisches Flugzeug abholen.«

Vom Hotel »Esplanade« aus telefoniert Birger Dahlerus mit seinem englischen Verbindungsmann Spencer. Es dauert nicht lange, bis dieser zurückruft, Mister Dahlerus sei in der fraglichen Angelegenheit in London willkommen. Mit Rücksicht auf die knappe Zeit empfiehlt der englische Geschäftsmann, mit dem deutschen Flugzeug bis Croydon zu fliegen. Für die Landung auf dem Londoner Flugplatz seien alle Vorbereitungen getroffen. Inzwischen ist es halb fünf Uhr geworden. Der Schwede packt seinen Koffer. Um 7.40 Uhr fährt er vom Hotel »Esplanade« zum Flughafen. Zwanzig Stunden, nachdem er London verlassen hat, steht er wieder auf britischem Boden.

Der zivile Flugverkehr mit dem Ausland hat aufgehört, und der Londoner Flugplatz Croydon ist wie ausgestorben. Um so mehr fällt die deutsche Maschine mit ihrem einzigen Fluggast auf, zu dessen Begrüßung eine Anzahl bekannter Unternehmer erschienen sind: die Teilnehmer der Konferenz von Sönke Nissen Koog. Sie bilden einen Ring um ihn und verhindern so, daß er fotografiert werden kann.

Im Verwaltungsgebäude diktiert Dahlerus dann einer Stenotypistin seinen Bericht, der sofort zu Lord Halifax ins Foreign Office gebracht wird. Um Journalisten und Fotoreporter abzulenken, fahren Dahlerus' Freunde mit ihrem Wagen vom Haupteingang des Flugplatzes ab, während er selber durch einen rückwärtigen Ausgang verschwindet.

In der Downing Street 10, dem Amtssitz des Premierministers, sagt Birger Dahlerus noch einmal die auswendig gelernten sechs Punkte auf. Nevile Chamberlain vergleicht sie mit den Angaben Hendersons. »Mister Dahlerus«, sagt schließlich der Premierminister, »darf ich mir die Frage gestatten, ob Sie auch wirklich alles richtig verstanden haben, was Herr Hitler sagte? Mehrere Punkte stimmen nicht mit dem überein, was Sir Nevile mitgeteilt wurde.« Doch Birger Dahlerus versichert, ein Mißverständnis sei so gut wie unmöglich. Er beherrsche die deutsche Sprache vollkommen, und dieser Teil des Gesprächs mit Herrn Adolf Hitler sei zudem in absolut ruhigen Formen geführt worden.

Man einigt sich, daß Henderson noch einen Tag in London bleibt und Dahlerus gleich wieder zurückfliegt. Göring gibt nach Rücksprache mit Hitler telefonisch sein Einverständnis. »Was haben Sie für einen Eindruck von Herrn Hitler?« fragt Chamberlain. Dahlerus überlegt. Er will nichts anderes als der ehrliche Makler sein, der nur ein Ziel hat, den Krieg, der Europa in ein unermeßliches Unglück stürzen muß, verhindern zu helfen. Er hebt den Kopf und sieht Chamberlain offen an, dann sagt er: »Ich möchte ihn nicht als Geschäftspartner haben!« Über das ernste Gesicht des Premierministers huscht ein Lächeln.

Englands Antwort ist verbindlich der Form und auch dem Inhalt nach. Die britische Regierung wünscht nur in zwei Punkten etwas anderes als die deutsche. Eine Garantie der polnischen Grenzen soll nicht nur von Deutschland gegeben werden, sondern auch von Frankreich, der Sowjetunion, Großbritannien und Italien. England ist auch bereit, über eine Rückgabe der ehemaligen deutschen Kolonien zu verhandeln, allerdings erst nach der Demobilisierung der deutschen Wehrmacht. Den Punkt 6 jedoch lehnt England glatt ab: »Das Anerbieten ist mit dem Ansehen und Interesse des britischen Weltreiches unvereinbar!«

Wieder lernt Dahlerus die Antworten zu den einzelnen Punkten auswendig. Um 19 Uhr des gleichen Tages setzt er sich ins Flugzeug, um zurück nach Berlin zu fliegen, wo er um 23 Uhr landet. Dort wartet bereits ein Auto, das ihn in rasender Fahrt zu Görings Amtssitz in die Leipziger Straße bringt.

Um halb zwei Uhr wird Dahlerus im Hotel »Esplanade« mitgeteilt, Hitler habe alle Punkte der vorläufigen britischen Antwort akzeptiert. »Die endgültige Antwort wird wohl Henderson bringen«, meint Göring. »Wenn die Note sich mit Ihrer mündlichen Nachricht deckt, ist der Friede gesichert. Vielleicht geben Sie nach London noch die Bitte durch, die Antwortnote der britischen Regierung vorläufig nicht zu veröffentlichen, bis der Führer sie in den Händen hält.«

Dahlerus läßt sich sofort mit der britischen Botschaft verbinden, aber der Geschäftsträger Sir George Ogilvie-Forbes ist bereits nach Hause gegangen. Bis zu dieser Stunde weiß Sir George noch nichts von den Reisen des Birger Dahlerus. Das britische Foreign Office hat nicht bedacht, daß sich der schwedische Staatsbürger an die Botschaft wenden könnte, und deshalb ihre Berliner Vertretung erst sehr spät informiert. Der Botschaftsrat ist deshalb, als ihn der Telefonanruf des Schweden aus dem Schlafe schreckt, zunächst der Überzeugung, er habe es mit einem Wahnsinnigen zu tun. Dennoch geht er zurück zur Botschaft und hört sich an, was Birger Dahlerus berichtet.

Die Augen des Engländers prüfen immer wieder das Gesicht des Schweden. Eigentlich macht er einen ganz normalen Eindruck, denkt Sir George Ogilvie-Forbes. Trotzdem ist alles viel zu unwahrscheinlich. Der Geschäftsträger kann das ironische Lächeln um seine Augenwinkel nicht unterdrücken. Erst als gegen 3 Uhr morgens ein Beamter ins Zimmer stürzt und berichtet, soeben sei ein Chiffretelegramm aus London eingetroffen, in dem der Name Dahlerus vorkomme, ändert sich sein Verhalten. Höflich hört sich Forbes jetzt an, was der schwedische Gast sonst noch mitzuteilen hat. Dann gibt er die telegrafische Meldung nach London durch, ganz so wie dieser merkwürdige Mister Dahlerus es wünscht.

Erst gegen halb sechs Uhr morgens verläßt der Schwede die britische Botschaft, fährt zurück in sein Hotel und anschließend hinaus zu Görings Sonderzug in der Nähe von Potsdam. »Haben Sie die Wünsche des Führers durchgegeben?« fragt Göring seinen Mittelsmann. Als Dahlerus bejaht, ruft Göring freudig aus: »Damit ist der Frieden gerettet!«

Schon vor zwei Wochen ließ Hitler den Reichsführer SS Heinrich Himmler und dessen rechte Hand, Obergruppenführer Reinhard Heydrich, zu sich kommen und gab ihnen den Befehl, »zur gegebenen Zeit ›Überfälle‹ polnischer Truppen« oder »polnischer Insurgenten« auf Einrichtungen des Deutschen Reiches zu arrangieren. »Ein Beweis für polnische Übergriffe ist für die Auslandspresse und für die deutsche Propaganda lebenswichtig«, instruierte Hitler seine beiden SS-Führer. Völlig unnötig fügte er dann noch hinzu: »Natürlich muß die Sache streng geheimgehalten werden!« In der SD-Dienststelle Obersalzberg, dem ehemaligen Gasthaus »Zum Türken« oberhalb des Berghofes, studierte Heydrich auf einer Landkarte die deutschen Ostgrenzen. Bei einem Überfall »polnischer Insurgenten«, sagte sich der SD-Chef, müßte die halbe Welt Zeuge sein, wie beim Reichstagsbrand. Den hatte man sogar filmen und in Wochenschauen vorführen können. Dabei drängte sich Heydrich die Lösung zwangsläufig auf. Was visuell nicht erreichbar war, müßte akustisch serviert werden. Ein »polnischer Handstreich« auf eine deutsche Radiostation an der Grenze mit polnischer Ansprache und entsprechender Geräuschkulisse, Schießerei und explodierende Handgranaten, würde glaubhaft wirken, trotz eventueller Dementis der Regierung in Warschau. Polnische Insurgentenführer und aufsässige polnische Generale hatten nach 1918 mehr als ein halbes Dutzend solcher »Handstreiche« inszeniert. So etwas würde die Welt den Deutschen jetzt wieder abnehmen.

Nach der Zustimmung Hitlers handelte der SD-Chef in gewohnter Weise schnell und präzise. Für die »akustische« Aktion schien der Sender Gleiwitz, hart an der deutsch-polnischen Grenze, am besten geeignet. Für die Anhänger »visueller Beweise« sollte ein Zollamt in Flammen aufgehen. Brennende Gebäude machen sich immer gut. Um für die zweite Aktion einige

Tote vorweisen zu können, verfiel Heydrich auf eine besonders teuflische Idee. Es sollte bei dieser Gelegenheit auch eine Gruppe »nichtsahnender, unschuldiger SS-Männer« auf deutschem Boden überfallen werden.

Am 10. August erteilte Heydrich dem SS-Sturmbannführer Alfred Naujocks den Befehl, die Möglichkeiten eines Scheinangriffes auf die Radiostation auszukundschaften: »Sie fahren nach Gleiwitz und bereiten dort alles vor. Auf ein Schlüsselwort hin, das ihnen Müller gibt, sagen wir ›Konserven‹, werden Sie sich der Radiostation bemächtigen und sie so lange halten, wie es nötig ist, um einem polnisch sprechenden Deutschen die Möglichkeit zu geben, eine Ansprache von wenigen Minuten in polnischer Sprache über das Radio zu halten. Der Sprecher wird von mir gestellt. Die Rede wird geliefert.«

Zum Leiter der zweiten Aktion bestimmte Heydrich den bewährten ehemaligen Kriminalkommissar und jetzigen SS-General Heinrich Müller. Seine Aufgabe war, ein bis zwei Dutzend Konzentrationslagerhäftlinge auszusuchen, möglichst Leute, die aus Oberschlesien stammten. Um sie SS-Leuten ähnlich zu machen, brachte man sie in gesonderten, ziemlich komfortablen Baracken unter, gab ihnen gute Verpflegung und kleidete sie neu ein. Die SS-Uniformen für diese ahnungslosen Opfer des »polnischen Überfalles« ließen sich leicht beschaffen. Schwieriger war es, die echten polnischen Uniformen für den SS-Trupp zu finden, der den Überfall durchführen sollte. Denn gerade darin lag ja der Trick, daß man nachweisen konnte, »reguläre polnische Soldaten haben eine friedliche SS-Gruppe heimtükkisch überfallen und niedergemacht«. Wie die zu tötenden »SS-Männer« Konzentrationslagerhäftlinge sein sollten, um deren Leben es nach Heydrichs Meinung nicht sehr schade war, so konnten die Männer in polnischen Uniformen, schon wegen der Geheimhaltung, nur auf den Führer eingeschworene SS-Männer sein. Zur Überraschung Heydrichs stellte sich heraus, daß echte polnische Uniformen in ausreichender Zahl zur Verfügung standen. Sie stammten von Volksdeutschen, die aus der polnischen Armee desertiert waren und ihre Uniformen beim Grenzübertritt mit Soldbüchern und allem sonstigen Beiwerk abgeliefert hatten.

Die formelle amtliche Antwort auf Hitlers letzte Vorschläge überbringt der britische Botschafter. Er verläßt London gegen 17 Uhr englischer Zeit, und drei Stunden später landet sein Sonderflugzeug in Berlin-Tempelhof. Hitler läßt Henderson wissen, daß er ihn trotz der späten Stunde noch empfangen wolle. Der Botschafter beeilt sich mit der Übersetzung der Note seiner Regierung; schon um 22.30 Uhr fährt sein Wagen vor der Reichskanzlei vor. Am Toreingang zum Wilhelmplatz empfangen ihn der Chef der Präsidialkanzlei, Staatsminister Dr. Meißner, und Hitlers Adjutant Brückner. Die Wache präsentiert das Gewehr, ein Spielmannszug rührt die Trommel. Meißner stellt mit Genugtuung fest, daß Sir Nevile im Knopfloch seine traditionelle rote Nelke trägt. Während der kritischen Tage der Tschechenkrise im September vorigen Jahres schmückte keine Blume seinen Rockaufschlag. Danach befragt, hatte Henderson die Antwort gegeben: »Ich habe sie nicht vergessen, aber ich halte es in dieser schweren Zeit nicht für angebracht, eine Nelke zu tragen.«

Henderson sieht, daß Meißner den Blick auf ihn richtet, und sagt: »Ich hoffe mit Ihnen, Herr Staatsminister, daß der Frieden erhalten bleibt. Ich glaube, ich bringe gute Nachrichten. Die Antwort der Regierung Seiner Majestät bietet jedenfalls die Möglichkeit, den Krieg zu verhindern.«

Zur Überraschung von Henderson ist Hitler merkwürdig ruhig. Er überfällt den Botschafter auch nicht mit einem Monolog, sondern hört sich an, was der Engländer zu sagen hat: »Die Bedingung, die der Herr Reichskanzler festgelegt hat, daß eine Lösung der zwischen Deutschland und Polen bestehenden Differenzen einem deutsch-englischen Gespräch vorausgehen muß, deckt sich völlig mit der Ansicht der Regierung Seiner Majestät.« Dann führt Henderson aus, daß England der polnischen Republik gegenüber Verpflichtungen eingegangen sei, die es einhalten müsse und einhalten werde. Wohl befürworte Großbritannien Verhandlungen zwischen Deutschland und Polen und die Beilegung der Krise, aber auf der Basis der Gleichberechtigung und ohne Druck. »Die Regierung Seiner Majestät hat bereits die definitive Zusage von der polnischen Regierung erhalten, in Besprechungen einzutreten, und eine gerechte Regelung zwischen

Deutschland und Polen kann den Weg zum Weltfrieden öffnen. Ein Fehlschlag würde aber auch die Hoffnungen auf eine Verständigung zwischen Deutschland und Großbritannien zunichte machen und die beiden Länder sowie die ganze Welt in einen Krieg stürzen. Das wäre ein Unglück, für das es in der Geschichte keine Parallele gibt.«

Im Verlaufe der ruhig geführten Aussprache erinnert Henderson an die deutsch-englische Waffenbrüderschaft während der napoleonischen Kriege: »›Vorwärts! Kameraden! Vorwärts! Ich habe Bruder Wellington mein Wort gegeben, und Ihr werdet nicht wollen, daß ich es breche!‹ rief Marschall Blücher seinen Truppen zu. Von jener Zeit an hieß der alte Feldmarschall in England ›Marschall Vorwärts‹, genau wie in Deutschland. Aber wie Marschall Blücher sein Wort hielt, so wird auch England sein Wort gegenüber Polen halten!«

Hitler gibt sich nachdenklich und verabschiedet den Botschafter kurz vor Mitternacht. Schon stehend, sagt er noch: »Ich werde die Note am nächsten Tage beantworten.«

»Die Regierung Seiner Majestät hat zwei Tage gebraucht, um ihre Note fertigzustellen. Ich glaube, Exzellenz, es eilt durchaus nicht!«

»Aber mir eilt es!« erwidert Hitler und sieht seinen Gast an. Hart fügt er noch hinzu: »Und ich bluffe nicht!«

»Wir bluffen auch nicht!« antwortet der Botschafter warnend.

Meißner geleitet Sir Nevile durch die Marmorgalerie zurück zum Portal. Während des Empfanges hat Hitler neben Danzig und dem »Polnischen Korridor« zum ersten Male auch Oberschlesien erwähnt und dabei bemerkt: »Dieses Problem muß ebenfalls gelöst werden.« Henderson wird erst jetzt die Bedeutung dieser Bemerkung voll bewußt. So unterstreicht er auch Meißner gegenüber den Ernst der Lage:

»Es kann kein Zweifel bestehen, daß Großbritannien und Frankreich den Krieg erklären, wenn Deutschland in Polen einmarschiert. Der Herr Reichskanzler scheint noch immer nicht davon überzeugt zu sein. Großbritannien kann aber nicht anders handeln. Es würde in der Welt für immer das Vertrauen in seine Bündnistreue verlieren!«

Meißner informiert Hitler umgehend von dem Gespräch.

Auch Ribbentrop ist jetzt in Hitlers Arbeitszimmer zugegen. »Sie werden es sich noch überlegen«, antwortet Hitler. Ribbentrop nickt zustimmend, während seine Blicke beifallheischend zu Hitler hinüberwandern. Zu seinem Staatssekretär Weizsäcker sagt der Außenminister am nächsten Morgen: »In zwei Monaten ist Polen erledigt, und dann machen wir eine große Friedenskonferenz mit den Westmächten.«

Dennoch hat es den Anschein, als ob der Frieden erhalten bliebe. Göring jedenfalls glaubt fest daran. Um Verwicklungen vorzubeugen, sagt er zu Hitler: »Wir wollen doch das Vabanque-Spiel sein lassen.«

Aber da kommt er schlecht an. »Ich habe in meinem Leben immer Vabanque gespielt!«

Am Dienstag herrscht in Berlin, Paris, London und Rom noch Optimismus. In der Reichskanzlei arbeiten Hitler und Ribbentrop die Antwortnote für die britische Regierung aus. Besondere Mühe macht ihnen der Passus, in dem die Entsendung eines polnischen Unterhändlers gefordert wird. Es soll nicht wie ein Ultimatum klingen, andererseits aber auch nicht »zu milde« sein. Kurz nach 18 Uhr ist die Übersetzung beendet, und Henderson wird in die Reichskanzlei gebeten. Hitler gibt sich herzlich, aber der Botschafter spürt sofort, daß sich in Wahrheit seine Haltung versteift hat. Nach einer längeren, höflich geführten Diskussion überreicht Hitler die Note. Sir Nevile liest sie.

Die Einleitung enthält die bekannte Klage, die polnische Regierung habe die deutschen Vorschläge abgelehnt und statt dessen militärische Maßnahmen getroffen. Dann folgen Einzelheiten von den Mißhandlungen polnischer Staatsbürger deutscher Zunge, als der »Volksdeutschen« in Polen. »Solche Zustände sind für eine Großmacht wie Deutschland unerträglich . . .«, heißt es in der Note. Sir Nevile weiß, daß es in Polen tatsächlich zu scheußlichen Verbrechen gegenüber der deutschsprechenden Bevölkerung gekommen ist, aber die Zahlen, die in der Antwortnote angegeben werden, sind sicher maßlos übertrieben. Hitler fordert dann den Anschluß Danzigs und die Abtretung des »Korridors« an Deutschland nach einer Volksabstimmung. Ferner werden Garantien verlangt, daß die deutschen

Minderheiten in Polen vor jeder Verfolgung geschützt sind. Neu an der Note ist, daß bei Verhandlungen über das polnische Problem auch die Hinzuziehung der Sowjetunion gefordert wird:

»Die Reichsregierung muß die britische Regierung pflichtgemäß darauf hinweisen, daß sie im Falle einer Neugestaltung der territorialen Verhältnisse in Polen nicht mehr in der Lage wäre, ohne Hinzuziehung der Sowjetunion sich zu Garantien zu verpflichten oder an Garantien teilzunehmen.«

Henderson liest diesen Passus zweimal, um ihn recht zu verstehen. Noch ernster ist der folgende Absatz:

»Die deutsche Reichsregierung ist unter diesen Umständen daher damit einverstanden, die vorgeschlagene Vermittlung der königlich-britischen Regierung zur Entsendung einer mit allen Vollmachten versehenen polnischen Persönlichkeit nach Berlin anzunehmen. Sie rechnet mit dem Eintreffen dieser Persönlichkeit für Mittwoch, den 30. August 1939.«

»Heute ist der 29. August, und jetzt ist es bereits 19 Uhr«, bemerkt Henderson. »Die Zeit zur Entsendung einer Persönlichkeit ist viel zu kurz. Dieser Passus klingt auch wie ein Ultimatum.«

Hitler bestreitet, von Ribbentrop sekundiert, daß es sich um ein Ultimatum handelt. »Es ist nur Eile geboten!« ruft Hitler, über Hendersons Widerspruch erregt. »Zwei mobilisierte Armeen stehen einander gegenüber, und in Polen werden Deutsche gefoltert, gemartert, gemordet und geschändet. Ihnen, Herr Botschafter, kann das natürlich gleichgültig sein, wieviel Deutsche in Polen hingeschlachtet werden.«

Henderson protestiert mit aller Schärfe gegen eine solche Unterstellung und versucht dann, Hitler klarzumachen, daß diese kurze Frist unmöglich eingehalten werden kann. Doch alles ist vergeblich. »Meine Soldaten fragen mich: Ja oder Nein!« schreit Hitler. »Meine Armee und meine Luftwaffe stehen seit dem 25. August bereit. Meine Generale protestieren gegen noch weitere Verzögerung, weil sonst die Regenperiode einsetzt, die die militärischen Operationen erschwert. Im übrigen braucht man für einen Flug von Warschau nach Berlin nur eineinhalb Stunden.«

Henderson verabschiedet sich resigniert. Angesichts dieser Eile drängt es ihn, die Antwort auf die gestern überreichte englische Note möglichst bald nach London durchzugeben. Schnellen Schrittes eilt er durch die Marmorgalerie, in der sich Dutzende von Neugierigen eingefunden haben. Ihre Gespräche verstummen; alle versuchen, in seinem Gesicht zu lesen. Der Botschafter weiß, daß auch die Reichsleiter und anderen Würdenträger der Partei und Wehrmacht im Grunde genommen keinen Krieg wünschen. Sie wollen, nachdem sie »oben« angekommen sind, ihre bevorzugten Stellungen genießen, statt auf dem »Felde der Ehre« ihr Leben zu riskieren.

Während die deutsche Antwortnote von der britischen Botschaft aus nach London durchgegeben wird, informiert Henderson den polnischen Botschafter Lipski. Zur selben Zeit empfängt Hitler den italienischen Botschafter Attolico. Göring wiederum telefoniert mit seinem Vertrauensmann, dem schwedischen Industriellen Dahlerus, der mit einigen Landsleuten im Hotel »Esplanade« beim Abendessen sitzt: Das letzte verzweifelte Ringen um den Frieden hat begonnen . . .

Zusammen mit dem Schweden Dahlerus geht Göring die Note durch, von deren deutscher Fassung er sich eine Kopie verschafft hat. Mit einem dicken Rotstift unterstreicht er einzelne Sätze. »Sie müssen doch selber zugeben, Herr Dahlerus«, stöhnt er wider seine bessere Überzeugung, »daß der Führer an die äußerste Grenze der Nachgiebigkeit ging. Wir kennen die Polen! Ich war oft genug zur Jagd bei ihnen, und ich weiß, was für hinterhältige Gesellen es sind. Sie sind eine minderwertige Nation, und ihr Auftreten gegenüber den Deutschen ist unverschämt. Sechzig deutsche Divisionen stehen an der polnischen Grenze, und deswegen müssen wir auf einem kurzfristigen Erscheinen eines polnischen Unterhändlers bestehen. Täglich finden organisierte Übergriffe in großem Umfang statt. Das kann so nicht weitergehen!«

»Um was dreht es sich eigentlich?« fragt Dahlerus. »Übergriffe sind doch noch kein Grund, einen Krieg zu entfesseln, der Hunderttausenden, sogar Millionen Menschen das Leben kosten kann. Welche Gebiete fordert Deutschland?«

Göring steht auf, blättert in einem großen Atlas und reißt schließlich eine Karte mit den deutschen Ostgrenzen heraus. Mit einem Grünstift zeichnet er die zu Polen gehörenden Provinzen ein, die nach seiner Meinung Deutschland fordern sollte, mit roten Strichen kennzeichnet er das angeblich rein polnische Siedlungsgebiet. Dann rückt er mit seinem Vorschlag heraus: »Sie müssen noch einmal nach London fliegen, lieber Herr Dahlerus! Sofort! Noch diese Nacht. Und Sie müssen der englischen Regierung einen genauen Bericht über die Ereignisse des Abends geben. Sie müssen vor allem Deutschlands Entschlossenheit betonen, zu einer Verständigung zu kommen. Ich stelle Ihnen ein deutsches Flugzeug zur Verfügung, denn es ist keine Zeit mehr zu verlieren. Sagen Sie den Herren von der englischen Regierung streng vertraulich, daß der Führer morgen dem polnischen Unterhändler eine Note übermitteln wird, die so leichte Bedingungen enthält, daß sie akzeptiert werden können!«

Dahlerus hebt den Kopf. Die Lage ist ernst, und in Görings Worten steckt eine Chance, die keinesfalls ausgelassen werden darf. Der Schwede schiebt alle Bedenken beiseite und erklärt sich bereit zu fliegen: »Ich will es noch einmal versuchen.«

»Ich danke Ihnen, lieber Herr Dahlerus«, antwortet Göring. »Wenn wir uns nicht mehr sehen sollten, so seien auch Sie meines Dankes gewiß für das, was Sie bis jetzt getan haben.«

»Warum sollten wir uns nicht mehr sehen?« fragt der Schwede erstaunt. »Ich komme doch bald zurück.«

Göring sieht an ihm vorbei, als er sagt: »Natürlich, Sie haben recht. Aber vergessen Sie nicht – es gibt genug Leute, die zu verhindern suchen, daß Sie mit dem Leben davonkommen.«

Dahlerus rührt es kalt an. Einige Wochen später – der Krieg ist schon im Gange – wird ihm bestätigt, daß sich Ribbentrop mit Plänen getragen hat, das Flugzeug des Schweden verunglücken zu lassen. Für den deutschen Außenminister ist er der »Schweinehund«, der dem »Führer« seinen Krieg mit einem Vermittlungsvorschlag verderben will.

Ins Hotel zurückgekehrt, spricht Dahlerus um 2 Uhr früh mit London. Dort ist man einverstanden, daß er mit einer deutschen Maschine kommt. Um fünf Uhr startet er von einem ihm unbekannten Militärflughafen außerhalb Berlins und landet um 9.20 Uhr auf dem Flugplatz Heston bei London. Auf der Fahrt in die Stadt bemerkt der Schwede Sonderplakate der englischen Zeitungen mit der neuesten Meldung: »Das geheimnisvolle Flugzeug verließ Berlin heute morgen 5 Uhr.« Nur von Deutschland aus kann diese Indiskretion begangen worden sein!

Die englische Regierung, bemüht das äußerste zu verhüten, rät in Warschau, die Generalmobilmachung noch nicht zu verkünden. Doch um die gleiche Zeit, als Dahlerus mit der mündlichen Antwort auf Görings Vorschläge in der Nähe von London wieder das Flugzeug nach Berlin besteigt, gibt der deutsche Geschäftsträger in Warschau die Meldung durch:

»Seit einer Stunde ist in Polen durch Anschlag die allgemeine Mobilmachung befohlen worden. Erster Mobilmachungstag ist der 31. August.«

Für Hitler und Ribbentrop ist das eine gute Nachricht. Jetzt können sie den »Schwarzen Peter« den Polen zuschieben. Warschau hat einen Schritt in Richtung des Krieges getan, bevor die Verhandlungsfrist abgelaufen ist. Für die Welt, die nicht weiß, daß Deutschlands Wehrmacht bereits mobilisiert ist, hat Polen zuerst mobilisiert.

Eine halbe Stunde vor Mitternacht, also dreißig Minuten bevor die von Hitler gestellte Frist abläuft, läßt sich Sir Nevile bei Ribbentrop melden, um die Stellungnahme seiner Regierung darzulegen. Mit steifer Förmlichkeit empfangen, nimmt Henderson an dem kleinen Tisch in Bismarcks Arbeitszimmer in der Wilhelmstraße 76 Platz. Die Unterhaltung wird teils in englischer, teils in deutscher Sprache geführt. Gleich zu Beginn weist der Botschafter auf die viel zu kurze Frist hin, die man zur Entsendung eines polnischen Unterhändlers gestellt habe. Unhöflich unterbricht Ribbentrop immer wieder die Verlesung der englischen Note. Auf die Bemerkung hin, die englische Regierung habe Nachrichten, daß Deutsche in Polen Sabotageakte begangen hätten, schreit Ribbentrop: »Das ist eine unverschämte polnische Lüge! Ich kann Ihnen sagen, die Lage ist verdammt ernst!«

Henderson ist sehr erregt und erwidert: »Sie haben eben ›verdammt‹ gesagt. Das ist nicht die Sprache eines Staatsmannes in so ernster Lage.«

Wegen der Zurechtweisung gerät Ribbentrop wirklich in

Zorn. Wütend springt er auf. »Was haben Sie da eben gesagt?« brüllt er. Die beiden Männer stehen sich mit funkelnden Augen gegenüber. Der Dolmetscher Schmidt, der dieser Szene beiwohnt, sieht beschämt zu Boden.

Nachdem sich die Kampfhähne wieder beruhigt haben, liest Ribbentrop dem Botschafter die schon von Göring erwähnten Vorschläge Hitlers zur Regelung des polnischen Streitfalles vor, ohne Rücksicht darauf zu nehmen, daß Sir Nevile die deutsche Sprache nur unvollkommen beherrscht. Nach der Verlesung macht Ribbentrop keinerlei Anstalten, dem britischen Botschafter eine Kopie der Vorschläge zur Weiterleitung nach London zu überreichen. Als Henderson darum bittet, ruft der deutsche Außenminister mit hohnvoller Stimme: »Nein! Diese Vorschläge kann ich Ihnen nicht übergeben. Sie sind ja sowieso überholt, da der polnische Unterhändler nicht erschienen ist.«

Der Dolmetscher Schmidt begreift, warum Ribbentrop die Übergabe der Vorschläge verweigert. Die englische Regierung könnte sie ja nach Warschau weitergeben und damit bestände die Möglichkeit, daß Polen sich womöglich doch noch zu Verhandlungen bereit erklärt. Hitler selbst wird bald darauf Schmidts Vermutung bestätigen: »Ich brauchte ein Alibi, vor allem, um dem deutschen Volke zu zeigen, daß ich alles getan habe, den Frieden zu erhalten. Deshalb machte ich diesen großzügigen Vorschlag über die Regelung der Danziger und der Korridorfrage.«

In derselben Nacht berichtet der schwedische Industrielle Dahlerus im Feldquartier Görings von seinen Verhandlungen an diesem Nachmittag in London. Kurz nach Mitternacht ruft er dann in der britischen Botschaft an, um sich über den Ausgang des Gespräches zwischen Henderson und Ribbentrop zu erkundigen. Ein Botschaftsrat berichtet ihm, wie unglücklich die Begegnung verlaufen sei. »Sir Nevile hat von dem schnell vorgelesenen Dokument kaum drei Worte verstanden, und der deutsche Außenminister hat es nicht für nötig gehalten, eine Kopie der Note zu überreichen.«

Göring, von Dahlerus informiert, ist empört. Nach kurzem Zögern sagt er: »Sie bekommen von mir eine Abschrift des Textes. Ich übernehme die Verantwortung.« Eigenhändig schreibt

Göring die wesentlichen Punkte der Note ab, und Dahlerus gibt den Text telefonisch zur britischen Botschaft durch. Jetzt erst kann Henderson nach London mitteilen, wie Hitlers Angebot eigentlich lautet. Auch dem polnischen Botschafter teilt Sir Nevile den Inhalt der Note mit. Lipski gibt ihn sofort nach Warschau durch und schickt außerdem den Botschaftsrat Fürst Stefan Lubomirski mit einer Kopie im Auto nach Posen. Von dort soll er im Flugzeug nach Warschau weiterreisen.

Die Friedensfreunde geben noch nicht auf. Um 9.30 Uhr spricht der ehemalige deutsche Botschafter in Rom, Ulrich von Hassel, bei Görings Schwester Olga Rigele vor und bittet sie um eine erneute Intervention. Auch Dahlerus kämpft noch. Er spricht nicht nur mit dem britischen Botschafter in Berlin, sondern auch mit dem polnischen Botschafter Lipski. Der französische Botschafter Robert Coulondre, ein Offizier des Weltkrieges, der Adolf Hitler schon mehrere Male an die Schrecken dieser vier Jahre erinnert hat und ihn als Frontkämpfer zum Nachgeben zu gewinnen suchte, telefoniert mit seiner Regierung in Paris und empfiehlt, daß die polnische Regierung unverzüglich die Reichskanzlei in Berlin wissen lasse, sie sei zu einer Fühlungnahme bereit. Aber alle Rettungsversuche sind sinnlos. Hitler hat sich längst entschieden. Am Donnerstag, dem 31. August 1939, deckt er seine Karten auf und erteilt zum zweiten Male den Angriffsbefehl gegen Polen.

Für den Gestapochef Heinrich Müller kommt nun die große Stunde seines Lebens: er muß den »offiziellen« Kriegsgrund liefern. Die hundert Konzentrationslagerhäftlinge stehen schon seit einigen Tagen in Oppeln bereit. Gegen 14 Uhr gibt der SD-Chef Heydrich an Müller das Stichwort »Konserve«, und der Gestapochef macht »mobil«. Als erstes werden fünfzehn Häftlingen die Haare geschnitten. »Hinten ganz kurz«, ordnet Müller an, »und oben drei Millimeter mit Poposcheitel in der Mitte.« Anschließend läßt er die Männer antreten. »Ihr seid ja direkt Menschen geworden«, scherzt er mit den Häftlingen. »Man soll es nicht für möglich halten! Drei Wochen genügen, um aus Untermenschen SS-Männer zu machen.«

Der makabre Witz amüsiert Müller am meisten. Sein schepperndes Lachen tönt minutenlang durch den Raum. Den Häftlingen dagegen ist gar nicht zum Lachen zumute. Dumpf ahnen sie, daß sie einem furchtbaren Schicksal entgegengehen. Den Ausmarsch am Abend macht Müller nicht mit. Gegen 21 Uhr lagert die als SS-Einheit getarnte Gruppe auf einer Waldwiese. Nachdem es ganz dunkel geworden ist, wird plötzlich Alarm gegeben. Zwei Scheinwerfer leuchten auf, und Maschinengewehre jagen ihre Garben zwischen die Konzentrationslagerhäftlinge. Es gibt kein Entrinnen. Ihre Todesschreie werden von den Detonationen der bündelweise abgezogenen Handgranaten übertönt.

Gleich darauf gehen einige SS-Männer in polnischen Uniformen durch die Reihen und geben den falschen SS-Männern, die noch leben, den Todesschuß. Dann ziehen sie sich in Richtung auf die polnische Grenze zurück. Auf dem Rückmarsch wird noch rasch das Zollhaus Hohenlinde in Brand gesteckt. Wie eine Fackel leuchtet das Feuer in die Nacht.

Die zweite Aktion, der Überfall auf den deutschen Sender Gleiwitz unter Führung des SD-Mannes Naujocks, verläuft ebenfalls wie geplant. Dabei gibt es nur einen Toten. Nur vier Minuten lang ist die Radiostation im Besitz der »polnischen Insurgenten«, gerade so lange, um eine Rede in polnischer Sprache über das »Gewittermikrofon« zu halten, untermalt von einer »Geräuschkulisse«, die einen Kampf vortäuschen soll. Die technischen Kniffe vermittelt den »Insurgenten« ein SS-Mann, der im Sender angestellt ist. Die Bewachung der gesamten Anlage und des Gebäudekomplexes war kurz vorher von Männern des Sicherheitsdienstes der SS übernommen worden.

Gegen Mitternacht verkündet ein Extrablatt der »Berliner Morgenpost«: »Polen hat abgelehnt. Kriegsausbruch bevorstehend!« Die Meldung ist sozusagen die Ouvertüre für die Ereignisse am nächsten Morgen. Am 1. September 1939 meldet der »Völkische Beobachter« mit Balkenüberschriften: »Unerhörter Banditenüberfall auf den Sender Gleiwitz!« Zur gleichen Stunde verbreitet der Reichsrundfunk die Nachricht, daß der Gauleiter Forster die Verfassung der Freien Stadt Danzig mit sofortiger Wirkung aufgehoben hat. »Das Danziger Staatsgebiet ist wieder

Bestandteil des Deutschen Reiches.« Der Oberfinanzpräsident von Oppeln meldet nach Berlin: »In der Nacht vom 31. August zum 1. September wurde das Zollamt Hohenlinde durch polnische Aufständische angegriffen und vorübergehend besetzt. Durch einen Gegenangriff der SS-Verfügungstruppe wurden die Aufständischen wieder vertrieben.«

Die erst nachts um drei Uhr, für zehn Uhr vormittags einberufene Reichstagssitzung wird mit nur sieben Minuten Verspätung eröffnet. Obwohl der Reichstagspräsident, der Generalfeldmarschall Hermann Göring, seine Luftwaffe einsetzen ließ, um die Abgeordneten noch rechtzeitig nach Berlin zu bringen, bleiben viele Plätze leer. Auch der Großindustrielle Fritz Thyssen fehlt. In einem Brief wird er später gegen den Krieg protestieren, als einziger von achthundertundzehn – nicht gewählten, sondern von Hitler ernannten – Abgeordneten.

Hitler trägt einen feldgrauen Uniformrock der Waffen-SS ohne Rangabzeichen. Nach einer kurzen Einleitungsrede des Präsidenten Hermann Göring betritt er das Podium. Den Abgeordneten, die inzwischen erfahren haben, daß der Krieg begonnen hat, stockt der Atem, als der »Führer und Reichskanzler« erklärt: »Polen hat heute nacht zum ersten Male auf unserem eigenen Territorium durch reguläre Soldaten geschossen. Seit 5 Uhr 45 wird zurückgeschossen. Von jetzt ab wird Bombe mit Bombe vergolten.«

Die Reichstagssitzung, die von allen deutschen Sendern übertragen wird, endet mit dem Gesang der beiden Nationalhymnen. »Die Fahne hoch, die Reihen fest geschlossen . . .« tönt es aus den Lautsprechern, die besonders eifrige Parteigenossen in die offenen Fenster stellen. Aber diesmal erreichen sie damit gerade das genaue Gegenteil. Die Reichstagsrede Hitlers, mit der er den Kriegsausbruch bekanntgegeben hat, wirkt deprimierend. Die hinausgeschrienen Sätze: »Ein Wort habe ich nie kennengelernt: Kapitulation . . . ein November 1918 wird sich niemals mehr in der deutschen Geschichte wiederholen . . .« machen den Menschen klar, wie ernst die Situation ist. Es ist wieder einmal Krieg! Mit zusammengepreßten Zähnen hören sie auf der Straße und in den öffentlichen Lokalen die beiden Nationalhymnen. Nirgends wird ein Wort der Zustimmung laut. Als ein frecher Berliner hörbar mitsingt: »Die Nase hoch, die Augen fest geschlossen . . .«, denkt kein einziger Passant daran, den Mann verhaften zu lassen. Noch vor wenigen Wochen wäre das undenkbar gewesen.

An diesem 1. September und ersten Tag des Zweiten Weltkrieges ist der Himmel bedeckt, so daß er die Berliner nicht verleitet, ihre Wohnungen zu verlassen. Die Kaffeehäuser und die Straßen wirken merkwürdig leer, wie verödet, obwohl kaum weniger Menschen zu sehen sind als sonst. Vielleicht liegt es daran, daß niemand laut zu sprechen wagt. Sogar die Autos scheinen stiller zu fahren, und kaum ein Hupzeichen ist zu hören. Nur in den Hallen der großen Hotels herrscht geschäftiges Treiben. Die letzten Ausländer, die noch immer mit einer friedlichen Beilegung des Konfliktes gerechnet hatten, verlassen fluchtartig die Reichshauptstadt.

Die Halle des »Adlon«, Unter den Linden, gleicht einem Hotel in London. Die Angestellten der britischen Botschaft haben aus Sicherheitsgründen ihre Privatwohnungen verlassen und sind hierher gezogen. Das Hintergebäude dieses Hotels grenzt an die Botschaft. Man hört kaum deutsche Laute, aber kein einziger Berliner denkt daran, den englischen Staatsbürgern auch nur einen bösen Blick zuzuwerfen, geschweige sie zu beschimpfen. Im Gegenteil, die Hotelangestellten befleißigen sich besonderer Höflichkeit.

Die ganz unberlinerische Stille draußen auf den Straßen wird plötzlich unterbrochen. Durch den Mittelgang des Brandenburger Tors braust eine Autokolonne heran. Hitler kommt von der Reichstagssitzung in der Krolloper zurück. Die Kolonne fährt das kurze Stück die »Linden« bis zur Wilhelmstraße entlang und biegt dann rechts ein. Die Mitglieder der britischen Botschaft beobachten von den offenen Fenstern aus die Vorbeifahrt. Aber die Engländer sehen nicht nur Hitler in seinem Auto, sie sehen auch die Menschen auf der Straße und registrieren interessiert deren Verhalten. Keiner von den Passanten hebt die Hand oder ruft »Heil Hitler!«, als der Staatschef vorüberbraust. Offensichtlich hat auch der Kanzler die eisige Kälte bemerkt, die ihm allenthalben entgegenschlägt. Mit versteinertem Gesicht sitzt er im Fond seines Wagens. Die Augenlider halb geschlossen, starrt er geradeaus. Mit diesem Volk soll er nun Krieg führen!

Im Vorhof der Reichskanzlei präsentiert die Wache das Gewehr. Ohne sich umzusehen, hastet Hitler durch den Ehrenhof und die Marmorgalerie in sein Arbeitszimmer. Der »Führer des Großdeutschen Reiches« hat aber auch allen Grund, böse zu sein. Nicht nur die Berliner und mit ihnen das gesamte deutsche Volk zeigen keine Kriegsbegeisterung, sogar die verbündeten Italiener wollen nicht kämpfen. Wenige Minuten bevor er in die Krolloper fuhr, hat sich Botschafter Attolico gemeldet mit der Bitte des Duce um eine offizielle Mitteilung, daß Deutschland auf eine italienische Waffenhilfe keinen Anspruch erhebe. Wütend ließ Hitler dem deutschen Botschafter in Rom folgendes Telegramm durchgeben:

»Duce, ich danke Ihnen herzlichst für die diplomatische und politische Hilfe, die Sie Deutschland und seinem Recht geliehen haben. Ich bin überzeugt, daß ich mit der bewaffneten Macht Deutschlands die Aufgabe werde erfüllen können, die wir uns gestellt haben. Ich glaube daher, daß uns unter diesen Umständen die italienische Waffenhilfe nicht nötig ist. Ich danke Ihnen, Duce, für alles, was Sie in Zukunft für die gemeinsame Sache des Faschismus und des Nationalsozialismus tun werden.«

Um das Maß der Widerwärtigkeit voll zu machen, wird Hitler unmittelbar nach seiner Rückkehr in die Reichskanzlei die Meldung aus London überreicht, daß um 10.30 Uhr der englische Kronrat zusammengetreten sei und König Georg VI. inzwischen die Mobilmachung verfügt habe.

Der schwedische Industrielle Dahlerus, der von einem Fenster der britischen Botschaft die Vorbeifahrt Hitlers beobachtet, wird gegen 12 Uhr an den Apparat gerufen. Es meldet sich Generalfeldmarschall Göring, der ihn bittet, sich unverzüglich in der Reichskanzlei einzufinden. »Ich werde Ihnen zwei Offiziere schicken, die Sie sicher durch die Absperrungen geleiten.« Dahlerus verabschiedet sich eilig von Henderson. Wenige Minuten später steht er im Neubau der Alten Reichskanzlei Göring gegenüber, der ihn fragt: »Haben Sie die Rede des Führers gehört?«

»Nur teilweise, Herr Generalfeldmarschall.«

Göring erhebt sich. Die Hände auf dem Rücken geht er im Raum auf und ab. Der Schwede spürt, daß Göring irgend etwas von ihm will. »Haben Sie gehört«, fragt er schließlich, »daß der Führer mich zum Nachfolger bestimmt hat? Das gibt mir die Möglichkeit, für eine friedliche Lösung des Konfliktes zu arbeiten. Natürlich muß ich auch als der Nachfolger des Führers die von ihm bestimmte Politik loyal befolgen, aber das wird mich nicht hindern, einen Ausgleich zwischen Deutschland und England anzustreben.« Unvermittelt bleibt Göring im Zimmer stehen und wendet sich seinem Gast zu. »Glauben Sie, Herr Dahlerus« fragt er mit heiser-erregter Stimme, »glauben Sie, Herr Dahlerus, daß es jetzt noch möglich ist, einen Vertrag zwischen England und dem Deutschen Reich zustande zu bringen?« Noch vor keiner halben Stunde hörte der Schwede aus dem Munde des britischen Botschafters, daß mit dem deutschen Einmarsch in Polen die letzte Hoffnung geschwunden sei, einen allgemeinen Krieg zu verhindern. »Ich weiß nicht, Exzellenz«, antwortet Dahlerus. »Wenn es überhaupt noch einen Funken Hoffnung gibt, dann diesen, daß Sie selber, Herr Generalfeldmarschall, mit Vertretern der englischen Regierung unverzüglich zusammenkommen und eine Regelung versuchen.«

Göring ist wie elektrisiert. In den massigen schweren Körper kommt plötzlich Bewegung. »Warten Sie hier!« ruft er. »Ich werde mit dem Führer sprechen.« Schon nach wenigen Minuten kommt er zurück und bittet Birger Dahlerus, ihm zu folgen. Auf dem Wege durch die Reichskanzlei begegnet der schwedische Industrielle dem Stellvertreter des »Führers«, Rudolf Heß, dem Reichsinnenminister Frick, dem Reichsführer SS Himmler und ungezählten Reichsleitern und Generalen. Vor einer Tür, von zwei SS-Männern bewacht, verhält Göring für einen Augenblick. »Sagen Sie alles dem Führer! Er wird Sie anhören.« Dann betreten beide den Salon.

Mit einem Blick umfaßt Birger Dahlerus das Bild. Mitten im Raum steht Adolf Hitler, die Hände über dem Leib verschränkt, in einer neuen feldgrauen Uniform. Der Schwede geht auf ihn zu und gibt ihm die Hand. Hitler beginnt zu sprechen. Vorwurf auf Vorwurf häuft er auf England, das keinen Frieden wünsche, sondern nur egoistisch für seine eigenen Machtinteressen kämpfe. »Aber ich bin fest entschlossen«, ruft er am Ende seines Monologes, »den polnischen Widerstand zu brechen und das polnische Volk zu vernichten! Wenn die Engländer weitere Verhandlungen wünschen, bin ich dazu bereit. Wenn sie aber nicht verstehen, daß sie es in ihrem eigenen Interesse vermeiden müssen, mit mir zu kämpfen, so werden sie ihre Fehler teuer bezahlen müssen!«

Die Worte des deutschen Staatschefs werden schrill, mit überschnappender Stimme schreit er: »Wenn England ein Jahr kämpfen will, so werde ich ein Jahr kämpfen! Wenn England zwei Jahre kämpfen will, so werde ich zwei Jahre kämpfen! Wenn England drei Jahre kämpfen will, werde ich auch drei Jahre kämpfen! Und wenn es erforderlich ist, werde ich zehn Jahre kämpfen . . .« Hitler scheint völlig von Sinnen zu sein. Er schwingt die geballte Faust und beugt sich dabei so weit vor, daß sie fast den Boden berührt. Die Situation ist mehr als peinlich. Und unendlich tragisch für die ganze Welt! Sogar Göring dreht sich um und wendet Hitler ostentativ den Rücken zu.

Am späten Nachmittag telefoniert Dahlerus von der britischen Botschaft aus noch einmal mit London. Ein Mitglied der Regierung nennt ihm die Bedingungen, die England für Verhandlungen stellt: Deutschland muß die Feindseligkeiten sofort einstellen und die deutschen Truppen hinter die deutsche Grenze zurückziehen. Als der Schwede wieder zu Görings Hauptquartier fährt, wird von den Zeitungsjungen der erste Wehrmachtsbericht ausgerufen. Er läßt sich eine Abendausgabe ins Auto reichen und liest:

»Im Zuge der deutschen Kampfhandlungen in Schlesien, Pommern und Ostpreußen wurden an allen Fronten schon heute die erwarteten Anfangserfolge erzielt . . .

Die deutsche Luftwaffe hat . . . die Luftherrschaft über den polnischen Raum erkämpft, obwohl starke Kräfte in Mittel- und Westdeutschland zurückgehalten werden.«

In den frühen Stunden des 2. September läßt der italienische Regierungschef durch seinen Botschafter in Berlin den Vorschlag zur Einberufung einer Konferenz unterbreiten, die in zwei bis drei Tagen zusammentreten könnte. Ein sofortiger Waffenstillstand soll vorausgehen. Für wenige Stunden scheint es, als ob Hitler bereit sei, Vernunft anzunehmen. Er lehnt den italienischen Vermittlungsvorschlag nicht kurzerhand ab, wie Attolico befürchtet hat, sondern läßt durch Ribbentrop zurückfragen:

»Sind die gestern übergebenen Noten Englands und Frankreichs Ultimaten oder nicht? Wenn ja, kommt ein Eingehen auf den italienischen Vorschlag überhaupt nicht in Frage.«

Der italienische Botschafter überlegt nicht lange. Er kennt die gestern nacht gegen 22 Uhr von den Botschaftern Henderson und Coulondre überreichten Noten, in denen gesagt wurde, daß der Bündnisfall Englands und Frankreichs gegenüber Polen gegeben sei, wenn die deutsche Regierung nicht unverzüglich jede Angriffshandlung einstellt und ihre Truppen sofort zurückzieht. Attolico verläßt schnellen Schrittes Ribbentrops Arbeitszimmer und fragt in der englischen und französischen Botschaft an, ob die Noten einem Ultimatum gleichkämen. Eine halbe Stunde später kommt er, noch ganz außer Atem, zum Auswärtigen Amt zurück und meldet: »Die Noten sind keine Ultimaten, sondern nur Warnungen!« Doch es ist alles vergeblich. Hitler denkt nicht daran, die englischen und französischen Ankündigungen ernst zu nehmen. Er befindet sich wie in einem Rausch.

Der dritte Kriegstag hat begonnen. Gegen 2 Uhr morgens versucht der britische Botschafter Henderson das Auswärtige Amt zu erreichen. Aber Ribbentrop hat der Telefonzentrale Weisung gegeben, keine Verbindung herzustellen. Er wie auch Hitler wissen, daß dieser 3. September der kritische Tag ist, an dem England sich entscheiden muß. Gegen 4 Uhr morgens gelingt es Henderson, dem Auswärtigen Amt mitzuteilen, er habe um 9 Uhr der Reichsregierung eine wichtige Note zu übergeben und bitte, empfangen zu werden. Ribbentrop beauftragt den zufällig neben ihm stehenden Dolmetscher Schmidt: »Eigentlich könnten Sie an meiner Stelle den Besuch des Botschafters entgegennehmen. Lassen Sie doch mal bei den Engländern anfragen, ob ihnen das recht wäre, da ich um neun Uhr verhindert bin.«

Nachdem Schmidt mit Henderson telefoniert und dessen Einverständnis erhalten hat, fährt er nach Hause und legt sich todmüde ins Bett. Erst kurz vor halb 9 Uhr wacht er auf. Als sein Auto über den Wilhelmplatz fährt, sieht er, daß der britische Botschafter soeben das Auswärtige Amt betritt. Schmidt hastet durch eine Nebentür zum Arbeitszimmer Ribbentrops, das er zusammen mit dem Amtsdiener erreicht, der Sir Nevile Henderson anmeldet. Gleich darauf betritt der britische Botschafter den Raum.

Schmidt ist mit Henderson immer gut ausgekommen. Der Brite schätzt sogar die Konzilianz des Deutschen und bewundert dessen Fähigkeiten als Dolmetscher. Mit ernstem Gesicht geht er auf Schmidt zu und sagt: »Ich muß Ihnen leider im Auftrage meiner Regierung ein Ultimatum an die deutsche Regierung überreichen.« Mit bewegter Stimme verliest Henderson dann den Schriftsatz:

»Euer Exzellenz!

In der Mitteilung, welche ich die Ehre hatte, Ihnen am 1. September zu machen, unterrichtete ich Sie . . ., daß die Regierung Seiner Majestät . . . ohne Zögern ihre Verpflichtungen gegenüber Polen erfüllen werde . . .

Obwohl diese Mitteilung vor mehr als vierundzwanzig Stunden erfolgte, ist keinerlei Antwort eingegangen, hingegen wurden die deutschen Angriffe auf Polen fortgesetzt und verstärkt. Ich habe demgemäß die Ehre, Sie davon zu unterrichten, falls nicht bis 11 Uhr vormittags britischer Sommerzeit am heutigen Tage, dem 3. September, eine befriedigende Zusicherung . . . eintrifft, der Kriegszustand zwischen den beiden Ländern von dieser Stunde an bestehen wird . . .«

Der Botschafter übergibt Schmidt das Schriftstück und sagt: »Es tut mir leid, daß ich gerade Ihnen ein solches Dokument überreichen muß, denn Sie sind immer hilfsbereit gewesen.«

Um dieselbe Zeit sucht Birger Dahlerus Göring in seinem Hauptquartier auf. Der Schwede hat erfahren, daß Henderson ein Ultimatum übergeben wird, und er weiß auch, daß es bis 11 Uhr befristet ist. Göring hat nichts gegen einen letzten Versuch einzuwenden, den Frieden zu retten. Von einem Telefonapparat zwischen Speisewagen und Küche des Göringschen

Sonderzuges bemüht sich Dahlerus, London zu erreichen, ein fast aussichtsloses Beginnen. Sowohl in Deutschland wie in England sind seit vierundzwanzig Stunden alle Gespräche mit dem Ausland unterbunden. Doch das Wunder wird vollbracht. Den verzweifelten Bemühungen Dahlerus' gelingt es, gegen 10 Uhr, eine Stunde, bevor das Ultimatum abläuft, London zu erreichen. Die Antwort, die er von einem Vertreter der englischen Regierung bekommt, ist nicht ganz hoffnungslos: »Nur ein sofortiger Stillstand der militärischen Operationen kann den Weg zu Verhandlungen öffnen . . .« Dahlerus eilt zu Göring und schlägt ihm noch einmal vor, selber nach London zu fliegen. »Aber Sie müssen vor 11 Uhr deutschen Boden verlassen haben, bevor das Ultimatum abläuft . . .«

Göring gibt General Bodenschatz Anweisung, sofort ein Flugzeug bereitzustellen. Vorher will er noch mit Hitler telefonieren. Um ungestört mit ihm sprechen zu können, bittet er Dahlerus, den Wagen zu verlassen. Der Schwede geht draußen neben dem Sonderzug auf und ab. Er weiß, in diesen Minuten wird über das Schicksal Deutschlands entschieden, vielleicht sogar über das Schicksal von ganz Europa. Nach etwa einer Viertelstunde steigt Göring aus dem Zug und setzt sich an einen großen Klapptisch, den ein Unteroffizier unter einem Baum aufstellen läßt. Zögernd geht der Schwede auf den Generalfeldmarschall zu, als fürchte er sich vor dem, was er von ihm hören wird. »Setzen Sie sich«, sagt Göring ruhig. »Ich hatte schon ein Flugzeug ganz in der Nähe hier fertig zum Start. Aber ich fliege nicht!«

Nachdem sich der britische Botschafter verabschiedet hat, geht Schmidt hinüber zur Reichskanzlei. Es sind nur wenige hundert Meter, aber es ist wohl der schwerste Weg seines Lebens, denn in seiner Aktentasche trägt er das englische Ultimatum. In der Wilhelmstraße stehen überall Menschen, und Schmidt hat das Gefühl, daß aller Augen auf ihm ruhen. In der Reichskanzlei herrscht starkes Gedränge. Es hat sich herumgesprochen, daß der Dolmetscher den britischen Botschafter in Ribbentrops Arbeitszimmer empfangen hat, und alle umdrängen ihn. »Was gibt es Neues?« fragt man. »Ist es ernst?«

Schmidt zuckt nur mit den Schultern und geht schnell auf die

Tür von Hitlers Arbeitszimmer zu. Als er den Raum betritt, sitzt Hitler an seinem Schreibtisch, rechts von ihm, am Fenster, steht Ribbentrop. Beide blicken gespannt auf den Dolmetscher, der mit abgemessenen Bewegungen das Ultimatum aus der Aktentasche nimmt, die Tasche beiseite legt und dann den Text des englischen Ultimatums langsam in die deutsche Sprache zu übersetzen beginnt. Im Raum herrscht Stille. Nur die Stimme des Dolmetschers ist zu hören.

Als Schmidt geendet hat, sitzt Hitler wie versteinert am Schreibtisch. Auch Ribbentrop sagt kein Wort. Er bewegt sich nicht einmal. Sein Gesicht ist wachsgelb. Als Hitler endlich den Mund öffnet, scheint eine Ewigkeit vergangen zu sein. Mit einem wütenden Blick zu seinem Außenminister hin fragt er: »Was nun?«

Ja, was nun? Ribbentrop war es, der Hitler immer wieder eingeredet hat, daß die Engländer niemals zu den Waffen greifen würden, daß sie nur bluffen. Die Antwort, die der Minister für die außenpolitischen Angelegenheiten Deutschlands gibt, zeigt seine ganze Gewissenlosigkeit: »Ich nehme an, daß die Franzosen uns in der nächsten Stunde ein gleichlautendes Ultimatum überreichen werden.«

Schmidt geht. Seine Schritte werden von dem dicken Teppich in Hitlers Arbeitszimmer verschluckt. Weder Hitler noch Ribbentrop scheinen zu bemerken, daß er den Raum verläßt. Als der Dolmetscher wieder draußen im Vorzimmer steht, verstummen auch dort die Gespräche. »Was ist?« wagt schließlich ein Reichsleiter mit heiserer Stimme zu fragen.

»Die Engländer haben uns soeben ein Ultimatum überreicht. In zwei Stunden besteht zwischen England und Deutschland Kriegszustand.«

Es ist, als ob ein Zauberstab die Menschen plötzlich zu Statuen verwandelt hätte. Niemand rührt sich. Nicht einmal der in einer Ecke stehende Propagandaminister Dr. Josef Goebbels bewegt sich. Er sieht zu Boden, wie ein Schuljunge, der soeben bei einer Lüge ertappt worden ist. Kurz danach gibt der französische Botschafter Coulondre ein für den 3. September 17 Uhr befristetes Ultimatum gleichen Inhalts ab.

Am gleichen Tage spricht Schmidt mit Hermann Göring, der

den Dolmetscher ausfragt, wie sich die Unterhaltung mit Henderson abgespielt habe. Als Schmidt ihm erzählt hat, wie es war, antwortet Göring: »Wenn wir diesen Krieg verlieren, dann gnade uns Gott!«

Das Ende

In Berlin lodern die Feuerbrände zum Himmel. Mehr als hundert Luftangriffe haben weite Flächen der Vier-Millionen-Stadt in Trümmer gelegt. Die »Lunge« der Reichshauptstadt, der Tiergarten, früher der Stolz der Berliner, sieht wie eine Mondlandschaft aus. Die verbrannten Stümpfe der uralten Bäume gleichen geschwärzten Galgen. Berlin ist zum Sodom und Gomorrha des 20. Jahrhunderts geworden, auf das die Schwefelbomben der Vernichtung fallen. Nur die Siegessäule, Erinnerung an den ruhmreichen Krieg von 1870/71, ragt unversehrt aus der Landschaft des Todes und der Zerstörung.

Inmitten dieses Dschungels von Feuer und Verwesung hockt, wie eine Spinne im Netz, der »Führer« des Großdeutschen Reiches, Adolf Hitler. Vor den Luftangriffen hat er sich in seinen Bunker im Garten der Reichskanzlei verkrochen, sechzehn Meter unter die Erde. Hier begeht er am 20. April 1945 seinen sechsundfünfzigsten Geburtstag.

Sechs Jahre zuvor, am 20. April 1939, stand er auf der Höhe seiner Macht. Die Regimenter der Wehrmacht paradierten vor ihm. Diese neu geschmiedete Waffe siegte dann im »Blitzkrieg« gegen Polen, Dänemark, Norwegen und Frankreich, gegen Jugoslawien und Griechenland. Deutsche Divisionen drangen bis vor die Tore von Alexandrien, Moskau und Leningrad, und im August 1942 hißten Gebirgsjäger die Hakenkreuzfahne sogar auf dem Gipfel des Elbrus im Kaukasus.

Der folgende Winter 1942/1943 brachte die Wende. Für alle, die sehen wollten, wurde sie am Fall von Stalingrad erkennbar. Am 12. Mai 1943 kapitulierten die letzten deutschen Streitkräfte in Nordafrika, kaum vier Monate später schied Italien aus dem Kriege aus. Im Jahre 1944 gingen das besetzte Frankreich, der Balkan und der Rest der eroberten Gebiete im Osten verloren.

Vor wenigen Tagen fielen Königsberg und Wien in sowjetische Hände und eine amerikanische Armee erreichte am 13. April bei Wittenberg die Elbe. Zwei Tage später kämpften amerikanische Panzer bei Chemnitz in Sachsen, und französische Streitkräfte eroberten Baden-Baden. Am 16. April wurde das Ruhrgebiet besetzt, und heute, am Geburtstag des »Führers«, marschierten Amerikaner in Nürnberg ein, der stolzen Stadt der Parteitage, deren mittelalterlicher Stadtkern schon am 21. Februar 1945 durch einen Angriff feindlicher Luftstreitkräfte vernichtet worden war. Die unter dem Befehl von Marschall Schukow stehende I. Weißrussische Armeegruppe durchbrach mit viertausend Panzern die Oderfront. Jetzt steht sie vor Berlin. »Meine Generale sind untauglich!« schreit Hitler. »Sie sind Verräter und Schurken! Wenn sie nicht einmal einen Fluß verteidigen können, dann ist der Beweis erbracht, daß sie nicht verteidigen wollen! Jeder kann doch einen Fluß verteidigen!«

Beide Arme auf den Kartentisch gestützt, stiert er auf die eingezeichneten feindlichen Stellungen. Der Vormarsch der I. Ukrainischen Armeegruppe unter Marschall Konjew über die Lausitzer Neiße und deren Rechtsschwenkung nach Norden lassen die Absicht des Generalstabs der Roten Armee erkennen. Berlin soll abgeschnitten und eingekesselt werden.

»Wieviel Feldhaubitzen produzieren Sie?« fragt Hitler seinen Produktionsminister Albert Speer.

»Einhundertundsechzig.«

»Ich befehle neunhundert! Wieviel Schuß Flakmunition?«

»Zwanzigtausend.«

»Ich befehle zwei Millionen!« Er wendet sich um und sieht auf die anderen Männer, die im Kartenzimmer des Bunkers stehen. »Meine Hauptstadt wird nicht in feindliche Hände fallen. Seit 1806 ist kein fremder Soldat in Berlin einmarschiert . . .«

»Mein Führer!« ruft der Adjutant. »Im Garten sind die Gratulanten angetreten.«

Mit Hitler geht eine Verwandlung vor. Der Körper scheint sich zu straffen. Gefolgt von Goebbels und seinen Adjutanten humpelt er, das Bein nachziehend, nach oben. Der Atem geht stoßweise. Alle wissen, daß Hitler das Treppensteigen recht schwerfällt, aber krampfhaft versucht er den Eindruck eines Gesunden zu erwecken, dem es keine besondere Mühe macht, über hundert Stufen emporzuklettern.

Oben im Garten der Reichskanzlei, der ebenso zerbombt ist wie der benachbarte Tiergarten, stehen hohe Offiziere, eine Abordnung der Leibstandarte, einfache Soldaten und Hitlerjugend. Ein Sprecher gratuliert Hitler und spricht vom Glauben an den Endsieg.

Einer der Hitlerjungen, die unter dem Kommando ihres Führers Axmann die Havelbrücken im Westen verteidigen, um den Armeen, die Berlin entsetzen sollen, den Weg freizuhalten, hat mit einer gebündelten Ladung Handgranaten einen russischen Panzer geknackt. Dem Sechzehnjährigen, seinem Aussehen nach noch ein halbes Kind, heftet Hitler das Eiserne Kreuz auf den viel zu großen Soldatenrock und schickt ihn wieder in die Schlacht.

In der Neuen Reichskanzlei schwelen zahlreiche Feuer. Ein Windstoß drückt den beizenden Qualm zu Boden. Hitler muß husten, seine Augen beginnen zu tränen. Vielleicht ist es aber auch der Anblick der Trümmer, den er so schlecht verträgt. Nie hat er eine bombardierte Stadt besucht, nie das Leid im Gesicht einer Mutter gesehen, nie von der Todesqual eines Menschen gehört, der im flüssig gewordenen Asphalt der Straßen bei lebendigem Leibe verbrannt ist. Alle diese Dinge hat seine Umgebung sorgsam von ihm ferngehalten.

Seit der letzten Ausfahrt Mitte März hat Hitler seinen Bunker nicht mehr verlassen. Die heutige Gratulationscour wurde nur wegen der zahlreichen Teilnehmer in den Garten verlegt. Hastig wendet er sich jetzt ab und humpelt die Treppe hinunter. Für seine Begleiter hat es den Anschein, als ob er mit jeder Stufe um ein Jahr älter wird. Als er unten im Bunker ankommt, ist er nur noch ein Greis, dessen rechte Hand zittert, der den Kopf eingezogen hält und dessen tief in die Stirn gezogene Mütze den Eindruck eines Verbrechers erweckt, der sein Gesicht versteckt, weil sein Konterfei in den Steckbriefregistern der ganzen Welt steht.

Um dieselbe Zeit wird von den deutschen Rundfunkstationen die Geburtstagsrede vom Abend vorher noch einmal gesendet. Anspielend auf den Tod des amerikanischen Präsidenten Franklin

D. Roosevelt, der vor genau einer Woche einem Gehirnschlag erlegen ist, sagt der Reichspropagandaminister Dr. Goebbels: »Der Führer der feindlichen Koalition ist durch eben jenes Schicksal hingestreckt worden, das den Führer am 20. Juli inmitten von Toten und Verwundeten am Leben ließ, auf daß er sein Werk vollenden möge . . . Unser Führer führt, wie immer, seine Truppen. Er verleiht ihnen Mut und Begeisterung. Seine Gegenwart ist gleichbedeutend mit dem Einsatz von zwanzig Panzerdivisionen. Um seinetwillen wird Deutschland Ruhm erwerben, gegen den der Roms verblassen wird. Unser Führer wird in der Geschichte gefeiert werden wie nicht einmal Cäsar!« Die Rede schließt mit den Worten: ». . . und lassen Sie mich versichern, daß unser Führer im Frühling seiner Gesundheit steht!«

Gleich darauf betritt Hermann Göring das Arbeitszimmer Hitlers. »Mein Führer«, sagt er. »Ich möchte zu erwägen geben, daß es den Amerikanern und Russen gelingen könnte, eine Landverbindung ihrer beiden Armeen herzustellen. Sollte das eintreten, dann würden Sie von den Hauptkräften in Bayern abgeschnitten sein. Wollen Sie nicht, mein Führer, Berlin verlassen und sich in die Alpenfestung zurückziehen?«

Den Kopf vorgeschoben, richtet Hitler seine Blicke auf den »Kronprinzen der Bewegung«, den Reichsmarschall und Oberbefehlshaber der Luftwaffe. »Was Sie wollen, Göring«, ruft er, »das ist ja etwas ganz anders. Sie wollen sich in Sicherheit bringen, weiter nichts!«

»Nein, nein, mein Führer!« widerspricht der Reichsmarschall. »Wir haben die Reise zusammen angetreten, und gemeinsam werden wir sie beenden. Ich werde Ihnen treu und ergeben bleiben, so wie ich es immer war.«

»Gehen Sie, Göring! Gehen Sie!«

Gleich darauf verläßt der »Eiserne«, wie ihn einst ganz Berlin genannt hat, den Bunker. Er hat es eilig. Noch ist der Weg von der Reichshauptstadt nach dem Süden frei. Doch die Verbindung zur »Alpenfestung«, die das Leben zu verlängern verspricht, kann jede Stunde abgeschnitten werden. So schnell es die Bombenlöcher gestatten, rast Göring in seinem Auto über die einzige Straße, die noch offen ist. Eine Anzahl weiterer Wagen folgt ihm, beladen mit Akten und Kostbarkeiten aus dem bereits aufgegebenen Schloß Karinhall.

Das Wort, das Hitler seinem Reichsmarschall nachrief, war wie ein Fluch: »Man sollte sofort das ganze Kommando der Luftwaffe aufhängen!« Bald darauf fragt Hitler einen der Generale von diesem Kommando, den Generalstabschef der Luftwaffe, General Koller: »Warum werden die Flugplätze über Nacht nicht ausgebessert? Die Eisenbahner schaffen es auch! Wenn eine Strecke bombardiert worden ist, rollen schon nach wenigen Stunden wieder die Züge.«

Koller versucht, die Schwierigkeiten darzulegen: »Allein auf der Startbahn von Schönwalde gibt es zweihundertfünfzig Bombentrichter.«

»Ich befehle, daß jeder bombardierte Flugplatz über Nacht wieder instand gesetzt wird!«

Wie Ratten, die das sinkende Schiff verlassen, versuchen auch viele von den »Getreuesten der Getreuen« aus der bereits eingeschlossenen Stadt zu fliehen. Jahrelang haben sie sich im Glanz der Hitlerschen Hofhaltung gesonnt, jetzt wollen sie sich mit allen Mitteln distanzieren. Denn im Bunker hat sich herumgesprochen, daß es für die führenden Nationalsozialisten keine Rettung gibt. Die alliierten Rundfunkstationen verkündeten laut und oft genug, sie würden alle wegen ihrer Verbrechen vor ein Gericht gestellt werden. Noch größer ist die Angst vor dem eigenen Volk. Es schreckt auch das Beispiel von Mussolini. Er ist am 2. April, zusammen mit seiner Geliebten Clara Petacci, von Partisanen erschossen worden. Die Leichen hat man am Lorettoplatz in Mailand mit den Füßen an einer Tankstelle aufgehängt.

»Ich will nicht in einem Käfig ausgestellt werden!« schreit Hitler. Die Männer seines Gefolges packt das Grauen. Sie fühlen bereits den Strick um den Hals. Oder an den Beinen!

»Aber, mein Führer«, sagt eine der Sekretärinnen, »warum stellen Sie sich nicht an die Spitze Ihrer Truppen?«

In diesen Worten steckt auch ein Vorwurf: Der Mann der Sekretärin ist an der Front gefallen. Doch Hitler hört das nicht. Weinerlich antwortet er: »Das ist leicht gesagt, aber das Risiko ist zu groß. Überlegen Sie einmal, ich werde lebend gefangengenommen. Dann stellt man mich in einem Zirkus zur Schau. Gerate ich tot in Gefangenschaft, kann ich in einem Museum ausgestellt werden. Nein, die Gefahr, tot oder lebendig in die Hände des Feindes zu fallen, kann ich nicht auf mich nehmen.«

Unter denen, die bleiben, ist Dr. Josef Goebbels. Am 18. Februar 1943 hatte er im Berliner Sportpalast einer sorgfältig ausgewählten Zuhörerschaft zugerufen: »Wollt ihr den totalen Krieg?« Ein ekstatisches »Ja!« ist die Antwort gewesen. Dieser Wunsch ist in einem Maße in Erfüllung gegangen, wie es nicht einmal der diabolische Goebbels für möglich gehalten hat. Jetzt hat ihn der »totale Krieg« in den Bunker der Reichskanzlei getrieben. Zusammen mit seiner Familie wohnt er in den Räumen des Leibarztes Morell, der schon vor Tagen aus Berlin verschwand.

Seinen sechs Kindern gab Goebbels zu Ehren Hitlers Namen, die alle mit H beginnen. Wenn die Falle zuklappt, will Goebbels nicht nur sich und seine Frau töten, sondern auch diese Kinder. Diesmal lügt Goebbels nicht. Nach Hitlers Tod läßt er die Kinder von einem Arzt mit Spritzen ermorden, bevor er seine Frau und dann sich selber tötet.

Aber noch spielen die Kinder »Trefferzählen«: Wer vorher rät, wie viele Treffer die nächste halbe Stunde auf den Bunker fallen, hat gewonnen. Die Einschläge hört man nicht nur, man spürt sie auch, wie man das Stampfen eines Schiffes fühlt. Eine Gefahr besteht nicht, die Betondecken halten stand. Der »Führerbunker« in der Reichskanzlei, erst vor einem Jahr erbaut, ist unverwundbar. Das haben die Kinder bald heraus, und so wird für sie das Zählen der Treffer zum Spiel. Nur der Raum ist ihnen zu eng. Sie drängen hinaus auf den Korridor, wo mehr Platz ist.

Bis jetzt hat Magda Goebbels Haltung bewahren können, aber nun bricht sie in Tränen aus. Sogar Hitler ist gerührt. Er möchte dieser Frau ein Geschenk machen, doch er hat nichts mehr zu verschenken. Sein Reich ist auf einen Bunker zusammengeschmolzen, den niemand mehr ohne Gefahr verlassen kann. Seit zwei Tagen belegt sowjetische Artillerie das Regierungsviertel mit ihrem Feuer. So löst Hitler das Goldene Parteiabzeichen von seiner Uniform und steckt es Frau Goebbels an die Brust. »Für Ihre Treue!«

Aber bei der anschließenden Lagebesprechung ist diese rührselige Anwandlung wie weggewischt. Hitler befiehlt den Armeen, die in Brandenburg und Pommern stehen und deren Stellungen auf den Karten eingezeichnet sind, sofort nach Berlin zu marschieren und es zu entsetzen. Doch die Kampfkraft der Divisionen existiert nur noch in seiner Vorstellung. In Wirklichkeit sind sie ausgeglüht wie Schlacke. Viele Kompanien haben nur noch ein Viertel ihres Bestandes. Es mangelt an Munition, und Panzerformationen gibt es überhaupt nicht mehr, von einer Luftwaffe ganz zu schweigen.

Sich überschreiend befiehlt Hitler: »Alle Kräfte der Luftwaffe im Nordraum, die für den Einsatz auf der Erde verfügbar gemacht werden können, müssen sofort der Armee Steiner zugeführt werden. Jeder Kommandeur, der Kräfte zurückhält, hat binnen fünf Stunden sein Leben verwirkt. Das müssen die Kommandeure auch erfahren. Sie selbst haften mir mit ihrem Kopf, daß der letzte Mann eingesetzt wird.« General Koller ist skeptisch, aber Hitler prophezeit: »Sie werden sehen, der Russe erleidet die größte Niederlage, die blutigste Niederlage seiner Geschichte vor den Toren der Stadt Berlin.«

Aus Berchtesgaden, wohin sich Göring abgesetzt hat, läuft der Funkspruch ein:

Mein Führer! – Stimmen Sie im Hinblick auf Ihre Entscheidung, auf Ihrem Posten in der Festung Berlin zu bleiben, zu, daß ich sofort die gesamte Führung des Reiches übernehme, mit völliger Handlungsfreiheit nach innen und außen, als Ihr Vertreter, gemäß Ihrer Verfügung v. 22. Juni 1941? Wenn bis heute abend um zehn Uhr keine Antwort eintrifft, werde ich das als Bestätigung dafür nehmen, daß Sie Ihre Handlungsfreiheit verloren haben und daß die Voraussetzungen Ihrer Verfügung erfüllt sind. Dann werde ich für das Wohl unseres Landes und Volkes handeln. Sie wissen, was ich in dieser schwersten Stunde meines Lebens für Sie empfinde. Die Worte versagen mir, um mich auszudrücken. Möge Gott Sie beschützen und trotz aller Schwierigkeiten schnell hierherbringen.

Ihr getreuer – Hermann Göring.

Hitler bekommt einen Tobsuchtsanfall. Die ganze Skala nationalsozialistischer Beschimpfungen, die er einst für die Juden zur Verfügung hatte, ergießt er jetzt auf den »Kronprinzen der Bewegung«, seinen designierten Nachfolger: »Morphinist! Wollüstling! Verräter! Betrüger!« Bormann, der Stabsleiter der Bewegung, schürt noch das Feuer: »Er hat schon vor Monaten mit den Engländern verhandelt! Mein Führer! Lassen Sie den Verräter erschießen!« Aber Hitler ist gnädig. Göring wird nur seiner Orden und Titel verlustig erklärt und von der SS unter Arrest gestellt. Eine Einheit der Luftwaffe muß ihn aus dieser Haft befreien.

Auch Himmler versucht, Hitler zu isolieren. Der Reichsführer SS weiß genau, daß der »Führer« an progressiver Paralyse leidet und schon seit langem nicht mehr zurechnungsfähig ist. In einem der Panzerschränke der SS liegt der Akt über die Krankheit. Als die Bestrebungen Himmlers im Bunker ruchbar werden, stößt ihn Hitler ebenfalls aus der Partei aus. Das Todesurteil zu vollstrecken findet sich niemand mehr. Nur den Verbindungsmann des Reichsführers SS zur Reichskanzlei, den Gruppenführer Hermann Fegelein, läßt Hitler im letzten Blutrausch erschießen.

Fegelein verläßt den Bunker am 27. April, angeblich, um einen Erkundungsgang zu machen. In seiner Wohnung am Kaiserdamm zieht er seine Uniform aus und legt sich ins Bett. Lange kann es nicht mehr dauern, bis ihn die russische Front überrollt hat.

Am Nachmittag bemerkt Hitler die Abwesenheit Fegeleins, der mit einer Schwester von Eva Braun verheiratet ist. Er schickt den Standartenführer Högel aus, der den Gruppenführer in seiner Wohnung aufstöbert und festnehmen läßt. In der Reichskanzlei ringt Eva Braun währenddessen die Hände: »Der arme, arme Adolf! Von jedermann verlassen! Von allen verraten! Aber auch nichts bleibt dem Führer erspart. Nach Göring und Himmler verläßt ihn nun sein eigener Schwager!«

Fegelein wird Hitler vorgeführt. »Sie haben gedacht, Sie könnten mich genauso im Stich lassen wie Göring und die anderen! Sie Schweinehund! Sie Schurke! Mich können Sie nicht täuschen!« Mit einem Ruck reißt Hitler seinem Gruppenführer Orden und Schulterstücke ab.

»Mein Führer. Ich bitte Sie, an Gretl zu denken, meine Frau, die bald Mutter meines Kindes werden wird. An Gretl, die Schwester Ihrer . . .«

Hitler ist wie von Sinnen. Er ohrfeigt Fegelein und schreit dann: »Sie wagen ihren Namen zu erwähnen! Sie kleiner Wurm! Sie Insekt! Sie Larve! Sie Stallmist! Ich habe Sie zum General befördert! Ich habe Sie in meinen engsten Familienkreis hineingebracht, und Sie denken jetzt, ich stehe am Ende. Sie ahnen ja nicht, daß Wenck mit seiner Armee bald in Berlin sein wird.« Und zu den SS-Männern gewandt: »Weg mit ihm!«

Während Fegelein abgeführt wird, diktiert Hitler ein Telegramm an Keitel, der sich ins OKW abgesetzt hat: »Ich erwarte den Entsatz von Berlin! Wo steht Wenck? Was macht die neunte Armee? Wann kommt die Verbindung zwischen Wenck und der neunten Armee zustande? Wie ist die Lage im Panzerangriff vom Norden Berlins her?«

Aber die Russen haben Wencks Plan längst durchschaut. Mit überlegenen Kräften schieben sie sich dazwischen. Der Angriff scheitert. Die Hitlerjungen, die bei Spandau die Havelbrücken offenhalten, warten vergebens auf Wencks sagenhafte Armee. Statt deutscher Stahlhelme tauchen Rotarmisten auf.

In der Nacht wird Fegelein erneut vorgeführt. »Ich wußte es, mein Führer«, ruft er, »Sie werden den Irrtum feststellen. Sie wissen, ich bin Ihnen in Treue ergeben gewesen und werde es immer bleiben!«

»Sie sind so treu gewesen wie Himmler!« schreit ihn Hitler an. »Diese Kröte von einem Verräter und Betrüger! Und Sie waren mit ihm verschworen.«

»Mein Führer, das ist nicht wahr!«

»Sie haben von Himmlers Verrat gewußt!«

»Ich wußte nichts davon! Doch wenn Sie sagen, daß er es getan hat, dann war es so. Ich aber habe nichts damit zu tun!«

Hitler beruft ein Kriegsgericht. Den Vorsitz führt Brigadeführer Rattenhuber, Kommandeur der Leibwache. Das Urteil lautet: »Tod durch Erschießen.« Fegelein wird nach oben geführt.

Verzweifelt schreit er: »Ich bin unschuldig! Ich bin unschuldig!«

Am Ausgang des Bunkers bittet er den Abteilungsführer, ihm zu ermöglichen, mit Eva Braun zu sprechen. Der Leutnant kann das nicht gestatten, aber eines genehmigt er: Fegelein darf noch eine Nachricht an sie schicken. Nachdem er auf ein Stück Papier die Bitte um Gnade gekritzelt hat, bittet er den Leutnant: »Geben Sie mir eine Zigarette.« Doch sie entfällt seinen zitternden Händen. Ein SS-Mann hebt sie auf, zündet sie an und steckt sie Fegelein zwischen die bebenden Lippen. »Mir macht das Geschäft auch keinen Spaß«, sagt der Leutnant. »Das können Sie mir glauben.«

Inzwischen hastet ein SS-Mann die hundert Stufen nach unten. Fegelein zittert. Der Stummel der Zigarette verbrennt seine Fingerspitzen. Er fühlt es nicht. Schneller als erwartet, kommt der Bote zurück und übergibt dem Leutnant ein Blatt Papier, der einen Blick darauf wirft und dann sagt: »Fräulein Braun bedauert. Sie kann nichts für Sie tun.«

Die sechs SS-Männer stellen sich in einer Reihe auf. Der Leutnant befiehlt: »Fertig! Legt an! Feuer!« Fegelein sinkt zusammen. Sein Tod ist Hitlers Rache wegen Himmlers »Verrat«.

Jetzt, wo es ans Sterben geht, überlegt sich Hitler, ob er seine Freundin Eva Braun nicht doch noch heiraten soll. Goebbels verspricht, einen Standesbeamten herbeizuschaffen. – Das Reich Hitlers ist auf wenige Quadratkilometer zusammengeschmolzen. Am Alexanderplatz, in Charlottenburg, im Wedding und in Neukölln stehen schon die Soldaten der Roten Armee. Aber Goebbels erinnert sich, daß irgendwo in einem benachbarten Bunker der Gauinspekteur Walter Wagner hausen muß, der früher einmal in der Berliner Gauleitung gearbeitet, gleichzeitig aber auch ein Ehrenamt in der Stadtverwaltung bekleidet hat. Er könnte zur Not als Standesbeamter fungieren.

Wagner wird in der Nacht zum 29. April in den »Führerbau« geholt. Im Konferenzzimmer steht er dem »Führer« und seiner Braut Eva Braun gegenüber. Keinem der Anwesenden wird die makabre Situation bewußt. Wie die beiden Trauzeugen Goebbels und Bormann weiß auch Hitler, daß Berlin nicht mehr entsetzt werden kann. Es ist keine Armee mehr vorhanden, die den Feuerring um Berlin sprengen könnte. Und gäbe es noch eine, so wäre es nur ein nutzloses Hinauszögern des unvermeidlichen Zusammenbruchs. Doch selbst in dieser Stunde ist die Form stärker als die Realität. Der behelfsmäßige Standesbeamte Wagner fragt, ob die Heiratskandidaten arischer Abstammung und frei von Erbkrankheiten sind. Die Brautleute bejahen, und Hitler setzt seinen Namen unter die Heiratsurkunde. Dann ist Eva Braun an der Reihe. Vierzehn Jahre hat sie auf diese Stunde gewartet, nun ist sie da und mit ihr auch der Tod. In der Aufregung verschreibt sie sich. Nach ihrem Vornamen setzt sie mit einem »B« an. Sie streicht es durch und schreibt »Hitler, geb. Braun« dahinter.

Es ist die zweite Morgenstunde des 29. April 1945. Nachdem die Trauungszeremonie beendet ist, beginnt die Gratulationscour, der sich das Hochzeitsmahl anschließt. Man trinkt Sekt, und auch Hitler läßt sich ein Glas einschenken. Dann zieht er sich zurück und diktiert seiner Sekretärin seinen Letzten Willen. Drei Boten werden ausgesandt, das Dokument in mehreren Kopien durch die russischen Linien zu schmuggeln. Nachfolger Hitlers als Staatsoberhaupt soll Großadmiral Dönitz werden, Reichskanzler Dr. Joseph Goebbels. Dönitz wird sein Amt 22 Tage wahrnehmen, lange genug, um die »Bedingungslose Kapitulation« zu vollziehen. Goebbels ist nur 24 Stunden Reichskanzler. Dann gibt er sich selbst den Tod.

Und wieder ist es Nacht, die letzte im Leben Hitlers. Doch unten im Bunker ist die Zeit ausgelöscht. Nur an der Zahl der Einschläge registriert man, ob es oben Tag oder Nacht ist. Werden sie seltener und hören sie schließlich ganz auf, dann ist Mitternacht vorbei. Am Morgen setzt der Beschuß verstärkt wieder ein.

Jetzt stehen die Russen bereits am Potsdamer Platz, und niemand regt sich darüber auf, daß sie von dort aus durch den U-Bahn-Schacht bis zum Wilhelmplatz vordringen könnten.

Am Vormittag des 30. April läßt Hitler seinen Schäferhund »Blondi« töten. Nach dem Mittagessen geht er, seine Frau am Arm, hinaus auf den Korridor, wo Bormann, Goebbels und die anderen Mitarbeiter, dazu Frau Goebbels, die Sekretärinnen und die Diätköchin, angetreten sind. Jedem gibt er die Hand. Nach dieser letzten Zeremonie zieht er sich mit seiner Frau in die Privaträume zurück. Kurz darauf hört man einen Schuß. Alle wissen nun: Hitler ist tot.

Er hat sich in den Mund geschossen, seine Frau hat sich vergiftet. Man wickelt die Leichen in Decken. Gegen 2 Uhr nachmittags, während in das Regierungsviertel pausenlos die Granaten der sowjetischen Artillerie fallen, trägt man die beiden Toten nach oben. Die 180 Liter Benzin, die Hitlers Leibchauffeur Kempka beschaffen mußte, reichen nicht aus, die Leichen zu verbrennen. Am Abend sind sie nur angekohlt. In der Nacht begräbt man den »Führer des Großdeutschen Reiches«, Adolf Hitler, in einem Granattrichter, zusammen mit seiner Frau. Wenige Tage später finden die Russen die beiden Leichen. Sie exhumieren sie und überführen sie nach der Sowjetunion, wo sie an einem unbekannten Ort endgültig begraben werden.

Am 1. Mai verkündet der Rundfunk die von Goebbels aufgesetzte Nachricht. Selbst in dieser Stunde kann er das Lügen nicht lassen:

»Aus dem Führerhauptquartier wird gemeldet, daß unser Führer, Adolf Hitler, heute nachmittag in seinem Befehlsstand in der Reichskanzlei, bis zum letzten Atemzug gegen den Bolschewismus kämpfend, für Deutschland gefallen ist . . .«

ZEITTAFEL

1933

4. Januar: Begegnung Papens und Hitlers in Köln.
28. Januar: Schleicher tritt zurück.
30. Januar: Adolf Hitler Reichskanzler eines Kabinetts der »Nationalen Konzentration«.
1. Februar: Reichstag aufgelöst.
27. Februar: Brand des Reichstagsgebäudes. Erlaß von Notverordnungen, die einem Staatsstreich gleichkommen.
5. März: Wahl des achten Deutschen Reichstages.
21. März: »Tag von Potsdam«.
24. März: Ermächtigungsgesetz.
1. April: Erster Boykott gegen die Juden.
1. Mai: Der traditionelle »1. Mai« der Arbeiterschaft von Hitler zum Staatsfeiertag erklärt.
2. Mai: Aufhebung der Gewerkschaften. Bildung der »Deutschen Arbeitsfront«.
22. Juni: Verbot der SPD.
27. Juni: Selbstauflösung der Deutschnationalen Volkspartei.
28. Juni: Selbstauflösung der Deutschen Staatspartei.
4. Juli: Selbstauflösung der Deutschen Volkspartei und der Bayerischen Volkspartei.
5. Juli: Selbstauflösung des Zentrums.
14. Juli: Gesetz gegen Neubildung von Parteien. Damit Einparteienstaat.
14. Oktober: Deutschland verläßt die Abrüstungskonferenz.
19. Oktober: Deutschland tritt aus dem Völkerbund aus.
12. November: Erste Reichstagswahlen im Einparteienstaat. 92 % aller abgegebenen Stimmen für die NSDAP.

1934

26. Januar: Deutsch-polnische Nichtangriffserklärung.
20. April: Himmler Chef der von Göring gegründeten preußischen Gestapo.
14. Juni: Begegnung Hitlers mit Mussolini in Venedig.
30. Juni: Niederschlagung des Röhm-Putsches. Schleicher und Bredow

ermordet. Mordaktionen gegen politische Gegner mit Hilfe der SS.

25. Juli: Nationalsozialistischer Putsch in Wien mißlingt. Ermordung des österreichischen Bundeskanzlers Dollfuß.

2. August: Tod Hindenburgs. Hitler ernennt sich selber zum Staatsoberhaupt.

19. August: Volksabstimmung zur Bestätigung des Gesetzes vom 2. August über die Selbsternennung Hitlers zum Staatsoberhaupt: 90 % Ja-Stimmen.

1935

13. Januar: Saarabstimmung: 91 % für Deutschland.

1. März: Rückkehr des Saargebietes zum Deutschen Reich.

16. März: Einführung der Allgemeinen Wehrpflicht in Deutschland.

18. Juni: Deutsch-britisches Flottenabkommen.

1936

7. März: Deutsche Besetzung der entmilitarisierten Rheinlandzone. Ende des Locarnopaktes.

17. Juni: Reichsführer SS Himmler Chef aller Polizeikräfte im Reich.

18. Juli: Beginn des Spanischen Bürgerkrieges, deutsche Truppen greifen ab 27. 7. 1936 zugunsten Francos ein.

25. Oktober: Achsenvertrag Berlin-Rom unterzeichnet. Anerkennung des italienischen Kaiserreiches Äthiopien durch Hitler.

25. November: Unterzeichnung des deutsch-japanischen Antikomintern-Abkommens.

1937

30. Januar: Verlängerung des Ermächtigungsgesetzes für weitere vier Jahre.

25.–29. September: Deutschlandbesuch Mussolinis.

5. November: Hitler enthüllt seine Kriegsabsichten bei einer geheimen Zusammenkunft in Berlin mit Blomberg, Fritsch, Raeder, Neurath und Göring. Das dabei geführte sogenannte Hoßbach-Protokoll wird 1946 der Öffentlichkeit bekannt.

6. November: Italiens Beitritt zum deutsch-japanischen Antikomintern-Pakt.

4\. Februar: Entlassung der Generale von Blomberg und von Fritsch. Hitler übernimmt das Oberkommando der Wehrmacht selbst. Keitel wird »Chef« dieses Amtes, J. v. Ribbentrop Außenminister, Göring Generalfeldmarschall.

12\. Februar: Besuch des österreichischen Bundeskanzlers Dr. Schuschnigg auf dem Obersalzberg. Abschluß des Berchtesgadener Abkommens.

11\. März: Machtübernahme in Österreich durch die bisher illegale NSDAP. Deutscher Einmarsch in Österreich.

13\. März: Anschluß Österreichs an das Deutsche Reich vollzogen.

2.–10. Mai: Staatsbesuch Hitlers in Italien.

16\. Juli: Der Chef des Generalstabes des Heeres, Generaloberst Beck, übergibt dem Oberbefehlshaber des Heeres, Generalfeldmarschall von Brauchitsch, eine Denkschrift gegen einen Angriffskrieg Hitlers.

27\. August: Rücktritt Becks, Halder Chef des Generalstabes.

16\. September: Der englische Premierminister Chamberlain besucht Hitler in Berchtesgaden.

18\. September: Der polnische Außenminister auf dem Berghof. Polen will seinen Anteil bei der Zerstückelung der Tschechoslowakei.

22.–24. September: Chamberlain besucht Hitler in Bad Godesberg.

26\. September: Hitler in seiner Rede über die sudetendeutsche Frage im Berliner Sportpalast: »Das ist unsere letzte territoriale Forderung in Europa – wir wollen gar keine Tschechen!«

28\. September: Plan eines Widerstandes gegen Hitler seitens Halders und Witzlebens. Halder und Schacht warnen in London. Mussolini macht einen Konferenzvorschlag.

29./30. September: Unterzeichnung des Münchner Abkommens, Abtretung der sudetendeutschen Gebiete ans Reich. Deutsch-englische Friedenserklärung unterzeichnet.

1\. Oktober: Einmarsch deutscher Truppen ins Sudetenland.

28\. Oktober: Vertreibung von 17000 Juden aus Deutschland über die polnische Grenze.

9\. November: Gesandtschaftsrat Ernst vom Rath in Paris ermordet.

9.–12. November: Judenpogrom in Deutschland, als »spontane Kundgebung« gegen den Mord in Paris von Goebbels arrangiert. »Reichskristallnacht«. Die deutschen Juden müssen 1 Milliarde Mark Buße zahlen.

6\. Dezember: Deutsch-französische Nichtangriffserklärung in Paris unterzeichnet.

1939

15. März: Einmarsch deutscher Truppen in die Rumpf-Tschechoslowakei. Bildung des »Protektorats«. Hitlers Einzug in Prag.
23. März: Deutscher Einmarsch ins Memelgebiet (von Litauen freiwillig zurückgegeben).
28. März: Ende des Spanischen Bürgerkrieges.
22. Mai: Unterzeichnung des »Stahlpaktes«, eines deutsch-italienischen Militärpaktes.
23. Mai: Hitler gibt dem Generalstab seine Angriffsabsichten gegen Polen bekannt.
23. August: Abschluß eines deutsch-sowjetischen Nichtangriffspaktes und eines geheimen Zusatzprotokolls über die Teilung Polens in Moskau durch Ribbentrop und Molotow.
25. August: Britisch-französisches Beistandsversprechen für Polen.
1. September: Die Wehrmacht marschiert in Polen ein. Beginn des Zweiten Weltkrieges.
3. September: Kriegserklärung Großbritanniens und Frankreichs an Deutschland.

1942

20. Januar: In einer Villa am Wannsee trafen höchste SS- und SA-Führer zusammen und beschlossen die Endlösung der Judenfrage, d.h. die physische Ausrottung aller Juden im Machtbereich der deutschen Wehrmacht. Mehr als fünf Mill. Juden wurden in verschiedene Vernichtungslager zusammengezogen und dort vergast oder durch Genickschuß umgebracht.

1945

30. April: Hitler begeht Selbstmord im Bunker der Reichskanzlei in Berlin. Dönitz führt die Reichsregierung in Flensburg fort.
1. Mai: Bedingungslose Kapitulation der deutschen Truppen in Italien. Goebbels für einen Tag noch Reichskanzler. Begeht mit Frau und Kindern Selbstmord.
2. Mai: Kapitulation der Reichshauptstadt Berlin.
7. Mai: Jodl unterzeichnet die bedingungslose Kapitulation in Reims.
8. Mai: Ende des Krieges in Europa.
9. Mai: Keitel ratifiziert die bedingungslose Kapitulation in Berlin. Ende der Feindseligkeiten in Europa.
23. Mai: Auflösung der Flensburger Regierung.

KURZ-BIOGRAPHIEN

AMANN, Max, Reichsleiter, * 1891, † 1957. A., gelernter Bankbeamter, war Hitlers Kompaniefeldwebel im Ersten Weltkrieg. Übernahm 1921 auf Hitlers Wunsch die Geschäftsführung der NSDAP, 1922 den Parteiverlag Franz Eher Nachfolger, GmbH; später Präsident der Reichspressekammer. Die Mittel, die er anwandte, um ungezählte Zeitungen aus Privatbesitz in den parteiamtlichen Eher-Verlag zu überführen, erfüllten in vielen Fällen den Tatbestand der Nötigung. Der Eher-Verlag wuchs sich zu einem Groß-Konzern aus. Da A. zu einem Drittel (2. Drittel: Hitler, Rest: NSDAP) beteiligt war, galt er als einer der reichsten Männer Deutschlands. Nach dem Kriege von einem deutschen Gericht zu einer Gefängnisstrafe verurteilt. Hinterließ ungedruckte Memoiren unter dem Titel: »Adolf Hitler – Märtyrer einer Idee«.

AXMANN, Arthur, Reichsjugendführer, * 1913, 1940 Nachfolger von Schirach. Blieb bis zuletzt im Bunker der Reichskanzlei.

BECK, Ludwig, Generaloberst, * 1880, † 1944 (Freitod). Im Ersten Weltkrieg Generalstabsoffizier, wurde 1933 Chef des Truppenamtes, 1935 Generalstabschef des Heeres. B. bekämpfte Hitlers Kriegspläne. Während der Sudetenkrise 1938 trat er zurück. Im Zweiten Weltkrieg Haupt der Widerstandsbewegung gegen Hitler.

BERNDT, Alfred Ingemar, * 1905, † 1945. 1936 stellvertretender Pressechef der Reichsregierung und Abteilungsleiter im Propagandaministerium. Zuletzt Ministerialdirigent, fiel bei den Kämpfen um Berlin.

BLOCH, Dr. med., als Arzt stadtbekannte Persönlichkeit in Linz. Behandelte Hitlers Mutter bis zu ihrem Tode 1907. B. schickte dem jungen Hitler für seine handgemalten Ansichtskarten Geld nach Wien. Nach der Besetzung Österreichs wurden B. alle Dankbriefe und Karten Hitlers durch die Gestapo weggenommen. B. wurde gezwungen, nach den USA auszuwandern, dort gestorben.

BLOMBERG, Werner von, Reichskriegsminister, * 1878, † 1946. 1927 Chef des Truppenamtes, 1929 Generalleutnant und Wehrkreiskommandeur in Königsberg/Pr., 1933 Reichswehrminister, 1935 Reichskriegsminister, 1936 Generalfeldmarschall, 1938 wegen privater Verhältnisse verabschiedet. Starb in amerikanischer Haft im Nürnberger Gerichtsgefängnis.

BRAUCHITSCH, Walther von, Generalfeldmarschall, * 1881, † 1948 (im Munsterlager). B. wurde am 4. 2. 1938, als Nachfolger des Generalobersten Freiherrn von Fritsch, Oberbefehlshaber des Heeres. Leitete im Zweiten Weltkrieg Feldzüge gegen Polen, Frankreich, Jugoslawien und Griechenland. Wegen Differenzen mit Hitler 1941 verabschiedet.

BRAUN, Eva, * 1910, † 1945. Tochter eines Lehrers, Hitler lernte sie als Verkäuferin in Heinrich Hoffmanns Geschäft kennen. Sie beschäftigte sich nie mit Politik. Über ihr Verhältnis zu Hitler liegen die widersprechendsten Berichte vor, doch erscheint es sicher, daß die Beziehungen zwischen den beiden sich erst Ende der dreißiger Jahre enger gestaltet haben. 1945 ging B. in das bereits von der Einschließung bedrohte Berlin. Hitler heiratete sie noch einen Tag vor dem gemeinsamen Tod.

BREDOW, Ferdinand von, Generalmajor, * 1884, † 1934. B. stand mit Schleicher in dienstlichem Kontakt. Unter diesem Chef des Ministeramtes im Reichswehrministerium. 1933 wurde er durch Reichenau ersetzt. Am 30. Juni 1934 ermordet.

BRÜCKNER, Wilhelm, Oberleutnant, * 1884, † 1954. Wegen Teilnahme am November-Putsch 1923 zu Festungshaft in Landsberg verurteilt. Persönlicher Adjutant Hitlers.

DARRÉ, Richard Walter, Reichsminister für Ernährung und Landwirtschaft, * 1895, † 1953. D. wurde 1930 agrarpolitischer Beauftragter der NSDAP. 1933 berief ihn Hitler als Nachfolger Hugenbergs ins Kabinett. Auf D. geht der Blu-Bo-Mythos (Blut und Boden) zurück. Im Krieg durch Backe ersetzt. Im Wilhelmstraßen-Prozeß 1949 zu 7 Jahren Gefängnis verurteilt, nach 16 Monaten freigelassen.

DIELS, Rudolf, Regierungspräsident, * 1900, † 1957 (durch Jagdunfall). 1930 ins preußische Innenministerium berufen, nach Papens »kleinem« Staatsstreich in Preußen 1932 Leiter der Politischen Abteilung. 1933 berief ihn Göring zum ersten Chef der Gestapo. Bestrebt, die zahlreichen »wilden« Konzentrationslager der SA und SS unter staatliche Kontrolle zu bringen, mit dem Ziel, die Mißhandlungen abzustellen. Schied 1934 als Chef der Gestapo aus, dann Regierungspräsident in Köln, 1936 in Hannover. In erster Ehe mit einer Cousine Görings verheiratet. 1944 verhaftet, 1945 von alliierten Truppen befreit.

DIETRICH, Dr. Otto, Reichspressechef, * 1897, † 1952. Von Beruf Journalist, 1931 Pressechef der NSDAP. 1933 mit der Gleichschaltung der

Presse beauftragt. 1937 Pressechef der Reichsregierung und Staatssekretär im Propagandaministerium. Im Wilhelmstraßen-Prozeß verurteilt, 1950 vorzeitig entlassen.

DIETRICH, Sepp (Josef), Generaloberst der Waffen-SS, * 1892, seit 1928 Befehlshaber der SS-Leibstandarte Hitlers, an der Niederschlagung des sogenannten »Röhm-Putsches« maßgebend beteiligt. 1944/45 zum Heeresbefehlshaber ernannt, 1946 zu fünfundzwanzig Jahren Gefängnis verurteilt. 1955 aus Landsberg entlassen, stand 1957 wegen des Röhm-Putsches in München vor Gericht. Gest. 1966.

DOLLFUSS, Dr. Engelbert, österr. Bundeskanzler, * 1892, † 1934. D. stammte aus bäuerlichen Verhältnissen. Im Ersten Weltkrieg Offizier bei den Kaiserjägern, 1931 Landwirtschaftsminister, 1932 Bundeskanzler. In enger Anlehnung an Italien kämpfte er gegen den Anschluß Österreichs an das Deutsche Reich. Regierte seit 1933 autoritär. Im Februar 1934 schlug er den sozialdemokratischen Aufstand nieder und oktroyierte dem Land eine neue Verfassung auf ständischer Grundlage. An Stelle der alten Parteien trat die »Vaterländische Front«. D. wurde beim nationalsozialistischen Putsch am 25. 7. 1934 im Bundeskanzleramt schwer verwundet. Er starb an innerer Verblutung.

DÖNITZ, Karl, Großadmiral, * 1891. Seit 1936 Befehlshaber aller U-Boote, 1943 Oberbefehlshaber der Marine, am 30. 4. 1945 Nachfolger Hitlers. D bildete noch eine neue Reichsregierung, vollzog die Kapitulation, am 23. 5. 1945 verhaftet. In Nürnberg 1946 zu 10 Jahren Gefängnis verurteilt, Strafe in Spandau verbüßt.

DUESTERBERG, Theodor, Oberstleutnant, 2. Bundesführer des Stahlhelm, * 1875, † 1950. 1932 Reichspräsidentschaftskandidat. Als Gegner Hitlers 1934 verhaftet. Nach 1943 gehörte er zum Widerstandskreis.

ELTZ-RÜBENACH, Peter Paul Reichsfreiherr von, Reichspostminister, * 1875, † 1943. Ministerialrat im preußischen Ministerium für öffentliche Arbeiten , Präsident der Oberpostdirektion Karlsruhe, 1932 Reichspost- und Verkehrsminister. 1937 trat er aus Gewissensgründen von seinem Posten freiwillig zurück.

ERNST, Karl, SA-Gruppenführer, * 1904, † 1934 (von der SS in Lichterfelde erschossen). Fahrstuhlführer und Hotelpage, später Kellner. In Berlin-C gründete er eines der ersten SA-Heime. Wurde am 30. Juni 1934 in Bremen vor der Abfahrt zur Hochzeitsreise nach Madeira verhaftet, im

Flugzeug nach Berlin transportiert und sofort erschossen, noch vor dem Beginn der allgemeinen Exekutionen. Er soll an einen Putsch gegen das nationalsozialistische Regime geglaubt haben und mit den Worten »Heil Hitler« gestorben sein. Sein 1935 erschienenes »Testament« ist eine kommunistische Fälschung.

FEDER, Gottfried, Bauingenieur, * 1883, † unbekannt. Im November 1918 verfaßte er ein »Manifest zur Brechung der Zinsknechtschaft«. Hitler erklärte später, nach einem Vortrag von F. im Jahre 1919 sei es ihm wie »Schuppen von den Augen gefallen«. Auch das 25-Punkte-Programm der NSDAP wurde von F. wesentlich beeinflußt.

FRANK, Dr. jur. Hans, Reichsminister, * 1900, † 1946 (in Nürnberg gehenkt). Obwohl »jüdisch versippt«, beteiligte sich F. am November-Putsch 1923. Seit 1926 Anwalt in München, wurde Rechtsbeistand Hitlers, der ihn zum Leiter der rechtspolitischen Abteilung der NSDAP (1933 Reichsleiter) ernannte. 1928 gründete F. den Nationalsozialistischen Deutschen Juristenbund. 1930 kam er in den Reichstag, 1933 bayerischer Justizminister. 1934 Reichsminister ohne Geschäftsbereich und Präsident der Akademie für deutsches Recht. 1939 Chef der Zivilverwaltung, kurz danach Generalgouverneur für Polen. Als solcher ging er als »König von Polen« in die Geschichte ein. 1945 von den Amerikanern verhaftet und in Nürnberg vor Gericht gestellt, wurde er zum Tode verurteilt und durch den Strang hingerichtet. Ursprünglich Alt-Katholik, trat F. im Nürnberger Gefängnis zum katholischen Glauben über. Ein katholischer Priester schmuggelte seine Memoiren aus dem Gefängnis, die seine Frau 1953 als Buch herausgab.

FRICK, Dr. jur. Wilhelm, Reichsinnenminister, * 1877, † 1946 (in Nürnberg hingerichtet). Im bayerischen Staatsdienst (die Pfalz war damals ein Teil Bayerns) wurde F. 1907 Bezirksamtmann in Pirmasens, 1917 Oberamtmann der Polizeidirektion München. In dieser Eigenschaft stellte er den Erzbergermördern 1921 falsche Pässe mit falschen Namen zur Flucht nach Ungarn aus. Beim Hitlerputsch übernahm er das Polizeipräsidium und wurde deshalb zu 15 Jahren Gefängnis verurteilt. 1924 in den Reichstag gewählt, kam er daraufhin frei. F. wurde 1930 der erste nationalsozialistische Länderminister in Deutschland (in Thüringen), 1933 Reichsinnenminister. Er schuf die »juristische Untermauerung« der Machtergreifung, wobei er die Weimarer Verfassung aushöhlte und ihren Sinn ins Gegenteil kehrte. Mit der Zeit trat F. immer mehr in den Hintergrund. Als letzter Reichsprotektor für Böhmen und Mähren verhaftet, wurde er in Nürnberg vor Gericht gestellt und zum Tode verurteilt.

FRITSCH, Werner Freiherr von, Generaloberst, * 1880, † 1939 (wahrscheinlich Freitod). Die Familie erhielt 1730 den Reichsadel, später wurde sie in des »Heiligen Römischen Reiches Freiherrnstand« erhoben. Die Fs. hatte alle höhere Beamtenstellungen inne. Erst der Vater brach mit dieser Tradition und wurde Offizier. W. v. F. wurde 1934 Chef der Heeresleitung, 1935 Oberbefehlshaber des Heeres. Am 4. 2. 1938 als Generaloberst unter unwürdigen Umständen verabschiedet, ernannte ihn Hitler nach der Rehabilitierung zum Chef des Art.-Rgts. 12. Bei Kriegsbeginn zog er mit seinem Regiment ins Feld. Er fiel vor Warschau.

GLAISE-HORSTENAU, Edmund von, österreichischer Bundesminister, * 1882, † 1946 (Selbstmord im Lager Langwasser). G.-H. war 1917 österreichischer Bevollmächtigter bei den Friedensverhandlungen in Brest-Litowsk. Seit 1918 Kriegshistoriker im Kriegsarchiv in Wien, später dessen Direktor, wurde er 1936 Minister in der Regierung Schuschnigg und 1938 Vizekanzler in der Regierung Seyß-Inquart.

GLOBOCZNIGG, Odilo, Gauleiter, * 1904, † 1945 (vermutlich Selbstmord). Ursprünglich österr. Naziführer, später Gauleiter, Gouverneur in Lublin, höherer SS- und Polizeiführer in Lublin und zuletzt in Triest. Leiter der »Aktion Reinhard«, des Programms zur Vernichtung der Juden in Polen, verantwortlich für den Tod von Hunderttausenden Zivilisten.

GOEBBELS, Joseph, Reichspropagandaminister, * 1897, † 1945. Sohn eines katholischen Werkmeisters. Wegen eines verkrüppelten Fußes im Ersten Weltkrieg nicht einberufen. Erhielt von kirchlicher Seite, dank der streng-religiösen Haltung seiner Eltern, ein Stipendium der Albertus Magnus-Gesellschaft. 1922 in Heidelberg promoviert bei Prof. von Waldberg mit: »Wilhelm von Schütz. Ein Beitrag zur Geschichte des Dramas der Romantischen Schule«. Als Propagandaminister ließ er diese Doktorarbeit aus der Heidelberger Bibliothek beseitigen und auch das Thema in den offiziellen Biographien ändern in »Die geistig politischen Strömungen der Frühromantik«. Arbeitslos, trat er im gleichen Jahre der NSDAP bei unter der Mitgliedsnummer 8762. Anfangs von schwankender Treue gegenüber Hitler; wurde auf Grund seiner Phantasie, seiner Rednergabe und seiner außergewöhnlichen Energie zum wichtigsten Propagandisten seiner Partei. 1926 ernannte ihn Hitler zum Gauleiter von Berlin, wo es nur 500 Pgs. gab. Obwohl G. diese Zahl innerhalb weniger Jahre verhundertfachte, nannten ihn die Nationalsozialisten zu Unrecht den »Eroberer des roten Berlin«. Was er eroberte, war das durch die Wirtschaftskrise erschreckte Bürgertum. Die festen Blöcke der Kommunisten und Sozialdemokraten konnte er bis 1933 im Kern nicht erschüttern. Am 13. März 1933 erhielt G. das eigens für ihn geschaffene »Reichsministerium für Volksaufklärung und Propaganda«. Mit Hilfe dieses Instrumentes gelang es ihm, das ganze deutsche Geistesleben gleichzuschalten. Gegen Kriegsende wurde er »Reichsverteidigungskommissar« für Berlin und, für einen Tag nach Hitlers Tod, noch Reichskanzler. Dann beging er am 1. Mai 1945 Selbstmord.

GÖRING, Hermann, Reichsmarschall, * 1893, † 1946 (Selbstmord). Sohn eines höheren Kolonialbeamten aus einer westfälischen Familie. Mit 19 Jahren Leutnant, im Ersten Weltkrieg Flieger, 1918 Führer des berühmten Jagdgeschwaders Richthofen. Erhielt den höchsten preußischen Orden »Pour le mérite«. Nach dem Kriege im dänischen und schwedischen Flugwesen tätig. In Schweden seine erste Frau kennengelernt. Nach dem Münchner November-Putsch floh er ins Ausland (Österreich, Italien, Schweden). 1925 Morphiumentziehungskur in der Heilanstalt Langbro in Schweden, nicht geheilt; er blieb bis zu seiner Inhaftierung in Nürnberg 1945 Morphinist. 1922 trat G. der NSDAP bei. Ab 1928 MdR. Hitler verwendete ihn oft bei diplomatischen Missionen. Seit 1932 Reichstagspräsident, am 30. Januar 1933 auch Reichsminister ohne Portefeuille und kommissarischer preußischer Innenminister. Im April übernahm er noch das Amt des kommiss. preußischen Ministerpräsidenten. Im Mai 1933 Reichsluftfahrtminister. Vorübergehend Chef der Gestapo (Geheime Staats-Polizei, die 1934 in Himmlers Hände überging), ferner war er Reichsjägermeister, Reichsforstmeister und offizieller Nachfolger des »Führers«. Von Hindenburg zum General der Infanterie befördert; Hitler ernannte ihn zum Oberbefehlshaber der Luftwaffe und Beauftragten für einen Vierjahresplan. Nach dem Siege über Frankreich erhielt er den Titel eines »Reichsmarschalls«. Heiratete im April 1935 die Staatsschauspielerin Emmy Sonnemann. Ende April 1945 entkleidete ihn Hitler auf Betreiben Bormanns aller Ämter und Titel, weil G. die Kapitulation anbieten wollte. Wurde von einer Luftwaffeneinheit befreit und begab sich freiwillig in amerikanische Gefangenschaft. In Nürnberg vor Gericht gestellt, stand er, im Gegensatz zu manchen anderen Angeklagten, zu seinen Handlungen. Zum Tode verurteilt, beging er in der Nacht vor der Hinrichtung Selbstmord durch ein schnell wirkendes Gift. Wer es ihm zusteckte, konnte bis heute nicht geklärt werden.

GÜRTNER, Dr. jur. Franz, Reichsjustizminister, * 1881, † 1941. Sohn eines Lokomotivführers. 1922 bayer. Justizminister, 1932 Reichsjustizminister. Er führte die Länderjustiz auf das Reich über. Politischen Eingriffen in die Justiz konnte er nur unzureichend entgegentreten. Als bayer. Justizminister sorgte G. für die vorzeitige Entlassung Hitlers aus der Festung Landsberg und verhinderte auch seine Ausweisung nach Österreich.

HALDER, Franz, Generaloberst, * 1884, lebte in Bayern. Im Ersten Weltkrieg Generalstabsoffizier, 1935 Kommandeur der 7. Division, wurde am 1. 9. 38 Chef des Generalstabs des Heeres. Am 24. 9. 1942 enthob ihn Hitler seiner Stellung. Nach dem 20. 7. 44 verhaftet, war er bis Kriegsende in Konzentrationslagern. Starb 1972.

HAMMERSTEIN-EQUORD, Kurt Freiherr von, General d. Inf., * 1878, † 1943. H.-E. war im Ersten Weltkrieg Generalstabsoffizier. 1930 Chef der Heeresleitung. Machte aus seiner Ablehnung des Nationalsozialismus kein Geheimnis. Am 1. Februar 1934 trat er zurück. 1939 Chef einer Armeegruppe im Westen, war einer der Aktivsten im militärischen Widerstandskreis. Bevor er die von ihm geplante Festnahme Hitlers durchführen konnte, wurde er seiner Stellung enthoben.

HEINES, Edmund, Polizeipräsident, * 1897, † 1934 (erschossen). Kriegsfreiwilliger, 1915 verwundet, 1918 als Leutnant entlassen. Nach dem Kriege im Freikorps Roßbach, nahm am Novemberputsch 1923 teil. In Stettin als Fememörder angeklagt, erhielt er 5 Jahre Gefängnis, die er nicht voll abzusitzen brauchte. Seit 1930 MdR und SA-Gruppenführer in Schlesien, 1933 Polizeipräsident von Breslau, wo er sich zahlreiche Übergriffe zuschulden kommen ließ. H. wurde am 30. Juni 1934 in Wiessee im Bett erschossen.

HELLDORF, Wolf Heinrich Graf, Polizeipräsident, * 1896, † 1944 (gehenkt). Im Ersten Weltkrieg Offizier, dann Freikorpskämpfer, 1928 Leiter eines Gestüts. 1932 arrangierte er als SA-Gruppenführer von Berlin-Brandenburg die ersten antisemitischen Zusammenrottungen. 1933 Polizeipräsident von Potsdam und MdR, 1935 Polizeipräsident von Berlin. In dieser Stellung schützte H., der inzwischen eine Wandlung durchgemacht hatte, viele Juden. 1944 wurde er als einer der führenden Männer des Widerstandes gehenkt.

HESS, Rudolf, »Stellvertreter des Führers«, * 1894. Im Ersten Weltkrieg Flieger, trat 1920 der NSDAP bei. Wegen Teilnahme am Novemberputsch 1923 zu einer Festungsstrafe verurteilt, saß 7 1/2 Monate in Landsberg. 1925 Hitlers Privatsekretär, seit April 1933 »Stellvertreter des Führers«, seit Dezember Reichsminister ohne Geschäftsbereich. Im Mai 1941 flog H. aus eigenem Antrieb nach Schottland, in der Absicht, die britische Regierung zum Friedensschluß und gemeinsamen Kampf gegen die

Sowjetunion zu überreden. Er wurde jedoch interniert, ohne beachtet zu werden. Im Nürnberger Prozeß verzichtete er auf jede Verteidigung und erweckte den Eindruck, nicht mehr im Besitz seiner geistigen Kräfte zu sein. Er wurde zu lebenslänglicher Haft verurteilt und befindet sich seitdem im alliierten Gefängnis in Spandau.

HEYDRICH, Reinhard, * 1904, † 1942 (Attentat). Als Oberleutnant zur See nach einem Ehrenverfahren entlassen. H. wurde 1932 Chef des Sicherheitsdienstes (SD) der SS. 1933 holte ihn Himmler in den bayerischen Polizeidienst. 1936 wurde H. Leiter der Sicherheitspolizei und Chef der Gestapo. Unter anderem plante er, die katholische Kirche durch Infiltrierung von Priesterzöglingen, die vorher in besonderen Schulen abgerichtet werden sollten, von innen heraus auszuhöhlen. 1942 zum stellvertretenden Reichsprotektor von Böhmen und Mähren ernannt, wurde er wenige Monate später durch tschechische, von englischen Flugzeugen abgesetzte Widerstandskämpfer so schwer verwundet, daß er bald darauf starb. Zur Vergeltung des Attentates wurde das Dorf Lidice vernichtet. Nur die Kinder entkamen dem Massaker. Die Akten, die Heydrich gesammelt hatte, übernahm sein Nachfolger Kaltenbrunner. Es sollen darunter auch die Papiere gewesen sein, die auf jüdische Vorfahren Hitlers hinwiesen, ferner die Krankenpapiere aus Pasewalk. Heydrichs eine Großmutter war übrigens eine Jüdin.

HIMMLER, Heinrich, Reichsführer SS, * 1900, † 1945 (Selbstmord in Lüneburg). 1918 Fahnenjunker, trat H. später verschiedenen nationalistischen Organisationen bei. Als Geschäftsführer des Bundes »Reichskriegsflagge« nahm er am Novemberputsch 1923 teil. 1924 machte er sein Diplom als Landwirt. Gleichzeitig war er Sekretär von Gregor Strasser. 1928 vorübergehend Besitzer einer Geflügelfarm. Hitler betraute ihn 1929 mit der Führung der SS. Bei der Machtübernahme zunächst Polizeipräsident von München und Chef der Politischen Polizei in Bayern, wurde er nach dem »Röhm-Putsch« zum Reichsleiter ernannt. Unter dem Einfluß von Heydrich bestrebt, alle bewaffneten Kräfte in Deutschland in seine Hand zu bekommen. Baute die SS zu einem machtvollen Instrument aus. Im Kriege wurde die SS ein selbständiger Truppenkörper neben der Wehrmacht. Nach dem Attentat am 20. Juli 1944 erreichte er als »Chef des Ersatzheeres« den lange erstrebten Einfluß in der Wehrmacht selber, doch als Oberbefehlshaber einer Armee spielte er Ende 1944 eine klägliche Rolle. Innenpolitisch wurde die von H. kommandierte SS zum beinahe allein entscheidenden Faktor. Ihr unterstanden die Konzentrations- und später die Vernichtungslager. Auf Himmlers Befehl wurden Millionen von Juden, Zigeunern, politischen Gegnern, Geisteskranken usw. ausgerottet. Im SD (Sicherheits-Dienst) schuf er sich seinen eigenen Geheimdienst. Im Kriege führte H. auch die gewaltsame Umsiedlung und Eindeutschungsaktion durch. Auf religiösem Gebiet war er bestrebt, den Germanenkult neu zu beleben. Für Taufe, Hochzeit und ähnliche Gelegenheiten schuf er besondere Riten, die er für germanisch hielt. Da er wußte, daß Hitler an progressiver Paralyse litt, war er bestrebt, ihn auszuschalten und sich selber an die Spitze zu setzen. Von dem Attentat am 20. Juli dürfte H. Kenntnis gehabt haben. Im Frühjahr 1945 führte er mit dem schwedischen Grafen Bernadotte hinter Hitlers Rücken Verhandlungen. Als das in der Reichskanzlei bekannt wurde, wurde er aus der Partei ausgestoßen. Nach der Kapitulation tauchte er unter. Als einfacher Soldat verkleidet und mit falschen Papieren ausgerüstet, versuchte er, sich nach dem Süden durchzuschlagen. Als er erkannt wurde, nahm er sich das Leben.

HINDENBURG, Paul v. H. u. v. Beneckendorff, Reichspräsident, * 1847, † 1934. Leutnant im Krieg 1866 gegen Österreich, im Krieg gegen Frankreich 1870/71 Oberleutnant. An der Kaiserproklamation von Versailles am 18. Januar 1871 nahm er als Vertreter seines Regiments teil. Als Kommandierender General des IV. Armeekorps 1911 verabschiedet, 1914 reaktiviert. Besiegte mit Ludendorff bei Tannenberg und in der Winterschlacht in Masuren die in Ostpreußen eingedrungenen Russen. 1916 Oberbefehlshaber aller deutschen Truppen. Verlangte im Herbst 1918 von der Reichsregierung den sofortigen Abschluß eines Waffenstillstandes, am 11. 11. 1918 in einem Salonwagen bei Compiègne von Matthias Erzberger unterzeichnet. Nach Unterzeichnung des Versailler Diktates legte er den Oberbefehl nieder und nahm in Hannover Wohnung. Nach Eberts Tod 1925 im zweiten Wahlgang als Sammelkandidat der Rechten zum Reichspräsidenten gewählt. Den Ausschlag gaben die bayerischen Stimmen der BVP. Als Reichspräsident hielt sich H. peinlich an seinen Eid auf die Weimarer Verfassung. Er unterstützte die Politik Stresemanns und berief Dr. Brüning als »Präsidialkanzler«, nachdem sich im Reichstag keine Mehrheit für eine kontinuierliche Politik mehr finden ließ. Nur widerstrebend berief er am 30. Januar 1933 Adolf Hitler zum Reichskanzler. Am 2. August 1934 starb er auf seinem Gut Neudeck. Hitler ließ ihn (später auch seine Frau) in einem Turm des Tannenbergdenkmals beisetzen. Beide Särge stehen jetzt in der Elisabethkirche in Marburg.

HITLER, Adolf, * 1889, † 1945 (Selbstmord). H. wurde als Sohn des österreichischen Zoll-Oberoffizials Alois Hitler und dessen dritter Ehefrau Klara, geb. Poelzl, in Braunau in Österreich geboren. Die Eltern, wie auch deren Vorfahren, stammten alle aus dem sogenannten »Waldviertel« nordöstlich Linz. Hs. Vater Alois wurde 1837 als das uneheliche Kind der Dienstmagd Maria Anna Schicklgruber geboren. Als er 5 Jahre alt war, heiratete sie den Müllersknecht Georg Hiedler, doch erkannte er die Vaterschaft nicht an. Der Autor vermutet nun, daß nicht Johann Georg Hiedler der Vater von Alois war, sondern dessen Bruder Johann Nepomuk, der Johann Georg nur veranlaßte einzuspringen, um die Kindsmutter »ehrlich« zu machen. Johann Nepomuk selber war verheiratet und hatte eine Reihe eigener Kinder, aber nur Mädchen. 1864 heiratete Alois Schicklgruber, der inzwischen Zollbeamter geworden war, die vermögende 13 Jahre ältere Anna Glasl-Hörer. 1876 änderte er seinen Namen in Alois Hitler um, auf Wunsch seines Onkels (Vater?) Johann Nepomuk Hiedler. Mit dieser Namensänderung soll auch ein Legat verbunden gewesen sein. Die Behauptung, Johann Nepomuk Hiedler habe seinen Namen nicht aussterben lassen wollen, kann kaum zutreffen, denn zu diesem Zeitpunkt war Alois' Frau bereits 53 Jahre alt, und die Ehe war kinderlos geblieben. Außerdem gab es noch eine Reihe Familien mit dem Namen Hiedler. Noch vor dem Tode seiner ersten Frau Anna Glasl-Hörer zeugte Hitler-Schicklgruber einen außerehelichen Sohn, den er Alois taufen ließ. Nach dem Tode der ersten Frau Anna heiratete Alois Hitler die uneheliche Mutter seines ersten Sohnes, die Dienstmagd Franziska Matzelsberger. Sie gebar ihm noch ein zweites Kind, das Mädchen Angela Franziska. Bald darauf erkrankte die Mutter an Tuberkulose. Noch vor ihrem Tode zeugte Alois Hitler mit Klara Poelzl, einem Enkelkind seines Onkels Johann Nepomuk Hiedler, ein Kind. Um die Ehe eingehen zu können, war wegen der nahen Blutsverwandtschaft ein päpstlicher Dispens notwendig. Der dritten Ehe entsprossen insgesamt sechs Kinder, von denen allerdings vier gleich nach der Geburt oder in jungen Jahren starben. Adolf war das vierte Kind. (Das jünste, Paula, Adolf Hitlers Schwester, lebt noch). Der junge Adolf besuchte die Volksschule, später die Realschule. Seine Zeugnisse waren bis zum 14. Lebensjahr glänzend, dann fielen sie ab. Die Gründe waren nicht festzustellen. Nach dem Tode seines Vaters (3. 1. 1903) blieb A. H. bei der Mutter. 1906 siedelte er unter dem Vorwand, er studiere an der Kunstakademie (seine Aufnahme war abgelehnt worden), nach Wien über. Konsequent hielt er seiner Mutter gegenüber bis zu ihrem Tode im folgenden Jahr an dieser Lüge fest. Die erste Zeit in Wien lebte er in gesicherten Verhältnissen. Außer seinem väterlichen und mütterlichen Erbteil bezog H. auch eine Zeitlang Waisenrente, die der österreichische Staat Kindern von Beamten bis zum 24. Lebensjahr zahlte, wenn sie studierten. Hs. Schilderung in seinem Buch »Mein Kampf« über jene Jahre ist erfunden. Vor allem war er niemals Bauarbeiter. Von 1908 oder 1909 an lebte A. H.

in Männerheimen und Obdachlosenasylen und bestritt seinen Lebensunterhalt mit Postkartenmalerei. 1912 siedelte er nach München über, wahrscheinlich um sich der Militärpflicht zu entziehen. Ein Jahr später holte er seine letzten Sachen aus Wien ab und meldete sich in München polizeilich an. Aber seine Hoffnung erfüllte sich nicht; man hatte ihn nicht vergessen. Auf Grund des gegenseitigen Auslieferungsvertrages wurde er von der bayerischen Polizei verhaftet und gezwungen, sich zur Musterung in Salzburg zu stellen. Dort schrieb man ihn dienstuntauglich. Bei Beginn des Krieges meldete sich A. H. in München freiwillig. Über Hs. Kriegszeit ist nichts Wesentliches zu berichten. Nach der ersten Verwundung drängte es ihn, wieder an die Front zu kommen. Auffällig bleibt, daß er es in vier Jahren nur bis zum Gefreiten brachte. 1918 zum zweiten Male verwundet, kam er nach Pasewalk ins Lazarett. Seine in seinem Buch geschilderte »Gasvergiftung« mit Erblindung ist maßlos übertrieben. Es war nur Reiz-, nicht Giftgas, wie Hs. Feldwebel Amann dem Autor gegenüber zugab. Wahrscheinlich litt H. an einer Entzündung der Hornhaut. Möglich ist auch, daß er im Lazarett in Pasewalk infolge einer Salvarsanbehandlung vorübergehend erblindete. Die Geschichte seiner »Vision« während dieser »Erblindung«: er müsse Politiker werden, ist erfunden. Tatsächlich faßte er diesen Beschluß bereits als 17jähriger nach einer Aufführung von Wagners »Rienzi« in Linz, wie sein Jugendfreund August Kubizek glaubhaft versicherte. Der Schluß dieser Oper gleicht übrigens in erschreckendem Maße dem Ende Hitlers. 1919 wieder in München (an der Befreiung Münchens von der kommunistischen Räteregierung beteiligte er sich nicht), schickte ihn Hauptmann Ernst Röhm als Spitzel in politische Veranstaltungen. So besuchte er die Versammlung einer von dem Schlosser Anton Drexler und dem Schriftsteller Karl Harrer im Januar 1919 gegründeten Deutschen Arbeiterpartei. H. wurde deren Mitglied, aber nicht Nummer 7, sondern mit der erheblich höheren Mitgliedsnummer 555. (Die Mitgliedskarte ist erhalten geblieben. Wahrscheinlich hatte man bei 501 zu zählen begonnen). Durch rege Versammlungstätigkeit gelang es H., diese Partei nach Ausschaltung der Gründer zu einem Machtfaktor in München und später in ganz Bayern zu machen. Bereits im November 1923 wagte er einen Putsch, der aber zusammenbrach. 1924 zu fünf Jahren Festungshaft verurteilt, schrieb er in der Festung Landsberg den ersten Teil seines Buches »Mein Kampf«. Bereits zu Weihnachten desselben Jahres kam er wieder frei. Nach 1925 baute er seine Partei zunächst in Süddeutschland wieder auf. In Nordeutschland wirkten im gleichen Sinne die Brüder Strasser. Nachdem Hs. Redeverbot in Preußen gefallen war, wurde er auch schnell nördlich der Mainlinie bekannt. Da er im Frühjahr 1925 seine österreichische Staatsbürgerschaft freiwillig aufgegeben hatte und somit staatenlos geworden war, konnte er auch nicht mehr ausgewiesen werden. Kein anderes Land hätte ihn aufgenommen. Erst sieben Jahre später, im Frühjahr 1932, erwarb er durch eine rein formale Ernennung zum braunschweigischen Regierungsrat die deutsche Staatsbürgerschaft. Zehn Monate später Reichskanzler, ernannte er sich nach Hindenburgs Tod im Jahre 1934 zum Staatschef. Während des Zweiten Weltkrieges machte sich seine Erkrankung, die er sich höchstwahrscheinlich in der Jugend zugezogen hatte, immer mehr bemerkbar. Er verfiel zusehends. Kurz vor Ende des Krieges heiratete er Eva Braun, die in internen Kreisen als seine Geliebte galt. Tags darauf, am 30. 4. 1945, beging er zusammen mit ihr Selbstmord.

HUGENBERG, Alfred, Reichswirtschaftsminister, * 1865, † 1952. Zuerst in preußischen Staatsdiensten, dann in der Privatwirtschaft, 1907 Vortragender Rat im preußischen Finanzministerium, im gleichen Jahr Direktor der Berg- und Metallbank in Frankfurt/Main und Vorsitzender des Direktoriums der Krupp-Werke bis 1918. Nach der Revolution wandte er sich der Politik zu. Als deutschnationaler Abgeordneter gehörte er der Nationalversammlung und seit 1920 dem Deutschen Reichstag an. 1928 Vorsitzender der Deutschnationalen Volkspartei. H. war Besitzer des Scherl-Verlages mit den Tageszeitungen: Berliner Lokal-Anzeiger, Der Tag- und Nachtausgabe, ferner der Telegraphen-Union (TU), einem wichtigen deutschen Nachrichtenbüro, der Universum-Filmgesellschaft (Ufa) und einer Reihe anderer Unternehmungen und Betriebe. Unter dem Spitznamen »der Silberfuchs« (wegen seines grauen Bürstenhaares) bekannt, vertrat er konsequent eine rein auf wirtschaftliche Interessen ausgerichtete Politik. Im Privatleben war er merkwürdigerweise ein sehr musischer Mensch. Er verfaßte lyrische Gedichte und war mit dem Dichter Otto Erich Hartleben eng befreundet.

JODL, Alfred, Generaloberst, * 1890, † 1946 (hingerichtet). Im Ersten Weltkrieg und danach Generalstabsoffizier. Als Chef des Wehrmachtsführungsstabes von 22. 8. 1939 – 8. 5. 1945 Hitlers Berater in allen strategischen und operativen Fragen. 1940 General der Artillerie, 1944 Generaloberst. Am 7. 5. 1945 mußte er in Reims als Vertreter der deutschen Wehrmacht die Kapitulation unterzeichnen. Am 1. 10. 1946 vom Internat. Militärtribunal in Nürnberg zum Tode verurteilt.

JUNG, Dr. Edgar, Rechtsanwalt und politischer Schriftsteller, * 1894, † 1934 (ermordet). Nach 1919 bekämpfte J. den Separatismus in der Pfalz und trat publizistisch im Kreis der Jungkonservativen und des Deutschen Klubs hervor. 1927 verfaßte er »Die Herrschaft der Minderwertigen«. Seit 1932 Berater Papens, an dessen Marburger Rede er entscheidenden Anteil hatte. Am 26. 6. 1934 verhaftet, während der Röhm-Affäre auf Veranlassung Görings erschossen.

KALTENBRUNNER, Dr. Ernst, Rechtsanwalt, *1903, † 1946 (hingerichtet). K. schloß sich früh der NS-Bewegung in Österreich an. 1932 trat er der österr. SS bei, 1937 übernahm er die Führung. Nach dem »Anschluß« wurde er in Wien Staatssekretär für öffentliche Sicherheit, 1941 höherer SS- und Polizeiführer. 1943 ernannte ihn Himmler als Nachfolger Heydrichs zum Chef der Sicherheitspolizei und des SD sowie des Reichssicherheitshauptamtes. K. wurde vom Internationalen Militärtribunal in Nürnberg zum Tode verurteilt.

KEITEL, Wilhelm, Generalfeldmarschall, * 1882, † 1946 (hingerichtet). K. leitete 1929 – 1934 die Heeresorganisationsabteilung im Reichswehrministerium, ab 1935 das Wehrmachtsamt im Reichskriegsministerium. 1938 wurde er Chef des Oberkommandos der Wehrmacht und damit Hitlers erster militärischer Berater. Seit 1937 General der Artillerie, seit November 1938 Generaloberst, im Juni 1940 nach der Niederwerfung Frankreichs Generalfeldmarschall. Am 8. 5. 1945 mußte er in Berlin die bedingungslose Kapitulation unterzeichnen. In allen Wehrmachtsfragen hat er sich Hitler widerspruchslos gefügt, was ihm den Spitznamen »Lakeitel« eintrug. Das Internationale Militärtribunal in Nürnberg verurteilte ihn wegen Planung und Führung eines Angriffskrieges und Verbrechen gegen die Menschlichkeit zum Tode.

KERRL, Hanns, Reichsminister, *1887, † 1941. Als Justizoberrentmeister wurde er 1933 nach der Machtergreifung zum preußischen Justizminister und Landtagspräsidenten ernannt. 1935 bemühte er sich als Reichsminister für Kirchliche Angelegenheiten erfolglos um einen Ausgleich zwischen den Kirchen und dem Dritten Reich. Gegen die kirchenfeindlichen Maßnahmen Himmlers und Bormanns konnte er sich nicht durchsetzen.

KOCH, Erich, Gauleiter, * 1896. Eisenbahnbeamter, 1926 wegen politischer Propaganda entlassen. 1928 Gauleiter von Ostpreußen, 1933 Oberpräsident dieser Provinz. Im Gegensatz zu Rosenberg, der dafür eintrat, die russischen Völkerschaften als befreite Völker anzusehen, befürwortete K., sie als besiegte und unterworfene Völker zu behandeln. Diese Einstellung, die Hitler guthieß, trug dazu bei, daß die Bevölkerung die Partisanenverbände hinter dem Rücken der kämpfenden deutschen Heere unterstützte. Nach der Kapitulation versteckte sich K. auf einem

Gut und arbeitete als Knecht, wurde 1949 entdeckt und an Polen ausgeliefert. Gegen das Todesurteil legte K. Revision ein.

KUBIZEK, August, Beamter, * 1888, † 1955. K. war Hitlers einziger Jugendfreund. Sie lernten sich in Linz im Theater kennen und 1908 wohnten sie eine Zeitlang zusammen in Wien, wo K. Musik studierte und Hitler angeblich die Akademie besuchte, bis K. dahinterkam, daß das eine Lüge war. Hitler verschwand aus seinem Gesichtskreis, und erst 30 Jahre später begegnete er seinem Jugendfreund wieder. Sein Buch »Adolf Hitler – mein Jugendfreund« ist für die Quellenforschung über Hitlers Jugendzeit unentbehrlich. Allerdings unterliefen K. eine Menge Gedächtnisfehler. Sein Buch kann nur zusammen mit dem Buch von Dr. Jetzinger gelesen und richtigt gewürdigt werden.

LAMMERS, Hans Heinrich, Reichsminister, * 1897. Von 1921 – 1933 im Reichsministerium des Innern tätig und von 1933 – 1945 Chef der Reichskanzlei, zunächst als Staatssekretär, seit 1937 im Range eines Reichsministers. 1939 – 1945 war er zugleich Mitglied und Geschäftsführer des Ministerrates für die Reichsverteidigung. Im Wilhelmstraßenprozeß in Nürnberg 1949 zu 20 Jahren Haft verurteilt, bereits 1952 entlassen. Gestorben 1962.

LEY, Dr. Robert, Reichsleiter, * 1890, † 1945 (Selbstmord). Sohn eines trunksüchtigen Vaters, der wegen schwerer Brandstiftung acht Jahre im Zuchthaus saß, und einer trunksüchtigen Mutter. Im Ersten Weltkrieg Flieger, geriet in französische Gefangenschaft. Bis 1928 in Leverkusen als Chemiker beschäftigt, dann entlassen. Seit 1925 Gauleiter der NSDAP-Rheinland, kam 1928 in den preußischen Landtag. 1931 ernannte ihn Hitler zum Stellvertreter Strassers, 1932 als dessen Nachfolger zum Reichsorganisationsleiter der NSDAP. Am 2. Mai 1933 übernahm er die DAF (Deutsche Arbeits-Front). Spitzname in der Partei »Reichstrunkenbold«. Ley nahm sich nach dem Zusammenbruch im Nürnberger Gefängnis das Leben.

LUTZE, Viktor, Stabschef, * 1890, † 1943 (Autounfall). Seit 1922 in der NSDAP; seit 1925 SA-Führer im Ruhrgebiet, dann (1930) in Hannover, im selben Jahre in den Reichstag gewählt. 1933 ernannte ihn Göring zum Oberpräsidenten von Hannover. 1934 an Stelle Röhms Stabschef der SA.

MEISSNER, Dr. Otto, Reichsminister, * 1880, † 1953. Wurde 1919 von Ebert in die Reichskanzlei berufen. Nach dessen Tod blieb er Staatssekretär im Kabinettsrang. 1934 beließ ihn auch Hitler in diesem Amt, doch sank die Stellung Ms. bald bis zur Bedeutungslosigkeit herab. Nach Kriegsende verhaftet, wurde er im Wilhelmstraßenprozeß in Nürnberg vor Gericht gestellt, aber freigesprochen.

MIKLAS, Wilhelm, österr. Bundespräsident, * 1872, † 1956. Ursprünglich Gymnasialprofessor, 1907 Mitglied des österreichischen Reichsrats, 1919 des Nationalrats, 1923 Präsident des Nationalrats, 1928 Bundespräsident. Obwohl Demokrat, blieb er auch unter den autoritären Regimen Dollfuß und Schuschnigg. Am 13. 3. 1938 mußte er zurücktreten.

MILCH, Erhard, Generalfeldmarschall, * 1892. Im Weltkrieg Flieger, 1923 Leiter der Junkers-Luftverkehrs-AG. 1926 berief man M. in den Vorstand der Lufthansa, 1933 ernannte ihn Göring zum Staatssekretär. 1938 Generalinspekteur der Luftwaffe, 1940 Generalfeldmarschall. In Nürnberg zu lebenslänglicher Haft verurteilt, wurde er im Juli 1954 freigelassen. Tod 1972.

NEURATH, Konstantin Freiherr von, Reichsaußenminister, * 1873, † 1956. Seit 1908 im diplomatischen Dienst, 1919 Gesandter in Kopenhagen, 1922 Botschafter in Rom, 1930 in London. Im Juni 1932 ernannte ihn Hindenburg zum Außenminister. Im Februar 1938 abgelöst und von Hitler zum Vorsitzenden eines »Geheimen Kabinettsrates« ernannt, der nie zusammentrat. Im März 1939 erster Reichsprotektor von Böhmen und Mähren, ließ sich 1941 beurlauben. Erst 1943 genehmigte Hitler den formellen Rücktritt. In Nürnberg zu 15 Jahren Gefängnis verurteilt, 1954 wegen Krankheit aus der Haft entlassen.

PAPEN, Franz von, Botschafter, * 1878, lebte in Baden. In seiner Jugend Page am kaiserlichen Hof, Militärdienst bei den Düsseldorfer Ulanen. 1913 Militärattaché in Washington. Dort erwuchsen ihm aus der Betreuung deutscher Agenten nach Kriegsausbruch Schwierigkeiten, so daß er abberufen werden mußte. Nahm später an den Kämpfen an der Westfront und im Nahen Osten teil, wo ihm auch Ribbentrop begegnete. Bei Kriegsende Oberstleutnant, gehörte 1920 bis 1932 als Zentrumsabgeordneter dem preußischen Landtag an. Nach Brünings Sturz schlug ihn Schleicher als Reichskanzler vor. Im Kabinett Hitler nahm P. bis zu seinem Rücktritt 1934 den Posten des Vizekanzlers ein. Im selben Jahr ging er als Sonderbotschafter nach Wien, im April 1939 als Botschafter nach Ankara. Vor dem Nürnberger Tribunal als »Kriegsverbrecher« angeklagt, wurde er freigesprochen. Gest. 1969.

PHILIPP, Prinz von Hessen, Staatsrat, * 1896. Sohn des Landgrafen Friedrich Karl v. H. Heiratete 1925 die Tochter des italienischen Königs, Mafalda, die im KZ starb. Im gleichen Jahre (1943) wurde auch Ph. ins KZ Sachsenhausen eingeliefert und erst bei Kriegsende befreit. 1933 Oberpräsident der Provinz Hessen-Nassau, preußischer Staatsrat und SA-Gruppenführer, benutzte ihn Hitler wegen seiner ausgezeichneten italienischen Beziehungen bis zu Kriegsbeginn sehr oft als Mittelsmann.

RAEDER, Erich, Großadmiral, * 1876. Im Ersten Weltkrieg Kreuzerkommandant, 1928 Chef der Marineleitung, 1935 Oberbefehlshaber der Marine. Im Januar 1943 schied er aus dem aktiven Dienst aus. 1946 verurteilte ihn das Internationale Militär-Tribunal zu lebenslänglicher Haft. 1955 entlassen. Starb 1960.

RATTENHUBER, Julius, Generalmajor der Waffen-SS, * 1897. Kommandeur der Leibwache Hitlers. Mitte Mai 1945 auf der Flucht aus dem Bunker der Reichskanzlei von den Russen gefangengenommen, 1955 entlassen.

REICHENAU, Walter von, Generalfeldmarschall, * 1884, † 1942. Einer der wenigen hohen Offiziere der Reichswehr, die sich bedingungslos zum Nationalsozialismus bekannten. Als Chef des Ministeramtes beeinflußte er Blomberg in unheilvoller Weise. Bei dem sogenannten »Röhm-Putsch« am 30. 6. 1934 lagen die Vorbereitungen, soweit sie die Reichswehr betrafen, in seiner Hand. Nach dem Tode Hindenburgs entwarf er den Eid, der die Soldaten auf Hitler persönlich verpflichtete. 1940 wurde er Generalfeldmarschall. 1942 kam er bei einem Flugzeugunglück ums Leben.

RIBBENTROP, Joachim von, Reichsaußenminister, * 1893, † 1946 (in Nürnberg gehenkt). Sohn eines preußischen Offiziers bürgerlicher Abkunft; ging vor dem Ersten Weltkrieg nach Kanada, kehrte bei Kriegsbeginn zurück. Mit der Tochter des Sektfabrikanten Henkell verheiratet; ließ sich von einer verarmten Tante des adligen Zweiges seiner Familie, wie Göring in Nürnberg berichtete, adoptieren. Stieß erst 1933 zur NSDAP. Im Auftrage Hitlers unterhielt er das Büro Ribbentrop, das sich mit außenpolitischen Fragen befaßte und dem Auswärtigen Amt sowie dem Außenpolitischen Amt der NSDAP unter Reichsleiter Rosenberg Konkurrenz machte. 1934 schickte ihn Hitler nach Genf zur Abrüstungskonferenz. Im Mai 1935 Außerordentlicher Bevollmächtigter in London, schloß das Flottenabkommen ab, das Deutschland eine maritime Aufrüstung in der Stärke von einem Drittel der englischen Flotte gestattete.

Seit August 1936 Botschafter in London, im Februar 1938 Außenminister. 1945 verhaftet. In Nürnberg vor Gericht gestellt und zum Tode verurteilt.

RÖHM, Ernst, Stabschef der SA, * 1887, † 1934. Im Ersten Weltkrieg Frontoffizier, im Gesicht verwundet. 1919 Freikorps Epp. In diesem Jahr lernte er Adolf Hitler kennen und schloß mit ihm Duzfreundschaft. 1924 wegen Beteiligung am Novemberputsch 1923 zu einem Jahr drei Monaten Festungshaft verurteilt. Ging 1929 nach Bolivien, um dort die Armee zu reorganisieren. 1930 rief ihn Hitler zurück, am 5. 1. 1931 übernahm er die Führung der SA. R. erwies sich als organisatorisches Genie. Innerhalb eines Jahres baute er eine »Armee« von 500000 SA-Männern auf. 1933 Reichsminister ohne Geschäftsbereich, am 1. Juli 1934 ließ ihn Hitler erschießen, angeblich weil er einen Putsch geplant hatte und sich »sittliche Verfehlungen zuschulden kommen ließ«. Tatsächlich fürchtete er, die Reichswehr könnte sich mit der SA verständigen und einen geschlossenen Block gegen ihn bilden. Da er gegen die Reichswehr nicht vorgehen konnte, schaltete er R. aus. Zu diesem Zeitpunkt umfaßte die SA rund vier Millionen Mann (einschließlich der zwangsweise überführten »Vaterländischen Organisationen«). Nach der Ermordung Rs. und seiner engsten Mitarbeiter war die SA als Machtfaktor ausgeschaltet.

ROSENBERG, Alfred, Reichsleiter, * 1893, † 1946 (in Nürnberg gehenkt). Baltendeutscher. Während des Ersten Weltkrieges hielt er sich in Frankreich auf. Nach Deutschland kam er erst 1920. In München lernte er Dietrich Eckart kennen, der ihn mit Hitler in Verbindung brachte. 1921 Chefredakteur des »Völkischen Beobachters«. In der NSDAP galt er als einer der wichtigsten Ideologen der Bewegung. Sein Buch »Der Mythos des 20. Jahrhunderts« erreichte eine Auflagenhöhe von 800000. 1933 Reichsleiter und Leiter des Außenpolitischen Amtes der NSDAP, 1934 Beauftragter für die Überwachung der weltanschaulichen Erziehung der Partei, 1941 Reichsminister für besetzte Ostgebiete. Politisch hatte R. nur geringen Einfluß. In Nürnberg vor Gericht gestellt, zum Tode verurteilt.

RUST, Bernhard, Reichsminister, * 1883, † 1945. Als Gymnasiallehrer suspendiert, da er wegen eines Nervenleidens »nicht fähig war, eine Klasse zu leiten«. Trat der NSDAP bei, wurde 1925 Gauleiter der Partei Südhannover und kam 1930 in den Reichstag. 1933 ernannte ihn Hitler zum Minister für Kunst, Wissenchaft und Volksbildung in Preußen, später zum Reichserziehungsminister.

SACK, Dr. Karl, Heeresrichter, † 1945 (im Konzentrationslager Flossenbürg hingerichtet). Anfang 1944 General-Stabsrichter, 1. 8. 1944 Chef des Heeresjustizwesens. Kurz danach verhaftet und zum Tode verurteilt.

SCHIRACH, Baldur von, Reichsstatthalter, * 1907. 1928 Leiter des NS-Studentenbundes, 1931 Jugendführer und Reichsleiter, 1945 ernannte ihn Hitler zum Gauleiter und Reichsstatthalter von Wien. Verheiratet mit einer Tochter Heinrich Hoffmanns, bemühte sich das Ehepaar, unmenschliche Befehle Hitlers zu mildern. 1946 in Nürnberg vor Gericht gestellt, zu 20 Jahren Gefängnis verurteilt, die er in Spandau absaß. Starb 1969.

SCHLEICHER, Kurt von, Reichskanzler, * 1882, † 1934 (ermordet). Im Ersten Weltkrieg Mitarbeiter von General Gröner. Blieb nach Kriegsende aktiver Offizier. Leitete im Reichswehrministerium viele Jahre hindurch die einflußreiche Politische Abteilung. Am 1. 4. 1929 ernannte ihn Gröner, der ihn wie seinen Sohn behandelte, zum Chef des neu errichteten Ministeramtes im Range eines Staatssekretärs. 1932 Reichswehrminister, im Dezember 1932 Reichskanzler. Im Zuge des sogenannten »Röhm-Putsches« wurden Sch. und seine Frau ermordet.

SCHMIDT, Dr. Paul Otto Gustav, Gesandter a. D., * 1899. Von 1923 – 1945 Dolmetscher bzw. Chefdolmetscher im Auswärtigen Amt. Sein korrektes Benehmen und seine Zuvorkommenheit sicherten ihm nicht nur in Deutschland, sondern auch im Ausland großes Ansehen. Sein Buch »Statist auf diplomatischer Bühne«, ist wegen seiner Zuverlässigkeit eine der bedeutendsten Geschichtsquellen dieser Zeit. Jetzt ist Sch. Direktor des Sprachen- und Dolmetscherinstituts in München.

SCHULENBURG, Werner, Graf von der, Diplomat, *1875, † 1944 (hingerichtet). 1934 – 1941 Botschafter in Moskau. Seine Warnungen vor einem Krieg im Osten wurden von Hitler in den Wind geschlagen. Als Angehöriger der Widerstandsbewegung nach dem Attentat vom 20. Juli 1944 vom Volksgerichtshof zum Tode verurteilt.

SCHUSCHNIGG, Kurt von, österr. Bundeskanzler, * 1897, lebt in den USA. Seit 1927 christlich-sozialer Abgeordneter im österr. Nationalrat, 1932 Justizminister, 1933 Unterrichtsminister. Nach der Ermordung des Bundeskanzlers Dollfuß im Juli 1934 ernannte ihn Bundespräsident Miklas zum Bundeskanzler. Gleichzeitig Landesverteidigungs- und Unterrichtsminister. Übernahm 1936 die Leitung der »Vaterländischen Front«.

Nach dem Einmarsch in Österreich verhaftet, wurde erst 1945 von den Alliierten befreit.

SCHWERIN VON KROSIGK, Lutz Graf, Reichsfinanzminister, * 1887, lebte bei Koblenz. 1920 Regierungsrat im Reichsfinanzministerium, 1929 Ministerialdirektor. Im Kabinett Papen Finanzminister, ebenso im Kabinett Schleicher und Hitler. Im »Wilhelmstraßenprozeß« zu neun Jahren Gefängnis verurteilt, 1952 freigelassen. Als Minister überstand er das Dritte Reich und war etwas länger im Amt als alle anderen. Nach Hitlers Tod wurde er Reichskanzler und Reichsaußenminister in der 23-Tage-Herrschaft unter Großadmiral Dönitz. Starb 1977.

SELDTE, Franz, Reichsminister, * 1882, † 1947 (im Nürnberger Gefängnis). Verlor im Ersten Weltkrieg den linken Unterarm. Gründete unmittelbar nach der Revolution 1918 den »Stahlhelm«, Bund der Frontsoldaten. Nahm für sich in Anspruch, die zerlegbaren MG-Schutzschilder, die Tankhindernispfähle und die Leuchtspurmunition erfunden zu haben. 1933 Reichsarbeitsminister, unterstellte den »Stahlhelm« der NSDAP, trat später selber der Partei bei. Starb in alliierter Gefangenschaft.

SEYSS-INQUART, Arthur, österr. Politiker, * 1892, † 1946 (hingerichtet). Ursprünglich Rechtsanwalt, 1937 von Schuschnigg als Staatsrat berufen, um damit eine Verbindung seiner Regierung zur nationalen Opposition herzustellen. 1938 Minister für Inneres, wurde S.-I. der Nachfolger Schuschniggs. Nach dem Anschluß Österreichs zum »Reichsstatthalter der Ostmark« ernannt, 1940 – 1945 Reichskommissar für die besetzten Niederlande. Das Internationale Militärtribunal verurteilte ihn zum Tode.

SPEER, Albert, Reichsminister für Munition und Bewaffnung, * 1905. 1937 Generalbauinspektor für Berlin, 1942 Nachfolger des tödlich verunglückten Todt. Seit Ende 1944 begann er, den sinnlosen Zerstörungsplänen Hitlers Widerstand entgegenzusetzen. In Nürnberg zu 20 Jahren Gefängnis verurteilt, die er in Spandau absitzt.

STRASSER, Gregor, Reichsorganisationsleiter der NSDAP, * 1892, † 1934 (ermordet). Besitzer einer Apotheke, schloß sich 1921 der NSDAP an. 1924 wegen Teilnahme am Novemberputsch verhaftet, zu 1 1/2 Jahren Festung verurteilt. Kam bereits im Herbst desselben Jahres, nach der Wahl in den Bayerischen Landtag, wieder frei. Zusammen mit Ludendorff leitete er die Nationalsozialistische Freiheitspartei. Nach seiner

Wahl in den Reichstag verlegte St. seinen Sitz nach Berlin, baute dort, zusammen mit seinem Bruder Otto, die norddeutsche NSDAP auf. Als Otto 1930 die Partei verließ, blieb Gregor Mitglied der NSDAP. Im Juni 1932 Reichsorganisationsleiter, damit mächtigster Mann in der NSDAP nach Hitler. St. vertrat einen radikalsozialistischen Kurs, getreu der »antikapitalistischen Sehnsucht des deutschen Volkes«, wie er im Reichstag erklärte. 1932 kam er mit Schleicher in Verbindung und war auch bereit, zusammen mit Sozialdemokraten und christlichen Gewerkschaftlern in ein Koalitionskabinett einzutreten. Nach der Niederlegung seiner Parteiämter zog er sich von der Politik zurück. Am 30. Juni 1934 ließ ihn sein ehemaliger Sekretär Himmler ermorden.

STRASSER, Otto, * 1897, lebte in Süddeutschland. 1924 Mitglied der NSDAP, trat 1930 aus und gründete die Kampfgemeinschaft »revolutionärer Nationalsozialisten«, auch »Schwarze Front« genannt. 1933 wurde die »Schwarze Front« verboten. O. St. floh ins Ausland, gründete in Prag eine Zeitung. Auch einen Schwarzsender unterhielt er. Dessen Leiter Formis wurde 1935 auf tschechischem Boden von dem späteren SS-Oberst Alfred X. ermordet. 1940 emigrierte St. von Portugal nach Kanada. Erst 1954 konnte er nach Deutschland zurückkehren. Seither schwiegen ihn die deutschen Zeitungen tot. Starb 1974.

WEIZSÄCKER, Ernst Freiherr von, Diplomat, * 1882, † 1951. Seit 1920 im Diplomatischen Dienst. Als Staatssekretär im Auswärtigen Amt bemühte er sich vergeblich um die Erhaltung des Friedens. 1943 – 1945 Botschafter im Vatikan, nach Nürnberg als Zeuge geladen. Trotz der Zusage des freien Geleits verhaftete man ihn und machte ihm den Prozeß. 1948 zu 7 Jahren Gefängnis verurteilt, kam im Oktober 1950 wieder frei.

WESSEL, Horst, Student, * 1907, † 1930. Sohn eines Pfarrers, studierte Jura. 1926 Mitglied der NSDAP und Führer des SA-Sturmes 34 (Berlin-Friedrichshain). Ihm gehörten besonders viele Arbeiter an, darunter zahlreiche ehemalige Kommunisten. Dieser Sturm hatte auch bezeichnenderweise als einziger eine Schalmeienkapelle, sonst »die Musike der Kommune«. Nach einer alten kommunistischen Kampfweise, die auf ein noch älteres Seemannslied zurückging, »dichtete« W. das nachmals zur zweiten Nationalhymne erklärte Horst-Wessel-Lied. Eine Zeitlang lebte er mit einer Berliner Prostituierten zusammen, deren Zuhälter Ali Höhler, ein Berufsverbrecher und Mitglied der RFB-Mitte, gerade eine mehrjährige Gefängnisstrafe absaß. W. jedoch war kein Zuhälter. Sein Verhältnis zu dieser Frau läßt sich nur aus der damaligen Atmosphäre der Reichshauptstadt erklären. Aus dem Gefängnis entlassen, nahm Ali

Höhler Rache, als er seine »Braut« in den Armen eines politischen Gegners fand. Er schoß W. vor der Tür seiner Wohnung nieder. Mit Hilfe der KPD floh Höhler in die Tschechoslowakei, kam aber nach Berlin zurück und wurde verhaftet. Da W. erst einige Wochen nach seiner Verwundung starb, konnte Höhler nur wegen Körperverletzung mit tödlichem Ausgang bestraft werden. Nach der Machtübernahme noch im Gefängnis sitzend, wurde er kurz darauf von der SA aus dem Gefängnis geholt und »umgelegt«. Nach Ws. Tod machte Goebbels aus dem »Dichter des Horst-Wessel-Liedes« einen Märtyrer der Bewegung. Die Braut H. Ws. ließ sich bis 1933 von den Kommunisten unterstützen.

ADGB – Allgemeiner Deutscher Gewerkschaftsbund – siehe Gewerkschaften.

ANGRIFF, Der – das Blatt von Dr. Goebbels. 1927 als Wochenzeitung gegründet, wurde sie bald Tageszeitung. Nach seiner Ernennung zum Reichsminister legte Goebbels die Chefredaktion nieder. 1935 wurde »Der Angriff« Organ der Deutschen Arbeitsfront.

ANNUNZIATENORDEN – höchster italienischer Orden, gestiftet 1362. Der Träger dieses Ordens wurde »Vetter des italienischen Königs« und seine Person war damit unverletzlich.

BENDLERSTRASSE – eine Berliner Straße zwischen dem Tiergarten und dem Landwehrkanal. An ihr lag der Ministerflügel des Reichswehrministeriums. Mit »Bendlerstraße« meinte man deshalb auch sehr oft das Reichswehrministerium, wie mit »Wilhelmstraße« die Reichskanzlei, mit »Downing-Street« das Foreign Office und mit »Quai d'Orsay« das französische Außenministerium.

BERGHOF – das ehemalige Haus »Wachenfeld« auf dem Obersalzberg, zur Gemeinde Obersalzberg bei Berchtesgaden gehörend. Besitz Adolf Hitlers, zuerst von ihm gemietet, später gekauft und ausgebaut.

BRAUNES HAUS – 1930 erwarb Hitler das im klassizistischen Stil einhundert Jahre vorher erbaute »Barow-Palais« und baute es zum Sitz der Reichsleitung der NSDAP in München aus. Im Frühjahr 1931 wurde es bezogen. Im Kriege stark bombenbeschädigt, wurde es nach 1945 abgetragen.

DEUTSCHE ARBEITSFRONT (DAF) – siehe Gewerkschaften.

DEUTSCHNATIONALE VOLKSPARTEI (DNVP) – Nach 1918 gegründet als Ersatz für die konservativen Rechtsparteien des Kaiserreiches. Von der DNVP, Parteivorsitzender Graf Westarp, später Dr. Hugenberg, spalteten sich 1930 eine Reihe Abgeordneter ab und gründeten die VOLKSKONSERVATIVE PARTEI, die keinerlei Bedeutung erlangte. 1933 versuchte Papen eine KAMPFFRONT SCHWARZ-WEISS-ROT (KFSWR) zustande zu bringen, um der DNVP wieder zu ihrer alten Bedeutung zu verhelfen. Auch dieser Versuch scheiterte. Am 27. 6. 1933 löste sich die DNVP selber auf.

DUUMVIRAT – Zweimännerherrschaft im alten Rom. Duumvirn = die beiden Männer.

ERMÄCHTIGUNGSGESETZ – ein Gesetz, durch das ein Parlament die Regierung ermächtigt, Gesetze zu erlassen, ohne die Zustimmung der gesetzgebenden Körperschaft einzuholen. E. sind meist zeitlich begrenzt. Das am 4. 8. 1914 vom Reichstag genehmigte E. gab dem Bundesrat die Vollmacht, Verordnungen, die Kriegswirtschaft betreffend, zu erlassen, die gesetzlichen Charakter hatten. Auch die E. vom 13. 10. und 8. 12. 1923 waren von Bedeutung. Das. E. vom 24. 3. 1933 ging jedoch weit über das bisherige Maß hinaus und ebnete der Diktatur Hitlers den Weg. Das Bonner Grundgesetz sieht keinerlei Möglichkeiten für E. vor.

FORSCHUNGSAMT DER LUFTWAFFE – in der Behrenstraße in der Nähe des Reichsluftfahrtministeriums (RLM) untergebracht, hatte nichts mit »Forschung« zu tun. Göring persönlich unterstellt, hatte das FdL keine andere Aufgabe, als Telefongespräche abzuhören, vornehmlich von politischen Gegnern, aber auch von Konkurrenten wie Goebbels, Rosenberg, Ley, Heß und sogar Hitler. Auch die Generalität und die Gestapo ließ Göring überwachen. Der Leiter des FdL, Korvettenkapitän Schimpff, stellte die wichtigsten abgehörten Gespräche über Nacht zusammen, und am Morgen wurden sie, auf braunes Papier abgezogen (»Braune Blätter«), regelmäßig durch Kurier zu Göring gebracht, der sie meist im Bett zu studieren pflegte. Die im F. angestellten Spezialisten mußten eine oder mehrere Fremdsprachen perfekt beherrschen. Im Kriege versahen Soldaten diesen Dienst. Jeder von ihnen wurde speziell vereidigt.

GAULEITER – die Leiter der höheren Verwaltungseinheiten der NSDAP. Bei der Machtergreifung 1933 gab es 36 Gaue einschließlich Danzig und Saargebiet. Die österreichische Landesleitung umfaßte 7 Gaue.

GEHEIME STAATSPOLIZEI (Gestapo) – von Göring gegründet, ernannte er Rudolf Diels zu ihrem ersten Chef. 1934 wurde sie Himmler unterstellt, mit dessen SD sie zusammenarbeiten mußte. Oberste Behörde war das Geheime Staatspolizeiamt in Berlin, das völlig getrennt von der allgemeinen Polizei arbeitete. Das Polizeirecht fand auf sie keine Anwendung, und ihre Verfügungen unterstanden nicht der richterlichen Nachprüfung. Die Gestapo war die fürchterlichste Waffe des nationalsozialistischen Regimes.

GEWERKSCHAFTEN – (Stand von 1930):

FREIE GEWERKSCHAFTEN: (durchweg sozialdemokratisch). *Allgemeiner Deutscher Gewerkschaftsbund* (ADGB), 35 Verbände und ca. 5 Millionen Mitglieder – *Allgemeiner Freier Angestelltenbund* (AFA), 14 Verbände, ca. 450000 Mitglieder – *Allgemeiner Deutscher Beamtenbund* (ADB), 23 Verbände, etwa 180000 Mitglieder.

CHRISTLICHE GEWERKSCHAFTEN: (sehr stark unter katholischem Einfluß) *Gesamtverband der christlichen Gewerkschaften Deutschlands,* 18 Verbände mit rund 720000 Mitgliedern – *Gesamtverband Deutscher Angestellten-Gewerkschaften* (GEDAG), 14 Verbände mit rund 560000 Mitgliedern.

FREIHEITLICH-NATIONALE GEWERKSCHAFTEN: *Verband der Deutschen Gewerkvereine* (Hirsch-Duncker), 22 Verbände mit rund 170000 Mitgliedern – *Gewerkschaftsbund der Angestellten* mit sechs weiteren Verbänden, insgesamt über 360000 Mitglieder – *Ring Deutscher Beamtenverbände* mit 40000 Mitgliedern.

ALLGEMEINER EISENBAHNERVERBAND mit 40000 Mitgliedern, die teilweise zur SPD, aber auch zum Zentrum neigten. Diese Zahlen aus dem Jahre 1930 dürften auch noch 1932 etwa gültig gewesen sein. Die Versuche, vor allem von deutschnationaler Seite, eigene Gewerkschaften zu bilden, schlugen fehl. Nur die NSBO erlangte Bedeutung. Im Mai 1933 wurden alle Gewerkschaften »gleichgeschaltet«, zuerst die sozialdemokratischen, später auch alle anderen, zur »Deutschen Arbeitsfront« unter Dr. Ley, die Arbeitgeber und Gewerkschaften zusammenfaßte; sie hatte einige Jahre später 24 Millionen Mitglieder. Allerdings wurde von den Behörden des Dritten Reiches ein Zwang ausgeübt, der DAF beizutreten.

GPU – Gossudarstwennoje Polititscheskoje Uprawlenije (Staatliche Politische Verwaltung).

HAKENKREUZ – Dieses Zeichen kommt bei ungezählten Völkern in allen Erdteilen (außer Australien) vor. Sein Sinn ist umstritten, wahrscheinlich auch in den einzelnen Ländern verschieden. In Deutschland erlangte es politische Bedeutung durch das Freikorps Ehrhardt (s. Kapp-Putsch: »Hakenkreuz am Stahlhelm, schwarz-weiß-rotes Band, die Brigade Ehrhardt werden wir genannt!«). Hitler übernahm es als »germanisches Symbol« für seine Bewegung.

HERRENKLUB – Gegründet im November 1924 von dem konservativen Schriftsteller Heinrich von Gleichen-Rußwurm († 1959), einem Nachkommen Schillers. Angeblich um »auf der Grundlage wissenschaftlicher

Interessen gesellige Beziehungen zwischen führenden Persönlichkeiten der verschiedenen Berufsstände zu pflegen«, wurde der H. eine Domäne rechtsstehender Aristokraten, die sich zur Führung berufen fühlten. Die Klubräume befanden sich im Regierungsviertel, Voß-, Ecke Friedrich-Ebert-Straße. Papen schrieb darüber: »Als der Klub . . . gegründet wurde, versuchte unser verdienstvoller Präsident, Graf Alvensleben, das Wort ›Herren‹ zu definieren. Er sagte: ›In unserem Lande ist der Begriff ›Herr‹ geknüpft an Name, Besitz oder Stellung. Tatsächlich hat er damit gar nichts zu tun. Der Begriff ist rein eine Frage der Persönlichkeit, und nur sie entscheidet darüber, ob der Arbeiter wie der Fürst ein Herr ist.‹« Merkwürdigerweise fanden sich weder unter den Arbeitern noch unter den demokratisch gesinnten Deutschen »Herren«, die vom Präsidium des Klubs für würdig befunden worden wären, diesem erlauchten Gremium anzugehören. Papen berichtet, daß das Haus 1945 dem (kommunistischen) »Kulturbund zur demokratischen Erneuerung Deutschlands« übergeben wurde.

KAMPFFRONT SCHWARZ-WEISS-ROT – s. Deutschnationale Volkspartei.

KONZENTRATIONSLAGER (KZ) – Zum ersten Male wurden KZ 1901 während des Burenkrieges von Lord Kitchener gegründet, um die Frauen und Kinder der im Feld stehenden Soldaten der Burenarmee zu internieren. In der Sowjetunion gab es KZ seit 1923. Im national-sozialistischen Dritten Reich entstanden sofort nach dem Reichstagsbrand KZ, in der ersten Zeit hauptsächlich »Privatbetriebe« der SA. Die Gestapo bemühte sich, diese Lager ihrer Verwaltung zu unterstellen. Als das gelungen war, übernahm die SS die Gestapo, und damit begann in den Lagern eine bis dahin in Deutschland für unmöglich gehaltene Gewaltherrschaft. Die Häftlinge wurden nicht nur zu Arbeiten herangezogen, sondern in den späteren Jahren auch zu Impfversuchen, Vivisektionen und Kältereaktionen. 1938 gab es 3 große und 3 kleinere Lager mit über 20000 Häftlingen. Zu Ende des Krieges war die Zahl auf 22 KZ mit 165 Außenlagern, die der Insassen (Politische, Juden, Ausländer) auf dreiviertel Million angewachsen. Insgesamt dürften über 2 Millionen inhaftiert gewesen sein. Die Sterblichkeit war außerordentlich hoch. Außer den KZ gab es noch Vernichtungslager (Vergasungen).

LOCARNO-PAKT – Am 16. 10. 1925 schlossen Belgien, Deutschland, Frankreich, Großbritannien und Italien den LP in L. im Schweizer Kanton Tessin. Mit ihm erkannte Deutschland die Westgrenzen als endgültig an. Großbritannien und Italien garantierten ihrerseits diese Abmachung zwischen Deutschland, Belgien und Frankreich.

NATIONALSOZIALISTISCHE DEUTSCHE ARBEITERPARTEI (NSDAP) – Am 5. Januar 1919 von dem Schriftsteller Harrer und dem Schlosser Drexler als DEUTSCHE ARBEITERPARTEI gegründet, trat ihr Hitler als Mitglied Nr. 555 bei. Am 29. 2. 1921 übernahm er den Vorsitz. Nach dem Novemberputsch 1923 verboten, gründeten Strasser, Graefe und Ludendorff 1924 die NATIONALSOZIALISTISCHE FREIHEITSPARTEI. Nach Hitlers Entlassung wurde die NSDAP erneut gegründet, und die NSFP ging in ihr auf. Ende 1925 betrug die Mitgliederzahl 25000, Ende 1927 72000, Ende 1929 176000. Nach der Bankenkrise im Jahre 1931 schnellte sie auf 800000 empor, 1932 auf 1,4 Millionen, nach der Machtübernahme auf 3,9 Millionen. Die Parteitage fanden in München, in Weimar und dann immer in Nürnberg statt. Außer Hitler und seinem Stellvertreter Heß gab es noch einen Reichsorganisationsleiter, einen Stabsleiter, einen Reichsschatzmeister, einen Reichsgeschäftsführer, einen Reichspropagandaleiter, einen Reichspressechef, einen Vorsitzenden des Parteigerichts, einen Reichsleiter für die Presse und je einen Leiter für die Rechtsabteilung, für Agrarpolitik und Außenpolitik. Die Zentralkartei der NSDAP wurde 1945 nicht vernichtet. Sie fiel zum großen Teil unversehrt den Amerikanern in die Hände.

OSAF – Oberster SA-Führer.

PARTEIABZEICHEN – das Abzeichen, aus der die Mitgliedschaft bei der NSDAP hervorging. Besonders verdienten Männern wurde das Goldene P. verliehen. Die Mitgliedschaft war in diesem Falle keine Voraussetzung, aber mit der Verleihung automatisch »ehrenhalber« verbunden.

PRÄSIDIALKANZLEI – Unter Ebert und Hindenburg »Büro des Reichspräsidenten« genannt, bürgerte sich der Name PrK. erst nach 1934 ein, als Hitler den Posten des Reichspräsidenten und Reichskanzlers in einer Person vereinigte. Der Chef der Präsidialkanzlei war Dr. Hans Otto Meißner (s. Biogr.), der im Rang eines Staatsministers stand.

PRINZ-ALBRECHT-STRASSE – Sitz des Reichssicherheitshauptamtes.

REICHSBANNER – Wichtigste Organisation der »Eisernen Front«, der Dachorganisation demokratischer Verbände. Das »RB Schwarz-Rot-Gold, Bund deutscher Kriegsteilnehmer« wurde am 22. 2. 1924 in Magdeburg gegründet. 1932 zählte es ungefähr 3,5 Millionen Mitglieder. Das RB war verfassungstreu und lehnte jede gewaltsame Aktion ab.

REICHSKANZLEI – die Kanzlei des Reichskanzlers, im Palais Wilhelmstraße 77. Unter Friedrich Wilhelm I. von dem Kavalleriegeneral Graf Schulenburg 1736 erbaut. 1792 für 40000 Taler von Gräfin Dönhoff gekauft, der morganatischen Gattin Friedrich Wilhelm II. 1795 erwarb es Fürst Radziwill für 60000 Taler. 1875 ging es in den Besitz des Reiches über. 1878 fand dort der Berliner Kongreß statt. Der erste Kanzler, der in der RK. wohnte, war Otto von Bismarck. Außer Franz von Papen wohnten alle deutschen Reichskanzler in dem Palais Wilhelmstraße 77.

REICHSPARTEITAGE – die Parteitage der NSDAP. Nürnberg wurde zur Stadt der Reichsparteitage erklärt.

REICHSSTATTHALTER – von Hitler berufene Vertreter des Reiches bei den Länderregierungen. Sie unterstanden ihm persönlich und besaßen ein umfangreiches Weisungsrecht. In Preußen übte der Ministerpräsident (Göring) die Funktion eines Rst. aus.

REICHSTAG – das deutsche Parlament. Die Mitglieder des R. wurden seit 1871 in geheimer, gleicher und direkter Wahl gewählt. Im kaiserlichen Deutschland stand dem Reichstag nur das Budgetrecht zu. Erst mit der Verfassungsänderung vom Oktober 1918 war auch die Reichsregierung dem Reichstag verantwortlich. In der Weimarer Republik wurde nach dem Verhältniswahlsystem gewählt (1 Abgeordneter 60000 Stimmen). Unter Hitler wurden die Reichstagsabgeordneten ernannt.

REICHSTAGSBRANDPROZESS – der Prozeß vor dem deutschen Reichsgericht am 21. 9. bis zum 23. 12. 1933. Angeklagt waren außer Marinus van der Lubbe der kommunistische Reichstagsabgeordnete Torgler und die drei Bulgaren Dimitroff, Tanneff und Popoff. Nur van der Lubbe wurde zum Tode verurteilt, die anderen Angeklagten wurden wegen erwiesener Unschuld freigesprochen.

REICHSWEHR – Nach dem Wehrgesetz vom 23. 3. 1921 die bewaffnete Macht der Weimarer Republik: Heer und Marine. Die RW wurde von Seeckt als Kaderarmee aufgebaut, doch im allgemeinen hielt man sich an die Rüstungsbegrenzungen des Versailler Vertrages. Anfang der 20er Jahre gab es eine »Schwarz RW«, d.h. Bestände über die gesetzlichen Bestimmungen hinaus. Sie hatte aber nur innerpolitische Bedeutung.

REPARATIONEN – die den Deutschen nach dem Ersten Weltkrieg auferlegten Zahlungen, angeblich zum Ausgleich für private Kriegsschäden, tatsächlich aber Kriegsentschädigungen. Ursprünglich hatte man an eine

Summe von 400 Milliarden gedacht. 1921 setzte man auf der Konferenz in Paris die Summe auf 226 Milliarden Goldmark fest, die dann auf 123 Milliarden herabgesetzt wurde. Als sich herausstellte, daß auch das unmöglich zu bekommen war, schalteten sich die Amerikaner ein und schufen den Dawes-Plan, später den verbesserten Young-Plan, dessen Zahlungen trotzdem bis zum Jahre 1988 laufen sollten. 1931 mußte eine Stundung aller Zahlungen angenommen werden, 1932 kam es in Lausanne zur endgültigen Streichung aller Schulden gegen eine Ablösung von 3 Milliarden Mark.

SA – Sturmabteilung. Ende 1920 als »Saalschutz« gegründet von dem Halbjuden Maurice, der auch eine Zeitlang Chauffeur bei Hitler war. Nach dem Novemberputsch 1923 verboten, wurde sie 1925 wieder erlaubt. Erst unter der Wirtschaftskrise 1929 erlangte sie Bedeutung. Nach der Übernahme durch Hauptmann Röhm wuchs sie bis 1933 zu einer Stärke von 1/2 Million an. 1934 erreichte sie 4 Millionen. Bei der Machtübernahme und Sicherung der Macht durch die NSDAP spielte die SA die wichtigste, vielleicht entscheidende Rolle. Nach dem 30. Juni (s. Röhm) war sie bedeutungslos.

SCHÄDLINGSPROZESSE – auch Schauprozesse genannt, die Prozeßserie in den dreißiger Jahren der Sowjetunion. Der erste SchP 1933 diente Goebbels als Vorbild für seinen Reichstagsbrandprozeß.

SD – Sicherheitsdienst, von Himmler errichteter Spionageapparat der SS (s. Gestapo und SS).

SS – Schutzstaffel – 1925 gebildete Sonderformation zum persönlichen Schutz Hitlers. Die SS unterstand zuerst, unter dem Befehl Heinrich Himmlers, der SA-Führung, machte sich aber bald selbständig. Am 30. Juni 1934 führte sie die Erschießung der SA-Führer durch. Himmler schuf sich dann im Laufe der Jahre mit der SS ein einzigartiges Machtinstrument. In Nürnberg wurde sie zur verbrecherischen Organisation erklärt, doch machte man merkwürdigerweise keinen Unterschied zwischen der SS vor 1939 und der Waffen-SS, deren Mannschaften zum größten Teil erst während des Krieges dazu kommandiert worden waren, oft gegen ihren Willen.

STAHLHELM – am 13. November 1918 in Magdeburg von dem Selterswasserfabrikanten Franz Seldte gegründet. Ursprünglich mehr ein freikorpsähnlicher Heimatschutzverband, entwickelte er sich schnell zur stärksten Wehrorganisation der Rechten. Politisch stand er den

Deutschnationalen nahe. 1924 wurde dem Stahlhelm der Stahlhelm-Landsturm angegliedert, der die über 25 Jahre alten Nichtfrontsoldaten erfaßte. Dem Jung-Stahlhelm gehörten die 17- bis 25jährigen an. Die Vorstufe wiederum für diesen Jugendbund war der Bund deutscher Jungmannen Scharnhorst. Die Mitgliederzahl wurde 1932 auf insgesamt 200 000 geschätzt. Bemerkenswert war die soziale Selbsthilfe-Organisation des Stahlhelm. Im Herbst 1933 wurde der Bund aufgelöst und seine Mitglieder in die SA übergeführt.

STAHLPAKT – der zwischen Deutschland und Italien 1939 abgeschlossene Bündnispakt.

TÄGLICHE RUNDSCHAU – 1924 Zeitung des Evangelischen Bundes. 1931 im Verlag der Volksdienstpresse, im September 1932 von Hans Zehrer übernommen, am 8. Juli 1933 verboten. Sie galt als das Blatt der Reichswehr.

VATERLÄNDISCHE VERBÄNDE – Rechtsstehende Verbände, die für sich in Anspruch nahmen, das Vaterland zu repräsentieren.

VERSAILLER VERTRAG – Der VV behauptete in der Präambel und im Artikel 231 die Schuld Deutschlands. Dieser Artikel lautete: »Die alliierten und assoziierten Regierungen erklären und Deutschland erkennt an, daß Deutschland und seine Verbündeten als Urheber für alle Verluste und Schäden verantwortlich sind, die die alliierten und assoziierten Regierungen und ihre Staatsangehörigen infolge des Krieges, der ihnen durch den Angriff Deutschlands und seiner Verbündeten aufgezwungen wurde, erlitten haben.« Als sich die deutsche Regierung weigerte, die Kriegsschuldklausel zu unterzeichnen, stellte man ihr ein Ultimatum. Auf Grund des VV verlor Deutschland seine gesamten Kolonien: Togo, Kamerun, Deutsch-Südwestafrika, Deutsch-Ostafrika und die Südseebesitzungen; außerdem 13 % seines Heimatterritoriums (Memel, Danzig, Westpreußen, Posen, Ostoberschlesien, Nordschleswig, Eupen-Malmedy, Elsaß-Lothringen), 26 % seiner Steinkohle, 70 % der Zinkerze, 75 % der Eisenerzlager und 90 % seiner Handelsflotte, die man vor dem Kriege auf 5 Millionen Bruttoregistertonnen schätzte und die einen Wert von 5 Milliarden Goldmark repräsentierte. Den Wert der Patente zu errechnen, die ebenfalls abgegeben werden mußten, war unmöglich. Er dürfte einige Milliarden betragen haben.

VÖLKISCHER BEOBACHTER – Zentralorgan der NSDAP im Verlag Franz Eher Nachfolger, München. Ursprünglich ein Lokalblatt, erschien es bis 1923 zweimal wöchentlich, später täglich. Seit 1922 war Rosenberg Chefredakteur.

WACHENFELD – siehe Berghof.

WEDDING – Berliner Stadtteil.

Die Reichskabinette von 1919—1945

Reichskanzler	Vizekanzler	Auswärtiges	Inneres	Finanzen
1. Reg. Scheidemann (SPD) 13. 2. 19–20. 6. 1919	Schiffer (DDP) Dernburg (DDP)	Brockdorff-Rantzau (o. P.)	Preuss (DDP)	Schiffer (DDP) Dernburg (DDP)
2. Reg. Bauer (SPD) 21. 6. 19–3. 10. 1919	Erzberger (Zentr.) Schiffer (DDP)	Müller (SPD)	David (SPD)	Erzberger (Zentr.)
3. Reg. Bauer (SPD) 3. 10. 19–26. 3. 1920	Schiffer (DDP)	Müller (SPD)	Koch (DDP)	Erzberger (Zentr.)
4. Reg. Müller (SPD) 27. 3. 20–20. 6. 1920	Koch (DDP)	Köster (SPD)	Koch (DDP)	Wirth (Zentr.)
5. Reg. Fehrenbach (Zentr.) 24. 6. 20–4. 5. 1921	Heinze (DVP)	Simons (o. P.)	Koch (DDP)	Wirth (Zentr.)
6. Reg. Wirth (Zentr.) 10. 5. 21–22. 10. 1921	Bauer (SPD)	Wirth (Zentr.) Rosenberg (DNVP)	Gradnauer (SPD)	Wirth (Zentr.)
7. Reg. Wirth (Zentr.) 26. 10. 21–13. 11. 1922	Bauer (SPD)	Wirth (Zentr.) Rathenau (o. P.)	Köster (SPD)	Wirth (Zentr.) Hermes (Zentr.)
8. Reg. Cuno (DVP) 22. 11. 22–12. 8. 1923	Heinze (DVP)	Rosenberg (DNVP)	Oeser (DDP)	Hermes (Zentr.)
9. Reg. Stresemann (DVP) 13. 8. 23–5. 10. 1923	Schmidt (SPD)	Stresemann (DVP)	Sollmann (SPD)	Hilferding (SPD)
10. Reg. Stresemann (DVP) 6. 10. 23–23. 11. 1923	Schmidt (SPD)	Stresemann (DVP)	Jarres (DVP)	Luther (o. P.)
11. Reg. Marx (Zentr.) 30. 11. 23–3. 6. 1924	Jarres (DVP)	Stresemann (DVP)	Jarres (DVP)	Luther (o. P.)
12. Reg. Marx (Zentr.) 4. 6. 24–15. 1. 1925	Jarres (DVP)	Stresemann (DVP)	Jarres (DVP)	Luther (o. P.)

13. Reg. Luther (o. P.) 15. 1. 25–5. 12. 1925	—	Stresemann (DVP)	Schiele (DNVP)	v. Schlieben (DNVP)
14. Reg. Luther (o. P.) 19. 1. 26–12. 5. 1926	—	Stresemann (DVP)	Külz (DDP)	Reinhold (DDP)
15. Reg. Marx (Zentr.) 17. 5. 26–17. 12. 1926	—	Stresemann (DVP)	Külz (DDP)	Reinhold (DDP)
16. Reg. Marx (Zentr.) 28. 1. 27–12. 6. 1928	Hergt (DNVP)	Stresemann (DVP)	v. Keudell (DNVP)	Köhler (Zentr.)
17. Reg. Müller (SPD) 28. 6. 28–27. 3. 1930	—	Stresemann (DVP) Curtius (DVP)	Severing (SPD)	Hilferding (SPD) Moldenhauer (DVP)
18. Reg. Brüning (Zentr.) 30. 3. 30–9. 10. 1931	Dietrich (DDP)	Curtius (DVP)	Wirth (Zentr.)	Moldenhauer (DVP) Dietrich (DDP)
19. Reg. Brüning (Zentr.) 9. 10. 31–30. 5. 1932	Dietrich (DDP)	Brüning (Zentr.)	Groener (o. P.)	Dietrich (DDP)
20. Reg. v. Papen (o. P.) 1. 6. 32–2. 12. 1932	—	v. Neurath (o. P.)	v. Gayl (DNVP)	Schwerin-v. Krosigk (DNVP)
21. Reg. v. Schleicher (o. P.) 2. 12. 32–30. 1. 1933	—	v. Neurath (o. P.)	Bracht (Zentr.)	Schwerin-v. Krosigk (DNVP)
22. Reg. Hitler (NSDAP) 30. 1. 33–30. 4. 1945	v. Papen (o. P.) bis 26. 7. 1934	v. Neurath (o. P.) bis 4. 2. 1938[1]) v. Ribbentrop (NSDAP)	Frick (NSDAP) bis 25. 8. 1943 Himmler (NSDAP) bis 29. 4. 1945	Schwerin-v. Krosigk (DNVP)[1])
23. Goebbels (NSDAP)[3]) 1. 5. 1945 (nur einen Tag)	—	—	—	—
24. Reg. Schwerin-v. Krosigk 1. 5. 45–23. 5. 1945	—	Schwerin-v. Krosigk bis 23. 5. 1945	Stuckart bis 23. 5. 1945	Schwerin-v. Krosigk bis 23. 5. 1945

Schatz	Wirtschaft	Justiz	Reichswehr	Luftfahrt
1. Gothein (DDP) 13. 2. 19–20. 6. 1919	Wissel (SPD)	Landsberg (SPD)	Noske (SPD)	—
2. Mayer (BVP) 21. 6. 19–3. 10. 1919	Wissell (SPD) Schmidt (SPD)	—	Noske (SPD)	—
3. Mayer (BVP) 3. 10. 19–26. 3. 1920	Schmidt (SPD)	Schiffer (DDP)	Noske (SPD)	—
4. Bauer (SPD) 27. 3. 20–20. 6. 1920	Schmidt (SPD)	Blunck (DDP)	Gessler (DDP)	—
5. v. Raumer (DVP) 24. 6. 20–4. 5. 1921	Scholz (DVP)	Heinze (DVP)	Gessler (DDP)	—
6. Bauer (SPD) 10. 5. 21–22. 10. 1921	Schmidt (SPD)	Schiffer (DDP)	Gessler (DDP)	—
7. Bauer (SPD) 26. 10. 21–13. 11. 1922	Schmidt (SPD)	Radbruch (SPD)	Gessler (DDP)	—
8. Albrecht (o. P.) 22. 11. 22–12. 8. 1923	Becker (DVP)	Heinze (DVP)	Gessler (DDP)	—
9. — 13. 8. 23–5. 10. 1923	v. Raumer (DVP) Koeth (o. P.)	Radbruch (SPD)	Gessler (DDP)	—
10. — 6. 10. 23–23. 11. 1923	—	—	—	—
11. — 30. 11. 23–3. 6. 1924	Hamm (DDP)	Emminger (Zentr.)	Gessler (DDP)	—
12. — 4. 6. 24–15. 1. 1925	Hamm (DDP)	Emminger (Zentr.)	Gessler (DDP)	—
13. — 15. 1. 25–5. 12. 1925	Neuhaus (DNVP)	Frenken (DNVP)	Gessler (DDP)	—

14. — 19. 1. 26–12. 5. 1926	Curtius (DVP)	Marx (Zentr.)	Gessler (DDP)	—
15. — 17. 5. 26–17. 12. 1926	Curtius (DVP)	Bell (Zentr.)	Gessler (DDP)	—
16. — 28. 1. 27–12. 6. 1928	Curtius (DVP)	Hergt (DNVP)	Gessler (DDP) Groener (o. P.)	—
17. — 28. 6. 28–27. 3. 1930	Curtius (DVP) Moldenhauer (DVP) Schmidt (SPD)	Koch (DDP) v. Guérard (Zentr.)	Groener (o. P.)	—
18. — 30. 3. 30.–9. 10. 1931	Dietrich (DDP) Trendelenburg (o. P.)	Bredt (Bay.B.Bd.)	Groener (o. P.)	—
19. — 9. 10. 31–30. 5. 1932	Warmbold (Bay.B.Bd.)	Joël (o. P.)	Groener (o. P.)	—
20. — 1. 6. 32–2. 12. 1932	Warmbold (Bay.B.Bd.)	Gürtner (DNVP)	v. Schleicher (o. P.)	—
21. — 2. 12. 32–30. 1. 1933	Warmbold (Bay.B.Bd.)	Gürtner (DNVP)	v. Schleicher (o. P.)	—
22. — 30. 1. 33–30. 4. 1945	Hugenberg (DNVP) bis 27. 6. 1933 Schmitt (o. P.)[1]) bis 30. 1. 1935 Schacht (o. P.)[1]) kommissarisch bis 27. 11. 1937 Göring (NSDAP) kommiss. b. 15. 1. 1938	Gürtner (DNVP) bis 28. 1. 1941[1]) Schlegelberger (NSDAP), kommiss. bis 24. 8. 1942 Thierack (NSDAP)	v. Blomberg (o. P.) bis 4. 2. 1938[2])	Göring (NSDAP) 28. 4. 1933–23. 4. 1945
23. — 1. 5. 1945 nur 1 Tag	Funk (NSDAP)	—	—	—
24. — 1. 5. 45–23. 5. 1945	Speer (NSDAP) bis 23. 5. 1945	Thierack (NSDAP) bis 7. 5. 1945	—	—

Arbeit	Verkehr	Post	Ernährung und Landwirtschaft	Kirche
1. Bauer (SPD) 13. 2. 19–20. 6. 1919	Bell (Zentr.)	Giesberts (Zentr.)	Schmidt (SPD)	—
2. Schlicke (SPD) 21. 6. 19–3. 10. 1919	Bell (Zentr.)	Giesberts (Zentr.)	Schmidt (SPD)	—
3. Schlicke (SPD) 3. 10. 19–26. 3. 1920	Bell (Zentr.)	Giesberts (Zentr.)	Schmidt (SPD)	—
4. Schlicke (SPD) 27. 3. 20–20. 6. 1920	Bell (Zentr.) Bauer (SPD)	Giesberts (Zentr.)	Hermes (Zentr.)	—
5. Brauns (Zentr.) 24. 6. 20–4. 5. 1921	Groener (o. P.)	Giesberts (Zentr.)	Hermes (Zentr.)	—
6. Brauns (Zentr.) 10. 5. 21–22. 10. 1921	Groener (o. P.)	Giesberts (Zentr.)	Hermes (Zentr.)	—
7. Brauns (Zentr.) 26. 10. 21–13. 11. 1922	Groener (o. P.)	Giesberts (Zentr.)	Hermes (Zentr.) Fehr (Bay.B.Bd.)	—
8. Brauns (Zentr.) 22. 11. 22–12. 8. 1923	Groener (o. P.)	Stingl (BVP)	K. Müller (Zentr.) Luther (o. P.)	—
9. Brauns (Zentr.) 13. 8. 23–5. 10. 1923	Oeser (DDP)	Höfle (Zentr.)	Luther (o. P.) v. Kanitz (DNVP)	—
10. — 6. 10. 23–23. 11. 1923	—	—	—	—
11. Brauns (Zentr.) 30. 11. 23–3. 6. 1924	Oeser (DDP)	Höfle (Zentr.)	v. Kanitz (DNVP)	—
12. Brauns (Zentr.) 4. 6. 24–15. 1. 1925	Oeser (DDP)	Höfle (Zentr.)	v. Kanitz (DNVP)	—

13. Brauns (Zentr.) 15. 1. 25–5. 12. 1925	Krohne (DVP)	Stingl (BVP)	Haslinde (Zentr.)	—
14. Brauns (Zentr.) 19. 1. 26–12. 5. 1926	Krohne (DVP)	Stingl (BVP)	Haslinde (Zentr.)	—
15. Brauns (Zentr.) 17. 5. 26–17. 12. 1926	Krohne (DVP)	Stingl (BVP)	Haslinde (Zentr.)	—
16. Brauns (Zentr.) 28. 1. 27–12. 6. 1928	Koch (DNVP)	Schätzl (BVP)	Schiele (DNVP)	—
17. Wissell (SPD) 28. 6. 28–27. 3. 1930	v. Guérard (Zentr.) Stegerwald (Zentr.)	Schätzl (BVP)	Dietrich (DDP)	—
18. Stegerwald (Zentr.) 30. 3. 30–9. 10. 1931	v. Guérard (Zentr.)	Schätzl (BVP)	Schiele (Land Bd.)	—
19. Stegerwald (Zentr.) 9. 10. 31–30. 5. 1932	Treviranus (Land Bd.)	Schätzl (BVP)	Schiele (Land Bd.)	—
20. Warmbold (DVP) Schäffer (o. P.) 1. 6. 32–2. 12. 1932	v. Eltz-Rübenach (DNVP)		v. Braun (DNVP)	—
21. Syrup (o. P.) 2. 12. 32–30. 1. 1933	v. Eltz-Rübenach (DNVP)		v. Braun (DNVP)	—
22. Seldte (NSDAP) 30. 1. 33–30. 4. 1945	v. Eltz-Rübenach (DNVP) bis 2. 2. 1937 Dorpmüller[1])	Ohnesorge[1])	Hugenberg (DNVP) bis 2. 5. 1933 Darré (NSDAP) bis 23. 5. 1942 Backe (NSDAP)	Kerrl (NSDAP) 18. 7. 1935–14. 12. 1941
23. — 1. 5. 1945 (nur 1 Tag)	—	—	—	—
24. Seldte (NSDAP) 1. 5. 45–23. 5. 1945	Dorpmüller bis 15. 5. 1945	Dorpmüller bis 15. 5. 1945	Backe (NSDAP) bis 15. 5. 1945	—

Wissenschaft, Erziehung und Volksbildung	Volksaufklärung und Propaganda	Bewaffnung u. Munition (Produktion)	Wiederaufbau	Besetzte Gebiete	Ohne Geschäftsbereich und Bemerkungen
1. —	—	—	—	—	David (SPD) Erzberger (Zentr.) Bell (Zentr.)
2. —	—	—	—	—	
3. —	—	—	Gessler (DDP)	—	David (SPD)
4. —	—	—	—	—	David (SPD)
5. —	—	—	—	—	—
6. —	—	—	Rathenau (o. P.)	—	—
7. —	—	—	—	—	—
8. —	—	—	Albert (o. P.)	—	—
9. —	—	—	Schmidt (SPD)	Fuchs (o. P.)	—
10. —	—	—	—	—	—
11. —	—	—	—	Höfle (Zentr.)	—
12. —	—	—	—	—	—
13. —	—	—	—	Frenken (DNVP)	—

Diese Liste ist nicht vollständig. Hohe Beamte erhielten Kabinettsrang und wurden den Reichsministern gleichgestellt. Doch praktisch blieb das ohne Bedeutung, da ab 1938, nach dem Rücktritt Blombergs, keine Kabinettssitzungen mehr stattfanden.

1. Am 30. Januar 1937 verleiht Hitler allen Kabinettsmitgliedern, die nicht der NSDAP angehören, das Goldene Parteiabzeichen und machte sie damit zu Mitgliedern seiner Partei.
2. Danach „Oberkommando der Wehrmacht“ unter Hitler. Chef des OKW wird Keitel.
3. Vor seinem Tode ernannte Hitler noch folgendes „Kabinett“: Reichspräsident: Dönitz, Reichskanzler: Goebbels, Parteiminister: Bormann, Außenminister: Seyß-Inquart, Innenminister: Giesler, Kriegsminister: Dönitz, Oberbefehlshaber des Heeres: Schörner, Luftwaffe: Greim, Kriegsmarine: Dönitz, Reichsführer SS und Chef der Deutschen Polizei: Hanke, Wirtschaft: Funk, Landwirtschaft: Backe, Justiz: Thierack, Kultus: Scheel, Propaganda: Naumann, Finanzen: v. Krosigk, Arbeit: Hupfauer, Rüstung: Saur, Arbeitsfront: Ley.

14. —	—	—	—	Marx (Zentr.)	—
15. —	—	—	—	Marx (Zentr.)	—
16. —	—	—	—	Marx (Zentr.)	—
17. —	—	—	—	Wirth (Zentr.)	—
18. —	—	—	—	—	Treviranus (Land B.)
19. —	—	—	—	—	Schlange-Schöningen (DNVP)
20. —	—	—	—	—	—
21. —	—	—	—	—	—
22. Rust (NSDAP) ab 13.3.33	Goebbels ab 13.3.33–30.4.1945	Todt (NSDAP) Mai 1940–8.2.1942 Speer (NSDAP)	—	—	
23. —	—	—	—	—	
Stuckart bis 23.5.45	—	Speer (NSDAP) -23.5.45	—	—	

Göring (NSDAP), 30. 1. 33–27. 4. 1933, später Luftfahrt

Heß (NSDAP), 1. 12. 33–10. 5. 1941, dann in England

Röhm (NSDAP), 1. 12. 33–30. 6. 1934, erschossen

Kerrl (NSDAP), 17. 6. 34–16. 7. 1935, M. f. kirchl. Angelegenh.

Frank (NSDAP), 19. 12. 34–17. 10. 1939, darauf Generalgouverneur für Polen

v. Neurath, 4. 2. 1938, 18. 3. 1939 zum Reichsprotektor von Böhmen und Mähren ernannt.

Abkürzungen:

NSDAP — Nationalsozialistische Deutsche Arbeiterpartei
DNVP — Deutsch-Nationale Volkspartei
DVP — Deutsche Volkspartei
DDP — Deutsche Demokratische Partei
SPD — Sozialdemokratische Partei
Zentr. — Zentrum
Kl. P. — kleine Parteien
o. P. — ohne Partei, parteilos
Land B. — Landbund
BVP — Bayerische Volkspartei
Bay.B.Bd. — Bayerischer Bauernbund

Zusammengestellt von B. Herrmann

435

Die Wahlergebnisse von 1919 bis 1933

	National-Vers. Wahl v. 19. 1. 1919		1. Reichstag[1]) Wahl v. 6. 6. 1920		2. Reichstag[2]) Wahl v. 4. 5. 1924	
		%		%		%
Wähler	30 400 300	83,02	28 196 300	79,17	29 281 186	77,44
Nichtwähler	5 903 784	16,08	7 753 474	20,83	9 089 866	22,56
Wahlberechtigte	36 304 084	100	35 949 774	100	38 371 052	100

	National-Vers.		1. Reichstag		2. Reichstag	
Parteien	Stimmen u. Abgeordn.	%	Stimmen u. Abgeordn.	%	Stimmen u. Abgeordn.	%
National-Soz.	—	—	—	—	1 918 310 32 Abg.	6,5
Deutsch-Nat.	3 121 500 44 Abg.	10,26	4 249 100 71 Abg.	15,1	5 696 368 95 Abg.	19,5
Dtsch. Volks-P.	1 345 600 19 Abg.	4,42	3 919 400 65 Abg.	13,9	2 694 317 45 Abg.	9,2
Kleine Parteien*)	484 800 7 Abg.	1,62	869 800 9 Abg.	3,08	2 754 263 29 Abg.	9,4
Zentrum	5 980 200 91 Abg.	19,67	3 845 000 64 Abg.	13,7	3 913 900 65 Abg.	13,2
Bayr. Volks-P.	trennte sich im Jan. 20 v. Zentrum		1 238 600 21 Abg.	4,4 [3])	946 200 16 Abg.	3,4
Demokraten	5 641 800 75 Abg.	18,55	2 333 700 39 Abg.	8,3	1 655 049 28 Abg.	5,7
Sozial-Demokraten	11 509 100 163 Abg.[5])	37,8	6 104 900 102 Abg.	21,6	6 008 713 100 Abg.	20,5
Unabhängige Sozial-Demokraten	2 317 300 22 Abg.	7,68	5 046 300 84 Abg.	17,95	—[6])	—
Kommunisten	—	—	589 500 4 Abg.	2,08	3 693 139 62 Abg.	12,6
Total	30 400 300 421 Abg.	100	28 196 300 459 Abg.	100	29 281 186 472 Abg.	100

[1]) Ergebnisse der Reichstagswahl am 6. Juni 1920 einschl. Ergebnisse der Wahlen am 20. Februar 1921 in den Wahlkreisen 1 (Ostpreußen) und 14 (Schleswig-Holstein) und am 19. November 1922 im Wahlkreis 10 (Oppeln).

[2]) Unter Berücksichtigung der Nach- und Wiederholungswahlen am 21. September 1924.

[3]) Einschl. Christl. Volkspartei.

[4]) Im Wahlkampf unter dem Namen „Kampffront Schwarz-Weiß-Rot".

[5]) 2 Abgeordnete durch nachträgliche Wahl am 2. Februar 1919 von den im Osten stehenden Truppenverbänden.

[6]) Im Oktober 1920 spaltete sich die USPD: der radikale Flügel ging zur KPD, wogegen sich der rechte im September 1922 wieder mit der SPD vereinigte.

	3. Reichstag Wahl v. 7. 12. 1924		4. Reichstag Wahl v. 20. 5. 1928		5. Reichstag Wahl v. 14. 9. 1930	
		%		%		%
Wähler	30 283 805	78,80	30 753 247	75,60	34 956 471	82,00
Nichtwähler	8 668 840	21,20	10 471 431	24,40	8 026 441	18,00
Wahlberechtigte	38 952 645	100	41 224 678	100	42 982 912	100

	3. Reichstag		4. Reichstag		5. Reichstag	
Parteien	Stimmen u. Abgeordn.	%	Stimmen u. Abgeordn.	%	Stimmen u. Abgeordn.	%
National-Soz.	906 946 14 Abg.	3,0	810 127[3]) 12 Abg.	2,6	6 379 672 107 Abg.	18,3
Deutsch-Nat.	6 205 324 103 Abg.	20,5	4 381 563 73 Abg.	14,2	2 457 686 41 Abg.	7,0
Dtsch. Volks-P.	3 049 215 51 Abg.	10,1	2 679 703 45 Abg.	8,7	1 693 878 30 Abg.	4,58
Kleine Parteien*)	2 365 080 29 Abg.	7,72	4 326 912 51 Abg.	14,1	4 868 673 72 Abg.	14,0
Zentrum	4 116 900 69 Abg.	13,64	3 711 300 62 Abg.	12,1	4 126 900 68 Abg.	11,8
Bayr. Volks-P.	1 133 000 19 Abg.	3,7	945 400 16 Abg.	3,1	1 059 600 19 Abg.	3,0
Demokraten	1 917 765 32 Abg.	6,3	1 479 374 25 Abg.	4,8	1 205 521 20 Abg.	3,45
Sozial-Demokraten.....	7 880 963 131 Abg.	26,0	9 152 979 153 Abg.	29,8	8 575 244 143 Abg.	24,5
Unabhängige Sozial-Demokraten.....	—	—	—	—	—	—
Kommunisten	2 708 345 45 Abg.	9,0	3 264 793 54 Abg.	10,6	4 590 160 77 Abg.	13,1
Total	30 283 805 493 Abg.	100	30 753 247 491 Abg.	100	34 956 471 577 Abg.	100

*) Kleine Parteien.

	1919	1920	1924I	1924II	1928	1930	1932I	1932II	1933
Wirtschaftsp.	4	4	10	17	23	23	2	1	—
Dt. Hannov. P.	1	5	5	4	3	3	—	1	—
Andere	2	—	—	—	—	—	—	—	—
Landbund	—	—	10	8	3	3	2	2	1
Deutsch-Soz.	—	—	4	—	—	—	—	—	—
Dt. Bauernp.	—	—	—	—	8	6	2	3	2
Dt. Landvolk	—	—	—	—	10	19	1	—	—
Sächs. Landvolk	—	—	—	—	2	—	—	—	—
Chr. Soz. Volksd. ...	—	—	—	—	—	14	3	5	4
Volksrechtsp.	—	—	—	—	2	—	—	—	—
Konserv.-Vp.	—	—	—	—	—	4	—	—	—
Volksrechtsp.	—	—	—	—	—	—	1	—	—

	6. Reichstag Wahl v. 31. 7. 1932		7. Reichstag Wahl v. 6. 11. 1932		8. Reichstag Wahl v. 5. 3. 1933	
		%		%		%
Wähler	36 882 354	84,0	35 471 745	80,5	39 343 331	88,77
Nichtwähler	7 344 481	16,0	8 929 259	19,5	5 342 433	11,23
Wahlberechtigte	44 226 835	100	44 401 004	100	44 685 764	100

	6. Reichstag		7. Reichstag		8. Reichstag	
Parteien	Stimmen u. Abgeordn.	%	Stimmen u. Abgeordn.	%	Stimmen u. Abgeordn.	%
National-Soz.	13 765 781 230 Abg.	37,3	11 737 010 196 Abg.	33,1	17 277 180 288 Abg.	43,9
Deutsch-Nat.	2 177 414 37 Abg.	5,9	3 019 099 52 Abg.	8,5	3 136 760 52 Abg.	8,0 [4])
Dtsch. Volks-P.	436 012 7 Abg.	1,2	661 796 11 Abg.	1,8	432 312 2 Abg.	1,1
Kleine Parteien*)	1 126 991 11 Abg.	3,0	1 102 409 12 Abg.	3,1	634 693 7 Abg.	1,6
Zentrum	4 589 300 75 Abg.	12,5	4 230 600 70 Abg.	11,9	4 424 900 73 Abg.	11,3
Bayr. Volks-P.	1 203 200 22 Abg.	3,2	1 095 900 20 Abg.	3,1	1 073 600 19 Abg.	2,7
Demokraten	371 799 4 Abg.	1,0	336 451 2 Abg.	0,95	334 242 5 Abg.	0,8
Sozial-Demokraten	7 959 712 133 Abg.	21,6	7 247 956 121 Abg.	20,4	7 181 629 120 Abg.	18,3
Unabhängige Sozial-Demokraten	—	—	—	—	—	—
Kommunisten	5 282 626 89 Abg.	14,3	5 980 162 100 Abg.	16,86	4 848 058 81 Abg.	12,3
Total	36 882 354 608 Abg.	100	35 471 745 584 Abg.	100	39 343 331 647 Abg.	100

1. Revolutionsregierung

vom 10. 11. 1918 bis 29. 12. 1918

1. Rat der Volksbeauftragten

Ebert (SPD)
Haase (USPD)[1])
Scheidemann (SPD)
Dittmann (USPD)[1])
Landsberg (SPD)
Barth (USPD)[1])

2. Revolutionsregierung

vom 29. 12. 1918 bis 13. 2. 1919

2. Rat der Volksbeauftragten

Ebert (SPD)
Scheidemann (SPD)
Landsberg (SPD)
Noske (SPD)
Wissell (SPD)

[1]) USPD = Unabhängige SPD

QUELLEN-HINWEISE

Titel mit × sind Bücher, die einen größeren Zeitraum umfassen, oder die für das Quellenstudium dieses Buches besonders wichtig waren.
Titel mit Ø sind Bücher von Nationalsozialisten.
Titel mit O sind Bücher von ehemaligen Nationalsozialisten oder Faschisten, deren Verfasser sich jedoch von ihren früheren Anschauungen distanzierten.
Diese Zeichen sind nicht als Wertung zu betrachten.

Anonym/ – Ich kann nicht schweigen – Zürich 1936
Anonym/ – Zur Geschichte des Reichskanzlerpalais und der Reichskanzlei – Berlin 1928
Abshagen, K. H. – Canaris – Stuttgart 1955
Anger, Walter – Das Dritte Reich in Dokumenten – Frankfurt 1957
Aretin, Erwin v. – Krone und Ketten – München 1953

O Baur, Hans – Ich flog Mächtige der Erde – Kempten 1956
Bergsträsser, Ludwig – Geschichte der politischen Parteien – München 1952
Bernadotte, Folke – Das Ende – Zürich–New York 1945
Boldt, Gerhardt – Die letzten Tage der Reichskanzlei – Hamburg 1947
Borkenau, Franz – Der europäische Kommunismus – München 1952
× Bracher, Karl Dietrich – Die Auflösung der Weimarer Republik – Stuttgart 1955
× Bracher, Karl Dietrich – Nationalsozialistische Machtergreifung und Reichskonkordat – Nicht im Buchhandel; herausgegeben von der Hessischen Landesregierung – Wiesbaden 1956
Braun, Otto – Von Weimar bis Hitler – New York 1940
Braunbuch I – Über Reichstagsbrand und Hitler-Terror – Basel 1933
Braunbuch II – Dimitroff contra Göring – Paris 1934
Bross, Werner – Gespräche mit Hermann Göring während des Nürnberger Prozesses – Flensburg 1950
× Bullock, Alan – Hitler/Eine Stunde über Tyrannei – Düsseldorf 1953

O Ciano, Galeazzo – Tagebücher 1937/38 – Hamburg 1949
O Ciano, Galeazzo – Tagebücher 1939/43 – Bern 1943
Coulondre, Robert – Von Moskau nach Berlin – Bonn 1950
× Crankshaw, Edward – Die Gestapo – Berlin 1959

× Dahlerus, Birger – Der letzte Versuch – München 1948
× Daim, Wilfried – Der Mann, der Hitler die Ideen gab – München 1958

× Diels, Rudolf – Lucifer ante Portas – Stuttgart 1950
Ø Dietrich, Otto – Mit Hitler an die Macht – München 1934
O Dietrich, Otto – 12 Jahre mit Hitler – München 1955
Dittmann, Wilhelm – Das politische Deutschland vor Hitler – Zürich 1945
Documents on German Foreign Policy 1918–1945 – London–Washington 1950ff.
Duesterberg, Th. – Der Stahlhelm und Hitler – Wolfenbüttel 1949

× Eichstädt, Ulrich – Von Dollfuß zu Hitler – Wiesbaden 1955
× Erfurth, Waldemar – Geschichte des Deutschen Generalstabs – Göttingen 1957
Ø Espe, Walter M. – Das Buch der NSDAP – Berlin 1933

Ø Feder, Gottfried – Das Programm der NSDAP – München 1932
Fischer, Ruth – Stalin und der deutsche Kommunismus – Frankfurt 1948
Foerster, Wolfgang – Generaloberst Ludwig Beck – München 1953
François-Poncet, André – Als Botschafter in Berlin – Mainz 1947
François-Poncet, André – Von Versailles bis Potsdam – Mainz 1949
O Frank, Dr. Hans – Im Angesicht des Galgens – München-Gräfelfing 1953
Ø Frank, Karl-Friedrich v. – Adolf Hitlers Ahnentafel – (»Adler« Monatsblatt d. Heraldisch-Genealog. Ges.) Band XI. 1932
Frei, Bruno – Hanussen – Straßburg 1934

× Gisevius, Hans Bernd – Bis zum bittern Ende – Zürich 1946
Ø Goebbels, Dr. Joseph – Vom Kaiserhof zur Reichskanzlei – München 1934
Ø Goebbels, Dr. Joseph – Das erwachende Berlin – München 1934
Ø Goebbels, Dr. Joseph – Der Angriff – München 1935
Aus Görings Schreibtisch – Ein Dokumentenfund – Berlin 1947
× Görlitz, Walter/Quint, Herbert A. – Adolf Hitler – Stuttgart 1952
× Görlitz, Walter – Der deutsche Generalstab – Frankfurt/Main o. J.
× Görlitz, Walter – Hindenburg – Bonn 1953
Gritzbach, Erich – Hermann Göring – München 1943

× Hagen, Walter – Die geheime Front – Linz 1950
Hagen, Walter – Unternehmen Bernhard – Wels und Starnberg 1955
Hammer, Walter – Hohes Haus in Henkers Hand – Frankfurt/Main 1956

Hammerstein, Kunrad v. – Zur Vorgeschichte der Machtergreifung – Frankfurter Hefte I–III/1956
Hanussen / Frei – Gedruckte Klageschrift von Dr. jur. Botho Laserstein in Sachen Steinschneider genannt Hanussen gegen Kosmos-Verlag (Bruno Frei)
Heiden, Konrad – Adolf Hitler (I) – Zürich 1936, II Zürich 1937
Heiden, Konrad – Geschichte des Nationalsozialismus – Berlin 1932
Henderson, Nevile – Wasser unter den Brücken – Erlenbach–Zürich 1949
Henderson, Nevile – Fehlschlag einer Mission – Zürich o. J. (Vorwort 1939)
Heydecker, Joe J. / Leeb, Johannes – Der Nürnberger Prozeß – Köln–Berlin 1958
Hindenburg, P. von – Aus meinem Leben – Leipzig 1934
Ø Hitler, Adolf – Mein Kampf – München 1925
O Hitler-Wolf, Paula – Mein Bruder Adolf – Wochenend 1949
Hoegner, Wilhelm – Die verratene Republik – München 1958
× Hofer, Walther – Die Entfesselung des Zweiten Weltkrieges – Stuttgart 1954
× Hofer, Walther – Der Nationalsozialismus – Frankfurt 1957
× Holldack, Heinz – Was wirklich geschah – München 1949
Hossbach, Friedrich – Zwischen Wehrmacht und Hitler – Wolfenbüttel 1949

× Jetzinger, Franz – Hitlers Jugend – Wien 1956

O Kempka, Erich – Ich habe Adolf Hitler verbrannt – München o. J.
Kersten, Felix – Totenkopf und Treue – Hamburg o. J.
Kielmannsegg, Graf – Der Fritschprozeß 1938 – Hamburg 1949
× Kogon, Eugen – Der SS-Staat – München 1946
Koppensteiner, Rudolf – Die Ahnentafel des Führers – Leipzig 1937
Kordt, Erich – Wahn und Wirklichkeit – Stuttgart 1947
Kordt, Erich – Nicht aus den Akten – Stuttgart 1950
Kriegk, Dr. Otto – Hugenberg – Leipzig 1932
O Kubizek, August – Adolf Hitler/Mein Jugendfreund – Graz–Göttingen 1953
Kugler, Ferd. – Das Geheimnis des Reichstagsbrandes – Amsterdam–Leipzig o. J.

Lautarchiv des Deutschen Rundfunks, Frankfurt am Main
Leber, Annedore – Das Gewissen steht auf – Frankfurt/Main 1954

Leitner, Hans Erwin – Das haben wir damals nicht gewußt – Eschwege 1949
Lennhoff, Eugen – Politische Geheimbünde I. Band – Zürich 1931
Lochner, Louis P. – Goebbels-Tagebücher – Zürich 1948
Lochner, Louis P. – Stets das Unerwartete – Darmstadt 1955
Löbe, Paul – Erinnerungen eines Reichstagspräsidenten – Berlin 1949
Lüdde-Neurath, Walter – Regierung Dönitz – Göttingen 1953

Martini, Winfried – Die Legende vom Hause Ludendorff – Rosenheim o. J.
Meissner, Otto – Staatssekretär unter Ebert–Hindenburg–Hitler – Hamburg 1950
× Meissner, Hans Otto / Wilde, Harry – Die Machtergreifung – Stuttgart 1958
Moeller van den Bruck – Der preußische Stil – Breslau 1931
○ Mussolini, Rachele – Mein Leben mit Benito – Zürich 1948

Noske, Gustav – Erlebtes aus Aufstieg und Niedergang einer Demokratie – Offenbach/Main 1947

× Olden, Rudolf – Hindenburg – Hof 1948
○ Orb, Heinrich – Nationalsozialismus – 13 Jahre Machtrausch – Olten 1945
Ø Oven, Wilfried v. – Mit Goebbels bis zum Ende – Band 1–2 – Buenos Aires 1949

○ Papen, Franz von – Der Wahrheit eine Gasse – München 1952
Picker, Dr. Henry – Hitlers Tischgespräche – 1941–1942 – Bonn 1951
× Poliakov, Léon / Wulf, Josef – Das Dritte Reich und seine Diener – Berlin 1956

○ Rauschning, Hermann – Gespräche mit Hitler – Zürich 1940
Reich, Albert – Aus Adolf Hitlers Heimat – München 1933
Reichstagsprotokolle
Reitlinger, Gerald – Die Endlösung – Berlin 1956
Reitlinger, Gerald – Die SS; Tragödie einer deutschen Epoche – München 1957
Ø Ribbentrop, Joachim von – Zwischen London und Moskau – Leoni 1953
Ø Reventlow, Graf E. – Der deutsche Freiheitskampf – Karlsruhe o. J.
× Riess, Curt – Joseph Goebbels – Baden-Baden 1950
Roodboek – Van der Lubbe en de Rijksdagbrand – Amsterdam o. J.

× Rosenberg, Arthur – Geschichte der Weimarer Republik – Frankfurt/Main 1955
Ø Rosenberg, Alfred – Der Mythos des XX. Jahrhunderts – München 1936
O Rossbach, Gerhard – Mein Weg durch die Zeit – Weilburg-Lahn 1950
× Rothfels, Hans – Die deutsche Opposition gegen Hitler – Krefeld 1951
Ø Röhm, Ernst – Die Geschichte eines Hochverräters – München 1928
Ø Rühle, Gerd – Das Dritte Reich – Die Kampfjahre 1918–1933 – Berlin o. J.
Ø Rühle, Gerd – Das Dritte Reich – Das erste Jahr 1933 – Berlin o. J. Band 1934, 1935, 1936, 1937, 1938. Band Österreich: Berlin 1940

Sack, Dr. – Der Reichstagsbrand-Prozeß – Berlin 1934
O Salomon, Ernst von – Die Geächteten – Berlin 1931
Salomon, Ernst von – Der Fragebogen – Hamburg 1951
Sauerbruch, Ferdinand – Das war mein Leben – Bad Wörishofen 1951
O Schacht, Dr. Hjalmar – Abrechnung mit Hitler – Berlin–Frankfurt am Main 1949
O Schacht, Hjalmar – 76 Jahre meines Lebens – Bad Wörishofen 1953
Scheidemann, Philipp – Memoiren eines Sozialdemokraten – Dresden 1930
O Schellenberg, Walter – Memoiren – Köln 1959
× Schmidt, Dr. Paul – Statist auf diplomatischer Bühne 1923–45 – Bonn 1951
Schneider, Hans – Das Ermächtigungsgesetz vom 24. März 1933 – Herausgeber: Bundeszentrale für Heimatdienst, Bonn
Schuschnigg, Kurt von – Dreimal Österreich – Wien 1938
Schuschnigg, Kurt von – Ein Requiem in Rot-Weiß-Rot – Zürich o. J. (1946)
Schwend, Karl – Bayern zwischen Monarchie und Diktatur – München 1954
O Schwerin von Krosigk, Lutz Graf – Es geschah in Deutschland – Tübingen 1951
Seabury, Paul – Die Wilhelmstraße – Frankfurt/Main 1956
× Seidl, Alfred – Deutschland und die Sowjetunion 1939–1941 – Tübingen 1949
Seraphim, Dr. Hans-Günther – Das politische Tagebuch Alfred Rosenbergs – Göttingen 1956
Severing, Carl – Mein Lebensweg – Köln 1950
Ø Six, Prof. Dr. F. A. – Dokumente der deutschen Politik – Berlin 1935 ff.
O Sommerfeldt, Martin H. – Ich war dabei – Die Verschwörung der Dämonen 1933 bis 1939 – Darmstadt 1949

○ Springer, Hildegard – Es sprach Hans Fritzsche – Stuttgart 1949
× Stampfer, Friedrich – Die 14 Jahre der I. deutschen Republik – Karlsbad 1936
Strasser, P. Bernhard – Gregor und Otto Strasser – Kühlsheim (Baden) o. J.
○ Strasser, Dr. Otto – Die deutsche Bartholomäusnacht – Zürich 1935
Stephan, Werner – Joseph Goebbels, Dämon einer Diktatur – Stuttgart 1949

× Tansill, Charles Callan – Die Hintertür zum Kriege – Düsseldorf 1956
○ Thyssen, Fritz – I paid Hitler – New York 1941
× Tippelskirch, Kurt von – Geschichte des Zweiten Weltkrieges – Bonn 1956
× Trevor-Roper, H. R. – Hitlers letzte Tage – London 1947

× Vietsch, Eberhard von – Arnold Rechberg und das Problem der politischen West-Orientierung Deutschlands nach dem Ersten Weltkrieg – Koblenz 1958 (als Manuskript gedruckt)
Ø Volz, Dr. Hans – Daten der Geschichte der NSDAP – Berlin–Leipzig 1939

Weißbuch über die Erschießungen des 30. Juni 1934 – Paris 1935
Weizsäcker, Ernst von – Erinnerungen – München 1950
× Wheeler-Bennett, John W. – Die Nemesis der Macht – Düsseldorf 1954
Wickert, Erwin – Dramatische Tage in Hitlers Reich – Stuttgart 1952
Ø Wilamowitz-Moellendorf, Fanny Gräfin von – Carin Göring – Berlin 1938
× Wolff, Dr. Richard – Der Reichstagsbrand 1933 / Forschungsbericht – Beilage Das Parlament – Bonn 1956 / B III
Ø Wolters, Rudolf / Wolff, Heinrich – Die neue Reichskanzlei – Berlin o. J.

ZEITSCHRIFTEN:

Ø Am Heiligen Quell deutscher Kraft
Deutsche Rundschau, Stuttgart
Echo der Woche, München
Frankfurter Hefte
Ø Hanussens Bunte Wochenschau, Berlin
Politische Studien, München
Der Ring, Berlin
Simplizissimus, München
Vierteljahreshefte für Zeitgeschichte, Stuttgart

ZEITUNGEN

Der Abend, Wien
Abendzeitung, München
Ø Der Angriff, Berlin
Berliner Tageblatt
Frankfurter Allgemeine Zeitung
Frankfurter Zeitung
BZ am Mittag, Berlin
Neue Zürcher Zeitung
Süddeutsche Zeitung, München
Ø Völkischer Beobachter, München

GESCHICHTE

In der Taschenbuchreihe GESCHICHTE erscheint als Band mit der Bestellnummer 64014:

Georg Ürögdi

Das Leben im alten Rom

Hier wird das Leben in der Metropole des römischen Weltreichs bis zum Untergang des alten Rom anschaulich und zuverlässig geschildert — eine fesselnde Kultur-, Wirtschafts- und Sozialgeschichte der antiken Hauptstadt.

Es ist nicht nur von den Bauten und Plätzen Roms die Rede, sondern vor allem von den Einwohnern der Stadt, von der lebendigen Wirklichkeit ihres Alltags. Die durch die Archäologen erschlossenen antiken Bau- und Kunstwerke, die zahllosen Funde und die entzifferten Inschriften bringen uns dem besseren Verständnis des damaligen Lebens täglich näher. Wir lernen das städtische Verwaltungswesen kennen, die Versorgungsprobleme, die Berufe, mit denen sich der Römer sein Geld verdiente, Sport und Spiel, Politik und Wirtschaft, Liebe und Ehe — kurzum alle Bereiche römischen Lebens.

Der ungarische Wissenschaftler G. Ürögdi zeigt überdies anschaulich, daß die »Zustände im alten Rom« sich in vielem gar nicht so sehr von den heutigen unterscheiden. Vielerlei Parallelen rücken das Kultur- und Sittenleben der Antike in unsere sichtbare, greifbare Nähe. Auch der Bildteil macht verständlich, was vor 2000 Jahren war und war wir der römischen Welt verdanken.